Günther Heydemann / Jan Gülzau (Hrsg.)
Konsens, Krise und Konflikt

Schriftenreihe Band 1094

Günther Heydemann / Jan Gülzau (Hrsg.)

Konsens, Krise und Konflikt
Die deutsch-amerikanischen Beziehungen
im Zeichen von Terror und Irak-Krieg.

Eine Dokumentation 2001 – 2008

Bonn 2010

© Bundeszentrale für politische Bildung
Adenauerallee 86, 53113 Bonn

Lektorat und Redaktion: Verena Artz
Herstellung: Wolfgang Hölker

Diese Veröffentlichung stellt keine Meinungsäußerung der Bundeszentrale für politische Bildung dar. Für die inhaltlichen Aussagen tragen die Herausgeber die Verantwortung.

Hinweis: Die Inhalte der im Text und Anhang zitierten Internet-Links unterliegen der Verantwortung der jeweiligen Anbieter/-innen. Für eventuelle Schäden und Forderungen können die Herausgeber keine Haftung übernehmen.

Umschlaggestaltung: M. Rechl, Kassel
Umschlagfoto: © Butzmann/Zenit/LAIF
Satzherstellung: Naumilkat, Düsseldorf
Druck: CPI books GmbH, Leck

ISBN 978-3-8389-0094-0

www.bpb.de

Inhalt

Vorwort   7

Einführung
Der 11. September 2001 und seine Auswirkungen auf das
deutsch-amerikanische Verhältnis   11

Dokumentarischer Teil

Der 11. September 2001 und die Reaktionen in Deutschland
und Amerika   31

Der Krieg gegen die Taliban und die Stationierung deutscher
Soldaten in Afghanistan   59

Beginnende Divergenzen über eine globale Anti-Terror-Strategie
im Jahr 2002   84

Der Streit um das amerikanische Gefangenenlager Guantanamo
Bay auf Kuba   107

Die Irak-Debatte in der UNO   128

Der Höhepunkt des Irak-Konflikts   155

Der Irakkrieg vom Einmarsch der Amerikaner bis zum
»Ende der Hauptkampfhandlungen«   182

Die amerikanische Besatzung und die Eskalation der
Gewalt im Irak   207

Die vergebliche Suche nach Massenvernichtungswaffen im Irak
und der Folterskandal von Abu Ghraib   236

Die US-Präsidentschaftswahlen im November 2004 und die
Reaktionen in Europa   259

Geheime deutsch-amerikanische Kooperation im Kampf gegen
den Terror und im Irak   278

Die USA zwischen Truppenaufstockung und Exit-Strategie   306

Inhalt

Afghanistan kommt nicht zur Ruhe	330
Präsidentschaftskandidat Barack Obama und die Erwartungen in Europa	356

Anhang

Anmerkungen	383
Quellen- und Literaturverzeichnis	401

Vorwort

Nach den Terroranschlägen auf das World Trader Center in New York und das Pentagon in Washington, D.C. waren sich viele Beobachter beiderseits des Atlantiks rasch einig: Künftig würde nichts mehr so sein wie zuvor. Ein geflügelter Ausspruch – angesichts des Ausmaßes der Verwüstung sicher mehr als verständlich und doch in seiner Ausschließlichkeit nicht wirklich zutreffend, wenn man sich die Entwicklungen der darauffolgenden Jahre vor Augen führt. Hinsichtlich der transatlantischen Beziehungen aber, speziell der deutsch-amerikanischen, sollte dieses Urteil dennoch eine gewisse Berechtigung entfalten, und dies sicherlich mehr, als es manchem Beobachter von damals lieb war. Denn waren sich Deutschland und Amerika, ja die westliche Staatengemeinschaft insgesamt, im Anschluss unmittelbar an »9/11« noch weitgehend einig, dass die Terroranschläge dem Westen insgesamt gegolten hätten und dass nur mit einer gemeinsamen Antwort dem Terror hinreichend die Stirn geboten werden könne, sollte sich diese Einigkeit schon binnen Jahresfrist ins Gegenteil verkehren. Die Aufregung um die »Achse des Bösen«, um die Errichtung des Gefangenenlagers Guantanamo Bay auf Kuba, die Aufwertung einer Erstschlagsdoktrin zur Nationalen Sicherheitsstrategie der USA – all dies war nur ein Vorspiel für das wirkliche Zerwürfnis, das sich bald darauf entwickeln sollte.

Die Rede ist vom transatlantischen Streit um den Irakkrieg, welcher die Beziehungen beider Kontinente – und hier wiederum speziell die zwischen Deutschland und Amerika – in einem Ausmaß in Mitleidenschaft zog, das es seit Kriegsende nicht gegeben hatte. Die Vereinigten Staaten unter George W. Bush konnten und wollten nicht verstehen, weshalb ihnen ihr zuverlässigster Verbündeter auf dem europäischen Festland plötzlich beim Kräftemessen mit dem irakischen Diktator „in den Rücken" fiel, während die Deutschen ihrerseits mehrheitlich die größte Bedrohung für den Weltfrieden nun in Washington, D.C. sitzen sahen. Natürlich waren Meinungsunterschiede zwischen den Verbündeten nicht gänzlich neu, aber das Ausmaß der sowohl von großen Teilen der Gesellschaft als auch von einem nicht geringen Teil der politischen Eliten getragenen beiderseitigen Verstimmung kulminierte schließlich im größten deutsch-amerikanischen Zerwürfnis der Nachkriegszeit. Obwohl der Wechsel an der politischen Spitze in beiden Ländern sicherlich hilfreich war, dieses Zerwürfnis zu überwinden, vergessen ist es auf beiden Seiten natürlich nicht. Acht Jahre nach »9/11« und mehr als sechs Jahre seit dem Einmarsch einer von den USA angeführten »Koalition der Willigen« im Irak stehen noch immer Soldaten des westlichen Bündnisses in Afghanistan und US-Truppen im Zweistromland, ohne dass eine gemeinsame Antwort auf die Bedrohung durch den islamistischen Terrorismus gefunden worden wäre. Und es gehört nicht viel Phantasie dazu, sich die Zerreißprobe auszumalen, die dem Westen im Falle eines nuklear bewaffneten Irans bevorstünde.

Dies ist der Hintergrund, vor dem am Historischen Seminar der Universität Leipzig im Wintersemester 2004/05 die Idee reifte, jenes beispiellose Zerwürfnis zwischen Deutschland und Amerika in Form des vorliegenden Quellenbands zu dokumentieren. Von der Idee zum schlussendlichen Projekt war es ein weiter Weg, und was zunächst nur die Phase zwischen dem 11. September 2001 und dem Irak-Krieg abdecken sollte, umfasste schließlich nahezu die gesamte Ära der Bush-Administration. Vor allem die Erschließung der amerikanischen Quellen erwies sich dabei als schwieriger als zunächst gedacht. Ursprünglich als Kooperationsprojekt zwischen den beiden partnerschaftlich miteinander verbundenen Universitäten in Leipzig und Athens/Ohio konzipiert, kamen wir am Ende nicht umhin, selbst einen sechsmonatigen Rechercheaufenthalt an der Ohio University einzulegen.

An dieser Stelle möchten wir denn auch ganz herzlich Prof. Robert K. Stewart von der E.W. Scripps School of Journalism danken, ohne dessen Zuspruch die Finanzierung unserer USA-Recherche an der Ohio University wohl kaum zustande gekommen wäre und der auch ansonsten dem Co-Herausgeber Jan Gülzau bei seinem Aufenthalt in Athens mit Rat und Tat zur Seite stand. Großer Dank geht auch an unseren Übersetzer Bodie Stewart, der die englischen Quellen ins Deutsche übertrug; als englischer Muttersprachler dabei stets hin- und hergerissen zwischen amerikanischer Diktion und deutschem Satzbau. Ferner danken wir unserem Lektor Manuel Glasfort, der eine akribische Redaktionsarbeit geleistet hat. Schließlich sei auch den zahllosen Studentinnen und Studenten gedankt, die in zwei aufeinanderfolgenden Übungen im Wintersemester 2004/05 und im Sommersemester 2005 den Grundstein für die vorliegende Dokumentation legten. Ihrer Mitarbeit und ihrem Enthusiasmus verdanken wir viele Anregungen aus der Konzeptionsphase, ohne die die vorliegende Dokumentation nicht erschienen wäre.

Günther Heydemann, Jan Gülzau
Leipzig, im Januar 2010

Einführung

Der 11. September 2001 und seine Auswirkungen auf das deutsch-amerikanische Verhältnis*

I.

Zweifellos stellt der 11. September 2001 – »9/11« – das einschneidendste Datum der jüngsten Zeitgeschichte dar. Die Terroranschläge auf das World Trade Center in New York und das Pentagon in Washington markieren seither eine neue weltpolitische Lage, deren Folgen die internationale Politik bis heute maßgeblich bestimmen. Weltweit ist der Angriff islamistischer Terroristen auf amerikanische Symbolorte politischer und wirtschaftlicher Macht am 11. September 2001 als Schock empfunden worden, insbesondere in den USA selbst. Das psychologische Trauma, das zumindest anfangs hieraus erwuchs, erschien wie eine Epochenzäsur, vergleichbar dem Fall der Berliner Mauer, der das Ende des Kalten Krieges symbolisierte. Die überraschende Attacke ist in den USA aber auch deshalb als traumatisches Ereignis empfunden worden, weil die Vereinigten Staaten, im Unterschied etwa zu europäischen Ländern oder Japan, bis dahin keinen Angriff auf ihr »homeland« erlebt hatten. Zudem deckte »9/11« schonungslos auf, dass sich »die Fähigkeit Amerikas zur globalen Machtprojektion als wirkungslos gegenüber Angriffen kleiner, nicht-staatlicher terroristischer Gruppen« erwies.[1] Die Präzision der Angriffe, die dahinter stehende Planung und aufeinander abgestimmte Logistik sowie nicht zuletzt ihre verheerende Wirkung machte die potenzielle Verwundbarkeit hoch entwickelter westlicher Herrschafts-, Wirtschafts- und Gesellschaftssysteme jäh deutlich. In einer globalisierten Welt erwies sich der Terrorismus selbst als »ein Phänomen der Globalisierung«, indem sich »die islamistisch-terroristischen Gruppen bestehender Globalisierungstechniken« bedienten.[2]

---

* Bei dem einführenden Text handelt es sich um die aktualisierte Fassung des Beitrags von Günther Heydemann in der Festschrift für Horst Möller, Geschichtswissenschaft und Zeiterkenntnis. Von der Aufklärung bis zur Gegenwart, hrsg. von Klaus Hildebrand, Udo Wengst und Andreas Wirsching, Oldenbourg Wissenschaftsverlag, München 208, S. 437–451.

Darüber hinaus traf der Terrorangriff die Vereinigten Staaten in einer Situation absoluter Überlegenheit gegenüber allen anderen Staaten in der Welt – auch deshalb saß der Schock tief. Als eindeutiger Sieger aus dem vier Jahrzehnte währenden Kalten Krieg hervorgegangen, der nahezu die gesamte zweite Hälfte des 20. Jahrhunderts bestimmt hatte, waren die USA »von der Führungsmacht des Westens zur Führungsmacht der Welt geworden«.[3] In der Tat verkörpern die Vereinigten Staaten nach dem Zusammenbruch und der Auflösung der Sowjetunion die einzig verbliebene Hegemonialmacht dieser Erde. Ihr wirtschaftliches Potenzial und militärisches Arsenal wird von keinem anderen Staat erreicht. Und dennoch – von der Wucht und Präzision des heimtückisch geplanten und rücksichtslos ausgeführten Anschlags zeigte sich auch der scheinbar unangreifbare Riese schwer erschüttert.

Gleichwohl handelte es sich nicht nur um einen Angriff auf die führende Supermacht dieser Welt; es war zugleich auch ein bewusst kalkulierter Anschlag auf die führende »westliche« Vormacht, ja auf den »Westen« schlechthin. Als solcher ist er auch von den übrigen westlichen Staaten verstanden worden, Deutschland eingeschlossen. Sie sahen (und sehen) darin eine Kampfansage des Terrorismus gegen »westliche« Werte und Errungenschaften: gegen die Demokratie, gegen die Wahrung von Menschen- und Bürgerrechten, gegen den Rechtsstaat und die Religionsfreiheit, gegen den die Marktwirtschaft, gegen die Pressefreiheit und nicht zuletzt gegen den kulturellen Pluralismus. Infolgedessen wohnte dem Angriff vom 11. September 2001 auch die bewusste Ablehnung dieser Werte inne. Es ist daher nicht verwunderlich, dass die Bekämpfung des internationalen Terrorismus zu einer der vordringlichsten Aufgaben der Außen- und Sicherheitspolitik nahezu aller Staaten geworden ist.

Doch gerade die nach dem Anschlag wiederholt proklamierte Entschlossenheit insbesondere der westlichen Staaten, den internationalen Terrorismus gemeinsam zu bekämpfen, um die Grundwerte der Demokratie, des Rechtsstaats, der Marktwirtschaft und des Pluralismus zu schützen, trug keineswegs zu einer Stärkung des westlichen Lagers bei, wie zunächst zu erwarten war. Vielmehr hat der Irakkrieg infolge des Anschlags von »9/11« ganz unzweifelhaft die größten Spannungen zwischen den USA und Europa seit dem Ende des Zweiten Weltkriegs hervorgerufen. Insbesondere die traditionell guten deutsch-amerikanischen Beziehungen wurden in einer Weise in Mitleidenschaft gezogen, welche die Politik, Publizistik und Politikwissenschaft auf beiden Seiten des Atlantiks überraschte. Unabhängig davon, inwieweit dabei auch diplomatische Ungeschicklichkeiten eine Rolle spielten, wurde deutlich, dass die zutage tretenden unterschiedlichen politischen Positionen aus ebenso differenten Perzeptionen, Normen und Wertvorstellungen resultierten. Trotz gemeinsamer demokratischer Grundüberzeugungen und jahrzehntelanger Partnerschaft wurde unübersehbar, dass etwa im Hinblick auf das internationale Völkerrecht, die Sicherheitspolitik, militärische Maßnahmen als Mittel der Politik sowie die Wahrung von Menschen- und Bürgerrechten z. T. beträchtliche Meinungsunterschiede zwischen Amerikanern und Europäern hervortraten. Das transatlantische Verhältnis ist davon bis heute geprägt. Auch wenn sich durch den Regierungswechsel in Deutschland seit Herbst 2005 die Beziehungen mit den USA wieder entspannt haben, existiert ein subkutaner Dissens weiter, auch deshalb, weil die militärische Intervention der US-Administration unter Präsident George W. Bush im Irak lange Zeit erfolglos blieb und darüber hinaus auch zu einer Destabilisierung der Lage im Nahen und Mittleren Osten beigetragen hat.

Im Folgenden sollen zunächst entscheidende Phasen der deutsch-amerikanischen Beziehungen zwischen dem Anschlag vom 11. September 2001 und dem Beginn des Irakkriegs am 20. März 2003 nachgezeichnet werden, die im Kontext wachsender Meinungsverschiedenheiten über die Nah- und Mittelostpolitik zwischen den USA und der Bundesrepublik eintraten und im Zeichen von Konsens, Krise und Konflikt standen. Sodann wird herausgearbeitet, welche grundsätzlichen Probleme sich daraus auch im Nachhinein für das bilaterale Verhältnis ergaben. Schließlich wird der Versuch unternommen, ein erstes, vorläufiges Fazit zur Politik der Ära Bush zu ziehen.

II.

Auch in der Bundesrepublik rief der monströse Terroranschlag vom 11. September 2001 Schock und Entsetzen hervor. Wie in aller Welt wurde immer und immer wieder im Fernsehen gezeigt, wie die beiden gekidnappten Maschinen in die Türme des World Trade Center einschlugen und diese nach nur kurzer Zeit zum Einsturz brachten. Allein in New York kostete der Anschlag insgesamt 2 823 Menschen das Leben, wobei die genaue Zahl der Opfer allerdings erst erheblich später exakt beziffert werden konnte.[4] Unter ihnen befanden sich auch 80 Deutsche. Es handelte sich dabei um die höchste Zahl von deutschen Staatsangehörigen, die jemals bei einem Terroranschlag ums Leben gekommen sind.

Noch am gleichen Tag erklärte die Bundesregierung der damaligen rot-grünen Koalition in einer Pressemitteilung ihre uneingeschränkte Solidarität mit den USA, einen Tag später bekräftigte Bundeskanzler Gerhard

Schröder dies in einer Sondersitzung des Deutschen Bundestags: »Ich habe dem amerikanischen Präsidenten das tief empfundene Beileid des gesamten deutschen Volkes ausgesprochen. Ich habe ihm auch die uneingeschränkte – ich betone: die uneingeschränkte – Solidarität Deutschlands zugesichert.« In einer weiteren Pressemitteilung des Bundeskanzleramts vom 21. September 2001 wurde diese Zusicherung noch einmal wiederholt, versehen mit dem Zusatz: »Dies schließt auch eine mögliche militärische Unterstützung ein.« Auch die übrigen deutschen Parteien, mit Ausnahme der PDS, schlossen sich dieser Erklärung an. Drei Wochen später, am 4. Oktober 2001, beschlossen alle Mitgliedsstaaten der NATO den Bündnisfall – ein Novum in der Geschichte der transatlantischen Allianz.

Nur wenige Tage nach dem Anschlag und der Solidaritätserklärung des Bundeskanzlers wurden in der Presse jedoch erste Zweifel an der politischen Praktikabilität dieser Erklärung geäußert: »Wie weit geht die uneingeschränkte Solidarität mit den USA, wenn die Deutschen Gefahr laufen, selbst zur Zielscheibe von Terroristen zu werden? [...] Wie soll sich die Bundesregierung gegenüber den USA verhalten? [...] Sollte man George Bush auch bei einem gnadenlosen Rachefeldzug zur Seite stehen?«[5] Aufmerksam wurde registriert, dass die Zusicherung »uneingeschränkter Solidarität« auch eventuelle Gefahren einer bedingungslosen Gefolgschaft einschloss, die möglicherweise grundsätzlichen Interessen der Bundesrepublik zuwiderlaufen könnten und zudem von der rot-grünen Koalition kaum in voller Gänze mitgetragen werden würden, zumal bei einer Mehrheit der Partei der Grünen und bei Teilen des linken Flügels der SPD pazifistische Anschauungen vorherrschten. Deutlich wurden diese Probleme bereits am 16. November 2001, als sich Bundeskanzler Schröder dazu gezwungen sah, die Entscheidung zum Anti-Terror-Einsatz der Bundeswehr in Afghanistan, wo sich die Operationsbasis der für die Anschläge in den USA verantwortlichen Terrororganisation Al Qaida befand, mit der Vertrauensfrage zu verknüpfen. In der Tat fiel das Ergebnis mit 336 Ja-Stimmen denkbar knapp aus, da Bundeskanzler Schröder nur zwei Stimmen mehr als erforderlich erhielt; gleichwohl führte die Abstimmung im Rahmen der Antiterroroperation »Enduring Freedom« zur Entsendung von 3900 Bundeswehrsoldaten nach Afghanistan. → D24

Dass es der Regierungskoalition Schröder/Fischer indes nicht nur Ernst mit dem Schulterschluss mit den USA in militärischer Hinsicht war, sondern dass sie auch auf multilateraler, internationaler Ebene eine aktive Rolle spielen wollte, bewies sie mit der Durchführung der Afghanistan-Konferenz auf dem Bonner Petersberg. Die hier am 5. Dezember 2001 getroffenen internationalen Vereinbarungen schufen die politischen und rechtlichen

Der 11. September 2001 und seine Auswirkungen

Grundlagen für eine auf sechs Monate befristete Übergangsregierung nach Niederringung des Taliban-Regimes; zugleich stimmte die Bundesregierung einer Beteiligung der Bundeswehr an der Internationalen Schutztruppe für Afghanistan (ISAF) ab Januar 2002 zu. Darüber hinaus begann die Bundesmarine zum gleichen Zeitpunkt im Rahmen von »Enduring Freedom« mit Patrouillenfahrten am Horn von Afrika und der Stationierung von Seeaufklärern in Mombasa; außerdem wurden ABC-Spürpanzer nach Kuwait entsandt. Insgesamt handelte es sich um den bisher größten Auslandseinsatz der Bundeswehr in ihrer Geschichte. Bis über die Jahreswende 2001/02 hinaus herrschte somit in politischer wie militärischer Hinsicht zwischen der Bundesrepublik und den USA weitgehender Konsens vor.

Das Verhältnis sollte sich jedoch ab Ende Januar 2002 allmählich verschlechtern. Einen ersten, gewichtigen Anlass hierfür gab die traditionelle Rede des amerikanischen Präsidenten zur Lage der Nation am 29. Januar 2002 (»State of the Union Address«). → **D44** In ihr bezeichnete George W. Bush Irak, Iran und Nordkorea als eine Achse des Bösen (»axis of evil«). Sie seien Länder, welche die Welt bedrohten. Da nur drei Tage danach, am 1. Februar 2002, ein Treffen zwischen Präsident Bush und dessen Außenminister Colin Powell mit dem Bundeskanzler und Bundesaußenminister Joschka Fischer stattfand, wählte Schröder eine diplomatische Formel und stellte fest, dass er den Begriff »Achse des Bösen« als Warnung gegenüber den genannten Staaten interpretiere, den Terroristen keine Waffen zukommen zu lassen.[6] Wesentlich kritischer gab sich demgegenüber der französische Außenminister Hubert Vedrine. In einem Interview sprach er am 6. Februar 2002 von einer »übermäßigen Vereinfachung« der Weltlage durch George W. Bush; gegenüber der »Hypermacht USA« müsse Europa seine eigene Identität betonen.[7] Sechs Tage später warnte Bundesaußenminister Fischer erstmals vor einem Militärschlag gegen den Irak. Die internationale Anti-Terror-Koalition bilde keine Grundlage für Alleingänge. Es sei wenig sinnvoll, von einer »Achse des Bösen« zu sprechen, da auf diese Weise Irak, Iran und Nordkorea in einen Topf geworfen würden.[8]

Auch die deutsche Presse reagierte zunehmend skeptisch; insbesondere wurde nach der Rede Bushs die Zusicherung der »uneingeschränkten Solidarität« Deutschlands mit den USA verstärkt in Frage gestellt: »Das Wort von der uneingeschränkten Solidarität mit den Amerikanern mag in der Schockstarre nach dem 11. September das Richtige gewesen sein. [...] Doch je näher die Amerikaner an die zweite Etappe ihres Krieges gegen den Terror rücken, umso klarer müsste sich die Bundesregierung stellen: Irak? Iran? Mitmachen oder die Gefolgschaft mit stichhaltigen Argumenten ablehnen? Die Fragen sind offen, schlimmer noch – offen ist, nach welchen

Kriterien sie beantwortet werden.«[9] Diese Debatte verstummte auch nicht nach dem Anschlag der Terrororganisation Al Qaida auf die jüdische Synagoge La Ghriba auf der tunesischen Insel Djerba am 12. April 2002, bei dem 19 Menschen, darunter 14 Deutsche, ums Leben kamen.[10] Auch der Besuch des amerikanischen Präsidenten in der Bundesrepublik am 23. Mai 2002 konnte die Diskussion um das weitere Vorgehen der USA nur vorübergehend dämpfen, zumal dessen Äußerungen, einen militärischen Präventivschlag gegen den Irak zu erwägen, noch vor seinem Besuch erfolgt waren. Zweifel an der völkerrechtlichen Legitimation eines entsprechenden Feldzugs und an der möglichen Beteiligung europäischer Staaten rückten in den Vordergrund. Die Debatte in den Medien gewann weiter an Schärfe, als die *New York Times* Anfang Juli 2002 einen detaillierten Plan des Pentagons für einen Militärschlag gegen den Irak veröffentlichte.[11] Unmittelbar nach der Publikation dieser Pläne ging Präsident George W. Bush an die Öffentlichkeit, um die »essentials« seiner weiteren Politik gegenüber dem Irak zu erläutern. Primäres Ziel sei ein Regierungswechsel; dazu würden alle Mittel genutzt, die den USA zur Verfügung stünden.[12]

Nachdem die Bundesregierung bis zu diesem Zeitpunkt die zunehmende Fokussierung der amerikanischen Anti-Terror-Politik auf den Irak nicht weiter kommentiert hatte, deutete sich im Rahmen des deutsch-französischen Gipfeltreffens am 30. Juli 2002 erstmals eine Veränderung ihrer bisherigen Position an. Übereinstimmend erklärten Präsident Chirac und Bundeskanzler Schröder, dass jegliches militärische Vorgehen gegen den Irak einer Legitimierung durch die UN bedürfe.[13] Nur fünf Tage später, zum Auftakt des Bundestagswahlkampfs in Hannover, äußerte sich Schröder noch deutlicher: »Wir [...] sind zur Solidarität bereit, aber dieses Land wird unter meiner Führung für Abenteuer nicht zur Verfügung stehen [...]. Und mit Bezug auf die Diskussion um eine militärische Intervention etwa im Irak sage ich: Ich warne davor, [...] über Krieg und über militärische Aktionen zu spekulieren [...] und sage denen, die in dieser Situation etwas vorhaben, wer das will, muss nicht nur wissen, wie er reinkommt, sondern der braucht auch eine militärische Konzeption dafür, wie es weiter geht. Und deswegen sage ich: Druck auf Saddam Hussein ja; aber Spielerei mit Krieg und militärischer Intervention – davor kann ich nur warnen: Das ist mit uns nicht zu machen [...].« → D39

Inzwischen wurde in der deutschen Presse zunehmend bezweifelt, ob die USA und ihre europäischen Bündnispartner im Hinblick auf einen möglichen Krieg im Irak überhaupt noch gemeinsame Positionen besäßen: »Tatsächlich offenbart sich zwischen den transatlantischen Verbündeten eine Kluft, die – sollte es tatsächlich zu einem Angriff kommen – schier unüberbrückbar würde. Deswegen ist es jetzt trotz aller Wahlkämpfe und diplomatischer Rücksichten höchste Zeit, in Washington auf Antworten auf den zentralen Fragenkatalog zum Irak-Unternehmen zu dringen, verbunden mit dem Hinweis auf das Preisschild, das mit dem Unternehmen ›Saddams Sturz‹ verbunden ist. [...] Es reicht zur Legitimation eben nicht aus, wenn die Regierung Bush die Prävention zur Doktrin erhebt. Und wenn schon, dann ist es die Aufgabe der Verbündeten, Washington vorbeugend auch vor sich selbst zu schützen.«[14]

Inzwischen war die wachsende Ablehnung der amerikanischen Irak-Politik durch die Bundesregierung von der Bush-Administration aufmerksam registriert worden. Daher stellte es ein diplomatisches Monitum dar, als der US-Botschafter in Berlin, Daniel Coats, auf Weisung des amerikanischen Präsidenten am 12. August 2002 im Bundeskanzleramt vorstellig wurde, um Bushs Missfallen über Schröders und Fischers kritische Haltung zum Ausdruck zu bringen. Aber auch die Opposition stand einem Militärschlag gegen den Irak ablehnend gegenüber. So betonte CSU-Landesgruppenchef Michael Glos nur wenige Tage später in einem Fernsehinterview, »dass bei uns keinerlei Absicht [besteht], das kann ich auch für den Kanzlerkandidaten [Edmund Stoiber] sagen, sich an einem militärischen Abenteuer irgendwo in der Welt zu beteiligen – schon gar nicht im Irak.«[15] Damit war in weniger als einem Jahr aus einem breiten deutsch-amerikanischen Konsens ein tief greifender Dissens geworden.

Doch die bestehende Kluft sollte sich noch weiter vertiefen, als Vizepräsident Dick Cheney am 26. August 2002 in einer Rede in Nashville ausdrücklich betonte, die USA würden den Irak auch dann angreifen, wenn Waffeninspekteure der UN wieder ins Land dürften. Präventives Handeln sei unbedingt erforderlich angesichts der tödlichen Bedrohung durch irakische Massenvernichtungswaffen; insofern besäßen die Vereinigten Staaten das Recht zu einem Präventivkrieg. → D54 Ohne Zweifel trugen diese Aussagen zu einer Verhärtung der unterschiedlichen Auffassungen zwischen den transatlantischen Partnern bei, zumal die EU-Außenminister auf einem informellen Treffen im dänischen Helsingör am 31. August/1. September 2002 demgegenüber übereinstimmend feststellten, dass eine Militäraktion auch ein neues Mandat des UN-Sicherheitsrats erfordere. Dadurch gestärkt, verdeutlichte Bundeskanzler Schröder noch einmal seine Position in einer Rede vor dem Deutschen Bundestag: »Meine Argumente gegen eine militärische Intervention bleiben bestehen. Es bleibt ebenfalls klar: Unter meiner Führung wird sich Deutschland an einer militärischen Intervention nicht beteiligen. [...] Das, was wir formuliert haben und was wir unseren Partnern in dieser Frage und in anderen Fragen sagen, bedeutet:

Einführung

Bündnissolidarität auf der einen Seite, aber auch Eigenverantwortung auf der anderen. Über die existenziellen Fragen der deutschen Nation wird in Berlin entschieden und nirgendwo anders.«[16] Damit wurde die Zusicherung der »uneingeschränkten Solidarität« stark relativiert, die Schröder fast auf den Tag genau noch ein Jahr zuvor gegeben hatte.

Die längst bestehenden, tief greifenden Spannungen zwischen Berlin und Washington in der Irak-Frage erreichten ihren Höhepunkt, als sich Bundesjustizministerin Herta Däubler-Gmelin auf einer Wahlveranstaltung zu einem Vergleich von George W. Bush mit Adolf Hitler verstieg: »Bush will von seinen innenpolitischen Schwierigkeiten ablenken. Das ist eine beliebte Methode. Das hat auch Hitler schon gemacht.« → **D69** Die Reaktion der amerikanischen Regierung war prompt: Nach dieser Aussage blieben die traditionellen Glückwünsche zur wiedergewonnenen Bundestagswahl an die rot-grüne Koalition am 22. September 2002 aus; ebenso wenig gelang es Bundesaußenminister Fischer während eines viertägigen USA-Besuchs eine Woche später, einen Termin zu einem Gespräch mit Präsident Bush und dem nationalen Sicherheitsrat zu erhalten. Zudem verschärfte die Bush-Administration ihren Kurs: Noch zwei Tage vor der Bundestagswahl hatte sie im Rahmen einer neuen Verteidigungsdoktrin (»National Security Strategy«) das Recht auf militärische Präventivschläge proklamiert → **D83** und am 11. Oktober 2002 erhielt Präsident Bush vom Kongress die Vollmacht zum Einsatz von US-Streitkräften auch ohne Zustimmung der Vereinten Nationen.

Die Bundesregierung sah sich jedoch in ihrer Position gestärkt, als der UN-Sicherheitsrat nach wochenlangen Verhandlungen am 8. November 2002 einstimmig die Resolution 1441 annahm. Durch sie wurden die Wiederaufnahme von Waffeninspektionen im Irak beschlossen sowie ernsthafte Konsequenzen angedroht, falls das Land sich entsprechenden Maßnahmen entzöge. → **D78** Fünf Tage nach der Verabschiedung der Resolution nahm Saddam Hussein die Forderungen an; am 27. November 2002 begannen die UN-Inspektoren mit der Suche nach eventuell vorhandenen atomaren, biologischen und chemischen Waffen im Irak. Doch auch die fristgerechte Vorlage eines umfangreichen Waffenberichts am 7. Dezember des Jahres 2002 durch Bagdad änderte an der amerikanischen Irak-Politik, der sich inzwischen Großbritannien unter Tony Blair weitgehend angeschlossen hatte, nichts. Da der Bericht als unzulänglich kritisiert wurde, erteilte US-Verteidigungsminister Rumsfeld am 24. Dezember 2002 für 25 000 Soldaten den Marschbefehl in die Golfregion.

Trotz des deutschen Zugeständnisses vom Vormonat, amerikanischen Militärflugzeugen Überflugrechte einzuräumen und den USA die

Der 11. September 2001 und seine Auswirkungen

Benutzung ihrer Basen in Deutschland zu garantieren, lehnte die Bundesregierung weiter eine militärische Intervention im Irak ab. Ende Dezember 2002 äußerte sich Bundesaußenminister Fischer in einem Interview zur Frage, wie Deutschland sich verhalten werde, wenn der UN-Sicherheitsrat über einen Militärschlag gegen den Irak abstimmen sollte. Fischer bekräftigte, dass sich die Bundesregierung »auf der klaren Grundlage einer deutschen Nichtbeteiligung und der Erfüllung seiner Bündnispflichten verantwortungsvoll verhalten«[17] werde und vermied damit ein klares Nein. In einer von Frankreich einberufenen Sondersitzung des UN-Sicherheitsrats am 20. Januar 2003 erläuterte Fischer erneut eindringlich die Motive Deutschlands für die Ablehnung eines militärischen Präventivschlags im Irak: »Unsere große Sorge ist es, dass ein militärischer Schlag gegen das Regime in Bagdad große, unkalkulierbare Risiken im weltweiten Kampf gegen den Terror mit sich bringt. Wir machen uns keine Illusionen über den menschenverachtenden Charakter des Regimes von Saddam Hussein. Daher verlangen wir alle die vollständige Umsetzung der betreffenden Resolutionen der Vereinten Nationen durch Bagdad ohne wenn und aber. Aber wir fürchten neben fatalen Konsequenzen für die langfristige regionale Stabilität auch mögliche negative Folgen für den gemeinsamen Kampf gegen diesen mörderischen Terrorismus. Dies sind wesentliche Gründe für unsere ablehnende Haltung gegenüber einer Militäraktion.«[18] An Klarheit über die eigentlichen Beweggründe der von Deutschland eingenommenen Position gegenüber einem potenziellen Militärschlag im Irak fehlte es somit nicht.

Doch mit der Aussage Bundeskanzler Schröders während einer Wahlkampfveranstaltung in Goslar nur einen Tag später, einem etwaigen Präventivschlag auch dann nicht zuzustimmen, wenn dieser durch eine UN-Resolution legitimiert sein würde, erfuhr die deutsche Politik eine unerwartete Zuspitzung: »Ich habe speziell unseren französischen Freunden gesagt und den anderen auch und ich sag' das hier jetzt ein Stück weitergehend, als das, was ich in dieser Frage sonst formuliert habe: Rechnet nicht damit, dass Deutschland einer den Krieg legitimierenden Resolution zustimmen wird. Rechnet nicht damit.« → D26 Diese pauschale Ablehnung, der zweifellos auch wahltaktische Motive zugrunde lagen, markierte nicht nur einen erneuten Tiefpunkt in den deutsch-amerikanischen Beziehungen; vielmehr lief die Bundesregierung mit der frühzeitigen Festlegung der deutschen Position vor der entscheidenden Abstimmung im Sicherheitsrat der Vereinten Nationen auch Gefahr, den eigenen außenpolitischen Handlungsspielraum erheblich einzuschränken. Scharfe Kritik seitens der Opposition, aber auch in großen Teilen der Presse war die Folge.[19]

Einführung

Im Februar 2003 überschlugen sich dann gleichsam die Ereignisse; ein immer wahrscheinlich werdender Krieg einer amerikanisch-britischen Koalitionsarmee gegen den Irak beherrschte das Interesse der Weltöffentlichkeit. Am 5. Februar 2003 präsentierte US-Außenminister Colin Powell im UN-Sicherheitsrat Satellitenbilder von mutmaßlichen Waffenfabriken im Irak sowie Tonbandaufnahmen von abgehörten Telefongesprächen, die belegen sollten, dass sich der Irak der UN-Resolution 1441 nicht beuge.[20] Zweieinhalb Jahre später, Anfang September 2005, sollte sich Powell allerdings von dieser Rede und den darin vorgelegten Beweisen distanzieren.[21] Am 8. Februar 2003, auf der Sicherheitskonferenz der NATO in München, konnten Fernsehzuschauer dann erstmals den bestehenden amerikanisch-deutschen Streit live verfolgen. Im heftigen Disput über die Zweckmäßigkeit einer Militärintervention im Irak entgegnete Bundesaußenminister Fischer dem amerikanischen Verteidigungsminister Donald Rumsfeld: »Excuse me, I am not convinced!« Einen solchen, in aller Öffentlichkeit ausgetragenen Dissens hatte es in den Beziehungen beider Länder bisher nicht gegeben.[22]

Nur zwei Tage danach legten Frankreich, Russland und Deutschland eine gemeinsame Erklärung vor, in der es hieß: »Es gibt noch eine Alternative zum Krieg. [...] Der Einsatz von Gewalt kann nur ein letztes Mittel darstellen.«[23] Schon zuvor, am 30. Januar 2003, hatten demgegenüber acht EU-Länder in einem offenen Brief die amerikanische Position zum Irak unterstützt; → D91 dem folgten zehn Länder der Vilnius-Gruppe in einer offiziellen Erklärung vom 5. Februar 2003. → D92 Mit der französisch-russisch-deutschen Verlautbarung bot Europa in der Frage einer Militärintervention im Irak somit ein Bild der Spaltung. Doch die Entscheidung, den Krieg mit dem Irak aufzunehmen, war auf amerikanischer und britischer Seite längst gefallen. Den Schlusspunkt setzte der von den USA, Großbritannien und Spanien eingebrachte Resolutionsentwurf vom 24. Februar 2003, in dem festgestellt wurde, dass der Irak die in der UN-Resolution 1441 vom 8. November 2002 gemachten Auflagen nicht erfüllt hatte.[24] Der Einmarsch einer amerikanisch-britischen Koalitionsarmee und damit der Krieg im Irak begann am 20. März 2003.[25]

III.

Wie die skizzierte Abfolge der Ereignisse zeigt, gerieten die deutsch-amerikanischen Beziehungen binnen eineinhalb Jahren in eine schwere Krise, vermutlich sogar in die schwerste Krise seit dem Ende des Zweiten Weltkriegs.

Bestand bis Ende Januar 2002 ein bilateraler Konsens, so sollte die Rede von Präsident George W. Bush zur Lage der Nation am 29. Januar 2002 einen Wendepunkt einläuten, dem eine zunehmend von Spannungen und wachsendem Misstrauen geprägte krisenhafte Phase folgte. Die Entscheidung Bundeskanzler Schröders vom 21. Januar 2003 schließlich, auch einer von der UNO legitimierten militärischen Intervention im Irak nicht zuzustimmen, ließ den längst bestehenden, tief greifenden Konflikt scharf hervortreten. Die rapide Verschlechterung ihrer traditionell guten Beziehungen binnen kurzer Zeit kam für beide Seiten überraschend, insbesondere für die USA, sahen sie doch in der Bundesrepublik Deutschland ihren bis dahin verlässlichsten kontinentaleuropäischen Bündnispartner.

Auch wenn auf deutscher Seite einige Fehler im Umgang mit der US-Regierung hätten vermieden werden können, ja müssen – die Grundeinschätzung, dass ein Krieg im Irak unabsehbare Folgen für das Land selbst, aber auch für die gesamte Lage im Nahen und Mittleren Ostens nach sich ziehen könne, hat sich leider bewahrheitet. Dem rasch errungenen militärischen Sieg gegen den Irak – offiziell wurden die Kampfhandlungen am 1. Mai 2003 beendet – folgte auf lange Sicht keine politische Konsolidierung; der Krieg hat weder dem Land noch der Region wirklichen Frieden gebracht.[26] Die ursprüngliche Strategie der Bush-Administration, mit der Okkupation des Irak, der Beseitigung des Saddam-Regimes und der sukzessiven Demokratisierung des irakischen Staates einen entscheidenden Stabilisierungsfaktor im Weltkrisenherd Nr. 1 zu schaffen, hat sich als Illusion herausgestellt.[27] Auch ist es nicht gelungen, dadurch den islamistischen Terrorismus einzudämmen bzw. zu reduzieren. Vielmehr erwies sich der besetzte Irak als geradezu magnetischer Anziehungspunkt für islamistische Terroristen aus aller Welt, die durch permanente Anschläge die amerikanischen Stabilisierungsbemühungen weitgehend unwirksam machten und dabei die jahrhundertealten ethnischen und religiösen Spannungen zwischen Schiiten, Sunniten und Kurden ausnutzten. Die Zielsetzung, mit der Beseitigung des Saddam-Regimes auch den islamistischen Terrorismus empfindlich zu schwächen, führte phasenweise geradewegs zu einem gegenteiligen Effekt.[28]

Erst die Aufstockung der US-Truppen (»surge«) Anfang 2007, verbunden mit dem nahezu zeitgleich gefassten Entschluss der Sunniten, sich mehrheitlich gegen die Terroristen der Al Qaida zu stellen (»Sunni Awakening«), bewirkte eine allmähliche Besserung der Sicherheitslage. Nach Jahren des Chaos und der Anarchie, die dem Einmarsch der Koalitionstruppen folgten, gab es zuletzt wieder so etwas wie Hoffnung im Irak. Zwar ist das Land zwischen Euphrat und Tigris nach wie vor nicht wirklich befriedet,[29] doch immerhin trugen die Fortschritte in punkto Sicherheit dazu bei, dass sich die US-Truppenverbände bis Ende 2009 vollständig aus den irakischen Städten zurückziehen konnten.[30] Der Abzug ist Bestandteil eines Ende 2008 geschlossenen Abkommens mit der irakischen Regierung, das den vollständigen Rückzug der US-Armee aus dem Irak bis zum 31. Dezember 2011 vorsieht. → DI88 Ob sich die irakische Zentralregierung allerdings anschließend als stark genug erweist, das Land auch ohne Hilfe der Amerikaner zusammenzuhalten, ist längst noch nicht abzusehen.

Zugleich führten die Probleme im Irak zu einem erheblichen internationalen Ansehensverlust der USA, deren Führungsqualitäten als einzig verbliebene Hegemonialmacht verstärkt angezweifelt wurden. Das spiegelte sich auch in Meinungsumfragen wieder. So haben Befragungen des Instituts für Demoskopie in Allensbach aus dem Jahre 2003 ergeben, dass das Amerika-Bild der Deutschen zwar am stärksten von den Terroranschlägen vom 11. September 2001 geprägt worden ist, doch erwies sich die Ablehnung des Irakkriegs kaum zwei Jahre später als ebenso eindeutig: 76% der Befragten in Deutschland sprachen sich gegen eine militärische Intervention aus.[31] Umfragen des Allensbacher Instituts aus den Jahren 2003 und 2007 belegen, dass der Irakkrieg bei der deutschen Bevölkerung in der Tat den höchsten Imageverlust der USA bewirkte. Im März 2003 sahen nur noch 11% in den Vereinigten Staaten den besten Freund Deutschlands; erst allmählich ist dieser Anteil wieder auf 21% (Januar 2007) gestiegen.[32] Zweifellos wird man solche durchaus volatilen Stimmungen nicht überbewerten dürfen; gleichwohl belegen sie, welch tiefe Spuren der Irakkrieg im Bewusstsein breiter Bevölkerungsschichten auch im Hinblick auf das Verhältnis zu den USA hinterlassen hat. Es bleibt abzuwarten, inwieweit die auch in Deutschland mehrheitlich auf Zustimmung[33] gestoßene Wahl Barack Obamas zum neuen US-Präsidenten im November 2008 einen nachhaltigen Stimmungswechsel bewirken kann.

IV.

Aus realpolitischer Sicht betrachtet, muss das Urteil zur Irak-Politik der Bush-Administration negativ ausfallen. Wie immer sich die Lage im Irak schlussendlich auch entwickeln mag, schon jetzt übersteigen die Kosten des Krieges einen etwaigen Nutzen bei weitem: Mehr als 4 000 amerikanische Soldaten fielen bis Dezember 2009 und Milliarden US-Dollar versickerten im Wüstensand, während zeitgleich das amerikanische Haushaltsdefizit neue Rekordhöhen erreichte; ganz zu schweigen von dem immensen

Imageschaden, den dieser »war of choice« den USA beschert hat, nicht nur in der arabischen Welt, sondern gerade auch unter befreundeten Nationen wie Deutschland. Optimistisch betrachtet, sieht die Lage Ende 2009 nicht mehr ganz so schlecht aus: Sollte es tatsächlich gelingen, einen halbwegs stabilen Irak zu hinterlassen, in dem die Menschen erheblich größere Freiheiten als weiland unter Saddam genössen – wobei die jüngste Entwicklung im Irak diesen Ausgang nicht völlig utopisch erscheinen lässt –, wäre schon viel erreicht. Umso mehr als als es sich hierbei um eine Weltregion handelt, in der die Menschenrechte schon traditionell keinen leichten Stand haben und in der mit Ausnahme Israels nicht eine einzige demokratisch legitimierte Regierung existiert.

Während also im Fall des Irak das letzte Wort noch nicht gesprochen ist, fällt das Urteil über ein anderes Politikfeld der Bush-Administration schon jetzt eindeutig aus: Die Rede ist vom sträflichen Umgang der amerikanischen Regierung mit etablierten Menschen- und Bürgerrechtsstandards. Die vom Völkerrecht und der UN-Charta nicht gedeckte Behandlung der Gefangenen auf Guantanamo,[34] deren Praxis inzwischen auch vom Supreme Court mehrfach verurteilt worden ist, wie auch die ungesetzlichen und häufig gewaltsamen Überstellungen (»renditions«) von Verdächtigen[35] legen die Vermutung nahe, die USA handelten, wenn es nach ihrer Interessenlage notwendig erscheint, ohne Beachtung des Völkerrechts und der Menschenrechte. Die inzwischen nachgewiesenen Menschenrechtsverletzungen wie tagelanger Schlafentzug, Waterboarding, simulierte Erschießungen und Ähnliches mehr[36] stellen längst ein Politikum dar, an dessen Brisanz auch das mächtigste Land der Welt nicht einfach vorbeigehen kann. Zwar hat der neu gewählte US-Präsident Barack Obama gleich am zweiten Tag seiner Amtszeit eine so genannte Executive Order[37] unterzeichnet, in der die Schließung Guantanamos binnen Jahresfrist angeordnet wird, doch steht schon jetzt fest, dass man diesen Termin wohl nicht wird einhalten können.[38] Auch darf dies keineswegs das Ende der Aufräumarbeiten in Sachen Menschenrechte sein. Schon jetzt aber hat Obama verkündet, dass jene CIA-Agenten, die nicht zuletzt im umstrittenen Gefangenenlager auf Kuba Folter bei Verhören einsetzten, auch unter seiner Regierung keine Strafverfolgung zu fürchten bräuchten.[39] Und von der Schließung weiterer umstrittener Gefangenenlager, wie sie die US-Armee beispielsweise auf der Bagram Air Base in Afghanistan unterhält, war überhaupt noch nicht die Rede.

Allerdings scheint das letzte Wort in dieser Angelegenheit noch nicht gesprochen zu sein; im Justizministerium unter Eric Holder regt sich offener Widerstand gegen die Politik des Präsidenten. Ende August 2009 hat er einen Sonderermittler eingesetzt, der mögliche Gesetzesverstöße durch

CIA-Agenten untersuchen soll.[40] Noch ist völlig offen, wie weit Staatsanwalt John Durham bei seinen Ermittlungen gehen wird. Doch wenn Holders Mann konsequent ist, müsste er auch nach denjenigen fragen, die derartige Verhörmethoden angeordnet und autorisiert haben. Am Ende könnte der Folterskandal die politisch Verantwortlichen der Regierung George W. Bush doch noch einholen.

Zweifellos muss der global agierende Terrorismus ebenso global durch internationale Kooperation bekämpft werden. Weltweit geltende Menschen- und Bürgerrechte dürfen dabei jedoch ebenso wenig verletzt werden wie die Normen und Gepflogenheiten der Rechtsstaatlichkeit. Gerade weil der Terrorismus den freiheitlich-demokratischen Verfassungs- und Rechtsstaat zutiefst ablehnt und ihn deshalb mit allen Mitteln bekämpft, dürfen sich die westlichen Demokratien keine Blöße geben, indem sie selbst rechtsstaatliche Prinzipien verletzen.

V.

Die umstrittene Bush-Administration ist mittlerweile Geschichte; die Probleme, denen sich Bush und seine Mitstreiter gegenüber sahen bzw. die sie zum Teil selbst geschaffen hatten (Stichwort Guantanamo), prägen allerdings nach wie vor die amerikanische Außenpolitik. Inzwischen hat Bushs Nachfolger im Weißen Haus, Barack Obama, bereits sein erstes Amtsjahr hinter sich. Das gibt Gelegenheit, eine erste Bilanz der Außenpolitik des neuen US-Präsidenten zu ziehen. Natürlich kann eine solche nur unter einem gewissen Vorbehalt erfolgen. Schon im Falle Bushs wäre es verfrüht, dessen Präsidentschaft endgültig als gescheitert zu betrachten – sein Bild in den Geschichtsbüchern wird jedoch maßgeblich von der künftigen Entwicklung der Lage im Irak abhängen.

Zwei konstituierende Faktoren seien hier noch einmal erwähnt, die den Hintergrund für Obamas außenpolitisches Handeln bilden. Da wären zunächst die außergewöhnlich hohen Zustimmungswerte zu nennen, die der erste US-Präsident nach Bush hierzulande genoss und noch immer genießt.[41] Diese signalisieren einen Zuspruch, wie er Obama daheim nie entgegengebracht wurde. Der Vorsprung in absoluten Zahlen, den er bei den Präsidentschaftswahlen im November 2008 erhielt, spiegelt wohl einen überzeugenden, keinesfalls aber den erdrutschartigen Sieg wider, wie ihn die Stimmen der Wahlmänner hinterher abbildeten.[42] Gleichwohl sorgte die Popularität des Präsidenten in Europa und nicht zuletzt in Deutschland für eine Erwartungshaltung, der Obama nur schwerlich gerecht werden konnte. Im Grunde genommen waren Ernüchterung und Enttäuschung geradezu vorprogrammiert.

Dazu kommen als zweiter Faktor die Umstände hinzu, unter denen Barack Obama zum Präsidenten gewählt wurde: ein Rekorddefizit der öffentlichen Haushalte, die schwerste Finanz- und Wirtschaftskrise seit Jahrzehnten, dazu zwei Kriege in Afghanistan und im Irak. Vor allem die ersten beiden haben dafür gesorgt, dass sich der neue US-Präsident in seinem ersten Amtsjahr v. a. der Innen- und der Wirtschaftspolitik zugewandt hat. Während er anfangs mit dem Schnüren von Konjunkturpaketen für die von der Finanzkrise gebeutelte US-Wirtschaft beschäftigt war, hat er den Rest des Jahres mit dem Versuch, das marode US-Gesundheitssystem zu reformieren, verbracht. Ein Vorhaben, das lange Zeit zu scheitern drohte und erst Ende März 2010 doch noch die Zustimmung in beiden Kammern des Kongresses fand.

Während also das Hauptaugenmerk des Präsidenten v. a. auf der Innenpolitik gelegen hat, ist in außenpolitischer Hinsicht vieles auf der Strecke geblieben. So lässt sich konstatieren, dass mit Obama zwar ein neuer Ton bzw. ein neuer Stil in die amerikanische Außenpolitik eingezogen ist, dieser bisher jedoch keine handfesten Ergebnisse auf den drängendsten außenpolitischen Problemfeldern vorzeigen kann.

Stichwort Guantanamo Bay: Das Gefangenenlager auf Kuba stellt zwar per se eher ein innen- bzw. sicherheitspolitisches als ein außenpolitisches Problem für die Obama-Administration dar, doch angesichts des großen Schadens, den es in aller Welt am Ansehen Amerikas hinterlassen hat, gehört es zweifelsohne mit in diese Bilanz. So begrüßenswert die Anordnung des Präsidenten war, das Lager binnen Jahresfrist zu schließen[43] – bisher hat er dieses Vorhaben nicht in die Tat umsetzen können. Noch immer sitzen knapp 200 Gefangene ein, gerade einmal 42 wurden seit jenem 22. Januar 2009 entlassen, als Obama die Anordnung zur Schließung des Lagers erließ.[44] Die Lage ist verfahren – und Hilfe nicht in Sicht. Während die europäischen Verbündeten die angekündigte Schließung des Lagers zunächst durchweg begrüßten, waren sie andererseits nicht dazu bereit, ehemalige bzw. zur Entlassung vorgesehene Guantanamo-Insassen bei sich selbst aufzunehmen.

Stichwort Irak: Der Krieg, der Bushs Präsidentschaft so entscheidend prägte, ist merklich aus den Medien verschwunden. Das scheint zunächst eine gute Nachricht, ist sie doch ein Indiz dafür, dass sich die Lage im Zweistromland entspannt hat und nicht mehr so düster erscheint wie noch im Jahr 2006, als der Irak völlig im Bürgerkrieg zu versinken drohte. Doch ist das alles kaum Obamas Verdienst. Nachdem sich die Lage im Irak infolge der Truppenaufstockung im Laufe des Jahres 2007 beruhigt hatte, spielte der Krieg schon im Präsidentschaftswahlkampf nur mehr eine untergeordnete Rolle – zumal die Finanzkrise mehr und mehr in den Vordergrund rückte. Und beim Truppenabzug aus dem Irak, der gegenwärtig im Gange ist, handelt es sich im Grunde genommen nur um die Umsetzung dessen, was das noch zu Bush Amtszeiten ausgehandelte »Status of Forces Agreement« zwischen den USA und dem Irak ohnehin vorsieht: den endgültigen Abzug aller US-Truppen bis Ende 2011. Etwas überspitzt formuliert, könnte man konstatieren, dass Obama lediglich den unter Bush begonnenen Rückzug zu Ende führt – was freilich noch nichts über Erfolg oder Misserfolg der Operation aussagt. Und hier bleibt leider festzuhalten, dass der Irak nach wie vor nicht wirklich zur Ruhe kommt. Zuletzt wurde das Land wieder im Abstand weniger Monate (im August, Oktober und Dezember 2009[45]) von regelrechten Anschlagswellen erschüttert.

Stichwort Afghanistan: Ausgerechnet für das Land am Hindukusch, der »zentralen Front in unserem Kampf gegen Al Qaida«, wie Obama selbst betonte,[46] war 2009 ein verlorenes Jahr. Erst Anfang Dezember 2009 hat der Präsident seine neue Afghanistanstrategie präsentiert; sie sieht zwar einerseits eine Truppenaufstockung um 30 000 Mann für die erste Jahreshälfte 2010 vor, andererseits ist aber auch schon der Beginn des Abzugs für den Sommer 2011 eingeplant.[47] Wie es gelingen soll, das Ruder binnen dieses kurzen Zeitfensters erfolgreich herumzureißen, bleibt ebenso offen wie die Frage, warum der afghanische Präsident Hamid Karzai ausgerechnet jetzt damit beginnen soll, entschieden gegen die Korruption im eigenen Land vorzugehen. Jener Hamid Karzai, der noch 2009 durch umfangreiche Wahlfälschungen von sich reden machte. Ebenfalls erwähnt werden muss, dass sich Obama mit seiner Bitte um weitere 10 000 Soldaten für Afghanistan bei seinen europäischen Verbündeten nicht annäherungsweise durchzusetzen vermochte – ein fast schon gewohntes Bild seiner Amtszeit. Wann immer es darauf ankam, den gemeinsamen Solidaritätserklärungen an Washington konkrete Taten folgen zu lassen, versagten die Verbündeten ihre Gefolgschaft. Wenn aber Obamas Rhetorik schon bei den europäischen Partnern an ihre Grenzen stößt, erscheint ein Einlenken seitens Amerikas zahlreicher Widersacher in der Welt erst recht unrealistisch.

Stichwort Iran: Ein Paradebeispiel hierfür bietet der vierte und letzte außenpolitische Problemfall Obamas, der Atomkonflikt mit Teheran. Auch 2009 haben die iranischen Mullahs wieder ein gutes Stück des Weges zur ultimativen Waffe zurückgelegt. Obamas Gesprächsangebot an die muslimische Welt[48] verhallte dabei ebenso folgenlos wie ein Ultimatum an den Iran, bis Ende des Jahres die Urananreicherung aufzugeben. Und die überlieferte Antwort des iranischen Präsidenten: »Der Westen kann so viele Fristen setzen, wie er will, das interessiert uns nicht«,[49] lässt auch für die Zukunft kaum Gesprächsbereitschaft seitens der Machthaber in Teheran erkennen. Ernsthafte Sanktionen gegen den Iran sind aber auch im achten Jahr des Atomkonflikts noch immer nicht in Sicht. Ein harsches Sanktionsregime, gestützt durch den UN-Sicherheitsrat, scheitert immer wieder am Widerstand der Vetomächte China und Russland. Doch auch ein gemeinsames Vorgehen der USA und Europas scheint derzeit wenig realistisch. Das einzig denkbare Embargo, welches die Mullahs spürbar treffen würde – ein Benzinembargo, denn mangels eigener Raffinerien muss der Iran trotz zahlreicher Erdölvorkommen noch immer knapp die Hälfte seines Treibstoffs importieren –, hätte auch negative Auswirkungen auf die westliche Wirtschaft. So bleibt die Befürchtung, dass sich allzu viele Staats- und Regierungschefs bereits insgeheim mit der iranischen Atombombe abgefunden haben. Dass hätte nicht nur katastrophale Folgen für die Sicherheit Israels; auch ein nukleares Wettrüsten im Nahen und Mittleren Osten könnte die Folge sein.

Gemessen an ihren Ergebnissen ist die außenpolitische Bilanz Obamas nach dessen erstem Jahr im Amt recht bescheiden. Für ein abschließendes Urteil ist es indes noch zu früh, zumal Obama noch drei Viertel seiner Amtszeit vor sich hat. Doch scheinen nicht nur die Probleme als solche, sondern auch ihre Verkettung so unlösbar zu sein, dass wenig Hoffnung besteht, sie einer Lösung zuführen zu können. Ganz besonders gilt dies für Afghanistan und das angrenzende instabile Pakistan und nicht zuletzt für den Iran. Dass das dortige Regime gemäß eigener Aussage die Nuklearenergie nur zu friedlichen Zwecken nutzen will, erscheint jedenfalls angesichts dessen Verhaltens in den zurückliegenden Jahren mehr als zweifelhaft. Sicher ist indes, dass der Nahe und Mittlere Osten auch in Zukunft die vorherrschende Weltkrisenzone bleiben wird.

Dokumentarischer Teil

Der 11. September 2001 und die Reaktionen in Deutschland und Amerika

Das 20. Jahrhundert kennt eine Reihe von Daten, die sich ins kollektive Gedächtnis der Menschheit gleichsam eingebrannt haben. So etwa die Ermordung John F. Kennedys am 22. November 1963, die erste bemannte Mondlandung vom 20. Juli 1969 oder der Fall der Berliner Mauer am 9. November 1989 – Ereignisse von solcher Tragweite, dass sich die Menschen, die Augenzeugen vor den Fernsehschirmen wurden, oftmals noch Jahrzehnte später genauestens daran zu erinnern vermögen, wie sie die betreffenden Tage erlebt haben. Ganze Generationen sind so nachhaltig geprägt worden. Seit die beispiellose Terrorwelle des 11. September 2001 über New York und Washington hereingebrochen ist, mitsamt der apokalyptischen Bilder vom einstürzenden World Trade Center, kennt auch das 21. Jahrhundert ein solches Datum.

Es war ein sonniger Dienstagmorgen im September, als um 8.45 Uhr New Yorker Ortszeit Amerikas schlimmster Albtraum seinen Anfang nahm:[1] Flug Nummer 11 der American Airlines raste, mit 40 000 Litern Kerosin betankt, in den Nordturm des World Trade Centers und explodierte beim Aufschlag. Noch vermochte niemand zu sagen, ob es sich dabei um einen Unfall oder einen Anschlag handelte, der den nördlicheren der beiden an der Südspitze Manhattans gelegenen Zwillingstürme getroffen hatte. Doch nur 18 Minuten später herrschte in dieser Frage schreckliche Gewissheit: Mit dem Einschlag von Flug Nummer 175 der United Airlines in den Südturm des Word Trade Centers konnte menschliches Versagen als Unfallursache ausgeschlossen werden. Erst ab 10.30 Uhr wurde dann die ganze Dimension der furchtbaren Anschlagsserie, welche die USA an diesem Tag ereilt hatte, einigermaßen greifbar. Mittlerweile waren zwei weitere Passagierflugzeuge zum Absturz gebracht worden; eines davon traf das Pentagon in Washington, das andere stürzte südöstlich von Pittsburgh im US-Bundesstaat Pennsylvania ab. Medienberichten zufolge hätte es Camp David, den Urlaubssitz des Präsidenten oder das Weiße Haus in Washington treffen sollen. Und auch das World Trade Center stand nicht mehr – gegen 10.05 war zunächst der Südturm kollabiert, eine knappe halbe Stunde später dann, um 10.28 Uhr, fiel auch der Nordturm in sich zusammen. Mehr als 3 000 Menschen wurden an diesem Tag in New York und Washington

Opfer des Terrors – es war der schlimmste Angriff auf die Vereinigten Staaten seit dem Überfall der Japaner auf Pearl Harbor im Jahre 1941; tatsächlich hatte das amerikanische Festland solche Verheerungen durch eine ausländische Macht seit dem Britisch-Amerikanischen Krieg von 1812/14 nicht mehr erlebt.

Noch am selben Abend sprach US-Präsident Bush in einer ersten Reaktion voller Entsetzen vom abgrundtief »Bösen«, vom »Allerschlimmsten der menschlichen Natur«, dessen Zeuge Amerika an diesem Tag geworden sei. → D8 Auch die übrige Welt zeigte sich tief betroffen. Selbst Staats- und Regierungschefs, die sonst traditionell eher in Distanz zu Amerika standen – etwa der russische Präsident Wladimir Putin oder Chinas Staatspräsident Jiang Zemin – bekundeten ihr Mitgefühl und ihre Unterstützung im Kampf gegen den internationalen Terrorismus. In Berlin nannte Bundeskanzler Schröder in einer Regierungserklärung vom 12. September → D1 die Anschläge eine »Kriegserklärung an die zivilisierte Völkergemeinschaft« und sicherte den Vereinigten Staaten die »uneingeschränkte Solidarität« Deutschlands zu. Und der Fraktionsvorsitzende der SPD, Peter Struck, sprach im Deutschen Bundestag die denkwürdigen Worte: »Heute sind wir alle Amerikaner.« → D2

Für einen kurzen Moment bestand allgemein die Auffassung, dass mit den Anschlägen die gesamte westliche Staatengemeinschaft gemeint war. Erstmals seit ihrer Gründung vor über 50 Jahren (am 4. April 1949) rief daher die NATO den Bündnisfall nach Artikel 5 des Nordatlantikvertrags aus – demzufolge die Anschläge vom 11. September in den USA als ein Angriff auf alle Bündnispartner zu verstehen seien. → D5 Und auch der Sicherheitsrat der Vereinten Nationen verurteilte noch am selben Tag in einem seltenen Moment der Einigkeit die Terroranschläge von New York und Washington »unmissverständlich« und »mit allem Nachdruck« und sprach von einer »Bedrohung des Weltfriedens und der internationalen Sicherheit«. → D6 Beide Erklärungen erhielten wenig später die Zustimmung aller Fraktionen – mit Ausnahme der PDS – im Deutschen Bundestag. → D4

In der Folgezeit gewann die amerikanische Strategie, auf den Terror des 11. September eine angemessene Antwort zu finden, allmählich an Konturen. Anders als bei früheren Anschlägen in den 1990er Jahren – so etwa beim ersten Bombenattentat auf das World Trade Center von 1993, den Anschlägen auf die US-Botschaften in Kenia und Tansania von 1998 sowie der versuchten Versenkung des US-Zerstörers »USS Cole« im Hafen von Aden im Jemen im Jahre 2000 – sollte die Reaktion Amerikas dieses Mal nicht in vereinzelten Vergeltungsschlägen bestehen, sondern in einem langanhaltenden und dauerhaften Feldzug gegen die Hintermänner und

Der 11. September 2001 und die Reaktionen in Deutschland und Amerika

Unterstützer des internationalen Terrorismus. Einen ersten Vorgeschmack darauf hatte US-Präsident Bush schon am Abend des 11. September geliefert, als er davon sprach, keinen Unterschied zu machen zwischen denjenigen, »die diese Taten begangen haben und denjenigen, die ihnen Unterschlupf gewähren«. → D8 Zwei Tage später wurde der stellvertretende US-Verteidigungsminister Paul Wolfowitz noch präziser, als er auf einer Pressekonferenz davon sprach, jene Staaten, »die den Terrorismus fördern, zu beseitigen« (»ending states who sponsor terrorism«). → D18 Am 20. September schließlich erklärte Präsident Bush in einer Rede vor dem Kongress den Terroristen und ihren Unterstützern ausdrücklich den Krieg. Es war das erste Mal, dass er vom »Krieg gegen den Terror« (»war on terror«) sprach, jenen Ausdruck also verwandte, der wie kein zweiter zum Leitmotiv seiner achtjährigen Amtszeit werden sollte. → D19 Und noch ein Satz fiel hier, der das Selbstverständnis der Bush-Administration in den ersten Monaten nach dem 11. September 2001 bis zum Einmarsch in den Irak im März 2003 charakterisiert: »Wer nicht für uns ist, ist gegen uns.«

Gemeint war damit in erster Linie Afghanistan – jenes Afghanistan der Taliban, das sich schon wenige Tage nach den Anschlägen vom 11. September als erstes Ziel im Kampf gegen den Terror herauskristallisieren sollte. Hier hatten, so die Ermittlungsergebnisse von US-Geheimdiensten und FBI, die Terroristen ihre Ausbildung erhalten und was wohl noch schwerer wog: Hier fanden die Drahtzieher und Hintermänner des Terrors nach wie vor Unterschlupf – das islamische Terrornetzwerk Al-Qaida und ihr Anführer Osama bin Laden, der mutmaßliche Kopf hinter den Anschlägen vom 11. September. Vor dem Hintergrund dieser Erkenntnisse forderte Bush denn auch die Taliban ultimativ dazu auf, bin Laden und seine Mitstreiter auszuliefern: »Sie [= die Taliban] werden die Terroristen entweder aushändigen oder aber deren Schicksal teilen.«

Diese harte Linie sollte rund eine Woche später auch die Unterstützung des UN-Sicherheitsrats finden. Resolution 1373 legte – wenn auch in weniger martialischen Worten, aber letztlich doch ganz im Sinne der US-Administration – fest, dass es allen Mitgliedsstaaten künftig verboten sei, »Einrichtungen oder Personen, die an terroristischen Handlungen beteiligt sind, in irgendeiner Form aktiv oder passiv zu unterstützen«. → D7 Diese Forderung war, ohne Afghanistan explizit zu erwähnen, ganz eindeutig an die Taliban adressiert. Da das Taliban-Regime allerdings keinerlei Anstalten unternahm, auf die Forderungen der Weltgemeinschaft einzugehen, wurde Ende September 2001 ein Krieg in Afghanistan zunehmend wahrscheinlicher.

Deutsche Außenpolitik

D1 Bundeskanzler Gerhard Schröder (SPD) in einer Regierungserklärung zu den Anschlägen in den Vereinigten Staaten von Amerika (12.9.2001)

[...] Der gestrige 11. September 2001 wird als ein schwarzer Tag für uns alle in die Geschichte eingehen. Noch heute sind wir fassungslos angesichts eines nie da gewesenen Terroranschlags auf das, was unsere Welt im Innersten zusammenhält.
Wir wissen noch nicht, wer hinter dieser Kriegserklärung an die zivilisierte Völkergemeinschaft steht. Wir wissen noch nicht einmal, wie viel Tausende ganz und gar unschuldige Menschen den feigen Attentaten zum Opfer gefallen sind. Wir wissen und erfahren aber: Jetzt geht es darum, unser Mitgefühl, unsere Solidarität zu zeigen: Solidarität mit der Bevölkerung der Vereinigten Staaten von Amerika, und zwar Solidarität aller, die für Frieden und Freiheit einstehen, in Deutschland, in Europa, überall auf der Welt. [...]
Meine Damen und Herren, ich habe dem amerikanischen Präsidenten das tief empfundene Beileid des gesamten deutschen Volkes ausgesprochen. Ich habe ihm auch die uneingeschränkte – ich betone: die uneingeschränkte – Solidarität Deutschlands zugesichert. Ich bin sicher, unser aller Gedanken sind bei den Opfern und ihren Angehörigen. Ihnen gilt unser Mitgefühl, unsere ganze Anteilnahme. [...]
Selbstverständlich bieten wir den Bürgern und Behörden der Vereinigten Staaten von Amerika jede gewünschte Hilfe an, natürlich auch bei der Ermittlung und Verfolgung der Urheber und Drahtzieher dieser niederträchtigen Attentate.
Bei meinem Gespräch mit den Partei- und Fraktionsvorsitzenden am gestrigen Abend bestand völlige Einmütigkeit darüber, dass diese außergewöhnliche Situation das Zusammenstehen aller Demokraten erfordert. Die gestrigen Anschläge in New York und Washington sind nicht nur ein Angriff auf die Vereinigten Staaten von Amerika; sie sind eine Kriegserklärung gegen die gesamte zivilisierte Welt. Diese Art von terroristischer Gewalt, das wahllose Auslöschen unschuldiger Menschenleben stellt die Grundregeln unserer Zivilisation infrage. Sie bedroht unmittelbar die Prinzipien menschlichen Zusammenlebens in Freiheit und Sicherheit, all das also, was in Generationen aufgebaut wurde. Gemeinsam werden wir diese Werte – sei es in Amerika, sei es in Europa oder wo auch immer in der Welt – nicht zerstören lassen.

Der 11. September 2001 und die Reaktionen in Deutschland und Amerika

In Wirklichkeit – das zeigt sich immer mehr – sind wir bereits eine Welt. Deshalb sind die Anschläge in New York, dem Sitz der Vereinten Nationen, und in Washington gegen uns alle gerichtet. Der gestrige terroristische Angriff hat uns noch einmal vor Augen geführt: Sicherheit ist in unserer Welt nicht teilbar. Sie ist nur zu erreichen, wenn wir noch enger für unsere Werte zusammenstehen und bei ihrer Durchsetzung zusammenarbeiten. [...]
Ich bin davon überzeugt: Gemeinsam werden wir uns dieser verbrecherischen Herausforderung gewachsen zeigen. Freiheit und Demokratie, die Werte des friedlichen Zusammenlebens der Menschen und der Völker, werden diese Prüfung bestehen.

D2 Peter Struck, Fraktionsvorsitzender der SPD, im Deutschen Bundestag (12.9.2001)

[...] Der Schmerz, das Entsetzen und die Fassungslosigkeit sind weltweit. Wir trauern um Tausende von Toten in den USA, in New York und Washington. Die Bilder dieser nie geahnten Brutalität werden uns nicht mehr loslassen, sie werden uns unser ganzes Leben begleiten.

Wir trauern, weil wir gestern die Abkehr von jeglichen zivilisierten Werten erlebt haben. Flugzeuge, besetzt mit friedlichen Menschen, wurden umgemünzt in mörderische Projektile. Die Angriffe waren eine Kriegserklärung an die Werte der demokratischen und zivilisierten Welt. Ihre Folgen können wir noch nicht abschätzen.

Unser tiefes Mitgefühl gilt allen, die gestern in New York oder in Washington aus ihrem friedlichen Leben in sinnlose Vernichtung gerissen worden sind. Unsere Gedanken und unsere Solidarität gehören dem amerikanischen Volk, das durch mörderische Kräfte angegriffen worden ist. Wir alle müssen wissen, dass die Angriffe nicht nur Tausende von Amerikanern getötet haben, sondern dass sie auch die gesamte Welt getroffen haben. Heute sind wir alle Amerikaner. [...]

Wir haben gestern erfahren, wie verletzbar die von uns geschaffene Ordnung ist. Wir haben erfahren, dass das 21. Jahrhundert hinter den Brutalitäten der Vergangenheit nicht zurücksteht. Wir alle ahnen, dass sich die Weltordnung seit gestern verändert hat.

Zusammen mit der Bundesregierung versichern wir unseren amerikanischen Freunden, dass wir sie in diesen Stunden nicht alleine lassen. Unsere Gedanken und unsere Gefühle sind bei den Opfern, bei deren Angehörigen und bei allen, die genauso fassungslos wie wir sind. Gemeinsam mit dem amerikanischen Volk werden wir alles tun, um den teuflischen Kräften das Handwerk zu legen.

D3 Bundeskanzler Gerhard Schröder (SPD) in einer Regierungserklärung zu den Anschlägen in den Vereinigten Staaten von Amerika (19.9.2001)

[...] In meiner Regierungserklärung vom 12. September → **D1** habe ich, bezogen auf die terroristischen Angriffe gegen die Vereinigten Staaten, gesagt: Dies ist nicht nur ein Krieg gegen die USA, dies ist ein Krieg gegen die zivilisierte Welt. Daran halte ich fest. [...]
Deutschland steht angesichts dieses beispiellosen Angriffs uneingeschränkt an der Seite der Vereinigten Staaten von Amerika. Unser Bekenntnis zur politischen und moralischen Solidarität mit den USA ist in diesen Tagen mehr als eine bloße Selbstverständlichkeit. Gerade hier in Berlin werden wir Deutschen niemals vergessen, was die Vereinigten Staaten für uns getan haben. [...]
Die Welt hat auf die barbarischen Anschläge reagiert, selten einmütig und selten eindeutig. Der Sicherheitsrat der Vereinten Nationen hat in der grundlegenden Resolution 1368 → **D6** einmütig festgestellt, dass die terroristischen Anschläge von New York und Washington eine, wie es in der Erklärung heißt, Bedrohung des Weltfriedens und der internationalen Sicherheit darstellen. Der Weltsicherheitsrat hat damit eine Weiterentwicklung bisherigen Völkerrechts vorgenommen. Bislang galt ein bewaffneter Angriff, eine Störung des Weltfriedens, der Weltsicherheit immer dann, wenn es sich um einen Angriff von einem Staat auf einen anderen Staat handelte. Mit dieser Resolution – das ist das entscheidend Neue – sind die völkerrechtlichen Voraussetzungen für ein entschiedenes, auch militärisches Vorgehen gegen den Terrorismus geschaffen worden.
Der NATO-Rat hat den Vereinigten Staaten seine volle Solidarität auf der Grundlage von Art. 5 des NATO-Vertrages erklärt. → **D5** Auch er hat, ganz ähnlich wie der Weltsicherheitsrat, neu interpretiert, was unter einem bewaffneten Angriff auf einen Bündnispartner zu verstehen sei, nämlich nicht nur, wie bei Zustandekommen des NATO-Vertrages gedacht, der kriegerische Angriff eines Staates auf einen Staat, der NATO-Mitglied ist, sondern – ebenso wie der Weltsicherheitsrat – auch ein terroristischer Angriff, verstanden als Angriff auf einen Bündnispartner. Damit gilt dieser Angriff auf die Vereinigten Staaten als ein Angriff auf die NATO-Partner. Der NATO-Rat hat diesen Beschluss mit unserer vollen Unterstützung gefasst. Das entspricht dem Geist und dem Buchstaben des NATO-Vertrages. [...]
Welche Rechte resultieren aus diesen Beschlüssen für die Vereinigten Staaten? Die Vereinigten Staaten können auf der Grundlage der Entscheidung

des Sicherheitsrats Maßnahmen gegen Urheber und Hintermänner, gegen Auftraggeber und Drahtzieher der Attentate ergreifen. Diese sind völkerrechtlich gedeckt. Sie können und sie dürfen, durch diese Weiterentwicklung des Völkerrechts gedeckt, ebenso entschieden gegen Staaten vorgehen, die den Verbrechern Hilfe und Unterschlupf gewähren. Um es klar zu sagen: Auf all das bezieht sich das, was ich uneingeschränkte Solidarität genannt habe.
Was heißt das für die Pflichten der Bündnispartner? Alle Bündnispartner haben ihre moralische und politische Solidarität ausgesprochen. Das ist selbstverständlich. Wir wissen heute noch nicht, ob und welche Unterstützung die Vereinigten Staaten von den NATO-Partnern erwarten und einfordern. Das könnte auch militärischer Beistand sein; ein solcher kann nicht ausgeschlossen werden und deswegen darf ich ihn nicht ausschließen. [...] Ich betone: Zu Risiken – auch im Militärischen – ist Deutschland bereit, aber nicht zu Abenteuern. Diese werden von uns dank der besonnenen Haltung der amerikanischen Regierung auch nicht verlangt. Ich denke, das wird so bleiben. [...]

D4 **Entschließungsantrag der Fraktionen SPD, CDU/CSU, Bündnis 90/Die Grünen und FDP zu der Regierungserklärung des Bundeskanzlers zu den Terroranschlägen in den USA und zu den Beschlüssen des Sicherheitsrats der Vereinten Nationen sowie der NATO (19.9.2001)**

Der Bundestag wolle beschließen:
1. Der Deutsche Bundestag verurteilt aufs Schärfste die menschenverachtenden Terroranschläge vom 11. September 2001. Er bringt noch einmal seine tiefe Anteilnahme an dem Schicksal der Opfer zum Ausdruck und bekundet seinen Respekt und seine Bewunderung für die großen Leistungen der Polizei, der Feuerwehr und der zahlreichen freiwilligen Helfer in der Katastrophe sowie für die Standhaftigkeit der amerikanischen Gesellschaft gegen die zerstörerische Wirkung dieser feigen Angriffe auf jedes menschliche Zusammenleben.
2. Der Deutsche Bundestag stellt fest, dass sich in Deutschland eine noch nicht da gewesene Welle von tief empfundener Solidarität mit dem amerikanischen Volk, von Betroffenheit über die menschlichen Abgründe der Gewalttaten und von Entschlossenheit, dieser Herausforderung im Rahmen einer globalen Allianz wirksam entgegenzutreten, gezeigt hat.
3. Der Deutsche Bundestag unterstützt mit Nachdruck die amerikanischen Bemühungen um ein weltweites Bündnis zum Kampf gegen den

Terrorismus und begrüßt es, dass bereits zahlreiche Länder ihre Kooperationsbereitschaft bei dieser Initiative bekundet haben, darunter auch mehrere arabische und islamisch geprägte Staaten. Es liegt im Interesse aller Völker, den Terrorismus weltweit zu bekämpfen. In diesem Sinne spricht sich der Deutsche Bundestag für international abgestimmtes Vorgehen und besonnenes Handeln aus.

4. Der Deutsche Bundestag begrüßt die Resolution 56/1 der Generalversammlung und die Resolution 1368 des Sicherheitsrats der Vereinten Nationen vom 12. September 2001 → **D6** in der festgestellt wird, dass der Sicherheitsrat terroristische Angriffe wie in New York und Washington (DC) als Bedrohung des internationalen Friedens und der Sicherheit ansieht.

5. Der Deutsche Bundestag unterstützt den Aufruf des Sicherheitsrats zur internationalen Zusammenarbeit, damit die Täter, Organisatoren und Förderer dieser terroristischen Angriffe vor Gericht gebracht werden und diejenigen, die für die Hilfe, Unterstützung oder Beherbergung der Täter, der Organisatoren und der Förderer verantwortlich sind, zur Rechenschaft gezogen werden.

6. Der Deutsche Bundestag stimmt der Erklärung des Nordatlantikrats vom 12. September 2001 → **D5** zu, in der festgestellt wird, dass der terroristische Angriff vom 11. September 2001 gegen die Vereinigten Staaten als Handlung im Sinne des Artikels 5 des Washingtoner Vertrages zu gelten hat, wenn sich herausstellt, dass dieser Angriff vom Ausland aus gegen die Vereinigten Staaten verübt wurde. Artikel 5 des Washingtoner Vertrages schreibt vor, dass im Falle von Angriffen jeder Verbündete der angegriffenen Vertragspartei Beistand leistet, indem er die Maßnahmen trifft, die er für erforderlich erachtet.

7. Der Deutsche Bundestag unterstützt die Bereitschaft der Bundesregierung, den Bekundungen der uneingeschränkten Solidarität mit den Vereinigten Staaten konkrete Maßnahmen des Beistandes folgen zu lassen. Dazu zählen politische und wirtschaftliche Unterstützung sowie die Bereitstellung geeigneter militärischer Fähigkeiten zur Bekämpfung des internationalen Terrorismus. Über diese Maßnahmen ist nach Kenntnis der amerikanischen Unterstützungswünsche in eigener Verantwortung und gemäß der verfassungsrechtlichen Vorgaben zu entscheiden. […]

UN und internationale Beziehungen

D5   Presseerklärung der NATO vom 12.9.2001

Am 12. September kam der Nordatlantikrat wegen der schrecklichen Angriffe, die gestern gegen die Vereinigten Staaten verübt wurden, erneut zusammen. Der Rat stimmte darin überein, dass – falls sich herausstellen sollte, dass der Angriff aus dem Ausland gegen die Vereinigten Staaten koordiniert worden war – Artikel 5 des Washingtoner Vertrages in Kraft tritt. Dieser bestimmt, dass ein bewaffneter Angriff gegen einen oder mehrere Mitglieder in Europa oder Nordamerika als ein Angriff gegen alle betrachtet wird.

Dieses im Washingtoner Vertrag verkörperte Bekenntnis zur kollektiven Selbstverteidigung wurde einst in gänzlich anderen Umständen abgefasst, als wie sie heute existieren, doch verliert es dadurch in einer von der Geißel des internationalen Terrorismus bedrohten Welt nichts von seiner Gültigkeit oder essentiellen Bedeutung. Als sich die Staats- und Regierungschefs der NATO 1999 in Washington trafen, da zollten sie dem Bündnis Anerkennung für dessen Erfolge, die Freiheit seiner Mitglieder während des Kalten Krieges zu gewährleisten und ein Europa zu ermöglichen, das heute geeint und frei ist. Doch sie erkannten auch eine Reihe von Sicherheitsrisiken an; einige davon unterschieden sich stark von jenen, derentwegen die NATO einst gegründet wurde. Insbesondere verurteilten sie den Terrorismus als eine ernsthafte Bedrohung für Frieden und Stabilität und bestätigten von Neuem ihre Entschlossenheit, ihn gemäß ihren gegenseitigen Verpflichtungen zueinander, ihren internationalen Verpflichtungen und im Einklang mit nationalem Recht zu bekämpfen. Artikel 5 des Washingtoner Vertrages legt fest, dass – im Falle eines Angriffs innerhalb seines Zuständigkeitsbereiches – jeder Bündnispartner dem Angegriffenen Beistand leistet, indem er die für erforderlich erachteten Maßnahmen ergreift. Folgerichtig stehen die NATO-Verbündeten der Vereinigten Staaten bereit, um die Unterstützung zu leisten, die als Antwort auf diese barbarischen Akte notwendig werden könnte.

D6 Resolution 1368 des Sicherheitsrats der Vereinten Nationen (12.9.2001)

Der Sicherheitsrat, in Bekräftigung der Grundsätze und Ziele der Charta der Vereinten Nationen, entschlossen, die durch terroristische Handlungen verursachten Bedrohungen des Weltfriedens und der internationalen Sicherheit mit allen Mitteln zu bekämpfen,
in Anerkennung des naturgegebenen Rechts zur individuellen und kollektiven Selbstverteidigung im Einklang mit der Charta,
1. *verurteilt unmissverständlich* mit allem Nachdruck die grauenhaften Terroranschläge, die am 11. September 2001 in New York, Washington und Pennsylvania stattgefunden haben, und betrachtet diese Handlungen, wie alle internationalen terroristischen Handlungen, als Bedrohung des Weltfriedens und der internationalen Sicherheit;
2. *bekundet* den Opfern und ihren Angehörigen sowie dem Volk und der Regierung der Vereinigten Staaten von Amerika sein tiefstes Mitgefühl und Beileid;
3. *fordert* alle Staaten dringend zur Zusammenarbeit *auf*, um die Täter, Organisatoren und Förderer dieser Terroranschläge vor Gericht zu stellen, und betont, dass diejenigen, die den Tätern, Organisatoren und Förderern dieser Handlungen geholfen, sie unterstützt oder ihnen Unterschlupf gewährt haben, zur Verantwortung gezogen werden;
4. *fordert* die internationale Gemeinschaft *auf*, verstärkte Anstrengungen zu unternehmen, um terroristische Handlungen zu verhüten und zu bekämpfen […];
5. *bekundet seine Bereitschaft*, alle erforderlichen Schritte zu unternehmen, um auf die Terroranschläge vom 11. September 2001 zu antworten und alle Formen des Terrorismus zu bekämpfen, im Einklang mit seiner Verantwortung nach der Charta der Vereinten Nationen;
6. *beschließt*, mit der Angelegenheit befasst zu bleiben.
Auf der 4370. Sitzung einstimmig verabschiedet.

D7 Resolution 1373 des Sicherheitsrats der Vereinten Nationen (28.9.2001)

Der Sicherheitsrat, […]
in Bekräftigung seiner unmissverständlichen Verurteilung der Terroranschläge, die am 11. September 2001 in New York, Washington und Pennsylvania stattgefunden haben, und mit dem Ausdruck seiner Entschlossenheit, alle derartigen Handlungen zu verhüten,

ferner in Bekräftigung dessen, dass diese Handlungen, wie jede Handlung des internationalen Terrorismus, eine Bedrohung des Weltfriedens und der internationalen Sicherheit darstellen,
in Bekräftigung des naturgegebenen Rechts zur individuellen oder kollektiven Selbstverteidigung, das in der Charta der Vereinten Nationen anerkannt und in Resolution 1368 (2001) → **D6** bekräftigt wird,
sowie in Bekräftigung der Notwendigkeit, durch terroristische Handlungen verursachte Bedrohungen des Weltfriedens und der internationalen Sicherheit mit allen Mitteln im Einklang mit der Charta zu bekämpfen, […]
tätig werdend nach Kapitel VII der Charta,
1. *beschließt,* dass alle Staaten
a) die Finanzierung terroristischer Handlungen verhüten und bekämpfen werden;
b) die vorsätzliche Bereitstellung oder Sammlung von Geldern, gleichviel durch welche Mittel und ob mittelbar oder unmittelbar, durch ihre Staatsangehörigen oder in ihrem Hoheitsgebiet mit der Absicht oder in Kenntnis dessen, dass diese Gelder zur Ausführung terroristischer Handlungen verwendet werden, unter Strafe stellen werden;
c) unverzüglich Gelder und sonstige finanzielle Vermögenswerte oder wirtschaftliche Ressourcen von Personen, die terroristische Handlungen begehen, zu begehen versuchen oder sich an deren Begehung beteiligen oder diese erleichtern, sowie von Einrichtungen, die unmittelbar oder mittelbar im Eigentum oder unter der Kontrolle dieser Personen stehen, und von Personen und Einrichtungen, die im Namen oder auf Anweisung dieser Personen und Einrichtungen handeln, einfrieren werden, einschließlich der Gelder, die aus Vermögen stammen oder hervorgehen, das unmittelbar oder mittelbar im Eigentum oder unter der Kontrolle dieser Personen und mit ihnen verbundener Personen und Einrichtungen steht;
d) ihren Staatsangehörigen oder allen Personen und Einrichtungen in ihrem Hoheitsgebiet untersagen werden, Gelder, finanzielle Vermögenswerte oder wirtschaftliche Ressourcen oder Finanz- oder damit zusammenhängende Dienstleistungen unmittelbar oder mittelbar zum Nutzen von Personen zur Verfügung zu stellen, die terroristische Handlungen begehen, zu begehen versuchen, erleichtern oder sich daran beteiligen, oder zum Nutzen von Einrichtungen, die unmittelbar oder mittelbar im Eigentum oder unter der Kontrolle dieser Personen stehen oder zum Nutzen von Personen und Einrichtungen, die im Namen oder auf Anweisung dieser Personen handeln;
2. *beschließt außerdem,* dass alle Staaten

a) es unterlassen werden, Einrichtungen oder Personen, die an terroristischen Handlungen beteiligt sind, in irgendeiner Form aktiv oder passiv zu unterstützen, indem sie namentlich die Anwerbung von Mitgliedern terroristischer Gruppen unterbinden und die Belieferung von Terroristen mit Waffen beendigen;
b) die erforderlichen Maßnahmen ergreifen werden, um die Begehung terroristischer Handlungen zu verhüten, namentlich durch die frühzeitige Warnung anderer Staaten im Wege des Informationsaustauschs;
c) denjenigen, die terroristische Handlungen finanzieren, planen, unterstützen oder begehen oder die den Tätern Unterschlupf gewähren, einen sicheren Zufluchtsort verweigern werden;
d) diejenigen, die terroristische Handlungen finanzieren, planen, erleichtern oder begehen, daran hindern werden, ihr Hoheitsgebiet für diese Zwecke gegen andere Staaten oder deren Angehörige zu nutzen;
e) sicherstellen werden, dass alle Personen, die an der Finanzierung, Planung, Vorbereitung oder Begehung terroristischer Handlungen oder an deren Unterstützung mitwirken, vor Gericht gestellt werden, dass diese terroristischen Handlungen zusätzlich zu allen sonstigen Gegenmaßnahmen als schwere Straftaten nach ihrem innerstaatlichen Recht umschrieben werden und dass die Strafe der Schwere dieser terroristischen Handlungen gebührend Rechnung trägt; [...]
9. *beschließt*, mit dieser Angelegenheit befasst zu bleiben.
Auf der 4385. Sitzung einstimmig verabschiedet.

Amerikanische Außenpolitik

D8 US-Präsident George W. Bush in einer Fernsehansprache an die Nation (11.9.2001)

Guten Abend. Heute wurden unsere Mitbürger, unsere Lebensart (way of life), ja unsere Freiheit selbst zum Ziel einer Reihe von vorsätzlichen, tödlichen terroristischen Akten. Die Opfer saßen in Flugzeugen oder in ihren Büros; es waren Sekretärinnen, Geschäftsmänner und -frauen, Angestellte des Militärs und der Bundesregierung; es waren Mütter und Väter, Freunde und Nachbarn. Die Leben Tausender wurden urplötzlich durch bösartige, verabscheuungswürdige Akte des Terrors ausgelöscht. [...]
Heute hat unsere Nation das Böse gesehen, das Allerschlimmste menschlicher Natur. Und wir antworteten darauf mit dem Besten Amerikas – mit dem Wagemut unserer Rettungskräfte, mit der Fürsorge für Fremde und

mit Nachbarn, die kamen, um Blut zu spenden und jede nur erdenkliche Form der Hilfe anzubieten. [...]
Die Suche ist angelaufen nach den Leuten, die diese bösartigen Akte zu verantworten haben. Ich habe sämtliche Geheimdienst- und Polizeikräfte darauf angesetzt, die Verantwortlichen zu finden und sie ihrer gerechten Strafe zuzuführen. Wir werden keinen Unterschied machen zwischen den Terroristen, die diese Taten begangen haben, und denjenigen, die ihnen Unterschlupf gewähren. [...]
Im Namen des amerikanischen Volkes möchte ich mich bei den vielen Staatsoberhäuptern bedanken, die anriefen, um ihr Mitleid auszusprechen und ihre Hilfe anzubieten. Amerika und unsere Freunde und Verbündeten werden sich mit all jenen, die Frieden und Sicherheit in der Welt wollen, zusammentun und gemeinsam werden wir den Krieg gegen den Terrorismus gewinnen. Heute Abend bitte ich Sie um Ihre Gebete für all jene, die trauern, für die Kinder, deren Weltbilder zusammengebrochen sind, für all diejenigen, deren Gefühl für Sicherheit und Schutz verloren gegangen ist. Und ich selber bete dafür, dass sie von einer Macht, die größer ist, als wir alle sind, getröstet werden, in den uralten Worten des Psalms 23: »Und ob ich schon wanderte im finstern Tal, fürchte ich kein Unglück; denn du bist bei mir.«
Dies ist ein Tag, an dem alle Amerikaner aus allen Gesellschaftsschichten in ihrer Entschlossenheit zu Gerechtigkeit und Frieden vereint zusammenstehen. Amerika hat schon früher seine Feinde abgewehrt, und wir werden es auch diesmal wieder tun. Niemand von uns wird diesen Tag jemals vergessen. Und dennoch gehen wir voran, um unsere Freiheit und alles was gut und gerecht ist in unserer Welt, zu verteidigen.
Vielen Dank. Gute Nacht, und Gott segne Amerika.

D9   Chicago Tribune: The vulnerabilities we cherish (12.9.2001)

[...] Wir sind [...] gerade dabei herauszufinden, wie Amerika auf den ersten kriegerischen Akt seit 60 Jahren reagiert, der es auf eigenem Hoheitsgebiet trifft.
Diese Nation hat die militärische Stärke, jedwede Organisation und jeden Staat, der in diesen Terror verwickelt war, zu vernichten. Sie wird weder von der Reichweite noch von der Durchschlagskraft ihrer Waffen eingeschränkt sein. Allerdings wird sie von Vorstellungen wie nationaler Souveränität und internationalem Recht begrenzt.
In den letzten Jahren haben viele Amerikaner ihre Geduld mit der Reaktion dieses Landes auf den Terrorismus verloren.

Die USA übten keinerlei Vergeltung für den tödlichen Angriff auf die Kaserne der US-Marineinfanterie in Beirut im Jahre 1983, bei dem 241 Infanteristen und Matrosen ums Leben kamen. Sie übten keine Vergeltung für den Angriff auf die Khobar Towers in Saudi Arabien im Jahre 1996, bei dem 19 Angehörige der US-Luftwaffe getötet und mehr als 250 weitere verletzt wurden. In beiden Fällen konnten jeweils keine eindeutigen Beweise für die Verantwortlichen der Taten entdeckt werden.
Amerika suchte und fand ein Maß an Gerechtigkeit für den Bombenanschlag auf das World Trade Center von 1993. Nach einem geradezu peinlich fairen Prozess wurde der Anführer der Terrorgruppe, der blinde ägyptische Scheich Omar Abdel-Rahman, zu einer lebenslangen Freiheitsstrafe ohne Bewährung verurteilt, und auch einige seiner Gefolgsleute erhielten Gefängnisstrafen. Und doch haben diese Urteile kaum als abschreckendes Mittel gegenüber Terroristen gedient. Tatsächlich dürften sie diese sogar noch herausgefordert haben.
Die Ungeduld [vieler Amerikaner] wird sich noch bis zur Entrüstung steigern, während die Zahl der Toten von den Gewaltakten vom Dienstag weiter steigt. Als eine Nation haben wir unsere Wahl getroffen. Wir akzeptieren Verwundbarkeit als Preis der Freiheit. Wir preisen Gerechtigkeit über Vergeltung.
Aber die Gerechtigkeit verlangt nach einer angemessenen Strafe für das Verbrechen. Die Terroristen, die diese Akte organisiert haben, haben Blut an ihren Händen. Bald schon könnte es ihr eigenes sein.

D10 Frankfurter Allgemeine Zeitung: Ins Herz (12.9.2001)

Zwei Flugzeuge stürzen in die Türme des World Trade Center, es kommt zu gewaltigen Explosionen, Flammen schlagen aus den oberen Stockwerken, die Wolkenkratzer brechen zusammen – diese Bilder aus dem Herzen Amerikas stammen nicht aus einem Katastrophenfilm. Was am Dienstag in New York geschehen ist, war furchtbare Wirklichkeit. Entführte, abstürzende Flugzeuge, Feuer im Pentagon, Feuer im Außenministerium. Präsident Bush nennt es eine nationale Tragödie.
Es handelt sich um einen Akt des Terrorismus von monströsen Ausmaßen. Aber es ist mehr als Terrorismus: Es ist ein Krieg gegen Amerika. Diese koordinierten und präzise ausgeführten Anschläge richten sich gegen die Vereinigten Staaten – gegen eines der imponierenden Symbole seiner wirtschaftlichen Vitalität in New York, gegen die militärische Zentrale der Supermacht in Washington, gegen symbolträchtige Einrichtungen der amerikanischen Politik und Gesellschaft. […]

Nach diesem Dienstag wird nichts mehr sein wie zuvor. [...] Die Gleichzeitigkeit der Angriffe auf verschiedene Punkte deutet darauf hin, dass die Täter über eine funktionstüchtige Organisation und sehr gute Kenntnisse verfügten, über technologische Raffinesse, über den kaltblütigen Willen zum Massenmord, über den Fanatismus zum Selbstmord. Dieser Typ von Tätern, der Antrieb und Motive aus einer kruden Mischung von politischem Extremismus und religiösem Fundamentalismus schöpft, ist eine Gefahr in jeder Hinsicht, eine Gefahr für jede Gesellschaft. Einer offenen Gesellschaft wie der der Vereinigten Staaten fällt es besonders schwer, sie unschädlich zu machen. [...]
Amerikanische Regierungsstellen haben seit einiger Zeit gewusst, dass sich etwas zusammenbraut. Sie haben den Nahen und Mittleren Osten in den Blick genommen, jenen Raum, in dem in den letzten Wochen und Monaten die Stimmung gegen Amerika hochgeschlagen ist. Im Visier ist der Islamist Ibn Ladin. Ob er dahintersteckt, weiß man noch nicht. Gewiss ist nur: Der High-Tech-Terrorismus ist kein Spezialfach für die Kriminalistik oder für Thriller-Autoren. Es gibt ihn wirklich, als Mittel des Krieges im 21. Jahrhundert.

D11 Frankfurter Rundschau: Die Kriegserklärung (12.9.2001)

[...] Der 11. September 2001 wird fast sechzig Jahre nach dem japanischen Überfall auf Pearl Harbour 1941 als eine weitere Kriegserklärung gegen die Supermacht USA in die Geschichte eingehen.
Die Kriegserklärung 2001 trägt alle Merkmale einer Zeit, in der Terrorismus zur weltweit alltäglichen Form der Gewalt geworden ist. Einer Gewalt, die nicht fragt, wer die Opfer sind, einer Gewalt, die auf irrsinnige Weise total geworden ist. Japan glaubte vor sechzig Jahren mit seinem Angriff auf ein militärisches Ziel den Grundstein für einen Kriegsgewinn zu legen. Die beispiellose Terrorwelle des 11. September trifft alle Symbole, die Macht und Größe der USA des Jahres 2001 ausmachen. Die schlanken, himmelsstürmenden Türme des Welthandelszentrums symbolisierten nicht nur US-amerikanische Wirtschaftsmacht, sie galten inmitten des Wirtschaftszentrums Manhattan als der Knotenpunkt von Handels- und Geldströmen.
Das Pentagon ist seit Jahrzehnten der Inbegriff einer militärischen Schaltzentrale. Von hier haben die USA Kriege geführt, komplexe militärische Operationen gesteuert und gezielte Schläge auf reale oder vermeintliche terroristische Ziele rund um den Globus ausgeführt. In einer grauenvollen Stunde sind nun diese Symbole ganz oder teilweise zusammengebrochen. Getroffen von zivilen Flugzeugen, die vermutlich samt allen Insassen und

gefüllten Tanks als Bomben in die verhassten Symbole US-amerikanischer, ja westlicher Macht einschlugen. [...]
Dieser Angriff auf die USA ist freilich mehr als eine offenbar lang und perfekt geplante Terrorattacke, wie sie aus der Verzweiflung eines unterdrückten und gepeinigten Volkes erwachsen kann. Sie trägt vielmehr alle Züge einer Hass-Attacke auf Symbole westlicher Macht und nährt Vermutungen, es handle sich um einen religiös-fanatischen Hintergrund.
Die Folgen dieses 11. September werden ebenso gravierend wie unüberschaubar sein. [...] Die USA werden militärisch reagieren: Ein Straffeldzug, und wenn er um den halben Globus geführt werden muss, erscheint wahrscheinlich. Rüstungsprogramme werden hochgefahren werden. Die Welt wird kälter, kriegerischer werden.

D12 Los Angeles Times: U.S. Resolve – Unshattered (12.9.2001)

Am Dienstag nahm der moderne Albtraum der Zivilisation plötzlich Gestalt an, als Terroristen amerikanische Städte angriffen, nationale Wahrzeichen zerstörten und dabei einen schrecklichen Blutzoll forderten. Aber noch während der Rauch über Manhattan wogte und der Staub auf Washington herabsank, schüttelte diese mächtige Nation den gewaltigen Schlag einfach ab. Gebäude fielen zusammen. Doch die Demokratie hielt Stand. [...]
Amerika hat bisher immer Glück gehabt. Ausländische Feinde haben – bis jetzt – nur wenige Tote auf unserem Festland verursacht. Das Blutvergießen im Unabhängigkeitskrieg ebnete den Weg für die Gründung einer neuen Nation. Das traumatische Chaos des Bürgerkriegs war selbstverschuldet. Eines der Markenzeichen des Zweiten Weltkriegs war, dass die Vereinigten Staaten, mit Ausnahme des Angriffs auf Pearl Harbor, nicht die schmerzlichen Erfahrungen der sich bekriegenden europäischen Nationen durchleben mussten. Für die Vereinigten Staaten fanden die Schlachten immer woanders statt.
Nie wieder wird sich diese Nation so sicher fühlen können. Dienstag war ein Tag, der Amerika verändert hat. Genauso wie ein nationales Umdenken nach der Versenkung des Ozeandampfers Lusitania im Jahre 1915 als auch nach Pearl Harbor notwendig waren, so wird auch der Angriff vom Dienstag diese Nation verändern. [...]
Amerika wird reagieren, aber es muss mit Bestimmtheit, nicht mit Mutmaßungen und mit der Entschlossenheit, die aus Selbstvertrauen kommt, reagieren. Die Führung dieses Landes wird die Verantwortlichen ermitteln, und sie wird alles in ihrer Macht stehende tun, um sicherzustellen, dass die Bedrohung beseitigt wird. Bush schwor vollkommen zu Recht,

dass er nicht nur die Terroristen finden und bestrafen wird, sondern auch ihre Unterstützer. Die Entscheidung, mit der er und der Kongress jetzt konfrontiert sind, lautet: Soll sich die Reaktion der USA, wie bei früheren terroristischen Anschlägen auch, nur auf rechtliche Mittel konzentrieren? Oder sollen militärische Vergeltungsmaßnahmen erwogen werden bzw. irgendeine Kombination aus beiden? [...]
In den kommenden Tagen wird es überall im Land Spekulationen und Zynismus geben, Verurteilungen und Dementi, Enthüllungen und intensives Nachdenken, Anklagen und Wut. Aber aus dieser im ganzen Lande vorherrschenden, zusammenhanglosen Welle der Gefühle muss – wird – eine demokratische Entschlossenheit erwachsen, die Amerika und seinen Freunden so vertraut – und so verhängnisvoll für seine Feinde ist.

D13 The New York Times: The War Against America – The National Defense (12.9.2001)

Während die Nation noch die schrecklichen menschlichen und materiellen Verluste der grausam effizienten Terrorangriffe von gestern zu begreifen sucht, muss sie zugleich auch dringend überlegen, wie sich eine offene und demokratische Gesellschaft besser gegen eine Bedrohung verteidigen kann, die mit regulären Armeen und Waffen nicht zu besiegen ist.
Terrorismus ist nicht neu, doch das Ausmaß und die Verwegenheit der Anschläge von New York und Washington machen deutlich, dass die bisherigen Verteidigungsstrategien nur höchst unzureichend sind und dass der Kampf gegen den Terror von der Peripherie in den Mittelpunkt amerikanischer Sicherheitsplanung rücken muss. Ein unkonventioneller und furchteinflößender Angriff auf das amerikanische Heimatland (homeland) hat begonnen. Das amerikanische Volk und seine politische Führung müssen die Mittel aufbringen, diesem Angriff zu begegnen.
Dies darf nicht einfach noch ein weiterer dieser Momente werden, in denen der Präsident erklärt, die Vereinigten Staaten seien unverwüstlich, in denen amerikanische Streitkräfte ohne Wirkung zurückschlagen und in denen die Flughafensicherheit für ein oder zwei Monate verschärft wird. Er muss der Anlass für eine tiefgreifende Neubewertung der Geheimdienstaktivitäten und Verteidigungsmaßnahmen dieses Landes sein. Es muss genauestens untersucht werden, wie das Land auf die Bedrohung durch den Terrorismus reagieren kann, ohne die eigene Freiheit zu opfern. [...]
Wenn Vergeltungsmaßnahmen gerechtfertigt sind, so wie es jetzt der Fall sein wird, sind die Organisatoren erst einmal identifiziert, braucht Washington leichte, aber tödliche Waffen, um terroristische Stützpunkte

in abgelegenen Regionen anzugreifen. Marschflugkörper können effektiv sein, doch eventuell bedarf es noch präziserer Waffen, die im Zusammenspiel mit verbesserter nachrichtendienstlicher Informationsbeschaffung eingesetzt werden können.
Sobald sich Washington in der Vergangenheit darauf vorbereitete, zu handeln, wurde es oft von zaghaften Verbündeten zurückgehalten. Einige unserer engsten Freunde fanden es bisher nützlicher, Geschäfte mit Ländern zu machen, die entweder Terroristen bei sich zu Hause unterstützten, sie gleichgültig behandelten oder sich zu sehr vor ihnen fürchteten, um sie zu verfolgen. Amerika muss seinen Wirtschaftspartnern und Verbündeten klar machen, dass sie nicht länger als unbeteiligte Zuschauer an der Seitenlinie dieses globalen Konflikts agieren können. [...]
Terrorismus ist eine globale Bedrohung. Ein Teil der Herausforderung für die Vereinigten Staaten besteht darin, zu erkennen, dass die Wurzeln des Terrorismus in wirtschaftlichen und politischen Problemen in großen Teilen der Welt liegen. Das Ende des Kalten Krieges brachte ein Wiederaufleben ethnischer Spannungen mit sich, die zuvor vom Konflikt der Supermächte zwischen Ost und West überlagert wurden.
Die Vereinigten Staaten müssen deshalb ebenso geschickt wie auch stark sein. Es wird nicht einfach sein, religiösen Fanatismus und die Wut derjenigen, die von der Globalisierung zurückgelassen wurden, anzusprechen. Die Abneigung gegen die westliche Zivilisation und ihre kulturellen Werte, die den Terrorismus antreibt, ist nur schwer zu überwinden.
Amerikaner wissen schon lange, dass dieser Unmut existiert. Dieses Land muss jetzt die Tatsache erkennen und ansprechen, dass sich der Hass in eine heimtückische Bedrohung verwandelt hat, der die Grundpfeiler der Weltwirtschaft und der Zivilgesellschaft destabilisieren könnte. Das World Trade Center war nicht nur ein Symbol für amerikanischen Wohlstand. Es war auch ein wirtschaftliches Nervenzentrum.
So schlimm die Vorstellung zum jetzigen Zeitpunkt auch sein mag, so müssen die USA doch eine Zukunft in Erwägung ziehen, in der die gestrigen Anschläge von noch tödlicheren terroristischen Angriffen mit ABC-Waffen überschattet werden können. Wir wissen schon lange, dass diese Gefahren ein Teil unserer Zukunft sein könnten. Jetzt aber ist es klar, dass sie womöglich näher sind, als viele Menschen dachten. Eine gemeinsame nationale Anstrengung, um den Schutz dieses Landes zu erneuern, muss umgehend eingeleitet werden.

D14 Süddeutsche Zeitung: Amerika im Krieg (12.9.2001)

Amerika befindet sich seit dem Morgen des 11. September im Krieg. Die Serie von Terroranschlägen auf das World Trade Center und das Pentagon bedroht die Souveränität des Landes wie kein Ereignis seit dem Angriff Japans auf Pearl Harbour. [...] In der Geschichte des Terrorismus wird sich keine Tat finden, in der sich Brutalität und Symbolik zu einer derart infernalischen Wirkung verbunden haben. Das World Trade Center in New York war ein Leuchtturm Amerikas, ein Zeichen seiner ökonomischen und kulturellen Stärke, ein nationales Symbol. Das Pentagon in Washington ist die Zentrale der militärischen Macht, das steinerne Symbol einer unbesiegbaren Nation. Die Flugzeugattentate – in schier unfassbarer Brutalität gesteigert durch die Kaperung der Maschinen – haben die Symbole zerstört und damit Amerika in seinem tiefsten Selbstbewusstsein getroffen. [...]
Während Manhattan von den Staubwolken der einstürzenden Zwillingstürme verdeckt wurde, lässt sich ohne viel Fantasie behaupten, dass diese Attentate die Welt massiv verändern werden. Amerika wird die Akte des Terrors als Kriegserklärung verstehen, als Angriff auf das Land. Sollten die Täter identifiziert werden, werden die USA mit noch nicht vorstellbarer Härte Vergeltung üben. Ein tatsächlicher Krieg gegen eine fundamentalistische Gruppe oder gar gegen ein Land sind wahrscheinlich. Die Ausweitung zu einem regionalen Konflikt ist nicht ausgeschlossen. [...]
Nach den Angriffen vom 11. September muss deshalb die noch vernunftgesteuerte Welt zusammenstehen und sich zu einem Feldzug mobilisieren, der sich gegen die kranken Hirne hinter dieser Barbarei richtet. Das World Trade Center und das Pentagon dürfen nicht zum Symbol einer Entwicklung werden, die aus der Welt einen Hort der Angst und des Terrors macht und die Stabilität der staatlichen Institutionen und vielleicht gar der Demokratie gefährdet. Die unsichtbaren Feinde der Zivilisation müssen enttarnt und unerbittlich verfolgt werden. Denn niemand – ob in New York, Berlin, London oder Tokio – wird sich sonst von der Angst befreien können, die sich an diesem 11. September über die Welt gelegt hat.

D15 The Washington Post: September 11, 2001 (12.9.2001)

Die furchtbaren terroristischen Angriffe von gestern in New York und Washington werden mit Sicherheit zu den schlimmsten Katastrophen der amerikanischen Geschichte gezählt werden. Und sie werden die Vereinigten Staaten mit einer der größten Herausforderungen ihrer Geschichte konfrontieren. Nicht seit dem 7. Dezember 1941 hat das amerikanische Heimatland

(homeland) eine solche Aggression erleiden müssen. Die Nation reagierte damals nicht mit Panik, sondern mit eiserner Entschlossenheit, sich zu verteidigen und die Angreifer zu bestrafen. Die Antwort von heute muss genauso entschlossen sein – an die Massenmörder, die den Angriff planten und ausführten, und an jene Nation oder Nationen, die ihnen Zuflucht und Unterstützung boten. [...]
Die Herausforderung von heute unterscheidet sich auf vielerlei Art und Weise von der vor 60 Jahren, und in mancherlei Hinsicht ist sie noch komplexer. Der Angriff auf Pearl Harbor richtete sich gegen militärische Ziele, nicht gegen Zivilisten, und als er vorüber war, wussten die Vereinigten Staaten, wer die Aggressoren waren und wo sie zu finden waren. Von dem Feind, der gestern zuschlug, wissen wir mit Sicherweit nur das, was die furchtbaren Trümmer von New York und Washington uns erzählen: dass dies ein Gegner war, der zu akribischer Planung und Durchführung eines groß angelegten Angriffs fähig ist; einer, der Zugang zu guten Geheimdienstinformationen und umfangreichen Ressourcen hat. Es ist ein Feind, der bewiesen hat, dass er die Fähigkeit besitzt, die Verteidigungssysteme des amerikanischen Heimatlandes (homeland) zu durchdringen, und dies womöglich besser als sonst irgendein Feind, mit dem es das Land in der Neuzeit zu tun hatte. Und obgleich er keine einzelne feste Anschrift haben mag, hat er vermutlich die Unterstützung von einer oder gleich mehrerer ausländischer Regierungen. [...]
Mit der Zeit ist es wahrscheinlich, dass es möglich sein wird, das größere Netzwerk hinter dem Angriff zu identifizieren; es sollte auch ersichtlich werden, von wo aus es operiert bzw. Unterstützung erhält. In der Vergangenheit schreckten die Vereinigten Staaten häufig davor zurück, Regimen direkt entgegenzutreten, die mit terroristischen Angriffen auf Amerikaner in Verbindung gebracht wurden – so zum Beispiel dem Iran im Fall des Bombenanschlags auf die Khobar Towers 1996 in Saudi Arabien oder auch Afghanistan nach den Bombenanschlägen auf die US-Botschaften in Kenia und Tansania 1998 durch das Netzwerk Osama bin Ladens. Derartiges können sich die Vereinigten Staaten nicht länger erlauben. Stattdessen müssen sie versuchen, eine internationale Allianz zusammenzustellen, um alle Quellen zur Unterstützung der terroristischen Netzwerke, die Krieg gegen die Vereinigten Staaten führen wollen, zu identifizieren und zu vernichten. Wenn notwendig, werden sie auch allein agieren müssen. Für die kommenden Jahre kann es keinen wichtigeren Zweck als diesen in der Außen- und Verteidigungspolitik geben.

D16 Die Welt: Amerika im Krieg (12.9.2001)

Dienstag, der 11. September 2001, wird unauslöschlich in die amerikanische Geschichte eingehen. Bilder von einer so abgrundtief abstoßenden, einer widerwärtigen Überwältigung der Vereinigten Staaten von Amerika durch das Böse – und so wird es in die Geschichte eingehen: als »das Böse« – haben die Amerikaner seit 1941 nicht gesehen. Wenn die Mediengesellschaft so funktioniert, wie es von ihr gesagt wird, dann ist der Überfall auf Amerikas politisches und wirtschaftliches Herz vom heutigen Tage an ein zentrales, wenn nicht sogar das zentrale Symbol amerikanischer Staatsräson. Der 11. September wird der Schlüsseltag des vierten amerikanischen Jahrhunderts werden, er wird das Denken Amerikas unwiderruflich und ein für allemal verändern, und wenig wird in der amerikanischen Politik ab heute noch so sein, wie es bis zum 10. September gewesen ist. An diesem strahlenden Dienstag morgen starb mit Tausenden unschuldiger Amerikaner und einer Handvoll zu allem entschlossener Terroristen der Traum, die Selbstgewissheit, der Mythos der Supermacht Amerika. An diesem Dienstag explodierte am Potomac und am Hudson die Weltordnung der Globalisierung, wie wir sie seit 1989 und eigentlich seit 1918 kannten. An seiner Stelle triumphiert der gesichts- und namenlose Terrorismus in seiner ganzen schrecklichen Gestalt. [...]

Was dies für die Welt bedeutet, ist in seiner Wirkung kaum abzuschätzen. Man kann das Naheliegende ins Auge fassen: Binnen weniger Jahre wird Washington seine Streitkräfte, seine Verteidigungsdoktrin, sein gesamtes strategisches Denken vollkommen und unerbittlich verändert haben. Selbstverteidigung statt Konflikthilfe für andere wird nun alles überlagern, und jedwede Doktrin oder Haushaltsposition, die nicht diese Fähigkeit zur Selbstverteidigung stärkt, wird über Bord geworfen werden. Die USA haben mit unerschütterlichem Optimismus zwei Weltkriege für andere geführt; nun ist es an der Zeit, dass andere für Amerika einstehen. Das bedeutet sehr klar: Wenn die Europäer jetzt nicht alles tun, um Amerika in seinem Angriffsschock zu unterstützen, wenn sie nicht alles tun, um ihre eigene Doktrin und Mittel auf den neuesten technischen Stand zu bringen, dann ist die Nato Geschichte.

Die Folgen des 11. September gehen allerdings wahrscheinlich viel tiefer. Erschüttert worden ist das – trotz aller russischen Raketen und sogar noch trotz des ersten Anschlags auf das World Trade Center Anfang der 90er Jahre – vorhandene Empfinden Amerikas, in gewisser Weise unverwundbar zu sein. [...] Seit gestern hat Amerika, die große junge Macht, die trotz mancher schwerer Fehler stets auf der Seite des Guten stand, ihre politische

Unschuld verloren, ihre historische Unbefangenheit, ihren Glauben an die Macht des Worts und der Moral. Zum ersten Male seit Abraham Lincolns Zeiten herrschte wieder Krieg auf Amerikas Boden. Zum ersten Male überhaupt in der Geschichte erlebten die kontinentalen USA einen erfolgreichen Luftangriff. Zum ersten Male stand Amerikas Nervensystem, stand der gesamte zivile Luftverkehr vollkommen und ohne jede Ausnahme still. [...] Doch wer nun davon ausgeht, die USA würden sich kampflos dem Terrorismus ergeben, unterschätzt dramatisch den Zorn und die Entschlossenheit des patriotischen Amerikaners, sein Land der Freien zu verteidigen. Vielleicht nicht morgen, vielleicht nicht bis Weihnachten, vielleicht auch nicht 2002 werden die Amerikaner eine Antwort vorlegen auf das, was gestern geschehen ist.

Eines aber steht so fest wie der tägliche Sonnenaufgang: Sie werden nicht ruhen, bis die Verantwortlichen für den Luftangriff gefasst worden sind. Sie werden nicht ruhen, bis das Land auf die neue Bedrohung ausgerichtet worden ist. Sie werden nicht ruhen, bis ihre Ehre wieder hergestellt und Genugtuung für ihre Toten geleistet worden ist. Das kann durchaus bedeuten, dass ein Sympathisantenstaat, sollten die Terroristen einen gehabt haben, in die Steinzeit zurückgebombt wird.

Wir, die Europäer, tun sehr gut daran, uns an den Gedanken zu gewöhnen, dass die Nachkriegszeit seit gestern zu Ende ist. Wenn uns an einem Bündnis mit Amerika gelegen ist, dann werden wir alles daran setzen, den Weg mitzugehen, den Amerika jetzt beschreitet. Dies ist Amerikas *darkest hour*; lassen wir es jetzt nicht allein.

D17 US-Präsident George W. Bush nach einem Treffen mit seinem »National Security Team« in Washington, D.C. (12.9.2001)

[...] Die vorsätzlichen und tödlichen Angriffe, die gestern gegen unser Land ausgeführt wurden, waren mehr als bloße Akte des Terrors. Sie waren Akte des Krieges. Derlei Aktionen verlangen von unserem Land, dass wir in eiserner Entschlossenheit zusammenstehen. Die Angriffe galten der Freiheit und der Demokratie.

Das amerikanische Volk muss wissen, dass wir einer ganz neuen Art von Gegner gegenüberstehen. Dieser Feind versteckt sich im Schatten und nimmt keinerlei Rücksicht auf das Leben anderer Menschen. Dies ist ein Feind, der Jagd auf unschuldige und arglose Leute macht, anschließend geht er wieder in Deckung. Aber er wird nicht ewig im Schutze seiner Deckung ausharren können. Dies ist ein Feind, der versucht sich zu verstecken. Aber er wird sich nicht für immer verstecken können. Dies ist ein

Feind, der glaubt, dass seine Zufluchtsorte sicher sind. Aber sie werden nicht auf ewig sicher sein.
Dieser Feind hat nicht bloß unser Volk angegriffen, sondern alle Menschen auf der Welt, die die Freiheit lieben. Die Vereinigten Staaten von Amerika werden all ihre Ressourcen nutzen, um diesen Feind zu besiegen. Wir werden die ganze Welt zusammentrommeln. Wir werden geduldig sein, wir werden konzentriert sein, und wir werden eisern in unserer Entschlossenheit sein.
Diese Schlacht wird Zeit und Entschlossenheit brauchen. Aber seien Sie unverzagt: Wir werden gewinnen. [...]

D18 Paul Wolfowitz, stellvertretender US-Verteidigungsminister, auf einer Pressekonferenz im Verteidigungsministerium, Washington, D.C. (13.9.2001)

Frage: Der Präsident hat erklärt, dass die USA vorhätten, diejenigen, die verantwortlich sind für diese Angriffe, zu finden und zur Rechenschaft zu ziehen. Aber er und andere auch, Sie eingeschlossen, haben ebenfalls davon gesprochen, einen umfassenderen Feldzug ins Leben zu rufen, einen Feldzug, der, bezüglich seiner Ziele, weit über diejenigen, die lediglich für diesen speziellen Angriff verantwortlich sind, hinausgeht. Was haben wir darunter zu verstehen?

Wolfowitz: Nun, ich finde die Worte des Präsidenten eigentlich ganz gut, also lassen Sie sie mich nochmal wiederholen: Diese Leute versuchen sich zu verstecken, aber sie werden sich nicht für immer verstecken können. Sie glauben, dass ihre Zufluchtsorte sicher seien, aber sie werden nicht auf ewig sicher sein. Ferner muss man, wie ich finde, auch sagen, dass es nicht bloß darum geht, diese Leute einzufangen und zur Verantwortung zu ziehen. Man muss darüber hinaus ihre Zufluchtsorte ausheben; Systeme, die sie unterstützen, entfernen und Staaten, die den Terrorismus fördern, beseitigen (ending states who sponsor terrorism). Und genau deswegen muss es sich auch um einen umfassenden, nachhaltigen Feldzug handeln. Es wird nicht aufhören, bloß weil man sich um ein paar Terroristen gekümmert hat. [...]

D19 US-Präsident George W. Bush in einer Rede vor dem Kongress in Washington, D.C. (20.9.2001)

[...] Heute Abend sind wir ein Land, das – im Bewusstsein der Gefahr – berufen wurde, die Freiheit zu verteidigen. Aus unserer Trauer wurde Zorn und aus Zorn wurde Entschlossenheit. Einerlei, ob wir unsere Feinde nun

zur Rechenschaft ziehen oder ob wir das Recht zu unseren Feinden tragen – der Gerechtigkeit wird genüge getan werden. [...]
Am 11. September verübten die Feinde der Freiheit einen Akt des Krieges gegen unser Land. Uns Amerikanern sind Kriege wohl bekannt – doch während der letzten 136 Jahre wurden sie stets in fremden Ländern ausgefochten, mit Ausnahme eines Sonntags im Jahre 1941. Wir Amerikaner sind mit Kriegsopfern vertraut – doch nicht im Zentrum einer Großstadt an einem friedlichen Morgen. Wir Amerikaner haben schon Überraschungsangriffe erlebt – doch nie zuvor richteten sich diese gegen Tausende von Zivilisten. All dies brach an einem einzigen Tag über uns herein – und als es Nacht wurde, befanden wir uns in einer anderen Welt, einer Welt, in der die Freiheit selbst angegriffen wird.
Wir Amerikaner haben heute Abend viele Fragen. Wir Amerikaner fragen uns: Wer hat unser Land angegriffen? Die von uns gesammelten Beweise deuten alle auf einen losen Zusammenschluss unterschiedlicher terroristischer Gruppierungen namens Al-Qaida hin. Das sind dieselben Mörder, die beschuldigt werden, die Bombenanschläge auf die US-Botschaften in Tansania und Kenia verübt zu haben; dieselben Mörder, die verantwortlich sind für den Bombenanschlag auf die USS Cole.
Al-Qaida ist für den Terror, was die Mafia für das organisierte Verbrechen ist. Aber ihr Ziel besteht nicht darin, Geld zu verdienen; ihr Ziel ist es, die Welt zu verändern, indem sie den Menschen aller Herren Länder ihren radikalen Glauben aufzwingt. [...] Die Führung der Al-Qaida hat großen Einfluss in Afghanistan und unterstützt das dortige Taliban-Regime in seiner Herrschaft über weite Teile des Landes. In Afghanistan sehen wir schon heute Al-Qaidas Version einer neuen Welt verwirklicht. [...]
Die Vereinigten Staaten respektieren das afghanische Volk – schließlich sind wir gegenwärtig dessen größter Geldgeber für humanitäre Hilfe –, aber wir verurteilen das Regime der Taliban. Nicht genug damit, dass es sein eigenes Volk unterdrückt, nein – es bedroht auch die Menschen in anderen Teilen der Welt, indem es Terroristen fördert, beherbergt und ausrüstet. Indem es Mördern hilft und sie bereitwillig unterstützt, macht sich das Taliban-Regime selbst des Mordes schuldig.
Und heute Abend richten die Vereinigten Staaten von Amerika folgende Forderungen an die Taliban: Liefern Sie sämtliche Anführer der Al-Qaida, die Sie in ihrem Land versteckt halten, an die Vereinigten Staaten aus. Lassen Sie alle Ausländer, einschließlich der amerikanischen Staatsbürger, die Sie ungerechterweise inhaftiert haben, frei. Beschützen Sie ausländische Journalisten, Diplomaten und Entwicklungshelfer in Ihrem Land. Schließen Sie sofort und auf Dauer jedes terroristische Ausbildungslager in Afghanistan

und liefern Sie jeden Terroristen respektive jede Person, die diese unterstützt, an die zuständigen Behörden aus. Gewähren Sie den Vereinigten Staaten freien Zugang zu den terroristischen Ausbildungslagern, damit wir sicherstellen können, dass diese nicht mehr länger in Betrieb sind.
Diese Forderungen stehen nicht zur Diskussion. Die Taliban müssen handeln, und zwar sofort. Sie werden die Terroristen entweder aushändigen oder aber deren Schicksal teilen. [...] Unser Krieg gegen den Terror beginnt mit Al-Qaida, aber er endet nicht dort. Er wird erst zu Ende sein, wenn jede einzelne terroristische Gruppierung mit weltweitem Operationsgebiet gefunden, gestoppt und besiegt worden ist. [...]
Diese Terroristen töten nicht einfach nur, um Leben auszulöschen, sondern um eine ganze Lebensart (way of life) zu zerstören. Mit jeder Gräueltat hoffen sie von Neuem, dass Amerika nun ängstlich werde, sich von der Welt zurückziehe und seine Freunde im Stich lasse. Sie stehen gegen uns, weil wir ihnen im Weg stehen.
Wir lassen uns nicht von ihrer vorgespielten Frömmigkeit täuschen. Wir haben ihresgleichen schon einmal gesehen. Sie sind die Erben aller mörderischen Ideologien des 20. Jahrhunderts. Indem sie Menschenleben für ihre radikalen Visionen opfern – durch die Aufgabe aller Werte mit Ausnahme des Willens zur Macht –, folgen sie dem Weg von Faschismus, Nazismus und Totalitarismus. Und sie werden diesem Weg folgen bis zu dem Punkt, an dem er für gewöhnlich endet: am nicht markierten Grabe, das die Geschichte für ausrangierte Lügen bereithält. [...]
Dieser Krieg wird sich stark von demjenigen gegen den Irak von vor einem Jahrzehnt unterscheiden, einem Krieg mit einer entschlossenen Befreiung eines Territoriums und einem schnellen Ende. Er wird auch nicht so aussehen wir der Luftkrieg über dem Kosovo von vor zwei Jahren, als keine Bodentruppen eingesetzt wurden und kein einziger Amerikaner im Kampf sein Leben ließ.
Unsere Antwort wird weit mehr umfassen als sofortige Vergeltungsschläge und vereinzelte Angriffe. Wir Amerikaner sollten keine einzelne Schlacht erwarten, sondern vielmehr einen langanhaltenden Feldzug; einen, den wir so noch nicht gesehen haben. Er kann dramatische Angriffe beinhalten, die sogar im Fernsehen zu sehen sein werden, aber auch verdeckte Operationen, die so geheim sind, dass sie verborgen bleiben müssen, selbst wenn sie erfolgreich sind. Wir werden den Terroristen den Geldhahn zudrehen, sie aufeinander hetzen, sie von Ort zu Ort treiben, bis es für sie weder Rast noch Zuflucht gibt. Und wir werden gegen Staaten vorgehen, die dem Terrorismus Hilfe oder Zufluchtsorte bieten. Jede Nation, in jeder Region, hat jetzt eine Entscheidung zu treffen: Entweder seid Ihr mit uns oder Ihr seid

mit den Terroristen. Vom heutigen Tag an werden die Vereinigten Staaten jeden Staat, der Terroristen auch weiterhin beherbergt oder unterstützt, als ein feindliches Regime betrachten.
Die Stunde wird kommen, in der Amerika handeln wird. [...]

D20 Frankfurter Allgemeine Zeitung: Amerika im Krieg (22.9.2001)

Der amerikanische Präsident hat vor dem Kongress jene Klarheit geschaffen, vor der sich mancher seiner europäischen Verbündeten gefürchtet und in semantische Spitzfindigkeiten geflüchtet hatte: Amerika steht im Krieg, einem Weltkrieg, gegen den Terrorismus, wo immer er sein Haupt auch erheben möge. Bushs Rede war keine Rede über Vergeltungsschläge; sie war eine Kriegsrede, die von einer existentiellen Bedrohung der Vereinigten Staaten, aber auch der übrigen Welt berichtete und davon, wie Amerika darauf reagieren werde: wie auf die Kriegserklärungen jener totalitären Gegner mit Weltbeherrschungsdrang, die es im vergangenen Jahrhundert in heißen und kalten Kriegen besiegt hatte. Bush und die große Mehrheit seiner Landsleute sehen in den Anschlägen auf New York und Washington nicht weniger als den Beginn eines Kampfes um Sein oder Nichtsein der westlichen Zivilisation und ihres Herrschaftsmodells, der Demokratie. Dass Bush die Terroristen als Erben von Faschismus und Nationalsozialismus bezeichnete, kann auch in Europa keinem die Illusion lassen, dass Amerika schon bald wieder zum Tagesgeschäft übergehen werde. [...]
Washington antwortet auf eine globale Gefahr mit einer globalen Politik. Es hat sich, kaum dass es den Schockzustand überwunden hatte, um eine weltumspannende Allianz bemüht, die auch helfen sollte, die Entstehung falscher Frontlinien zu vermeiden. Mit Wort und Tat hat Bush verdeutlicht, dass Amerika einen Krieg gegen terroristische Islamisten, nicht aber gegen den Islam führen will; dass es einen Angriff auf seine Zivilisation abwehren muss, dahinter aber nicht den Zusammenstoß von Zivilisationen ausmacht. Präsident Bush versucht wie schon sein Vater im Golfkrieg zur Befreiung Kuwaits die aufgebrochene Krise von dem bestehenden Erzkonflikt im Nahen Osten zu isolieren; daher soll Israel nicht Teil des Anti-Terror-Bündnisses werden. Alle anderen Staaten stellt Bush jedoch vor eine Wahl, die keine Zweifel an der amerikanischen Entschlossenheit aufkommen lässt: entweder mit Amerika oder mit den Terroristen zu sein. [...]
Selbst das [stabile] und säkularisierte Europa, dessen Regierungen schnell mit Solidaritätsbekundungen waren, wird auch nach Bushs Rede nicht gefeit sein gegen die Versuchung, die Schuld am internationalen Terrorismus und seinen Symptomen etwas gleichmäßiger zu verteilen, etwas mehr

Der 11. September 2001 und die Reaktionen in Deutschland und Amerika

Verständnis für andere Kulturen zu verlangen und überhaupt mehr Gerechtigkeit in der Welt zu fordern. Es ist kein Wunder, dass die Europäer und darunter besonders die Deutschen nach den Erfahrungen des zwanzigsten Jahrhunderts vor kriegerischen Akten, ja allein vor dem Wort »Krieg« zurückschrecken. Auch Deutschland hat inzwischen jedoch zu spüren bekommen, dass die Angriffe in New York nicht isolierte Aktionen einer Verbrecherbande waren, sondern Werk eines hocheffektiven transnationalen Terrornetzes, das offenbar tausendfachen Tod in jede Metropole der Welt tragen kann – wie anders sollte man das nennen als Krieg? Amerika will und kann nicht mit dieser Gefahr leben, selbst wenn es weitere Opfer kosten wird, sie zu beseitigen. Jetzt ist es an den europäischen Demokratien, zu zeigen, ob auch sie so wehrhaft sind, wie sie glauben.

D21   The Washington Post: The Case for Force (30.9.2001)

An diesem Wochenende finden in Washington die ersten Anti-Kriegs-Demonstrationen einer neuen Epoche statt. [...] Viele von uns mögen hoffen, dass die Pazifisten richtig lägen, dass das Problem ohne zusätzliches Blutvergießen gelöst werden könnte, und dieses Wunschdenken wird wahrscheinlich in noch mehr Skepsis münden, sobald der Krieg gegen den Terrorismus an Härte zunimmt.
Die Vereinigten Staaten haben das Recht, sich zu verteidigen; die Vereinigten Staaten haben die moralische Verpflichtung, sich zu verteidigen. Dies muss der Ausgangspunkt sein. Die Angriffe vom 11. September sind vielleicht nicht von einem einzelnen Staat ausgegangen. Doch sie waren ein Angriff gegen den amerikanischen Staat, und sie waren Teil eines größeren Versuchs, dieses Land und seine Lebensart (way of life) zu zerstören. Die Angriffe wurden von Feinden der Vereinigten Staaten geplant und ausgeführt, und die richtige Antwort darauf ist, diese Feinde unsererseits anzugreifen und zu versuchen, die von ihnen ausgehende Bedrohung zu beseitigen.
Gegen diese Sicht der Dinge werden einige Argumente aufgeboten. Eines lautet, dass viele Unschuldige unter den amerikanischen Vergeltungsschlägen leiden werden. Dies ist aller Voraussicht nach korrekt, genauso wie es im Bürgerkrieg, im Zweiten Weltkrieg und in jedem anderen bewaffneten Konflikt korrekt war; deshalb sollte Krieg auch stets die Ultima Ratio sein. Die Vereinigten Staaten sollten und werden voraussichtlich auch versuchen, zivile Verluste so gering wie möglich zu halten; eine Strategie, die sowohl richtig als auch im ureigensten Interesse der USA ist. Aber wenn Krieg die einzige Möglichkeit ist, einen Feind davon abzuhalten, noch

mehr Amerikanern das Leben zu nehmen, dann dürfen uns solche Bedenken nicht behindern.
Es wird argumentiert, dass sich die Vereinigten Staaten ausschließlich den Strafverfolgungsbehörden und den Gerichten zuwenden sollten. Beide sind selbstverständlich ein Teil der Antwort. Aber es war diese Strategie, derer man sich im zurückliegenden Jahrzehnt in erster Linie bedient und die versagt hat, weil sie staatliche Förderung und Gewährung von Zufluchtsorten für Terroristen nicht berücksichtigt. [...]
Schließlich wird argumentiert, dass Vergeltungsschläge lediglich die »Gewaltspirale« (cycle of violence) weiter anfachen. Dies ist das wohl verführerischste Argument, und es ist das, was völlig falsch ist. Es gibt eine Gewaltspirale, aber die hat nichts mit »Wie du mir, so ich dir« zu tun. Diese Spirale schließt den ersten Bombenanschlag auf das World Trade Center von 1993 ein, den Angriff auf die Khobar Towers 1996 in Saudi Arabien, die Bombenanschläge auf die US-Botschaften 1998 in Ost-Afrika und die versuchte Versenkung der USS Cole im Jemen im letzten Jahr. Dies waren Angriffe durch islamische Terroristen, die Soldaten und Zivilisten – sowohl amerikanische als auch ausländische – töteten; diese Terroristen erhielten Unterschlupf und Unterstützung von anti-amerikanischen Regierungen; Regierungen, deren Taten ohne Konsequenzen blieben. Es ist exakt diese Spirale, die die Vereinigten Staaten durchbrechen müssen, indem sie jetzt handeln. [...]

Der Krieg gegen die Taliban und die Stationierung deutscher Soldaten in Afghanistan

Am 7. Oktober 2001, knapp vier Wochen nach den verheerenden Anschlägen vom 11. September, trat der von US-Präsident Bush proklamierte »Krieg gegen den Terror« in eine neue Phase ein und überschritt die Schwelle vom »kalten« zum »heißen« Krieg: Von amerikanischen und britischen Kampfflugzeugen aus abgefeuert fielen die ersten Bomben und Raketen auf Afghanistan. Der Militärschlag gegen das Taliban-Regime hatte begonnen.

Zuvor war dieses immer stärker unter internationalen Druck geraten, nachdem auch langjährige Unterstützer wie der Nachbar Pakistan zunehmend auf Distanz gegangen waren. Diese Isolation mag ihren Teil dazu beigetragen haben, dass die Taliban angesichts des unmittelbar bevorstehenden Angriffs ihr Heil nochmals in einer diplomatischen Offensive suchten und die Freilassung mehrerer ausländischer Geiseln – darunter acht Mitglieder der Hilfsorganisation »Shelter Now« – in Aussicht stellten. Da das Regime aber gleichzeitig zu keinerlei Zugeständnissen in Hinblick auf die Kernforderung Amerikas, nämlich die bedingungslose Auslieferung Osama bin Ladens, bereit war, war das Unterfangen von vornherein zum Scheitern verurteilt.

Obgleich die Angriffe zunächst ausschließlich von amerikanischen und britischen Streitkräften durchgeführt wurden – sieht man einmal von den Bodentruppen der Nordallianz ab –, hatte US-Präsident Bush nicht gänzlich Unrecht, als er noch am Abend des 7. Oktober in einer Fernsehansprache verkündete, dass das Vorgehen Amerikas »vom kollektiven Willen der Welt getragen« sei. → D29 Vier Wochen umsichtiger US-Diplomatie – und natürlich auch der weltweite Schock angesichts der neuen Dimension des Terrors nach dem 11. September – hatten dazu geführt, dass nahezu alle westlichen Demokratien ihre militärische Unterstützung der Operation »Enduring Freedom« bekundeten und etliche weitere Staaten ihre Zusammenarbeit mit den USA im »Krieg gegen den Terror« (etwa beim Austausch von Geheimdienstinformationen) zusagten. Auch der UN-Sicherheitsrat, der am 8. Oktober in New York zusammengekommen war, billigte die Militärschläge gegen Afghanistan, auch wenn er von einer ausdrücklichen

Ermächtigung in Form einer weiteren UN-Resolution zunächst Abstand genommen hatte.[1] Dessen hätte es aus amerikanischer Sicht indes ohnehin nicht bedurft, berief sich Washington bei der Legitimation des »Krieges gegen den Terror« doch ausdrücklich auf die vorangegangenen Resolutionen 1368 und 1373, insbesondere auf Artikel 51 der UN-Charta[2], welcher jedem Staat das Recht zur individuellen und kollektiven Selbstverteidigung ausdrücklich einräumt.[3]

In Deutschland verteidigte Bundeskanzler Schröder das militärische Vorgehen in Afghanistan »als Teil der notwendigen Antwort auf die terroristischen Anschläge von New York und Washington«. → D22 Gleichzeitig machte er klar, was mit der »uneingeschränkten Solidarität« gemeint war, die er Präsident Bush unmittelbar nach den Anschlägen zugesichert hatte: Mit »sekundären Hilfsleistungen«, also der Bereitstellung von Infrastruktur und Finanzmitteln analog zu früheren Konflikten – etwa dem Irakkrieg von 1991 – würde es diesmal nicht getan sein. »Diese Etappe deutscher Nachkriegspolitik«, so Schröder, »ist unwiederbringlich vorbei.« Die Frage, ob man sich auch militärisch am »Krieg gegen den Terror« beteiligen sollte, war damit obsolet geworden.

Während die Offensive in Afghanistan zunächst nur schleppend vorankam, setzte in Deutschland eine intensive Debatte über den erstmaligen Kriegseinsatz deutscher Soldaten außerhalb Europas ein. Die zunächst nur theoretisch geführte Diskussion gewann alsbald zusätzlich an Schärfe, nachdem die USA Anfang November eine konkrete Anfrage an Deutschland über die Entsendung von insgesamt rund 3 900 Bundeswehrsoldaten gerichtet hatten. Wiewohl eine klare Mehrheit des Bundestags – neben der Bundesregierung auch die beiden Oppositionsfraktionen, bestehend aus CDU/CSU und FDP – den amerikanischen Anforderungen grundsätzlich positiv gegenüberstand, war der Auslandseinsatz der Bundeswehr in Übersee insbesondere unter den Parlamentariern der beiden Regierungsparteien, SPD und Bündnis 90/Die Grünen, höchst umstritten. Trotz eines leidenschaftlichen Plädoyers von Außenminister Fischer im Deutschen Bundestag für den Antrag der Bundesregierung über die Entsendung der Soldaten war eine eigene Mehrheit von Rot-Grün nicht sicher. → D25 Am Ende sah sich Schröder gezwungen, die Abstimmung über den Einsatz der Bundeswehr mit der Vertrauensfrage zu verknüpfen. Mit insgesamt 336 Ja-Stimmen, zwei mehr als unbedingt erforderlich, fand der Auslandseinsatz der Bundeswehr am 16. November schließlich doch noch eine Mehrheit unter den rot-grünen Parlamentariern. → D24 Manchem Bundestagsabgeordneten mag die Entscheidung leichter gefallen sein, nachdem sich im Krieg gegen die Taliban zuletzt eine entscheidende Wende abgezeichnet hatte:

Fünf Wochen nach Beginn der Luftangriffe waren die Truppen der Nordallianz am 13. November in die afghanische Hauptstadt Kabul eingerückt. Am 7. Dezember fiel mit Kandahar die letzte Festung der Taliban. Parallel zu den sich abzeichnenden militärischen Erfolgen begann die fieberhafte Suche nach einer stabilen Nachkriegsordnung für Afghanistan unter der Schirmherrschaft der Vereinten Nationen. Das war insofern logisch, als niemand ein Interesse daran hatte, Afghanistan erneut in einem Machtvakuum versinken zu sehen – wie schon einmal zuvor geschehen, nach dem Abzug der sowjetischen Truppen im Jahre 1989. Und dennoch schien die westliche Staatengemeinschaft, welche die Intervention in Afghanistan nahezu einstimmig unterstützt hatte, denkbar unvorbereitet auf den Tag X – auf ein Afghanistan nach der Taliban-Herrschaft.[4]

Eine rasch einberufene UN-Konferenz zur Zukunft Afghanistans, die vom 27. November an auf dem Bonner Petersberg tagte, vermochte es ebenfalls nur bedingt, Antworten auf die drängendsten Probleme zu finden. Die Lösung der meisten dieser Probleme wurde daher an eine innerhalb von sechs Monaten zu bestellende »Loja Dschirga« delegiert. Dieser traditionellen afghanischen »Großen Ratsversammlung« sollte es unter anderem obliegen, eine Verfassung für Afghanistan zu beschließen und eine Übergangsregierung zu bestellen. Fürs Erste musste eine Interimsregierung unter dem Paschtunenführer Hamid Karsai genügen.

Allen bestehenden Unklarheiten zum Trotz segnete der Sicherheitsrat der Vereinten Nationen mit seiner Resolution 1386 vom 20. Dezember die improvisierte Nachkriegsordnung für Afghanistan ab und ebnete damit den Weg für die Entsendung einer multinationalen Schutztruppe. → D27 Wie aber genau eine solche Truppe, mit einem anvisierten Umfang von 5000 Mann und nur in der Hauptstadt Kabul und Umgebung stationiert, die Sicherheit in einem Land von der doppelten Größe Deutschlands gewährleisten sollte – darüber sagte die Resolution nichts.

Deutsche Außenpolitik

D22 **Bundeskanzler Gerhard Schröder (SPD) in einer Regierungserklärung zur aktuellen Lage nach Beginn der Operation gegen den internationalen Terrorismus in Afghanistan (11.10.2001)**

[...] Am 7. Oktober haben die Vereinigten Staaten von Amerika als Teil der notwendigen Antwort auf die terroristischen Anschläge von New York

und Washington mit militärischen Maßnahmen gegen die Infrastruktur des terroristischen Netzwerks von Osama Bin Laden und gegen Einrichtungen des Taliban-Regimes in Afghanistan begonnen. In dieser Situation wird von Deutschland aktive Solidarität und verantwortliches Handeln erwartet und auch geleistet, eine Solidarität, die sich nicht in Lippenbekenntnissen erschöpfen darf, und eine Politik, die Deutschlands Verantwortung in der Welt, aber auch der Verantwortung der Bundesregierung für die Menschen in Deutschland angemessen ist. [...]
Wir befinden uns mitten in einer entscheidenden und wahrscheinlich langwierigen Auseinandersetzung mit dem internationalen Terrorismus. Wir – das gilt für uns alle – haben diesen Konflikt nicht gewollt. Er ist uns durch barbarische Attentate in den Vereinigten Staaten aufgezwungen worden. Aber wir nehmen diese Auseinandersetzung mit dem Terrorismus an und wir werden sie miteinander gewinnen.
Die Vereinigten Staaten von Amerika und wir als Verbündete führen keinen Krieg gegen einzelne Staaten oder Völker und schon gar keinen gegen die islamische Welt insgesamt.
Aber wer den Terrorismus fördert und unterstützt, wer seinen Hintermännern und Drahtziehern Unterschlupf bietet, wer ihnen gestattet, ihre Netzwerke des Terrors zu betreiben und ihre Verbrechen vorzubereiten, der wird dafür zur Rechenschaft gezogen.
Das Taliban-Regime hat all das gewusst. Die Machthaber in Kabul, die ja auch die Unterdrücker ihres Volkes sind, hatten Zeit genug, den Forderungen der Staaten- und Völkergemeinschaft nachzukommen. Sie haben die derzeitige Konfrontation gewollt. [...]
Meine Damen und Herren, ich denke, wir haben Grund, bei der Formulierung und Durchsetzung unserer Außenpolitik [...] das eine oder andere zu verändern. Das war auch Kern der Gespräche, die ich in Washington und New York geführt habe. Es gibt sicher viele Gründe, warum Deutschland in der aktuellen Situation seine Präsenz und seine aktive Solidarität unseren Freunden in den Vereinigten Staaten und in der internationalen Allianz gegen den Terrorismus zeigen muss: historische, gegenwärtige, aber auch Gründe, die mit der Positionierung Deutschlands in der Zukunft zu tun haben.
Nach dem Ende des Kalten Krieges, der Wiederherstellung der staatlichen Einheit Deutschlands und der Wiedererlangung unserer vollen Souveränität haben wir uns in einer neuen Weise der internationalen Verantwortung zu stellen, einer Verantwortung, die unserer Rolle als wichtiger europäischer und transatlantischer Partner, aber auch als starker Demokratie und starker Volkswirtschaft im Herzen Europas entspricht. Noch vor

zehn Jahren hätte niemand von uns erwartet, dass Deutschland sich anders als durch so etwas wie »sekundäre Hilfsleistungen« – also Zurverfügungstellung von Infrastruktur oder Gewährung von Finanzmitteln – an internationalen Bemühungen zur Sicherung von Freiheit, Gerechtigkeit und Stabilität beteiligt. Ich sage das durchaus auch bezogen auf mein eigenes Denken und Handeln. Diese Etappe deutscher Nachkriegspolitik – darauf habe ich bereits unmittelbar nach dem 11. September hingewiesen – ist unwiederbringlich vorbei.

Gerade wir Deutschen, die wir durch die Hilfe und Solidarität unserer amerikanischen und europäischen Freunde und Partner die Folgen zweier Weltkriege überwinden konnten, um zu Freiheit und Selbstbestimmung zu finden, haben nun auch eine Verpflichtung, unserer neuen Verantwortung umfassend gerecht zu werden. Das schließt – und das sage ich ganz unmissverständlich – auch die Beteiligung an militärischen Operationen zur Verteidigung von Freiheit und Menschenrechten, zur Herstellung von Stabilität und Sicherheit ausdrücklich ein. [...]

D23   Die Welt: Keiner ruft Hurra (17.10.2001)

Der Kanzler bereitet Deutschland unmissverständlich auf einen Kriegseintritt vor. Vorbei sind alle Illusionen, die Terrorkrise ließe sich amerikanisch lösen. So wie der Massenmord von New York, die Milzbrandattacken und der islamistische Hass der gesamten westlichen Welt gelten, so muss die Antwort darauf eine aller freiheits- und friedliebenden Staaten sein. Menschenrechte, Freiheit und Sicherheit sind nicht teilbar.

Der Krieg beginnt nicht erst mit dem Einsatz von Bundeswehrspezialeinheiten, er hat auch nicht mit den amerikanischen Bombardements begonnen. Er brach am 11. September aus. Und keiner hatte eine Wahl.

Niemand in Amerika oder in Deutschland will diese Schlachten gegen perfide organisierte Verbrecherbanden gerne schlagen, niemand ruft den Militärs Hurra zu; jedes Opfer ist eines zu viel. Es gibt nichts zu erobern, es gibt nur etwas zu verteidigen.

Das Kanzlerwort von der »uneingeschränkten Solidarität« gilt nicht nur Amerika. Es gilt vor allem uns selbst. Unserer eigenen Sicherheit, unserer Freiheit und Moralität. Wer sich terroristischem Massenmord nicht in den Weg stellt, macht sich genau besehen sogar mitschuldig.

Jeder Krieg ist eine bittere Niederlage für die Zivilisation. Eine dauerhafte Niederlage für die Zivilisation bedeutet umgekehrt aber auch bitteren Krieg. Da uns die Terroristen die Wahl zwischen Frieden und Krieg nicht lassen, kann man nur zwischen kleineren und größeren Übeln wählen.

Die militärisch begrenzte, zielgerichtete Verbrecherjagd, eingebettet in ein politisches Konzept für den Nahen Osten und flankiert von humanitärer Hilfe für alle unschuldigen Opfer, ist die Option der Vernunft. Die Linie des Kanzlers verdient Rückendeckung, keine Besserwissereien.

D24 Antrag der Bundesregierung auf Einsatz bewaffneter deutscher Streitkräfte bei der Unterstützung der gemeinsamen Reaktion auf terroristische Angriffe gegen die USA (7.11.2001)

Der Deutsche Bundestag wolle beschließen: [...]
1. Völkerrechtliche Grundlagen und politische Rahmenbedingungen
Am 11. September 2001 verübten Terroristen mit vier entführten Zivilluftfahrzeugen Anschläge in den Vereinigten Staaten von Amerika (USA), bei denen viele tausend Menschen ihr Leben verloren, die zwei Hauptgebäude des »World Trade Center« zerstört und das Pentagon stark beschädigt wurden. Am 12. September 2001 verabschiedete der Sicherheitsrat der Vereinten Nationen die Resolution 1368 (2001) → **D6**, die die Anschläge als Bedrohung für den internationalen Frieden und die internationale Sicherheit qualifiziert. Die Resolution bestätigt die Notwendigkeit, alle erforderlichen Schritte gegen solche Bedrohungen zu unternehmen und unterstreicht das Recht zur individuellen und kollektiven Selbstverteidigung.
Am 12. September 2001 → D5 beschloss der NATO-Rat, dass die Terrorangriffe – sofern sie von außen gegen die USA gerichtet waren – als Angriffe auf alle Bündnispartner im Sinne der Beistandsverpflichtung des Art. 5 des Nordatlantikvertrags zu betrachten seien. Am 2. Oktober 2001 legten die USA im NATO-Rat dar, dass die Angriffe nachweislich von außen gegen die USA gerichtet waren. Daraufhin bekräftigte und präzisierte der NATO-Rat am 4. Oktober 2001 die Beistandsverpflichtung aus Art. 5. Damit ist auch die Bundesrepublik Deutschland aufgefordert, im Rahmen der kollektiven Selbstverteidigung zu Maßnahmen der Bündnispartner gegen den Terrorismus beizutragen.
Am 7. Oktober 2001 unterrichteten die USA und das Vereinigte Königreich von Großbritannien und Nordirland den Sicherheitsrat der Vereinten Nationen über ihre Maßnahmen zur Bekämpfung des Terrorismus gemäß Art. 51 der Satzung der Vereinten Nationen im Rahmen der Operation ENDURING FREEDOM. In seiner Presseerklärung vom 8. Oktober 2001 würdigte der Präsident des Sicherheitsrats der Vereinten Nationen die Unterrichtung durch diese beiden Staaten und bekräftigte die Entschlossenheit, Resolution 1368 (2001) und die ergänzende, am

28. September 2001 verabschiedete Resolution 1373 (2001) → **D7** vollständig umzusetzen.
2. Verfassungsrechtliche Grundlage
Der Deutsche Bundestag hat mit Beschluss vom 19. September 2001 → **D4** die Verpflichtungen der Bundesrepublik Deutschland aus Art. 5 Nordatlantikvertrag bekräftigt und die Bereitstellung militärischer Fähigkeiten in Aussicht gestellt. Die deutschen Streitkräfte handeln bei der Beteiligung an der Bekämpfung des internationalen Terrorismus in Wahrnehmung des Rechts zur individuellen und kollektiven Selbstverteidigung im Rahmen und nach den Regeln eines Systems gegenseitiger kollektiver Sicherheit im Sinne des Art. 24 Abs. 2 Grundgesetz. Der Einsatz dieser Kräfte darf erfolgen, sobald der Deutsche Bundestag seine konstitutive Zustimmung erteilt hat.
3. Auftrag
Gegen Bedrohungen des Weltfriedens und der internationalen Sicherheit durch terroristische Handlungen sind nach der Resolution 1368 (2001) alle erforderlichen Schritte zu unternehmen. Deutsche Streitkräfte wirken mit den USA und Partnerstaaten auf der Grundlage des Art. 51 der Satzung der Vereinten Nationen und des Art. 5 Nordatlantikvertrag bei der militärischen Bekämpfung des internationalen Terrorismus zusammen. Dazu beteiligt sich die Bundeswehr an der Operation ENDURING FREEDOM. Diese Operation hat zum Ziel, Führungs- und Ausbildungseinrichtungen von Terroristen auszuschalten, Terroristen zu bekämpfen, gefangen zu nehmen und vor Gericht zu stellen sowie Dritte dauerhaft von der Unterstützung terroristischer Aktivitäten abzuhalten. Deutsche bewaffnete Streitkräfte tragen dazu mit ihren Fähigkeiten bei. Der Beitrag schließt auch Leistungen zum Zweck humanitärer Hilfe ein.
4. [...] Beginn und Dauer
[...] Diese Operation hat am 7. Oktober 2001 begonnen. Ihre Dauer richtet sich nach den Erfordernissen der vielfältigen internationalen Bemühungen als Reaktion auf terroristische Angriffe gegen die USA. Die Beteiligung mit deutschen Streitkräften an der Operation ENDURING FREEDOM ist zunächst auf zwölf Monate begrenzt; der Zeitraum beginnt mit der Zustimmung des Deutschen Bundestags zur deutschen Beteiligung an dieser Operation. Sollte ein über diesen Zeitraum hinausgehendes deutsches militärisches Engagement beabsichtigt werden, wird die Bundesregierung den Deutschen Bundestag mit der weiteren Beteiligung deutscher Kräfte vor Ablauf der Frist von zwölf Monaten erneut konstitutiv befassen.

5. Einzusetzende Kräfte
Für die deutsche Beteiligung an der Operation ENDURING FREEDOM werden Kräfte der Bundeswehr für Einsatz und Einsatzunterstützung, Führung und Aufklärung einschließlich der Beteiligung an internationalen militärischen Hauptquartieren und in integrierter Verwendung sowie als Verbindungsorgane zu internationalen Organisationen und nationalen militärischen Dienststellen bereitgestellt.
Im Rahmen der Operation ENDURING FREEDOM werden bis zu 3 900 Soldaten mit entsprechender Ausrüstung bereitgestellt:
- ABC-Abwehrkräfte, ca. 800 Soldaten,
- Sanitätskräfte, ca. 250 Soldaten,
- Spezialkräfte, ca. 100 Soldaten,
- Lufttransportkräfte, ca. 500 Soldaten,
- Seestreitkräfte einschließlich Seeluftstreitkräfte, ca. 1 800 Soldaten,
- erforderliche Unterstützungskräfte, ca. 450 Soldaten.

Unterhalb der festgelegten Obergrenze von 3 900 Soldaten sind in Abhängigkeit von den Erfordernissen des Einsatzes Abweichungen von der jeweils genannten Größenordnung möglich. [...]
7. Einsatzgebiet
Einsatzgebiet ist das Gebiet gemäß Art. 6 des Nordatlantikvertrags, die arabische Halbinsel, Mittel- und Zentralasien und Nord-Ost-Afrika sowie die angrenzenden Seegebiete. Deutsche Kräfte werden sich an etwaigen Einsätzen gegen den internationalen Terrorismus in anderen Staaten als Afghanistan nur mit Zustimmung der jeweiligen Regierung beteiligen. [...]

D25 Bundesaußenminister Joschka Fischer (Bündnis 90/Die Grünen) in einer Rede zur Beteiligung bewaffneter deutscher Streitkräfte an der Bekämpfung des internationalen Terrorismus (8.11.2001)

[...] Der Bundeskanzler und die Vorredner haben darauf hingewiesen, dass es sich bei der jetzt anstehenden Entscheidung um eine der schwierigsten und auch schwerwiegendsten Entscheidungen des Deutschen Bundestags, der Bundesrepublik Deutschland in der Außen- und Sicherheitspolitik handeln wird. Diese schwierige und schwerwiegende Entscheidung wirft selbstverständlich die Frage auf, ob es nicht gangbare, verantwortbare Alternativen dazu gibt.
Es ist eine Entscheidung, die auf die Frage gründet: Krieg oder Frieden? Es ist die zentrale Entscheidung. [...] Krieg ist widerwärtig. Es gibt keinen klinisch sauberen Krieg. Zum Wesen des Krieges gehört es vor allen Dingen,

dass es auch unschuldige Opfer gibt. Oft werden, wie wir wissen, die Ungerechten zuletzt getroffen; es werden viele Gerechte getroffen. Angesichts der Tragweite der Entscheidung, vor der wir stehen, verstehe ich insofern all die Skrupel, verstehe ich auch die Emotionen. Aber ich möchte an diesem Punkt nochmals darauf hinweisen – das habe ich bei meinen jüngsten Reisen, auch in vielen Gesprächen, wiederholt erfahren –: Nicht Amerika hat angegriffen. Es ist Amerika, es ist das amerikanische Volk, das angegriffen wurde, und zwar nicht zum ersten Mal.

Am 11. September wurde das Furchtbare, das schon 1993 geplant war – nämlich mit einem mörderischen Attentat den Nordturm des World Trade Center auf den Südturm stürzen zu lassen –, Wirklichkeit. Auf diese versuchten Attentate haben die USA damals nicht militärisch reagiert. In den USA wird jetzt eine Debatte darüber geführt, ob das nicht ein Fehler war. Man hat polizeilich reagiert, man hat ermittelt, man hat die Beteiligten festgenommen, vor Gericht gestellt und rechtsstaatlich verurteilt. Das alles hat den 11. September nicht verhindert. [...]

Dies hat und muss Konsequenzen haben; wir müssen jetzt eingreifen. Ich sage das besonders vor dem Hintergrund der Grundüberzeugung meiner Partei und meiner Fraktion, die gerade aus der Forderung »Nie wieder Krieg!« hervorgegangen ist. [...] Die entscheidenden Konsequenzen, die wir aus dem 11. September ziehen müssen, beruhen auf der Grundlage der Sicherheitsratsresolutionen der Vereinten Nationen.

In den Sicherheitsratsresolutionen 1368 und 1373 wird klar gemacht, dass es hier um eine Gefahr für den Weltfrieden geht, dass wir in der Tat alles tun müssen, um dem derzeit bestehenden terroristischen Netzwerk das Handwerk zu legen und all denen, die angegriffen werden, Beistand zu leisten. Das wurde durch Ausrufen des Bündnisfalles gemäß Art. 5 des NATO-Vertrages deutlich gemacht; der Bundeskanzler hat darauf hingewiesen.

Die entscheidende Frage – das ist die Kernfrage –, vor der wir stehen und um deren Beantwortung wir uns nicht drücken können, ist – man mag viel über die Strategie, die die USA eingeschlagen haben, diskutieren und sie meinetwegen auch kritisieren; die USA tun das selbst –: Können wir in dieser Situation, in der die Bevölkerung und die Regierung der Vereinigten Staaten angegriffen wurden, unseren wichtigsten Bündnispartner, der auf diesen Angriff antwortet und sich gegen diesen Angriff auf klarer völkerrechtlicher Grundlage zur Wehr setzt, allein lassen, ja oder nein? Diese Entscheidung hat dieses Haus zu treffen.

Wenn diese Entscheidung mit Nein beantwortet wird, wird das weitreichende Konsequenzen für die Bundesrepublik Deutschland, für deren Sicherheit und deren Bündnisfähigkeit haben. Ich füge hinzu: Dies wird

weitreichende Konsequenzen auch für die weitere Entwicklung Europas haben. Denn alle unsere Partner in Europa führen die gleiche innenpolitische Diskussion. Alle – eingeschlossen Großbritannien – haben die gleiche innenpolitische Stimmung. Aber alle wichtigen Partner kommen zu der Konsequenz, dass es für sie, für Europa und für unsere gemeinsame Sicherheit ein fataler Fehler wäre, wenn wir die USA alleine ließen.
Deswegen werden wir uns jetzt dieser Frage zuwenden müssen. Auch an diesem Punkt geht es nicht darum, irgendein Ziel auszusuchen, sondern es ist für mich eindeutig, wer die Haftung für die Anschläge vom 11. September dieses Jahres zu übernehmen hat. Er hat sie übernommen. Es ist eindeutig, dass das Taliban-Regime nicht nur die eigene Bevölkerung unterdrückt, sondern dass das Taliban-Regime Osama Bin Laden und sein Netzwerk aktiv unterstützt und ihm Rückzugsmöglichkeiten bietet.
An dieser Erkenntnis führt kein Weg vorbei. Wir meinen es ernst damit, dass es sich hier um eine Gefahr für den Weltfrieden handelt. Ich bin der festen Überzeugung: Wenn wir nichts tun, werden weitere Aktionen folgen. Es wird nicht so sein, dass Zuwarten irgendetwas positiv verändern wird. Auch wenn wir uns in anderen Bereichen politisch und humanitär engagieren, wird es nicht so sein, dass irgendetwas anders werden wird. Wir werden mit dieser Herausforderung fertig werden müssen. Das ist die ganze bittere Wahrheit. [...]

D26 Bundeskanzler Gerhard Schröder (SPD) in einer Rede zum Antrag der Bundesregierung auf Einsatz bewaffneter deutscher Streitkräfte bei der Unterstützung der gemeinsamen Reaktion auf terroristische Angriffe gegen die USA und zum Antrag des Bundeskanzlers gemäß Art. 68 des Grundgesetzes (16.11.2001)

[...] Die jüngsten Entwicklungen in Afghanistan sind ermutigende Erfolge im Kampf gegen den internationalen Terrorismus. In weiten Teilen des Landes sind die Menschen aus dem Würgegriff des menschenverachtenden Talibanregimes befreit worden. Die Terroristen des Netzwerkes von Osama Bin Laden sind nun auch in Afghanistan weit gehend isoliert und in ihrer Bewegungsfreiheit erheblich eingeschränkt. [...]
Der bisherige Verlauf dieser Auseinandersetzung zeigt uns auch, dass es richtig und wichtig war, auf eine umfassende Strategie zur Bekämpfung des Terrorismus zu setzen. Dabei war es, wie ich meine, richtig, den militärischen Aspekt dieser Auseinandersetzung nicht auszublenden. Wir haben stets betont, dass wir nicht allein und schon gar nicht ausschließlich auf militärische Maßnahmen setzen. Aber es gibt Situationen, in denen eine

von allen gewollte politische Lösung militärisch vorbereitet, erzwungen und schließlich auch durchgesetzt werden muss. Wer die Fernsehbilder von den feiernden Menschen in Kabul nach dem Abzug der Taliban gesehen hat – ich denke hier vor allen Dingen an die Bilder der Frauen, die sich endlich wieder frei auf den Straßen begegnen dürfen –, dem sollte es nicht schwer fallen, das Ergebnis der Militärschläge im Sinne der Menschen dort zu bewerten. [...]
Der Deutsche Bundestag hat heute Vormittag über den Antrag der Bundesregierung zur Bereitstellung von Bundeswehreinheiten im Kampf gegen den internationalen Terrorismus zu beschließen. In Verbindung damit habe ich eine Abstimmung gemäß Art. 68 des Grundgesetzes beantragt. Ich möchte Ihnen erläutern, was mich bewogen hat, diese Vertrauensfrage zu stellen. Es geht, kurz gesagt, um die Verlässlichkeit unserer Politik, um Verlässlichkeit gegenüber den Bürgern, gegenüber unseren Freunden in Europa und gegenüber unseren internationalen Partnern. Die heutige Entscheidung über die Bereitstellung von Bundeswehreinheiten im Kampf gegen den Terrorismus stellt sicher eine Zäsur dar. Erstmals zwingt uns die internationale Situation, zwingt uns die Kriegserklärung durch den Terrorismus dazu, Bundeswehreinheiten für einen Kampfeinsatz außerhalb des NATO-Vertragsgebiets bereitzustellen. Für eine Entscheidung von solcher Tragweite, auch für daraus vielleicht noch folgende Beschlussfassungen des Deutschen Bundestags ist es nach meiner festen Überzeugung unabdingbar, dass sich der Bundeskanzler und die Bundesregierung auf eine Mehrheit in der sie tragenden Koalition stützen können.
Wir Deutschen können der Auseinandersetzung mit dem Terrorismus nicht ausweichen und wir wollen das auch nicht. Der Deutsche Bundestag hat das nicht zuletzt dadurch zum Ausdruck gebracht, dass er für die Solidarität mit den Vereinigten Staaten ausdrücklich auch »die Bereitstellung geeigneter militärischer Fähigkeiten« beschlossen hat.
Die Bundesregierung hat nun in der vergangenen Woche nach einer entsprechenden Anforderung der Vereinigten Staaten den deutschen Solidarbeitrag und die Bereitstellung deutscher Streitkräfte konkretisiert. Über diesen Antrag ist heute Vormittag abzustimmen. Die Entscheidungen, die für die Bereitstellung deutscher Streitkräfte zu treffen sind, nimmt niemand auf die leichte Schulter – auch ich nicht. Aber sie sind notwendig und deshalb müssen sie getroffen werden.
Wir erfüllen damit die an uns gerichteten Erwartungen unserer Partner und wir leisten das, was uns objektiv möglich ist und was politisch verantwortet werden kann. Aber mehr noch: Durch diesen Beitrag kommt das vereinte und souveräne Deutschland seiner gewachsenen Verantwortung in der Welt

nach. Wir müssen erkennen: Nach den epochalen Veränderungen seit dem Herbst 1989 hat Deutschland seine volle Souveränität zurückgewonnen. Es hat damit aber auch neue Pflichten übernommen, an die uns die Verbündeten erinnern. Wir haben kein Recht, darüber Klage zu führen. Wir sollten vielmehr damit zufrieden sein, dass wir seit den epochalen Veränderungen 1989 gleichberechtigte Partner in der Staatengemeinschaft sind. Ich habe bewusst die Vertrauensfrage nach Art. 68 des Grundgesetzes und den Antrag über die Bereitstellung deutscher Streitkräfte für den Kampf gegen den Terrorismus miteinander verknüpft. Denn der Bundeskanzler kann seinem Amt und seiner Verantwortung für das Gemeinwohl nur dann entsprechen, wenn seine Person und sein Programm das Vertrauen und die Zustimmung der ihn tragenden Mehrheit des Hohen Hauses finden. [...] Meine Damen und Herren, genau in diesem Sinne bitte ich um das Vertrauen des Deutschen Bundestags, um Vertrauen in Vernunft und Verlässlichkeit meiner Politik und um Vertrauen in die weitere Arbeit dieser Bundesregierung. [...]

UN und internationale Beziehungen

D27 Resolution 1386 des Sicherheitsrats der Vereinten Nationen (20.12.2001)

Der Sicherheitsrat, [...]
erfreut über die Entwicklungen in Afghanistan, die es allen Afghanen erlauben werden, frei von Unterdrückung und Terror unveräußerliche Rechte und Freiheit zu genießen,
in Anerkennung dessen, dass die Afghanen selbst dafür verantwortlich sind, für Sicherheit und Recht und Ordnung im gesamten Land zu sorgen, [...]
entschlossen, die vollinhaltliche Durchführung des Mandats der Internationalen Sicherheitsbeistandstruppe in Abstimmung mit der durch das Übereinkommen von Bonn geschaffenen Afghanischen Interimsverwaltung sicherzustellen,
aus diesen Gründen *tätig werdend* nach Kapitel VII der Charta der Vereinten Nationen,
1. *genehmigt,* wie in Anhang I des Übereinkommens von Bonn vorgesehen, die Einrichtung einer Internationalen Sicherheitsbeistandstruppe für einen Zeitraum von sechs Monaten, um die Afghanische Interimsverwaltung bei der Aufrechterhaltung der Sicherheit in Kabul und seiner Umgebung zu unterstützen, damit die Afghanische Interimsverwaltung

wie auch das Personal der Vereinten Nationen in einem sicheren Umfeld tätig sein können;
2. *fordert* die Mitgliedsstaaten *auf*, Personal, Ausrüstung und andere Ressourcen zu der Truppe beizutragen [...];
3. *ermächtigt* die an der Truppe teilnehmenden Mitgliedsstaaten, alle zur Erfüllung ihres Mandats notwendigen Maßnahmen zu ergreifen;
4. *fordert* die Truppe *auf*, bei der Durchführung ihres Mandats in enger Abstimmung mit der Afghanischen Interimsverwaltung [...] zu arbeiten;
5. *fordert* alle Afghanen *auf*, mit der Truppe und den zuständigen internationalen staatlichen und nichtstaatlichen Organisationen zusammenzuarbeiten, und nimmt davon Kenntnis, dass sich die Parteien des Übereinkommens von Bonn verpflichtet haben, alle ihnen zur Verfügung stehenden Mittel und Einflussmöglichkeiten aufzubieten, um die Sicherheit und Bewegungsfreiheit des gesamten Personals der Vereinten Nationen und des gesamten sonstigen Personals der internationalen staatlichen und nichtstaatlichen Organisationen, das in Afghanistan eingesetzt ist, zu gewährleisten; [...]
11. *beschließt*, mit der Angelegenheit aktiv befasst zu bleiben.

Auf der 4 443. Sitzung einstimmig verabschiedet.

D28 Süddeutsche Zeitung: Kleine Münzen für Kabul (22.12.2001)

Politik ist ein Puzzle, bei dem die Teile selten zusammenpassen wollen. Deshalb wird mit Eifer gefeilt, geknickt und gebogen, und manchmal wird auch brachiale Gewalt angewendet. [...] [Wer das afghanische] Puzzle zusammenfügen will, braucht neben Fantasie zwei handfeste Dinge: dauerhafte Kraft und einen haltbaren Kitt. Dies muss vor allem von außen kommen, denn Afghanistan ist ausgezehrt und entkräftet – was angesichts der örtlichen Konfliktbereitschaft zunächst sogar ein Vorteil sein könnte. Wenn er denn genutzt würde.

In die politische Praxis übersetzt steht Kraft für eine starke Truppe und Kitt für ganz viel Geld. Letzteres ist immer ein leidiges Thema, wovon die zum Aufbau frei gegebenen Balkan-Staaten Zeugnis ablegen können. Die Differenz zwischen den Versprechungen und den tatsächlichen Auszahlungen ist in der Regel eine riesige rote Zahl, und auf dem Weg von den Geberkonferenzen zu den Empfängern liegen die schwarzen Löcher der Bürokratie. Natürlich sind auch den Afghanen im Schrecken über den Terror und in der Erleichterung über den schnellen Sieg gegen die Taliban und ihre Al-Qaida-Kumpanen Milliarden in Aussicht gestellt worden. Doch

noch weiß niemand, wer wie viel geben will und vor allem: wie es verteilt wird. Schließlich sollen die Bevölkerung ernährt und die Warlords ausgehungert werden – und nicht umgekehrt.
Dieses leider nahe liegende Schreckensszenario könnte nur von einer kraftvollen multinationalen Truppe verhindert werden. Die Chance dazu aber ist zumindest fürs Erste versäumt worden. Mit der Resolution zur Truppenentsendung dokumentiert der UN-Sicherheitsrat seine Ratlosigkeit und Unsicherheit. Begleitet vom Gezeter der afghanischen Nordallianz werden maximal 5000 Mann entsandt – aber die werden allein in der Hauptstadt Kabul stationiert. Die Briten übernehmen das Kommando – aber nur für drei Monate.
Das vom Westen geforderte »robuste Mandat« nach Kapitel VII der UN-Charta, das den Soldaten den Waffengebrauch erlaubt, wird schon durch den kleinlauten Namen der Truppe konterkariert. Das Kürzel ISAF steht für International Security Assistance Force, also Internationale Sicherheitsunterstützungs-Truppe, und wessen Assistent diese Truppe mit Sicherheit werden soll, hat der Nordallianz-Verteidigungsminister Mohammed Fahim klar gemacht. Seine Soldateska soll weiter das Sagen haben in Kabul. Die Entsendung der ausländischen Truppe wertet er als einen »symbolischen Akt«. Natürlich konnte niemand einen Nachkriegseinsatz wie in Bosnien – 60 000 Mann zur Friedenssicherung – oder wie im Kosovo – 40 000 Mann zur Stabilisierung – erwarten. Hochgerechnet auf die afghanische Fläche und Bevölkerung wären dafür mehrere hunderttausend Soldaten nötig gewesen. Unmöglich. Auch sollte aus guten Gründen und historischen Erfahrungen der Anschein einer ausländischen Besatzung vermieden werden. Doch so bedeutsam die Präsenz in der Hauptstadt angesichts der fragilen Machtbalance in der Interimsregierung ist: Von Kabul aus lässt sich ein Land nicht langfristig stabilisieren, dessen größtes Problem der drohende Zerfall ist. Dringend erforderlich wäre also eine internationale Militärpräsenz zumindest in den regionalen Zentren wie Masar-i-Scharif, Herat, Kandahar und Dschalalabad. Dazu fehlten der Mut und der Wille. Zusammengenommen ist das mutwillig, denn damit riskiert man ein Scheitern des Afghanistan-Projekts. [...]
Der Afghanistan-Einsatz ist mit großen Lasten befrachtet – und wird von immensen Erwartungen begleitet. Ein Volk von mehr als 20 Millionen hofft nach mehr als 20 Jahren Krieg auf die Hilfe der Welt. Die diversen Führer mögen um die Macht kämpfen, die Menschen kämpfen ums Überleben. Wer ihnen das Überleben sichert, der kann sich auch ihrer Hilfe versichern. Darauf lässt sich etwas aufbauen. Doch es muss alles getan werden, was möglich ist, und davon ist die Welt noch weit entfernt. Zögerlichkeit

aber ist verhängnisvoll. Was am Anfang versäumt wird, ist später kaum noch aufzuholen. Afghanistan soll nach dem Anspruch der UN ein Modell werden für ein gelungenes Nation-Building. Es droht jedoch, dass es ein Modell wird für das Scheitern solcher Ambitionen.

Amerikanische Außenpolitik

D29 US-Präsident George W. Bush in einer Fernsehansprache an die Nation (7.10.2001)

[...] Auf meinen Befehl hin haben die Streitkräfte der Vereinigten Staaten damit begonnen, Angriffe auf Ausbildungslager der Al-Qaida und auf militärische Einrichtungen der Taliban in Afghanistan auszuführen. Diese gezielten Aktionen haben zum Zweck, die weitere Nutzung Afghanistans als Operationsbasis für Terroristen zu unterbinden und die militärischen Kapazitäten des Taliban-Regimes zu zerschlagen.

Wir werden bei dieser Operation von unserem treuen Freund Großbritannien begleitet. Andere enge Freunde – einschließlich Kanada, Australien, Deutschland und Frankreich – haben uns die Bereitstellung von Truppen für den weiteren Verlauf der Operation versprochen. Mehr als 40 Staaten im Nahen Osten, in Afrika, Europa und quer durch Asien haben uns Überflug- bzw. Landerechte gewährt. Und noch viel mehr haben ihre Geheimdienstinformationen mit uns geteilt. Wir werden vom kollektiven Willen der Welt getragen.

Vor mehr als zwei Wochen → D19 habe ich den Anführern der Taliban eine Reihe klarer und eindeutiger Forderungen gestellt: Schließen Sie die Ausbildungslager der Terroristen; liefern Sie uns die Anführer des Al-Qaida-Netzwerks aus; lassen Sie alle Ausländer, einschließlich der amerikanischen Staatsbürger, die Sie in Ihrem Land zu Unrecht gefangen halten, frei. Keine dieser Forderungen wurde erfüllt. Und jetzt werden die Taliban den Preis dafür bezahlen. Indem wir die Ausbildungslager zerstören und die Kommunikationswege unterbrechen, machen wir es dem Terror-Netzwerk erheblich schwieriger, neue Rekruten zu trainieren und ihre bösartigen Pläne in die Tat umzusetzen. [...]

Zur gleichen Zeit werden die unterdrückten Menschen Afghanistans Amerikas Großzügigkeit und die unserer Verbündeten kennenlernen. Während wir Angriffe gegen militärische Ziele fliegen, werden wir gleichzeitig die Hunger leidenden Männer, Frauen und Kinder Afghanistans aus der Luft mit Lebensmitteln, Medikamenten und Hilfsgütern versorgen.

Die Vereinigten Staaten von Amerika sind ein Freund des afghanischen Volkes, und wir sind auch ein Freund der annähernd einer Milliarde Menschen weltweit, die den islamischen Glauben ausüben. Hingegen sind die Vereinigten Staaten von Amerika ein Feind derjenigen, die den Terroristen helfen, sowie der barbarischen Verbrecher, die eine großartige Religion entweihen, indem sie in deren Namen Mord begehen. [...]
Heute konzentrieren wir uns auf Afghanistan, doch wohnt dem Kampf eine umfassendere Perspektive inne. Jede Nation wird eine Wahl treffen müssen. In einem Krieg, der keinen neutralen Boden kennt. Sollte irgendeine Regierung diese Gesetzlosen, diese Mörder von Unschuldigen unterstützen, so würde sie selbst zu einer Bande von Gesetzlosen und Mördern werden. Und sie würde diesen Weg auf eigenes Risiko gehen. [...]
Wir sind eine friedliebende Nation. Und doch haben wir lernen müssen, auf so plötzliche und tragische Art und Weise, dass es keinen Frieden geben kann in einer Welt, in der der Terror jäh und unerwartet zuschlägt. Angesichts der neuen Bedrohung besteht unsere einzige Chance auf Frieden darin, diejenigen zu verfolgen, die den Frieden bedrohen.
Wir haben uns diese Mission nicht ausgesucht, aber wir sind bereit, sie zu erfüllen. Der Name dieser militärischen Operation von heute lautet: »Enduring Freedom« (»Dauerhafte Freiheit«). Dabei verteidigen wir nicht nur unsere eigenen wertvollen Freiheiten, sondern die Freiheit aller, ihre Kinder frei von Angst großziehen zu können und aufwachsen zu sehen. [...]
Wir werden nicht zögern; wir werden nicht müde werden; wir werden nicht wanken und wir werden nicht versagen. Frieden und Freiheit werden obsiegen. [...]

D30 Chicago Tribune: In defense of America (8.10.2001)

Obgleich die Verteidigung der Vereinigten Staaten in krisenhafter Stimmung am 11. September begonnen hatte, trat sie am Sonntag mit einem Gespür für die Kosten und voller Mitgefühl [für die Opfer] in eine neue Phase ein.
Es regnete Bomben und Raketen auf die militärischen Einrichtungen der Taliban und die Ausbildungslager des Al-Qaida-Netzwerks, um deren Kampfkraft zu schwächen. Die diplomatischen Bemühungen, die dem militärischen Angriff vorausgingen, haben das über Afghanistan herrschende Regime isoliert. Es kann auf keinen Freund entlang der eigenen Grenzen mehr zählen. Und es wird nicht mehr viele Freunde innerhalb der eigenen Bevölkerung vorfinden. Es befindet sich in einer kaum beneidenswerten Position. [...]

Die Bush-Administration hat sich dazu entschieden, anstatt vorschnell lieber sorgfältig und überlegt anzugreifen. Ein Kurs, der offensichtlich nicht überall im Weißen Haus die gleiche Unterstützung fand. Und dennoch dürfte sich diese Entscheidung als die klügste der Präsidentschaft Bushs erweisen. Denn so behielten die USA die Welt an ihrer Seite und betonten gleichzeitig die Botschaft, dass diese Nation – selbst in dem Moment, da sie die gewaltige Kraft ihres Militärs entfesselt – nicht aus Rache, sondern zur eigenen Verteidigung agiert.

Selbst jetzt, da die USA versuchen, die Fähigkeit der Taliban zur Kriegsführung zu vernichten, werden sie die Menschen Afghanistans mit Lebensmitteln und Medikamenten aus der Luft versorgen. Dies ist ein wichtiger Unterschied, denn dieser Krieg gilt den Terroristen, die das Regime beherbergt, und nicht den einfachen Leuten, die seit vielen Jahren nur wenig mehr als Krieg und Leid erfahren haben.

Selten nur erfuhr eine militärische Operation der USA in den Jahrzehnten nach dem Ende des Zweiten Weltkriegs eine ähnlich breite Unterstützung in der Welt. Dieser Krieg dient der Verteidigung dieser Nation und anderer, die vom Terrorismus bedroht werden. Es gab keine sanftere Option. [...]

D31 Frankfurter Allgemeine Zeitung: Die Zeit ist abgelaufen (8.10.2001)

[...] Jetzt schreiben nicht mehr die Taliban das Drehbuch in einem Konflikt, an dem sie alles andere als unschuldig sind. Mit den ersten Luftschlägen gegen militärische Ziele der Taliban und gegen Ausbildungslager Bin Ladins und seines islamistischen Verbrechersyndikats ist der Kampf gegen den Terrorismus, knapp vier Wochen nach den Anschlägen in New York und Washington, aus einer beinahe unwirklichen Phase eines gespannten Wartens herausgetreten. Bush hat die zusammengerückte amerikanische Nation wissen lassen, was ihr in den kommenden Wochen und Monaten bevorsteht: eine umfassende Auseinandersetzung. Die hat Amerika nicht gesucht, ihr entzieht sich die Weltmacht unter Aufbietung ihrer politischen, diplomatischen und militärischen Kraft aber nicht. Das gilt auch für ihre Partner in Europa, in Asien und in dem unruhigen Krisengürtel zwischen den beiden Kontinenten.

Dieser Kampf wird lange währen und an vielen Fronten unnachgiebig geführt werden. Wann er enden und an welchen Kriterien sein Erfolg zu messen sein wird, ist noch ungewiss. Die herkömmlichen Kriterien werden es nicht sein können. Und Militärschläge sind auch nur ein Mittel, unerlässlich und das letzte, dramatischste gewiss, aber vermutlich nicht das wichtigste in dem »Krieg gegen den Terrorismus«. Was immer auch die Apologeten des Terrors, die Verdreher von Ursache und Wirkung sowie radikalisierte Muslime behaupten: der Krieg richtet sich nicht gegen das afghanische Volk und auch nicht gegen den Islam, er richtet sich allein gegen eine massenmordende Pervertierung und gegen ein Regime, das in seinem Steinzeit-Eifer Genugtuung dabei empfand, dass Afghanistan zur Operationsbasis für die Speerspitze des islamistischen Terrorismus wurde. Auch diese Zielsetzung wird die militärische Kriegsführung in Umfang und Intensität begrenzen.

Es wird jetzt darauf ankommen, dass die internationale Koalition, diese Mischung aus unerschütterlichen Demokratien und Regimen mit zweifelhafter Reputation, die die amerikanische Regierung in einer realpolitischen Großanstrengung – und unter Unterdrückung berechtigter Skrupel – zusammengestellt hat, auch zusammenbleibt. [...] An besonnener Rücksichtnahme und an Umsicht, Schaden an Unbeteiligten zu vermeiden, darf es auch weiterhin nicht fehlen. Aber an Entschlossenheit auch nicht. Denn daran kann es nicht im Ernst einen Zweifel geben: dass der Kampf gegen den Terrorismus legitim ist, dass er notwendig ist. Vielleicht haben die Taliban in Afghanistan geglaubt, sie könnten sich durch diesen Konflikt hindurchretten, indem sie wie Bin Ladin die Legende von ihrer Unbesiegbarkeit spinnen. Vermutlich sind ihre Tage gezählt. Auch diese Zeitrechnung hat am 11. September begonnen.

D32   Los Angeles Times: Unrelished but Necessary (8.10.2001)

Nachdem die Weltgemeinschaft voller Sorge auf die Reaktion der Vereinigten Staaten auf die Terroranschläge, bei denen Tausende in New York, Washington und Pennsylvania am 11. September getötet wurden, gewartet hatte, erhielt sie am Sonntag ihre Antwort. Nach annähernd einem Monat, den die Vereinigten Staaten dazu genutzt haben, eine internationale Koalition für eine angemessene diplomatische, politische und ökonomische Antwort aufzubauen, begannen die USA ihre unvermeidlichen Luftschläge gegen Einrichtungen in Afghanistan, die als militärische Ziele und Ausbildungslager für Terroristen umschrieben werden. Es war ein Schritt, den niemand gerne tat. Doch es war ein Schritt, der getan werden musste. Die Angriffe zielten auf den Hauptverdächtigen hinter dem Anschlag, Osama bin Laden, seine Al-Qaida-Organisation und das afghanische Taliban-Regime. [...]
Die Vereinigten Staaten kündigten darüber hinaus den Abwurf von Lebensmitteln, Medikamenten und Hilfsgütern über Afghanistan an; ein Land,

das mehr als 20 Jahre Krieg und vier Jahre Dürre verwüstet haben. Diese unerlässliche humanitäre Geste unterstreicht, dass sich der Krieg gegen den Terror richtet, nicht aber gegen ein Volk, eine Nation oder eine Religion. Die Koalition wird fortwährend gegen bin Ladens Perversion des Islam kämpfen müssen; sie wird erkennen müssen, dass dessen falsche Proklamation seiner selbst als Verteidiger von Palästina unter Israels muslimischen Feinden möglicherweise Anklang finden wird. [...]
Präsident Bush hat wiederholt erklärt, dass sich dieser Konflikt nicht gegen das afghanische Volk oder gegen die annähernd eine Milliarde Muslime weltweit richtet, sondern gegen den Terror. Verteidigungsminister Donald H. Rumsfeld hat auf die amerikanische Unterstützung für muslimische Bevölkerungen in Somalia, Bosnien, Kuwait, in Nordirak und im Kosovo hingewiesen. Derlei Aussagen sollten in den kommenden Tagen, die vor uns liegen, stets aufs Neue wiederholt werden.

D33 The New York Times: The American Offensive Begins (8.10.2001)

Eine neue, noch gefährlichere Phase von Amerikas Gegenangriff gegen den Terror begann gestern, als Amerikaner und Briten Luftangriffe gegen Ausbildungslager der Al-Qaida und militärische Ziele der Taliban in Afghanistan flogen. Es war der Moment, auf den wir seit dem 11. September gewartet hatten. Trotz seiner Trauer und Wut blieb das amerikanische Volk geduldig, während es auf eine Reaktion wartete. Jetzt, nachdem diese Reaktion begonnen hat, wird es alle Anstrengungen unterstützen, die notwendig sind, um die Mission angemessen auszuführen. Die Bush-Administration und ihre Verbündeten müssen ihrerseits dafür sorgen, dass die Mission auch weiterhin vorsichtig und umsichtig durchgeführt wird.
Wie Präsident Bush zu Recht in seiner kurzen Fernsehansprache betont hat, bedeuten diese militärischen Aktionen lediglich einen Teil eines sehr viel breiter angelegten Feldzugs, der ebenfalls Diplomatie, geheimdienstliche Aufklärung und Strafverfolgung umfasst. Die richtige Balance zu finden wird schwierig werden, und sie beizubehalten wird ebenso Geschicklichkeit wie auch nationale Selbstbeherrschung erfordern. Deshalb sollten sich erste militärische Maßnahmen auch ausschließlich gegen jene vernünftigen Ziele richten, die Mr. Bush gestern verkündet hat: Ein Ende der weiteren Nutzung Afghanistans als Basis für Terroristen und eine Schwächung der militärischen Kapazitäten der das Land regierenden Taliban-Bewegung, welche es Osama bin Laden und seinem Netzwerk erlaubt, von dort aus zu operieren. [...]

Klugerweise hat Mr. Bush die Bereitstellung von humanitärer Hilfe für das afghanische Volk zu einem integralen Bestandteil der amerikanischen Strategie gemacht. Schon allein aus humanitären und praktischen Erwägungen heraus ist es wichtig, das Leid unschuldiger afghanischer Zivilisten zu minimieren. Washington muss deutlich machen, dass die Vereinigten Staaten ein Freund des afghanischen Volkes sind und ebenfalls – in den Worten von Mr. Bush – ein »Freund der annähernd einer Milliarde Menschen weltweit, die den islamischen Glauben ausüben«.
Die gestrigen Luftangriffe wurden ausschließlich von den Vereinigten Staaten und Großbritannien ausgeführt. Kanada, Australien, Deutschland und Frankreich haben alle ihre Bereitschaft dazu erklärt, sollten sie gefragt werden, an künftigen militärischen Operationen teilzunehmen. Bevor die Angriffe begannen, haben sich einige amerikanische Politiker für eine möglichst kleine Koalition ausgesprochen. Mehr Partner, so ihre Argumentation, bedeuteten automatisch stärkere Einschränkungen bei der Auswahl militärischer Ziele bzw. bei der militärischen Zielsetzung. Dies scheint ziemlich kurzsichtig gedacht zu sein. Amerika sollte nicht aus Angst vor etwaigen diplomatischen Folgen vor notwendigen militärischen Aktionen zurückschrecken. Doch um den Kampf gegen den internationalen Terrorismus effektiv führen zu können, bedarf es des fortwährenden Engagements vieler Länder, die in einem breiten Netzwerk zusammenarbeiten. Selbst wenn viele dieser Verbündeten nicht unmittelbar an militärischen Operationen beteiligt sind, so müssen amerikanische Strategen deren Interessen und Befindlichkeiten doch in ihre Planungen miteinbeziehen.
Es sind jetzt annähernd vier Wochen seit den terroristischen Anschlägen auf Manhattan und das Pentagon vergangen. [...] Mr. bin Laden hat uns gewarnt, dass wir Amerikaner uns nie wieder werden sicher fühlen können. Im Moment wissen wir nur so viel: Die Amerikaner fühlen sich standhaft und geeint in ihrer Entschlossenheit, Mr. bin Laden und seine Gefolgsleute aufzuspüren und schlussendlich auch zu besiegen – egal wie lange es auch dauern mag.

D34 Süddeutsche Zeitung: Angriff zur Verteidigung (8.10.2001)

Wochen hatte die Welt nach dem blutigen 11. September auf die Reaktion Amerikas gewartet – Wochen zwischen Hoffnungslosigkeit und Wut, zwischen Angst und Entschlossenheit. Nun hat Amerika in seinem viel beschworenen Feldzug gegen den Terror eine erste Antwort gegeben: mit Angriffen auf Ziele in Afghanistan. Damit ist der Kampf gegen den Terror in eine neue Phase getreten. Das Militärische beherrscht die Szenerie.

Diese Phase ist unumgänglich, sie ist nötig und ihre Dauer ist ungewiss. Sie wird von Rückschlägen ebenso begleitet sein wie von Kritik. Es steht jedoch gewiss nicht zu befürchten, dass aus dem global zu führenden Anti-Terror-Kampf ein weltweiter Konflikt erwächst, der alle Diplomatie und Vernunft hinwegspült und auf den Kampf der Kulturen zuläuft. Denn der Militärschlag gegen die Taliban ist ein Angriff zur Verteidigung der zivilisierten Welt gegen den Terror. [...]

Bin Laden und seine Leute sollen wissen, das es kein Zurück mehr gibt in die beschaulichen Terroristentage vor dem 11. September. Von nun an sind sie Gejagte – ob sie gestellt werden von den Kommandotrupps der Amerikaner und Briten ist natürlich angesichts der Verhältnisse am Hindukusch völlig offen.

Gejagte sind aber auch die Taliban, für die es nun nach Ankündigung Bushs um die Macht und ums Überleben geht. Sie haben sich das selber zuzuschreiben, denn fast vier Wochen lang war ihnen die Möglichkeit geboten worden, bin Laden auszuliefern. Sie haben es nicht gewollt und wohl auch nicht gekonnt, denn sie sind angewiesen auf sein Geld und auf seine Milizen. Im Kampf gegen die Amerikaner und ihre Verbündeten sowie verfeindete Gegner im Innern könnte ihre Macht nun sehr schnell implodieren. Damit wäre auch bin Laden des Schutzes beraubt – was ein wichtiges Ziel ist und den Frontalangriff auf die Taliban-Strukturen wie Flughäfen, Militäreinrichtungen und Ministerien in den Hochburgen Kabul und Kandahar rechtfertigt.

Der Kampf gegen den Terror mit militärischen Mitteln muss aus Gründen der Prävention geführt werden. Er ist ein Teil der amerikanischen Antwort auf den Massenmord in New York und Washington. Das wird die Welt zwar für den Augenblick noch unsicherer machen, denn neuer Terror droht. Doch langfristig ist es der sicherere Weg.

D35 The Washington Post: Clearing the Way (8.10.2001)

Die farbigen Lichtblitze, die gestern auf den Fernsehbildschirmen zu sehen waren, waren ein vertrauter Anblick, als US-geführte Truppen unter dem Schutz der Dunkelheit ihre Luftangriffe auf Afghanistan begannen. Doch gab es eine Reihe von Zeichen, die darauf hindeuteten, dass sich diese Offensive ganz erheblich von jener im Fernsehen übertragenen Bombardierung Jugoslawiens und des Iraks unterscheiden würde oder auch von den letzten Marschflugkörperangriffen auf Afghanistan von vor drei Jahren. Diese Raketen und Bomben waren bloß der sichtbarste Teil dessen, was Politiker als einen erheblich weiter gefassten Angriff auf die von Afghanistan aus operierenden Terroristen umschreiben bzw. auf jene Kräfte der Taliban, die sie unterschützen. Präsident Bush sagte, die Angriffe seien »konzipiert, um den Weg für nachhaltige, flächendeckende und unnachgiebige Operationen frei zu machen«. Was wir gesehen haben, waren bloß die Lichtblitze einer Offensive, die höchstwahrscheinlich noch andere Formen annehmen wird und die durchaus länger, schwieriger und kostspieliger als jede andere luftgestützte Operation des letzten Jahrzehnts werden könnte.

Obwohl die Risiken dieses Mal sichtlich höher sind, gilt dies auch für die Rechtfertigung und die Zielsetzung, mit der die Vereinigten Staaten den afghanischen Feldzug beginnen. Er ist zunächst einmal ein legitimer Akt der Selbstverteidigung, der sich gegen die Auftraggeber der wohl blutigsten Attentate richtet, die jemals auf amerikanischem Boden verübt wurden. Ferner ist er Teil einer Offensive, die sich gegen eine internationale Plage richtet, namentlich das Al-Qaida-Netzwerk Osama bin Ladens – eine Offensive, die die Unterstützung der NATO, der Vereinten Nationen und zahlreicher Regierungen rund um den Globus gewonnen hat, davon über 40, die unseren Flugzeugen Überflug- und Landerechte gewährt haben. Diese breite Unterstützung ist das Ergebnis der Entscheidung der Bush-Administration, militärische Maßnahmen zunächst für fast vier Wochen zurückzustellen, während man zeitgleich eine Koalition ins Leben rief und Beweise sammelte und verbreitete, die eine Beteiligung Al-Qaidas an den Anschlägen vom 11. September belegen. Ein weiteres Ergebnis kann in der umsichtigen Koordination der sichtbaren Teile der gestrigen Operation gesehen werden; noch während Marschflugkörper die Lichter in Kabul und Kandahar zum Erlöschen brachten, warfen US-Flugzeuge Tausende von Essensrationen und Medikamenten über Afghanistans vertriebener und hungriger Bevölkerung ab. [...]

Die breite Koalition, die diese Offensive unterstützt und sich an ihr beteiligt, zeigt, dass dies kein Krieg Amerikas gegen die Welt ist, sondern einer der Welt gegen die Gesetzlosigkeit. Manche Nationen dürften sich beteiligen, weil sie die Terroristen fürchten; andere wiederum, weil sie es sich mit Amerika nicht verderben wollen. Doch die allermeisten [...] beteiligen sich, weil sie die Wichtigkeit jener Werte verstanden haben, die am 11. September angegriffen wurden. [...]

D36 Frankfurter Rundschau: Bomben und Care-Pakete (9.10.2001)

Vier Wochen umsichtiger US-Politik konnten nie darüber hinwegtäuschen, dass sich das afghanische Taliban-Regime über kurz oder lang mit militärischen Angriffen konfrontiert sehen würde. Niemand hat ernsthaft die

Auslieferung des Terroristen-Führers Osama bin Laden durch die Taliban erwarten können. Zu sehr sind die Denkstrukturen bin Ladens und der Taliban verwoben, zu gleichgerichtet ihre Machtinteressen. Der Krieg, in dem seit Sonntag Bomben fallen, richtet sich also gegen bin Laden, sein Terror-Netzwerk und die Taliban gleichermaßen.
Es ist ein in vieler Beziehung »neuer Krieg«. Von Beginn an weiß man, dass er mit militärischen Mitteln allein nicht zu gewinnen ist. Man weiß, dass er nicht schonungslos geführt werden kann. Im Gegenteil. Die Bevölkerung Afghanistans, die ohnehin zu den Ärmsten der Armen auf der Welt gehört, soll unterstützt werden. Sie wird nicht mit Bomben, sondern mit Care-Paketen beworfen. [...]
Seit Sonntag weiß man jedenfalls, dass die Angriffe den Richtigen gelten. Die Bekenntnisse bin Ladens zu den Terroranschlägen in den USA und seine Drohungen für die Zukunft haben die Indiziensuche der vergangenen Wochen überholt. Bin Laden dirigiert sein Terror-Netzwerk von Afghanistan aus, und die Taliban erlauben es ihm. Insofern ist es nun zu einem klaren Kriegsziel geworden, die Taliban von der Macht zu verdrängen. Bin Ladens habhaft zu werden oder sein Netzwerk zu zerschlagen wird weitaus schwieriger sein. Gegen den Terrorismus kann in Afghanistan eine wichtige Schlacht gewonnen werden, der Krieg aber nicht. [...]

D37 Die Welt: Brot und Bomben (9.10.2001)

Die Bilder von heranrasenden Raketen am Nachthimmel mögen sich gleichen, über Bagdad, Belgrad oder Kabul. Doch der Konflikt, in dem die Amerikaner das Heft vorerst in die Hand genommen haben, entzieht sich allen alten Rastern: Eine diplomatische Eindämmung ist es seit Sonntagnacht nicht mehr allein, obwohl die USA in den vergangenen vier Wochen so viel Weltpolitik betrieben haben wie lange nicht mehr. Eine Polizeiaktion ist es auch nicht; George Bush hat sein »Bin Laden – dead or alive« klug hinter sich gelassen. Ganz offenkundig soll nun das ganze Taliban-Regime gestürzt werden, weil es seine Chance zur Kooperation gegen den Terror verwirkt hat. Aber wenn das Wort noch einen Sinn haben soll, dann führen die USA auch keinen »Krieg«, noch nicht einmal gegen Afghanistan. Stattdessen scheinen sie eine neue Antwort auf die neue Herausforderung des 11. September zu suchen: Sie werfen Bomben ab und Brot; über das übliche Maß an psychologischer Kriegsführung geht das weit hinaus. So deutlich wie möglich soll unterschieden werden zwischen Verführern und Verführten. [...] [Dabei betonen die Amerikaner] sehr Grundsätzliches mit ihrem geradezu gratwandernden Vorgehen: Der Kampf gilt keinesfalls

all denen, die an Allah glauben, sondern nur denen, die im Namen Allahs töten. Und: Die USA übernehmen ein erstes Stück Verantwortung für eine Region, die sie auch nach dem unausweichlichen Sturz der Taliban ökonomisch und politisch nicht mehr sich selbst überlassen werden – im eigenen Interesse.
Die USA legen ihren Feldzug gegen den Terrorismus also breit und mit langen Fristen an. Das Militärische gehört dazu, zu Recht. Aber den einen, alles klärenden Schlag wird es nicht geben. Und darin liegt die Herausforderung: Bei aller militärischen und wirtschaftlichen Potenz stehen die westlichen Staaten einem Gegner gegenüber, der auch mit der klug ausgreifenden Strategie der Amerikaner nie ganz zu besiegen sein wird. Mehr als Raketen werden Wille und Ausdauer den Kampf entscheiden.

D38 The Washington Post: Lessons of Liberation (18.11.2001)

Der Krieg in Afghanistan ist noch nicht vorbei, und der Kampf gegen den internationalen Terrorismus hat gerade erst begonnen. Die Gefahr für Amerikaner – sowohl hier als auch im Ausland – bleibt akut. Dies ist keine Zeit, um sich zu entspannen. Und doch bietet der unerwartet schnelle Zusammenbruch der Taliban-Herrschaft die Möglichkeit, das Geschehene zu reflektieren. Die erste Lektion – so offensichtlich sie auch sein mag, wird sie doch allzu häufig für selbstverständlich erachtet – ist die, dass die Vereinigten Staaten von ebenso talentierten wie mutigen Streitkräften verteidigt werden. Sobald erste Details des jetzigen Feldzugs ans Licht kommen, werden wir ohne Zweifel sowohl von Schlamasseln als auch von Heldentaten hören, aber das Gesamtbild wird bestimmt vom Professionalismus der Piloten und Spezialeinheiten sowie dem der Soldaten, Flieger, Seeleute und Marinesoldaten, die sie unterstützen – Frauen und Männer, die sich allesamt freiwillig dafür gemeldet haben.
Wenn man zuschlägt, sollte man hart zuschlagen: Dies scheint die zweite Lektion zu sein. Sobald US-Piloten damit begonnen hatten, Frontstellungen der Taliban mit aller Macht zu bombardieren, verstärkten sich die militärischen Erfolge gegenseitig. Anfängliche Zeichen der Schwäche unter den Taliban provozierten Überläufer und Aufstände unter denjenigen, die nur auf ein Zeichen gewartet hatten, dass die Amerikaner es ernst meinten. Hilfsgruppen und andere, die nach einem Bombenstopp riefen, lagen falsch. Erst ein maßgeblicher Sieg öffnete den Weg für eben jene Hilfsgüter, die niemals hätten ausgeliefert werden können, solange die Taliban noch an der Macht waren.

Unterschätze niemals den Willen der Menschen, in Freiheit zu leben: Dies scheint die Lektion zu sein, die wir jedes Mal aufs Neue lernen müssen. Als die Vereinigten Staaten mit ihrer Intervention begannen, warnten uns einige Militärexperten vor einer möglichen Niederlage, indem sie auf das sowjetische Unglück verwiesen. Andere Experten wiederum deuteten auf die Faktoren, die die beiden Kriege voneinander unterschieden: Die Vereinigten Staaten hatten nicht vor, das Land zu besetzen, und die Taliban würden – ungleich der anti-sowjetischen, CIA-gestützten Mujaheddin – keine Unterstützung von benachbarten Staaten bekommen.
Doch nur wenige hoben hervor, was der wohl entscheidende Unterschied gewesen sein dürfte: Dass die Sowjetunion versuchte, eine ungewollte Herrschaftsform einzuführen, während die Vereinigten Staaten die Afghanen aus der Unterdrückung befreiten. [...] Es lohnt sich immer noch, daran zu erinnern, dass militärische Operationen erheblich leichter sind, wenn man im Interesse der Zivilbevölkerung agiert. Da ist es zumindest angemessen, sich zu fragen, ob nicht auch viele Iraker eine solche Befreiung in ganz ähnlicher Weise begrüßen würden. [...]

Beginnende Divergenzen über eine globale Anti-Terror-Strategie im Jahr 2002

In den ersten Wochen und Monaten, die den Terroranschlägen von New York und Washington folgten, zogen die Vereinigten Staaten und Europa – ja, die westliche Staatengemeinschaft insgesamt – noch an einem Strang. Erstmals beschloss die NATO den Bündnisfall und Bundeskanzler Schröder versicherte den USA die »uneingeschränkte Solidarität« Deutschlands. Schröder riskierte sogar, als es Widerstände im eigenen Lager gegen den bevorstehenden Einsatz der Bundeswehr im weltweiten Anti-Terror-Kampf gab, den Fortbestand der rot-grünen Regierungskoalition, als er den Parlamentariern im Deutschen Bundestag die Vertrauensfrage stellte. Im Gegenzug vermied Amerika Alleingänge und schmiedete – obgleich man sich stets, bestärkt durch die UN-Resolutionen 1368 und 1373, auf das Recht zur kollektiven Selbstverteidigung berief – sorgfältig eine weltumspannende Koalition gegen den Terrorismus. Diese demonstrative internationale Geschlossenheit sollte jedoch schon bald – trotz oder gerade wegen des schnellen Sturzes des Taliban-Regimes in Afghanistan – erste Risse bekommen.

Ein frühes Indiz hierfür waren die Reaktionen in Europa auf Bushs »Rede zur Lage der Nation« (»State of the Union Address«) → **D44** vom 29. Januar 2002. Frankreichs Außenminister Hubert Védrine war keineswegs allein, als er im Anschluss daran das »simplizistische« Weltbild des US-Präsidenten kritisierte,[1] nachdem Bush in seiner Rede vor den beiden Kammern des Kongresses erklärt hatte, dass die drei Staaten Iran, Irak und Nordkorea gemeinsam eine »Achse des Bösen« bilden würden. Während daraufhin ein Sturm der Entrüstung in Europa wegen dieser Formulierung losbrach, fand ein zweiter Aspekt seiner Rede zunächst kaum Beachtung – ein Aspekt, der im Ringen um eine gemeinsame Haltung im Kampf gegen den Terror jedoch ungleich schwerer wiegen sollte als eine wie auch immer geartete »Achse des Bösen«. Denn besagte »Achse« war lediglich das Resultat einer erheblichen Umorientierung in der amerikanischen Außen- und Sicherheitspolitik, die Bush in seiner Rede zur Lage der Nation öffentlich gemacht hatte. Hatte der »Krieg gegen den Terror« zunächst nur dem internationalen Terrorismus sowie den ihm Unterstützung gewährenden Staaten gegolten, so rückte jetzt das Thema Massenvernichtungswaffen in

Beginnende Divergenzen über eine globale Anti-Terror-Strategie im Jahr 2002

den Vordergrund. Konkret: Massenvernichtungswaffen in den Händen von Terroristen bzw. von so genannten Schurkenstaaten (»rogue states«), welche die Welt bedrohten.

Diese Neujustierung erklärte sich zwar nicht unmittelbar aus den Geschehnissen vom 11. September heraus – die Attentate waren, trotz ihrer gewaltigen Dimension, konventioneller Natur gewesen und Massenvernichtungswaffen hatten in ihrem Zusammenhang keine Rolle gespielt, gleichwohl wäre sie ohne »9/11« nicht denkbar gewesen. Denn vieles, was noch am 10. September für abwegig und unrealistisch befunden worden war, war tags darauf nur allzu vorstellbar geworden. Und Massenvernichtungswaffen in den Händen von Terroristen, die ohne zu Zögern bereit wären, diese auch einzusetzen, erschienen den Amerikanern – und nicht nur ihnen – mit einem Mal in hohem Maße plausibel. Trotz der angesichts des Schreckens vom 11. September wiederholt vorgetragenen Interpretation, dass die Anschläge dem Westen insgesamt gegolten hätten, entwickelten Amerika und Europa in der Folgezeit eine ganz unterschiedliche Wahrnehmung der terroristischen Bedrohung. Während die europäischen Staaten aufgrund ihrer geografischen Lage schon immer mit einer gewissen »Verwundbarkeit« hatten leben müssen, in ihrer Vergangenheit größtenteils auch schon Erfahrungen im Umgang mit Terroristen gesammelt hatten – deren Aktionen freilich niemals die zerstörerische Dimension des zeitgenössischen Terrors islamistischer Prägung erreicht hatten –, war all dies für Amerika eine gänzlich neue Erfahrung. Umso stärker fiel der Schock des 11. September in den USA aus. Und noch etwas bedingte die unterschiedlichen Bedrohungsvorstellungen diesseits wie jenseits des Atlantiks: Nur die Vereinigten Staaten waren und sind – ausgestattet mit einem Verteidigungsetat, der denjenigen der Europäer um ein Vielfaches übertrifft[2] – zur militärischen Reaktion auf bestimmte Bedrohungsszenarien überhaupt fähig; sie verfügen damit über Handlungsoptionen, die Europa, selbst wenn es einmal geschlossen agiert, gar nicht zur Verfügung stehen. Amerika konnte daher ganz selbstverständlich militärische Antworten in Betracht ziehen, weil es dazu in der Lage war. Im angemessenen Umgang mit dem »Achsen«-Mitglied Irak sollte genau dieser Konflikt schon sehr bald zu Tage treten.

Vor dem Hintergrund der neuen Ausrichtung der amerikanischen Außen- und Sicherheitspolitik auf den Schwerpunkt Massenvernichtungswaffen war die Entscheidung der Bush-Administration, den Irak unter seinem Diktator Saddam Hussein verstärkt ins Visier zu nehmen, nicht völlig abwegig. Nicht nur, weil Saddam bereits in der Vergangenheit eine ganze Reihe geheimer Rüstungsprogramme betrieben hatte;[3] der Beschuss der kurdischen Stadt

Halabdscha 1988 mit Giftgas, infolgedessen rund 5 000 Zivilisten den Tod fanden, hatte gezeigt, dass der irakische Diktator durchaus bereit war, solche Waffen auch einzusetzen. Seit die letzten UN-Waffeninspekteure 1998 den Irak verlassen hatten, stellte die Entwicklung bzw. der Erwerb neuer Massenvernichtungswaffen durch den Irak ein überaus realistisches Szenario dar – darin waren sich nahezu alle westlichen Geheimdienste einig. Uneinigkeit bestand allerdings in dem Punkt, wie man angesichts dieser Situation verfahren sollte. Amerika zumindest würde bereit sein, notfalls bis zum Äußersten zu gehen: »Saddam Hussein muss verstehen, dass es mir sehr ernst damit ist, unser Land zu verteidigen«, verdeutlichte Präsident Bush Mitte Februar seine Position noch einmal vor Journalisten in Washington. Und weiter: »Und ich halte mir alle Optionen offen.« → **D47** Damit trat, wenn auch unausgesprochen, die militärische Option offen zu Tage. In Europa hingegen, in Deutschland zumal, schien man einer vornehmlich diplomatischen Herangehensweise den Vorzug zu geben. Ganz in diesem Sinne gab Bundeskanzler Schröder in einem Interview mit der Washington Post denn auch zu Protokoll: »Ich glaube, dass die internationale Gemeinschaft ein wenig Druck ausüben sollte, um sicherzustellen, dass sich die Dinge in [die richtige; J. G.] Richtung bewegen.« → **D46** Worin genau dieser Druck bestehen sollte, darüber schwieg Schröder. Nahm man die militärische Komponente vom Tisch, blieben eigentlich nur Sanktionen übrig. Ein umfassendes Sanktionsregime aber war über den Irak bereits nach dessen Einmarsch in Kuwait im August 1990 verhängt worden, ohne dass sich die Kooperationsbereitschaft Saddams seitdem nennenswert erhöht hatte.

Fürs Erste aber zogen es beide Seiten offenbar vor, die bestehenden Meinungsverschiedenheiten nicht allzu sehr in den Vordergrund zu stellen. So verlief der Deutschland-Besuch des US-Präsidenten am 23. Mai in Mainz und Berlin betont harmonisch – im Gegenzug sprach Bush in seiner Rede vor dem Deutschen Bundestag auffallend häufig von den Herausforderungen, denen man nun gemeinsam entgegentreten müsse.

Dass diese Gemeinsamkeit im Falle des Irak aber eine Grenze hatte, wurde im weiteren Jahresverlauf rasch deutlich. Während Präsident Bush (»Wir müssen den Kampf zum Feind tragen [...] und den schlimmsten Bedrohungen begegnen, noch bevor sie auftauchen.« → **D50**) und sein Vize Cheney (»Die Risiken des Nichtstuns sind viel größer als das Risiko des Handelns.« → **D54**) die Weltöffentlichkeit alsbald mit dem Konzept einer verschärften amerikanischen Erstschlag-Doktrin, »preemptive strikes« genannt, vertraut machten, rückte in Deutschland der Bundestagswahlkampf immer näher. Im Innern von Wirtschaftsabschwung und steigenden Arbeitslosenzahlen gebeutelt, verhießen die Umfragewerte für Schröders rot-grüne

Regierungskoalition nichts Gutes. Lediglich in der Außenpolitik, namentlich bei der Ablehnung eines möglichen Waffengangs am Persischen Golf, wusste man eine große demoskopische Mehrheit hinter sich. Und so kam es, dass Schröder zum Wahlkampfauftakt im niedersächsischen Hannover am 5. August demonstrativ einen neuen »deutschen Weg« in der Außenpolitik der Bundesrepublik verkündete – der da lautete: »Druck auf Saddam Hussein ja. […] Aber Spielerei mit Krieg und militärischer Intervention – davor kann ich nur warnen. Das ist mit uns nicht zu machen.« → D39

Damit war der Bruch der Bundesregierung mit der Bush-Administration in der Irakfrage – zu jenem Zeitpunkt längst das alles beherrschende außenpolitische Thema in den USA – vollzogen und für alle Welt ersichtlich. Den deutsch-amerikanischen Beziehungen, so viel stand fest, würde ein heißer Herbst bevorstehen.

Deutsche Außenpolitik

D39 Bundeskanzler Gerhard Schröder (SPD) in einer Rede zum Wahlkampfauftakt in Hannover (5.8.2002)

[…] Es ist wahr, wir haben uns auf den Weg gemacht, auf unseren deutschen Weg, und wir haben viel geschafft, aber wir haben noch nicht alles erreicht. Deshalb denke ich, dass wir die Erneuerung unseres Mandats brauchen, um diesen deutschen Weg zu Ende gehen zu können. […]
Es ist uns allen deutlich geworden, dass die wirtschaftliche und politische Situation in der Welt nicht einfacher geworden sind. Der Terror vom 11. September sitzt vielen von uns noch in den Knochen. Aber ich denke, meine Damen und Herren, diese Regierung hat bewiesen, dass sie gerade in Zeiten zugespitzter Auseinandersetzung sehr wohl in der Lage ist, entschieden und dennoch besonnen unser Land auf einem vernünftigen Kurs zu halten. Wir, so sage ich, sind zur Solidarität bereit, aber dieses Land wird unter meiner Führung für Abenteuer nicht zur Verfügung stehen, meine Damen und Herren.
Die Meldungen, die wir aus dem Nahen Osten hören, stimmen besorgt. Die Menschen in unserem Land, die Mitglieder meiner Regierung ebenso wie mich. Diejenigen, die jetzt sagen, diese Diskussion ist eine, die im Wahlkampf geführt wird, […] [denen sage ich: Unser] Volk [hat] Anspruch darauf zu erfahren, was die politischen Kräfte in diesem Land wollen und wozu sie bereit sind und was sie nicht wollen. Deshalb gehören diese Fragen auf die Tagesordnung. Nicht, weil uns das eingefallen ist, sondern weil der

Zeitplan dies diktiert. Und mit Bezug auf die Diskussion über eine militärische Intervention etwa im Irak sage ich: Ich warne davor, meine Damen und Herren, über Krieg und militärische Aktionen zu spekulieren. Ich warne davor und sage denen, die in dieser Situation etwas vorhaben, wer das will, der muss nicht nur wissen, wie er rein kommt, sondern er braucht eine politische Konzeption dafür, wie es dann weitergeht. Und deswegen sage ich: Druck auf Saddam Hussein ja. Wir müssen es schaffen, dass die internationalen Beobachter in den Irak können. Aber Spielerei mit Krieg und militärischer Intervention – davor kann ich nur warnen. Das ist mit uns nicht zu machen, meine Damen und Herren.
Und wer glaubt, dieses Land, diese Regierung würde erneut den bequemen Ausweg gehen, nämlich den, der unter Kohl gang und gäbe war, wir bleiben draußen, aber wir zahlen – seinerzeit waren es 18 Milliarden Mark –, der irrt. Dem sage ich, dieses Deutschland, unser Deutschland, ist ein selbstbewusstes Land. Wir haben uns nicht gescheut, im Kampf gegen den Terrorismus internationale Solidarität zu üben. Wir haben das getan, weil wir von der Notwendigkeit überzeugt waren. Und weil wir wussten, die Sicherheit unserer Partner ist auch unsere Sicherheit. Aber eines sagen wir genauso selbstbewusst: Für Abenteuer stehen wir nicht zur Verfügung, und die Zeit der Scheckbuchdiplomatie ist endgültig zu Ende, meine Damen und Herren. [...]

D40 Frankfurter Allgemeine Zeitung: Schröders Krieg (9.8.2002)

Der Kanzler braucht einen Krieg. Er braucht keinen wirklichen, in dem Menschen umkommen und Städte bombardiert werden. Er braucht den Krieg nur als Möglichkeit, als Bedrohung. Denn größere Verdienste noch als die Regierung, die ihr Land möglichst unbeschadet durch einen Krieg führt, erwirbt sich jene, die dem Volk gänzlich erspart, was kein vernünftiger Mensch will. So hat Gerhard Schröder einen Feldzug gegen den Irak, von dem noch niemand mit Sicherheit sagen kann, dass es ihn geben wird, zur Ultima ratio seines Kampfes um sein Amt gemacht, der bisher nur Niederlagen kennt. [...] Nun deutet er auf eine dunkle Bedrohung am Horizont hin, vor der er die Deutschen schützen werde, so sie ihn im Amt beließen. In dem amerikanischen Spielfilm »Wag the dog« hat ein Hollywood-Produzent seinem Präsidenten einen virtuellen Krieg besorgt. Schröder lässt sich das Drehbuch gleich aus Washington liefern, von Bush selbst und dem Kongress.
Die äußere Gefahr, derentwegen sich das Wahlvolk um seinen Kanzler scharen soll, ist von ihm nämlich nicht im Orient lokalisiert worden. Schröder

sorgt sich öffentlich nicht um Saddams »Spielerei mit dem Krieg« und dessen Lust am militärischen »Abenteuer«, sondern darum, dass Deutschlands wichtigster und mächtigster Verbündeter leichtsinnig sein könnte. [...] Tatsächlich wird der Bundeskanzler wissen, dass auch die Deutschen sich mehr vor dem irakischen Diktator und seiner Vorliebe für Massenvernichtungswaffen fürchten müssen als vor der vermeintlichen Irrationalität und Kriegslüsternheit einer zwei Jahrhunderte alten Demokratie. Doch Saddam ist weit, und antiirakische Stimmungen haben im linken Lager Deutschlands eine unvergleichlich kürzere Traditionslinie und damit auch geringere Mobilisierungskraft als die antiamerikanischen Ressentiments. Man muss nicht einmal bis zur Nachrüstungsdebatte zurückgehen, um auf das Grundmisstrauen gegenüber Amerika zu stoßen, einem Land, das sich mehr für die deutsche Einheit begeistern konnte als mancher deutsche Sozialdemokrat. [...] Einem um seine parlamentarische Existenz kämpfenden Hinterbänkler kann man solchen Populismus vielleicht noch nachsehen; ein Bundeskanzler, den auch schlechte Umfragen nicht von seinem Staatsamt entbinden, muss seine Worte, die Programm sind, wägen. Die Verkündung des »deutschen Weges«, der selbst im Falle eines Beschlusses der Vereinten Nationen eine deutsche Beteiligung an einer Aktion gegen den Irak nicht zulassen soll, wird im Ausland nicht nur als bedeutungsloses Wahlkampfgeplapper verstanden werden. Dort bleibt die rot-grüne Koalition vor allem als ein Regierungsbündnis in Erinnerung, das nur dann zu zerbrechen drohte, wenn Deutschland seiner internationalen Verantwortung auch militärisch nachkommen sollte. Man kann sich darüber freuen, dass die Deutschen nicht mehr in dem Ruf stehen, eine kriegerische Nation zu sein. Der politische Einfluss, den Deutschland auf den Verlauf von Konflikten und das Verhindern von Kriegen hat, hängt jedoch auch von seinen militärischen Möglichkeiten und der politischen Fähigkeit ab, diese im äußersten Fall einzusetzen. [...]

D41 Süddeutsche Zeitung: Projektion statt Politik (13.8.2002)

[...] Gerhard Schröder hat sich [...] entschieden, Außenpolitik im Wahlkampf an einem zugespitzten Problem zu diskutieren: Willst du einen Krieg gegen den Irak, oder willst du ihn nicht? Indes: Man muss Schröder unterstellen, dass auch er nicht dem Land die außenpolitische Grundsatzdebatte bescheren will, die er selbst vier Jahre lang gemieden hat. Nein, Schröder geht es um seine Wiederwahl. Er hat als Instinktpolitiker ein Thema entdeckt, für das Zustimmung garantiert zu sein scheint.
Allerdings ignoriert Schröder ein paar Feinheiten, die einem Bundeskanzler, dessen Wort Gewicht hat in der Welt, wichtig sein müssten. Zunächst:

Die Entscheidung für einen Irak-Krieg steht nicht an. Zwar bemüht sich eine lautstarke Fraktion in Washington um die politische, militärische und völkerrechtliche Rechtfertigung dieses Krieges, aber die Zweifel wiegen schwerer – momentan zumindest und selbst in Washington. Präsident George Bush hat sich nicht festgelegt und hält sich damit immer noch eine Rückzugsmöglichkeit offen. [...]
Mit seiner apodiktischen Festlegung tut Schröder der deutschen Außenpolitik keinen Gefallen. Er erfreut lediglich Saddam Hussein: Im irakischen Fernsehen jedenfalls wird der Bundeskanzler gefeiert. Dabei ist Saddam gar nicht Gegenstand der Volte Schröders, sonst würde sich der Kanzler auch stärker mit der Bedrohung durch Bagdad auseinandersetzen. Gegenstand sind die USA und ihr Präsident, weil sie eine prima Projektionsfläche abgeben für antiamerikanische Gefühle und Klischees. Natürlich will der Kanzler aber auch nicht Amerika bekehren, und so ist klar, dass der einzige Adressat der Wähler ist, mit dessen Ängsten der Kanzler spielt, ohne die ganze Wahrheit über diese an Komplexität reiche Irak-Problematik zu sagen. [...]
Schröder – und mehr noch seine Hintersassen Struck und Müntefering – instrumentalisieren Außenpolitik, als gäbe es kein Morgen mehr. Sie schwächen die Vereinten Nationen und nehmen den Druck von Bagdad, Inspektoren ins Land zu lassen. Sie tun dies in klarer Abgrenzung zu den Bündnispartnern – selbst denen in Europa, deren Freundschaft lebensnotwendig ist für die Bundesrepublik. Schröder betreibt Außenpolitik, als wüsste er um seine Niederlage am 22. September.

D42 Los Angeles Times: Why They Say Nein to War (6.9.2002)

Mit der Aussage, dass sein Land »für Abenteuer im Irak nicht zur Verfügung« stünde, sorgt der deutsche Bundeskanzler Gerhard Schröder für Sodbrennen im Weißen Haus. [...] Obwohl durchaus ein wenig Wahlkampf-Opportunismus in Schröders Beharren darauf, dass ein Krieg [im Irak] ein grober Fehler wäre, durchschimmert, sind seine Aussagen ein Spiegelbild weit verbreiteter Ängste unter Europäern. [...]
Schröders Argumente gegen einen Krieg sind nicht etwa einer etwaigen Abneigung gegenüber den Vereinigten Staaten geschuldet, sondern basieren auf realistischen Befürchtungen. Er merkt lediglich an, dass die Bush-Administration bisher noch keinerlei zwingendes Beweismaterial vorgelegt hat, welches belegen würde, dass die Bedrohung durch den Irak einen ausgewachsenen Krieg rechtfertigt. Ferner erwähnt Schröder, dass ein Angriff [auf den Irak] eine Welle des Hasses in der »arabischen Straße«

verursachen könnte, die es militanten Islamisten ermöglichen würde, moderate, den USA bisher freundlich gesonnene Regierungen zu stürzen, und dass die wirtschaftlichen Folgen eines Kriegs – vor allem hinsichtlich der Ölversorgung – katastrophal sein könnten. [...]
Seit der Wiedervereinigung im Jahre 1990 haben amerikanische Regierungen Deutschland dazu ermutigt, seinen Status als wirtschaftlicher Riese/politischer Zwerg abzulegen. Wenn Schröder die Führung in Europa übernimmt und seine europäischen Nachbarn dazu ermutigt, sich nicht an einem amerikanischen Krieg gegen den Irak zu beteiligen, macht er genau dies. Deutsche Führung in Europa muss nicht nur als Opposition gegen die Vereinigten Staaten verstanden werden. Schröder liegt richtig, wenn er fürchtet, dass ein Angriff auf Saddam Hussein den Krieg gegen den Terrorismus gefährden würde, indem er das NATO-Bündnis zerreißt. Anstatt sich über Schröder aufzuregen, täte die Bush-Administration gut daran, seine Worte der Vorsicht zu hören.

UN und internationale Beziehungen

D43 Die Welt: Europas Obsessionen (18.2.2002)

Von uneingeschränkter Solidarität spricht niemand mehr. Während der Krieg gegen den Terror die wirklich gefährlichen staatlichen Akteure ins Visier nimmt, bildet sich vom grünen deutschen Außenminister bis zum konservativen britischen EU-Kommissar eine Achse des Nölens: Die Verbündeten seien keine »Satelliten«, so Joschka Fischer; Freunde seien keine »Speichellecker«, sekundiert Chris Patten; und Frankreichs sozialistischer Außenminister Hubert Védrine stimmt ein mit einer Kritik am »simplistischen« Weltbild des Präsidenten.
Man hat das Gefühl eines Déjà-vu. Als Ronald Reagan vom »Reich des Bösen« sprach und in Berlin rief: »Herr Gorbatschow, reißen Sie die Mauer ein!« – da schüttelte ganz Europa den Kopf über den gefährlichen Simpel im Weißen Haus. Ganz Europa? Nun, Margaret Thatcher war »Reagans Pudel« und damit indiskutabel. Die Sowjetunion schwand, die Mauer fiel, der Thatcherismus wurde zur wirtschaftspolitischen Leitkultur selbst der Neuen Mitte, aber das Misstrauen gegen Amerika blieb – auch nach dem 11. September, als nichts so bleiben sollte wie zuvor.
Hier geht es mehr um emotionale, kulturelle, geschichtliche Reflexe als um Politik. Die Europäer haben Weltreiche verloren, oft in schmutzigen Kriegen, und daraus pessimistischere Schlüsse gezogen als ihre amerikanischen

Erben. Sie haben Sozialstaaten aufgebaut, für die Amerika die militärische Rechnung bezahlte, und daraus die Lehre gezogen, das Militärische gering zu achten. Drei Mal wurden sie durch Amerika vor sich selbst gerettet. Es bleibt eine europäische Obsession, Amerika einmal vor sich selbst retten zu wollen. Keine historische Erfahrung spricht dafür, dass sie dazu legitimiert oder gar befähigt wären.

Amerikanische Außenpolitik

D44 US-Präsident George W. Bush in seiner Rede »zur Lage der Nation« (29.1.2002)

[...] Unsere Nation wird sich auch weiterhin standhaft, geduldig und beharrlich der Verfolgung zweier großer Ziele widmen: Erstens werden wir die Lager der Terroristen ausschalten, ihre Pläne unterbinden und sie zur Rechenschaft ziehen. Und zweitens müssen wir jene Terroristen und Regime, die danach trachten, chemische, biologische und atomare Waffen zu erwerben, davon abhalten, die Vereinigten Staaten und den Rest der Welt zu bedrohen.
Unser Militär hat die Trainingslager der Terroristen in Afghanistan erfolgreich ausgeschaltet und doch existieren noch weitere Lager in wenigstens einem Dutzend anderer Länder. [...] Meine Hoffnung ist, dass alle Nationen unserem Ruf folgen und die terroristischen Parasiten, die ihre Länder und unser eigenes bedrohen, vernichten werden.
Viele Nationen agieren mit Nachdruck. [...] Doch einige Regierungen schrecken vor dem Terror zurück. Lassen Sie mich Ihnen eines versichern: Sollten diese Staaten nicht reagieren, so wird es Amerika an ihrer statt.
Unser zweites Ziel besteht darin, Regime, die den Terror unterstützen, davon abzuhalten, Amerika und seine Freunde und Verbündeten mit Massenvernichtungswaffen zu bedrohen. Einige dieser Regime haben sich seit dem 11. September sehr zurückgehalten. Doch wir kennen ihre wahre Natur. Nordkorea ist ein solches Regime, das sich mit Raketen und Massenvernichtungswaffen bewaffnet, während es gleichzeitig seine Bürger verhungern lässt.
Der Iran strebt aggressiv nach solchen Waffen und exportiert Terrorismus, während gleichzeitig einige wenige nicht durch Wahlen Legitimierte die Hoffnung der Iraner auf Freiheit unterdrücken.
Der Irak trägt weiterhin seine Feindschaft mit Amerika offen zur Schau und unterstützt nach wie vor den Terror. Das irakische Regime ist schon

Beginnende Divergenzen über eine globale Anti-Terror-Strategie im Jahr 2002

seit über einem Jahrzehnt damit beschäftigt, Milzbrand, Nervengas und Atomwaffen zu entwickeln. Dies ist ein Regime, das in der Vergangenheit bereits Giftgas gegen seine eigene Bevölkerung eingesetzt hat – zurück blieben nur tote Mütter und Kinder, die Körper eng aneinandergepresst. Dies ist ein Regime, das internationalen Inspektionen zugestimmt hat – um anschließend die Inspektoren wieder aus dem Land zu werfen. Dies ist ein Regime, das etwas vor der zivilisierten Welt zu verbergen hat.

Staaten wie diese und ihre terroristischen Verbündeten bilden zusammen eine »Achse des Bösen« (»axis of evil«), die sich dazu rüstet, den Frieden in der Welt zu bedrohen. Indem sie danach trachten, Massenvernichtungswaffen zu entwickeln, stellen diese Regime eine ernsthafte und wachsende Gefahr dar. Sie könnten diese Waffen an Terroristen weitergeben, welche diesen die Mittel dazu geben würde, ihren Hass zu verwirklichen. Sie könnten unsere Verbündeten angreifen oder aber versuchen, die Vereinigten Staaten zu erpressen. In jedem dieser Fälle wäre der Preis der Gleichgültigkeit katastrophal.

Wir werden eng mit unserer Koalition zusammenarbeiten, um den Terroristen und ihren staatlichen Unterstützern die Materialien, die Technologie und das Knowhow zur Produktion und Auslieferung von Massenvernichtungswaffen vorzuenthalten. Wir werden wirksame Raketenabwehrsysteme entwickeln und in Stellung bringen, um Amerika und unsere Verbündeten vor einem Überraschungsangriff zu schützen. Und alle Nationen sollten wissen: Amerika wird alles Notwendige dafür tun, um die Sicherheit unserer Nation zu gewährleisten.

Wir werden mit Bedacht handeln, doch die Zeit ist nicht auf unserer Seite. Ich werde nicht auf Ereignisse warten, während sich Gefahren zusammenbrauen. Ich werde nicht untätig zusehen, während die Gefahr näher und näher rückt. Die Vereinigten Staaten von Amerika werden es nicht zulassen, dass die gefährlichsten Regime der Welt uns mit den zerstörerischsten Waffen der Welt bedrohen. [...]

D45   The Washington Post: Yes, They Are Evil (3.2.2002)

Die Tatsache, dass Präsident Bush die Regime des Iran, Iraks und Nordkoreas als »böse« bezeichnet hat, sorgte für Fassungslosigkeit in Europa, Empörung bei den Angeklagten und bescherte dem Präsidenten einiges Hin und Her in seiner eigenen Regierung. Letzteres ist, unserer Meinung nach, nicht gerade hilfreich. Die Bemerkungen des Präsidenten in seiner Rede zur Lage der Nation waren ziemlich eindeutig und lenkten, jedenfalls größtenteils, die amerikanische Außenpolitik in die richtigen Bahnen. Einer unter

anderen positiven Aspekten ist der, dass das, was Mr. Bush über die drei Länder gesagt hat, den Vorteil hat, der Wahrheit zu entsprechen. Nordkorea ist in der Tat »ein Regime, das sich mit Raketen und Massenvernichtungswaffen bewaffnet, während es gleichzeitig seine Bürger verhungern lässt«. Historiker dürften sich schon wundern, wenn sie in 50 Jahren zurückblicken, weshalb die zivilisierte Welt nichts dagegen unternahm, dass 21 Millionen Koreaner über einen so langen Zeitraum hinweg unter den Bedingungen erbärmlichster Unterdrückung leben mussten. Der Iran wird, wie Mr. Bush gesagt hat, von »einigen wenigen, die nicht durch Wahlen legitimiert sind, [regiert, die] die Hoffnung der Iraner auf Freiheit unterdrücken«. Saddam Hussein hat in der Tat Giftgas eingesetzt, um Tausende seiner eigenen Landsleute im Irak zu ermorden – und noch immer lässt der irakische Diktator, obgleich Mr. Bush dies nicht erwähnt hat, Tausende von Menschen aus Mangel an Nahrung und Medikamenten sterben, damit er propagandistisch punkten kann, indem er die Schuld hierfür bei den von den UN verhängten Sanktionen sucht. In allen drei Staaten leben die Menschen unter der brutalen Kontrolle einer Geheimpolizei, die Folter und andere Mittel der Unterdrückung einsetzt. Wer möchte bestreiten, dass dies nicht »böse« ist? [...]
Der Irak, damit beschäftigt seine Bestände an Massenvernichtungswaffen während der Abwesenheit der UN-Inspekteure wieder aufzubauen, verkörpert die drängendste Bedrohung, und die zur Verfügung stehenden »Instrumente«, von denen die Nationale Sicherheitsberaterin Condoleezza Rice in einer darauffolgenden Rede am Dienstag sprach, scheinen der Lage nicht angemessen zu sein. Ms. Rice propagierte eine Stärkung von Nichtverbreitungssystemen, eine Verdoppelung der Anstrengungen mit Russland, den »Abfluss gefährlicher Materialien und Technologien« zu kontrollieren, und ein Raketenabwehrsystem. Doch ein Raketenabwehrschild wird Saddam Hussein nicht daran hindern, seine Zusammenarbeit mit den Terroristen fortzuführen, und Waffenkontrollsysteme waren noch nie mehr als ein nützlicher Vorhang für Saddam Husseins Waffenprogramme. Das Instrument des erzwungenen Regimewechsels – infolge eines Militärschlags – sollte ebenfalls in Erwägung gezogen werden.
Die Staaten, die diese Idee am stärksten ablehnen, sind zumeist auch jene, die am wenigstens gewillt sind, Maßnahmen zu erzwingen, die entworfen wurden, um den irakischen Diktator in Schach zu halten. Wir wollen auf niemanden mit dem Finger zeigen, doch spontan fallen uns Frankreich, Russland und China ein. Anstatt Zeit darauf zu verschwenden, Mr. Bushs Einschätzung der Bedrohung in Frage zu stellen, sollten sie und

andere Nationen zusammenkommen, um Wege zu finden, die von Mr. Bush ausgemachte Gefahr zu entschärfen.

D46 Bundeskanzler Gerhard Schröder (SPD) in einem Interview mit der Washington Post (4.2.2002)

Frage: Was hielten Sie von Präsident Bushs Rede zur Lage der Nation, die ziemlich unverblümt jene Staaten beim Namen nannte, die die USA bedrohen, indem sie Massenvernichtungswaffen beherbergen, wie beispielsweise den Irak oder Nordkorea?
Schröder: Der Präsident hat gezeigt, dass der Krieg gegen den Terror in keiner Weise vorüber und dass es wichtig ist, das internationale Bündnis gegen den Terrorismus zusammenzuhalten. Dies sind Positionen, die ich nur allzu bereitwillig unterstütze. Er nannte drei Länder beim Namen: Nordkorea, Iran und den Irak. Ferner betonte er, dass diese Länder in die Produktion von Massenvernichtungswaffen verwickelt sind, was, da stimme ich ihm zu, ein Problem darstellt. Was er nicht getan hat, war, neue Ziele für künftige Angriffe zu benennen.
Frage: Einige Europäer haben ihre Besorgnis darüber geäußert, dass Amerika einen Hang zum Alleingang habe, dass es auf die Empfindlichkeiten seiner Verbündeten keinerlei Rücksicht nehme, während es gleichzeitig seinen Kampf gegen den Terror ausweite. Sind auch Sie darüber besorgt?
Schröder: Ich teile diese Besorgnis nicht. Ich habe den Eindruck, dass die Verbündeten sehr wohl konsultiert werden.
Frage: Ich weiß, dass der britische Premierminister Tony Blair seine Besorgnis darüber zum Ausdruck gebracht hat, dass die USA einen Regimewechsel im Irak planten. Haben Sie Präsident Bush Ratschläge zum Thema Irak gegeben?
Schröder: Was ich über einen eventuellen Angriff auf den Irak gesagt habe, war, dass wir den Zusammenhalt des internationalen Bündnisses gegen den Terrorismus im Hinterkopf behalten sollten. Ich habe ebenfalls gesagt, dass es die politischen Führer moderater arabischer Staaten beinhalten sollte. Der Irak wäre gut beraten, bedingungslose Inspektionen zu erlauben – eine angemessene Forderung seitens der Vereinigten Staaten.
Frage: Glauben Sie, dass Saddam Hussein dem zustimmen wird?
Schröder: Ich glaube, dass die Forderung gerechtfertigt ist. Ich glaube ebenfalls, dass die internationale Gemeinschaft ein wenig Druck ausüben sollte, um sicherzustellen, dass sich die Dinge in diese Richtung bewegen.

D47 US-Präsident George W. Bush auf einer Pressekonferenz in Washington, D.C. (13.2.2002)

Frage: Herr Präsident, Ihre Berater sagen schon seit Langem, dass es eines Regimewechsels im Irak bedarf. Ziehen Sie ein militärisches Eingreifen in Erwägung, um dieses Ziel zu erreichen? Wie könnte Saddam gestürzt werden? [...]
Bush: [...] Ich habe gemeint, was ich schon vor ein paar Tagen gesagt habe: Es gibt ein paar Staaten in der Welt, die Massenvernichtungswaffen mit der einen Absicht entwickeln, Amerika als Geisel zu nehmen bzw. Amerikanern und deren Freunden und Verbündeten zu schaden. Und ich habe ebenfalls gemeint, was ich sagte, dass ich mich freue, mit der Weltgemeinschaft zusammenzuarbeiten, um diese Staaten unter Druck zu setzten, damit sie ihr Verhalten ändern. Aber verstehen Sie mich nicht falsch: Wenn nötig, werden wir die notwendigen Maßnahmen ergreifen, um das amerikanische Volk zu verteidigen.
Ferner denke ich, dass diese Aussage klar genug war, damit der Irak mich verstehen konnte. Und ich werde alle Optionen auf dem Tisch behalten [...]. Saddam Hussein muss verstehen, dass es mir sehr ernst damit ist, unser Land zu verteidigen.
Ich denke, eines der schlimmsten Dinge, die in dieser Welt passieren können, ist, wenn terroristische Organisationen mit Staaten zusammenarbeiten, die eine schlimme Vergangenheit haben und mit solchen, die Massenvernichtungswaffen entwickeln. Es wäre verheerend für all jene von uns, die für die Freiheit kämpfen. Und deshalb müssen wir, die freie Welt, diesen Staaten verdeutlichen, dass sie eine Wahl zu treffen haben. Und ich halte mir alle Optionen offen für den Fall, dass sie die Wahl nicht treffen.

D48 Frankfurter Rundschau: Trittbrettfahrer USA (20.2.2002)

Am Anfang stand die Rhetorik. Wie so viele US-Präsidenten vor ihm, war auch George W. Bush ins Weiße Haus gezogen, um alles anders zu machen: von der Steuerpolitik über den Klimaschutz bis zur Raketenabwehr gegen den Schurkenstaat Nordkorea. Doch den lautstarken Ankündigungen folgte rasch eine altbackene Realpolitik. Die Welt gab sich zunächst verstört über die barschen Worte, beruhigte sich aber bald. Der Neuling im Weißen Haus würde lernen; wie all seine Vorgänger, die als Innenpolitiker und Isolationisten gestartet waren.
Dann kam der 11. September und mit ihm ein tiefer Schock, gefolgt von martialischer Sprache: Krieg und Kreuzzug wurden ausgerufen. Eine falsche

Wortwahl, gewiss, aber vor dem Hintergrund der rauchenden Trümmer von Ground Zero war dies verständlich. Ein Verteidigungskrieg also gegen Terroristen in aller Welt und die Taliban am Hindukusch. Der Westen zog mit: »uneingeschränkte Solidarität« kam aus Berlin, eine Beistandsverpflichtung aus Brüssel. Jenseits aller fragwürdigen Sprüche und diesseits von Afghanistan schien Amerika weiter berechenbar.
Schließlich die Rede zur Lage der Nation. Der US-Präsident spricht von der »Achse des Bösen«. Wieder eine überhitzte Rhetorik, sagen die einen. Eine neue Bush-Doktrin, sagen die anderen. In jedem Fall verwandelt sich der Krieg gegen den Terrorismus an diesem historischen 29. Januar in einen Feldzug gegen Massenvernichtungswaffen. Als Bush den Kampf gegen die Netzwerke kurzerhand zur globalen Vorwärtsverteidigung gegen alle Diktaturen erweitert, klatscht der Kongress. Dass sich hier einer, der lange vor Interventionen ohne »Exit-Option« gewarnt hatte, auf einen endlosen Krieg gegen das Böse verpflichtete, ging unter im Applaus. »War is peace«, nennt George Orwell diesen Zustand in »1984«: »Krieg ist Frieden.« [...]
[Nun also Irak.] Natürlich gibt es noch keine konkreten Pläne für eine Invasion. Wohl aber eine Rhetorik, die sich rächen wird. Schon jetzt sind die Verhandlungen über ein mögliches Waffenkontroll-Regime unter Aufsicht der Vereinten Nationen für Washington keine ernst gemeinten Lösungsversuche mehr, sondern bloßes Ritual zur Legitimation des Krieges. Irgendwann, wenn alle Äußerungen getan und alle »intelligenten Sanktionen« verhängt sind, wird es in der Auseinandersetzung mit Saddam Hussein um Glaubwürdigkeit und Ehre der USA gehen. Dann werden sich auch die Europäer überlegen müssen, welche Rolle sie entlang der »Achse des Bösen« zu spielen gedenken.
Denn das Verhalten der Bush-Administration ist nicht nur Unilateralismus in Aktion, sondern auch eine grundsätzliche Kampfansage an das europäische Politikverständnis. Wenn die Geschichte von Konflikten und die Konsequenzen von Interventionen nicht mehr interessieren und militärisches Denken jeden Ansatz zur Diplomatie verdrängt, erfordert Europas historische Erfahrung mit dem Krieg den Protest. Der Hinweis auf die Eindimensionalität der gegenwärtigen US-Politik und die Warnung vor amerikanischen Alleingängen sind deswegen nur allzu berechtigt. [...]

D49 Frankfurter Allgemeine Zeitung: Die zweite Phase (13.3.2002)

Sechs Monate nach dem Angriff auf Amerika und gut fünf Monate nach dem Beginn des Kampfes gegen den Terrorismus stehen die Amerikaner

weiter fest zu ihrem Präsidenten. 82 Prozent der Befragten sind mit Bushs Amtsführung zufrieden, 90 Prozent gar billigen seine Kriegführung. Wer die Meinung in Europa und in anderen Teilen der Welt über Bush, den Krieg und die Möglichkeit einer Ausweitung in diesen Tagen ergründete, der würde vermutlich ein ganz anderes Bild gewinnen: Es zeigt deutlich Misstrauen in den Präsidenten; seiner Politik wird mehr und mehr Augenmaß, Berechenbarkeit und Rationalität abgesprochen; Amerika steht im Verdacht, nach globaler Hegemonie zu streben, und ganz allgemein wird der kollektive Mentalitätswandel in Amerika seit dem 11. September unterschätzt, jedenfalls nicht wirklich begriffen.
Die Folgen, die diese Diskrepanz für den Zusammenhalt der Anti-Terror-Koalition hat, liegen auf der Hand. Je weiter der 11. September als ein Posten der Erinnerung verblasst und damit auch seiner weltzivilisatorischen Tragweite entkleidet wird, desto stärker scheint das politisch Trennende wieder an die Stelle des Einigenden zu treten. Kein Prophet, sondern Realist ist derjenige, der nun, da Bush die zweite Stufe im Kampf gegen den Terrorismus ausgerufen und die Verbindung zwischen Massenvernichtungswaffen und Terror zum Thema gemacht hat, das Versprechen uneingeschränkter Solidarität an seine Belastungsgrenze kommen sieht. [...]
Der amerikanische Präsident, darin bestärkt von einer großen Mehrheit im Kongress und einer vermutlich ebenso großen Mehrheit der Wähler, wird sich nicht ausreden lassen, dass, im Lichte des 11. September, Massenvernichtungswaffen in der Verfügungsgewalt despotischer oder zwielichtiger Regime nicht auf die leichte Schulter genommen werden dürfen. Aber auch Bush wird nicht umhinkommen, die Frage zu beantworten, ob es ratsam ist, Stimmen in den Wind zu schlagen, die im Falle eines Angriffs auf den Irak eine Katastrophe für den Nahen und Mittleren Osten erwarten, und ob er die ohnehin verbreitete amerikafeindliche Stimmung einfach als nebensächlich abtun kann. [...]
Bush wäre zudem gut beraten, sein Werben um Partner und Verbündete nicht als Alibiveranstaltung zu betreiben. Er kann sich gewiss in der jüngsten Erfahrung in Afghanistan sonnen, dass Amerika einen Krieg mehr oder weniger alleine führen und gewinnen kann. Aber der Irak und der Golf sind sowenig mit der Zerschlagung des Regimes der Taliban zu vergleichen, wie Afghanistan mit dem Kosovo zu vergleichen ist. Vielleicht hat er verstanden, dass Unilateralismus zwar den Vorteil maximaler Handlungsfreiheit bedeutet, aber nur um einen Preis zu haben ist: Der könnte sich in Misstrauen, Feindschaft und offener oder verdeckter Widerlagerbildung ausdrücken. [...] Amerika braucht in der militärischen Substanz seine Partner vermutlich nur für Hilfsdienste; aber wenn es ernst wird, wird es allein

auch für den Stärksten ziemlich einsam. Und deswegen sollte die Regierung Bush sich das, was ihre Partner zu sagen haben, anhören und es nicht sofort abtun als Gerede von Schwächlingen oder gar Feiglingen. [...]

D50 US-Präsident George W. Bush in einer Rede vor Absolventen der Militärakademie in West Point, New York (1.6.2002)

[...] Indem wir den Frieden verteidigen, sehen wir uns einer Bedrohung ohnegleichen gegenüber. In der Vergangenheit benötigten unsere Feinde große Armeen und große industrielle Kapazitäten, um das amerikanische Volk und unsere Nation zu gefährden. Die Anschläge vom 11. September benötigten nicht mehr als ein paar hunderttausend Dollar in den Händen einiger weniger Dutzend bösartiger, irregeleiteter Menschen. All das Chaos und das Leid, das sie verursachten, kostete deutlich weniger als ein einziger Panzer. Die Gefahr ist noch nicht vorüber. Diese Regierung und das amerikanische Volk bleiben wachsam; wir sind bereit, weil wir wissen, dass die Terroristen über weitere Gelder, mehr Männer und weitere Pläne verfügen.

Die größte Gefahr für die Freiheit liegt an der gefährlichen Wegscheide zwischen Radikalismus und Technologie. Wenn sich chemische, biologische und atomare Waffen zusammen mit der Technologie zur Entwicklung ballistischer Raketen verbreiten, dann können sogar schwache Staaten und kleine Gruppen eine katastrophale Macht erlangen, die ihnen die Möglichkeit böte, sogar große Staaten anzugreifen. Unsere Feinde haben eben dieses Vorhaben bereits verkündet und wurden auch schon dabei erwischt, wie sie nach diesen schrecklichen Waffen strebten. Sie trachten danach, uns zu erpressen oder uns und unseren Freunden zu schaden – und wir werden uns ihnen mit all unserer Macht in den Weg stellen.

Für einen Großteil des letzten Jahrhunderts beruhte Amerikas Verteidigung auf den Abschreckungs- und Eindämmungsdoktrinen des Kalten Krieges. In manchen Fällen mögen diese Strategien immer noch funktionieren. Doch neue Bedrohungen erfordern ein ebenso neues Denken. Abschreckung – gemeint ist die massive Vergeltung gegen andere Staaten – funktioniert nicht gegenüber schattenhaften Terror-Netzwerken, die weder Staat noch Bürger zu verteidigen haben. Eindämmung ist unmöglich, wenn außer Kontrolle geratene Diktatoren mit Massenvernichtungswaffen über Raketen als Trägersysteme verfügen oder wenn sie insgeheim diese Waffen ihren terroristischen Verbündeten zur Verfügung stellen.

Wir können Amerika und unsere Freunde nicht verteidigen, indem wir auf das Beste hoffen. Wir können dem Wort von Tyrannen nicht trauen, die zunächst feierlich irgendwelche Nichtverbreitungsverträge unterzeichnen, nur um sie dann anschließend systematisch wieder zu brechen. Wenn wir so lange warten, bis die Bedrohungen ganz und gar Gestalt angenommen haben, dann haben wir zu lange gewartet. Die Verteidigung unseres Heimatlandes und die Raketenabwehr sind Teile einer größeren Sicherheit, und sie genießen entscheidende Priorität für Amerika. Und doch wird der Krieg gegen den Terror nicht in der Defensive gewonnen werden. Wir müssen den Kampf zum Feind tragen, seine Pläne durchkreuzen und den schlimmsten Bedrohungen begegnen, noch bevor sie auftauchen. In der Welt, in der wir leben, ist der einzige Weg zur Sicherheit der Weg des Handelns. Und dieses Land wird handeln. [...]

D51 The New York Times: A Time for Candor on Iraq (3.8.2002)

Mit all ihrem Gerede von wegen eines erzwungenen Regimewechsels im Irak sind Präsident Bush und seine Berater auf dem besten Wege, ein zeitgenössisches Pendant zum 1939er »Sitzkrieg« (»phony war«) in Europa zu kreieren – jene Zeit nach dem deutschen Überfall auf Polen, als jeder wusste, dass ein Krieg kommen würde und die Waffen dennoch ruhig blieben. Die Erwartung eines baldigen Krieges lässt die Menschen nervös werden, was exakt der Stimmung im Lande seit den Anschlägen vom 11. September entspricht. Es ist jetzt an der Zeit für Mr. Bush, der Nation seine Absichten zu verdeutlichen und offen und ehrlich darüber zu sprechen, warum er glaubt, dass ein Militärschlag gegen den Irak bald schon notwendig sein könnte. Ferner sollte er über die Ziele, Kosten und möglichen Konsequenzen eines Krieges im Irak sprechen. [...]
Ein von Regierungsseite immer wieder in Umlauf gebrachtes Argument für einen Krieg am Golf sollte ganz schnell entsorgt werden. Ein Militärschlag gegen den Irak mag gerechtfertigt sein, doch weder als Antwort auf den Terrorismus vom 11. September noch gegen Al-Qaida. Bis zum heutigen Tage gibt es keine zuverlässigen Beweise dafür, dass Bagdad wirklich etwas mit beidem zu tun hatte. Die vom Irak ausgehenden Gefahren hängen mehr mit dem Schutz amerikanischer Interessen im Nahen Osten zusammen als mit der Abwehr neuer terroristischer Anschläge gegen amerikanische Städte.
Man nimmt an, dass der Irak geheime Vorräte von der Sorte biologischer und chemischer Waffen angelegt hat, die Terroristen liebend gern in ihre Finger bekommen würden. Doch gleiches ließe sich von Russland und anderen Ländern behaupten. Obgleich eine künftige Verbindung zwischen dem Irak und den Terroristen nicht gänzlich ausgeschlossen werden kann,

scheint es bisher keinerlei Beweise dafür zu geben, dass Bagdad sein tödliches Arsenal mit anderen zu teilen gedenkt.
Die primäre Herausforderung durch den Irak zielt auf den Nahen Osten. Saddam Hussein hat bereits in der Vergangenheit Kuwait überfallen, Scud-Raketen auf israelische Städte abgefeuert und Giftgas gegen den Iran und irakische Kurden eingesetzt. Mit einem wieder aufgestockten Arsenal an unkonventionellen Waffen könnte der Irak versuchen, die Kontrolle über die Ölfelder am Persischen Golf zu gewinnen, von denen die Volkswirtschaften des Westens abhängig sind. Dies sind Herausforderungen, die amerikanische Militärschläge rechtfertigen würden, sofern sie nicht anderweitig unter Kontrolle gebracht werden können.
Amerikas Ziel sollte es sein, dass der Irak alle seine unkonventionellen Waffen abrüstet. Dies entspricht im Übrigen dem, was die Waffenstillstandsresolution [von 1991] vorsah, die den damaligen Golfkrieg beendete. Sie wurde noch immer nicht erfüllt. Um dieses Ziel zu hintertreiben, verwies Bagdad die UN-Waffeninspekteure vor vier Jahren des Landes. Nun fordert die UN von Neuem, dass der Irak ungehinderten Inspektionen zustimmt. Die Antwort Bagdads fiel bisher recht vieldeutig aus. Mr. Hussein aus dem Amt zu entfernen dürfte der einzig zuverlässige Weg sein, um sicherzustellen, dass der Irak komplett abrüstet, doch sollte zuvor jede andere diplomatische Möglichkeit ausgeschöpft sein. [...]
Wird Amerika – wie am 11. September geschehen – angegriffen, ist die Logik, die sich hinter einer militärischen Antwort verbirgt, offensichtlich: Das Land zieht dann vereint und auf alle notwendigen Opfer gefasst in den Kampf. Ein präventiver Krieg gegen den Irak, der auf die Abwehr einer künftigen Bedrohung abzielt, wäre etwas anderes. Ihm müsste ein demokratischer Abwägungs- und Entscheidungsprozess vorausgehen. Irgendwo da draußen mag es ein überzeugendes Argument für einen Krieg gegen den Irak geben. Die Regierung hat ein solches bisher noch nicht vorgelegt.

D52 Süddeutsche Zeitung: Beben in Bagdad (14.8.2002)

Man nehme das beste aller militärischen Szenarien, den Traum des Möchtegern-Feldherren: Es lockt der Sieg, alles geht schnell, und Bagdad wird im Sturm genommen. So könnte es tatsächlich kommen, wenn die USA gegen das poröse Reich des Saddam Hussein in den Krieg ziehen. Der einsame Diktator muss schließlich nicht nur den Feind fürchten, sondern auch sein eigenes Volk, das sich schon mehrfach erhoben hat – leider vergeblich. Es mag natürlich, was wahrscheinlicher ist, viel schwieriger werden, ein zäher Kampf könnte sich entfalten in der irakischen Wüste und festfressen in den

Häuserschluchten von Bagdad. Aber bei allen Risiken, die ein solcher Krieg birgt, wird die Konfrontation mit Saddams Truppen keine unlösbare militärische Aufgabe für die Supermacht sein. In der Aussicht auf einen letztlich ungefährdeten Sieg liegt jedoch die vielleicht größte Gefahr. Denn wenn die Feldherren im Weißen Haus oder die Zivilisten im Pentagon ihre Träume ausleben, dann bekommen die Diplomaten – auch die amerikanischen – Albträume. Wer in anderen Kategorien denkt als Krieg und Sieg, den muss die Frage umtreiben, welcher Gewinn zu verbuchen und welcher Preis zu zahlen wäre für den mit immenser Waffengewalt erzwungenen Erfolg. Jenseits des Militärischen nämlich fangen die wirklichen Probleme an. Der Irak ist keine Insel wie Grenada, er ist kein schwarzes Loch wie Afghanistan. Das Zweistromland ist eingebettet in die tektonisch brüchigste Zone der Geopolitik. Hier lässt sich kein isolierter Feldzug führen. Die Folgen eines Bebens in Bagdad werden auf der nach oben offenen Krisenskala in der ganzen Region zu spüren sein. Mehr noch: Es könnten bei einem amerikanischen Alleingang gefährliche Risse entstehen im globalen Gefüge. [...]
Anders als 1990/91 bei der Besetzung Kuwaits hat Saddam den Amerikanern nun auch keinen akuten Kriegsgrund geliefert. Deshalb schlägt Washington die Ablehnung selbst jener »uneingeschränkt solidarischen« Verbündeten entgegen, die bislang immer mitmarschiert waren – auf dem Balkan beim notwendigen Kampf gegen Völkermord und systematische Vertreibung und in Afghanistan gegen den nachweislich bedrohlichen Al-Qaida-Terror sowie die Taliban-Komplizenschaft. Das von der Bush-Regierung nun für eine mögliche Irak-Intervention propagierte Prinzip des Präventivkrieges wirkt bestenfalls wie die vorgeschobene Rechtfertigung zur Begleichung einer alten Rechnung. Schlimmstenfalls ist es das neue Programm eines Hegemon, der sich jenseits des Völkerrechts seine eigenen Regeln und Gesetze maßschneidert.
Allzu viel also spricht gegen einen Krieg im Irak. Auf der anderen Seite jedoch ändert all das nichts daran, dass von Saddam Hussein eine Gefahr ausgeht, vor der die Welt nicht kapitulieren darf. Der Mann ist skrupellos und brutal, er unterdrückt sein Volk, er strebt nach Massenvernichtungswaffen und ist dabei bereit, sie einzusetzen. Ein Ende dieses Regimes wäre ein Segen. Doch dieses Ende lässt sich angesichts der damit verbundenen Gefahren eben kaum mit einem Knall bewerkstelligen. Möglich ist jedoch dauerhafter und starker Druck: durch intelligente Sanktionen, durch Waffenkontrolle so rigide wie möglich und auch durch gezielte Luftschläge gegen Waffenfabriken. Es geht um Eindämmung, nicht um die Beseitigung dieser Gefahrenquelle. Für Kraftmeier mag das unbefriedigend sein. Doch gefragt ist neben Kraft auch Klugheit.

D53 Chicago Tribune: Defining the threat from Iraq (23.8.2002)

Saddam Hussein ist ein bösartiger und gefährlicher Mann. Schon in der Vergangenheit hat er den Iran und Kuwait überfallen und dabei expansionistische Ziele offenbart, die dazu geeignet erscheinen, eine ganze Region zu gefährden. In der Hoffnung, den Konflikt um Kuwait in einen regionalen Krieg auszuweiten, schoss er ballistische Raketen auf Israel ab und riskierte dabei nicht weniger als einen atomaren Gegenschlag. Er hat sein eigenes Volk brutal unterdrückt und politische Dissidenten ermorden lassen. Die Welt – allen voran der Irak – wäre ohne Saddam ein sehr viel besserer Ort. Darauf können sich ganz Washington und der größte Teil der restlichen Welt rasch einigen. Doch diese Einigkeit erlischt, wenn es um die unvermeidliche logische Konsequenz aus dieser Schlussfolgerung geht – was die USA und ihre Verbündeten unternehmen sollten, um Hussein aus dem Amt zu drängen. [...]

Kaum jemand zweifelt daran, dass die USA die militärischen Kapazitäten besitzen, um den Irak regelrecht überrollen zu können – einerlei, ob sich die amerikanischen Verbündeten nun dafür oder dagegen entscheiden, an diesem Versuch mitzuwirken. Die Frage lautet vielmehr, ob ein präventiver Einmarsch im Irak wirklich gegenwärtig im besten Interesse der USA liegt. [...]

Es lässt sich durchaus darüber streiten, inwieweit Eindämmung – sprich: wirtschaftliche Sanktionen und militärische Restriktionen wie die Flugverbotszonen in großen Teilen des Irak – bisher funktioniert hat. Seit dem Golfkrieg hat der Irak keinen militärischen Angriff mehr gegen ein anderes Land gestartet, gleichwohl gewährt Hussein dem palästinensischen Terror in aller Öffentlichkeit finanzielle Unterstützung. Das poröse Sanktionsregime hat Husseins Ambitionen, ein reichhaltiges Arsenal an Massenvernichtungswaffen zu entwickeln, vermutlich nur verlangsamt, nicht aber gestoppt. Hussein stellt eine klare Bedrohung für die Region dar; was die USA betrifft, so ist diese Bedrohung schon erheblich weniger deutlich auszumachen. Schätzt man die Erfolgsaussichten eines Kriegs am Golf ein, so ist es wichtig zu bedenken, dass ein Militärschlag bereits für sich genommen eine Gefahr für die USA darstellt. [...]

Ferner stellt sich die Frage, was nach Husseins Abgang passieren wird. Können die USA einen Irak nach Hussein daran hindern, in bürgerkriegsartigen Zuständen zu versinken, während ethnische und religiöse Fraktionen um die Macht ringen? Können die USA – die bereits in einen nahezu endlosen Staatenbildungsprozess in Afghanistan verwickelt sind – den hohen, zweistelligen Milliarden-Dollar-Betrag aufbringen, der notwendig wäre, um den Irak wiederaufzubauen? Wie würde der Iran auf eine derart starke

US-Präsenz innerhalb der Grenzen seiner Nachbarländer im Osten wie im Westen reagieren? Könnte die US-Wirtschaft dem Druck eines Nahostkriegs standhalten? [...]
Die jahrzehntelange Mischung aus Eindämmung, Druck und mal stärkerer, mal schwächerer Überwachung des Irak – verstärkt durch garantierte, massive Vergeltung seitens der amerikanischen Streitkräfte in der Region, sollte Hussein es wagen, irgendeinen aggressiven Schritt zu unternehmen – hat zumindest ein Ziel erreicht: Sie hielt Hussein davon ab, seinen Nachbarn nachzustellen. Sie hielt Hussein nicht notwendigerweise davon ab, sein Arsenal an Massenvernichtungswaffen auszubauen oder der Entwicklung von Atomwaffen näherzukommen. Ein eingesperrter Hussein ist nicht zwangsläufig ein weniger gefährlicher Hussein.
Nach allem, was heute öffentlich bekannt ist, gefährdet ein Angriff die amerikanischen Interessen stärker, als er ihnen nützt. Das heißt nicht, einen Angriff für alle Zeiten auszuschließen – sollte es etwa überzeugende Beweise dafür geben, dass Hussein kurz davor steht, in den Besitz von Atomwaffen zu gelangen, so sähe die Kalkulation vermutlich anders aus. Sollte die Bush-Administration ein überzeugendes, öffentliches Argument vorbringen, dass der Irak eine unmittelbar bevorstehende Gefahr für die USA oder einen ihrer Verbündeten darstellt, so wäre es an der Zeit, in den Krieg zu ziehen.

D54 US-Vizepräsident Richard Cheney in einer Rede vor Kriegsveteranen in Nashville, Tennessee (26.8.2002)

[...] Die Gefahr, die Amerika droht, zwingt uns, an vielen Fronten zugleich zu handeln. [...] [Wir erkennen] jetzt, dass Kriege niemals in der Defensive gewonnen werden. Wir müssen den Kampf zum Feind tragen. Wir werden jeden Schritt unternehmen, der notwendig ist, um sicherzustellen, dass unser Land sicher ist. Und wir werden obsiegen.
Seit den Angriffen vom 11. September ist viel passiert. Aber ganz so, wie es Verteidigungsminister Rumsfeld ausgedrückt hat, befinden wir uns noch immer näher am Anfang als am Ende dieses Krieges. Die Vereinigten Staaten befinden sich in einem Kampf auf Jahre hinaus – eine neue Art des Krieges gegen eine neue Art von Feind. Die Terroristen, die Amerika angriffen, sind rücksichtslos, erfindungsreich, und sie verstecken sich in vielen Ländern. Sie kamen in unser Land, um Tausende unschuldiger Männer, Frauen und Kinder zu ermorden. Es besteht kein Zweifel daran, dass sie erneut zuschlagen wollen und dass sie dabei sind, die tödlichste aller Waffen in ihren Besitz zu bringen.

Beginnende Divergenzen über eine globale Anti-Terror-Strategie im Jahr 2002

Gegen solche Feinde haben Amerika und die zivilisierte Welt nur eine Option: Wo auch immer die Terroristen gerade operieren, müssen wir sie dort, wo sie leben, finden, sie von der Verwirklichung ihrer Pläne abhalten und jeden Einzelnen von ihnen zur Rechenschaft ziehen.
In Afghanistan haben das Taliban-Regime und die Terroristen der Al-Qaida jenes Schicksal erlitten, das sie sich selbst ausgesucht haben. [...] Doch die Herausforderungen für unser Land umfassen mehr als das bloße Aufspüren einer einzelnen Person oder einer kleinen Gruppe. Der 11. September und seine Folgen haben diese Nation auf die Gefahren, die ihr drohen, aufmerksam gemacht: Auf die wahren Ziele eines globalen Terror-Netzwerks und auf die Realität, dass Massenvernichtungswaffen von zu allem entschlossenen Feinden begehrt werden; Feinde, die nicht eine Sekunde zögern würden, sie gegen uns einzusetzen. [...]
Angesichts solcher Aussichten funktionieren die alten Sicherheitsdoktrinen nicht mehr. In den Tagen des Kalten Krieges waren wir in der Lage, der Bedrohung mit Abschreckungs- und Eindämmungsstrategien zu begegnen. Doch ist es viel schwieriger, Feinde abzuschrecken, die kein Land zu verteidigen haben. Und Eindämmung ist nicht möglich, wenn Diktatoren in den Besitz von Massenvernichtungswaffen gelangen und dazu bereit sind, sie mit Terroristen zu teilen. Terroristen, die vorhaben, den Vereinigten Staaten katastrophale Verluste beizubringen. [...]
[Im] Fall von Saddam Hussein, einem erklärten Todfeind unseres Landes, [...] kann kein Zweifel daran bestehen, dass [er] gerade jetzt im Besitz von Massenvernichtungswaffen ist. Es besteht kein Zweifel, dass er sie anhäuft, um sie gegen unsere Freunde und unsere Verbündeten einzusetzen und gegen uns selbst. Und es besteht kein Zweifel, dass seine aggressiven regionalen Ambitionen ihn zu künftigen Konfrontationen mit seinen Nachbarn verleiten werden – Konfrontationen, die sowohl mit den Waffen, die er heute schon besitzt, als auch mit solchen, die er erst künftig mithilfe seiner Petrodollars wird entwickeln können, geführt werden. [...]
Amerika im Jahre 2002 muss sich umsichtige Fragen stellen [...]. Die gewählten Führer dieses Landes stehen in der Verantwortung, alle möglichen Optionen zu erwägen. Und genau das tun wir. Was wir angesichts einer tödlichen Bedrohung nicht tun dürfen, ist, uns in Wunschdenken oder vorsätzlicher Blindheit zu ergehen. Wir werden nicht einfach wegschauen, auf das Beste hoffen und den Fall einer künftigen Regierung zur Lösung überlassen. Wie Präsident Bush gesagt hat, ist die Zeit nicht auf unserer Seite. Frei verfügbare Massenvernichtungswaffen in den Händen eines Terror-Netzwerks oder eines mörderischen Diktators oder gar in den Händen beider zusammen stellen die größte Bedrohung dar, die man

sich vorstellen kann. Die Risiken des Nichtstuns sind viel größer als das Risiko des Handelns. Jetzt und in der Zukunft werden die Vereinigten Staaten eng mit der weltweiten Koalition zusammenarbeiten, um den Terroristen und ihren staatlichen Unterstützern die Materialien, die Technologie und das Knowhow zur Produktion und Auslieferung von Massenvernichtungswaffen vorzuenthalten. Wir werden wirksame Raketenabwehrsysteme entwickeln und aufstellen, um Amerika und unsere Verbündeten vor plötzlichen Angriffen zu schützen. Und die ganze Welt sollte wissen, dass wir alles Notwendige unternehmen werden, um unsere Freiheit und Sicherheit zu verteidigen. [...] Diese Nation wird nicht von der Gnade von Terroristen und Terror-Regimen abhängig sein. [...]

Der Streit um das amerikanische Gefangenenlager Guantanamo Bay auf Kuba

Längst steht es synonym für eines der dunkelsten Kapitel der Ära Bush: Das amerikanische Gefangenenlager Guantanamo Bay auf Kuba bzw. »Gitmo«, wie es die Amerikaner abzukürzen pflegen. Vieles von dem, was die Bush-Administration als Antwort auf den Terror des 11. September unternahm, war im Ausland höchst umstritten, doch kaum etwas produzierte ein derart verheerendes Echo wie die Errichtung des Gefangenenlagers in Kuba. Nicht genug damit, dass es das Ansehen der USA auf Jahre hinaus beschädigte; auch hinsichtlich dessen, was sich seine Schöpfer von der Einrichtung versprochen hatten, erwies sich Guantanamo als völliger Fehlschlag. Weder half es dabei, Amerika sicherer zu machen, indem es die »Schlimmsten einer ziemlich schlimmen Bande« (Dick Cheney)[1] aus dem Verkehr zog, lieferte es doch gleichzeitig die besten Rekrutierungsgründe, die sich Al-Qaida überhaupt nur wünschen konnte, noch erbrachten die Verhöre trotz Folter nennenswerte Resultate. Zur Informationsgewinnung war Guantanamo denkbar ungeeignet,[2] Presseberichte über verhinderte Attentate gab es jedenfalls keine. Stattdessen unterminierte es Amerikas Image als ein Land, das sich der Einhaltung und Verbreitung der Menschenrechte verschrieben hatte. Die USA, die im 20. Jahrhundert an der Gründung der Vereinten Nationen, den Nürnberger Prozessen sowie der allgemeinen Deklaration der Menschenrechte entscheidend mitgewirkt hatten, sorgten nun für die Einrichtung eines Gefangenenlagers, in dem besagte unveräußerliche Menschenrechte teilweise außer Kraft gesetzt waren.

Die Idee, in Guantanamo ein spezielles Gefangenenlager für islamistische Terroristen zu errichten, hatte bereits am 13. November 2001 Gestalt angenommen, und zwar in Form einer zunächst wenig beachteten Presidential Military Order. Darin erklärte Bush, dass Individuen, die dem Terrorismus und/oder der Al-Qaida zuzuordnen seien, interniert und von Militärkommissionen abgeurteilt werden sollten.[3] Militärkommissionen deshalb, weil es »unpraktikabel« sei, den mutmaßlichen Terroristen jene Rechte zu gewähren, die diesen vor amerikanischen Zivilgerichten zustünden. Knapp zwei Monate später hatte sich die Vorstellung, mit welchen Individuen dergestalt verfahren werden sollte, bereits stark gewandelt. Nunmehr traf es auch Personen, die in Afghanistan auf Seiten der Taliban gekämpft hatten.

Am 11. Januar 2002 landete die erste militärische Transportmaschine mit Verdächtigen aus Afghanistan in Guantanamo Bay auf Kuba. Viele weitere sollten noch folgen, am Ende würden mindestens 778 Personen das Internierungslager durchlaufen haben.[4] In den Wochen zuvor hatten Marineinfanteristen in großer Hast das Behelfsgefängnis Camp X-Ray hochgezogen: 12 Reihen aus Maschendrahtkäfigen, die den Insassen keinerlei Schutz gegen Wind und Wetter boten; das Ganze umgeben von einem Zaun aus NATO-Draht.[5] Das waren die provisorischen Unterkünfte der Häftlinge während ihrer ersten Wochen und Monate auf Kuba.

Von Anfang an stieß Guantanamo im Ausland auf verbreitete Ablehnung; verstärkt wurde diese noch durch erste Pressefotos von Camp X-Ray, die das Pentagon in einem unbedachten Moment freigegeben hatte. Für Empörung sorgten insbesondere die Bilder von Gefangenen bei ihrer Überführung: Gefesselt an Händen und Füßen, bekleidet mit orangegelben Overalls, ihre Gesichter verborgen unter Schutzbrillen und Ohrenschützern. Das Vorgehen der USA in Guantanamo rechtfertigte der amerikanische Verteidigungsminister Rumsfeld gegenüber der Presse wie folgt: Die dort Internierten würden – obgleich sie in Afghanistan gefangen genommen wurden, einem Land, in dem Amerika Krieg führte – nicht als Kriegsgefangene, sondern als »ungesetzliche Kombattanten« (»unlawful combatants«) behandelt werden. → **D55** Als solchen stünden ihnen die in den Genfer Konventionen garantierten Rechte nicht zu.[6] Des Weiteren warb Rumsfeld um Verständnis für das amerikanische Vorgehen, immerhin handele es sich bei diesen Männern schließlich um »die Schlimmsten der Schlimmen« (»the hardest of the hard core«). → **D56** Im Übrigen fielen sie als ausländische Staatsbürger, die außerhalb Amerikas gefangen gehalten würden, auch nicht in die Zuständigkeit amerikanischer Gerichte.

Dieses juristisch äußerst fragwürdige Konstrukt stützte sich unter anderem auf ein Gutachten des damaligen juristischen Beraters des Weißen Hauses – und späteren Generalstaatsanwalts – Alberto Gonzales. »Das Wesen des neuen Krieges«, heißt es in dem Schreiben vom 25. Januar, »führt dazu, dass bestimmte Faktoren besonders hohen Wert erhalten: etwa dass man in der Lage sein muss, von gefangenen Terroristen und deren Unterstützern rasch Informationen zu erhalten, um weitere Gräueltaten gegen amerikanische Bürger zu unterbinden; oder dass es unerlässlich ist, Terroristen wegen Kriegsverbrechen – wie zum Beispiel vorsätzliche Tötung von Zivilpersonen – den Prozess zu machen. Nach meinem Dafürhalten macht dieses neue Paradigma die strikten Einschränkungen der Genfer Konventionen für das Verhör gegnerischer Gefangener obsolet [...].«[7] Rund zwei Wochen später schloss sich Präsident Bush den Empfehlungen seines Beraters in einem eigenen Memorandum ausdrücklich an.[8] Damit war Guantanamo in der Welt – und die Überstellung der Gefangenen aus Camp X-Ray in die festen Baracken von Camp Delta im April/Mai 2002 machte deutlich, dass sich an dieser Tatsache auch so bald nichts ändern würde.

In der Folgezeit wuchs der Druck auf die Bush-Administration, Guantanamo nicht zu einer Dauereinrichtung werden zu lassen. Kritiker des Gefangenenlagers kamen dabei keineswegs nur aus dem Ausland. Auch in den USA selbst positionierten sich Anwälte und Menschenrechtsorganisationen gegen die Politik der US-Regierung. Während einerseits der Schock des 11. September mehr und mehr nachließ, drangen andererseits immer wieder Berichte über vermeintliche oder tatsächliche Gefangenenmisshandlungen nach außen. So drehte sich ganz allmählich auch in der amerikanischen Öffentlichkeit die Stimmung gegen Guantanamo. Verstärkend kam noch hinzu, dass in Kuba keineswegs nur Topterroristen einsaßen. Die mehr oder minder chaotischen Umstände ihrer Gefangennahme in Afghanistan hatten mit dazu beigetragen, dass unter den Inhaftierten in Guantanamo auch manche »kleine Fische« bzw. gänzlich Unschuldige einsaßen. Das gaben selbst Vertreter des Militärs ganz offen zu.[9]

Der nachhaltigste und wirkungsvollste Widerstand gegen Guantanamo aber kam von Seiten des amerikanischen Supreme Courts.[10] Die Richter des obersten Gerichtshofs der USA stellten sich in gleich mehreren Grundsatzurteilen gegen die Vertreter der US-Regierung auf die Seite der in Kuba Inhaftierten. 2004 bestätigten die Richter den Gefangenen ihr Recht auf *habeas corpus*, das Recht auf Haftprüfung vor einem ordentlichen Gericht.[11] 2006 erklärten sie die von Bush eingesetzten Militärkommissionen, welche über Schuld oder Unschuld der Inhaftierten befinden sollten, für illegal, weil sie den Gefangenen weniger Rechte einräumten als diesen laut Genfer Konvention eigentlich zustünden.[12] Ein neues Gesetz, mit dem die US-Regierung versucht hatte, die beanstandeten Militärkommissionen doch noch zu legitimieren, erklärten die Richter 2008 für verfassungswidrig[13] – mit anderen Worten: Die US-Verfassung galt auch in Guantanamo Bay auf Kuba. Dieses dritte und letzte Urteil des Supreme Courts war das folgenschwerste, entzog es dem Gefangenenlager doch im Grunde genommen die Existenzberechtigung. Schließlich hatte die Bush-Administration das Lager überhaupt nur deshalb auf dem Gelände des amerikanischen Marinestützpunkts in Kuba errichten lassen, weil man glaubte, dass sich die Gefangenen hier, auf quasi exterritorialem Gelände, nicht auf den Schutz der US-Verfassung berufen könnten.

Es ist bis heute nicht bekannt, wann genau sich die US-Regierung zu der Erkenntnis durchrang, dass man die Gefangenen in Guantanamo nicht auf

Dauer festhalten könne. Sicher ist, dass sich der Präsident selbst in diesem Sinne erstmals öffentlich Anfang Mai 2006 im deutschen Fernsehen → **D62** dazu äußerte.[14] Und auch die später für illegal befundenen Militärkommissionen hatten schließlich nichts anderes zum Ziel, als die Gefangenen abzuurteilen und dafür zu sorgen, dass diese nicht bis zum jüngsten Tag ohne Richterspruch in Guantanamo unter Verschluss blieben.

Obgleich Bushs Nachfolger im Weißen Haus, Barack Obama, bereits an seinem zweiten Tag im Oval Office eine entsprechende Executive Order[15] unterzeichnete, welche die Schließung Guantanamos binnen Jahresfrist anordnete, bleiben noch etliche Fragen offen.[16] Längst geht es nur noch um rund 240 Inhaftierte;[17] die überwiegende Mehrheit der auf Kuba Internierten wurde noch zu Bushs Amtszeiten entlassen. Die Übriggebliebenen aber stellen die USA vor ein ernstes Dilemma: Sie ohne Gerichtsbeschluss in andere US-Gefängnisse zu verlegen, würde bedeuten, das grundsätzliche Problem, für das Guantanamo steht, einfach nur auf das Territorium der Vereinigten Staaten zu verlagern. Ein solches Vorgehen würde zudem mit ziemlicher Sicherheit erneut vor dem Supreme Court keine Chance haben. Bliebe noch die Möglichkeit, den Gefangenen wahlweise vor einem ordentlichen Zivilgericht den Prozess zu machen oder aber sie gleich freizulassen. Ersteres könnte unter Umständen aufs Gleiche hinauslaufen: Geständnisse, die unter Folter bzw. der Androhung von Folter zustande gekommen sind, sind auch nach amerikanischem Recht nicht verwertbar. Erschwerend kommt hinzu, dass eine Rückführung in ihre Heimatländer zumeist ebenfalls nicht möglich ist, weil die ehemaligen Guantanamo-Insassen dort (erneut) von Folter bedroht wären. Doch weder die US-Bundesstaaten noch Verbündete wie die Bundesrepublik Deutschland scheinen gewillt zu sein, Obama die Problemfälle abzunehmen.[18] Zumal die Sorge, dass so mancher ehemalige Insasse ein Sicherheitsrisiko darstellt, nicht gänzlich unbegründet ist, glaubt man der Rückfallquote, die ein bisher unveröffentlichter Bericht des Pentagons ergeben hat. Die New York Times berichtete von einem Verhältnis von 1 zu 7.[19]

Bis auf Weiteres also werden Guantanamo und dessen Folgen der Welt erhalten bleiben – daran ändern auch die guten Vorsätze eines neuen Präsidenten nichts.

Der Streit um das amerikanische Gefangenenlager Guantanamo Bay auf Kuba

Amerikanische Außenpolitik

D55 US-Verteidigungsminister Donald H. Rumsfeld auf einer Pressekonferenz im Verteidigungsministerium, Washington, D.C. (11.1.2002)

Frage: Herr Verteidigungsminister, jetzt, nachdem das erste Flugzeug mit Gefangenen auf Kuba gelandet ist – wie reagieren Sie da auf die Vorwürfe einiger Nichtregierungsorganisationen, dass das Verhüllen, Rasieren, Fesseln und vielleicht sogar [...] die Verabreichung von Beruhigungsmitteln an einige dieser Leute deren Bürgerrechte verletze?
Rumsfeld: Das ist nicht korrekt.
Frage: [...] Dass Sie das getan haben oder dass es ihre Rechte verletzt...
Rumsfeld: Dass es eine Verletzung ihrer Rechte ist. Das ist es einfach nicht. Im Übrigen habe ich mich erkundigt, ob jemand ruhig gestellt werden musste, und die Antwort war, dass eine einzige Person ruhig gestellt werden musste im Laufe des Fluges von Kandahar nach Guantanamo Bay, Kuba. Aber das ist alles.
Und was die Gefangenen betrifft – schauen Sie mal an einem x-beliebigen Wochentag fern, dann können Sie sehen, dass, sobald Gefangene verlegt werden, diese regelmäßig in ihrer Bewegungsfreiheit eingeschränkt sind, sei es nun durch Handschellen oder eine andere Form der Beschränkung. Das ist weder neu noch ist es in irgendeiner Form unangemessen, und ich denke wirklich, dass man eher nach der Quelle dieser Art von Kommentar fragen sollte als nach ihrem Wahrheitsgehalt.
Frage: Werden das Internationale Rote Kreuz und möglicherweise auch andere Nichtregierungsorganisationen [...] Zugang zu den Gefangenen erhalten?
Rumsfeld: Ich denke, dass wir gerade dabei sind, herauszufinden, welcher Weg der richtige für ihre Behandlung ist, und dementsprechend werden sie auch richtig behandelt werden.
Sie werden nicht als Kriegsgefangene behandelt – schließlich sind sie keine –, sondern als ungesetzliche Kombattanten. Technisch gesehen, so wie ich es verstehe, verfügen ungesetzliche Kombattanten über keinerlei Rechte nach den Genfer Konventionen. Wir haben deutlich gemacht, dass wir vorhaben, sie größtenteils in einer Art und Weise zu behandeln, die einigermaßen mit den Genfer Konventionen konform geht, bis zu einem Grad jedenfalls, der uns angemessen erscheint. Und genau das ist es, was wir die ganze Zeit über schon getan haben. [...]

Frage: Herr Verteidigungsminister, Sie sagten, dass die Gefangenen größtenteils gemäß den Genfer Konventionen behandelt werden. Sagen Sie, welche Aspekte, Rechte und Privilegien der Genfer Konventionen sind es genau, die die Gefangenen haben werden? Wer wird darüber entscheiden und wann wird darüber entschieden werden? Oder wird man fallweise entscheiden? [...]
Rumsfeld: [...] Wie wir von Anfang an gesagt haben, handelt es sich bei diesen Gefangenen um ungesetzliche Kombattanten, und wir halten sie fest. Wir nennen sie Gefangene (detainees), nicht Kriegsgefangene. Ferner haben wir gesagt, da wir eben die Art Land sind, die wir nun mal sind, ist es unsere Absicht, gewisse Standards bei der Behandlung von Kriegsgefangenen – was diese Leute nicht sind – einzuhalten, [...] und, sofern uns diese Standards vernünftig erscheinen, werden sie mehr oder weniger zur Anwendung kommen. Und das ist genau das, was wir tun. Ich wüsste wirklich nicht zu sagen, wo wir im Fall der Fälle von diesen Standards abweichen oder wo wir sie gegebenenfalls überschreiten würden. Aber ich bin mir sicher, dass die Abweichung in beide Richtungen nur bescheiden ausfiele.
Frage: Wird es uns beispielsweise erlaubt sein, eine genaue Liste mit den Namen der Gefangenen einzusehen?
Rumsfeld: Ich weiß es nicht. In diesem Moment schaut sich ein Haufen Anwälte alle möglichen Verträge und Konventionen an und versucht herauszufinden, was im Umgang mit den Gefangenen angemessen erscheint. Die einzige Sache, von der ich genau weiß, dass Sie sie nicht machen dürfen, sind Fotos von den Gefangen. Das gilt als unangenehm für sie, und sie können im Einklang mit den Genfer Konventionen nicht interviewt werden.

D56 US-Verteidigungsminister Donald H. Rumsfeld auf einer Pressekonferenz mit Hörfunkjournalisten (15.1.2002)

Frage: Herr Verteidigungsminister, [...] [wenn] ich darf, wollte ich beginnen, indem ich Sie über die Situation in Guantanamo befrage bzw. zur Behandlung der Gefangenen, die nach Kuba überführt wurden. Meine erste Frage lautet wie folgt: Sie haben die öffentliche Zusage abgegeben, dass diese Gefangenen human behandelt werden.
Rumsfeld: Du meine Güte, ja doch. Das ist es, was unser Land macht – es behandelt Leute human.
Frage: Wie aber passt das zusammen mit dem, was wir über deren Unterbringung wissen? Gefangen gehalten in Behältnissen, die als Käfige beschrieben werden, sechs mal acht Meter groß; dazu die Kapuzen und die Ketten, auf die wir gerade einen flüchtigen Blick werfen konnten, als sie

in die Flugzeuge in Kandahar verladen wurden. Viele Gruppen, sowohl innerhalb als auch außerhalb der Vereinigten Staaten, würden dies nicht als humane Behandlung beschreiben.

Rumsfeld: Nun ja, ich kann zwar nicht für viele Gruppen sprechen, aber ich kann Ihnen versichern, dass die Vereinigten Staaten von Anfang an alle Gefangenen human behandelt haben und auch jetzt und in der Zukunft human behandeln werden.

Was Sie da haben, ist ein Foto von Personen, die sich gerade im Transit befinden. Und [...] zunächst einmal haben Sie es mit Leuten zu tun, die sehr gefährlich sind. Sie haben Aberdutzende in Mazar-e Sharif getötet. Sie sind die Schlimmsten der Schlimmen. Sie zogen in Pakistan umher und töteten pakistanische Soldaten. Gehen Sie also fürs Erste von der Tatsache aus, dass dies der harte Kern der Terroristen ist. Leute, die − wie kürzlich in Kandahar geschehen − mit einer Handgranate loslaufen und sich damit in die Luft jagen und dabei versuchen, andere Menschen, die gerade aus einem Krankhaus kommen, mit sich in den Tod zu reißen. Also damit fangen Sie an.

Wenn wir jetzt von den Männern und Frauen in den Streitkräften der Vereinigten Staaten verlangen, diese Terroristen zu beaufsichtigen und zu internieren, so lautete mein Rat an die Männer und Frauen in den Streitkräften und an ihren Befehlshaber, dies mit großer Vorsicht zu tun, damit nicht sie oder weitere Gefangene getötet werden. Und genau das haben sie getan. Die gefährlichste Zeitspanne ist gekommen, wenn Sie diese Leute von einem Ort zum anderen überführen. Also haben sie etwas getan, was Sie Tag für Tag in unserem Land beobachten können. Wenn Gefangene transportiert oder verlegt werden, dann sind sie meist in ihrer Bewegungsfreiheit eingeschränkt. Das ist nichts Neues. Demzufolge brauchen Ihre »vielen, vielen Gruppen«, die alarmiert sind, auch gar nicht alarmiert zu sein. Alles, was sie gesehen haben, waren Leute, die sich im Transit befanden und eingeschränkt waren. Ganz so, wie es sich gehört, ansonsten hätten sie womöglich noch jemanden getötet.

Zweitens. Eine Möglichkeit, Leute davon abzuhalten, noch gefährlicher zu werden, als sie ohnehin schon sind, ist, ihnen Kapuzen über die Köpfe zu ziehen. Diese wurden ihnen nun während des Transports über die Köpfe gezogen. Sie sind nicht von Dauer, anders als die Burkas, die die Taliban und Al-Qaida in Afghanistan verlangten.

Darüber hinaus werden sie auch gut ernährt. Es gab meines Wissens nach eine Person, die ruhig gestellt wurde, möglicherweise auch zwei oder drei. Eine davon bat, soweit ich weiß, darum, ruhig gestellt zu werden. Und so konnten sie überführt werden.

Unnötig zu erwähnen, dass jemand, der eine abwertende Formulierung gebrauchen will, das Wort »Käfig« benutzen könnte. Doch die Einrichtungen sind nur provisorisch, und sie werden durch Anlagen ersetzt, die weniger provisorisch sind. So mich meine Erinnerung nicht trügt, haben die Leute, die dies machen, mit den Leuten vom Bundesamt für Gefängnisse [»Federal Bureau of Prisons«] gesprochen und die haben dafür gesorgt, dass dort unten verschiedene Anlagen errichtet werden. Und all dies findet gerade statt.

Aber ich kann Ihnen versichern, dass diese Leute sich in einer Umgebung befinden, die sehr viel gastfreundlicher ist als jene Umgebung, in der wir sie gefunden haben. [...] Wo sie sich freiwillig aufhielten, umherliefen und Leute getötet haben.

Ich mache mir nicht die geringsten Sorgen um ihre Behandlung. Sie werden weitaus besser behandelt, als sie sonst jemanden im Laufe der letzten Jahre behandelt haben, und weitaus besser als unter den Bedingungen, unter denen sie vorgefunden wurden.

D57 Frankfurter Rundschau: Krieg, Macht und Recht (18.1.2002)

Rechtsfragen sind Machtfragen. Wer im Besitz der Macht ist, kann das Recht gemäß seinen Interessen auslegen, es beugen oder gleich ganz missachten. Krieg führende Parteien lassen selten eine Gelegenheit dazu aus, solange sie nicht befürchten müssen, es werde ihnen heimgezahlt. Dagegen hilft auch die Landkriegsordnung nicht, die vor einem Jahrhundert auf zwei Haager Konferenzen beschlossen worden ist und unter anderem die Rechte der Kriegsgefangenen festlegt, Garantien für die Bevölkerung besetzter Gebiete definiert und den Schutz des Privateigentums vorschreibt. Genaueres steht in den Genfer Konventionen von 1949. Die Regeln sollten verbindlich sein.

Dass es sich aber anders verhält, [...] [zeigt ein aktuelles Beispiel]: Donald Rumsfeld, Verteidigungsminister der USA, gesteht Gefangenen nichts zu, weil sie »illegale Kämpfer« seien; in der US-Basis Camp X-Ray auf Kuba werden sie in knapp schrankgroßen Gehegen gehalten, dem Wetter, den Insekten und möglicherweise der Willkür ihrer Bewacher schutzlos ausgesetzt. Sie sind nach Guantánamo verfrachtet worden, noch bevor die Käfige für sie errichtet waren; sie waren gefesselt wie in früheren Zeiten Sklaven, nur gründlicher; die Augen waren ihnen verbunden; der Gang zur Toilette während eines zwölfstündigen Fluges weder erlaubt noch physisch möglich; viele wurden mit Drogen »sediert«, faktisch willenlos gemacht. Das Bündel dieser Maßnahmen, und jede einzelne, ist ein Bruch der international geltenden Rechtsnormen; die Macht ging vor Recht.

Rumsfelds Argument gilt nicht. Die von ihm genannte Kategorie »illegale Kämpfer« gibt es ebenso wenig wie die andere: »auf dem Schlachtfeld Festgehaltene«. Wenn das sagen soll: »Auf frischer Tat Ertappte«, dann wäre die jeweilige Tat zu benennen und richterlich zu bewerten. Darauf, dass man immer so verfahre, tut sich das Rechtsbewusstsein der USA viel zugute. Doch leider gilt in Camp X-Ray keine der Verfassungsnormen der USA: Es ist kein US-Territorium. [...]
Das Recht gebietet, ihnen allen bis zur eventuellen Verurteilung wegen nachgewiesener Kriegsverbrechen den in Den Haag und Genf definierten Schutz zu gewähren und ihre Menschenwürde zu achten. Die USA [...] handeln bewusst anders. Das garantiert momentanen Erfolg, so scheint es wenigstens. Auf längere Sicht zerschlägt es das Fundament, auf dem jede Weltordnung stehen muss, die sich auf die Charta der Vereinten Nationen – und auf die Ideale der amerikanischen Verfassungsväter – bezieht. Ein anderes Fundament gibt es nicht. Seine Zerstörung bedeutet Gefahr für die Welt.

D58 Die Welt: Amerika und seine Gefangenen (23.1.2002)

Es besteht Anlass, daran zu erinnern, dass es die USA waren, die in der Nato den Antrag stellten, den Bündnisfall auszurufen; und dass es die Menschenrechte waren, die zu verteidigen das Bündnis in den Krieg gezogen ist. Beides ist wichtig, weil beides Konsequenzen hat für die Beurteilung dessen, was jetzt mit den Gefangenen in Guantánamo Bay geschieht. Wenn es ein Krieg ist, den das Bündnis führt, und wenn es Militärgerichte sind, die über das Schicksal der Taliban-Kämpfer entscheiden werden, warum wird ihnen dann der Status von Kriegsgefangenen vorenthalten? Und wenn es die Menschenrechte waren, derentwegen das Bündnis zu den Waffen griff, warum genießen sie dann nicht das Maß an Rechtsschutz, das sich mit dem Begriff der Menschenrechte nun einmal verbindet? [...]
Über den beispiellosen Charakter des Angriffs auf das World Trade Center und den schwer fassbaren Status des Gotteskriegers, den die Mitglieder der Al-Qaida für sich in Anspruch nehmen, ist genug gesagt worden, dass jede Wiederholung überflüssig wird. Wenn daraus allerdings gefolgert werden soll, dass man mit Terroristen kurzen, also keinen ordentlichen Prozess machen kann, dann wäre alles verloren, was sich die Völkerrechtler in vielen Hundert Jahren zur Einhegung des Krieges haben einfallen lassen. [...]

D59 Chicago Tribune: Terrorists and international law (29.1.2002)

Die Behandlung von Gefangenen der Al-Qaida und der Taliban durch das Pentagon in Guantanamo, Kuba, hat die Kritik von Menschenrechtsgruppen und ausländischen Kommentatoren auf sich gezogen. Sie hat ebenfalls zu Spannungen innerhalb der Bush-Administration geführt, wobei Verteidigungsminister Donald Rumsfeld darauf beharrt, dass den Gefangenen der Schutz durch den Kriegsgefangenen-Status gemäß den Genfer Konventionen nicht gewährt wird, während Außenminister Colin Powell dafür plädiert. Die Beschwerden kommen nicht nur von unseren Feinden. Deutschland und Großbritannien haben ihre Besorgnis zum Ausdruck gebracht, ebenso Amnesty International und das Internationale Komitee vom Roten Kreuz. Doch die Kritiker versäumen es zumeist, die Schwierigkeit der Aufgabe anzuerkennen, vor der die Bush-Administration steht. Die Genfer Konventionen, die alle Unterzeichner zu gewissen Auflagen bei der Kriegsführung, einschließlich der Behandlung von Kriegsgefangenen, verpflichten, wurden für konventionelle militärische Konflikte zwischen souveränen Staaten verfasst. Die USA haben gute Gründe für ihre Argumentation, dass sie nur von geringer Relevanz für die jetzigen Gefängnisinsassen sind.

Warum ist das so? Zunächst, weil die Genfer Konventionen ausdrücklich nur jene Kämpfer beschützt, die ihre Regeln akzeptieren, wie zum Beispiel das Tragen einheitlicher Uniformen, um sich von unschuldigen Zivilisten zu unterscheiden. Es ist klar, dass Al-Qaida diesen Anforderungen nicht genügt, und es ist ebenfalls plausibel, zu argumentieren, dass die Taliban, die für eine weltweit als illegitim betrachtete Regierung kämpfen, es gleichfalls nicht tun.

Zweitens, weil die normalen Regeln eines Krieges hier nicht gelten. Von diesen Kämpfern kann nicht erwartet werden, dass sie aufgeben, zu kämpfen, bloß weil sie auf dem Schlachtfeld besiegt worden sind. Es gibt keinen Terror-Staat, der sich ergeben und einen Stopp der Aktivitäten von Osama bin Laden und seinen Gefolgsleuten ausrufen könnte. Die USA haben kaum eine andere Wahl, als die Gefangenen so zu behandeln, als ob sie noch immer gefährlich wären. Weshalb es auch angemessen erscheint, sie langfristig aus dem Verkehr zu ziehen. [...]

In einem Krieg, der auch in den kommenden Jahren viele Verbündete erfordern wird, sind die USA verpflichtet, auf legitime Kritik zu achten und sich mit ihr zu befassen, bis zu einem Grad jedenfalls, an dem der Feldzug gegen den Terrorismus keinen Schaden nimmt. Doch die Kritiker sollten anerkennen, dass die Regierung versucht, sinnvolle Strategien für eine Situation zu entwickeln, die das internationale Recht niemals vorhergesehen hat.

D60 Frankfurter Allgemeine Zeitung: Fußfesseln (4.2.2002)

Knapp fünf Monate nach den Septemberverbrechen steht mancherorts die Menschenrechtswelt kopf. Seit ausgerechnet die Al-Qaida- und Taliban-Gefangenen in Guantánamo Bay zu neuen Symbolfiguren einer wiedererwachten Internationale von Amerika-Kritikern geworden sind, fühlen sich sogar Mitglieder verbündeter Regierungen zu besorgten Kommentaren veranlasst. Dafür gibt es keinen Grund, weil die Häftlinge – allesamt keine Chorknaben – korrekt und human, wenn auch mit der ihnen gebührenden Vorsicht behandelt werden.

Die überzogensten Vorwürfe, die von »Barbarei« bis »Konzentrationslager« reichten, haben sich allein durch die Begriffswahl disqualifiziert. Delegationen des Roten Kreuzes und des amerikanischen Kongresses, Besucher aus Großbritannien sowie Journalisten aus den Vereinigten Staaten und dem Ausland konnten »Camp X-Ray« besichtigen. Sie fanden keinen Grund zur Beanstandung. Hätten sie gleichzeitig Zugang zu dem nahen karibischen GULag erhalten, wären die Unterschiede noch deutlicher geworden. Das gilt vor allem für den Teil der europäischen Linken, der Fidel Castros Verliese auch nach vier qualvollen Jahrzehnten noch immer für einen zwar bedauerlichen, aber wohl unvermeidlichen Kollateralschaden der kubanischen Revolution zu halten scheint.

Seit der Transport von Häftlingen aus Afghanistan – 158 halten sich gegenwärtig in Guantánamo Bay auf – aus angeblich technischen Gründen unterbrochen wurde, um statt »Käfigen« feste Zellen für bis zu zweitausend Insassen zu bauen, findet in Washington auch eine politische und juristische Denkpause statt. Präsident Bush blieb in einem Punkt hart: Den Status regulärer »Kriegsgefangener« will er den Männern, die er als »Mörder« bezeichnete, weiterhin verweigern. Hier hört er in seinem Kabinett keinen Widerspruch, auch nicht von Außenminister Powell. [...]

Die interne Debatte kreist hauptsächlich um jenen Passus in der Genfer Konvention, der den Gefangenen das Recht gibt, ein Verhör zu verweigern, und sie nur dazu verpflichtet, Name, Geburtsdatum, Dienstrang und Kennnummer anzugeben. Wer Usama Bin Ladin und Mullah Omar fassen, die Fäden des Al-Qaida-Netzes in alle suspekten Länder verfolgen und auf diese Weise eine Wiederholung des 11. Septembers verhindern will, braucht vor allem Information. Dass die Vereinigten Staaten das Recht haben, Al-Qaida-Mitglieder und andere Terrorverdächtige festzunehmen und zu befragen, bestätigen auch Bushs einheimische Kritiker mit Hinweis auf Artikel 51 der Charta der Vereinten Nationen: das Recht auf Selbstverteidigung. [...]

Von Schnelljustiz und kurzem Prozess während der noch keineswegs abgeschlossenen Operation »Dauerhafte Freiheit« kann bislang nicht die Rede sein. [...]

D61 The New York Times: The American Prison Camp (16.10.2003)

Das Internationale Komitee vom Roten Kreuz unternahm kürzlich den ungewohnlichen Schritt und kritisierte die Vereinigten Staaten in aller Öffentlichkeit wegen deren Internierung von rund 660 Gefangenen auf dem Marinestützpunkt Guantanamo in Kuba. Nach einem Besuch des Stützpunktes erklärten Mitarbeiter vom Roten Kreuz, dass man eine »besorgniserregende Verschlechterung« des Geisteszustands der Gefangenen festgestellt habe, größtenteils daher resultierend, dass diese keinerlei Ahnung hätten, wie lange sie noch festgehalten werden würden oder was mit ihnen passieren werde.

Andere Berichte sind genauso erschreckend: So gab es bereits 32 Selbstmordversuche von 27 Gefangenen. [...] Warum sind diese Menschen immer noch ohne Anklage, ohne Rechte? Die Bush-Administration gibt hierfür zwei Begründungen an. Die erste ist im Prinzip reine Selbstverteidigung: Im Krieg gegen den Terrorismus, in welchem die Sicherheit der Vereinigten Staaten aufs Höchste gefährdet ist, können die normalen Regeln nicht mehr länger angewandt werden. Bei der anderen geht es im engeren Sinne um Gesetzmäßigkeit: Die Taliban und die Al-Qaida sind keine Kombattanten im herkömmlichen Sinne oder wie vom Gesetzgeber definiert, und deshalb steht ihnen auch nicht der Schutz als Kriegsgefangene gemäß den Genfer Konventionen zu.

Doch beide Argumente verfehlen ihr Ziel. Die Menschen, die in Guantanamo festgehalten werden, sind Gefangene der Vereinigten Staaten. Mögen sie auch nicht die gleichen Rechte wie amerikanische Staatsbürger haben, so sollten sie doch nach der höchsten Tradition amerikanischer Rechtsprechung behandelt werden. Das bedeutet, dass ihnen ein Forum gewährt werden muss, in dem sie ihre Gefangennahme anfechten können, und es muss sinnvolle Regeln geben sowie Beweise, um die anhaltende Internierung eines jeden einzelnen Gefangenen zu rechtfertigen.

Dass es dem Pentagon erlaubt ist, dieses Gefangenenlager in absoluter Geheimhaltung und unter völliger Geringschätzung für alles, wofür Amerika eigentlich steht, zu betreiben, sollte schwer auf dem Bewusstsein eines jeden Amerikaners lasten, egal ob er nun libertär oder liberal eingestellt, Republikaner oder Demokrat ist. Dies allein sollte Grund genug sein, die Gefangenen entweder vor Gericht zu stellen oder aber unverzüglich freizulassen.

Die Begründungen, die die Regierung anbietet, sind allesamt nicht überzeugend. Das Argument, demzufolge die Gefangenen keine Kriegsgefangenen seien, weil sie keine uniformierten Mitglieder einer regulären Streitmacht waren, kann sich nicht auf die Genfer Konventionen stützen. Was den Anspruch auf Selbstverteidigung betrifft, so kann dieser nicht ewig angewandt werden. Wir sind bereit zu akzeptieren, dass es außergewöhnliche Zeiten gibt – der 11. September war eine davon –, in denen die Regierung außergewöhnliche Maßnahmen ergreifen muss, um die Nation zu beschützen. Doch mit Guantanamo hat die Regierung die Bedürfnisse des Augenblicks weit überschritten, indem sie mit allen Mitteln versucht, die Gefangenen auf unbestimmte Zeit der Reichweite und Kontrolle des Rechts zu entziehen.

D62 US-Präsident George W. Bush in einem Interview mit Sabine Christiansen in der ARD (4.5.2006)

Frage: Dann lassen Sie mich Ihnen eine Frage zum Image der Vereinigten Staaten stellen. Insbesondere für uns Deutsche waren die USA nach dem Zweiten Weltkrieg stets ein Symbol der Freiheit, der Demokratie. Und dann sahen wir Abu Ghraib, wir sahen Guantanamo, und diese schienen plötzlich wie Signale zu wirken, als würden Sie diese Werte der Freiheit und der Demokratie einfach aufgeben. Wie wollen Sie das wieder reparieren?
Bush: Nun, zuallererst ist es absurd zu behaupten, dass Amerika seine Werte aufgebe. Es steht außer Frage, dass Abu Ghraib eine Schande für unser Land war. Aber ich denke, die Leute sollten einen Blick auf das werfen, was danach geschehen ist – diejenigen, die für dieses schändliche Verhalten verantwortlich waren, wurden zur Verantwortung gezogen, wurden vor Gericht gestellt und wurden zumindest in einigen Fällen aus dem Militärdienst entlassen.
Wir befinden uns im Krieg mit einem Feind. Und wir müssen uns schützen. Und offensichtlich ist die Sache mit Guantanamo eine sensible Angelegenheit für viele Menschen. Ich würde sehr gerne Guantanamo beenden; ich würde die Leute sehr gerne vor ein Gericht stellen. Und im Moment warten wir auf eine Entscheidung von unserem Obersten Gerichtshof, ob diese Leute einen fairen Prozess entweder vor einem Zivilgericht oder aber vor einem Militärgericht benötigen.
In jedem Fall aber werden sie einen Prozess bekommen, den sie den Leuten, die sie umbringen wollten, verweigert haben. [...]

D63 Chicago Tribune: Should we close Guantanamo? (14.5.2006)

Das Gefangenenlager Guantanamo Bay in Kuba wird schon lange von Amerikas Feinden verunglimpft. Zuletzt allerdings hatten es sogar unsere engsten Verbündeten satt. Der Generalstaatsanwalt von Großbritannien verkündete unlängst: »Die Existenz von Guantanamo Bay bleibt inakzeptabel.« Und die deutsche Bundeskanzlerin Angela Merkel erklärte im Januar, dass es »nicht auf Dauer existieren sollte«.

Obwohl Kritiker die falsche Lösung vorschlagen, sprechen sie ein echtes Problem an. Die Behandlung dieser Gefangenen durch die USA ist ernsthaft mit Fehlern behaftet und gehört dringend verbessert. Doch die Schließung Guantanamos wird nicht ausreichen, wenn sie lediglich dazu führt, dass die Gefangenen in andere, ähnlich unbefriedigende US-Einrichtungen überführt werden. Oder wenn sie Regierungen überlassen werden, die sie vielleicht sogar noch schlechter als bisher behandeln würden.

Der Vorteil seiner Schließung wäre hauptsächlich symbolischer Natur. Ein noch größerer symbolischer wie praktischer Sieg wäre es freilich, das Lager einfach umzuwandeln – in eines, das die Entschlossenheit der Vereinigten Staaten, den Krieg gegen den Terrorismus zu gewinnen, bekräftigt, bei gleichzeitigem Respekt für die Menschenrechte.

Am Anfang, als der Krieg gegen den Terrorismus begann, beantwortete das Gefangenenlager eine wichtige Frage: Wo sollte man die Leute, die in Afghanistan und anderswo gefangen genommen worden waren, von denen man glaubte, dass es sich um Mitglieder der Al-Qaida, der Taliban oder anderer gewalttätiger Gruppierungen handelte, unterbringen? Genau wie ein konventionelles Kriegsgefangenenlager war es in erster Linie dazu gedacht, feindliche Soldaten vom Schlachtfeld fernzuhalten, bis der Kampf vorbei ist.

Doch in der Eile, die erschreckenden Unsicherheiten einer Welt nach dem 11. September zu meistern, beging die Bush-Administration einige ernsthafte Fehler. Die Regierung lehnte es ab, den Schutz der Genfer Konventionen auf die Gefangenen auszuweiten, indem sie argumentierte, dass der Feind, weil er die Regeln nicht beachte, sich nicht für deren Schutz qualifiziere. Dies führte dazu, dass die gesamte Operation unter Geheimhaltung fiel und es beförderte Verhörmethoden, von denen das Internationale Komitee vom Roten Kreuz behauptete, sie seien »gleichbedeutend mit Folter«. Ferner bestand die Regierung darauf, dass die Verhaftungen nicht unter die Aufsicht der Zivilgerichte fielen – eine Forderung, die vom Obersten Gerichtshof abgelehnt wurde. All diese Faktoren führten dazu, dass sich die Welt letztlich gegen Guantanamo wandte.

Rund 270 Insassen sind schon entlassen oder an andere Regierungen überstellt worden, doch annähernd 500 von ihnen bleiben in Gewahrsam. Wenn diese Gefangenen tatsächlich auf Dauer festgehalten werden sollen, dann sollten sie auch bekommen, was ihnen laut Oberstem Gerichtshof zusteht: »eine richtige Gelegenheit, die faktische Grundlage für ihre Verhaftung vor einem neutralen Entscheidungsträger anzufechten«. Dazu gehört, dass sie Anwälte während des Verfahrens erhalten sollten, dass sie Einsicht in die Beweise erhalten sollten, um diese gegebenenfalls entkräften zu können, und überhaupt sollte der gesamte Prozess so offen wie unter den gegebenen Umständen nur irgendwie möglich verlaufen. Mit dieser Art von Tribunal hätten die USA erheblich festeren Boden unter den Füßen, diejenigen festzuhalten, die auch weiterhin in Haft verbleiben sollen.
Eine weitere Änderung, die ohne Risiko für die nationale Sicherheit vorgenommen werden kann, ist, die Haftbedingungen der Gefangenen zu verbessern [...]. Da auch das Pentagon sagt, dass der Zweck der Internierung Prävention, nicht Bestrafung sei, gibt es keinen Grund, weshalb die Gefangenen nicht besser behandelt werden könnten.
Veränderungen wie diese wären wohl weniger dramatisch als das Lager einfach zu räumen, doch sie wären eine bessere Lösung der Probleme, für die Guantanamo mittlerweile steht.

D64 Die Welt: Von Guantanamo nach Genf (13.6.2006)

Die Haager Landkriegsordnung von 1907 bestimmte, dass Kriegsgefangene gegen Ehrenwort freigelassen werden konnten. Die Verpflichtung lautete, nicht in den Kriegsdienst zurückzukehren. Selige Zeiten, möchte man meinen, gehegte Kriege. Die Bahn der Zivilisation hat sich seither geneigt. Wer immer über Guantanamo urteilt, kann den terroristischen Krieg nicht außer acht lassen. Er liegt weit außerhalb des Staatenkrieges. Die Mixtur aus islamistischer Sekte und moderner Technologie begründet eine gefährliche Feindschaft. Der »Kampf der Kulturen« ist nur im Plural falsch, die Hegung des Krieges ist final durchbrochen, Kriegsvölkerrecht und Friedensvertrag sind außer Kurs.
Aus welchen Gründen auch immer Häftlinge in die Exklave Guantanamo verbracht worden sind – sie genießen nicht den Status des Kriegsgefangenen. Sie gelten als »feindliche Kombattanten«, als Subjekte, die in keinem bekannten Rechtsraum waren und sind. Man will sie vom globalen Gefechtsfeld (wie die Vereinigten Staaten die Lage sehen) ausschließen, zur Preisgabe ihres terroristischen Wissens zwingen und ihnen in irgendeiner Form den Prozess machen.

Was daraus wurde, ist absurd. Ganze zehn von den noch 460 Insassen des karibischen Lagers sind angeklagt. Sind die anderen noch nicht bis zur Anklagereife vernommen? Finden sich zu wenige Anhaltspunkte für ein Verfahren? Da sich die Amerikaner im »Krieg« befinden, fühlen sie sich nicht verpflichtet, Gefangene freizugeben. Da es sich aber nicht um Kriegsgefangene handelt, stehen diese auch nicht unter dem Schutz völkerrechtlicher Konventionen. Sie befinden sich mithin in einem rechtlichen und existentiellen Schwebezustand. [...]
Die Frage ist nur: Wohin mit den Häftlingen? Soll man sie vor ordentliche Gerichte stellen oder die Öffentlichkeit einschränkende Militärtribunale, wie das Pentagon es will? [...] Wenden die US-Behörden die Genfer Konventionen an, verwandelt sich der Gefangenenstatus in den des Kriegsgefangenen – mit dann aber wiederum unausweichlicher Neueinschätzung des Krieges gegen den Terror. Die Amerikaner führen keinen Gulag. Dort gab es keine Operationssäle, keine Röntgenabteilungen, keine Zahnärzte, keine Physiotherapeuten. Es gilt eine schlechte Sache vor den schlechtesten Begriffen zu bewahren. Aber die Amerikaner können nicht weitermachen, sie zertrümmern ihren angeschlagenen Ruf. Das kann nur heißen, sie müssen den politischen Entschluss fassen, die Genfer Konventionen trotz Nebenwirkungen anzuwenden, sie müssen mit ordentlichen Verfahren beginnen und Häftlinge freilassen, bei denen es zur Anklage nicht reicht. Bevor der Präsident sich von der erzürnten Weltöffentlichkeit und dem eigenen Obersten Gericht eine Politik aufzwingen lässt, soll er das selbst tun. Dass die USA dem einen oder anderen Entlassenen auf dem terroristischen Schlachtfeld wieder begegnen, gehört zur Kriegskalkulation.

D65 The Washington Post: Close Guantanamo (22.6.2006)

Das militärische Gefangenenlager in Guantanamo Bay, Kuba, ist zum Brennpunkt weltweiter Proteste gegen Menschenrechtsverletzungen der USA im Krieg gegen den Terrorismus geworden. Die Bilder der vermummten, in Overalls gekleideten Gefangenen, die 2002 dorthin gebracht wurden, erfüllen noch immer die Weltpresse. Gleiches gilt für die reißerischen Darstellungen ehemaliger Insassen, die behaupten, misshandelt worden zu sein, und für Berichte von Selbstmorden und Hungerstreiks in jüngster Zeit. Forderungen zur Schließung der Einrichtung und der Freilassung bzw. der Verurteilung der noch verbliebenen 460 ausländischen Gefangenen werden immer lauter – zuletzt kamen sie schon von so engen Verbündeten wie Großbritannien und Deutschland, vom UN-Ausschuss gegen Folter und von jeder größeren Menschenrechtsgruppe. Wenn auch nur höchst ungern, so müssen wir dem doch zustimmen: Guantanamo muss geschlossen werden. Doch bevor es dazu kommt, lohnt es sich darauf hinzuweisen, dass die internationale Kampagne gegen das Lager mehr als nur ein bisschen pervers ist.

Die Unlogik beginnt bereits damit, dass Guantanamo inzwischen die bei weitem angenehmste, juristisch verantwortliche Internierungseinrichtung ist, die von den Vereinigten Staaten für ausländische Gefangene betrieben wird. Die Bedingungen dort waren primitiv im Jahre 2002, doch seither wurde eine hochmoderne Gefangenenanlage errichtet – erbaut nach der Vorlage eines Gefängnisses im US-Bundesstaat Indiana –, und eine zweite befindet sich bereits im Bau. Die Gefangenen in Guantanamo verfügen über Erholungseinrichtungen und eine gute medizinische Versorgung; ihre anhaltende Internierung wird einmal im Jahr von Militärgerichten überprüft, und Gefangene bekommen Anwälte zugewiesen, die ihnen bei ihrer Verteidigung behilflich sind. Trotz einer noch ausstehenden Entscheidung des Obersten Gerichtshofs dürfen sie den Grund ihrer Inhaftierung vor US-Zivilgerichten anfechten, und viele von ihnen haben auch eigene, zivile Rechtsanwälte.

Im Gegensatz dazu leben die rund 500 Gefangenen, die die Vereinigten Staaten im Gefängnis in Bagram in Afghanistan festhalten, unter sehr viel härteren Bedingungen und mit weitaus weniger Rechten. Sie haben keine eigenen Anwälte, und keiner von ihnen wurde je von einem US-Gericht angehört. Keine amerikanischen Anwälte stehen bereit, um etwaige Beschwerden bezüglich schlechter Behandlung zu verbreiten; tatsächlich ist alarmierend wenig von dem, was innerhalb der Gefängnismauern vonstattengeht, bekannt. Und Bagrams Insassen sind noch besser dran als jene Gefangenen, die – ihre Zahl geht vermutlich in die Dutzende – in geheimen CIA-Einrichtungen festgehalten werden. Sie sind gewissermaßen verschwunden, wie die Opfer einer Dritte-Welt-Diktatur; sie wurden niemals beim Internationalen Roten Kreuz registriert, noch wurde eine juristische Bewertung ihrer Fälle vorgenommen oder ihnen gar die Möglichkeit gegeben, mit der Außenwelt in Kontakt zu treten. Nur durch geheime Informationen, die der Presse zugespielt wurden, wissen wir, dass einige von ihnen gefoltert wurden mit Methoden wie »Waterboarding« oder simuliertem Ertrinken.

So besehen würde sich die Behandlung ihrer ausländischen Gefangenen enorm verbessern, wenn die Vereinigten Staaten einfach alle ihre Häftlinge nach Guantanamo verlegen würden. Und doch ist die Bush-Administration schon jetzt in einem gezielten Versuch damit beschäftigt, das Gefängnis entweder zu schließen oder aber zumindest die Zahl derer, die dort einsitzen, auf ein Minimum zu reduzieren – ein weiterer Aspekt, der im weltweiten anti-amerikanischen Getöse untergeht. Seit September 2004 sind keine neuen Gefangenen mehr dorthin verlegt worden, und eine große Zahl ist bereits in deren Heimatländer überführt worden. [...] Die verbliebenen Gefangenen – zumeist aus dem Jemen und Saudi-Arabien – sind vor allem deshalb noch nicht nach Hause zurückgekehrt, weil US-Beamte fürchten, dass sie dort entweder misshandelt oder aber ohne ausreichende Überwachung freigelassen werden würden.

Einige derer, die die Schließung Guantanamos fordern, beharren darauf, dass alle Gefangenen von dort entweder vor ein Gericht gestellt oder aber schnellstens freigelassen werden sollen. Dies ist nicht ganz durchdacht und im Falle einiger Europäer auch ziemlich scheinheilig. Bei ihrer eigenen Kriegsführung gegen Terroristen haben Großbritannien und andere Länder die Methode der Sicherungsverwahrung angewandt, um gefährliche Kämpfer, die nicht sofort angeklagt werden können, festzuhalten. Die deutsche Bundeskanzlerin, Angela Merkel, hat offen zugegeben, dass die bestehenden juristischen Kategorien, um jemanden in Haft zu nehmen, möglicherweise nicht ausreichend sind, um staatenlosen Extremisten, die vielleicht schon dabei sind, große Anschläge zu planen, aber noch kein spezifisches Verbrechen begangen haben, Herr zu werden. Dies bedeutet nicht, dass das derzeitige System in Guantanamo akzeptabel ist. Und doch [...] bedürfen die Vereinigten Staaten einer Methode, einige Verdächtige ohne Anklage für einen begrenzten Zeitraum, zu Bedingungen, die gesetzlich und von US-Gerichten geregelt werden, festzuhalten.

Ist dieses Regelwerk erst einmal etabliert, dann wird es möglich sein, Gefangene des Krieges gegen den Terrorismus in vielen US-Gefängnissen festzuhalten. Unserer Ansicht nach sollte Guantanamo keines davon sein, da es zu einem Symbol der Misshandlungen geworden ist, von denen sich die Vereinigten Staaten klar distanzieren müssen. Aber die drängendste Sorge derer, die die Bush-Administration unter Druck setzen, sollte die Schließung der geheimen CIA-Einrichtungen sein sowie die Umwandlung Bagrams in eine Einrichtung, die nur für Afghanen bestimmt ist und die von der afghanischen Regierung betrieben wird. Ausländische Gefangene, die von den Vereinigen Staaten festgehalten werden, wo immer sie auch sein mögen, sollten vom Roten Kreuz besucht werden dürfen; ihre Internierung sollte vom Gesetz geregelt sein, wozu auch das Recht auf Überprüfung und Revision durch unabhängige Richter gehört. [...]

Die Verfolgung dieser Reformen, und nicht nur die einfache Schließung Guantanamos, sollte der Schwerpunkt derjenigen sein, die sich mit Menschenrechtsverletzungen der USA befassen wollen.

D66 The New York Times: The Price of Our Good Name (23.11.2008)

[...] Es gibt da eine Sache, die Mr. Obama schnellstens angehen muss, um das Image dieser Nation und dessen Selbstachtung wiederherzustellen: Er muss einen Plan zur Schließung von Mr. Bushs gesetzeswidrigem Gefängnis in Guantanamo Bay verkünden.

Das Gefängnis ist ein erstklassiges Beispiel für die Geringschätzung, die Mr. Bush und Vizepräsident Dick Cheney der Verfassung, dem Bundesrecht und internationalen Verträgen entgegengebracht haben. Die meisten vernünftigen Regierungen können nicht einmal an Guantanamo vorbeisehen, um sich Amerikas langer Geschichte als Verteidiger der Menschenrechte und demokratischer Werte zu erinnern.

Wir geben uns keiner Illusion hin. Das Gefängnis zu schließen wird weder einfach sein noch wird es schnell gehen, doch es ist machbar. Das bedeutet nicht, dass die Vereinigten Staaten ruchlose Terroristen freilassen werden. Doch es könnte bedeuten, dass diese Terroristen wegen anderer Verbrechen als der, für die sie nach Guantanamo geschickt worden sind, angeklagt werden müssen.

Diesen Fehler hat sich Mr. Bush zuzuschreiben. Seine Entscheidung, Folter an den Gefangenen zu erlauben, hat es höchst unwahrscheinlich gemacht, dass die Beweise, die in Gitmo und den illegalen CIA-Gefängnissen in der ganzen Welt gesammelt worden sind, in einer regulären Gerichtsverhandlung überhaupt zugelassen werden würden.

Um Guantanamo zu schließen, müssten einige grundlegende Anforderungen berücksichtigt werden: Die Behandlung der Gefangenen muss so transparent wie nur irgendwie möglich erfolgen. Die, die angeklagt werden, müssen vor Bundesgerichte gestellt werden, nicht vor jene Tribunale, die der desaströse Military Commissions Act von 2006 geschaffen hat.

Es würde das Desaster eher noch verschlimmern, wenn, wie von einigen empfohlen, der Kongress versuchen würde, ein neues System zu entwerfen, das die militärische mit der zivilen Gerichtsbarkeit untereinander verbindet. Wir haben gesehen, was passiert, wenn die Regierung spezielle Systeme entwirft, um mit speziellen Sorten von Gefangenen umzugehen. Human Rights Watch hat eine gute Vorlage zur Schließung Guantanamos vorgelegt. Sie umfasst die folgenden Eckpunkte:

Lege einen Termin für die Schließung des Gefängnisses fest.
Diese Ankündigung wäre ein kraftvolles Signal, dass die neue Regierung Mr. Bushs missbräuchliche und ungesetzliche Politik verwirft. Es würde

auch die Zusammenarbeit mit anderen Ländern erleichtern. Der Makel von Guantanamo ist so groß, dass im Moment sogar unsere engsten Verbündeten nicht einmal daran denken, Gefangene, die eigentlich freigelassen gehören, weil sie keinerlei Verbrechen begangen haben, bei sich aufzunehmen. Es dürfte bis zu 60 solcher Gefangener in Gitmo geben. Einige Länder wären vielleicht sogar dazu bereit, Gefangene mit zugehöriger Staatsbürgerschaft bei sich aufzunehmen, um sie vor Gericht zu stellen.

Beginne eine transparente Überprüfung der Gefangenen.
Es gibt ungefähr 250 Gefangene in Guantanamo Bay. Human Rights Watch schlägt vernünftigerweise die Bildung einer Arbeitsgruppe vor, die vom Justizministerium unter Einbeziehung des Außen- und Verteidigungsministeriums sowie dem Direktor für Nationale Nachrichtendienste geleitet werden würde. Deren Aufgabe wäre es, zwischen solchen, die sich tatsächlich terroristischer Akte schuldig gemacht haben – eine Minderheit –, und solchen, die nur geringe Verbrechen oder auch ganz und gar nichts begangen haben, zu unterscheiden.

Führe Gefangene, die nicht vor Gericht gestellt werden, in deren Heimatländer zurück.
Dies muss äußerst vorsichtig getan werden. Man vermutet 30 bis 50 Gefangene aus Ländern wie Algerien und Libyen [in Guantanamo], die berechtigte Angst davor haben, misshandelt und gefoltert zu werden, falls sie nach Hause geschickt werden sollten. [...] Gefangene, die glaubhaft Angst davor äußern, misshandelt zu werden, können nicht einfach ihrem Schicksal überlassen werden. Sie werden in andere Länder geschickt werden müssen. Der beste Weg für die Vereinigten Staaten, andere Regierungen zur Zusammenarbeit zu bewegen, ist, selbst einige der Gefangenen hierzulande aufzunehmen.

Stelle die Restlichen vor Bundesgerichte.
Wir Amerikaner werden von ehemaligen Mitgliedern der Bush-Administration sowie von Anhängern ihres Systems der Ungerechtigkeit zu hören bekommen, dass die Bundesgerichte nicht mit diesen Fällen umgehen können, da sie sensible Daten enthielten, oder weil Terror generell eine Sache sei, die sich tendenziell der Strafverfolgung entziehe.
Seit dem 11. September 2001 haben die Bundesgerichte rund 100 Fälle von Terrorismus strafrechtlich verfolgt, und dabei gehen sie routiniert mit Staatsgeheimnissen um. Der wahre Grund, weshalb Mr. Bush und sein Team die Bundesgerichte im Falle der Gitmo-Gefangenen um jeden Preis gemieden haben, war der, dass die Beweise in vielen Fällen nur hauchdünn oder

gänzlich unbrauchbar waren, weil sie durch Nötigung und Folter zustande gekommen sind. [...]
[Es] ist wichtig, daran zu erinnern, dass dies der Preis für Mr. Bushs inkompetente und gesetzeswidrige Führung im Krieg gegen den Terrorismus ist. [Aber es] ist ein Preis, der es wert ist, gezahlt zu werden, um Rechtstaatlichkeit und den guten Namen dieses Landes wieder herzustellen.

Die Irak-Debatte in der UNO

Es steht außer Frage, dass die Terroranschläge vom 11. September 2001 eine Neukonzeption der amerikanischen Außen- und Sicherheitspolitik zur Folge haben mussten. Zudem hatte Präsident Bush in seiner viel beachteten »Rede zur Lage der Nation« vom 29. Januar 2002 bereits angedeutet, von welchen Bedrohungsszenarien – Stichwort Massenvernichtungswaffen – er und seine Administration sich in ihren Überlegungen leiten ließen. Insofern waren die in der neuen Nationalen Sicherheitsstrategie der USA (NSS) getroffenen Aussagen über den Einsatz von präemptiven Erstschlägen nicht völlig neu. Im Grunde genommen waren sie nur die Quintessenz dessen, was Bush respektive Cheney während ihrer öffentlichen Auftritte zuletzt mehrfach zu Protokoll gegeben hatten. Was der amerikanische Vizepräsident in Nashville, Tennessee, noch mit den Worten »Die Risiken des Nichtstuns sind viel größer als das Risiko des Handelns« → D54, umschrieben hatte, klang in der NSS nunmehr so: »Wir müssen darauf vorbereitet sein, Schurkenstaaten und ihre terroristischen Kunden aufzuhalten, noch bevor sie dazu in der Lage sind, uns mit Massenvernichtungswaffen zu bedrohen bzw. diese gegen die Vereinigten Staaten und unsere Verbündeten und Freunde einzusetzen. [...] Um derlei feindlichen Akten unserer Feinde zuvorzukommen bzw. zu verhindern, werden die Vereinigten Staaten, falls notwendig, präventiv agieren.« → D83 Im Grunde genommen war dies nichts anderes als der Versuch der USA, eine spätestens seit dem 11. September bekannte Lücke im internationalen Völkerrecht zu schließen – es ging darum, wie man terroristischen Bedrohungen am besten begegnet, deren Protagonisten sich von klassischer Abschreckung nicht beeindrucken lassen. Vor allem in Europa wurde die Veröffentlichung der neuen NSS am 20. September dennoch von heftigen Kontroversen begleitet.[1] Ein Umstand, der ganz gewiss auch damit zusammenhing, dass die Vorlage des Strategiepapiers mitten in die Irak-Debatte fiel, zumal der Irak den ambivalenten Präzedenzfall darstellte. Selbst wenn man fälschlicherweise davon ausging, dass das Land umfangreiche geheime Rüstungsprogramme zur Produktion von Massenvernichtungswaffen betrieb: Dass ein baldiger Angriff des Irak auf die USA oder einen ihrer Verbündeten unmittelbar bevorstünde, damit rechneten wohl nicht einmal die lautesten Befürworter einer Intervention am Golf innerhalb der Bush-Administration.

Nahezu zeitgleich ging in Deutschland der Bundestagswahlkampf 2002 zu Ende, den die SPD unter Bundeskanzler Gerhard Schröder trotz Verlusten gegenüber 1998 erneut – wenn auch nur mit hauchdünnem Vorsprung vor der CDU/CSU unter Herausforderer Edmund Stoiber – für sich entscheiden konnte.[2] Damit war das Kalkül Schröders, im Wahlkampf ganz auf ein außenpolitisches Thema zu setzen, bei dem er eine große Mehrheit im Land hinter sich wusste, voll aufgegangen. Gerade in der Irak-Frage hatte der Herausforderer nämlich alles andere als eine klare Linie vertreten. Umsonst war Schröders innenpolitischer Triumph jedoch nicht gewesen – international zahlte Deutschland den Preis in Form arg ramponierter Beziehungen zu den Vereinigten Staaten. Oder, wie sich US-Verteidigungsminister Donald H. Rumsfeld ausdrückte: Das Verhältnis beider Staaten zueinander sei infolge des deutschen Wahlkampfs »vergiftet« worden. → **D70** Denn obwohl Schröder in der Sache durchaus gewichtige Argumente gegen einen möglichen Waffengang am Golf vorzubringen hatte, → **D67** war es vor allem die Art und Weise gewesen, in der sich der Kanzler und seine Parteifreunde in der Irakfrage gegen die US-Administration positioniert hatten. Besonders negativ hervorgetan hatte sich in diesem Zusammenhang Bundesjustizministerin Herta Däubler-Gmelin mit ihrem Bush-Hitler-Vergleich, → **D69** was dazu führte, dass sie ihren Ministerposten im neuen rot-grünen Regierungskabinett Schröders nicht mehr einnahm. Trotzdem blieb das deutsch-amerikanische Verhältnis auch nach dem Ende des Bundestagswahlkampfs bis auf Weiteres unterkühlt. Zu sehr hatte sich der Bundeskanzler im Wahlkampf festgelegt, als dass er jetzt hinter die einmal getroffenen Aussagen zurückgehen konnte – Deutschland blieb auch weiterhin heftigster Kritiker des amerikanischen Irakkurses innerhalb Europas. Zu diesem Zeitpunkt hatte sich der Streit freilich schon auf die größere internationale Bühne verlagert; namentlich in die Vereinten Nationen.[3]

Am 12. September hatte Bush der Generalversammlung der UNO nochmals vorgetragen, weshalb der Irak unter Saddam Hussein eine Bedrohung für die internationale Sicherheit darstelle. Dies war nicht zuletzt auf Anraten seines engsten europäischen Fürsprechers, des britischen Premierministers Tony Blair, erfolgt.[4] Denn hier, so das Kalkül der beiden, ließe sich am ehesten eine »Koalition der Willigen« rekrutieren. Inhaltlich setzte Bush – neben der bekannten Argumentation bezüglich der mutmaßlichen Entwicklung von Massenvernichtungswaffen durch den Irak – abermals einen neuen Schwerpunkt, an dem seine Administration bis zum unmittelbaren Ausbruch des Krieges im März 2003 auch festhalten sollte: »Das Verhalten des irakischen Regimes ist eine Bedrohung für die Autorität der Vereinten Nationen und eine Gefahr für den Frieden. Seit einem Jahrzehnt reagiert der Irak auf die UN-Forderungen mit anhaltender Missachtung. Die ganze Welt sieht sich nun einem Test gegenüber und die Vereinten

Nationen stehen vor einem schwierigen und entscheidenden Augenblick. Werden die Resolutionen des Sicherheitsrats in Ehren gehalten und durchgesetzt oder werden sie ohne Konsequenzen beiseitegeschoben? Werden die Vereinten Nationen noch dem Zweck ihrer Gründung gerecht oder werden sie irrelevant?« → **D74** Damit kam Bush seinen Kritikern entgegen, zumal diese ihm jetzt nur noch schwerlich Unilateralismus vorwerfen konnten. Immerhin galt seine artikulierte Sorge nunmehr ausdrücklich der Autorität des Sicherheitsrats. Doch obwohl dieser Richtungswechsel allenthalben begrüßt wurde, blieben die europäischen Kritiker misstrauisch: Ginge es Amerika am Ende nicht doch bloß um einen Regimewechsel im Irak, wie ihn Bush und Cheney in der Vergangenheit schon mehrfach gefordert hatten? (u. a. → **D50** und → **D57**) Bedenken, welche auch Bundesaußenminister Fischer zwei Tage später vor der Generalversammlung der Vereinten Nationen äußerte: Egal, welches Verhalten der Irak auch an den Tag lege, »wir wollen [...] keinen Automatismus hin zur Anwendung militärischer Zwangsmaßnahmen«. → **D76**

Die wochenlange Kontroverse im Sicherheitsrat endete mit einem Kompromiss in Gestalt der UN-Resolution 1441. Darin klagte man den Irak »erheblicher Verletzungen« der »einschlägigen Resolutionen« an und räumte diesem »eine letzte Chance« ein, seinen Abrüstungsverpflichtungen nachzukommen. Des Weiteren »erinnerte« man den Irak daran, dass dieser wiederholt »vor ernsthaften Konsequenzen gewarnt« worden sei, sollte er auch weiterhin gegen seine Auflagen verstoßen. → **D78** Das war klassische UN-Diktion: Sollte es hart auf hart kommen und der Irak seinen im Resolutionstext angesprochenen Abrüstungsverpflichtungen nicht oder nur unzureichend nachkommen, so konnten beide Seiten – Kriegsbefürworter ebenso wie -gegner – ihre Sicht der Dinge in der Resolution wiederfinden. Erstere konnten auf die »ernsthaften Konsequenzen« verweisen, die einer verwirkten »letzten Chance« folgen müssten; Letztere hingegen konnten sich darauf berufen, dass der Resolutionstext keinerlei Automatismus für einen Waffengang beinhalte, da besagte »ernsthafte Konsequenzen« nirgendwo näher spezifiziert würden. Für eine Invasion des Irak wäre demzufolge eine neuerliche, den Krieg ausdrücklich legitimierende UN-Resolution unabdingbar. In der Tat sollte es dazu später auch kommen.

Die undankbare Aufgabe, vor Ort zu überprüfen, inwieweit der Irak die ihm in Resolution 1441 auferlegten Abrüstungsverpflichtungen auch einhielt, ging an den schwedischen Diplomaten Hans Blix. In der Frage von Krieg und Frieden am Golf, von Fortbestand oder Untergang des Saddam-Regimes, würde der Bericht des obersten UN-Waffeninspekteurs entscheidend sein.

Deutsche Außenpolitik

D67 Bundeskanzler Gerhard Schröder (SPD) in einem Interview mit der New York Times (5.9.2002)

Frage: Ich habe Sie zunächst so verstanden, dass Sie unilateral geführte Operation gegen den Irak ablehnen. Später jedoch scheinen Sie gesagt zu haben, Deutschland würde sich weder an einem Angriff beteiligen noch für einen solchen bezahlen, ganz egal, was die UN dazu sage. Nun, welche Variante ist es?

Schröder: Lassen Sie mich zunächst festhalten, dass ohne ein Mandat des UN-Sicherheitsrats uns unser Grundgesetz keinerlei Mitwirkung erlauben würde. Das ist ziemlich eindeutig.

Doch die anderen Argumente, die ich gegen eine Intervention vorgebracht habe, sind so wichtig, dass ich selbst dann gegen eine solche Intervention wäre, wenn der Sicherheitsrat der Vereinten Nationen – aus welchen Gründen und in welcher Form auch immer – dazu »Ja« sagen sollte. Was ich mir im Augenblick allerdings beim besten Willen nicht vorstellen kann.

Ich habe versucht, deutlich zu machen, dass es nicht nur rein formale Erwägungen sind, die mich dazu verleiten, zu sagen, dass dies der falsche Weg ist. Ich habe Ihnen schon von dem Schaden erzählt, den wir der internationalen Koalition gegen den Terror zufügen würden. Ich habe schon versucht, deutlich zu machen, dass wir vor den Augen der Welt beweisen müssen, in Afghanistan und anderswo, dass die Teilnahme am Kampf gegen den Terror eine echte Friedensdividende bringen wird. Außerdem habe ich noch von niemandem gehört, der ein echtes Konzept für eine Neuordnung des Nahen Ostens hätte, welche hinterher dabei helfen könnte, die Region zu gestalten. Dies sind für mich schwerwiegende Argumente, die mich zu dem Schluss bringen: Natürlich ist es wichtig für Deutschland, welche Resolutionen die Vereinten Nationen beschließen, doch diese Argumente – diese drei –, die bleiben meine eigenen, die mich sagen lassen: Hände weg. Insbesondere, weil [...] die Beweise doch recht dubios zu sein scheinen.

Frage: Diese Regierung bereitet ihren Freunden viele Schwierigkeiten. Denken Sie, dass der 11. September Amerika in einer Art und Weise verändert hat, die keine positive ist?

Schröder: Ich würde diese Frage gerne mit einer anderen beantworten: Was ist die Pflicht eines Freundes in einer solchen Situation? Es ist die Aufgabe von Freunden, Solidarität zu zeigen, doch sollte man auch diese bewährte und treue Solidarität dazu benutzen, um in der politischen Debatte rationale Argumente vorzubringen. Die Pflicht von Freunden besteht nicht nur

darin, allem und jedem immer zuzustimmen, sondern auch darin, einmal zu sagen: In diesem Punkt sind wir anderer Meinung.
Frage: Die gehässige Variante wäre es, zu sagen, sie befinden sich mitten einem schwierigen Wahlkampf, und sie wollen gegen Bush, gegen Amerika und für den »Frieden« antreten, um vom Thema Arbeitslosigkeit abzulenken.
Schröder: Ich würde diese Angelegenheit niemals taktisch angehen, da mich die Konsequenzen später einholen würden. Wir werden in Deutschland gewinnen, und dann werde ich zu dieser Entscheidung stehen müssen, und ich weiß, was das bedeutet. In diesem Sinne war es keine taktische Variante im Wahlkampf.

D68   The Washington Post: Mr. Schroeder Ducks (17.9.2002)

Seit Präsident Bushs Rede an die Vereinten Nationen werden die Stimmen, die dafür sind, den Irak notfalls gewaltsam zur Umsetzung der Resolutionen des Sicherheitsrats zu zwingen, immer lauter. Viele Länder sind jetzt bereit, eine neue Resolution zu unterstützen, die dem Irak eine letzte Frist gewähren würde, um die Waffeninspekteure wieder ins Land zu lassen – so viele Länder, dass der Irak gestern im Bestreben, eine derartige Maßnahme schon im Vorfeld zu unterbinden, Generalsekretär Kofi Annan darüber informierte, dass er die Inspekteure wieder ins Land lassen würde. Doch abseits solch taktischer Manöver wird Saddam Hussein sicherlich auch weiterhin versuchen, sein Arsenal an Massenvernichtungswaffen zu bewahren und zu vergrößern; falls dies der Fall sein sollte, haben einige Länder, darunter auch Saudi-Arabien, bereits angedeutet, dass sie ein militärisches Vorgehen unterstützen würden. Dies bringt ein prominentes Land – oder zumindest sein derzeitiges Staatsoberhaupt – in die Gefahr der Isolation. Der deutsche Bundeskanzler Gerhard Schröder besteht auch weiterhin darauf, dass seine Regierung einen Angriff gegen den Irak niemals unterstützen werde, selbst dann nicht, wenn die Vereinten Nationen ein solches Vorgehen befürworten würden. Deutsche Analysten sagen, dass diese Haltung Mr. Schröder durchaus dabei helfen könnte, einen Sieg in der Wahl am Sonntag einzufahren. Sollte dem tatsächlich so sein, so wäre es ein teurer Sieg: Mr. Schröder würde sich selbst an der Spitze einer Regierung wiederfinden, die stark an internationalem Prestige und Einfluss verloren hätte. [...] Mr. Bush hat jetzt das getan, was Deutschland immer verlangt hat: Er hat eine unilaterale Herangehensweise gemieden und stattdessen seine Argumente bezüglich Saddam Hussein vor den Vereinten Nationen vorgebracht. Dabei stützte er sich nicht etwa auf eine vielleicht allzu enge Auslegung von amerikanischen Sicherheitsvorstellungen, sondern auf die Resolutionen der Weltorganisation. Es ist durchaus möglich, dass sich der Sicherheitsrat einer Antwort verweigert; Deutschland ist nicht das einzige Land, das daran zweifelt, ob ein militärisches Vorgehen gegen den Irak gerechtfertigt bzw. durchdacht ist. Mr. Schröder selbst hat einige gute Fragen vorgebracht: Beispielsweise, ob ein Angriff auf den Irak den größeren Krieg gegen den Terrorismus zum Erliegen bringen würde und ob es einen schlüssigen Plan für die Zeit nach Saddam Hussein gibt. Doch wenn die Bush-Administration genügend Sicherheiten aufbietet und der Irak sich auch weiterhin weigert, einer neuen Resolution Folge zu leisten, dann wäre ein Großteil des Sicherheitsrats und des NATO-Bündnisses dahingehend aufgestellt, militärische Zwangsmaßnahmen zu unterstützen. Nur Mr. Schröder hat seine Regierung schon im Vorfeld davon ausgeschlossen, sich an einem solchen internationalen Konsens zu beteiligen.

»Bezüglich solch existentieller Fragen, die die deutsche Politik entscheiden«, predigte Mr. Schröder auf einer seiner Wahlkampfkundgebungen, »diese Entscheidungen werden in Berlin getroffen – in Berlin und nirgendwo anders.« Wenn ihm eine solche Rhetorik die Wiederwahl beschert, dann braucht sich Mr. Schröder nicht weiter zu wundern, wenn künftige Beschwerden seitens seiner Regierung über Entscheidungen, die exklusiv in Washington getroffen werden, nur geringe Glaubwürdigkeit besitzen. Und die größere Rolle in Fragen der internationalen Sicherheit, die Mr. Schröder seinem Land eigentlich zugedacht hatte, wird sich in Wohlgefallen auflösen, während Deutschland ängstlich an der Seitenlinie verharrt und seinen Verbündeten dabei zusieht, wie diese sich der Herausforderung stellen, vor der der Bundeskanzler zynisch zurückgewichen ist.

D69 Bundesjustizministerin Herta Däubler-Gmelin (SPD) in einer Diskussion mit Gewerkschaftern* im schwäbischen Tübingen (18.9.2002)

[...] Bush will von seinen innenpolitischen Schwierigkeiten ablenken. Das ist eine beliebte Methode. Das hat auch Hitler schon gemacht. [...]

D70 US-Verteidigungsminister Donald H. Rumsfeld auf einer Pressekonferenz in Warschau (23.9.2002)

Frage: Herr Verteidigungsminister, wenn Sie [...] so freundlich wären, den Ausgang der [deutschen] Wahlen zu kommentieren?

---

* Zitiert nach: Bush will ablenken, in: Schwäbisches Tagblatt vom 19.9.2002.

Rumsfeld: [...] Ich habe keinen Kommentar zum Ausgang der deutschen Wahlen, aber ich muss schon sagen, dass die Art und Weise, wie dieser Wahlkampf geführt worden ist, nicht besonders hilfreich war und dass es, wie vom Weißen Haus bereits angedeutet, den Effekt hatte, die [deutschamerikanischen] Beziehungen zu vergiften.

D71 The New York Times: Germany Speaks (24.9.2002)

Die knappe Wiederwahl von Bundeskanzler Gerhard Schröder in Deutschland – nach einem bitteren Wahlkampf, in dessen Mittelpunkt Schröders Ablehnung eines Krieges gegen den Irak gestanden hatte – sandte Blitz und Donner über den Atlantik geradewegs ins Weiße Haus. Als ein deutliches Signal amerikanischen Missfallens gab Präsident Bush nur eine eisige Zurkenntnisnahme von Mr. Schröders Wahlsieg ab. Der Bundeskanzler reagierte mit der richtigen Geste, indem er eine Ministerin umgehend entließ, die einen geradezu widerlichen Vergleich zwischen Mr. Bushs Taktiken und denen Hitlers vorgenommen hatte. Es gibt noch mehr, was Mr. Schröder machen sollte. Doch für ihren Teil sollten Mr. Bush und seine Berater das Unbehagen der Deutschen und vieler anderer, das die Aussicht auf einen Krieg bei ihnen auslöst, zumindest anerkennen.
Noch vor wenigen Monaten sahen Mr. Schröders Chancen, wiedergewählt zu werden, alles andere als gut aus. Er konnte sein großes Versprechen von vor vier Jahren, die Wirtschaftslage zu verbessern, nicht erfüllen. Und in der Tat steckt Deutschland mitten in einem Sumpf aus Arbeitslosigkeit, Kriminalität, Einwanderungsproblemen sowie einer generellen Unzufriedenheit mit dem Sozialstaat. Doch der Bundeskanzler schaffte im Sommer die Wende, indem er seinen Widerstand gegen einen Krieg im Irak verkündete. Diese Haltung, in Verbindung mit seinen Aktivitäten, den Opfern des Hochwassers in Ostdeutschland zu helfen, sorgte dafür, dass die Stimmung unter den Wählern zu kippen begann. [...]
Im Mittelpunkt von Schröders Wahlkampf stand dessen Versprechen, keine deutschen Truppen in einen Krieg im Irak zu schicken. Doch Deutschland war überhaupt nicht gefragt worden, Truppen zu entsenden. Noch ist genügend Spielraum für Mr. Bush vorhanden, seine Argumente für einen Krieg vor den Vereinten Nationen und anderen Foren vorzutragen, und auch für die Deutschen, anderen Formen der Beteiligung zuzustimmen, einschließlich militärischer Unterstützung und der Nutzung deutscher Militärstützpunkte. An anderer Stelle haben sich die Deutschen diesbezüglich nicht vor ihrer Verantwortung gedrückt, sondern haben mehrere

tausend Soldaten für friedenserhaltende Maßnahmen auf den Balkan und nach Afghanistan geschickt.
Mr. Bush sollte dies anerkennen, wenn er die Welt gegen Saddam Hussein aufbringen möchte. Auch wird er sich hierfür stärker diplomatisch engagieren müssen. [...]

D72   Los Angeles Times: Accept Schroeder's Offering (25.9.2002)

»Nun, Jungs«, könnte ein verständnisvoller Elternteil zu Präsident Bush und dem jüngst wiedergewählten deutschen Bundeskanzler Gerhard Schröder sagen, »glaubt ihr nicht, dass es Zeit wäre, sich die Hände zu reichen und sich wieder zu vertragen?«
Doch so einfach wird es nicht gehen. [...]
Am Anfang sah es noch so aus, als würde Schröder lediglich die Zweifel berücksichtigen, die viele Deutsche an einem unilateralen Krieg, um Saddam Hussein zu stürzen, hegten. Doch im weiteren Verlauf seines Wahlkampfs wurde der Bundeskanzler zunehmend demagogisch, als er erklärte, er würde für Washington nicht bloß »die Hacken zusammenschlagen« – eine Aussage, die noch grob bei seiner Justizministerin mitschwang, als diese Bushs Taktiken mit denen Adolf Hitlers verglich.
In Bezug auf den Irak schuf Schröder eine Kontroverse, wo überhaupt keine existiert hatte. Niemand hatte Deutschland um Militärhilfe im großen Stil gebeten. Mittlerweile drohte Schröder mit seinem ungeschickten Getue, die nachträglichen Anstrengungen der Bush-Administration, den Vereinten Nationen doch noch eine letzte Gelegenheit zu geben, Hussein unschädlich zu machen, zu untergraben. Dabei entsprach diese Vorgehensweise genau dem, was viele Europäer immer wieder lautstark gefordert hatten.
Ganz gleich, welche unguten Gefühle nach all der scharfen Rhetorik auch zurückbleiben, weder die Vereinigten Staaten noch Deutschland können es sich leisten, ihren Streit zu verlängern. [...] Tatsächlich gibt es eine Vielzahl von Gründen zu glauben, dass sich beide Länder wieder vertragen werden. [...]
Nach den Terroranschlägen vom 11. September versammelten sich viele Deutsche spontan vor dem Brandenburger Tor in Berlin, um bei Kerzenschein eine Nachtwache als Zeichen der Solidarität abzuhalten, die bald darauf das ganze Land erfasste. Deutschland steuerte 4 000 Soldaten für die Operation »Enduring Freedom« der Bush-Administration bei und versprach, 278 Millionen Dollar für den Wiederaufbau Afghanistans bereitzustellen. [...] Indem er die Justizministerin, die den Nazi-Vergleich anstellte, aus seiner Regierung verbannte, reichte Schröder die Hand zur Entschuldigung.

Der Präsident sollte sie akzeptieren. Wie ein verständnisvoller Elternteil vielleicht dozieren könnte, sollte man seine Freunde nicht wegen ein paar schmerzlicher Worte verurteilen oder weil diese sich weigern, allem und jedem, was du willst, zu folgen.

D73 Bundeskanzler Gerhard Schröder (SPD) in einer Regierungserklärung »Gerechtigkeit im Zeitalter der Globalisierung schaffen – für eine Partnerschaft in Verantwortung« (29.10.2002)

[...] Gegen die neue Gefahr einer privatisierten Gewalt von Kriegsherren, Kriminellen und Terroristen setzen wir internationale Allianzen gegen Terrorismus und gegen Unfreiheit. Wir wollen die Stärkung von Gewaltmonopolen durch starke, legitimierte internationale Organisationen, allen voran die Vereinten Nationen. Dies werden wir auch durch unsere Mitarbeit im Weltsicherheitsrat und den Vorsitz, den Deutschland dort turnusgemäß übernehmen wird, bekräftigen. [...]
Deutschlands Platz bei der Durchsetzung universeller Werte unter Wahrnehmung unserer internationalen Verantwortung bleibt durch die feste Verankerung in unseren Bündnissen, unsere Rolle in der Europäischen Union und unsere Freundschaft zu den Vereinigten Staaten von Amerika bestimmt. Unsere transatlantischen Beziehungen, die auf der Solidarität freiheitlicher Demokratien und auf unserer tief empfundenen Dankbarkeit für das Engagement der Vereinigten Staaten beim Sieg über die Nazibarbarei und bei der Wiederherstellung von Freiheit und Demokratie beruhen, sind von strategischer Bedeutung und von prinzipiellem Rang. Diese Beziehungen finden ihren Ausdruck in einer Vielzahl von politischen, wirtschaftlichen, kulturellen und zivilgesellschaftlichen Kontakten und Freundschaften. Dies schließt aber unterschiedliche Bewertungen in ökonomischen und politischen Fragen nicht aus. Wo es sie gibt, werden sie sachlich und im Geiste freundschaftlicher Zusammenarbeit ausgetragen.
Die Bundesregierung hat immer deutlich gemacht, dass Deutschland die Prioritäten bei der Bekämpfung des internationalen Terrorismus im fortgesetzten Engagement bei Enduring Freedom und in der Fortsetzung und Stärkung internationaler Koalitionen gegen den Terror sieht. [...] Um die Gefahr, die von Massenvernichtungswaffen ausgeht, zu mindern, haben wir unsere technischen, personellen und sachlichen Mittel angeboten und werden die Mission der UN-Waffeninspektoren im Irak mit allen Kräften, die wir haben, unterstützen. Die Region und die gesamte Welt brauchen genaue Kenntnis über die Waffenpotenziale des Regimes im Irak.

Wir brauchen die Gewissheit, dass die dortigen Massenvernichtungswaffen vollständig abgerüstet werden. Über den Weg zu diesem Ziel hat die Bundesregierung frühzeitig ihre Auffassung und auch ihre Besorgnisse zum Ausdruck gebracht.

Die zwischenzeitliche Entwicklung und die internationale Diskussion vor allen Dingen im Weltsicherheitsrat zeigen, dass die Chance besteht, eine militärische Konfrontation am Golf doch noch zu vermeiden. Ich bekräftige in diesem Zusammenhang unsere Haltung, dass wir auf unbeschränktem Zugang der Waffeninspektoren zu den Arsenalen Saddam Husseins beharren. Angesichts der bedrohlichen Lage im Nahen Osten und der Notwendigkeit, den Kampf gegen den internationalen Terrorismus auf möglichst breiter Grundlage zu führen und ihn dann zu gewinnen, setzt die Bundesregierung auf die Ausschöpfung aller Möglichkeiten von internationalen Inspektionen.

Gegenüber dem Irak und anderen Gefahrenherden müssen eine konsequente Politik der Abrüstung und internationale Kontrollen vorrangiges Ziel bleiben. Das ist einer der Gründe, warum wir immer gesagt haben – das gilt nach wie vor –, dass wir uns an einer militärischen Intervention im Irak nicht beteiligen werden. [...]

UN und internationale Beziehungen

D74 US-Präsident George W. Bush in einer Rede vor der Generalversammlung der Vereinten Nationen in New York (12.9.2002)

[...] Heute werden in erster Linie unsere Grundlagen und unsere Sicherheit von Verbrecherbanden und Regimen bedroht, die keine Moral kennen und deren gewalttätiger Ehrgeiz grenzenlos ist. Bei den Angriffen auf Amerika von vor einem Jahr sahen wir die zerstörerischen Absichten unserer Feinde. Diese Bedrohung versteckt sich in vielen Ländern, einschließlich meines eigenen. In ihren Zellen und Ausbildungslagern planen die Terroristen weitere Akte der Vernichtung und bauen an neuen Stützpunkten für ihren Krieg gegen die Zivilisation. Und unsere größte Angst ist, dass die Terroristen eine Abkürzung zu ihren wahnsinnigen Zielen finden, sobald ihnen ein Schurkenstaat die zur Massenvernichtung notwendige Technologie liefert.

An einem Ort – in einem Regime – finden wir all diese Gefahren in ihrer tödlichsten und aggressivsten Form vor. Genau die Art von aggressiver

Bedrohung, der entgegenzutreten die Vereinten Nationen gegründet wurden.
Vor zwölf Jahren überfiel der Irak ohne jede Provokation Kuwait. Und die Streitkräfte des Regimes waren bereit, ihren Feldzug fortzusetzen, um andere Staaten und deren Rohstoffe zu erobern. Hätte man lediglich versucht, Saddam Hussein durch Zugeständnisse zu beschwichtigen anstatt ihn aufzuhalten – er hätte auch weiterhin den Frieden und die Stabilität in der Welt bedroht. Doch seine Aggression wurde gestoppt durch die Feuerkraft einer alliierten Streitmacht und den Willen der Vereinten Nationen. Um die Kampfhandlungen einzustellen und um selbst davonzukommen, akzeptierte der irakische Diktator eine Reihe von Verpflichtungen. Die Bedingungen waren eindeutig für ihn und alle anderen. Und er stimmte der Bedingung zu, dass es an ihm sei, zu beweisen, dass er jede einzelne dieser Verpflichtungen einhält.
Stattdessen hat er lediglich seine Geringschätzung für die Vereinten Nationen bewiesen und alle seine Versprechungen missachtet. Indem er jedes einzelne dieser Versprechen brach – durch seine Täuschungsmanöver und durch seine Grausamkeiten –, hat Saddam Hussein selbst den Grund für seine Absetzung geliefert. [...]
1991 versprach der Irak den UN-Inspektoren sofortigen und unbegrenzten Zugang, um zu verifizieren, dass das Land seiner Verpflichtung nachgekommen sei, sämtliche Massenvernichtungswaffen und Langstreckenraketen zu vernichten. Der Irak brach dieses Versprechen, indem er sieben Jahre damit verbrachte, die UN-Inspekteure zu betrügen, zu hintergehen und zu drangsalieren, bevor er die Zusammenarbeit schließlich endgültig einstellte. Nur wenige Monate nach dem Waffenstillstand von 1991 erneuerte der Sicherheitsrat gleich zweimal seine Forderung an das irakische Regime, vollständig mit den Inspektoren zusammenzuarbeiten. Gleichzeitig verurteilte er Iraks schwerwiegende Verletzungen seiner Verpflichtungen. Der Sicherheitsrat erneute seine Forderung im Jahre 1994 und noch zwei Mal darauf im Jahre 1996; dabei verurteilte er Iraks eindeutige Verletzungen seiner Verpflichtungen. Der Sicherheitsrat erneuerte seine Forderung noch drei weitere Male im Jahre 1997, dabei sprach er von schamlosen Verletzungen; und noch drei Mal im Jahre 1998, diesmal nannte er Iraks Verhalten vollkommen inakzeptabel. Und im Jahre 1999 wurde die Forderung schon wieder erneuert.
Wenn wir am heutigen Tage zusammenkommen, so sind fast vier Jahre vergangen, seit die letzen UN-Inspekteure irakischen Boden betreten haben. Vier weitere Jahre für das irakische Regime, um in aller Heimlichkeit zu planen, zu bauen und zu testen.

Wir wissen, dass Saddam Hussein den Bau von Massenvernichtungswaffen betrieb, sogar dann noch, als die Inspekteure in seinem Land waren. Sollen wir wirklich annehmen, dass er damit aufhörte, nachdem sie sein Land verließen? Die Geschichte, die Logik und die Tatsachen lassen nur einen Schluss zu: Saddam Husseins Regime ist eine schwerwiegende und beständig wachsende Gefahr. Etwas anderes zu behaupten käme der Hoffnung wider aller Beweise gleich. Auf das Gute in diesem Regime zu vertrauen wäre, als ob man die Leben von Millionen und den Frieden in der Welt in einem waghalsigen Spiel verwetten würde. Und dies ist ein Risiko, das wir nicht eingehen dürfen.

Sehr verehrte Delegierte der Vollversammlung, wir sind mehr als nur geduldig gewesen. Wir haben es mit Sanktionen versucht. Wir haben sowohl das Zuckerbrot – Öl für Lebensmittel (»oil for food«) – als auch die Peitsche – Militärschläge – probiert. Und doch hat Saddam Hussein all diesen Versuchen getrotzt und ist weiterhin damit beschäftigt, Massenvernichtungswaffen zu entwickeln. Wir mögen erst dann vollständig sicher sein, dass er im Besitz von Atomwaffen ist, wenn er – Gott bewahre – zum ersten Mal eine einsetzt. Aber wir schulden es unseren Bürgern, alles in unserer Macht stehende zu tun, um diesen Tag zu verhindern.

Das Verhalten des irakischen Regimes ist eine Bedrohung für die Autorität der Vereinten Nationen und eine Gefahr für den Frieden. Seit einem Jahrzehnt reagiert der Irak auf die UN-Forderungen mit anhaltender Missachtung. Die ganze Welt sieht sich nun einem Test gegenüber, und die Vereinten Nationen stehen vor einem schwierigen und entscheidenden Augenblick. Werden die Resolutionen des Sicherheitsrats in Ehren gehalten und durchgesetzt oder werden sie ohne Konsequenzen beiseitegeschoben? Werden die Vereinten Nationen noch dem Zweck ihrer Gründung gerecht oder werden sie irrelevant?

Die Vereinigten Staaten halfen dabei, die Vereinten Nationen zu gründen. Wir wünschen uns, dass die Vereinten Nationen effektiv, respektiert und erfolgreich sind. Wir möchten, dass die Resolutionen der wichtigsten multilateralen Organisation der Welt durchgesetzt werden. Und gerade jetzt werden diese Resolutionen vom irakischen Regime einseitig unterlaufen. Unsere Staatengemeinschaft kann sich der vor uns liegenden Prüfung stellen, indem sie eindeutig klarmacht, was wir jetzt von dem irakischen Regime erwarten.

Wenn sich das irakische Regime Frieden wünscht, dann wird es unverzüglich und bedingungslos allen Massenvernichtungswaffen, Langstreckenraketen und Ähnlichem abschwören, sie aufdecken und entweder demontieren oder aber zerstören.

Wenn sich das irakische Regime Frieden wünscht, dann wird es unverzüglich jedwede Unterstützung des Terrorismus beenden und dabei helfen, ihn zu unterbinden, wie es von allen Staaten durch die Resolutionen des UN-Sicherheitsrats verlangt wird.
Wenn sich das irakische Regime Frieden wünscht, dann wird es die Verfolgung seiner Zivilbevölkerung, einschließlich Schiiten, Sunniten, Kurden, Turkmenen und Anderen einstellen, wie von den Resolutionen des Sicherheitsrats verlangt. [...]
Erst wenn all diese Schritte unternommen worden sind, wird dies eine neue Offenheit und Zurechnungsfähigkeit des Irak signalisieren. Und es könnte eine neue Perspektive eröffnen, in der die Vereinten Nationen dabei helfen würden, eine Regierung aufzubauen, die alle Iraker vertritt – eine Regierung, die auf dem Respekt für die Menschenrechte, wirtschaftlicher Freiheit und international beaufsichtigten Wahlen basiert. [...]
Mein Land wird mit dem UN-Sicherheitsrat zusammenarbeiten, um dieser gemeinsamen Herausforderung zu begegnen. Wenn sich uns das irakische Regime noch einmal widersetzt, dann muss die Welt ganz bewusst entschieden handeln, um den Irak zur Verantwortung zu ziehen. Wir werden gemeinsam mit dem UN-Sicherheitsrat die notwendigen Resolutionen erarbeiten. Doch die Absichten der Vereinigten Staaten sollten nicht in Zweifel gezogen werden. Die Resolutionen des Sicherheitsrats werden durchgesetzt werden – die gerechtfertigten Forderungen nach Frieden und Sicherheit werden erfüllt werden – oder Kampfhandlungen werden unvermeidbar sein. Und ein Regime, das seine Legitimität verloren hat, wird auch seine Macht verlieren. [...]
Wir können nicht abseits stehen und nichts tun, während sich Gefahren zusammenbrauen. Wir müssen für unsere Sicherheit ebenso wie für die dauerhaften Rechte und Hoffnungen der Menschheit eintreten. Gemäß unserer Tradition und durch unsere eigene Wahl werden sich die Vereinigten Staaten von Amerika dieser Sache annehmen. Und Sie, sehr verehrte Delegierte der Vereinten Nationen, auch Sie haben die Macht, sich dieser Sache anzunehmen. [...]

D75 Frankfurter Rundschau: Doppeltes Ultimatum (14.9.2002)

Der Ball ist nun zunächst in der Spielhälfte der Diplomatie gelandet und das Thema Irak dort, wo es hingehört, nämlich bei den Vereinten Nationen. Das sind die guten Nachrichten nach der Rede des US-Präsidenten vor der Weltorganisation. Wenn es darum gehen sollte, die UN bei der praktischen Umsetzung von Beschlüssen und Resolutionen zu stärken, wäre dies nur zu begrüßen. Ob es darum geht, bleibt indes abzuwarten. Bush hat mit seiner Rede am 12. September auch jene Linie überschritten, ab der es für die Supermacht keinen Weg mehr zurück aus einer Konfrontation mit Bagdad gibt. Und ob die Wahrscheinlichkeit, dass diese Konfrontation am Ende militärisch ausgetragen wird, nun geringer oder eher größer geworden ist, kann vorerst niemand sagen. [...]
International hat sich Bush aus der Defensive manövriert, mit einem konditionierten Kooperationsangebot, das zunächst den UN-Sicherheitsrat in die Pflicht nimmt. Das doppelte Ultimatum an Bagdad und die UN lässt an Klarheit nichts zu wünschen übrig: Wenn Irak den Regimewechsel nicht selbst herbeiführt, indem Saddam Husseins Diktatur eine wundersame Wandlung vom Paria zum Musterknaben vollführt, wird das Regime ausgewechselt. Und wenn die Weltgemeinschaft dies dann nicht tut, werden die USA handeln. Das wäre der Regimewechsel in der weltpolitischen Ordnung. [...]
Dass Iraks erwiesene Vergangenheit als Entwickler und Anwender von Massenvernichtungswaffen ein Problem darstellt, kann dabei ernstlich niemand bestreiten. Dies kann die große Stunde der Diplomatie sein. Abhängen wird dies nicht zuletzt von den tatsächlichen Absichten Washingtons. Bush hat mehr gefordert als nur die Rückkehr der Waffeninspekteure, und man wird ausloten müssen, inwieweit die USA tatsächlich anderen Optionen als der militärischen eine Chance geben. [...]
Bleibt Irak. Saddam Hussein hat sich bislang mit Durchhalteparolen Mut gemacht, doch ihm geht jede suizidale Neigung gänzlich ab. Die Frage wird sein, wie er die eigene Lage einschätzt. Glaubt er, noch eine Chance zu haben, mag er mit Zugeständnissen taktieren. Hält er Amerikas Zugriff für unvermeidlich, steht die Tür offen für alle möglichen Irrationalitäten. Das ist auch für Washingtons sorgfältige Militärplaner der weiße Elefant in der arabischen Wüste.

D76 Bundesaußenminister Joschka Fischer (Bündnis 90/Die Grünen) in einer Rede vor der Generalversammlung der Vereinten Nationen in New York (14.9.2002)

[...] [Mit] großer Sorge erfüllt uns die Entwicklung im Irak. Saddam Husseins Regime ist eine brutale Diktatur. Der Irak hat unter seiner Regierung seine Nachbarn Iran und Kuwait überfallen, Israel mit Raketen beschossen und Giftgas gegen den Iran und die eigene kurdische Bevölkerung eingesetzt. Das Regime ist furchtbar für das irakische Volk und ein Risiko für die Region. Deshalb wurde seit dem Golfkrieg gegenüber dem Irak eine wirksame Eindämmungspolitik und eine effektive militärische Kontrolle der Flugverbotszonen durchgesetzt sowie ein striktes Sanktionsregime beschlossen.

Das Regime in Bagdad darf keine Massenvernichtungsmittel und Trägersysteme besitzen oder produzieren. Trotz bindender Verpflichtungen durch den Sicherheitsrat weigert sich Saddam Hussein, die drängenden Fragen der Staatengemeinschaft nach seinen Massenvernichtungswaffen glaubwürdig und nachprüfbar zu beantworten. Deshalb muss der Druck der Vereinten Nationen auf die Regierung des Irak nicht nur aufrechterhalten, sondern verstärkt werden.

Wir begrüßen, dass Präsident Bush in seiner jüngsten Rede den Weg in den Sicherheitsrat gegangen ist. Auch wenn es sehr schwierig werden wird, so muss doch alles getan werden, um eine diplomatische Lösung zu finden. Unmissverständlich müssen Sicherheitsrat und Mitgliedsstaaten Bagdad klarmachen, dass die uneingeschränkte und bedingungslose Wiederzulassung der Waffeninspekteure der einzige Weg ist, um eine große Tragödie für den Irak und die gesamte Region zu verhindern. Alle einschlägigen UN-Resolutionen müssen vollständig und unverzüglich durch die Regierung des Irak umgesetzt werden.

Wir wollen jedoch keinen Automatismus hin zur Anwendung militärischer Zwangsmaßnahmen. [...]

Uns stellen sich folgende zentrale Fragen: Sind wirklich alle ökonomischen und politischen Druckmöglichkeiten ausgeschöpft? Zu welchen Folgen würde ein militärisches Eingreifen führen? Was würde dies für die regionale Stabilität bedeuten? Welche Auswirkung hätte es auf den Nahostkonflikt? Gibt es neue und eindeutige Erkenntnisse und Fakten? Rechtfertigt die Bedrohungsanalyse, ein sehr hohes Risiko einzugehen – die Verantwortung nämlich für Frieden und Stabilität der ganzen Region und zwar für Jahre oder sogar Jahrzehnte? Träfe dies bei den arabischen Nachbarn auf Zustimmung? Welche Folge hätte es für den Fortbestand der weltweiten

Koalition gegen den Terrorismus? Angesichts dieser offenen Fragen sind wir voll tiefer Skepsis gegenüber einem militärischen Vorgehen und bleiben bei unserer Haltung. [...]

D77 Süddeutsche Zeitung: Dämme gegen Diktatoren (5.10.2002)

Die Europäer klagen, Amerika höre nicht auf sie. Doch das stimmt nicht ganz. Einer der Großen der Alten Welt erlebt in den USA eine Renaissance. Er wird in der Irak-Debatte als Kronzeuge angeführt, und George Bush hat seine Bronze-Büste im Oval Office stehen: Winston Churchill ist die Symbolfigur der wehrhaften Demokratie. Jahrelang warnte er vergeblich vor der Strategie, einen Tyrannen mit Zugeständnissen zu besänftigen. Am Ende behielt er Recht. [...]

Nun sind die Amerikaner nicht so töricht, den Mittelklasse-Despoten Saddam Hussein mit Adolf Hitler gleichzusetzen. Doch sie ziehen eine Lehre aus der Geschichte, die sie nun auf den Irak anwenden: Appeasement, die Beschwichtigungspolitik, funktioniert nicht. Ein aggressiver Diktator ist wie ein schwarzes Loch. Je mehr er bekommt, desto mehr will er haben. Deshalb glaubt die US-Regierung, den Unersättlichen in Bagdad militärisch stoppen zu müssen. Krieg sei in solchen Fällen die Fortsetzung der Politik mit dem einzig wirksamen Mittel.

Ganz anders die Europäer. Ihrer Erfahrung mit Diktatoren zum Trotz neigen sie dazu, den Beschwichtiger Chamberlain dem Warner Churchill vorzuziehen. Das Friedensmodell der EU lehrt sie seit Jahrzehnten, ihr Heil im Ausgleich zu suchen. Wo Amerika militärisch Fakten schafft, sagt Europa: im Zweifel gegen Gewalt. Die Europäer beklagen folgerichtig amerikanische Wild-West-Allüren – und die Amerikaner verzweifeln über europäische Abwehrschwäche.

Eine Annäherung wäre dennoch möglich, wenn beide Seiten ihre Positionen hinterfragten. Europa müsste eingestehen, dass Mahnungen zu wenig sind, um Despoten zu dressieren. Beispiel Irak: Vor zwölf Jahren überfiel Saddam Kuwait. Hätten die USA ihn nicht gestoppt, würde er nach der ganzen arabischen Halbinsel greifen und womöglich den Lebenssaft des Westens kontrollieren. Solche Gefahr sollte niemand unterschätzen, der den Winter gern in warmen Stuben verbringt. Die Anklage, Amerika gehe es nur ums Öl, hat kalte Füße. Was heißt hier nur? Hinzu kommt: Ohne die US-Intervention besäße der Despot von Bagdad heute womöglich Atomwaffen. Seine chemischen und biologischen Arsenale wären gefüllt und die ganze Region bedroht. Amerika darf sich also in seiner Irakpolitik erst einmal bestätigt sehen. [...]

Wer dies, wie die meisten EU-Regierungen, [...] [anders] sieht, muss darlegen, wie die Alternative aussieht. Die Europäer könnten auf einen ganzen Werkzeugkasten für den Umgang mit Diktatoren verweisen. [...] Sanktion, Inspektion, Tribunal – diese Mittel sind im Kampf mit Saddam noch nicht ausgereizt. Ihr konsequenter Einsatz wird meist genügen, um ein Hauptziel internationaler Politik zu erreichen: Diktatoren unter Kontrolle zu halten, im Irak und anderswo. In Extremfällen mag es jedoch notwendig werden, im Werkzeugkasten ganz nach oben zu greifen, zum Hammer des Krieges: gegen Völkermörder wie im Kosovo, Eroberer wie in Kuwait und Terror-Paten wie in Afghanistan. Dabei müssen intervenierende Staaten aber auf Alleingänge verzichten. Wer zum letzten Mittel greift, braucht die Legitimation durch Völkerrecht oder Völkergemeinschaft, will er nicht selbst zum Willkürherrscher werden.

Sogar für einen Supermächtigen wie Bush mag es zudem hilfreich sein, Großkonflikte nicht ganz alleine austragen zu müssen. Vielleicht sollte er auf Churchills Ratschlag hören: »Nur eines ist schlimmer, als mit Verbündeten zu kämpfen – und das ist, ohne sie zu kämpfen.«

D78 Resolution 1441 des Sicherheitsrats der Vereinten Nationen (8.11.2002)

Der Sicherheitsrat, [...]
in Erkenntnis der Bedrohung, die Iraks Nichtbefolgung der Resolutionen des Rates sowie die Verbreitung von Massenvernichtungswaffen und Langstreckenflugkörpern für den Weltfrieden und die internationale Sicherheit darstellen, [...]
entschlossen, die vollständige Befolgung seiner Beschlüsse sicherzustellen,
tätig werdend nach Kapitel VII der Charta der Vereinten Nationen,
1. *beschließt,* dass Irak seine Verpflichtungen nach den einschlägigen Resolutionen, namentlich der Resolution 687 (1991), erheblich verletzt hat und nach wie vor erheblich verletzt, indem Irak insbesondere nicht mit den Inspektoren der Vereinten Nationen und der Internationalen Atomenergie-Organisation zusammenarbeitet und die nach den Ziffern 8 bis 13 der Resolution 687 (1991) erforderlichen Maßnahmen nicht abschließt;
2. *beschließt außerdem,* dabei eingedenk der Ziffer 1, Irak mit dieser Resolution eine letzte Chance einzuräumen, seinen Abrüstungsverpflichtungen nach den einschlägigen Ratsresolutionen nachzukommen, und beschließt demgemäß, ein verstärktes Inspektionsregime einzurichten, mit dem Ziel, den vollständigen und verifizierten Abschluss des mit

Resolution 687 (1991) und späteren Resolutionen des Rates eingerichteten Abrüstungsprozesses herbeizuführen;
3. *beschließt ferner*, dass die Regierung Iraks, um mit der Erfüllung ihrer Abrüstungsverpflichtungen zu beginnen, zusätzlich zur Vorlage der zweimal jährlich erforderlichen Erklärungen der Überwachungs-, Verifikations- und Inspektionskommission der Vereinten Nationen, der Atomenergie-Organisation und dem Rat spätestens 30 Tage nach Verabschiedung dieser Resolution eine auf dem neuesten Stand befindliche genaue, vollständige und umfassende Erklärung aller Aspekte seiner Programme zur Entwicklung chemischer, biologischer und nuklearer Waffen, ballistischer Flugkörper und anderer Trägersysteme, wie unbemannter Luftfahrzeuge und für den Einsatz mit Luftfahrzeugen bestimmter Ausbringungssysteme, einschließlich aller Bestände sowie der exakten Standorte derartiger Waffen, Komponenten, Subkomponenten, Bestände von Agenzien sowie dazugehörigen Materials und entsprechender Ausrüstung, der Standorte und der Tätigkeit seiner Forschungs-, Entwicklungs- und Produktionseinrichtungen sowie aller sonstigen chemischen, biologischen und Nuklearprogramme, einschließlich jener, bezüglich deren sie geltend macht, dass sie nicht Zwecken im Zusammenhang mit der Produktion von Waffen oder Material dienen, vorlegen wird;
4. *beschließt*, dass falsche Angaben oder Auslassungen in den von Irak nach dieser Resolution vorgelegten Erklärungen sowie jegliches Versäumnis Iraks, diese Resolution zu befolgen und bei ihrer Durchführung uneingeschränkt zu kooperieren, eine weitere erhebliche Verletzung der Verpflichtungen Iraks darstellen und dem Rat gemeldet werden, damit er nach den Ziffern 11 und 12 eine Bewertung trifft;
5. *beschließt außerdem*, dass Irak der Kommission und der Atomenergie-Organisation sofortigen, ungehinderten, bedingungslosen und uneingeschränkten Zugang zu ausnahmslos allen, auch unterirdischen, Bereichen, Einrichtungen, Gebäuden, Ausrüstungsgegenständen, Unterlagen und Transportmitteln gewährt, die diese zu inspizieren wünschen, sowie sofortigen, ungehinderten und uneingeschränkten Zugang ohne Anwesenheit Dritter zu allen Amtsträgern und anderen Personen, welche die Kommission oder die Atomenergie-Organisation in der von ihr gewählten Art und Weise oder an einem Ort ihrer Wahl aufgrund irgendeines Aspekts ihres jeweiligen Mandats zu befragen wünschen, *beschließt ferner*, dass die Kommission und die Atomenergie-Organisation nach ihrem Ermessen Befragungen innerhalb oder außerhalb Iraks durchführen können, dass sie die Ausreise der Befragten und ihrer Angehörigen aus Irak

erleichtern können und dass diese Befragungen nach alleinigem Ermessen der Kommission und der Atomenergie-Organisation ohne Beisein von Beobachtern der Regierung Iraks stattfinden können, und *weist* die Kommission *an* und *ersucht* die Atomenergie-Organisation, die Inspektionen spätestens 45 Tage nach Verabschiedung dieser Resolution wiederaufzunehmen und den Rat 60 Tage danach über den neuesten Sachstand zu unterrichten; [...]

11. *weist* den Exekutivvorsitzenden der Überwachungs-, Verifikations- und Inspektionskommission der Vereinten Nationen und den Generaldirektor der Internationalen Atomenergie-Organisation *an*, dem Rat über jede Einmischung Iraks in die Inspektionstätigkeiten und über jedes Versäumnis Iraks, seinen Abrüstungsverpflichtungen, einschließlich seiner Verpflichtungen betreffend Inspektionen, nach dieser Resolution nachzukommen, sofort Bericht zu erstatten;
12. *beschließt*, sofort nach Eingang eines Berichts nach den Ziffern 4 oder 11 zusammenzutreten, um über die Situation und die Notwendigkeit der vollinhaltlichen Befolgung aller einschlägigen Ratsresolutionen zu beraten, um den Weltfrieden und die internationale Sicherheit zu sichern;
13. *erinnert* in diesem Zusammenhang daran, dass der Rat Irak wiederholt vor ernsthaften Konsequenzen gewarnt hat, wenn Irak weiter gegen seine Verpflichtungen verstößt;
14. *beschließt*, mit der Angelegenheit befasst zu bleiben.

Auf der 4644. Sitzung einstimmig verabschiedet.

D79 The New York Times: A Unified Message to Iraq (9.11.2002)

Das gestrige einstimmige Votum im Sicherheitsrat der Vereinten Nationen sendet die denkbar stärkste Botschaft an Bagdad. Ab sofort muss der irakische Präsident Saddam Hussein vollständig und ohne weitere Verzögerung seinen lange vernachlässigten Abrüstungsverpflichtungen nachkommen. Bald schon werden die UN-Inspekteure in den Irak zurückkehren, dieses Mal gestärkt durch robuste neue Grundregeln und einen engen Zeitplan. Die gemeinsame Haltung des Rates birgt die größtmögliche Chance – wenn auch nur eine geringe –, dass der Irak noch ohne Krieg entwaffnet werden kann.

Dem Irak bleiben lediglich sieben Tage Zeit, um die Resolution zu akzeptieren. Bis zum 8. Dezember muss er eine komplette und lückenlose Liste seiner unkonventionellen Waffenprogramme bereitstellen. Eine neue Inspektionsrunde soll dann spätestens 15 Tage später beginnen; die volle Kooperation der Iraker eingeschlossen.

Falls Bagdad jede dieser Auflagen und Fristen einhält, werden Hans Blix, der Chefinspektor für biologische und chemische Waffen, sowie Mohamed El-Baradei, zuständig für die Aufdeckung der Entwicklung von Atomwaffen, ihre Ergebnisse dem Sicherheitsrat bis Ende Februar vorlegen. Sollten zuvor Probleme auftreten, wird der Sicherheitsrat umgehend Zwangsmaßnahmen in Erwägung ziehen. Washington hat sich nicht festgelegt, ob es gegebenenfalls – mit oder ohne UN-Resolution – selber tätig werden wird. Dies ist ein wohlverdienter Triumph für Präsident Bush, eine Anerkennung für acht Wochen geduldige, doch ebenso entschlossene wie auch zwingende amerikanische Diplomatie. [...] Wir hoffen bloß, dass die Bush-Administration all diese Anstrengungen zur Verabschiedung einer einstimmigen Resolution nicht nur unternommen hat, um am Ende dennoch allein gegen den Irak vorzugehen. Falls Bagdad irgendeine dieser Bestimmungen verletzt, sollte Washington darauf bestehen, dass der Sicherheitsrat seine Entscheidung auch durchsetzt. Nur wenn der Rat die ernsthaften Konsequenzen, die er jetzt aufruft, am Ende nicht bewilligen sollte – gemeinhin als militärische Zwangsmaßnahmen verstanden –, erst dann sollte Washington einen Alleingang in Erwägung ziehen. [...]

D80 Chicago Tribune: A victory at the United Nations (10.11.2002)

Es hat zwei Monate, unzählige Treffen und die unermüdliche amerikanische Forderung, endlich tätig zu werden, gebraucht, aber der Sicherheitsrat der Vereinten Nationen hat schließlich doch noch die Verantwortung, der er seit einem Jahrzehnt ausweicht, akzeptiert: die Abrüstung des Irak durchzusetzen. Am Freitag stimmten die 15 Mitglieder des Rates einstimmig einer strengen Resolution zu, die fordert, dass Saddam Hussein uneingeschränkte Inspektionen zulässt und sein Streben nach Massenvernichtungswaffen aufgibt. Andernfalls müsse er mit einer Invasion rechnen. Der Golfkrieg von 1991 wurde im Grunde genommen niemals wirklich beendet, denn der irakische Diktator hat aktiv gegen eben jene Bestimmungen verstoßen, denen er zuvor noch zugestimmt hatte, als er um Frieden warb. Über einen langen Zeitraum hinweg sahen alle in die andere Richtung, während er fortwährend danach trachtete, in den Besitz von Waffen zu gelangen, die dazu benutzt werden könnten, seine Feinde einzuschüchtern. Doch nachdem der 11. September Amerikas Verwundbarkeit gegenüber gewalttätigen Fanatikern offengelegt hatte, entschied Präsident Bush, dass die von Saddam Hussein ausgehende Gefahr nicht mehr länger toleriert werden könne. Entweder müssten seine Waffenprogramme ein für alle Mal beseitigt werden oder aber sein Regime müsste verschwinden.

Die Regierung ist schon lange zu dem Schluss gelangt, dass letztere Option die einzig realistische ist, angesichts von Husseins langer Geschichte, sich dem Willen der Welt zu widersetzen. [...] Wie das Kräftemessen mit dem Irak schlussendlich ausgeht, hängt größtenteils von der Aussicht auf ein militärisches Eingreifen Amerikas ab. Hussein neigt zwar zu gefährlichen Spielchen, aber er ist ebenfalls geschickt im Überleben, und sollte er sich zwischen Unterwerfung und Vernichtung entscheiden müssen, gäbe es eine reelle Chance, dass er sich fürs Abrüsten entscheidet. Diese einstimmig verabschiedete Resolution lässt ihm nur wenig Raum für Zweifel hinsichtlich seiner Alternativen.

Skeptiker erwarten, dass er nur oberflächlich kooperieren wird, dass er auf Zeit spielen und einfach darauf warten wird, bis die Wachsamkeit der Welt nachlässt. Doch Präsident Bush hat deutlich gemacht, dass der Irak ganz oben auf seiner Prioritätenliste steht und dass er nicht zögern wird, anzugreifen, sollte der Irak versuchen, seinen Verpflichtungen nicht nachzukommen.

Der Präsident errang Anfang letzter Woche einen bedeutenden politischen Sieg, als seine Partei die Kontrolle über den US-Senat gewann. Doch dies verblasst im Vergleich zu dem Sieg, den er am Freitag gegenüber der Weltmeinung erzielte. Er überzeugte eine einst höchst skeptische UN, dass sie sich nicht länger verstecken kann, dass sie Saddam Hussein zu ihren eigenen Bedingungen konfrontieren muss.

»Die vollständige Abrüstung der Massenvernichtungswaffen wird stattfinden«, erklärte Bush am Freitag. »Die einzige Frage für das irakische Regime besteht darin, zu entscheiden, wie dies vonstattengehen soll.« Heute gibt es allen Grund zur Hoffnung, dass das Kräftemessen doch noch friedlich beigelegt werden kann, wenn auch nur, weil die USA zu einem Krieg bereit sind.

D81 Frankfurter Allgemeine Zeitung: Erst ein Anfang (15.11.2002)

Wenn diese Politik Abenteurertum ist, dann verdient – in Anlehnung an ein Wort von Bundeskanzler Schröder, der es allerdings anders gemeint hatte – der Oberabenteurer im Weißen Haus eigentlich ein Lob. Das mag den antiamerikanischen Widerstand gegen den oft so verunglimpften »Kriegstreiber« Bush in Rage versetzen. Aber wahr ist wahr. Es war schließlich keine geringe Leistung, den UN-Sicherheitsrat nach Jahren der Untätigkeit und der beschämenden Hinnahme flagranter Unbotmäßigkeit dazu zu bewegen, sich wieder auf seine Pflichten zu besinnen. Ob nämlich der Irak abrüstet oder nicht, ist nicht und schon gar nicht ausschließlich ins Belieben seines Machthabers gestellt. [...]

Der Sicherheitsrat hat somit endlich getan, was seine Aufgabe ist. Da schon eine Stärkung hineinzulesen ist ein bißchen übertrieben. Hätte Washington nicht gedrängt und geschoben, hätte der Rat es wohl nicht so eilig gehabt; hätte Bush ihm nicht damit gedroht, die Sache selbst zu erledigen, gäbe es die Resolution 1441 vielleicht gar nicht, und alles ginge so weiter wie bisher. Dass der Sicherheitsrat zur Tat schritt, ist das Ergebnis amerikanischen Drucks und der so gewachsenen Einschätzung, dass er nur so lange Einfluss auf den Gang der Dinge ausüben und Autorität beanspruchen kann, wie er seine weltpolitische Verantwortung wahrnimmt. Zu der gehört eben die Abrüstung von Massenvernichtungswaffen des Iraks. Verantwortungslos war das in der Vergangenheit beliebte Verdrängen oder Bagatellisieren der davon ausgehenden Gefahren. [...]

Weil Saddam Hussein Herrscher von Bagdad bleiben will, hat er jetzt die Bereitschaft zur Zusammenarbeit mit den Vereinten Nationen signalisiert; für den Augenblick will er sich nicht sperren. Sollte er sich jedoch eines Schlechteren besinnen, werden ihm jene Werkzeuge, nach denen er gegriffen hat, auf eine Weise aus der Hand genommen, die auch der Despotenherrlichkeit ein Ende machen dürfte. Die militärischen Bereitstellungen sind jedenfalls schon jetzt nicht zu übersehen.

Welchen Verlauf der Irak-Konflikt nimmt, hängt somit nicht unwesentlich von den Kalkülen Saddams und davon ab, wie fest in den kommenden Wochen die Stützen seiner Herrschaft bleiben werden. In jedem Fall dürften die Anwesenheit und die Arbeit der Waffeninspekteure eine Dynamik in Bagdad in Gang setzen, die zu einer »Entsaddamisierung« des Iraks führen könnte und von der niemand zu sagen vermag, wo sie politisch enden wird. Ein Missverständnis wäre es jedoch, zu glauben, mit der Entsendung der Inspekteure sei die Sache erledigt. Es geht um Abrüstung eines – eigentlich unakzeptablen – Regimes, nicht darum, ob nun dieser oder jener Palast untersucht wird. Es geht darum, das Gespenst der atomaren, biologischen und chemischen Waffen aus der Region zu vertreiben. Das ist das Ziel der Vereinten Nationen.

D82 Die Welt: Der neue deutsche Unilateralismus (11.12.2002)

Gesetze müssen mit der Zeit gehen, sonst veralten sie und werden missachtet. Während man im innergesellschaftlichen Gefüge keinerlei Probleme mit dieser Aussage hat – allein bis zur Wiedervereinigung wurde das Grundgesetz fünfunddreißig Mal geändert –, fällt es den meisten deutschen Politikern und Publizisten schwer, Ähnliches auch für das Völkerrecht zuzulassen. Vor allem in Deutschland gilt das internationale Recht als unantastbar

und geradezu als sakrosankt. [...] Die Folgen jenes falschen Konservatismus nimmt man hierzulande schulterzuckend in Kauf und erreicht damit das Gegenteil des Gewünschten: die schrittweise Schwächung des Völkerrechts. Seit dem 11. September hat sich die internationale Bedrohungslage revolutionär gewandelt. Zum ersten Mal in der Geschichte der Menschheit gehen Aggressionen nicht mehr von einem oder mehreren Staaten aus, sondern von weltweit agierenden Terrorgruppen, die sämtliche diplomatischen, rechtlichen und militärischen Regeln in den Wind schreiben. Erstmals haben wir es darüber hinaus mit Regimen wie dem Irak zu tun, die Massenvernichtungsmittel eingesetzt haben, notfalls wieder einsetzen werden oder bedenkenlos damit drohen. Vor beiden Gefahren versagt die Philosophie der Abschreckung genauso wie das Völkerrecht in seiner bisherigen Form. Die Amerikaner haben dies nach den Anschlägen von New York und Washington schnell begriffen. Aus Furcht vor dem »catastrophic terrorism« haben sie in ihrer neuen Sicherheitsstrategie die Möglichkeit des Präventivschlages als Akt der Selbstverteidigung eingebaut und sind gewillt, dort zuzuschlagen, wo Gefahren drohen. [...] Mit dem Völkerrecht ist diese Art von Einsatz bislang nicht zu rechtfertigen. Präventive Kriegshandlungen sind nach der Charta der Vereinten Nationen verboten, auch wenn das Recht eines jeden Staates auf Verteidigung nach Artikel 51 bleibt. Doch was nützen derlei Einschränkungen angesichts der neuen Bedrohungslage? Noch immer ist das Völkerrecht im Grundgedanken so verfasst, wie es Hugo Grotius 1625 mit Blick auf den Dreißigjährigen Krieg erdachte und wie es die Vereinten Nationen weiterschrieben: ein Recht für Staaten von Staaten mit konventionellen Armeen, die sich bei einem Angriff verteidigen dürfen. In diesem Sinne war Israels Luftschlag gegen den irakischen Atomreaktor Osirak im Juni 1981 mit dem Völkerrecht nicht vereinbar. Dennoch bewahrte er die gesamte Region vor einer Katastrophe.
Präventivschläge können notwendig sein – heute sogar mehr als damals. Wer sie grundsätzlich verwirft, gibt Terroristen oder Terrorregimes die Freiheit, so zu schalten, wie es ihnen beliebt. [...] Gäben die Deutschen diesen Rigorismus in der Frage des Präventivrechtes auf, könnten sie mit Amerikanern, Briten und Franzosen das Völkerrecht auf die neuen Herausforderungen ausrichten. Mit Blick auf die Deutschen bleibt das wohl ein frommer Wunsch.

Amerikanische Außenpolitik

D83 Auszug aus der vom Weißen Haus herausgegebenen »National Security Strategy« der Vereinigten Staaten von Amerika (20.9.2002)

[...] Die Art der Bedrohung, die der Kalte Krieg produzierte, erforderte von den Vereinigten Staaten – zusammen mit unseren Verbündeten und Freunden –, dass wir die Abschreckung von feindlicher Gewaltanwendung betonten, was in einer makabren Strategie der gegenseitig zugesicherten Vernichtung resultierte. Mit dem Zusammenbruch der Sowjetunion und dem Ende des Kalten Krieges machte unser Sicherheitsumfeld einen tief greifenden Wandel durch.

Nachdem wir uns weg von der Konfrontation hin zur Kooperation als dem Kennzeichen unserer Beziehungen zu Russland bewegt haben, sind die Dividenden offensichtlich: ein Ende des Gleichgewichts des Schreckens, das uns teilte; eine historische Reduzierung des Atomwaffenarsenals auf beiden Seiten; schließlich die Kooperation in Bereichen wie der Terrorismusbekämpfung und der Raketenabwehr – alles Dinge, die noch vor kurzem unvorstellbar waren.

Doch sind seither neue, tödliche Herausforderungen durch Schurkenstaaten und Terroristen zum Vorschein gekommen. Keine dieser gegenwärtigen Bedrohungen kann es mit der schieren destruktiven Macht, die die Sowjetunion gegen uns aufgestellt hatte, aufnehmen. Und dennoch sorgen der Charakter und die Motivation dieser neuen Feinde, ihre Entschlossenheit, zerstörerische Fähigkeiten zu erlangen, die bisher nur den mächtigsten Staaten dieser Welt zugänglich waren, und die größere Wahrscheinlichkeit, dass sie Massenvernichtungswaffen gegen uns einsetzen werden, dafür, dass das heutige Sicherheitsumfeld noch komplexer und gefährlicher geworden ist.

In den 1990er Jahren wurden wir Zeuge des Entstehens einer kleinen Zahl von Schurkenstaaten, die, obgleich sie sich in wichtigen Punkten voneinander unterscheiden, eine gewisse Zahl von Merkmalen miteinander teilen. Diese Staaten

- pflegen einen brutalen Umgang mit der eigenen Bevölkerung und verschwenden ihre natürlichen Ressourcen zur persönlichen Bereicherung der Machthaber;
- zeigen keinen Respekt vor internationalem Recht, bedrohen ihre Nachbarn und verstoßen kaltschnäuzig gegen internationale Abkommen, die sie unterzeichnet haben;

- sind entschlossen, in den Besitz von Massenvernichtungswaffen zusammen mit anderer moderner militärischer Technologie zu gelangen, um diese als Bedrohung oder auch zur Offensive einzusetzen, um die aggressiven Pläne dieser Regime zu verwirklichen;
- unterstützen den Terrorismus weltweit und
- lehnen grundlegende menschliche Werte ab und hassen die Vereinigten Staaten und alles, wofür sie stehen.

Zur Zeit des Golfkriegs erlangten wir unumstößliche Beweise, dass sich die Pläne des Irak nicht nur auf die chemischen Waffen beschränkten, die schon gegen den Iran und die eigene Bevölkerung eingesetzt wurden, sondern auch den Erwerb von Atomwaffen und biologischen Kampfstoffen einschlossen. Im vergangenen Jahrzehnt avancierte Nordkorea zum bedeutendsten Lieferanten für ballistische Raketen in der Welt, während es gleichzeitig immer bessere Raketen testete und sein eigenes Arsenal an Massenvernichtungswaffen entwickelte. Auch andere Schurkenstaaten trachten nach dem Erwerb von atomaren, biologischen und chemischen Waffen. Das Streben dieser Staaten nach solchen Waffen wie auch der weltweite Handel mit ihnen sind eine heraufziehende Gefahr für alle Staaten geworden. Wir müssen darauf vorbereitet sein, Schurkenstaaten und ihre terroristischen Kunden aufzuhalten, noch bevor sie dazu in der Lage sind, uns mit Massenvernichtungswaffen zu bedrohen bzw. diese gegen die Vereinigten Staaten und unsere Verbündeten und Freunde einzusetzen. Unsere Antwort muss sich gestärkte Bündnisse, die Etablierung neuer Partnerschaften mit ehemaligen Feinden, Innovationen beim Einsatz militärischer Kräfte, moderne Technologien – darunter auch die Entwicklung eines effektiven Raketenabwehrsystems – sowie eine erhöhte Gewichtung der Sammlung und Analyse von Geheimdienstinformationen vollständig zu Nutze machen. [...] Wir haben fast ein ganzes Jahrzehnt gebraucht, um die wahre Natur dieser neuen Bedrohung zu verstehen. Angesichts der Ziele von Schurkenstaaten und Terroristen können es sich die Vereinigten Staaten nicht mehr länger leisten, sich auf eine reaktive Haltung zu verlassen, so wie wir es in der Vergangenheit getan haben. Die Unfähigkeit, einen möglichen Angreifer abzuschrecken, die Unmittelbarkeit heutiger Bedrohungen, sowie das Ausmaß des möglichen Schadens, der von der Waffenwahl unserer Feinde verursacht werden könnte, lassen diese Möglichkeit nicht zu. Wir können es nicht zulassen, dass unsere Feinde zuerst zuschlagen.
- Im Kalten Krieg, insbesondere im Gefolge der Kubakrise, standen wir einem Feind gegenüber, der sich mehr oder weniger mit dem Status quo abgefunden hatte und kein Risiko eingehen wollte. Abschreckung war eine effektive Verteidigung. Doch Abschreckung, die nur auf der

Androhung von Vergeltung basiert, ist weniger wirksam bei Führern von Schurkenstaaten, die eher bereit sind, ein Risiko einzugehen, die mit den Leben ihrer Leute und dem Vermögen ihres Staates spielen.
- Im Kalten Krieg galten Massenvernichtungswaffen als Ultima Ratio; wer sie einsetzte, riskierte die eigene Vernichtung. Heute sehen unsere Feinde Massenvernichtungswaffen als Mittel zum Zweck an. Für Schurkenstaaten sind diese Waffen Instrumente der Einschüchterung und militärischen Aggression gegenüber ihren Nachbarn. Diese Waffen könnten diese Staaten ebenfalls in die Lage versetzen, die Vereinigten Staaten und unsere Verbündeten zu erpressen, um uns davon abzuhalten, das aggressive Verhalten von Schurkenstaaten abzuschrecken oder abzuwehren. Solche Staaten sehen diese Waffen auch als ihr bestes Mittel dazu an, um die konventionelle Überlegenheit der Vereinigten Staaten zu überwinden.
- Traditionelle Konzepte der Abschreckung werden nicht funktionieren gegen einen terroristischen Feind, dessen erklärte Taktik mutwillige Zerstörung und die gezielte Tötung von Unschuldigen ist; dessen so genannte Soldaten den Märtyrertod suchen und dessen wirksamster Schutz die Staatenlosigkeit ist. Das Ineinandergreifen von Staaten, die den Terror unterstützen, und solchen, die nach Massenvernichtungswaffen streben, ist ein starker Grund zum Handeln.

Seit Jahrhunderten erkennt internationales Recht den Umstand an, dass Staaten nicht erst einen Angriff erleiden müssen, bevor sie rechtmäßig Gegenmaßnahmen ergreifen dürfen, um sich vor Mächten zu verteidigen, von denen eine unmittelbare Gefahr ausgeht. Rechtsgelehrte und Juristen aus aller Welt knüpfen die Rechtmäßigkeit von Prävention oftmals an die Existenz einer unmittelbaren Bedrohung – zumeist eine sichtbare Mobilisierung von Armeen, Kriegsflotten und Luftstreitkräften, die sich auf einen Angriff vorbereiten.

Wir müssen das Konzept der unmittelbaren Bedrohung den Fähigkeiten und Zielen unserer heutigen Feinde anpassen. Schurkenstaaten und Terroristen wollen uns nicht mit konventionellen Mitteln angreifen. Sie wissen, dass solche Angriffe scheitern würden. Stattdessen setzen sie auf Terrorakte und möglicherweise auf den Einsatz von Massenvernichtungswaffen – Waffen, die leicht getarnt, heimlich ausgeliefert und ohne Warnung eingesetzt werden können.

Die Ziele dieser Angriffe sind sowohl unsere militärischen Streitkräfte als auch unsere Zivilbevölkerung, was ein direkter Verstoß gegen eine der Grundregeln der Kriegsführung ist. Wie schon die Verluste am 11. September 2001 gezeigt haben, ist der massenhafte Tod von Zivilisten ein konkretes

Ziel der Terroristen, und diese Verluste wären noch ungleich schwerer ausgefallen, wären die Terroristen in den Besitz von Massenvernichtungswaffen gelangt und hätten diese zum Einsatz gebracht.
Die Vereinigten Staaten behalten sich schon lange die Option auf präventive Kampfhandlungen vor, um einer hinreichenden Bedrohung unserer nationalen Sicherheit entgegenzuwirken. Je größer die Bedrohung, desto größer ist das Risiko des Nichtstuns – und umso überzeugender das Argument dafür, vorgreifende Kampfhandlungen zu unternehmen, um uns zu verteidigen, selbst wenn Unsicherheiten bezüglich des Zeitpunkts und des Ortes für den feindlichen Angriff bestehen bleiben. Um derlei feindlichen Akten unserer Feinde zuvorzukommen bzw. zu verhindern, werden die Vereinigten Staaten, falls notwendig, präventiv agieren.
Die Vereinigten Staaten werden nicht in allen Fällen Gewalt anwenden, um aufkommenden Bedrohungen zuvorzukommen, noch sollten Staaten Prävention als einen Vorwand für Angriffe benutzen. Doch in einem Zeitalter, in dem die Feinde der Zivilisation offen und aktiv die zerstörerischsten Technologien dieser Welt verfolgen, können die Vereinigten Staaten nicht untätig bleiben, während sich Gefahren zusammenbrauen. […]

Der Höhepunkt des Irak-Konflikts

Die seit dem Bundestagswahlkampf 2002, nicht zuletzt seit Bundeskanzler Gerhard Schröders Proklamation eines »deutschen Weges« → **D39** in der Außenpolitik, bestehenden Spannungen im deutsch-amerikanischen Verhältnis intensivierten sich zum Jahreswechsel 2002/03. Einerseits drängte die US-Regierung immer stärker auf eine militärische Intervention im Irak. Andererseits musste sie sich in der Diskussion um eine Resolution der Vereinten Nationen für einen Irakkrieg mit der ablehnenden Haltung der deutschen Regierung auseinandersetzen. Zudem nahm die Bundesrepublik am 1. Januar 2003 für zwei Jahre einen Platz im Sicherheitsrat der Vereinten Nationen ein. Damit verfügte Deutschland über ein einfaches Stimmrecht in den Beratungen des UN-Gremiums. Auch wenn sich damit keinerlei Veto-Rechte verbanden, wie sie etwa die ständigen Mitglieder des Sicherheitsrats USA, Großbritannien, Russland, Frankreich und China besaßen, so ließ sich Deutschlands ablehnende Haltung unter der rot-grünen Koalition gegen einen Einmarsch im Irak auch nicht einfach übergehen. Vielmehr drohte der »deutsche Weg« zum echten Ärgernis für Washington zu werden, zumal sich Schröder seiner gewachsenen internationalen Bedeutung auch bewusst zu sein schien: »Rechnet nicht damit, dass Deutschland einer den Krieg legitimierenden Resolution zustimmen wird« → **D84**, sagte er am 21. Januar auf einer Wahlkampfveranstaltung im niedersächsischen Goslar dezidiert. Dieses kategorische Nein zum Krieg erfolgte noch vor Veröffentlichung des Berichts von UN-Chefinspekteur Hans Blix über etwaige Hinweise auf Massenvernichtungswaffen im Irak, obwohl dessen Vortrag vor dem Sicherheitsrat bereits für den 27. Januar anberaumt war. Der Bundeskanzler ignorierte also ganz bewusst dessen Ergebnisse.

Washington reagierte auf ähnlich undiplomatische Weise, als US-Verteidigungsminister Rumsfeld auf einer Pressekonferenz namentlich Deutschland und Frankreich als »altes Europa« (»old Europe«) → **D89** bezeichnete. Auch wenn es Rumsfeld vermutlich eher darum ging, die mehrheitliche Unterstützung der Vereinigten Staaten für einen Krieg am Golf durch das »neue Europa« der osteuropäischen Staaten hervorzuheben, wurde die Rede vom »alten Europa« von den europäischen Medien begierig aufgegriffen und war für ein paar Tage das Gesprächsthema überhaupt. Nicht von ungefähr stellte sich Rumsfeld wenige Wochen später, Anfang Februar auf der 39. Münchner Konferenz für Sicherheitspolitik mit den ironischen Worten

»it's a particular pleasure to be back in Old Europe« → **D94** vor. Darüber hinaus ist die Münchner Sicherheitskonferenz 2003 vor allem durch die an den amerikanischen Verteidigungsminister gerichteten Worte des deutschen Außenministers Joschka Fischer ob der amerikanischen Irak-Strategie – »Excuse me, I am not convinced!« → **D95** – in Erinnerung geblieben.

Doch abgesehen von der wenig diplomatischen Wortwahl lag Rumsfeld mit seiner Einschätzung einer Teilung Europas in gegensätzliche Lager durchaus nicht verkehrt. Hatte schon der frühere US-Außenminister Henry Kissinger einst lakonisch nach der »Telefonnummer Europas« gefragt, so konnte zu Jahresbeginn 2003 von einer gemeinsamen europäischen Außen- und Sicherheitspolitik nicht mehr gesprochen werden. In der Beantwortung der Frage von Krieg oder Frieden am Golf, mehr noch in Bezug auf die Beziehungen zu den Vereinigten Staaten – mit den USA oder gegen sie? – zeigte sich Europa tief gespalten. Während sich auf der einen Seite zunächst die Achse Paris-Berlin, ab Mitte Februar dann die um den russischen Präsidenten Wladimir Putin erweiterte Achse Paris-Berlin-Moskau → **D96** in scharfer Ablehnung zur amerikanischen Irakpolitik abzuzeichnen begann, gab es auf der anderen Seite eine Reihe von europäischen Staaten, die für eine enge Zusammenarbeit mit Amerika eintraten. Zeugnis dieser Bemühungen war der so genannte Brief der Acht → **D91** vom 30. Januar, in welchem die Staats- und Regierungschefs von Großbritannien, Italien, Spanien, Portugal, Ungarn, Polen, Tschechien und Dänemark ihre Solidarität mit den USA bekundeten. Verstärkung erfuhren sie wenige Tage später durch die Vilnius-Gruppe → **D92**, bestehend aus einer Reihe von NATO-Beitrittskandidaten aus Osteuropa,[1] die sich ebenfalls in einer gemeinsamen Erklärung für die Irakpolitik Amerikas aussprachen.

An diesem innereuropäischen Gegensatz sollte sich auch in den folgenden Wochen bis zum Ausbruch des Irakkriegs am 20. März 2003 nichts Wesentliches mehr verändern. Als Schauplatz heftiger Kontroversen erwies sich dabei immer wieder der UN-Sicherheitsrat. So versuchte US-Außenminister Colin Powell am 5. Februar – letzten Endes vergeblich – mithilfe einer eineinhalbstündigen Präsentation → **D93** die Staatengemeinschaft von der Notwendigkeit des Handelns im Irak zu überzeugen.[2] Diese Vorführung, von der Powell später im Rückblick bekannte, sie sei ein »Schandfleck«[3] seiner Karriere gewesen, führte indes lediglich dazu, dass sich beide Seiten in ihren konträren Ansichten bestätigt sahen. Während die Kriegsbefürworter die vermeintlichen Beweise Powells für die Existenz irakischer Massenvernichtungswaffen als Beleg dafür interpretierten, dass Saddam Hussein auf Zeit spiele und sich ohnehin keiner UN-Resolution beugen werde, mithin ein Krieg unvermeidlich sei, sahen die Gegner einer

Intervention in ihnen den Beweis, dass die Inspektion funktioniere und die UN-Inspekteure lediglich mehr Zeit benötigten.

Inwieweit ein Aufschub der Intervention letztlich einen Ausweg aus der diplomatischen Sackgasse des Frühjahrs 2003 bedeutet hätte, bleibt eine bis heute ungeklärte Frage. Zwar forderte UN-Chefinspektor Blix noch am 7. März vor dem Sicherheitsrat mehr Zeit für Inspektionen, auch bescheinigte er Bagdad substanzielle Fortschritte bei der Abrüstung,[4] doch hatte man in Washington offensichtlich die Geduld verloren. Längst waren die Vorbereitungen zu einem militärischen Eingreifen am Golf angelaufen. Am Abend des 17. März verkündete US-Präsident Bush ein Ultimatum, in welchem er Saddam Hussein und dessen Söhne aufforderte, ihr Land binnen 48 Stunden zu verlassen: »Ihre Weigerung, dieser Anordnung Folge zu leisten, wird einen militärischen Konflikt nach sich ziehen, den wir zu einem Zeitpunkt unserer Wahl beginnen werden.« → D103 In der Nacht zum 20. März, nur kurze Zeit nach Ablauf des Ultimatums, fielen die ersten Bomben auf Bagdad.

Damit war jedwede Diplomatie gescheitert: die amerikanische, die bis zuletzt noch darauf abgezielt hatte, eine den Waffengang am Golf eindeutig legitimierende UN-Resolution zu erhalten; ebenso die europäische, die nicht in der Lage gewesen war, zu einer gemeinsamen Haltung zu finden; schließlich aber auch die deutsche, deren selbsterklärtes Ziel es gewesen war, einen Krieg im Irak unter allen Umständen zu verhindern.

Deutsche Außenpolitik

D84 Bundeskanzler Gerhard Schröder (SPD) in einer Rede[*] auf einer Wahlkampfveranstaltung im niedersächsischen Goslar (21.1.2003)

[...] Erstens: Wir wollen die Entwaffnung, wenn es denn die Massenvernichtungsmittel gibt, des Irak, jeder vernünftige Mensch will das. Zweitens: Wir wissen um die Möglichkeit, das ohne Krieg zu schaffen, und wir kämpfen für diese Möglichkeit. Und drittens: Wer immer was entscheidet, der Folgen wegen und der Bedingungen wegen wird sich Deutschland unter meiner Führung an einer militärischen Intervention im Irak nicht beteiligen. [...]

---

[*] Zitiert nach: »Nein zu Irak-Krieg« – Im Wortlaut – Die Äußerungen von Schröder, in: dpa-Meldung vom 21.1.2003.

Ich habe speziell unseren französischen Freunden gesagt und den anderen auch, und ich sag' das hier jetzt ein Stück weit weiter gehend, als das, was ich in dieser Frage sonst formuliert habe: Rechnet nicht damit, dass Deutschland einer den Krieg legitimierenden Resolution zustimmen wird. – Rechnet nicht damit. [...]

D85 Frankfurter Rundschau: Wahlkampf und Wahrheit (23.1.2003)

Ja, das war mal wieder Wahlkampf. Ja, es war eine Werbeveranstaltung der SPD, bei der Gerhard Schröder am Dienstagabend verkündete: „Rechnet nicht damit, dass Deutschland einer den Krieg legitimierenden Resolution zustimmt." Ja, der Kanzler hatte bei diesen Worten die letzte Chance im Blick, in Niedersachsen bei der Wahl am 2. Februar seine Partei an der Regierung zu halten. Ja, und? [...]
Schröder hat, Wahlkampf oder nicht, das Richtige gesagt, als er ein Ja ausschloss. Die gefährlich martialische Politik von George W. Bush, angetrieben von den Einflüsterungen seiner Öl-Strategen und ausgestattet mit einer irrationalen Rache-Rhetorik, schließt Zustimmung zu seinem Feldzug derzeit für jeden aus, der Krieg wirklich für das allerletzte Mittel hält und das leidliche Funktionieren des Überwachungs-Regimes halbwegs objektiv einschätzt. [...]
Fragen ließe sich allenfalls, ob es auch richtig war, das Richtige jetzt zu sagen. Wenn überhaupt ein Einwand rationalen Gehalt hat, dann der, dass eine frühe Festlegung diplomatische Spielräume verbauen könnte. Ausgerechnet der Grüne Joschka Fischer ist es ja, der zurzeit jede klare Äußerung zum möglichen Abstimmungsverhalten im Sicherheitsrat vermeidet. Er setzt, wohlwollend interpretiert, darauf, bei der Suche nach Bündnispartnern zur Kriegsvermeidung nicht in der Neinsager-Ecke eingeklemmt zu werden. [...] Er hat auch Gründe, sich nicht auf die Forderung nach einem neuen Sicherheitsrats-Votum festzulegen, weil er in der Variante ohne zweite Resolution offenbar ebenfalls Potenziale zur Kriegsvermeidung sieht. Dass aber diese Strategie zur Makulatur würde, wenn der Kanzler auf einem deutschen Marktplatz Nein zum Ja sagt, ist nicht gesagt. [...]
Es ist natürlich trotzdem wahr, dass der Kanzler in Goslar nicht nur Bagdad im Blick hatte, sondern auch Hannover und Wiesbaden. Sollte also die Festlegung wirklich nur Wahlkampf gewesen sein, dann hätte er schlimmstenfalls aus den falschen Motiven das Richtige gesagt.

D86 Frankfurter Allgemeine Zeitung: Glaubenspolitik (24.1.2003)

Der Bundeskanzler hat sich für den Frieden entschieden. Mit dieser Botschaft bestritt Schröder schon den Wahlkampf des vergangenen Herbstes, in dem er auf den Marktplätzen amerikanisches »Abenteurertum« gegeißelt hatte. [...] Wer will schon einen Krieg? Schröders Bekenntnis kann und konnte die Menschen aber nur deshalb berühren, weil es voraussetzt, dass es doch jemanden gibt, der den Krieg will. Saddam Hussein ist es nicht, denn der stand nie im Zentrum der deutschen Irak-Debatte, die der Kanzler selbst entfacht und deren Leitlinien er vorgegeben hatte. Früh stellte Schröder das verbündete Amerika und seinen Präsidenten als das größere Risiko dar [...]. Der Kanzler selbst reduzierte ein komplexes Problem der internationalen Politik in der ihm eigenen Weise auf die leichter fassbaren Alternativen von Vernunft oder Leichtsinn, Weitsicht oder Kurzsichtigkeit, Abscheu vor dem Krieg oder Lust an ihm, kurz: auf das bekannte »Er oder ich«, neu aufgelegt mit einem amerikanischen Präsidenten als Widerpart, dessen angeblicher willenloser Gehilfe in Deutschland, Stoiber, schon zur Strecke gebracht worden ist. [...] Welchen Anteil an dieser Bewegung der Opportunismus des Wahlkämpfers auch haben mag: Aus der Pose ist eine Außenpolitik geworden, die immer stärker die Züge eines Dogmatismus trägt, wie er dem amerikanischen Präsidenten vorgeworfen wird.

Man kann und muss Washington danach fragen, warum es im Umgang mit Bagdad keinen Verzug mehr dulden will. Unwiderlegbare Beweise für eine akute Bedrohung liegen bis heute nicht vor. [...] Doch soll Schröders Politik spätestens jetzt die bessere sein, da nun auch die Amerikaner die Fähigkeit zum rhetorischen Fehlgriff demonstriert haben?[*] Berlin bezweifelt nicht, dass vom Irak eine Gefahr für den Weltfrieden ausgehen könnte; deshalb befürwortete es, dass die UN Inspektoren nach Bagdad geschickt haben. Möglich geworden war das jedoch erst, nachdem Amerika das Problem wieder auf die Tagesordnung gesetzt und – dem Irak wie den Sicherheitsratsmitgliedern – glaubhaft versichert hatte, es notfalls alleine und militärisch zu lösen. Die politische »Macht« der UN über den Irak erwächst aus den amerikanischen Gewehrläufen; sie erlischt in dem Moment, in dem Saddam ein Amerika nicht mehr fürchten muss, dem die eigenen Verbündeten in den Arm fallen.

Es ist daher fatal, dass ein Staat wie Deutschland bedingungslos aus der Front ausschert. [...] Schröder, der noch vor Tagen bekräftigte, man müsse

---

[*] Gemeint sind damit die Anmerkungen von US-Verteidigungsminister Rumsfeld zum »alten Europa« vom 22.1.2003 (Vgl. D 89).

die Entscheidung [zu einer den Krieg legitimierenden UN-Resolution] von den dann geltenden Umständen und Fakten abhängig machen, braucht die Kenntnis von Fakten und Umständen nicht mehr. Das ist nicht rationale Außenpolitik, das ist bestenfalls Glaubenspolitik, eine dazu, die Saddam Hussein in die Hände spielt. [...]

D87 Angela Merkel, Fraktionsvorsitzende der CDU/CSU, in der Washington Post: Schroeder Doesn't Speak for All Germans (20.2.2003)

Selten machen wir die Erfahrung aus erster Hand, das Ende einer Epoche sowie den Beginn einer Neuen wahrzunehmen. Doch genau das ist es, was Menschen aus aller Welt in diesem Moment durchleben. Dieser epochale Wandel fand seinen Anfang mit dem Fall der Berliner Mauer am 9. November 1989, der sowohl einen Sieg für die Freiheit als auch die Öffnung der transatlantischen Partnerschaft in Richtung Osten bedeutete. Er fand seine Fortsetzung in den Ereignissen des 11. September 2001, die an den Grundfesten der USA rüttelten – mit Folgen, die sogar heute von vielen Europäern noch nicht komplett verstanden werden. Wegen dieser einschneidenden Ereignisse müssen Europa und die USA jetzt den Kern ihrer Innen-, Außen- und Sicherheitspolitik neu definieren.
Auf der einen Seite nimmt Europa neue Verantwortung in der Welt wahr, sei es im Kosovo oder Afghanistan. Auf der anderen Seite ist Europa geteilt, vielleicht sogar tief zersplittert. [...] Die wichtigste Lehre deutscher Politik – dass Deutschland nie wieder im Alleingang handeln sollte – wird kurzerhand von einer Bundesregierung, die eben genau das macht, aus wahltaktischen Gründen aus dem Weg geräumt. Die osteuropäischen EU-Beitrittsländer werden von der französischen Regierung angegriffen, eben weil diese Länder sich zur transatlantischen Partnerschaft zwischen Europa und den Vereinigten Staaten bekennen. [...]
Es ist wahr, dass Krieg nie eine normale Lösung für politische Auseinandersetzungen werden darf. Doch für uns hält die Geschichte Deutschlands und Europas im 20. Jahrhundert vor allem eine Lehre parat: Während ein militärischer Einsatz niemals die normale Fortsetzung der Politik mit anderen Mitteln sein kann, darf diese Möglichkeit auch nicht völlig ausgeschlossen oder gar in Frage gestellt werden – wie von der deutschen Bundesregierung getan –, als das allerletzte Mittel, um mit Diktatoren fertig zu werden. Jeder, der einen militärischen Einsatz als letzte Option zurückweist, schwächt den Druck, der auf Diktatoren ausgeübt werden muss, und macht infolgedessen einen Krieg nicht weniger, sondern eher wahrscheinlich. [...]

Ich bin überzeugt, dass sich Europa und die Vereinigten Staaten auch in Zukunft für ein gemeinsames Sicherheitsbündnis entscheiden müssen, genauso wie sie es in der Vergangenheit getan haben. Die Vereinigten Staaten sind die einzig verbliebene Supermacht, doch selbst sie werden sich, langfristig betrachtet, auf zuverlässige Partner verlassen müssen. Deutschland braucht seine Freundschaft zu Frankreich, aber die Vorteile jener Freundschaft lassen sich nur in engster Verbindung mit unseren alten und neuen europäischen Partnern sowie innerhalb des transatlantischen Bündnisses mit den Vereinigten Staaten realisieren. [...]

Für die von mir geführte Partei sind die enge Partnerschaft und Freundschaft mit den Vereinigten Staaten ein ebensolcher Grundstein deutschen Selbstverständnisses wie die europäische Integration. Beides wird nur erfolgreich sein, wenn wir es schaffen, Vertrauen zurückzugewinnen und unsere eigenen Interessen zu formulieren. Es gibt keine annehmbare Alternative zu dieser Strategie am Anbeginn dieser neuen Epoche.

D88 Bundeskanzler Gerhard Schröder (SPD) in einer Erklärung zur aktuellen Lage in Bezug auf den Irak (18.3.2003)

Liebe Mitbürgerinnen und Mitbürger, die Welt steht am Vorabend eines Krieges.

Meine Frage war und ist: Rechtfertigt das Ausmaß der Bedrohung, die von dem irakischen Diktator ausgeht, den Einsatz des Krieges, der Tausenden von unschuldigen Kindern, Frauen und Männern den sicheren Tod bringen wird? Meine Antwort in diesem Fall war und ist: Nein!

Der Irak ist heute ein Land, das von der UNO umfassend kontrolliert wird. Was der Weltsicherheitsrat an Abrüstungsschritten verlangt hat, wird mehr und mehr erfüllt. Deshalb gibt es keinen Grund, diesen Abrüstungsprozess jetzt abzubrechen.

Meine Regierung hat zusammen mit unseren Partnern für den immer größer werdenden Erfolg von Hans Blix und seinen Mitarbeitern hart gearbeitet. Wir haben das stets als unseren Beitrag für den Frieden in der Welt verstanden. Das entspricht den Grundwerten, denen wir uns verpflichtet fühlen. Mich berührt tief, dass ich mich mit dieser Haltung einig weiß mit der übergroßen Mehrheit unseres Volkes, aber auch mit der Mehrheit im Weltsicherheitsrat und den Völkern dieser Welt. Ich habe Zweifel, ob der Frieden in den nächsten Stunden noch eine Chance bekommt.

So wünschenswert es auch ist, dass der Diktator sein Amt verliert, das Ziel der Resolution 1441 → **D78** ist die Entwaffnung des Iraks von Massenvernichtungswaffen.

Liebe Mitbürgerinnen und Mitbürger, was immer in den nächsten Tagen oder gar Wochen geschieht: Sie können sich darauf verlassen, dass meine Regierung unbeirrt jede noch so kleine Chance für den Frieden in der Welt nutzen wird. Die Vereinten Nationen bleiben der Rahmen dafür.

Und Sie können sich darauf verlassen, dass wir alles unternehmen werden, um jedes erdenkliche Maß an Sicherheit in unserem Land zu gewährleisten. Ich habe geschworen, den Nutzen unseres Volkes zu mehren und Schaden von ihm abzuwenden. Das gilt vor allem in Zeiten des Krieges.

Ich werde mich daran halten und vertraue auf Ihren Friedenswillen und Ihre Unterstützung.

UN und internationale Beziehungen

D89 US-Verteidigungsminister Donald H. Rumsfeld auf einer Pressekonferenz im Verteidigungsministerium, Washington, D.C. (22.1.2003)

Frage: Sir, eine Frage zu der Stimmung unter den europäischen Alliierten. [...] Schauen Sie sich, zum Beispiel, Frankreich oder Deutschland an, [...] es scheint, als würden sich viele Europäer im Zweifel eher für den Angeklagten Saddam Hussein als für den US-Präsidenten George Bush entscheiden. Hierbei handelt es sich aber um Verbündete der USA. Was machen Sie daraus?
Rumsfeld: [...] Nun, leider finden wir nur selten Einstimmigkeit in der Welt. Ich war mal Botschafter bei der NATO, und jedes Mal, wenn wir da rein gingen und einen Vorschlag unterbreiteten, bestand da niemals Einstimmigkeit. Es gab ja nicht mal ein gegenseitiges Verständnis füreinander. Und wir mussten auch überzeugend sein. Wir mussten Gründe darlegen. Wir mussten Argumente abgeben. Wir mussten Tatsachen aufzeigen. Und, Menschenskind, ich habe die Erfahrung gemacht, dass dir [...] wenn du die Führung übernimmst und im Recht bist, und wenn deine Fakten überzeugend sind – dass dir Europa dann auch folgt. Das haben sie schon immer so gemacht.

Nun, wenn Sie an Europa denken, dann denken Sie an Deutschland und Frankreich. Ich tue das nicht. Ich glaube, das ist das alte Europa. Wenn Sie sich alle europäischen Staaten, die zur NATO gehören, anschauen, bewegt sich der Schwerpunkt nach Osten. Und da gibt es viele neue Mitglieder. Und wenn Sie sich bloß die Liste aller NATO-Mitgliedsstaaten anschauen, abzüglich jener, die unlängst eingeladen worden sind, [...] dann haben Sie Recht. Deutschland war ein Problem, und Frankreich war ein Problem. [...]

Aber wenn Sie sich die enorme Zahl der anderen Länder in Europa anschauen, die halten in diesem Fall nicht zu Frankreich oder Deutschland, die halten zu den USA. [...]

D90 Chicago Tribune: Springtime for Saddam (26.1.2003)

Was könnte ein Diktator mehr wollen? [...]
Das Beste für Hussein ist, dass die europäischen Staatsoberhäupter, die im Herbst letzten Jahres noch auf einer strengen UN-Resolution beharrten, mit ernsthaften Konsequenzen für den Fall, dass der Irak nicht umgehend abrüstet, die Aussicht auf echte Konsequenzen nunmehr als zu blutrünstig ablehnen. Franzosen und Deutsche fordern nach wie vor mehr Zeit für den Irak zum Verstecken spielen. Die Franzosen und die Deutschen übermitteln Bagdad eine Botschaft, die Hussein zweifelsohne verstanden hat: Beschäftige die Waffeninspekteure noch ein Weilchen länger, wir halten die amerikanischen Cowboys derweil davon ab, einen Krieg zu beginnen. [...]
Aber Saddam Jahr für Jahr aufs Neue zu besänftigen, hat nicht funktioniert. Es besteht auch wenig Aussicht auf Erfolg, dass noch mehr Beschwichtigungspolitik dieser Art auf einmal zu großen Erfolgen führen wird.
Niemand will Krieg im Irak. Aber die beste Chance, den Krieg zu vermeiden, ist zu zeigen, dass die UN endlich gewillt sind, Hussein dazu zu zwingen, sein Land wieder für die Waffeninspekteure zu öffnen. Es bedarf dieser Art der Einstimmigkeit, um ihn ohne Blutvergießen zur Entwaffnung zu zwingen. [...]
Doch die Franzosen und die Deutschen haben Bush im Prinzip vorgeworfen, Krieg um jeden Preis zu wollen. Ihrem doppelzüngigen Benehmen nach zu urteilen – indem sie die UN-Entschließung im Herbst letzten Jahres unterstützten, jetzt aber deren Drohung aufgeben wollen – ist das Problem vieler Europäer, dass sie einen kurzfristigen Frieden um jeden Preis wollen.

D91 Offener Brief der acht EU-Länder zum Irak (30.1.2003)

Der gemeinsame Aufruf der europäischen Staats- und Regierungschefs Tony Blair (Großbritannien), Silvio Berlusconi (Italien), José María Aznar (Spanien), José Manuel Durão Barroso (Portugal), Peter Medgyessy (Ungarn), Leszek Miller (Polen), Vaclav Havel (Tschechien) und Anders Fogh Rasmussen (Dänemark):
Die wahren Bande zwischen den Vereinigten Staaten und Europa sind die Werte, die wir teilen: Demokratie, persönliche Freiheit, Menschenrechte

und Rechtsstaatlichkeit. Diese Werte überqueren den Atlantik mit jenen Menschen, die von Europa aufbrachen, um beim Aufbau der USA zu helfen. Heute sind sie bedroht wie nie zuvor.
Die Angriffe vom 11. September zeigen, wie sehr Terroristen – die Feinde unserer gemeinsamen Werte – bereit sind, diese Werte zu zerstören. Dieses Verbrechen war ein Angriff auf uns alle. Regierungen und Völker in den Vereinigten Staaten und Europa haben diese Prinzipien mit aller Entschlossenheit verteidigt und somit die Kraft ihrer Überzeugungen bewiesen. Die transatlantischen Bande sind Garant unserer Freiheit. Das gilt heute mehr als jemals zuvor.
Die Beziehung zwischen uns Europäern und den Vereinigten Staaten hat so manche Bewährungsprobe überstanden. Zum großen Teil dank des Muts, der Großzügigkeit und der Weitsicht der Amerikaner wurde Europa im 20. Jahrhundert gleich zwei Mal von Tyrannei befreit: von Nazi-Herrschaft und Kommunismus. Auch dank der dauerhaften Zusammenarbeit zwischen Europa und den Vereinigten Staaten haben wir Frieden und Freiheit auf unserem Kontinent bewahren können. Das transatlantische Verhältnis darf der anhaltenden Bedrohung der Weltsicherheit durch das irakische Regime nicht zum Opfer fallen.
Mehr denn je ist in der heutigen Welt geboten, Einheit und Zusammenhalt zu bewahren. Wir wissen, dass der Erfolg im täglichen Kampf gegen Terrorismus und Weiterverbreitung von Massenvernichtungswaffen die unbeirrte Entschlossenheit und den festen internationalen Zusammenhalt all jener Länder erfordert, denen Freiheit etwas wert ist.
Das irakische Regime und seine Massenvernichtungswaffen sind eine klare Bedrohung für die Weltsicherheit. Vor allem die Vereinten Nationen haben diese Gefahr erkannt. Wir alle sind der Resolution 1441 des UN-Sicherheitsrats verpflichtet. Sie ist einstimmig angenommen worden. Wir Europäer haben seitdem immer wieder unseren Rückhalt für die Resolution 1441 → **D78** bekräftigt sowie unseren Wunsch, eine Lösung über die UN zu suchen. Auf dem Nato-Gipfel in Prag und auf dem Gipfel des Europäischen Rates in Kopenhagen haben wir unsere Unterstützung für den Sicherheitsrat unterstrichen.
Auf diese Weise haben wir klar, fest und unmissverständlich zum Ausdruck gebracht, dass wir die Welt von der Gefahr der Massenvernichtungswaffen Saddam Husseins befreien wollen. Gemeinsam müssen wir darauf bestehen, dass sein Regime entwaffnet wird. Die Solidarität, der Zusammenhalt und die Entschlossenheit der internationalen Gemeinschaft sind unsere größte Hoffnung, dieses Ziel auf friedlichem Wege zu erreichen. Unsere Stärke liegt in unserer Einigkeit.

Die Kombination aus Massenvernichtungswaffen und Terrorismus stellt eine Bedrohung mit unkalkulierbaren Folgen dar. Sie geht jeden von uns an. Die Resolution 1441 ist Saddam Husseins letzte Chance für eine Entwaffnung mit friedlichen Mitteln. An ihm liegt es, eine größere Konfrontation zu vermeiden. Bedauerlicherweise haben die UN-Inspektoren in dieser Woche bestätigt, dass sein wohl bekanntes Verhaltensmuster der Täuschung, der Leugnung und der Unwilligkeit, sich der Resolution des UN-Sicherheitsrats zu beugen, ungebrochen ist.

Europa liegt nicht im Streit mit dem irakischen Volk, dem ersten Opfer des derzeitigen brutalen Regimes im Irak. Unser Ziel ist die Wahrung von Frieden und Sicherheit in der Welt, indem wir sicherstellen, dass dieses Regime seine Massenvernichtungswaffen aufgibt. Unsere Regierungen haben die gemeinsame Verantwortung, sich dieser Bedrohung zu stellen. Tatenlosigkeit hieße, unseren eigenen Bürgern und der gesamten Welt den Rücken zuzukehren.

Die Charta der Vereinten Nationen verpflichtet den Sicherheitsrat, weltweit Frieden und Sicherheit zu bewahren. Um das zu leisten, muss der Sicherheitsrat seine Glaubwürdigkeit erhalten, indem er fest zu seinen Resolutionen steht. Wir können einem Diktator nicht erlauben, diese Resolutionen systematisch zu verletzen. Andernfalls verliert der Sicherheitsrat seine Glaubwürdigkeit. Dies schadet dem Weltfrieden.

Wir sind zuversichtlich, dass der Sicherheitsrat seiner Verantwortung gerecht wird.

D92 Erklärung der zehn Länder der Vilnius-Gruppe (5.2.2003)

Heute → **D93** haben die USA dem UN-Sicherheitsrat überzeugende Beweise über die Massenvernichtungswaffen-Programme des Irak, seine aktiven Bemühungen um Täuschung der UN-Inspekteure und seine Verbindungen zum internationalen Terrorismus vorgelegt.

Unsere Länder erkennen die Gefahren durch Tyrannei und die besondere Verantwortung von Demokratien, unsere gemeinsamen Werte zu verteidigen. Die transatlantische Gemeinschaft, zu der wir gehören, muss zusammenstehen, um der Bedrohung durch die Verbindung von Terrorismus und Diktatoren mit Massenvernichtungswaffen zu begegnen.

Wir haben die internationalen Bemühungen um eine friedliche Entwaffnung des Irak aktiv unterstützt. Es ist jedoch klar geworden, dass der Irak die UN-Resolutionen, darunter die am 8. November 2002 einstimmig verabschiedete UN-Resolution 1441 → **D78**, erheblich verletzt hat. Wie unsere Regierungen anlässlich des NATO-Gipfels in Prag betont haben: »Wir

unterstützen das Ziel der internationalen Gemeinschaft, den Irak vollständig zu entwaffnen, wie dies in der Resolution 1441 des UN-Sicherheitsrats festgelegt ist. Im Fall einer Nichtbefolgung der Bedingungen dieser Resolution sind wir bereit, zu einer internationalen Koalition zur Durchsetzung der Auflagen und zur Entwaffnung des Irak beizutragen.«
Die deutliche gegenwärtige Gefahr durch Saddam Husseins Regime erfordert eine vereinte Antwort der Gemeinschaft der Demokratien. Wir rufen den UN-Sicherheitsrat auf, die nötigen und angemessenen Maßnahmen als Antwort auf Iraks andauernde Bedrohung des internationalen Friedens und der Sicherheit zu ergreifen.

D93 US-Außenminister Colin L. Powell in einer Rede vor dem Sicherheitsrat der Vereinten Nationen in New York (5.2.2003)

[...] Seit mehr als 20 Jahren verfolgt Saddam Hussein in Wort und Tat sein Ziel, den Irak wie auch den Nahen und Mittleren Osten mit Hilfe der einzigen Mittel, die er kennt, zu dominieren: Einschüchterung, Nötigung und Zerstörung derjenigen, die ihm dabei im Weg stehen könnten. Für Saddam Hussein ist der Besitz der tödlichsten Waffen dieser Welt die ultimative Trumpfkarte; die Karte, die er haben muss, um seine Ambitionen zu erfüllen.
Wir wissen, dass Saddam Hussein entschlossen ist, seine Massenvernichtungswaffen zu behalten und noch mehr davon herzustellen. Angesichts Saddam Husseins aggressiver Vergangenheit, angesichts unseres Wissens über seine ehrgeizigen Pläne, angesichts unserer Kenntnisse bezüglich seiner Verbindung zu Terroristen und in Anbetracht seiner Entschlossenheit, sich an seinen Gegnern zu rächen: Sollen wir da das Risiko eingehen, dass er nicht doch eines Tages eben diese Waffen zu einem Zeitpunkt an einem Ort seiner Wahl einsetzt, an dem sich die Welt in einer weitaus schwächeren Position als heute befindet, um darauf eine Antwort zu geben?
Die Vereinigten Staaten werden und können dieses Risiko für die Amerikaner nicht eingehen. Saddam Hussein für ein paar weitere Monate oder gar Jahre den Besitz von Massenvernichtungswaffen zu gestatten ist keine Option mehr, nicht in einer Welt nach dem 11. September.
Meine sehr verehrten Kollegen, vor über drei Monaten hat dieser Rat erkannt, dass der Irak eine Bedrohung für den Frieden und die Sicherheit der internationalen Gemeinschaft darstellt und dass er seine Abrüstungsverpflichtungen erheblich verletzt hat. Heute stellt der Irak noch immer eine Bedrohung dar und er verletzt auch weiterhin seine Verpflichtungen.

Indem der Irak seine letzte Möglichkeit verpasst hat, die Wahrheit zu sagen und abzurüsten, hat er seine Verpflichtungen nur noch weiter verletzt. Der Tag wird kommen, an dem der Irak die ernsthaften Folgen seiner wiederholten Missachtung dieses Rates zu spüren bekommt.
Meine sehr verehrten Kollegen, wir haben eine Verpflichtung gegenüber unseren Bürgern, wir haben eine Verpflichtung gegenüber diesem Gremium sicherzustellen, dass unseren Beschlüssen Folge geleistet wird. Wir haben [Resolution] 1441 → **D78** nicht geschrieben, um in den Krieg zu ziehen. Wir haben 1441 geschrieben, um zu versuchen, den Frieden zu erhalten. Wir haben 1441 geschrieben, um dem Irak noch eine letzte Chance zu geben. Bislang hat er diese Chance nicht genutzt.
Vor dem, was nun vor uns liegt, dürfen wir nicht zurückschrecken. Wir dürfen weder in unserer Pflicht noch in unserer Verantwortung den Bürgern der Länder gegenüber, die in diesem Gremium vertreten sind, versagen. [...]

D94 US-Verteidigungsminister Donald H. Rumsfeld in einer Rede auf der 39. Münchner Konferenz für Sicherheitspolitik (8.2.2003)

[...] Lassen Sie mich Klartext reden: Niemand will einen Krieg. Nein, Krieg ist niemals die erste oder gar eine einfache Wahl. Aber die Risiken eines Krieges müssen gegen die Risiken des Nichtstuns abgewogen werden, während gleichzeitig der Irak auch weiterhin nach Massenvernichtungswaffen strebt. [...]
Letzte Woche → **D93** sprach Präsident Bush in einer Rede an die Weltgemeinschaft von der Bedrohung, die von Saddam Husseins Regime ausgeht. Diese Woche hat US-Außenminister Powell dem Sicherheitsrat weitere Informationen vorgestellt:
- Abgehörte Nachrichtenverbindungen zwischen irakischen Beamten,
- Satellitenbilder von irakischen Waffenfabriken und
- Geheimdienstinformationen von Agenten im Irak, von Überläufern und von Gefangenen (detainees) im globalen Krieg gegen den Terror.

Er hat weder Meinungen noch Mutmaßungen, sondern Fakten vorgestellt; Fakten, die belegen, dass:
- der Irak auch weiterhin nach atomaren, chemischen und biologischen Waffen strebt;
- der Irak Trägersysteme entwickelt, einschließlich Raketen und unbemannter Luftfahrzeuge;
- der Irak chemische Waffen an Menschen testet;

- der Irak auch weiterhin versucht, die UN-Inspekteure zu täuschen und die Existenz seiner Waffenprogramme zu kaschieren; und
- der Irak Verbindungen zu Terrornetzwerken unterhält, einschließlich solcher mit Al-Qaida verbundenen Zellen, die von Bagdad aus operieren.

Es ist schwer zu glauben, dass es dort draußen noch immer vernünftige Menschen gibt, die die vorliegenden Fakten hinterfragen. Die Bedrohung ist klar zu erkennen für jene, die sie sehen wollen. [...] Es steht viel auf dem Spiel. Der Irak widersetzt sich gerade der 17. Resolution des UN-Sicherheitsrats → **D78**. Der Rat hat Irak gewarnt, dass dies die »letzte Chance« sei, »seinen Abrüstungsverpflichtungen nachzukommen«. Die Resolution, die einstimmig verabschiedet wurde, sprach nicht von einer »vorletzten Chance«. Sie sprach von der »letzten Chance«. Die, die an der Abstimmung teilnahmen, wussten, was in der Resolution steht. Sie wurden ausdrücklich daran erinnert, was drin steht. Die Frage ist, haben die UN gemeint, was sie gesagt haben? Haben sie es ernst gemeint? Wir werden es bald wissen. [...]

D95 Bundesaußenminister Joschka Fischer (Bündnis 90/Die Grünen) auf der 39. Münchner Konferenz für Sicherheitspolitik* an den US-Verteidigungsminister gewandt (8.2.2003)

[...] Excuse me, I am not convinced! [...]

D96 Gemeinsame Erklärung Deutschlands, Frankreichs und Russlands zur Irak-Krise (10.2.2003)

Russland, Deutschland und Frankreich, die sich eng abstimmen, bekräftigen, dass die Entwaffnung Iraks gemäß den seit der Resolution 687 verabschiedeten einschlägigen Resolutionen das gemeinsame Ziel der internationalen Gemeinschaft darstellt und sie möglichst rasch zum Abschluss gebracht werden muss. Es gibt eine Debatte darüber, wie dies erreicht werden kann. Diese Debatte muss im Geist der Freundschaft und des Respekts, der unsere Beziehungen zu den Vereinigten Staaten und anderen Ländern kennzeichnet, fortgesetzt werden. Jeder Lösung müssen die Grundsätze

---

* Zitiert nach: Petra Spoerle-Strohmenger: Hartes Ringen um Lösungen für Irak-Konflikt, vgl.: http://80.86.3.56/archive/konferenzen/2003/index.php?menu_konferenzen=&menu_konferenzen_archiv=&sprache=de [letzter Zugriff am 8.12.2009]. Ein vollständiges Manuskript der frei gehaltenen Rede des Bundesaußenministers ist nicht überliefert.

der Charta der Vereinten Nationen zu Grunde liegen, an die Kofi Annan kürzlich erinnert hat. Die vom Sicherheitsrat einstimmig verabschiedete Resolution 1441 → **D78** bietet einen Rahmen, dessen Möglichkeiten noch nicht voll und ganz ausgeschöpft sind.
Die von der Unmovic (UN-Überwachungskommission) und der IAEO (Internationale Atomenergie-Organisation) durchgeführten Waffeninspektionen haben bereits zu Ergebnissen geführt. Russland, Deutschland und Frankreich befürworten die Fortsetzung der Inspektionen und eine substanzielle Aufstockung ihrer menschlichen und technischen Kapazitäten mit allen Mitteln und in Abstimmung mit den Inspektoren im Rahmen der Resolution 1441.
Es gibt noch eine Alternative zum Krieg. Der Einsatz von Gewalt kann nur ein letztes Mittel darstellen. Russland, Deutschland und Frankreich sind entschlossen, der friedlichen Entwaffnung Iraks alle Chancen zu geben. Damit die Inspektionen friedlich abgeschlossen werden können, muss Irak mit der Unmovic und der IAEO aktiv zusammenarbeiten. Irak muss seiner Verantwortung in vollem Umfang nachkommen.
Russland, Deutschland und Frankreich stellen fest, dass die von ihnen vertretene Position sich mit derjenigen einer Vielzahl von Ländern deckt, insbesondere innerhalb des Sicherheitsrats.

D97 The Washington Post: Standing With Saddam (11.2.2003)

Frankreich und Deutschland haben endlich auf die schamlosen Verletzungen der UN-Abrüstungsforderungen durch den Irak reagiert, indem sie selbst in die Offensive gegangen sind. Doch das Ziel ihrer Kampagne ist nicht Saddam Hussein, sondern sind die Vereinigten Staaten – und die ersten Opfer scheinen nicht die Machtstrukturen eines schurkischen Diktators zu sein, sondern jene internationalen Institutionen, in denen sowohl die europäische als auch die globale Sicherheit verankert sind. Gestern in Brüssel hielten eben jene zwei europäischen Regierungen zusammen mit Belgien das restliche NATO-Bündnis davon ab, Verteidigungsvorkehrungen für die Türkei im Falle eines Krieges zu treffen, obwohl die Pläne hierzu von den übrigen 16 Bündnismitgliedern unterstützt wurden. In der Zwischenzeit suchten die beiden Regierungen die Unterstützung Russlands, um gemeinsam einen Vorschlag zu unterbreiten, der die Aufstockung des Kontingents an Waffeninspektoren – eventuell begleitet durch den Einsatz von Friedenstruppen – vorsieht, als Ersatz für die »ernsthaften Konsequenzen«, die der Sicherheitsrat dem Irak angedroht hat, falls dieser nicht freiwillig seine Massenvernichtungswaffen demontiert. Berlin und Paris geben an, ihr Vorschlag diene dem Zweck, einen friedlichen Weg aus der Irak-Krise zu weisen. Aber der Ausschluss der Bush-Administration aus dieser Planung zeigt, dass das eigentliche Ziel ein ganz anderes ist, nämlich den Sicherheitsrat davon abzuhalten, die von den Vereinigten Staaten geplante militärische Intervention zu unterstützen.

Dies führt unweigerlich zur Schwächung sowohl der NATO als auch der Vereinten Nationen – genau jenes Desaster, von dem Deutschland und Frankreich einst fürchteten, die Vereinigten Staaten könnten es mit ihrer derzeitigen Politik auslösen. [...] Mit der Unterstützung Frankreichs schmiedete der Sicherheitsrat die Resolution 1441, die Irak eine »letzte Chance« zur friedlichen Abrüstung einräumte. Gleichzeitig machte sie klar, dass alles andere als die »vollständige Kooperation« zu »jeder Zeit« diese Chance verwirken würde. Angesichts einer solchen Resolution riskiert der Sicherheitsrat eine erhebliche Schwächung seiner eigenen Glaubwürdigkeit, falls er seine Forderungen jetzt zurückziehen sollte – doch das ist genau das, was Frankreich und Deutschland vorschlagen. [...]

Immer öfter führen [...] sich [der französische Präsident Jacques Chirac und der deutsche Bundeskanzler Gerhard Schröder] so auf, als teilten sie das gleiche übergeordnete Ziel mit dem irakischen Diktator: ein amerikanisches Eingreifen zu hintertreiben, selbst wenn dieses durch die Mehrzahl der übrigen NATO- und europäischen Staaten unterstützt wird. Beide haben kaum Aussicht auf Erfolg, und doch könnte es ihnen gelingen, die internationalen Beziehungen auf Jahre hinaus zu vergiften.

Amerikanische Außenpolitik

D98 US-Präsident George W. Bush in seiner Rede »zur Lage der Nation« (28.1.2003)

[...] Vor zwölf Jahren sah sich Saddam Hussein mit der Aussicht konfrontiert, möglicherweise das letzte Opfer eines Krieges zu werden, den er selbst begonnen und verloren hatte. Um selber davonzukommen, stimmte er der Forderung zu, alle Massenvernichtungswaffen, die in seinem Besitz waren, unschädlich zu machen. Im Verlauf der nächsten 12 Jahre verletzte er systematisch diese Vereinbarung. Er verfolgte auch weiterhin den Erwerb chemischer, biologischer und nuklearer Waffen, sogar noch während die Inspekteure in seinem Land waren. Bis heute hat ihn nichts von seinem Streben nach eben diesen Waffen abgehalten – weder wirtschaftliche Sanktionen

noch Ausschluss aus der zivilisierten Weltgemeinschaft; noch nicht einmal Angriffe mit Marschflugkörpern auf seine militärischen Anlagen. Vor nicht ganz drei Monaten gab der UN-Sicherheitsrat Saddam Hussein eine letzte Chance, um endlich abzurüsten. → **D78** Stattdessen zeigte er äußerste Verachtung sowohl für die Vereinten Nationen als auch für die öffentliche Meinung im Rest der Welt. Die 108 UN-Inspekteure wurden aber nicht entsandt, um eine Schnitzeljagd nach versteckten Materialien quer durch ein Land von der Größe Kaliforniens durchzuführen. Die Aufgabe der Inspekteure ist es zu überprüfen, ob das irakische Regime auch wirklich abrüstet. Es liegt am Irak zu zeigen, wo genau er seine verbotenen Waffen versteckt hat, diese Waffen der Welt offenzulegen und sie – wie gefordert – zu zerstören. Nichts dergleichen hat aber bis jetzt stattgefunden. [...]
Mit Atomwaffen oder einem kompletten Arsenal bestehend aus chemischen und biologischen Waffen könnte Saddam Hussein seine Eroberungsgelüste im Nahen Osten wieder aufnehmen und verheerende Schäden in der Region anrichten. Und dieser Kongress und das amerikanische Volk müssen noch eine weitere Bedrohung erkennen. Beweise aus Geheimdienstquellen, geheimen Nachrichtenverbindungen und Aussagen Gefangener offenbaren, dass Saddam Hussein Terroristen – einschließlich Mitgliedern der Al-Qaida – hilft und beschützt. Insgeheim und ohne irgendwelche Fingerabdrücke zu hinterlassen könnte er eine seiner verstecken Waffen den Terroristen zur Verfügung stellen oder aber dabei helfen, dass die Terroristen ihre eigenen Waffen entwickeln.
Vor dem 11. September glaubten viele in der Welt, dass Saddam Hussein in Schach gehalten werden könnte. Doch Chemiewaffen, tödliche Viren und schemenhafte Terrornetzwerke können nicht so leicht eingedämmt werden. Stellen Sie sich jene 19 Flugzeugentführer mit anderen Waffen und anderen Plänen vor – dieses Mal von Saddam Hussein ausgerüstet. Es bedürfte lediglich eines Glasfläschchens, eines Behälters, einer Kiste, die in dieses Land hereingeschmuggelt würde, um einen Tag des Schreckens auszulösen, wie wir ihn noch nicht gesehen haben. Wir werden alles in unserer Macht Stehende tun um sicherzustellen, dass jener Tag nie kommt.
Einige haben gesagt, dass wir nichts tun dürfen, bevor die Bedrohung nicht unmittelbar bevorsteht. Doch wann haben Terroristen und Tyrannen jemals ihre Vorhaben vorab kundgetan, um uns höflich über einen bevorstehenden Angriff zu informieren? Sollte eine solche Bedrohung tatsächlich vollständig und unmittelbar zu Tage treten, so kämen alle Maßnahmen, alle Worte und alle gegenseitigen Schuldzuweisungen zu spät. Auf die Vernunft und Zurückhaltung Saddam Husseins zu setzen ist weder eine Strategie noch eine Option. [...]

[Heute Abend] habe ich eine Botschaft an das tapfere und unterdrückte irakische Volk: Euer Feind kreist nicht Euer Land ein – Euer Feind regiert Euer Land. Und der Tag, an dem ihm und seinem Regime die Macht entzogen wird, wird auch der Tag Eurer Befreiung sein. [...]

D99 Frankfurter Allgemeine Zeitung: Das kleinere Übel (29.1.2003)

Zu den dauerhaften Einsichten in das Wesen der internationalen Politik gehört Henry Kissingers Diktum, man habe meist nicht die Wahl zwischen gut und böse, richtig oder falsch, sondern müsse sich zwischen zwei Übeln entscheiden. So ist es gegenwärtig in der Frage, ob im Irak eine militärische Intervention notwendig sei, um die in UN-Resolutionen wieder und wieder festgelegte Forderung zu verwirklichen, Saddam Hussein müsse seine Massenvernichtungswaffen abrüsten. [...]
Entgegen dem Eindruck, der manchmal in der Öffentlichkeit erweckt wird, sind sich [...] alle Regierungen und Geheimdienste der westlichen Welt ziemlich sicher, dass Saddam über biologische und chemische Kampfstoffe verfügt. Der Bericht der Waffeninspekteure sagt unmissverständlich, dass der Irak seinen Verpflichtungen, die entsprechenden Daten offenzulegen sowie die einschlägigen Stätten zu nennen, nicht nachkomme, Bagdad also die Forderung nach Abrüstung nicht erfülle. Kein Zweifel: Der Diktator führt die UN und die internationale Gemeinschaft seit Jahren an der Nase herum. Deshalb war es hohe Zeit, mehr Druck auf ihn auszuüben – wozu der Aufbau einer militärischen Drohkulisse gehört –, um dem Abrüstungsziel näher zu kommen.
Unstrittig ist indessen auch, dass der Irak heute militärisch schwächer ist als im Januar 1991, als eine Koalition unter amerikanischer Führung die irakische Militärmaschine in wenigen Wochen zuerst aus der Luft schwächte und dann in einem kurzen Landfeldzug überrollte. Anders gesagt: Die Inspektionen nach der irakischen Niederlage, in deren Verlauf große Mengen Waffen vernichtet wurden [...] haben Wirkung gezeigt. [...] Letztlich ist jedenfalls nicht klar, was eine militärische Intervention heute dringlicher macht als gestern. Washington, das die Gangart gegenüber Saddam nach dem 11. September 2001 verschärft hat, kann bis heute nicht belegen, dass es Verbindungen zwischen Bagdad und Al-Qaida gibt. Es gibt bisher auch keine schlagenden Beweise dafür, dass der Irak an neuen Waffenprogrammen arbeitet. [...]
Ganz und gar unklar bleibt aber vor allem, was im Irak selbst geschehen soll. Wäre es einen Krieg wert, nach Saddams Sturz einen seiner weniger üblen Gefolgsleute zu inthronisieren? Die Exil-Opposition hat bisher wenig

getan, um sich als künftige Regierung zu empfehlen. [...] Deshalb erscheint die Kombination aus Droh- und Inspektionspolitik, aus Wirtschaftssanktionen und militärischer Eindämmung zur Durchsetzung von Abrüstung beim gegenwärtigen Stand der Dinge als das kleinere Übel im Vergleich zu den Unwägbarkeiten eines Krieges.

D100 The Washington Post: The Case for Action (5.2.2003)

Noch bevor US-Außenminister Colin L. Powell seine heutige Rede vor dem UN-Sicherheitsrat hält, ist bereits klar, dass der Irak die UN-Resolution 1441, die ihm eine »letzte Chance« eingeräumt hat, freiwillig abzurüsten, nicht befolgt hat. Weder die UN-Waffeninspekteure noch irgendein ständiges Mitglied des Rates behauptet, dass der Irak »vollständig« kooperiert habe, wie es die Resolution verlangte. So sich an Saddam Husseins Verhalten in den kommenden Wochen nicht noch dramatisch etwas ändert, bedeutet dies, dass ein militärisches Eingreifen zur Entwaffnung des Iraks selbst dann gerechtfertigt wäre, wenn der Sicherheitsrat keine weiteren Resolutionen beschließen sollte. Dennoch bleibt eine gewichtige Frage im Raume stehen, die es für die Vereinigten Staaten und ihre Verbündeten zu beantworten gilt: Selbst wenn dieser Krieg rechtmäßig ist, ist Krieg dann auch der richtige Weg? Die Schwelle, sich für einen militärischen Eingriff zu entscheiden, muss hoch liegen, und es gibt noch berechtigte Fragen, die nach Antworten verlangen: Stellt der Irak eine echte Bedrohung für die Sicherheit der USA dar, und muss man sich darum jetzt kümmern? Bedenkt man die Leiden, die jeder Krieg mit sich bringt, die potenziellen wirtschaftlichen und politischen Kosten und die Wahrscheinlichkeit von unvorhersehbaren Konsequenzen, wäre es da nicht vielleicht doch besser, auf eine Strategie der Eindämmung Saddam Husseins durch fortgesetzte UN-Sanktionen sowie Inspektionen zu setzen? Dies würde bedeuten, den hartnäckigen Weg, den der UN-Sicherheitsrat vor 12 Wochen einstimmig beschlossen hat, wieder aufzugeben. Aber wenn die Bush-Administration diesen neuen Weg unterstützen würde, würde ihr die Mehrheit der Amerikaner – und der Weltgemeinschaft – zustimmen.
Dennoch glauben wir, dass es ein Fehler der Vereinigten Staaten und ihrer Verbündeten wäre, angesichts fortwährender Unnachgiebigkeit des Irak vor entschlossenem Handeln zurückzuschrecken. Sofern kein unerwarteter Wandel mehr in Bagdad eintritt, sollten die Vereinigten Staaten eine Streitmacht in den Irak führen, um Saddam Husseins Diktatur zu beseitigen, dessen chemische und biologische Waffen zu finden und zu zerstören und das irakische Nuklearprogramm zu beenden. Das irakische Regime

bedeutet nicht nur eine Gefahr für die Vereinigten Staaten, sondern auch für die weltweite Sicherheit. Die Beseitigung Saddam Husseins würde die Aufgabe, die Verbreitung von Massenvernichtungswaffen in Schurkenstaaten einzudämmen, voranbringen. Sie würde außerdem Millionen Iraker von Armut und Unterdrückung befreien und eine breitere Bewegung zur Umgestaltung des arabischen Nahen und Mittleren Ostens ermöglichen, wo politische und wirtschaftliche Rückständigkeit viel dazu beigetragen haben, Extremisten wie Al-Qaida hervorzubringen. Das fortwährende Ausbleiben einer Reaktion würde demgegenüber ein verheerendes Signal der Ohnmacht der Vereinigten Staaten und der Vereinten Nationen an Diktatoren und Terroristen senden. Es würde Extremisten weiter in ihrem Streben nach nuklearen, chemischen und biologischen Waffen ermutigen. […]

Krieg sollte niemals willkommen sein. Doch ein Jahrzehnt der gescheiterten Diplomatie und der Eindämmung hat die USA und ihre Verbündeten an einen Punkt gebracht, wo Krieg sehr bald schon die letzte zuverlässige Option sein mag, um die Bedrohung durch Saddam Hussein zu beenden.

D101 Chicago Tribune: The case for war (2.3.2003)

»Die Vereinigten Staaten schicken eine gewaltige Anzahl an Soldaten, Panzern, Kampfflugzeugen und Kriegsschiffen nach Saudi Arabien und in den Persischen Golf. Während sich die Folgen dieser entscheidenden Machtprobe am Horizont abzeichnen, fragen sich die Amerikaner, ob der Einsatz die Risiken wert ist, die wir bei dieser Konfrontation eingehen.«

Mit diesen Worten eröffnete die Redaktion ihre Argumentation für einen Krieg gegen den Irak – drei Wochen nach der Schändung Kuwaits durch Saddam Husseins Invasoren im August 1990. […] Seit mehr als einem Jahr fragen sich die Amerikaner erneut, ob der Einsatz die Risiken wert ist. Während der ganzen Zeit hielt sich die Tribune zurück, den Krieg auszurufen und argumentierte stattdessen, dass ein Kampf vollkommen vermeidbar sei – wenn denn der Rest der Welt nur vereint zusammenstünde und gemeinsam die vollständige Entwaffnung Saddam Husseins forderte. Doch angesichts der Ereignisse der letzten Wochen grenzt diese schwache Hoffnung entweder an Realitätsverweigerung oder an Naivität. Jede Hoffnung hängt vom Wohlwollen des jeweils anderen ab. Bezogen auf Hussein ist diese Hoffnung wohl von vornherein vergebens, und angesichts schwacher Nationen, die sich weigern zu ihrem Wort zu stehen, lässt sie sich auch durch immer weniger rechtfertigen.

Krieg sollte immer der letzte und schwerwiegendste Vorschlag sein, der nur im kalten Wissen um seine Kosten angeboten wird. Krieg zelebriert unser kollektives Versagen, friedliche Mittel zum Erreichen unserer Ziele zu finden. Falls es zum Krieg kommt, kennt niemand die genauen Folgen – abgesehen von einer: Junge Amerikaner werden sterben. Ebenso wie unschuldige Iraker. Alle anderen – die geopolitischen, die wirtschaftlichen oder die diplomatischen Auswirkungen – bleiben blass.
Noch bleibt dem Irak ein wenig Zeit, um vollständig zu kooperieren. Zeit auch für den Sicherheitsrat der Vereinten Nationen, um die »ernsthaften Konsequenzen« durchzusetzen, mit denen seine Mitglieder vor 115 Tagen einstimmig gedroht hatten.
Doch falls der Irak nicht nachgeben und der Sicherheitsrat vor den Konsequenzen seiner eigenen Resolution zurückschrecken sollte, dann drängt die Tribune jetzt auf einen baldigen Beginn des Krieges. Eines Krieges, den Saddam Hussein durch seine seit 12 Jahren andauernde Missachtung des Sicherheitsrats selbst herausgefordert hat. [...]
Husseins chronische Weigerung, abzurüsten, ist seine alleinige Entscheidung. Nur zur Erinnerung: Die Auflage all jener UN-Resolutionen, die Waffen preiszugeben und zu zerstören, liegt bei Hussein – und nicht bei einer Handvoll Inspektoren, die versuchen, diese Waffen irgendwie zu finden. Aber die chronische Weigerung der UN, Hussein vor die Wahl zu stellen zwischen Unterwerfung oder Krieg, lastet auf dem Gewissen anderer. Selbst jetzt noch könnte eine solide, internationale Front, die entschlossen ist, ihre Drohungen auch durchzusetzen, den Irak ohne jeden Krieg entwaffnen.
Vor die Wahl gestellt, eine solche Front weiter aufzubauen oder aber zum baldigen Angriff überzugehen, und zwar bevor das Wetter im Irak zu heiß wird, würden wir lieber Ersteres wählen. Aber in den 115 Tagen, die seit Resolution 1441 vergangen sind, haben einige Mitglieder des Sicherheitsrats mehr Energie darauf verwendet, sich Washington in den Weg zu stellen, als darauf, mit lauter Stimme die Einhaltung der Resolution von Bagdad einzufordern. [...]
Bei jeder einschränkenden Geste Husseins, und sei sie noch so klein, behaupten einige [...] europäische Diplomaten, dass diese Mini-Konzessionen doch zeigen würden, dass die Inspektionen funktionierten. Nein. Sie zeigen nur, dass ein Mann, der von der stärksten Armee der Welt in die Enge getrieben ist, so wenig wie möglich tun wird, auf dass auch diese Bedrohung vorübergehe, wodurch sein eigentliches Anliegen zutage tritt: sein Überleben. [...]

Zwölf Jahre lang bestand die Antwort dieser Welt auf die tödliche Bedrohung durch den Irak darin, nichts zu tun und zu hoffen, dass auch weiterhin nichts Schlimmes passiert. Diese Vogel-Strauß-Taktik hat einen Verbrecher geschützt, der danach trachtet, seine Nachbarn einzuschüchtern – einschließlich unserer Alliierten, wie Israel und die Türkei – und den Rest der Welt zum Narren zu halten. Die von ihm zu verantwortenden Massaker, bei fortwährender Untätigkeit unsererseits, haben hunderttausende Iraker das Leben gekostet.

Jahr für Jahr aufs Neue hat jedes ernsthafte Instrument der Diplomatie bezüglich des Irak versagt, sei es um die globale Sicherheit zu verbessern, um die Massaker zu stoppen – oder um unser Nichtstun schönzureden. Das zögerliche und doch unvermeidliche Fazit der Tribune von heute wiederholt einem Echo gleich die letzten beiden Sätze des bereits erwähnten, im Jahre 1990 hier erschienenen Leitartikels: »Kommt es zum Krieg, werden die USA und ihre Alliierten einen hohen Preis bezahlen. Doch der Preis, um Saddam Hussein aufzuhalten, wird nicht kleiner werden.«

D102 The New York Times: Saying No to War (9.3.2003)

Sollte es nicht doch noch zu einem diplomatischen Durchbruch kommen, wird Präsident Bush in wenigen Tagen darüber entscheiden, ob er amerikanische Truppen – trotz des Widerstands der Vereinten Nationen – in den Irak schickt. Wir glauben, dass es eine bessere Option gibt: anhaltende, sich stetig intensivierende Waffeninspektionen. Aber wie jeder andere auch in Amerika sehen wir unsere Felle davon schwimmen. Sollte es am Ende zu einer simplen Ja-oder-Nein-Frage kommen, also ob wir auch ohne internationale Unterstützung in den Irak einmarschieren sollten, so lautet unsere Antwort »Nein«. [...]

Bedauerlicherweise hat Mr. Bush, indem er einen Regimewechsel im Irak gefordert hat, es Washington deutlich erschwert, sich diese Form der langfristigen Strategie zu Eigen zu machen. Er selbst hat sich mit seinen Worten in eine Lage gebracht, in der lediglich Krieg oder aber ein praktisch nicht mehr vorstellbarer amerikanischer Rückzug als einzig verbliebene Optionen für seine Regierung in Frage kommen. Jedes Signal, das vom Weißen Haus ausgeht, suggeriert, dass die diplomatischen Verhandlungen innerhalb von Tagen, nicht Wochen, vorbei sein werden. Jedes Signal, das von den Vereinten Nationen ausgeht, suggeriert, dass, wenn dieser Tag kommt, die Vereinigten Staaten keinerlei Rückendeckung vom Sicherheitsrat für ihren Angriff erhalten werden.

Es gibt Umstände, unter denen der Präsident militärisch handeln muss, ganz egal was der Sicherheitsrat dazu sagt. Sollte Amerika angegriffen werden, müssten wir schnell und heftig reagieren. Doch trotz der unzähligen Versuche der Bush-Administration, den Irak mit dem 11. September in Verbindung zu bringen, fehlen einfach die Beweise. Zwar hat die Administration gezeigt, dass der Irak Mitglieder von Al-Qaida innerhalb seiner Grenzen beherbergt hat, doch der gleiche Vorwurf ließe sich so gegen ziemlich jeden amerikanischen Verbündeten in der Region machen. [...]
[Ein weiteres] Argument der Bush-Administration dafür, in den Irak einzumarschieren, beruht auf der irakischen Weigerung, UN-Forderungen zur Abrüstung Folge zu leisten. Das ist zwar an und für sich ein guter Grund, aber nicht solange die UN selber glaubt, dass eben jene Abrüstung stattfindet und dass die Waffeninspektionen doch noch funktionieren könnten. Wenn die Vereinigten Staaten den Sicherheitsrat ignorieren und auf eigenen Faust angreifen, dann werden das erste Opfer in diesem Konflikt die Vereinten Nationen selbst sein. Das ganze Szenario erinnert frappierend an das Schlagwort aus der Vietnam-Ära, wonach wir ein Dorf zerstören mussten, um es zu retten. [...]
Die Tatsache, dass die Vereinten Nationen womöglich irreparabel geschwächt werden könnten, wird die konservative Basis [des Präsidenten] zu Hause gewiss nicht sonderlich beunruhigen, ebenso wenig die Proteste im Ausland. Doch langfristig gesehen braucht dieses Land eine starke internationale Institution, um den Frieden zu erhalten und um Spannungen in einem Dutzend verschiedener Krisengebiete rund um den Globus zu entschärfen. Es braucht die Unterstützung seiner Verbündeten, speziell umkämpfter Staaten wie Pakistan, um den Krieg gegen den Terror zu führen. Und es muss exemplarisch demonstrieren, dass es bestimme Regeln gibt, die ein jeder einzuhalten hat: Eine der wichtigsten davon lautet, dass man nicht so ohne weiteres in ein anderes Land einfällt, es sei denn man hat sehr zwingende Gründe. Ist der Grund hingegen unklar oder basiert er auf fragwürdigen Behauptungen, so ist es an der Zeit, die Operation abzubrechen und lieber nach anderen, weniger extremen Mitteln zu suchen, um seine Ziele zu erreichen.

D103 US-Präsident George W. Bush in einer Fernsehansprache an die Nation (17.3.2003)

Meine lieben Mitbürger, angesichts der Ereignisse im Irak stehen wir vor den Tagen der Entscheidung. [...] Letzten September → D74 trat ich vor die UN-Generalversammlung und mahnte die Nationen dieser Welt, mit einer Stimme zu sprechen, um der Gefahr ein Ende zu setzen. Am

8. November verabschiedete der Sicherheitsrat einstimmig die UN-Resolution 1441 → **D78**, die den Irak der erheblichen Verletzung seiner Auflagen bezichtigte und die ernsthafte Konsequenzen für den Fall androhte, dass der Irak nicht vollständig und unverzüglich abrüsten sollte.
Heute kann keine Nation behaupten, dass der Irak abgerüstet habe. Und er wird auch nicht abrüsten, solange Saddam Hussein noch an der Macht ist. Seit viereinhalb Monaten arbeiten die Vereinigten Staaten und unsere Verbündeten im Sicherheitsrat daran, die langjährigen Forderungen des Rates durchzusetzen. Dennoch haben einige ständige Mitglieder des Sicherheitsrats öffentlich angekündigt, dass sie gegen jede Resolution, die den Irak zur Abrüstung zwingen sollte, ihr Veto erheben würden. Diese Regierungen teilen unsere Einschätzung der Gefahr, nicht aber unsere Entschlossenheit, dieser Gefahr zu begegnen. Und dennoch bringen viele Nationen die Entschlossenheit und die Tapferkeit auf, gegen diese Bedrohung des Friedens vorzugehen, und eine große Koalition hat sich zusammengeschlossen mit dem Ziel, die berechtigten Forderungen der Weltgemeinschaft auch durchzusetzen. Der Sicherheitsrat der Vereinten Nationen ist bislang seiner Verantwortung nicht gerecht geworden, darum werden wir jetzt der unsrigen gerecht werden. [...]
Die vielen Jahrzehnte der List und der Grausamkeit sind jetzt zu Ende. Saddam Hussein und seine Söhne müssen den Irak binnen 48 Stunden verlassen. Ihre Weigerung, dieser Anordnung Folge zu leisten, wird einen militärischen Konflikt nach sich ziehen, den wir zu einem Zeitpunkt unserer Wahl beginnen werden. [...]

D104 Los Angeles Times: To an Uncertain Destination (18.3.2003)

Am Montag ließ Präsident Bush allen Anschein von Diplomatie fallen und forderte den irakischen Diktator Saddam Hussein und dessen Söhne ultimativ auf, binnen 48 Stunden das Land zu verlassen. Ansonsten würden sie einen Krieg »zu einem Zeitpunkt unserer Wahl« ertragen müssen.
Der Krieg kommt. Bush versuchte, den bevorstehenden Konflikt in den edelsten Worten zu umschreiben: In einem freien Irak werde es »keine Giftgasfabriken, keine Hinrichtungen von Dissidenten, keine Folterkammern und keine Vergewaltigungszimmer« mehr geben, wie er sagte. »Der Tyrann wird bald verschwunden sein. Der Tag Eurer Befreiung ist nahe.«
Es war der bewegendste Teil einer Rede und der Teil, der am ehesten das Hauptargument umschreibt, weshalb die Bush-Administration auf diesen freiwilligen Krieg gedrängt hat: Sie will Hussein aus dem Amt jagen. Das will so ziemlich jeder andere auch; seit mehr als zwölf Jahren schon

hat sich Hussein als globale Bedrohung und Massenmörder erwiesen. Aber Bush will, dass Hussein jetzt verschwindet. Die Diplomatie erwies sich als zu frustrierend und zu langsam angesichts einer bis dato nicht näher definierten Dringlichkeit. Also marschieren die Vereinigten Staaten jetzt mit den wenigen Verbündeten in den Irak ein, die ebenfalls darauf wetten, dass dieser ungeduldige Krieg, um Hussein zu entwaffnen und aus dem Amt zu jagen und um den Irak zu besetzten und wieder aufzubauen, diese Nation und die Welt tatsächlich sicherer machen wird.

Wir hingegen fürchten, dass die Welt im Gegenteil noch gefährlicher werden wird. Aber abgesehen von einem Wunder – beispielsweise einem Hussein, der sich freiwillig ins Exil begibt – können die Amerikaner momentan nur darauf hoffen, dass der Präsident und seine Berater Recht behalten werden. [...]

Also werden die Vereinigten Staaten augenscheinlich mit nur wenigen Verbündeten und vor dem Hintergrund großen internationalen Widerstandes in den Krieg ziehen. Dies ist ein unbekannter Weg für die Vereinigten Staaten, der zu einem unsicheren Ziel führt. Wir hoffen inständig, dass sich unsere Angst vor den Konsequenzen hier und draußen in der Welt als unbegründet herausstellt.

D105 Frankfurter Rundschau: Bushs erster Krieg (19.3.2003)

Mit wenigen Verbündeten werden die USA nun ihren Krieg gegen Irak führen. [...] Und vieles spricht dafür, dass er schnell und erfolgreich sein wird. Ein Erfolg, der aus dem Einmarsch in Bagdad und dem Sturz eines Diktators besteht. Wer wünscht sich nicht, dass ein blutrünstiger Diktator gestürzt wird? Aber wie groß wird die mit diesem Erfolg verbundene Katastrophe sein? Es dürfte Tage, vielleicht Wochen dauern, bis wir um das Ausmaß des Leids der Bevölkerung und das Ausmaß der Zerstörungen wissen. Und es wird – wie die Entwicklung in Afghanistan zeigt – Wochen und Monate dauern, bis erneut belegt sein wird, dass Krieg eben kein taugliches Mittel ist, um eine Region zu befrieden, zu entwickeln, dem Terror die Grundlagen zu entziehen und um eine zivile und demokratische Gesellschaft aufzubauen. [...]

Mit der Attacke auf Irak brechen die Angreifer das Völkerrecht. Sie erfolgt nicht aus Notwehr und ist auch keine Nothilfe. Der Krieg wird nicht helfen, den weltweiten Terror zu schwächen. Er ist nicht angemessen und die Alternative zu ihm ist besser. Dieser Krieg ist offenkundig nicht das letzte Mittel. Und alle Gründe legen den Verdacht nahe, die US-Administration gehe davon aus, dass die Regeln, die die zivilen Nationen im Umgang miteinander

in der zweiten Hälfte des zurückliegenden Jahrhunderts entwickelt haben, außerhalb dieser Welt nicht Leitlinien des Handelns sein müssen. [...]
Die US-Regierung entschied sich für [...] [den Krieg] aufgrund einer neuen Strategie, die einem amerikanischen Sonderweg gleichkommt: Im vergangenen Herbst verkündete US-Präsident Bush, er nehme das Recht des Erstschlags, ob konventionell oder atomar, für sich in Anspruch. Ein Vorgehen, das nichts mehr mit dem Recht auf Notwehr und Selbstverteidigung zu tun hat. Vielmehr behält sich diese Administration vor, auf bloßen Verdacht militärisch gegen Nationen vorzugehen, von denen eine Bedrohung ausgeht oder ausgehen könnte, die im Besitz von Massenvernichtungswaffen sind oder bald sein könnten. Iran, Syrien, Pakistan, Libyen, Nordkorea – die Auswahl ist groß und vermutlich leicht zu verlängern.
Erst vor diesem Hintergrund lässt sich die Bedeutung des Nein aus Berlin wirklich ermessen, das sich die Regierung Schröder längs von Kategorien der Realpolitik jenseits der Wahlkämpfe nach und nach erarbeitet hat. Das ist ihr hoch anzurechnen, auch im Moment der Niederlage.

D106 Die Welt: Die letzte Entscheidung (19.3.2003)

Es ist alles gesagt, jedes Argument genannt. Wir stehen vor einem Scherbenhaufen, der Krieg wird kommen. Die Diplomatie ist gescheitert, die amerikanische, die französische, vor allem auch die deutsche. Jetzt, in den Stunden, bevor die Bomben fallen, hält die Welt noch einmal inne: Ist dieser Krieg, der viele Leben kosten wird, ein gerechter Krieg? Ist er richtig und auch Recht? Können wir ihn, jeder für sich, mit unserem Gewissen vereinbaren? [...] Es gibt gute Argumente – auf beiden Seiten. Aber diese Diskussion ist nun sinnlos geworden, jetzt nehmen die Dinge ihren Lauf, sie werden keine neue Richtung mehr bekommen.
Niemand kann bestreiten, dass es im Irak schon seit Jahrzehnten keinen Frieden gibt. Niemand kann bestreiten, dass der Tyrann Saddam sein Volk brutal unterdrückt und tausendfach gemordet hat. Und niemand wird bestreiten, dass die Welt ohne ihn sicherer wäre. Der Diktator muss entwaffnet werden, das haben die Vereinten Nationen beschlossen. Einstimmig, weil er eine tödliche Gefahr für die Völkergemeinschaft ist.
Wir haben gewünscht und gehofft, dass eine breite Allianz die Verantwortung übernimmt, den gemeinsamen Beschluss auch vereint durchzusetzen. Und wenn Gewalt als letztes Mittel nötig werden sollte, dann legitimiert durch ein ausdrückliches, nicht nur durch ein implizites Mandat des Sicherheitsrats. Es ist anders gekommen. Aber ist das Ziel so vieler UN-Resolutionen deswegen falsch?

Heute geht es nicht mehr um die Frage nach Krieg oder Frieden. Heute zählen keine abgewogenen Argumente mehr. Den Krieg vor Augen, gibt es für die freie Welt, für jedes Land und für jeden Einzelnen von uns nur noch eine Wahl: An der Seite der USA gegen Saddam oder nicht? Mit den Amerikanern oder gegen sie? Die Entscheidung der WELT steht fest.

Der Irakkrieg vom Einmarsch der Amerikaner bis zum »Ende der Hauptkampfhandlungen«

Operation »Iraqi Freedom« begann mit einem nächtlichen Überraschungsangriff; kaum zwei Stunden, nachdem das amerikanische Ultimatum an Saddam Hussein und dessen Söhne verstrichen war.[1] Die ersten Bomben und Raketen, die in den frühen Morgenstunden des 20. März 2003 über Bagdad niedergingen, galten ranghohen irakischen Militärs, zuvorderst natürlich dem Diktator selbst. Das strategische Kalkül der Amerikaner, den Diktator und seine Entourage gleich zu Beginn zu treffen, schlug fehl, weil sich die Geheimdienstinformationen über den mutmaßlichen Aufenthaltsort Saddams als falsch erwiesen. Der Dritte Golfkrieg wäre vorbei gewesen, bevor er überhaupt richtig begonnen hatte, doch Saddam war schon abgetaucht. Noch während die erste Angriffswelle über Bagdad hinwegging, wandte sich US-Präsident Bush in einer Fernsehansprache an das amerikanische Volk, um den Beginn der Militäroperation zu verkünden: »Wir werden keinen anderen Ausgang als den Sieg akzeptieren«, so Bush. → D114

Auch in Deutschland meldete sich Bundeskanzler Schröder per Fernsehansprache zu Wort. Darin äußerte der Kanzler die Hoffnung, dass der Krieg im Irak möglichst »rasch zu Ende« gehen werde; außerdem sprach er von einer »falschen Entscheidung«, die getroffen worden sei. → D107 Gleichzeitig betonte Schröder, dass er mit seiner Einschätzung keineswegs allein dastehe: »Wir teilen diese Überzeugung mit dem französischen Präsidenten Chirac, mit dem russischen Präsidenten Putin und mit vielen anderen, die in der Welt herausgehobene politische Verantwortung tragen.« Danach hatte es nicht immer ausgesehen, zwischenzeitlich schien Deutschland in der Tat Gefahr zu laufen, dass Schröders »deutscher Weg« geradewegs in die außenpolitische Isolation führen würde. Doch am Ende kam es anders und Bushs »Koalition der Willigen« fiel kleiner aus als erwartet. Denn obschon der US-Präsident von »mehr als 35 Ländern« sprach, die den Vereinigten Staaten im Irak »wichtige Unterstützung« → D114 gewähren würden, beteiligten sich lediglich drei Staaten mit eigenen Truppenverbänden, deren Schlagkraft mehr als nur rein symbolischer Natur war: Von den insgesamt 285 000 alliierten Soldaten, die mittel- bzw. unmittelbar in die Kampfhandlungen vor Ort involviert waren, stellten die USA knapp 242 000, Großbritannien weitere 41 000 und Australien ganze 2 000 Mann.[2]

Obwohl damit insgesamt deutlich weniger Truppen als noch im letzten Golfkrieg von 1991 zum Einsatz kamen – damals stellten allein die USA mehr als eine halbe Million Soldaten zur Verfügung –, hatte die irakische Armee den mit modernster Waffentechnik ausgestatteten Amerikanern letztlich wenig entgegenzusetzen. Lediglich ein Sandsturm vermochte es, die rasch vorrückenden US-Truppen zeitweilig aufzuhalten, doch am 3. April, nur zwei Wochen nach Kriegsbeginn, standen bereits die ersten amerikanischen Verbände vor den Toren Bagdads. Am selben Tag verlas der Bundeskanzler eine Regierungserklärung, in der er zumindest teilweise auf die Amerikaner zuging – erstmals bekannte sich auch Schröder zum Kriegsziel der Amerikaner, das Saddam-Regime abzulösen: »Wir wünschen, dass das irakische Volk durch die Überwindung der Diktatur seine Hoffnung auf ein Leben in Frieden, in Freiheit und in Selbstbestimmung so rasch wie möglich verwirklichen kann.« → D110 Bis dahin hatte Schröder ein solches Bekenntnis stets vermieden, hätte es ihm doch unter Umständen als nachträgliche Legitimation des Krieges ausgelegt werden können.

Am 9. April war die irakische Hauptstadt fest in alliierter Hand. Die Bilder der von ihrem Sockel gestürzten Saddam-Statue gingen um die Welt. Fünf Tage später wurde mit Tikrit, der Geburtsstadt Saddams, auch die letzte Bastion des alten Regimes eingenommen. Die Bilanz nach knapp vier Wochen Krieg: 125 Amerikaner und 31 Briten waren gefallen, die Zahl der irakischen Todesopfer hatte niemand gezählt.[3] Einen halben Monat später, am 1. Mai, trat US-Präsident Bush an Bord des Flugzeugträgers »USS Abraham Lincoln« in voller Fliegermontur vor die Kameras und verkündete das »Ende der Hauptkampfhandlungen«. → D124 Hinter ihm prangte ein riesiges Banner mit der Botschaft »Mission erfüllt«. Zwar folgte die Prognose: »Wir haben noch schwierige Arbeit im Irak zu erledigen«, aber diese Aussage sollte sich schon bald als verhängnisvolle Unterschätzung erweisen.

Bis heute stehen noch immer über 100 000 US-Soldaten im Irak.

Deutsche Außenpolitik

D107 Bundeskanzler Gerhard Schröder (SPD) in einer Fernsehansprache (20.3.2003)

Liebe Mitbürgerinnen, liebe Mitbürger, wir haben versucht, den Krieg zu verhindern. Bis zur letzten Minute.
Ich bin sicher: Es hätte einen anderen Weg zur Entwaffnung des Diktators gegeben, den Weg der Vereinten Nationen. Und mich berührt, dass ich

mich in dieser Haltung einig weiß mit der großen Mehrheit unseres Volkes, mit der Mehrheit im Weltsicherheitsrat und der Mehrheit aller Völker. Es ist die falsche Entscheidung getroffen worden. Die Logik des Krieges hat sich gegen die Chancen des Friedens durchgesetzt. Tausende von Menschen werden darunter schrecklich zu leiden haben.
Aber dies ist nicht der Augenblick, Schuld zuzuweisen und Versäumnisse aufzulisten. Was uns jetzt zu tun bleibt, muss in die Zukunft weisen: Der Krieg hat begonnen. Er muss so schnell wie möglich beendet werden. Die Bomben fallen. Hoffentlich werden die Opfer unter der Zivilbevölkerung so gering wie irgend möglich bleiben.
Es bleibt dabei: Deutschland beteiligt sich nicht an diesem Krieg. Aber natürlich wird Deutschland nicht abseits stehen, wenn es gilt, den Menschen zu helfen. Wir sind zu humanitärer Hilfe im Rahmen der Vereinten Nationen bereit. Wir sind bereit, Flüchtlingen zu helfen – mit Lebensmitteln, Medikamenten und Kleidung. Wir sind bereit, verletzte Soldaten medizinisch zu betreuen. Und natürlich bleiben wir bereit, unter der Führung der Vereinten Nationen das uns Mögliche zu einer politischen Ordnung nach dem Kriege beizutragen, die hoffentlich eine Friedensordnung für den Irak und die ganze Region sein wird.
Ich sagte, es ist eine falsche Entscheidung getroffen worden. Dies ist unsere Überzeugung, die klar ausgesprochen werden muss. Und wir teilen diese Überzeugung mit dem französischen Präsidenten Chirac, mit dem russischen Präsidenten Putin und mit vielen anderen, die in der Welt herausgehobene politische Verantwortung tragen. Die Differenzen über einen Krieg sind klare Meinungsunterschiede zwischen Regierungen, nicht tiefgreifende Differenzen zwischen befreundeten Völkern. Die Substanz unserer Beziehungen zu den Vereinigten Staaten von Amerika ist nicht gefährdet. Die Völker der Welt wünschen den Frieden. Sie wünschen die Herrschaft des Rechts, die Grundlage jeder Freiheit ist. Dafür arbeiten wir. Deutschland, das habe ich versichert, beteiligt sich nicht am Irak-Krieg. Aber natürlich wird Deutschland seine Verpflichtungen im Rahmen des Nato-Bündnisses erfüllen. [...]
Ich hoffe gemeinsam mit Ihnen, dass der Krieg im Irak rasch zu Ende sein wird. Ich hoffe es um der betroffenen Menschen willen, gleich ob es sich um Zivilisten oder Soldaten handelt. Und ich hoffe es, weil die Welt ihrer gemeinsamen Zukunft wegen so bald wie möglich wieder auf den Weg des Friedens zurückfinden muss.

D108 Süddeutsche Zeitung: Deutschland und der Krieg (21.3.2003)

[...] Zur Beurteilung der Position Deutschlands und der rot-grünen Regierung am Tag nach dem Kriegsbeginn ist zunächst zweierlei festzustellen. Die Behauptung, Schröder habe Deutschland isoliert, ist Humbug. [...] Ebenso falsch ist, dass der von Berlin zuerst und von Paris später, aber umso entschiedener vertretene Anti-Kriegskurs EU, Nato und UN gespalten habe. Die Vereinten Nationen sind nicht mehr als ein relativ lockerer Zusammenschluss fast sämtlicher souveräner Staaten dieser Erde und sie haben in entscheidenden Fragen nie mit einer Stimme gesprochen. Im Zweifelsfall überwiegen die nationalen, oft innenpolitisch motivierten Interessen. [...] EU und Nato sind von ihren Mitgliedsstaaten her zwar deutlich homogenere Gebilde als die UN. In einem Streitfall von so grundsätzlicher Bedeutung wie der Sinnfälligkeit eines Krieges gegen den Irak zum Zwecke des Regimewechsels aber sind auch das europäische und das westliche Verteidigungsbündnis nur Foren eines Konflikts unter Zweckfreunden. Wer zugunsten der Solidarität mit Amerika von der Regierung Schröder einfordert, dass sich Deutschland einer als falsch erkannten Politik anschließen solle, der befürwortet Prinzipienlosigkeit. Der Riss durch die Bündnisse ist entstanden, weil Washington und seine Hintersassen den Krieg um fast jeden Preis führen wollten. Paris hat, assistiert von Moskau und geschoben von Berlin, sich immer mehr und zum Schluss ebenso um fast jeden Preis gegen Washington gestellt.
Es bleibt auch wahr, dass Schröders Verhalten seit August 2002 die Konfrontation unter den Partnern zu häufig unnötig angeheizt hat. Nicht die Ablehnung des Krieges und die konsequente Vertretung dieser Position durch den Kanzler ist kritikwürdig. Schädlich für Deutschland und seinen Einfluss auf der internationalen Bühne war die manchmal ärgerlich kurzsichtige innenpolitische Instrumentalisierung des Konflikts durch Schröder. Allerdings: Mit einem Feind wie Saddam Hussein und einem, nun ja, Freund wie George Bush wäre der Krieg wohl auch von einem diplomatisch versierten, stets klug agierenden Bundeskanzler nicht zu verhindern gewesen. Washington hat auch in der UN darauf gesetzt, eine möglichst große Koalition für den Krieg und nicht etwa für eine gewaltlose Entwaffnung des Irak zusammenzubekommen.
Für die nächsten Wochen und Monate bleiben der Bundesregierung zwei wichtige Aufgaben, die miteinander verwoben sind. Mit der Weltmacht Amerika muss zumindest wieder ein Klima pragmatischer Zusammenarbeit geschaffen werden. Jene Zeiten, in denen Deutschland und die USA aufgrund einer guten Beziehung ihrer Regierungschefs gewissermaßen

vom Kopf her eng verbunden waren, sind vorbei, solange George Bush dort und Gerhard Schröder hier regieren. Diese Antipathien auf höchster Ebene aber dürfen – mehr im Interesse Deutschlands als Amerikas – nicht die kommenden Jahre des transatlantischen Verhältnisses vergiften. Einerseits muss Schröder wieder den Mut finden, das persönliche Gespräch mit Bush zu suchen. Andererseits wird Deutschland nicht umhin kommen, sich bei der Gestaltung der Nachkriegsordnung im Irak und der Hilfe für dieses Land zu engagieren.

Sicher, man kann, von der Höhe der moralischen Gewissheit aus, die Meinung vertreten, was die Amerikaner anrichten, sollen sie auch allein wieder ausbessern. Dies aber bedeutet nichts anderes als den Aufruf, die Menschen im Irak, die unter Saddams Diktatur und nunmehr drei Kriegen gelitten haben, erneut ihrem Schicksal zu überlassen. [...]

D109 Angela Merkel, Fraktionsvorsitzende der CDU/CSU, in einem offenen Brief an Bürger und Parteimitglieder (31.3.2003)

[...] Dieser Krieg fordert Opfer auf allen Seiten. Er kostet Menschenleben, jedes einzelne gleichermaßen kostbar. Er bringt Leid und Zerstörung, für Beteiligte und Unbeteiligte. [...] Ganz überwiegend, davon bin ich überzeugt, drückt sich in den leidenschaftlichen Appellen, Demonstrationen und Friedensgebeten dieser Tage echtes Mitgefühl und wirkliche Friedenssehnsucht aus. Dieses Bekenntnis zwingt jede politische Führung zu noch gewissenhafterer Abwägung in Fragen von Krieg und Frieden.

Aber – auch das muss ich in meiner Verantwortung als Politikerin sagen – dieses Bekenntnis kann diese Abwägung nicht ersetzen. Auch kann es den Zwang der Politik zur Entscheidung nicht ersetzen. [...] Was lag auf den Waagschalen? Auf der einen Seite die unbestreitbaren Risiken eines Krieges und das mit ihm verbundene Leid; auf der anderen Seite das nicht minder bedrückende Leid durch das Aggressionspotenzial Saddam Husseins und die Risiken eines Triumphes des Diktators und einer Ermutigung aller anderen potenziellen Aggressoren. [...]

Die im November letzten Jahres im UN-Sicherheitsrat beschlossene Resolution 1441 → **D78** ist eine Konsequenz daraus. Sie ist eine Art »Doppelbeschluss« der UNO: Friedliche Entwaffnung durch ernst gemeinte Drohung. Die Wirkung dieser Resolution lebte von Beginn an von der Glaubwürdigkeit beider Elemente. Damit sind weder die Position »Auf jeden Fall Krieg« noch die Position »Auf keinen Fall Krieg« vereinbar. Die Mitte zu halten, die Geschlossenheit und die Entschlossenheit zu bewahren, das wäre die Aufgabe der Politik gewesen. Das nicht geschafft und am Ende den Krieg

nicht verhindert zu haben, macht das Scheitern der internationalen Diplomatie aus. [...]
Das ist es auch, was mich bewegt, wenn ich sagen muss, dass diejenigen, die wie die Bundesregierung durch kategorische Vorfestlegungen diese Einigkeit und Geschlossenheit erschwert oder am Ende gar verhindert haben, den Krieg wahrscheinlicher und nicht unwahrscheinlicher gemacht haben. Gewollt hat das niemand, aber Politik wird zu Recht vor allem daran gemessen, ob man das, was man für richtig hält, auch erreicht und nicht erschwert. Jetzt ist der Krieg traurige Realität. In dieser Situation steht es für mich außer Frage, dass die CDU in der Auseinandersetzung der alliierten Streitkräfte mit dem irakischen Diktator Saddam Hussein nicht neutral sein kann, sondern an der Seite der USA und ihrer Verbündeten stehen muss. [...]

D110 Bundeskanzler Gerhard Schröder (SPD) in einer Regierungserklärung zur internationalen Lage (3.4.2003)

[...] In ihrer Verantwortung für Frieden und Sicherheit hat sich die Bundesregierung stets von folgenden Grundsätzen leiten lassen: Wir treten für die Herrschaft und die Durchsetzung des Rechts ein. Wir stehen für Friedenspolitik durch Krisenprävention und kooperative Konfliktlösung. Wir verfolgen das Ziel umfassender Sicherheit: durch multilaterale Zusammenarbeit, durch Schutz vor Risiken und Bekämpfung der Ursachen von Gewalt, durch nachhaltige Abrüstung und Entwicklung und – wo dies unabdingbar ist – auch durch polizeiliche und militärische Mittel. Schließlich setzen wir in den internationalen Konflikten auf das Gewaltmonopol der Vereinten Nationen. [...]
Unsere Verantwortung haben wir im Weltsicherheitsrat nachdrücklich wahrgenommen. Bis zum letzten Augenblick haben wir gemeinsam mit der Mehrheit der Mitglieder des Sicherheitsrats, mit Frankreich, Russland und China, aber auch mit Staaten wie Mexiko und Chile alle Anstrengungen unternommen, um den Irakkonflikt im Rahmen der Vereinten Nationen, das heißt mit friedlichen Mitteln, zu lösen. Wir waren und sind deshalb überzeugt, dass es eine Alternative zum Krieg gegeben hätte, eine Alternative, die schlicht heißt: Entwaffnung des Iraks mit friedlichen Mitteln unter dauerhafter internationaler Kontrolle. Dass dieser Weg nicht zu Ende gegangen worden ist, halten wir nach wie vor für falsch. Aber es stimmt: Wir haben diesen Krieg nicht verhindern können. Unabhängig von der inneren Einstellung dazu, denke ich, kann ich im Namen des ganzen Hauses sagen: Unsere Gedanken und unser Mitgefühl sind bei den Opfern des Krieges und ihren Angehörigen, und zwar bei den zivilen Opfern ebenso

wie bei den Soldaten. Wir alle hoffen, dass eine möglichst rasche Beendigung des Krieges die Zahl der Opfer so gering wie möglich hält. Wir wünschen, dass das irakische Volk durch die Überwindung der Diktatur seine Hoffnung auf ein Leben in Frieden, in Freiheit und in Selbstbestimmung so rasch wie möglich verwirklichen kann. [...]
Die Vereinten Nationen müssen die zentrale Rolle spielen, wenn es darum geht, die Zukunft des Irak und die politische Neuordnung des Landes nach dem Ende des Krieges zu gestalten. [...]
Für die Schaffung einer gerechten und demokratischen Nachkriegsordnung im Irak und der gesamten Region erscheinen mir dabei ein paar Folgerungen nötig zu sein:
Erstens. Die territoriale Integrität des Irak muss erhalten bleiben. Seine Unabhängigkeit und seine politische Souveränität müssen vollständig wiederhergestellt werden.
Zweitens. Das irakische Volk muss über seine politische Zukunft selbst bestimmen können. Die Rechte der dort lebenden Minderheiten müssen gesichert werden.
Drittens. Entscheidend ist, dass die enormen Ressourcen des Landes – die Ölvorkommen und die anderen natürlichen Ressourcen – im Besitz und unter der Kontrolle des irakischen Volkes bleiben. Sie müssen ihm zugute kommen und für nichts anderes als den Wiederaufbau verwendet werden.
Viertens. Im Nahen und Mittleren Osten muss ein politischer Stabilisierungsprozess in Gang kommen, der allen in der Region lebenden Völkern eine Perspektive für ein Leben in Frieden und Wohlstand eröffnet. [...]

D111 Bundeskanzler Gerhard Schröder (SPD) in einem Interview mit RTL (10.4.2003)

Frage: Herr Bundeskanzler, wir alle, und ich schließe mich da gar nicht aus, waren gegen den Krieg. Und trotzdem freuen wir uns jetzt, dass die Amerikaner gewonnen haben. Das ist irgendwie ein eigenartiges Verhältnis. Geht es Ihnen auch so?
Schröder: Sicher, das konnte nur mit einem militärischen Sieg der Alliierten enden und anderes war auch nicht wünschbar. Nur, man muss nicht vergessen, dass Krieg immer sehr viele Opfer fordert. Dieser hat auch viele Opfer gefordert. Und der militärische Sieg muss jetzt in einen Gewinn für die ganze Region verwandelt werden, denn es geht jetzt darum, den Frieden wiederzubekommen und Stabilität in der Region zu schaffen. [...]
Frage: Angesichts der Bilder jubelnder Iraker, halten Sie den Krieg jetzt für legitim?

Schröder: Nein, ich habe keinen Grund, von meiner Grundposition abzuweichen. Wir haben gesagt: Wir können uns an einem Krieg unter zwei Bedingungen beteiligen. Einmal, wenn ein Bündnispartner angegriffen wird. Wir haben das getan, siehe den Krieg gegen das Taliban-Regime. Und zum anderen, wenn Krieg wirklich das allerletzte Mittel ist, wenn alle anderen Mittel zur Erreichung eines Zieles versagt haben und dieser Krieg von den Vereinten Nationen legitimiert wird, dann kann man das erwägen. Wir waren der Auffassung, dass die Möglichkeiten, die Entwaffnung friedlich zu erreichen, nicht ausgeschöpft worden sind. Und deswegen gibt es auch keinen Grund, im Nachhinein davon abzuweichen. [...]

UN und internationale Beziehungen

D112 Bundesaußenminister Joschka Fischer (Bündnis 90/Die Grünen) in einer Rede vor dem Deutschen Bundestag (20.3.2003)

[...] Angesichts des Beginns der ersten Militäraktionen gilt das, was Kofi Annan gestern bei der Sitzung des Sicherheitsrats der Vereinten Nationen gesagt hat, nämlich dass dies ein trauriger Tag ist. Ich möchte hinzufügen: Für mich und die Bundesregierung ist dies eine bittere Nachricht; denn Krieg ist die schlechteste aller Lösungen.
Krieg darf immer nur letztes Mittel sein. Diese Bundesregierung hat sowohl im Kosovo als auch in Afghanistan keine Alternative hierzu gesehen und hat, so schwer es ihr gefallen ist, zu diesem letzten Mittel gegriffen. Bevor man aber zu diesem letzten Mittel greifen kann, bedarf es immer der Klärung, welches Risiko besteht und ob tatsächlich alle friedlichen Mittel ausgeschöpft sind. Das sind vor allen Dingen die Gründe, warum die Bundesregierung diesen Krieg ablehnt und sich nicht daran beteiligen wird.
Wenn man sich die Situation im Irak anschaut, dann wird man feststellen: Saddam Hussein ist ein furchtbarer Diktator. Er hat zweimal seine Nachbarn überfallen. Er verfügte über Massenvernichtungswaffen und es gab den begründeten Verdacht, dass er auch weiterhin Massenvernichtungswaffen habe. Aus all diesen Gründen hat man gegenüber dem Irak seit dem ersten Golfkrieg eine Containment-Politik aufrechterhalten, Flugverbotszonen eingerichtet und ein scharfes Embargo verhängt, Letzteres auch mit fatalen Konsequenzen für weite Teile der Bevölkerung. [...]
Dennoch hat man sich im Sicherheitsrat entschieden, eine neue Resolution zu formulieren. Die Resolution 1441 → D78 hat dazu geführt, dass die Inspektoren wieder ins Land kamen. Die Inspektoren haben bei ihrer

Arbeit Fortschritte gemacht. Der Irak hat nur zögerlich kooperiert, am Anfang mehr schlecht als recht. Dennoch ist es mit dem Instrument der Inspektionen gelungen, das Risiko zu minimieren. Kann man eine zögerliche Kooperation allen Ernstes als Kriegsgrund anführen, wenn gleichzeitig die Kontrolle verstärkt und das Risiko reduziert wurde? Wir meinen: eindeutig Nein. [...]
Warum sage ich Ihnen das alles? Ich tue das, weil ich der festen persönlichen und politischen Überzeugung bin, dass wir die Chance gehabt haben, den Irak friedlich umfassend abzurüsten und die Gefahr, die aufgrund möglicher Massenvernichtungswaffen von dort ausgegangen ist, zu beseitigen. Man muss hier ebenfalls klar sagen – das habe ich schon mehrfach getan –: Wir hätten damit allerdings nicht die Beseitigung Saddam Husseins von der Macht erreicht. Dies war aber auch niemals Gegenstand der Sicherheitsratsresolution und der Politik, die der Sicherheitsrat vertreten hat. [...]
Ich trage das hier deshalb nochmals vor, weil ich glaube, dass das über den Tag hinaus von großer Bedeutung ist. Ich will Ihnen auch sagen, warum: Selbst wenn ich nicht das negativste Bedrohungsszenario zugrunde lege, wird das nicht die letzte Problemlage dieser Art auf dieser Welt sein. Das wissen Sie so gut wie wir. Heißt das in der Konsequenz, dass die neue Weltordnung auf Abrüstungskriege gegenüber Diktatoren, die in dem Verdacht stehen oder bei denen man schon begründete Hinweise hat, dass sie Massenvernichtungswaffen haben, gegründet wird? Müssen wir nicht vielmehr darauf setzen – das ist die Auffassung der Mehrheit im Sicherheitsrat –, dass die Strukturen und Instrumente, die wir jetzt entwickelt haben und die an die Vereinten Nationen angebunden sind, uns mehr Sicherheit geben? Ein wirksames Nichtverbreitungsregime soll die neuen Gefahren und Risiken tatsächlich bekämpfen, Grundlagen dafür sollen aber nicht die individuellen Entscheidungen einer einzelnen Macht, sondern die zu entwickelnden gemeinsamen Regeln kollektiver Sicherheit und entsprechende Instrumente sein. Das ist die Position der Bundesregierung. [...]
Ich sage nochmals: Für mich ist das eine bittere Nachricht, weil eine friedliche Alternative praktisch vorhanden war. Blix hat gesagt: Nicht Wochen, nicht Jahre fehlen uns, was wir brauchen, sind Monate. Diese Chance hat bestanden. [...]
Nein, es ist ein bitterer Tag. Unsere Sorge gilt den Menschen. Wir wünschen uns und hoffen, dass dieser Krieg möglichst schnell zu Ende geht. Unsere tiefe Sorge gilt der Abwendung einer humanitären Katastrophe. Im Rahmen und unter der Leitung der Vereinten Nationen wollen wir das Unsere dazu beitragen, dass es dazu nicht kommt. [...]

D113 Frankfurter Allgemeine Zeitung: Amerika im Krieg (9.4.2003)

Amerika ist seit drei Wochen im Krieg – weitgehend allein und ziemlich unerschüttert. [...] [Denn] selbst als die Nachrichten von der Front keine Siegeszuversicht gaben, stand das Volk daheim hinter dem Oberbefehlshaber. Alle Umfragen ergaben, dass fast drei Viertel der Amerikaner den Entschluss ihres Präsidenten, in den Krieg gegen Saddam Hussein zu ziehen, nach wie vor für richtig halten. Dem steht in den meisten europäischen Staaten und in anderen Weltgegenden eine Öffentlichkeit gegenüber, die den Krieg ablehnt. Zum Teil sogar mit Schadenfreude hat man dort das Stocken des amerikanischen Vormarschs betrachtet und sich erst nach einigem Zögern zu der Versicherung durchgerungen, man hoffe in dem Krieg auf einen raschen Sieg Amerikas.

Es wäre weltfremd, zu glauben, der Graben zwischen den transatlantischen Verbündeten ließe sich durch ein paar Ministerbesuche wieder zuschütten. [...] Der Hochmut eines Donald Rumsfeld und anderer gegenüber »Alt-Europa« spiegelt auch die Tatsache wider, dass die große Stunde der Gemeinsamen Außen- und Sicherheitspolitik der Europäer bloß ein Ausfluss der geteilten Gegnerschaft zu Amerika in der Irak-Politik war. [...] Der Befund, Europa sei schwach und habe weder eine überzeugende Vision für sich selbst noch von der Welt, dürfte durch den Irak-Krieg bekräftigt werden. Demgegenüber sieht sich Amerika als stark, und aus dieser Stärke erwächst die Bereitschaft, den Auftrag für eine gerechte und sichere Welt notfalls mit Gewalt zu erfüllen und den Kampf gegen den internationalen Terrorismus und gegen frei flottierende Massenvernichtungswaffen, falls es sein muss, im Alleingang zu führen. Die Vereinigten Staaten haben die großen Kriege des vergangenen Jahrhunderts gewonnen, vom Ersten Weltkrieg über den Zweiten Weltkrieg bis zum Kalten Krieg. Im Gedächtnis Amerikas ist deshalb die Anwendung und Androhung militärischer Gewalt nicht mit der Verantwortung für all die historischen Großkatastrophen verbunden, welche die Entwicklung des zerrissenen europäischen Kontinents bis 1989 geprägt haben. Vielmehr erscheint Gewalt als Katalysator für den Durchbruch zu Frieden und Freiheit. Für viele Amerikaner ist deshalb der Hochmut der Alt-Europäer, der ihnen aus den Wellen des Antiamerikanismus entgegenschlägt, schwer erträglich. Schließlich musste Amerika in zwei Weltkriegen als eine Art Feuerwehr auf den europäischen Kontinent kommen und unter großen Opfern die lodernden Flammen löschen helfen. Im Kalten Krieg bewahrte Amerika mit Hunderttausenden Soldaten die Freiheit des europäischen Halbkontinents, und selbst nach dem Verschwinden des Eisernen Vorhangs waren die Europäer nicht in der Lage, den

Völkermord auf dem Balkan durch Gewaltanwendung gegen den Aggressor in Belgrad zu beenden.
Die Vereinigten Staaten sind nicht leichtfertig in ihre ersten beiden Kriege des 21. Jahrhunderts gezogen. Vielerorts in Europa und auf der ganzen Welt scheint man nicht zu verstehen, dass aus amerikanischer Perspektive der 11. September 2001 der Kriegsbeginn war. Dieser nicht erklärte Krieg ist noch nicht zu Ende, und die Mehrheit der Amerikaner ist mit ihrem Präsidenten der Überzeugung, dass der Feldzug im Irak ein Teil dieses Kampfes ist. Dieser wird allerdings nicht nur mit militärischen Mitteln um militärische Ziele geführt, sondern auch mit »weichen Mitteln« um die »Herzen und Seelen« der Menschen. Der Wiederaufbau des Iraks und die Schaffung einer demokratischen Gesellschaft nach Jahrzehnten der Diktatur soll nach den Vorstellungen Washingtons zur Großbaustelle für den neuesten Leuchtturm der Freiheit werden. Nach dem Krieg im Irak jedenfalls wird es so rasch keinen weiteren Militärschlag Amerikas zur vorbeugenden Selbstverteidigung geben – auch weil das Beispiel Bagdad als machtvolle Abschreckung dienen sollte.

Amerikanische Außenpolitik

D114 US-Präsident George W. Bush in einer Fernsehansprache an die Nation (19.3.2003)

Meine lieben Mitbürger, zu dieser Stunde befinden sich sowohl amerikanische Streitkräfte als auch Soldaten der Koalition in den Frühphasen militärischer Operationen, um den Irak zu entwaffnen, um dessen Volk zu befreien und um die Welt gegen eine schwerwiegende Gefahr zu verteidigen.
Auf meinen Befehl hin haben Koalitionstruppen damit begonnen, gegen ausgewählte Ziele von militärischer Bedeutung vorzugehen, um Saddam Husseins Fähigkeit zur Kriegsführung zu schwächen. Dies ist die Anfangsphase eines breit angelegten und mit unseren Verbündeten abgestimmten Feldzugs. Mehr als 35 Staaten gewähren uns dabei wichtige Unterstützung – von der Gewährung von Nutzungsrechten für Marine- und Luftwaffenstützpunkte über die Unterstützung mit Geheimdienstinformationen und bei der Logistik bis hin zur Bereitstellung von Kampfeinheiten. Jede Nation in dieser Koalition hat sich dafür entschieden, Verantwortung zu tragen und die Ehre, zu unserer gemeinsamen Verteidigung etwas beizutragen, zu teilen. [...]

Ich möchte uns Amerikaner und die ganze Welt wissen lassen, dass die Koalitionstruppen alles ihnen Mögliche versuchen werden, um unschuldige Zivilisten zu verschonen. Ein Feldzug auf dem rauen Gebiet eines Staates von der Größe Kaliforniens könnte länger und schwieriger werden, als es manche vorhergesagt haben. Und den Irakern dabei zu helfen, ein vereintes, stabiles und freies Land zu erschaffen, wird unser fortwährendes Engagement benötigen. Wir kommen in den Irak mit Respekt für seine Bürger, für deren großartige Zivilisation und für die Religion, die sie praktizieren. Wir haben keinerlei Ambitionen im Irak, außer eine Bedrohung zu beseitigen und die Kontrolle dieses Landes seinem Volk zurückzugeben. [...]
Unsere Nation geht diesen Konflikt nur sehr ungern ein – und doch sind wir uns unserer Bestimmung sicher. Die Menschen der Vereinigten Staaten und unsere Freunde und Verbündeten werden sich nicht einem Schurkenstaat, der den Frieden mit Massenvernichtungswaffen bedroht, auf Gedeih und Verderb ausliefern. Wir werden uns jetzt dieser Bedrohung entgegenstellen, mit unserer Armee, Luftwaffe, Kriegsmarine, Küstenwache und den Marines, auf dass wir ihr nicht später in den Straßen unserer Städte mit einem Heer von Feuerwehrleuten, Polizisten und Ärzten begegnen müssen. Nun, da dieser Konflikt über uns gekommen ist, besteht der einzige Weg, seine Dauer zu begrenzen, darin, entschiedenen Druck auszuüben. Ich versichere Ihnen, dass dies kein Feldzug der halben Sachen sein wird. Und wir werden keinen anderen Ausgang als den Sieg akzeptieren.
Meine lieben Mitbürger, die Bedrohungen für unser Land und für die Welt werden überwunden werden. Wir werden auch diese gefährlichen Zeiten überstehen und uns weiter für den Frieden einsetzen. Wir werden unsere Freiheit verteidigen. Wir werden anderen die Freiheit bringen, und wir werden obsiegen. [...]

D115 Chicago Tribune: War in the cradle of civilization (20.3.2003)

[...] Kurz nachdem ein Hagel Marschflugkörper über ausgewählte Ziele im Irak niederging, gab Präsident Bush am Mittwochabend in einer kurzen Ansprache an die Nation den Beginn des Krieges bekannt.
Es war nicht der massive Militärschlag, den Experten erwartet hatten, doch es war hinreichend genug, um klarzumachen, dass die Feindseligkeiten begonnen hatten.
Die Ursache des Kriegs von 1991 war Saddam Husseins brutale Einnahme Kuwaits.
Die heutige Ursache ist das feige, seit zwölf Jahren anhaltende Versäumnis von Regierungen rund um den Globus, gemeinsam zu fordern, dass

Hussein endlich seine biologischen und chemischen Waffen aufgibt, die er in seinen Laboren entwickelt und angehäuft hat. [...]
Dies ist ein Krieg, der nicht hätte sein müssen. Von Hauptstadt zu Hauptstadt über alle Kontinente hinweg ist es weitreichender Konsens, dass Hussein eine Plage darstellt, die abgerüstet, wenn nicht sogar gestürzt werden muss. Mehr als ein Jahrzehnt der Diplomatie durch Vertreter aus nahezu allen ideologischen und politischen Richtungen – und in diesem Land durch die Führer der beiden großen politischen Parteien – konnte dieses Ziel nicht erreichen.
Es gibt keine grundlegende Auseinandersetzung darüber, ob Saddam tatsächlich der Feind der Zivilisation oder aber bloß deren unglückseliges, verfolgtes Opfer wäre. Die öffentliche Debatte ist viel enger geführt worden: Sollte noch mehr Diplomatie bemüht werden, um ihn abzurüsten? Oder sollte er durch Gewalt beseitigt werden?
Die zwölf nutzlosen Jahre, in denen erstere Frage mit »Ja« beantwortet wurde – ein Akt der Grausamkeit, während die Iraker von ihrem Tyrannen abgeschlachtet wurden –, haben schließlich, wie schon 1991, ein »Ja« auf letztere Frage hervorgerufen. [...]
Kritiker sehen darin ein Versagen der Diplomatie. Sie liegen damit richtiger, als sie ahnen. Dies spiegelt das diplomatische Versagen von Regierungen in der ganzen Welt wider – und insbesondere von jenen, die unschlüssig im Sicherheitsrat der Vereinten Nationen herumsitzen. [...]
Hussein hofft sicherlich, die Bilder, die in den Nachrichten gesendet werden, zu manipulieren, um nachher besser behaupten zu können, dass die Invasion des Irak eine Gräueltat sei. Seine beste Hoffnung, seine Herrschaft zu verlängern, besteht darin, die Sympathien der Weltgemeinschaft zu erlangen, auf dass diese die Kampfhandlungen einstellt, bevor sie ihn töten.
Dies kann kein Konflikt sein, dessen Geschwindigkeit und Dauer von öffentlichen Meinungsumfragen bestimmt werden. Unentschlossenheit kostet mehr Leben, als sie rettet. Durch seine Drohungen und seine Verachtung [für die UN-Resolutionen] hat Saddam Hussein um diesen Krieg regelrecht gebettelt. Jetzt hat er ihn bekommen.

D116 The New York Times: The War Begins (20.3.2003)

Von hier aus ist der Lärm des Krieges, der gestern Abend begann, nicht zu hören. [...] Viele Amerikaner erinnern sich nur allzu lebhaft an den ersten Golfkrieg, und sie werden versucht sein, diesen Krieg vor dem Hintergrund des Ersteren zu deuten. Das Gelände ist das Gleiche, doch alles andere hat sich verändert. Ein Militär, das selbst vor einem Dutzend Jahren noch

Papierbefehle hin- und hergeschoben hat, ist jetzt elektronisch verlinkt und koordiniert in einer Art und Weise, die damals noch unvorstellbar gewesen wäre. Ein strategischer Ausweg ist diesmal nicht in Sicht, wie damals noch im Jahre 1991, als die Koalitionstruppen unweit von Bagdad zum Halt kamen. Jetzt heißt es Saddam oder nichts. Es gibt nicht den Hauch einer internationalen Vereinigung, eine Mission, die ungleiche Nationen miteinander verbinden würde. Diese Mission hat die Welt entzweit.

Unsere Aufgabe hier ist bei weitem nicht so klar wie die Aufgabe, der die Soldaten nachgehen. Jetzt, nachdem die ersten Angriffe begonnen haben, werden sich sogar jene, die noch vor kurzem vehement gegen den Krieg argumentierten, in der merkwürdigen Situation wiederfinden, dasselbe zu hoffen wie der Präsident, dessen Argumente sie einst abgelehnt hatten: eine schnelle, endgültige Lösung, die durch so wenig Blutvergießen wie möglich erkämpft wird. [...]

Wenn die Dinge so gut laufen, wie wir es hoffen, dann werden selbst diejenigen, die überhaupt nicht mit der Logik dieses Krieges übereinstimmten, sich am Ende wahrscheinlich – wenn auch gegen ihren Willen – von dieser erfolgreichen Projektion amerikanischer Macht beruhigt fühlen. Ob sie nun die Idee eines Krieges im Irak von Anfang an für schlecht befanden oder aber, so wie wir, bloß das Gefühl hatten, dass er nur mit breiter internationaler Unterstützung angegangen werden sollte – die Sehnsucht, in eine Zeit zurückzureisen, in der wir uns noch als Schmied unseres eigenen Schicksals fühlten, ist nach wie vor sehr stark. Unter all den Gründen, die für diese Mission angeführt worden sind, ist der unausgesprochene, der tiefste und hoffnungsloseste Grund, den 11. September aus unser aller Herzen auszulöschen.

Dies ist jetzt, wie Mr. Bush immer wieder gesagt hat, ein Krieg mit zwei Missionen: den Irak abzurüsten und ihn in eine freie, hoffnungsvolle Gesellschaft zu verwandeln. Das zweite Ziel ist ein Ende, das jeder gerne sehen würde. Doch als eine Nation haben wir gerade erst begonnen, darüber zu sprechen, wie dies erreicht werden sollte. Sogar jetzt, während wir hier zu Hause sitzen und uns Sorgen um den Ausgang der Kampfhandlungen machen, müssen wir anfangen, darüber zu diskutieren, was als Nächstes kommen soll.

Diese öffentliche Diskussion muss bald beginnen, am besten schon morgen. Doch für den Augenblick sind alle unsere anderen Gedanken verstummt. Wir bangen einfach nur um das Wohlergehen jener Männer und Frauen – Söhne und Töchter –, die sich bald schon in den Kampf in der irakischen Wüste stürzen werden.

D117 The Washington Post: First Strike (20.3.2003)

Während amerikanische Streitkräfte ihre ersten Angriffe gegen den Irak durchführten, berichtete Präsident Bush dem Land, dass ein »breit angelegter und abgestimmter Feldzug« gegen Saddam Hussein soeben begonnen hätte. [...]
Militärexperten im Pentagon und von außerhalb sind sich sicher, dass die alliierten Luft- und Bodenstreitkräfte Saddam Husseins Verteidigung werden überwinden können, und es gibt einige, die meinen, dass der Sieg schnell und ohne große Verluste kommen werde. Das hoffen wir natürlich auch. Doch wie Mr. Bush gestern Abend zu Recht gewarnt hat, könnte der Krieg auch »länger und schwieriger werden, als es manche vorhergesagt haben«. Der irakische Widerstand könnte erbittert sein; Saddam Hussein und die Kriegsverbrecher um ihn herum könnten chemische oder biologische Waffen einsetzen oder versuchen, Terroranschläge zu inszenieren. Mehr amerikanische Soldaten könnten getötet oder verwundet werden als in jedem anderen Konflikt seit dem Ende des Kalten Krieges. Einhundertsiebenundvierzig starben im Kampf während des ersten Golfkriegs von 1991, und bisher sind 36 in Afghanistan gestorben; Verluste, die zwar schmerzhaft sind, doch alles in allem relativ gering ausfielen. Es wird mit an Sicherheit grenzender Wahrscheinlichkeit Verluste unter Zivilisten geben, Kollateralschäden und tragische Fehler, wie es sie in jedem Krieg gibt. Selbst nachdem die irakischen Streitkräfte besiegt sind, werden US-Kommandeure vor der schwierigen Aufgabe stehen, die Sicherheit in einem Land aufrechterhalten zu müssen, das von ethnischen Spannungen und lange unterdrückter Wut ob Saddam Husseins brutalem Apparat zerrissen ist. [...]
Doch selbst wenn die Operation nicht reibungslos oder schnell vonstattengehen sollte, so muss sie dennoch weitergehen. Saddam Hussein hat seine Nachbarn und die Vereinigten Staaten seit zwei Jahrzehnten mit Krieg und Massenvernichtungswaffen bedroht; er hat den Waffenstillstand, der den ersten Persischen Golfkrieg beendete, verletzt, und er setzte sich über mehrere Aufforderungen zur Abrüstung durch den Sicherheitsrat der Vereinten Nationen hinweg. Der Krieg, der jetzt begonnen hat, könnte die größte Bedrohung für den Frieden im Nahen Osten beenden; er wird dabei helfen, durchzusetzen, dass es Schurkenstaaten künftig nicht mehr länger erlaubt sein wird, chemische, biologische oder nukleare Waffen gegen den Willen der internationalen Gemeinschaft zu horten. Er wird ebenso die lange leidenden Iraker, die eine der grausamsten und mörderischsten Diktaturen des letzten halben Jahrhunderts erdulden mussten, befreien. Die Tage und Wochen, die vor uns liegen, dürften schwierig werden und die damit

verbundenen Kosten hoch, sowohl für uns Amerikaner als auch für die Iraker. Doch der Lohn, falls Amerika und seine Verbündeten ihre Zusagen werden erfüllen können, wird ebenso groß sein: das Ende eines Despoten, der ein Volk und die ganze Welt schon viel zu lange heimgesucht hat.

D118 Frankfurter Allgemeine Zeitung: Krieg zur Abschreckung (21.3.2003)

Jetzt, da der Krieg gegen den Diktator von Bagdad begonnen hat, ist zu hoffen, dass seine militärischen Ziele schnell erreicht werden: das Niederwerfen und Entwaffnen der irakischen Armee, bei so wenigen Opfern wie möglich. Trotz der Warnung des amerikanischen Präsidenten Bush, dieser Feldzug könne länger dauern und schwieriger werden, als manche sich das vorstellten, ist die Überlegenheit der im und am Persischen Golf aufgestellten amerikanischen Militärmaschinerie, die von einem starken britischen Kontingent unterstützt wird, so enorm, dass die Armee des Iraks zu großräumigen Bewegungen gar nicht kommen wird und deshalb auch wirkliche Schlachten nicht wird liefern können. Ob dann Kämpfe um Bagdad herum, wo Saddam Hussein seine Elitetruppen zusammengezogen hat, glimpflich ablaufen oder ob sich ein Krieg womöglich sogar in der Millionenstadt festfressen könnte, ist eine andere Frage. [...]
Dass dieser Krieg vergleichsweise schnell und ohne große Opfer zu Ende gebracht werden kann, ist auch eine der Voraussetzungen dafür, dass die diplomatischen und politischen Kollateralschäden, die bei den Vereinten Nationen, in der EU und in der Nato entstanden sind, noch bevor der erste Schuss abgefeuert wurde, auf mittlere Frist geheilt werden können. Es ist der amerikanischen Regierung nicht gelungen, der Weltöffentlichkeit zu erklären, warum dieser Krieg wirklich unvermeidlich sei. Was als Ziel einer militärischen Intervention genannt wurde, wechselte immer wieder; weshalb man die diversen Ziele nicht mit anderen Mitteln erreichen könne, wurde letztlich nie zwingend begründet. Selbst amerikanische Kriegsbefürworter haben in den vergangenen Wochen zugestanden, dies sei kein notwendiger, sondern ein gewollter Krieg (»a war of choice, not of necessity«). Um die Kriegsentschlossenheit der Bush-Regierung zu erklären, ist immer wieder auf den »11. September« verwiesen worden, auf jenen Tag, an dem Amerika seine Verletzlichkeit durch Terror erfahren musste im wirtschaftlichen und im politischen Zentrum seiner Zivilisation, in größtem materiellen Ausmaß und in höchster symbolischer Verdichtung. [...] Zuerst mit der Jagd auf Usama bin Laden und sein Terror-Netzwerk Al-Qaida, auf die unmittelbaren Täter von Manhattan und Washington, die das Afghanistan

der Taliban als wichtigste Operationsbasis genutzt hatten, jetzt mit dem Krieg gegen Saddam Hussein, der Massenvernichtungswaffen schon eingesetzt hat und im begründeten Verdacht steht, weiterhin welche zu besitzen oder nach ihnen zu streben, versuchen die Vereinigten Staaten ein neues Abschreckungssystem gegen den Terrorismus zu errichten. [...] Staaten und Regime, die den Terror billigen oder aktiv fördern, sollen wissen, dass sie bereits vorbeugend zur Rechenschaft gezogen werden. Die Befürchtung, welche dieser grimmigen Entschlossenheit zugrunde liegt, ist, dass nichts schlimmer wäre als ein Terrorismus, der über Massenvernichtungsmittel verfügt; (fast) alle Mittel erscheinen erlaubt, um diese Kombination zu verhindern. So ist die alte Abschreckung, die Mittel zur Kriegsverhinderung war, weitergedacht worden; die neue Strategie schließt den Krieg als Instrument der Abschreckung ein.

Die Amerikaner sind da eine riskante Wette eingegangen. [...] Im Nahen Osten könnten neue krisenhafte Instabilitäten entstehen; die bereits bestehenden Spannungen zwischen der islamischen Welt und der westlichen Zivilisation könnten sich zur Konfrontation verschärfen, und diese könnte eine Welle des Rache-Terrorismus freisetzen. Doch die Wochen des Argumentierens sind vorbei. [...] Wenn dieser Krieg – hoffentlich bald – zu Ende ist, muss der Westen die Kräfte bündeln, um einen besseren Irak aufzubauen, materiell wie politisch. Es müssen Spaltungen überwunden werden, die in Europa und in der atlantischen Gemeinschaft entstanden sind. Denn wenn das amerikanisch-europäische Bündnis zerfällt, wenn in diesem Verhältnis nicht bald neue Einigkeit entsteht, werden Sicherheit und Wohlstand aller Schaden nehmen.

D119 Süddeutsche Zeitung: Kreislauf des Zorns (21.3.2003)

Am Ende einer schier endlosen Vorkriegsperiode scheint die Regierung Bush erreicht zu haben, was die Falken in ihrer Mitte von vornherein anstrebten: Es herrscht Krieg im Irak. [...] Von Clausewitz stammt der Satz, dass Krieg nichts anderes sei als ein Duell auf höherer Ebene. In Zeiten der Personalisierung von Politik könnte man fast den Eindruck gewinnen, Clausewitz habe Recht. Bush gegen Saddam – darum geht es ja auch in diesem Krieg. Im Falle des amerikanischen Präsidenten schwingt allemal die Unterstellung mit, der Mann handele ausschließlich aus dem persönlichen Motiv der Sippenrache heraus.

Auch wenn das viel zu kurz springt: Richtig ist, dass aus amerikanischer Perspektive vor allem das System Saddam zum Krieg motivierte. Washington sieht in Saddam den Urvater des Bösen, einen Massenmörder und

Destabilisator. Deshalb stand hinter all den Forderungen nach Abrüstung und Kontrolle vor allem ein Ziel: Der Mann muss weg. [...]
Tatsächlich aber war Amerika nie ehrlich, weil es andere Gründe vorschob, die zu einem Krieg führen sollten: Massenvernichtungswaffen, Terror, Bedrohung der Nachbarn und der eigenen Bevölkerung – der Mix aus Kriegsgründen musste verbergen, dass der eigentliche Anlass für den Krieg völkerrechtlich nur schwer legitimierbar und politisch vermessen ist. Der Wunsch nach dem Regimewechsel ist deshalb auch Ausdruck eines imperialen Gestaltungswillens, wie ihn die Welt nur in den seltensten Momenten der Geschichte erlebt hat.
Diese Erkenntnis hat Amerikas Freunde verbittert. Verbittert hat die Unfähigkeit, zuzuhören; verbittert hat die Unbeweglichkeit; verbittert hat die Kompromisslosigkeit, mit der quasi alle Prinzipien einer funktionierenden Außenpolitik für das eine Ziel geopfert wurden. Hinter der Auseinandersetzung der USA mit dem Diktator von Bagdad lud sich deshalb ein viel größerer Konflikt auf, der die Welt nicht sicherer, sondern instabiler werden lässt. Der Bruch der USA mit ihren Verbündeten und Nicht-Verbündeten in der Vorkriegsphase, die geradezu obsessive Aufblähung einer halbwegs gezähmten Bedrohung, die ständig wechselnden Kriegsziele und Kriegsgründe – diesem Konflikt lastet so viel unseliger Ballast an, dass selbst nach einer schnellen Invasion mit wenig Opfern von einem Frieden keine Rede sein wird.
Zwar stimmt der amerikanische Vorwurf, die meisten europäischen Regierungen, und besonders die deutsche, hätten die Bedrohungen dieser neuen Zeit noch nicht verstanden. Tatsächlich drückt sich ein Großteil Europas vor einer schonungslosen sicherheitspolitischen Analyse und versteckt sich im Windschatten vermeintlich höherer Moral oder Legitimität. Der Kontinent weiß nicht, wie er umgehen soll mit seinem politischen und ökonomischen Gewicht, um die Welt zum Besseren zu wenden.
Amerika indes stellt radikale Fragen und gibt radikale Antworten: Gibt es ein Recht, präventiv eine Gefahr zu bekämpfen, wenn sie sich denn abzeichnet? Darf man eine Diktatur um jeden Preis stürzen? Funktionieren die Vereinten Nationen in ihrer Weltkriegs-II-Konstellation in einer globalisierten Welt? Hilft das Völkerrecht, wenn sich Tyrannen dahinter verstecken und dem Einfluss der Staatengemeinschaft entziehen können? Das Amerika George Bushs gibt Antworten, aber es sind die falschen. [...]
So sehr das nahende Ende des Diktators begrüßt werden muss, so sehr quälen jetzt die Umstände, die zu dem Krieg geführt haben. Dem zweiten amerikanisch-irakischen Krieg fehlt die politische, rechtliche und militärische Grundlage, ihm fehlt auch eine glaubwürdige Vision für die Zeit danach.

Die Risiken des Krieges sind zu groß, die Szenarien für die Zeit danach zu ungewiss. Amerika wird den Atem nicht haben, auf viele Jahre hin im Irak zu bleiben und dort eine stabile, demokratische Regierung aufzubauen. Es wird mit seinem Anspruch scheitern, Frieden und Stabilität zu stiften und als wohlwollender Hegemon akzeptiert zu werden. Vielmehr wird Bush einen Zorn züchten, der Amerika noch lange verfolgen wird.

D120 Los Angeles Times: New Day in Ancient Land (10.4.2003)

Es war ein metallenes Symbol, nicht aus Fleisch und Blut, und doch erinnerte der Sturz der Saddam Hussein-Statue auf dem Firdos Square in Bagdad an die Zurschaustellung der Leiche von Benito Mussolini im Jahre 1945 in Mailand und an die Hinrichtung des rumänischen Diktators Nicolae Ceaușescu und seiner Frau durch ein Exekutionskommando zu Weihnachten im Jahre 1989. So erging es schon immer Tyrannen.

In Bagdad und in anderen Städten, die jetzt von amerikanischen und britischen Truppen kontrolliert werden, entfernte, verunstaltete und zerstörte ein irakischer Mob die Bilder und Statuen von Hussein. Die Erfolge in der Hauptstadt nach nur drei Wochen Krieg sind eine Hommage an die Generäle, die den Feldzug geplant, und an die Feldwebel, die ihn ausgeführt haben.

Zwar mahnen Regierungsbeamte und militärische Kommandeure zur Vorsicht, dass noch einige harte Kämpfe in Teilen Bagdads und besonders im Norden, nahe von Husseins Geburtsstadt Tikrit, bevorstehen könnten. Doch was auch immer die kommenden Tage noch bringen werden, es gibt viel zu jubeln anlässlich all der Dinge, die in den letzten Tagen nicht passiert sind. Der Irak feuerte keine einzige Rakete nach Israel, was vor allem der schnellen militärischen Besetzung der westlichen Wüste zu verdanken ist. [...] Britische und amerikanische Streitkräfte eroberten die südlichen Ölfelder, bevor sie in Brand gesteckt werden konnten. Die Republikanische Garde des Irak, von der Analysten behaupteten, sie hätte hart, wenn auch nicht gerade sehr gut im Persischen Golfkrieg von 1991 gekämpft, tat nicht einmal das. [...]

Es bleibt noch viel zu tun in diesem Krieg, ganz zu schweigen von den Folgen des Krieges. Hussein gefangen zu nehmen oder seinen Tod zu beweisen wäre Bestandteil eines überzeugenden Sieges; das Entkommen von Osama bin Laden und Mullah Mohammed Omar in Afghanistan sorgt nach wie vor für Verdruss. Die Entdeckung von chemischen und möglicherweise biologischen Waffen ist eine politische Notwendigkeit, obgleich dies von der neuerlichen Bereitschaft irakischer Wissenschaftler, den Verbleib dieser

Waffen zu enthüllen, abhängen mag. In den befreiten Gebieten sind Lebensmittel, Wasser und Medikamente dringend von Nöten.
Das bevorstehende diplomatische Ringen um den irakischen Wiederaufbau dürfte höllisch kompliziert werden und mag sowohl die arabische Welt als auch einstmals enge US-Verbündete nachhaltig von uns entfremden. Doch Mittwoch war ein historischer Tag in dem Land, das oftmals als Wiege der Zivilisation betrachtet wird. Es war ein Tag, der – wenn alles auch nur halbwegs richtig in den kommenden Monaten verläuft – vielleicht auf Jahre hinaus im Irak gefeiert wird als das Ende eines Diktators, der sein eigenes Volk vergast, seine Nachbarn überfallen, seine Feinde gefoltert und ermordet und der über drei Jahrzehnte lang Millionen Iraker in Angst und Schrecken gehalten hat.

D121 The New York Times: The Fall of Baghdad (10.4.2003)

Saddam Husseins mörderische Herrschaft war gestern effektiv zu Ende, als sich die Innenstadt von Bagdad dem Zugriff des irakischen Regimes entwand und deren Bürger in die Straßen strömten, um den plötzlichen Zusammenbruch von Mr. Husseins 24-jähriger Diktatur zu feiern. Der Vorfall im Zentrum Bagdads, bei dem feiernde Iraker zusammen mit amerikanischen Marines eine riesige Statue von Mr. Hussein zum Umkippen brachten, mag ein Zeichen dafür sein, dass ein vollständiger militärischer Sieg der Amerikaner im Irak schon innerhalb von Tagen, nicht erst innerhalb von Monaten erreicht werden könnte.
Die Ansichten über diesen Krieg waren von Anfang an verschieden. Nun, da Mr. Husseins Herrschaft beendet wurde, gibt es eine neue Einigkeit unter allen herzensguten Menschen, eine Hoffnung dafür, dass das, was dem irakischen Volk bevorsteht, ein besseres, freieres und gescheiteres Leben sein wird als das Leben, das es bisher hatte. Doch noch während die große Statue des Diktators zu Boden fiel, gab es in den Straßen schon wieder neue Anzeichen der Gefahr. Die Häuser und Büros von Mitgliedern der Baath-Partei auszurauben mag vielleicht einer Bevölkerung angemessen erscheinen, die so lange unter der Fuchtel der Tyrannei lebte. Doch legte der Mob an einigen Schauplätzen ein rücksichtsloses Verhalten an den Tag, und in Bagdad und in Basra griffen die Plünderungen auf Fabriken und Geschäfte über. Es ist offensichtlich, dass die Vereinigten Staaten und Großbritannien schnell agieren müssen, wenn sie einem chaotischen und geschundenen Land Ordnung und Hilfe bringen wollen. [...]
Die dringendste Aufgabe in den besetzten Gebieten des Irak ist es jetzt, in den Städten wieder für Ordnung und Sicherheit zu sorgen, wo der plötzliche

Zusammenbruch der Regierung ein Machtvakuum hinterlassen hat, das die Gesetzlosen regelrecht anzieht. Während der Abwesenheit einer funktionierenden Zivilregierung verfügt eine von ethnischen Spannungen und Hass zerrissene Nation über ein verhängnisvolles Potential für Streit und Blutvergießen. Eine seit langem unterdrückte Bevölkerung hat viele offene Rechnungen zu begleichen. [...]
Kampftruppen tendieren generell dazu, Polizeiarbeit zu vermeiden, doch britische Soldaten haben klugerweise damit begonnen, die Plünderer aufzuhalten und gestohlene Güter in Basra zu konfiszieren, während amerikanische Truppen gestern Fahrzeuge der Vereinten Nationen in Bagdad beschützten. Sobald die Kämpfe erst einmal vorbei sind, kann Militärpolizei eingesetzt werden, um die öffentliche Ordnung aufrechtzuerhalten, während Iraker, die die Verantwortung für Polizeiarbeit und andere Regierungsaufgaben übernehmen würden, vermutlich ebenfalls gefunden werden können. Bis dahin werden einige Kampfeinheiten eben eingreifen müssen, um die Städte vom Abgleiten ins Chaos zu bewahren.
Gestern verglich Verteidigungsminister Donald Rumsfeld die Entwicklungen in Bagdad mit dem Fall der Berliner Mauer. Dieser Vergleich ist ein wenig voreilig. Die Beseitigung von Saddam Husseins Regime kann das erste Kapitel einer positiven und historischen Transformation des Irak sein, aber nur, wenn den militärischen Operationen rasche Anstrengungen zur Stabilisierung, zur Verpflegung und zur medizinischen Versorgung des Landes folgen und die Weichen für einen sich selbst regierenden Irak gestellt werden. Dies ist der Unterschied zwischen einem Eroberungs- und einem Befreiungskrieg.

D122 Die Welt: Bilder des Sieges (10.4.2003)

Diese Bilder werden in die Geschichte eingehen. Sie erinnern an das Jahr 1989, als in Berlin, Warschau, Prag und Budapest die Menschen auf die Straßen strömten, um sich der Freiheit zu erfreuen, die sie so lange entbehren mussten. Ganz Bagdad scheint auf den Beinen, befreit vom Druck der Diktatur, erlöst vom Terror, voller Hoffnung auf eine bessere Zukunft. Auch im Nahen Osten herrscht das Verlangen nach Freiheit und Menschenrechten. Im Irak besteht erstmals die Chance, ihnen Geltung zu verschaffen – zum Wohl des Landes und seiner Menschen, zum Wohl womöglich der gesamten Region.
Die Bundesregierung hat dem keinen bedeutenden Wert beigemessen. Wie in Zeiten der Entspannungspolitik setzte sie ganz auf die Stabilität des Regimes und interessierte sich kaum für die Nöte der Iraker. Jeder

Forderung nach einem Ende der Diktatur stellte sie ein Horrorszenario mit Raketenangriffen auf Israel, Hekatomben von Toten und dem Höllensturz des Nahen Ostens entgegen. Nichts davon ist eingetroffen. Die Bilder von Bagdad belegen es.
Sie werden ausstrahlen auf die arabischen Länder, werden die Nachbarstaaten beeinflussen und die Rolle der Amerikaner im Nahen Osten stärken. Den Irakern wird diese (zeitweilige) amerikanische Präsenz zugute kommen. Trotz aller Probleme, die noch auftreten mögen, werden sie eine demokratische Neuordnung des Landes in einem friedlicheren Nahen Osten erleben. Der Krieg gegen Saddam ist ein Erfolg.

D123 Frankfurter Rundschau: Ein zu hoher Preis (11.4.2003)

Amerikaner und Briten feiern den Sieg über das Regime Saddam Hussein und die Befreiung eines geknechteten Volkes. Deutsche und andere Alt-Europäer begrüßen schmallippig das bevorstehende Ende von Krieg, Tod und Verwüstung. Den einen fällt es schwer, ihren Triumphalismus zu zügeln – der Jubel über den erzielten Erfolg verdrängt den Horror der eingesetzten Mittel. Die anderen bringen nur mit Mühe die Zähne zum Zugeständnis auseinander, dass der Sturz des irakischen Diktators eine erfreuliche Sache sei – weil die Mittel unakzeptabel waren, darf am erreichten Zweck nichts Positives erkennbar sein. Beides ist Rechthaberei, die sich nicht traut.
Die Überprüfung der eigenen Annahmen an den Realitäten ist allerdings keine Rechthaberei. Sie ist ein unabdingbarer Gütetest für Politik. Für die Bundesregierung und die große, in entschiedener Ablehnung des Krieges vereinte Mehrheit der Deutschen gilt das in besonderem Maße: Man traue sich einen kritischen Blick darauf zu werfen, was Verlauf und vorläufiges Ergebnis des Drei-Wochen-Krieges von der eigenen Argumentation übrig lassen. [...]
[Auch] wenn es in den meisten Punkten noch keine Gewissheit gibt, so gibt es drei Wochen nach dem ersten Bombardement doch Erfahrungen und Einsichten, die in jedem Fall wichtige Elemente des noch zu komplettierenden Gesamtbilds sein werden. Denen hat man sich zu stellen, besonders wenn das unvollständige Bild nicht eindeutig ist. Es wird auch nach seiner Vervollständigung zwiespältig bleiben: Dieser Krieg war nicht lang und nicht kurz, seine Dauer lag ungefähr in der Mitte zwischen den »sechs Tagen und sechs Wochen« des Donald Rumsfeld. Er war, militärisch gesehen, weder Spaziergang noch Apokalypse. [...]
Saddam war der panarabische Held der ersten anderthalb Wochen. Am Ende war er nicht mehr als eine langsam vom Sockel sackende lächerliche

Statue. [...] Und die Menschen? Arg- und Wehrlose mussten sterben oder wurden verstümmelt, Arterien ziviler Versorgung wurden zerfetzt, Soldaten von den eigenen Truppen erschossen, Gefangene gequält und gedemütigt. Andererseits: Was an Zahlen bislang verfügbar ist, vor allem die Relation zwischen Bomben und Toten, spricht für die Bemühung der Angreifer, die Bevölkerung zu schonen. Es war eine vieltausendfache Tragödie, aber es war nicht das Inferno.

Was verlangt dieser gemischte Befund von denen, für die dieser Krieg ein Abenteuer war, das niemals hätte begonnen werden dürfen? Er verlangt zunächst einmal die intellektuelle Redlichkeit, ohne Herumgedruckse festzustellen, dass die Beseitigung der Terror-Herrschaft Saddams ein humanitärer Fortschritt ist. Sie eröffnet Irak mindestens die Chance auf eine freiere und auskömmlichere Existenz und befreit die Nachbarn von der latenten Bedrohung durch einen ausgewiesenen und skrupellosen Aggressor.

Wer das sagt, legitimiert damit weder den Krieg noch macht er sich der geistigen Verwandtschaft mit Rumsfeld und seinen Hitler-Saddam-Vergleichen schuldig. Umgekehrt wird ein Schuh draus: Wer es leugnet, schwächt die Einwände gegen den militärischen Exorzismus nach der Methode Bush. Diese Argumente sind nämlich keineswegs widerlegt, nur weil die schlimmsten Szenarien nicht Wirklichkeit geworden sind und ein Irak ohne Saddam besser ist als einer mit. Das Kernargument, die Abwägung von Zweck und Mittel, führt zum selben Ergebnis wie während der Monate vor dem Waffengang. Was Bundeskanzler Gerhard Schröder in seiner Fernsehansprache zu Beginn befürchtete, ist eingetreten: Tausende Unschuldiger sind jämmerlich umgekommen. Das war der Preis, zur Beseitigung einer angeblich akuten, angeblich anders nicht abzuwendenden Bedrohung.

Den Preis hat es gegeben, die Bedrohung, nach allem, was wir derzeit wissen, nicht. Dieser Erfolg war diesen Preis nicht wert. [...]

D124 US-Präsident George W. Bush in einer Rede vor Soldaten an Bord des Flugzeugträgers USS Abraham Lincoln (1.5.2003)

[...] [Meine] lieben amerikanischen Mitbürger: Die Hauptkampfhandlungen im Irak sind beendet. Im Kampf um den Irak haben die Vereinigten Staaten und unsere Verbündeten obsiegt. Und jetzt ist unsere Koalition in der Sicherung und im Wiederaufbau des Landes engagiert. [...]

Wir haben noch schwierige Arbeit im Irak zu erledigen. Wir bringen Ordnung in Teile des Landes, die noch immer gefährlich sind. Wir verfolgen und finden die Anführer des alten Regimes, die für ihre Verbrechen zur Rechenschaft gezogen werden. Wir haben mit der Suche nach versteckten

chemischen und biologischen Waffen begonnen, und schon jetzt wissen wir von Hunderten von Stellen, die noch untersucht werden müssen. Wir helfen dabei, den Irak wiederaufzubauen; dort, wo der Diktator Paläste für sich selbst errichten ließ, anstelle von Krankenhäusern und Schulen. Und wir werden den neuen Anführern des Irak zur Seite stehen, während sie eine Regierung des irakischen Volkes für das irakische Volk gründen. Der Übergang von einer Diktatur zu einer Demokratie braucht Zeit, doch er ist alle Anstrengungen wert. Unsere Koalition wird bleiben, bis unsere Arbeit beendet ist. Danach werden wir gehen, und wir werden einen freien Irak zurücklassen.
Der Kampf um den Irak ist ein Sieg im Krieg gegen den Terror, der am 11. September 2001 begann – und der noch immer anhält. An jenem schrecklichem Morgen gaben 19 bösartige Männer – die Sturmtruppen einer hasserfüllten Ideologie – Amerika und der zivilisierten Welt einen Einblick in ihre Ambitionen. Sie wähnten, dass der 11. September – in den Worten eines Terroristen – »der Anfang vom Ende Amerikas« wäre. Indem sie versuchten, unsere Städte in Schlachtfelder zu verwandeln, glaubten die Terroristen und ihre Verbündeten, sie könnten die Entschlossenheit dieser Nation zerstören und unseren Rückzug aus der Welt erzwingen. Doch sie haben versagt. [...]
Die Befreiung des Irak ist ein wichtiger Fortschritt im Feldzug gegen den Terror. Wir haben einen Verbündeten Al-Qaidas beseitigt, wir haben eine Quelle der Finanzierung des Terrors zum Versiegen gebracht. Und so viel ist sicher: Kein terroristisches Netzwerk wird noch Massenvernichtungswaffen vom irakischen Regime erhalten, denn dieses Regime existiert nicht mehr. In diesen 19 Monaten, die die Welt verändert haben, waren unsere Aktionen fokussiert, wohlüberlegt und dem Angriff angemessen. Wir haben die Opfer des 11. September nicht vergessen – die letzten Telefonanrufe, der kaltblütige Mord an Kindern, die Suche in den Trümmern. Mit jenen Angriffen erklärten die Terroristen und ihre Unterstützer den Vereinigten Staaten den Krieg. Und Krieg haben sie auch bekommen.
Unser Krieg gegen den Terror verläuft nach Prinzipien, die ich allen verdeutlicht habe: Jedwede Person, die in die Ausführung oder Planung terroristischer Anschläge gegen das amerikanische Volk verwickelt ist, ist ein Feind dieses Landes und ein Ziel der amerikanischen Justiz.
Jedwede Person, Organisation oder Regierung, die Terroristen unterstützt, beschützt oder beherbergt, ist am Mord an Unschuldigen beteiligt und trägt damit gleichermaßen Schuld an terroristischen Verbrechen.
Jedweder Schurkenstaat, der Beziehungen zu terroristischen Gruppen pflegt und nach Massenvernichtungswaffen strebt oder diese schon besitzt, ist eine

schwerwiegende Bedrohung für die zivilisierte Welt und wird konfrontiert werden.
Und jeder in der Welt, einschließlich in der arabischen Welt, der für die Freiheit kämpft und dabei Opfer erbringt, hat einen loyalen Freund in den Vereinigten Staaten von Amerika. [...]
Unsere Mission geht weiter. Al-Qaida ist angeschlagen, aber noch nicht zerstört. Die verstreuten Zellen des Terrornetzwerks sind noch immer in vielen Staaten aktiv, und wir wissen von unseren Geheimdiensten, dass sie noch immer Anschläge gegen die freien Völker planen. Die Proliferation tödlicher Waffen bleibt eine ernsthafte Gefahr. Die Feinde der Freiheit sind nicht untätig, aber wir sind das auch nicht. Unsere Regierung hat beispiellose Maßnahmen ergriffen, um unser Heimatland zu verteidigen. Und wir werden auch weiterhin den Feind zur Strecke bringen, bevor er zuschlagen kann.
Der Krieg gegen den Terror ist noch nicht zu Ende; doch ist er auch nicht endlos. Wir kennen den Tag des endgültigen Sieges nicht, doch wir haben eine Gezeitenwende erlebt. Kein terroristischer Akt wird unsere Absichten ändern oder unsere Entschlossenheit schwächen oder deren Schicksal verändern. Ihre Sache ist aussichtslos. Freie Nationen werden auch weiter zum Sieg drängen. [...]

Die amerikanische Besatzung und die Eskalation der Gewalt im Irak

Die Besetzung des Irak, die dem Zusammenbruch des Saddam-Regimes folgte, sollte sich bald als Desaster erweisen.[1] Noch bevor die amerikanische Zivilverwaltung, das »Office for Reconstruction and Humanitarian Assistance« (ORHA) unter Lt. Gen. Jay Garner am 21. April 2003 in Bagdad ihren Dienst aufnahm – knapp zwei Wochen, nachdem die irakische Hauptstadt gefallen war –, hatten im vorherrschenden Machtvakuum umfangreiche Plünderungen eingesetzt. Die US-Armee, eben noch hervorragend aufgestellt im Kampf gegen die irakische Armee und die Republikanischen Garden, zeigte sich nicht fähig, die öffentliche Sicherheit im Irak zu garantieren.[2] Zwar hatte man noch eiligst Posten vor dem irakischen Erdölministerium bezogen, doch das unbewachte Nationalmuseum wurde zur leichten Beute für die Plünderer. Obwohl die Verluste des Museums schlussendlich nicht so schwerwiegend ausfielen, wie zunächst befürchtet,[3] fügten solche Vorkommnisse dem amerikanischen Ansehen im Irak schweren Schaden zu. Auch ansonsten begannen die Amerikaner, das gerade erst gewonnene Vertrauen der Iraker umgehend wieder zu verspielen.

Am 12. Mai traf in Gestalt des Diplomaten L. Paul Bremer bereits Garners Nachfolger in Bagdad ein. Über die Gründe, die zur raschen Demission des Generalleutnants geführt haben, existieren unterschiedliche Versionen. Kritiker hatten Garner vorgeworfen, dass der Wiederaufbau des Landes nur unzureichend vorankomme; gleichzeitig gaben US-Regierungsvertreter zu Protokoll, man hätte ohnehin schon immer vorgehabt, den Posten des obersten Zivilverwalters im Irak über kurz oder lang mit einem Zivilisten zu besetzen.[4] Was auch immer die wahren Gründe für Garners Absetzung gewesen sein mochten, ein Vertrauensbeweis war die rasche Nominierung Bremers jedenfalls nicht. So standen alle Zeichen auf Neuanfang – nicht genug damit, dass das ORHA mit sofortiger Wirkung durch die »Coalition Provisional Authority« (CPA) ersetzt wurde, Bremer selbst verwarf alle Pläne seines Vorgängers für eine rasche Übertragung der Macht an die Iraker.[5] Vor allem war Washingtons neuer Mann nach Bagdad gekommen, um die Reste des alten Regimes restlos zu beseitigen. In einem ersten, symbolträchtigen Schritt verbot Bremer Saddams alte Baath-Partei: Auf einen Schlag gingen den irakischen Behörden somit rund 30 000 Mitarbeiter verloren. Viele von ihnen traten daraufhin dem Untergrund bei. Noch schwerer aber wog Bremers zweite Entscheidung in diesem Zusammenhang, namentlich die Auflösung der irakischen Armee. Die Folge war ein allgemeines Sicherheitsvakuum und eine Ansammlung wütender, junger Männer – mehrere 100000 Köpfe zählend –, die zu allem Überfluss bestens mit Waffen umzugehen verstanden.[6]

Auf diese Weise summierten sich die Fehler der Bush-Administration im Nachkriegsirak, was nicht ohne Folgen für die weitere Entwicklung blieb. Ab Juni 2003 nahm die Zahl der Anschläge gegen die im Irak verbliebenen US-Truppen kontinuierlich zu, bald schon kamen mehr Soldaten seit dem »Ende der Hauptkampfhandlungen« ums Leben als in den Wochen davor. Dabei war es keineswegs so, dass Washington keine Pläne für die Zeit nach Saddam gehabt hätte – gedacht sei etwa an jenen Drei-Phasen-Plan, den der stellvertretende US-Verteidigungsminister Paul Wolfowitz am 10. April im amerikanischen Senat vorstellte[7] –, man ging nur von völlig falschen Voraussetzungen aus. Als besonders verheerend erwies sich die Annahme, dass die amerikanischen Soldaten und ihre Verbündeten im Irak als Befreier empfangen werden würden. Tatsächlich begriffen die Iraker sie überwiegend als Besatzer. Bei den Sunniten, auf die sich das alte Saddam-Regime vor allem gestützt hatte, war das nur logisch, wobei Paul Bremers De-Baathifizierung ein Übriges tat, diese Ansicht zu stärken; doch auch die Schiiten misstrauten den Neuankömmlingen. Sie hatten nicht vergessen, dass der frühere US-Präsident George H.W. Bush sie zunächst, im Gefolge des Golfkriegs von 1991, zum Aufstand gegen Saddam ermuntert hatte, um sie anschließend im Stich zu lassen.[8]

Bald nahm eine verhängnisvolle Entwicklung im Irak ihren Lauf, die jedoch von Anfang an ambivalenter Natur war. Politisch schlug der Irak den Weg einer demokratischen Neuordnung ein – der Konstituierung eines 25-köpfigen Regierungsrats am 13. Juli 2003 folgte die Ausarbeitung einer Übergangsverfassung am 8. März 2004 sowie die Bestellung einer neuen Regierung zum 1. Juni. Erstes Staatsoberhaupt wurde der Sunnit Ghazi al-Yawer, neuer Ministerpräsident der Schiit Iyad Allawi. Flankiert wurde diese Entwicklung – allen Streitigkeiten im Vorfeld des Irakkriegs zum Trotze – von einem Großteil der internationalen Staatengemeinschaft, deren Bemühungen ihren Niederschlag in mehreren wegweisenden UN-Resolutionen fanden. Am 22. Mai 2003 verabschiedete der UN-Sicherheitsrat Resolution 1483, worin die sofortige Aufhebung aller wirtschaftlichen und finanziellen Sanktionen gegen den Irak beschlossen wurde. → D126 Resolution 1511 vom 16. Oktober erteilte einer multinationalen Truppe unter US-Führung das Mandat zur »Aufrechterhaltung der Sicherheit und

Stabilität im Irak«. → **D129** Das war schon bemerkenswert, zumal die Vereinten Nationen damit de facto die Anwesenheit der Amerikaner im Irak erstmals völkerrechtlich überhaupt legitimierten; Resolution 1441 war in dieser Hinsicht ja höchst umstritten gewesen. Resolution 1546 vom 8. Juni 2004 → **D133** schließlich bestätigte die Bildung einer souveränen Interimsregierung im Irak und betonte, dass der Verbleib der multinationalen Truppe im Irak dem ausdrücklichen Wunsch der irakischen Regierung entspreche.[9] Die formale Übergabe der Macht erfolgte schließlich, zwei Tage früher als ursprünglich vorgesehen, am 28. Juni; damit war der Irak offiziell wieder ein souveräner Staat. Freilich einer, dessen Überleben bis auf Weiteres vom Verbleib der mehr als 100 000 US-Streitkräfte im Land abhing. Denn obwohl der Irak auf dem Papier alle Hürden für eine demokratische Neuordnung nahm – tatsächlich fanden am 30. Januar 2005 die ersten Wahlen zu einer irakischen Nationalversammlung statt –, fehlte dem Land zwischen Euphrat und Tigris die entscheidende Voraussetzung für ein funktionierendes Staatengebilde: öffentliche Sicherheit. Sunniten gegen Schiiten, Schiiten gegen Sunniten und mittendrin die Amerikaner – der Irak versank mehr und mehr im Bürgerkrieg. Vereinzelte Hoffnungsschimmer, wie jener 13. Dezember 2003, an dem US-Soldaten den flüchtigen Saddam Hussein aus einem Erdloch zogen, verblassten folgenlos. Anfang April 2004 – im Irak eskalierten gerade die Kämpfe rund um die Stadt Falludscha – sprach der einflussreiche US-Senator Edward M. Kennedy in einer Rede vor der Brookings Institution, einem Washingtoner Think Tank, erstmals öffentlich aus, was viele seiner Landsleute schon länger dachten: »Der Irak ist George Bushs Vietnam.«[10]

Während die Sicherheitslage im Irak immer prekärer wurde, deutete sich gleichzeitig eine Entspannung im deutsch-amerikanischen Verhältnis an.[11] Den Höhe- und zugleich Wendepunkt im transatlantischen Streit hatte der dreiwöchige Krieg vom Beginn der Luftschläge am 20. März 2003 bis zum Fall Bagdads am 9. April markiert. Zweierlei Aspekte hatten diesen Wandel begünstigt: Zum einen war der Kern des Streits, nämlich der um die weitere Vorgehensweise im Irak, einfach obsolet geworden – mit dem Beginn der Luftangriffe hatten die Amerikaner die Staatengemeinschaft vor vollendete Tatsachen gestellt. Zum anderen verlief der Krieg weitaus glimpflicher, als es viele Kriegsgegner noch im Vorfeld prophezeit hatten. Weder blieb die US-Armee im Wüstensand stecken noch kam es zu einem blutigen Häuserkampf rund um Bagdad und schon gar nicht setzte der Irak seine – im Übrigen gar nicht vorhandenen – Massenvernichtungswaffen ein. Binnen drei Wochen war eines der brutalsten Regime im Nahen und Mittleren Osten gestürzt worden und das bei vergleichsweise geringen

Opferzahlen. Mit dem schnellen Sieg aber kamen die Probleme und bald schon war die US-Administration bestrebt, die Lasten des Irakkriegs auf zusätzliche Schultern zu verteilen.[12] Da wäre eine konfrontative Haltung, selbst den früheren Gegnern des Krieges gegenüber, in hohem Maße kontraproduktiv gewesen.

Deutschland wiederum hatte im Gegenzug ebenfalls kein wirkliches Interesse daran, den wichtigsten Verbündeten im Irak scheitern zu sehen und so sicherte der deutsche Bundeskanzler am 18. September einen deutschen Beitrag zum Wiederaufbau zu.[13] Noch bevor Schröder am 24. September in New York mit dem US-Präsidenten zusammentraf und beide Seiten die Streitigkeiten der jüngeren Vergangenheit für beendet erklärten → D128, hatte Bush seinem Gast den roten Teppich ausgerollt und in einem Interview mit Fox News vom 22. September Verständnis für die deutsche Haltung im Irakkrieg geäußert. »Ich glaube, dass er [= Schröder; J. G.] in einen Wahlkampf geriet und dass die Deutschen im Grunde genommen Pazifisten sind, weil sich viele noch immer an die Erfahrungen des Zweiten Weltkriegs erinnern«, so die etwas gewagte Hypothese des US-Präsidenten. → D127

Dieses Aufeinanderzugehen fand seinen vorläufigen Abschluss in Gestalt der deutsch-amerikanischen Erklärung, die Bush und Schröder gemeinsam Ende Februar 2004 in Washington der Öffentlichkeit vorstellten. → D130 Das Papier betonte demonstrativ die gemeinsame Interessenlage beider Staaten, gerade auch in Bezug auf den Irak. Obwohl die bilateralen Arbeitsbeziehungen nachher wieder als »normal« gelten durften, blieb ein Langzeitschaden im Vertrauensverhältnis beider Regierungen zueinander unübersehbar. Die »Chemie« zwischen Schröder und Bush war seit dem Zerwürfnis über den Irak nachhaltig gestört, hier sollte erst ein Regierungswechsel Abhilfe schaffen.

Der Irakkrieg aber, genauer: der »Krieg nach dem Krieg«, entwickelte sich derweil mehr und mehr zu einer »self-fulfilling prophecy«: Während das Saddam-Regime – im Gegensatz etwa zum Afghanistan der Taliban – den Terroristen um Osama bin Laden gerade keinen Unterschlupf geboten hatte, kämpften im Nachkriegsirak längst auch Vertreter der Al-Qaida.[14] Ende 2004 war der Irak auf dem besten Weg, ein »failed state« zu werden.

Deutsche Außenpolitik

D125 Frankfurter Allgemeine Zeitung: Am Ende einer Entdeckungsreise (26.9.2003)

[...] Die Rebellion Schröders gegen den Kriegskurs und den Führungsanspruch Amerikas war in Deutschland als hochmoralische Tat, vor allem aber als überfälliger Akt der nationalen Emanzipation gefeiert worden. Schröder, der dieser Interpretation Vorschub leistete, entschied damit eine eigentlich schon verlorene Bundestagswahl noch für sich. Doch was hat Deutschland in den vergangenen sechzehn Monaten auf dem »deutschen Weg« erreicht und gewonnen, das jetzt [...] zu preisen wäre?
Auch mit höchstem Einsatz konnte Berlin den Krieg, den es für unnötig, falsch und gefährlich hielt, nicht verhindern. In Washington stürzte es offenbar niemanden in Selbstzweifel, dass viele der deutschen Urteile – etwa über die Bedrohung durch Saddam Hussein oder über die Schwierigkeiten im Nachkriegsirak – der Wirklichkeit offenbar näher waren als die der Amerikaner, mancher wird sich auch an die apokalyptischen Prophezeiungen aus Berlin erinnern, die nicht wahr wurden. Die Kursänderung Washingtons hin zu einer stärkeren Einbeziehung der Vereinten Nationen in die Errichtung eines demokratischen Staates im Zweistromland ist ebenfalls nicht europäischer oder gar nur deutscher Widerspenstigkeit geschuldet, sondern der Erfahrung der Bush-Administration, dass Amerika diese Aufgabe alleine nicht schultern kann. [...]
Deutschlands Einfluss in der Welt ist durch die Machtprobe mit Amerika nicht gewachsen. Darüber kann auch das herzliche Getue zwischen Schröder und Chirac nicht hinwegtäuschen. Die »entente cordiale« zwischen Paris und Berlin offenbarte im Gegenteil, wie schnell eine Mittelmacht wie Deutschland in neue Abhängigkeiten hineingezogen wird, wenn es die fein austarierte Balance seiner Bündnispolitik aufgibt. Jeder Pakt hat seinen Preis. Die Koalition mit Frankreich, das auf Gegenmachtbildung aus war, fraß umgehend den Bewegungsspielraum auf, den die rot-grüne Koalition nach dem Ausscheren aus dem amerikanischen Kielwasser erlangt haben wollte. Die Regierung Schröder missachtete nicht nur den von ihr hochgehaltenen Leitsatz deutscher Außenpolitik, sich von niemandem zur Wahl zwischen Amerika und Frankreich zwingen zu lassen; sie hat sich auch noch selbst zum Wählen gezwungen. [...]
Es ist viel Porzellan zerschlagen worden auf der Entdeckungsreise zu den Grenzen des außenpolitischen Einflusses Berlins. [...] Ein Konzept für eine deutsche Außenpolitik, das die Interessen des Landes definiert, seine

Möglichkeiten richtig beurteilt und die realen Machtverhältnisse in den internationalen Beziehungen zur Kenntnis nimmt, ist auf den Barrikaden des neuen deutschen Selbstbewusstseins aber noch nicht entstanden. [...] Mit Antiamerikanismus mag man in Deutschland bis weit in das bürgerliche Lager hinein Wahlen gewinnen können; ein außenpolitisches Konzept ist er nicht. Ziel deutscher Außenpolitik muss es sein, den wichtigsten Akteur der Staatengemeinschaft, der unerlässliche Ordnungsaufgaben für sie wahrnimmt und der die Agenda der Weltpolitik bestimmt, im Sinne deutscher Interessen zu beeinflussen. Nach einem Blick auf die vergangenen sechzehn Monate müssten der Kanzler und sein Außenminister immerhin wissen, wie man das nicht macht.

UN und internationale Beziehungen

D126 Resolution 1483 des Sicherheitsrats der Vereinten Nationen (22.5.2003)

Der Sicherheitsrat, [...]
in Bekräftigung der Souveränität und territorialen Unversehrtheit Iraks, [...]
betonend, dass das irakische Volk das Recht hat, seine eigene politische Zukunft frei zu bestimmen und seine eigenen natürlichen Ressourcen zu kontrollieren, *unter Begrüßung* der Zusage aller beteiligten Parteien, die Schaffung eines Umfelds zu unterstützen, in dem es dies so rasch wie möglich tun kann, und *entschlossen,* dass der Tag, an dem die Iraker sich selbst regieren, schnell kommen muss, [...]
feststellend, dass die Situation in Irak trotz Verbesserungen nach wie vor eine Bedrohung des Weltfriedens und der internationalen Sicherheit darstellt,
tätig werdend nach Kapitel VII der Charta der Vereinten Nationen,
1. *ruft* die Mitgliedsstaaten und die in Betracht kommenden Organisationen *auf,* dem irakischen Volk bei seinen Bemühungen um die Reform seiner Institutionen und den Wiederaufbau seines Landes behilflich zu sein und im Einklang mit dieser Resolution zu Bedingungen der Stabilität und der Sicherheit in Irak beizutragen;
2. *fordert* alle Mitgliedsstaaten, die dazu in der Lage sind, *auf,* umgehend auf die humanitären Appelle der Vereinten Nationen und anderer internationaler Organisationen zugunsten Iraks zu reagieren und zur Deckung des humanitären und sonstigen Bedarfs des irakischen Volkes beizutragen, indem sie Nahrungsmittel, medizinische Versorgungsgüter sowie die

notwendigen Ressourcen für den Wiederaufbau und die Wiederherstellung der wirtschaftlichen Infrastruktur Iraks zur Verfügung stellen;

3. *ruft* die Mitgliedsstaaten *auf,* denjenigen Mitgliedern des früheren irakischen Regimes, die mutmaßlich für Verbrechen und Gräueltaten verantwortlich sind, sichere Zufluchtsorte zu verwehren und Maßnahmen, um sie vor Gericht zu bringen, zu unterstützen;

4. *fordert* die Behörde* *auf,* im Einklang mit der Charta der Vereinten Nationen und anderen einschlägigen Regeln des Völkerrechts das Wohl des irakischen Volkes durch die wirksame Verwaltung des Hoheitsgebiets zu fördern, indem sie insbesondere auf die Wiederherstellung von Bedingungen der Sicherheit und Stabilität sowie auf die Schaffung von Bedingungen hinarbeitet, in denen das irakische Volk seine eigene politische Zukunft frei bestimmen kann; [...]

9. *unterstützt* die Bildung einer irakischen Interimsverwaltung durch das irakische Volk mit Hilfe der Behörde [...] als eine von Irakern geleitete Übergangsverwaltung, bis das Volk Iraks eine international anerkannte, repräsentative Regierung einsetzt, welche die Verantwortlichkeiten der Behörde übernimmt;

10. *beschließt,* dass mit Ausnahme der Verbote in Bezug auf den Verkauf oder die Lieferung von Rüstungsgütern und sonstigem Wehrmaterial an Irak, ausgenommen Rüstungsgüter und sonstiges Wehrmaterial, die von der Behörde für die Zwecke dieser und anderer damit zusammenhängender Resolutionen benötigt werden, alle Verbote in Bezug auf den Handel mit Irak und die Bereitstellung von Finanzmitteln oder wirtschaftlichen Ressourcen für Irak, die mit Resolution 661 (1990) und späteren einschlägigen Resolutionen, namentlich Resolution 778 (1992) vom 2. Oktober 1992, verhängt wurden, nicht mehr anwendbar sind; [...]

26. *fordert* die Mitgliedsstaaten und die internationalen und regionalen Organisationen *auf,* zur Durchführung dieser Resolution beizutragen;

27. *beschließt,* mit dieser Angelegenheit befasst zu bleiben.

Auf der 4761. Sitzung mit 14 Stimmen ohne Gegenstimme verabschiedet.
Ein Mitglied (Syrische Arabische Republik) nahm nicht an der Abstimmung teil.

D127 US-Präsident George W. Bush in einem Interview mit Fox News (22.9.2003)

Frage: [...] Was ist mit den Deutschen passiert? Hatten Sie Kontakt mit Schröder? Was ist dort los?

---

* Gemeint ist die »Coalition Provisional Authority«, kurz: CPA.

Bush: Ich hatte bisher noch keine Chance, ihn zu besuchen. Doch das werde ich. [...] Ich freue mich darauf, mit ihm zu sprechen. Ich glaube, dass – also eigentlich müsste er diese Frage eher beantworten als ich – aber ich glaube, dass er in einen Wahlkampf geriet und dass die Deutschen im Grunde genommen Pazifisten sind, weil sich viele noch immer an die Erfahrungen des Zweiten Weltkriegs erinnern. Und vielleicht haben sie in Saddam Hussein keine so schlechte Person gesehen, wie es viele andere taten. Aber, trotz allem – und er traf die Entscheidung, keine Truppen zu schicken – sind sie beispielsweise bereit, Polizisten im Irak zu trainieren. Sie übernehmen eine aktive Rolle in Afghanistan. Und ich weiß diese Unterstützung zu schätzen. [...]

D128 US-Präsident George W. Bush und Bundeskanzler Gerhard Schröder (SPD) vor Journalisten in New York (24.9.2003)

Bush: [...] Gerhard und ich hatten gerade ein sehr gutes Treffen. Das Erste, was ich ihm gesagt habe, war, schau mal, wir hatten unsere Unterschiede, aber die sind jetzt vorbei, und wir werden zusammenarbeiten. Und ich glaube, dass, wenn Deutschland und Amerika zusammenarbeiten, wir eine Menge positiver Dinge erreichen können. Wir sind beide der Freiheit verpflichtet; wir sind beide dem Frieden verpflichtet; wir sind beide dem Wohlergehen unserer Völker verpflichtet. Und ich habe es Gerhard nochmals bestätigt, dass die Beziehungen zwischen Amerika und Deutschland dieser Regierung sehr wichtig sind. Ich habe das mehrmals gesagt. Ich sagte es vor dem Bundestag, und ich wiederholte es heute nochmal in Gegenwart des Kanzlers.

Wir werden in Afghanistan zusammenarbeiten. Ich schätze seine Anstrengungen, dem Irak dabei zu helfen, ein friedliches, stabiles und demokratisches Land zu werden. Wir sprachen über den Nahen Osten. Wir sprachen über unsere Sorgen bezüglich der Proliferation von Massenvernichtungswaffen. Kurz gesagt, sprachen wir über die Dinge, die wir zusammen unternehmen können, um der Menschheit zu nützen. Und ich bin sehr glücklich, dass wir dieses Treffen heute hatten. [...]

Schröder: Ich kann im Prinzip nur das kommentieren und in vollem Umfang bestätigen, was der Präsident gerade gesagt hat. [...] Ich kann nicht verhehlen, dass ich in der Tat sehr erfreut war, dass der Präsident den Beitrag, den Deutschland in Afghanistan leistet, zu schätzen weiß. Wir bemühen uns sehr, diesen Beitrag zu einem nachhaltigen Beitrag zu machen, und ich glaube, dass unsere Leute dort vor Ort einen guten Job machen. Und deshalb muss ich sagen, dass ich sehr stolz auf die Arbeit bin, die sie für uns und uns alle zusammen dort leisten.

Wir setzten dann unser Gespräch über die Lage im Irak fort, und in der Tat sind wir beide der Meinung, dass die Differenzen, die in der Vergangenheit existiert haben, jetzt vergangen und beiseite gelegt sind. Wir stimmen beide darin überein, dass wir fortan in eine gemeinsame Zukunft blicken wollen. Und ich möchte wiederholen, dass Deutschland ein sehr starkes, ja ein persönliches Interesse sowohl an einem stabilen und demokratischen Irak hat als auch an einer Entwicklung, die dazu führt. Dies ist sehr wichtig, nicht nur für den Irak allein, sondern auch für die gesamte Region, für Deutschland und deshalb auch für Europa.

Wir haben ganz gewiss die Tatsache betont, und ich habe dies dem Präsidenten einmal mehr selbst gesagt, wie gern wir uns beteiligen und im Rahmen unserer Ressourcen, die wir haben, helfen würden. Wir könnten uns sehr gut vorstellen, dass wir beim Training von Sicherheitskräften behilflich sind, sei es nun die Einübung polizeilicher Funktionen oder eine Form von militärischer Funktion. Wir haben die Kapazitäten dafür in Deutschland, und wir würden sie sehr gerne zu diesem Zweck zur Verfügung stellen.

D129 Resolution 1511 des Sicherheitsrats der Vereinten Nationen (16.10.2003)

Der Sicherheitsrat, [...]
unterstreichend, dass die Souveränität Iraks beim irakischen Staat liegt, *bekräftigend*, dass das irakische Volk das Recht hat, seine eigene politische Zukunft frei zu bestimmen und seine eigenen natürlichen Ressourcen zu kontrollieren, *erneut* auf seine Entschlossenheit *hinweisend*, dass der Tag, an dem die Iraker sich selbst regieren, schnell kommen muss, und *anerkennend*, wie wichtig die internationale Unterstützung ist, insbesondere die der Länder in der Region, der Nachbarn Iraks sowie der Regionalorganisationen, um diesen Prozess rasch voranzubringen, [...]
feststellend, dass die Situation in Irak trotz Verbesserungen nach wie vor eine Bedrohung des Weltfriedens und der internationalen Sicherheit darstellt, *tätig werdend* nach Kapitel VII der Charta der Vereinten Nationen,
1. *bekräftigt* die Souveränität und territoriale Unversehrtheit Iraks und unterstreicht in diesem Zusammenhang den vorübergehenden Charakter der Ausübung der in Resolution 1483 (2003) → **D126** anerkannten und festgelegten spezifischen Verantwortlichkeiten, Befugnisse und Verpflichtungen nach dem anwendbaren Völkerrecht durch die Provisorische Behörde der Koalition (»Behörde«), die erlöschen werden, sobald eine vom irakischen Volk eingesetzte international anerkannte, repräsentative Regierung vereidigt wird und die Verantwortlichkeiten

der Behörde übernimmt, unter anderem durch die in den nachstehenden Ziffern 4 bis 7 sowie 10 vorgesehenen Maßnahmen; [...]

3. *unterstützt* die Anstrengungen des Regierungsrats zur Mobilisierung des irakischen Volkes, namentlich durch die Ernennung eines Ministerkabinetts und eines vorbereitenden Verfassungsausschusses, die einen Prozess leiten sollen, in dem das irakische Volk schrittweise seine eigenen Angelegenheiten in die Hand nehmen wird;
4. *beschließt*, dass der Regierungsrat und seine Minister die Hauptorgane der irakischen Interimsverwaltung bilden, die, unbeschadet ihrer weiteren Entwicklung, während der Übergangszeit die Souveränität des Staates Irak verkörpert, bis eine international anerkannte, repräsentative Regierung eingesetzt wird und die Verantwortlichkeiten der Behörde übernimmt;
5. *bekräftigt*, dass die Verwaltung Iraks schrittweise von den entstehenden Strukturen der irakischen Interimsverwaltung übernommen werden wird;
6. *fordert* die Behörde in diesem Zusammenhang *auf*, die Regierungsverantwortung und -befugnisse so bald wie möglich wieder an das irakische Volk zu übergeben, und ersucht die Behörde, gegebenenfalls in Zusammenarbeit mit dem Regierungsrat und dem Generalsekretär, dem Sicherheitsrat über die erzielten Fortschritte Bericht zu erstatten;
7. *bittet* den Regierungsrat, in Zusammenarbeit mit der Behörde und, soweit die Umstände es zulassen, dem Sonderbeauftragten des Generalsekretärs, dem Sicherheitsrat spätestens bis zum 15. Dezember 2003 einen Zeitplan und ein Programm für die Ausarbeitung einer neuen Verfassung für Irak und für die Abhaltung demokratischer Wahlen im Rahmen dieser Verfassung zur Prüfung vorzulegen; [...]
10. *nimmt Kenntnis* von der Absicht des Regierungsrats, eine Verfassungskonferenz abzuhalten, und fordert in der Erkenntnis, dass die Abhaltung der Konferenz ein Meilenstein auf dem Wege zur vollen Ausübung der Souveränität sein wird, dazu auf, so bald wie möglich die entsprechenden Vorbereitungen im Wege eines nationalen Dialogs und der Konsensbildung zu treffen, und *ersucht* den Sonderbeauftragten des Generalsekretärs, dem irakischen Volk bei der Abhaltung der Konferenz oder, soweit die Umstände es zulassen, in diesem politischen Übergangsprozess die einzigartige Fachkompetenz der Vereinten Nationen zur Verfügung zu stellen, namentlich bei der Festlegung von Wahlprozessen; [...]
13. *stellt fest*, dass die Gewährleistung von Sicherheit und Stabilität von wesentlicher Bedeutung für den erfolgreichen Abschluss des in Ziffer 7 umrissenen politischen Prozesses sowie für die Fähigkeit der Vereinten

Nationen ist, einen wirksamen Beitrag zu diesem Prozess und zur Durchführung der Resolution 1483 (2003) zu leisten, und *ermächtigt* eine multinationale Truppe unter einer gemeinsamen Führung, alle erforderlichen Maßnahmen zu ergreifen, um zur Aufrechterhaltung der Sicherheit und Stabilität in Irak beizutragen, namentlich zu dem Zweck, die erforderlichen Bedingungen für die Umsetzung des Zeitplans und des Programms zu gewährleisten, und um zur Sicherheit der Hilfsmission der Vereinten Nationen für Irak, des Regierungsrats und anderer Institutionen der irakischen Interimsverwaltung sowie wesentlicher humanitärer und wirtschaftlicher Infrastruktureinrichtungen beizutragen;

14. *fordert* die Mitgliedsstaaten nachdrücklich *auf*, für die in Ziffer 13 genannte multinationale Truppe im Rahmen dieses Mandats der Vereinten Nationen Unterstützung bereitzustellen, einschließlich militärischer Kräfte;

15. *beschließt*, dass der Rat den Bedarf und die Mission der in Ziffer 13 genannten multinationalen Truppe spätestens ein Jahr nach dem Datum dieser Resolution überprüfen wird und dass das Mandat der Truppe in jedem Fall mit der Vollendung des in den Ziffern 4 bis 7 sowie in Ziffer 10 beschriebenen politischen Prozesses enden wird, und *bekundet* seine Bereitschaft, bei dieser Gelegenheit unter Berücksichtigung der Auffassungen einer international anerkannten repräsentativen Regierung Iraks zu prüfen, ob es notwendig ist, die multinationale Truppe weiterbestehen zu lassen; [...]

25. *ersucht* die Vereinigten Staaten von Amerika, im Namen der in Ziffer 13 beschriebenen multinationalen Truppe dem Sicherheitsrat nach Bedarf und mindestens alle sechs Monate über die Anstrengungen der Truppe und über die von ihr erzielten Fortschritte Bericht zu erstatten;

26. *beschließt*, mit der Angelegenheit befasst zu bleiben.

Auf der 4 844. Sitzung einstimmig verabschiedet.

D130 Gemeinsame Erklärung von US-Präsident George W. Bush und Bundeskanzler Gerhard Schröder (SPD) (27.2.2004)

Heute würdigen wir die tiefgehende Freundschaft zwischen dem deutschen und dem amerikanischen Volk. Die Opfer zweier Generationen und die visionäre Führungsstärke unserer Vorfahren schufen die Voraussetzungen für ein geeintes, freies und friedliches Europa zu Beginn des 21. Jahrhunderts. Wir erneuern unsere Entschlossenheit, untereinander und mit unseren Freunden und Bündnispartnern in Europa und darüber hinaus zusammenzuarbeiten, um eine sicherere, wohlhabendere und gerechtere Welt zu schaffen. Wir bekennen uns zur Stärkung der transatlantischen Beziehungen

und handeln mit dem gemeinsamen Ziel, die vor uns liegenden Herausforderungen zu bewältigen.
Grundlage der deutsch-amerikanischen Beziehungen ist nach wie vor unser gemeinsames Bekenntnis zu den Werten der Freiheit, Demokratie und Rechtsstaatlichkeit und zu wirtschaftlichen Chancen und wirtschaftlichem Wohlstand durch freie und offene Märkte. Diese sind von grundlegender Bedeutung für unsere eigenen Gesellschaften und für unsere gemeinsamen Anstrengungen zur Bewältigung der großen Herausforderungen eines neuen Zeitalters: des Geflechts der Bedrohungen, die von Terrorismus, Massenvernichtungswaffen, Tyrannei, Armut, mangelnden Chancen und gewaltsamem Extremismus ausgehen.
In diesem Geiste verpflichten wir unsere Völker auf ein ehrgeiziges Ziel, das in unseren gemeinsamen Werten und unserer gemeinsamen Erfahrung verwurzelt ist: die Förderung von Frieden, Demokratie, Menschenwürde, Rechtsstaatlichkeit, wirtschaftlichen Chancen und Sicherheit im Nahen und Mittleren Osten. Furcht und Ressentiments müssen durch Freiheit und Hoffnung ersetzt werden. [...]
Wir verpflichten uns, die internationalen Anstrengungen zu verstärken, um den Menschen in Afghanistan bei der Wiederherstellung von Frieden und Sicherheit in ihrer Nation zu helfen [...]. Wir begrüßen die Einigung auf eine neue Verfassung für Afghanistan und legen besonderen Wert darauf, dass die Voraussetzungen für freie, faire und friedliche Wahlen in Afghanistan noch in diesem Jahr geschaffen werden.
Wir sind uns einig in der Unterstützung eines freien Irak: einer sicheren, geeinten, demokratischen und in vollem Umfang souveränen Nation, die in Frieden mit sich selbst und ihren Nachbarn lebt und einen Beitrag zu Frieden und Stabilität in der Welt leistet. Wir begrüßen und unterstützen die unverzichtbare und wachsende Rolle der Vereinten Nationen im Irak und hoffen auf die Übergabe der Souveränität an eine neue irakische Regierung am 1. Juli 2004. [...]
Wir bekräftigen unser Bekenntnis zur NATO als Anker unserer gemeinsamen Verteidigung und als ein wesentliches Forum für transatlantische Konsultationen. Wir betonen unsere Unterstützung für den laufenden Prozess der europäischen Integration und heben hervor, wie wichtig es ist, dass Europa und Amerika als Partner in einer Wertegemeinschaft zusammenarbeiten. Wir begrüßen die historische Erweiterung sowohl der NATO als auch der Europäischen Union in diesem Frühjahr, die uns unserem Ziel näher bringt, Jahrzehnte der Teilung in Europa endgültig zu überwinden.
Mit einer Agenda für gemeinsames Handeln wird sich das deutsch-amerikanische Bündnis als ebenso wichtig für die Förderung von Frieden,

Sicherheit und Wohlstand im 21. Jahrhundert erweisen, wie es dies in der zweiten Hälfte des 20. Jahrhunderts war.

D131 Bundeskanzler Gerhard Schröder (SPD) in einem Interview mit der Washington Post (29.2.2004)

Frage: Ist der Krieg zwischen Ihnen und Präsident Bush vorbei?
Schröder: Wir hatten niemals einen Krieg. Was wir hatten, war eine Meinungsverschiedenheit. Doch wir haben diese überwunden und entschieden, nicht länger auf der Vergangenheit herumzureiten, sondern stattdessen uns auf die Gegenwart und auf die Zukunft zu konzentrieren. Und soweit es den Irak angeht, sind wir beide an der Schaffung eines stabilen und demokratischen Irak interessiert.
Frage: Wie wird Deutschland dazu beitragen?
Schröder: Wir tun dies bereits in mehrfacher Hinsicht. Erstens helfen wir beim Wiederaufbau des Landes, indem wir in die Infrastruktur investieren und die Wasserversorgung wiederherstellen. Im März werden wir damit beginnen, irakische Polizisten in den Vereinigten Arabischen Emiraten gemeinsam mit Japan und Frankreich zu trainieren.
Ich möchte Sie auch an das starke Engagement in Afghanistan erinnern, das wir bisher an den Tag gelegt haben und das wir auch künftig fortführen werden. Der Präsident hat unsere dortige Zusammenarbeit ausdrücklich anerkannt. Ferner stimmten wir auch dahingehend überein, dass es eine Art des internationalen Lastenausgleichs geben sollte, so dass wir die Arbeit aufteilen können, wenn es um die Bewältigung solcher Aufgaben wie den Irak und Afghanistan geht.
Frage: Berichten zufolge hätten Sie und Präsident Bush sich gut verstanden, als er im Frühling 2002 Deutschland besuchte. Doch im August des gleichen Jahres begannen Sie damit, harsche Bemerkungen über den bevorstehenden Krieg im Irak abzugeben. Was war geschehen?
Schröder: Ich habe großen Wert darauf gelegt, niemals persönlich geworden zu sein. Es gab eine Meinungsverschiedenheit bezüglich der Notwendigkeit des Krieges und den Begründungen für den Krieg.
Frage: Mitglieder der US-Administration berichten, dass der Präsident geglaubt habe, Sie hätten ihm während derselben Reise im Frühling 2002 erzählt, dass sie den Krieg im Irak nicht unterstützen würden, ihn aber auch nicht untergraben würden. War das auch Ihre Auffassung?
Schröder: Ich möchte nicht über Einzelheiten des Treffens reden, das ich mit dem Präsidenten hatte. Beide Seiten haben sich ihre Notizen gemacht, und ich spreche auf der Basis meiner Unterlagen.

Frage: Also Ihrer Auffassung zufolge haben Sie dem Präsidenten keine derartige Zusage gegeben?
Schröder: Wir haben keinerlei Zusagen gemacht. Wir hatten Gespräche. Wir trafen uns und sprachen miteinander.
Frage: Besteht die Möglichkeit, dass Deutschland Truppen in den Irak entsenden würde, nachdem sich die USA aus dem Irak zurückgezogen haben und eine irakische Übergangsregierung die Macht übernommen hat und auch die Vereinten Nationen eine stärkere Rolle spielen? Eventuell nachdem eine NATO-geführte Streitmacht im Irak einrücken würde?
Schröder: Wir haben uns dafür entschieden, uns im Irak nicht militärisch zu engagieren. Wir stehen zu dieser Entscheidung – sie hat sowohl mit den begrenzten Ressourcen unseres Landes zu tun als auch mit der Tatsache, dass ich niemals in der Lage wäre, eine Mehrheit im Bundestag davon zu überzeugen, eine derartige militärische Operation zu unterstützen. [...]
Frage: Haben Sie das Gefühl, dass die guten Beziehungen zwischen Ihnen und dem Präsidenten wiederhergestellt sind?
Schröder: Ich glaube, dass wir eine gut funktionierende Beziehung haben, und der Präsident und ich gehen in einer Atmosphäre miteinander um, die ziemlich genau den Erwartungen unserer beiden Völker entspricht. Insofern bin ich sehr zufrieden mit meinem Besuch.

D132 Die Welt: »Bush ist dumm und böse« (21.4.2004)

Das Weltbild des durchschnittlichen Deutschen im Jahr 2004 in sieben Sätzen: Bush ist dumm und böse. Der Irak ist das neue Vietnam. Amerika macht fast alles falsch. Scharon ist am Palästinenserterror selbst schuld. Israel hat uns den ganzen Schlamassel eingebrockt. Deutschland hat sich Gott sei Dank rausgehalten. Jetzt müssen wir nur aufpassen, dass durch unnötigen Sicherheitswahn aus unserem schönen Rechtsstaat kein Überwachungs- und Polizeistaat wird.
Sie meinen, das sei übertrieben? Ein wenig! Aber wenn man in diesen Tagen in die Kneipengespräche des linken Establishments und – wesentlich schlimmer noch – in das Salongeplänkel des so genannten bürgerlichen Lagers hineinhorcht, wird man die Versatzstücke wieder entdecken. Vor allem Antiamerikanismus ist zu einem »Comme il faut« der gebildeten Konversation geworden. Aber – und das ist neu – keineswegs vor allem seitens der Linken. Gerade in nationalkonservativen und kulturkonservativen Kreisen herrscht spürbar Erleichterung darüber, dass man endlich wieder unverhohlen gegen die Amerikaner sein darf. [...]

Seit dem 11. September, dem Tag, an dem die islamistischen Terroristen den Weltkrieg erklärt haben, gibt es vor allem zwei Nationen, die etwas tun und sich etwas trauen: Amerika und England. Und seit diesem Tag gibt es vor allem drei Nationen, die am moralischen Pranger stehen: Amerika, England und immer wieder Israel. [...]
Wer etwas tut, macht Fehler. Auch Bush und Blair: etwa in der Begründung und Vermittlung ihrer Afghanistan- und Irak-Politik, im Konzept und im Erwartungsmanagement der Schlüsselfrage, wie schnell Regionen pazifiziert und demokratisiert werden können. Aber bei allen Fehlern im Detail (oder häufig auch nur in der Öffentlichkeitsarbeit) ist ihre Politik im Kern richtig. Es ist eine Politik des klaren, harten Widerstands gegen die Feinde der freien Welt. [...]
[Dabei tun] die Regierungschefs in London und Washington genau das [...], was die Öffentlichkeit von Politikern immer häufiger vergeblich fordert: Sie folgen ihren Überzeugungen, sie vertreten diese Überzeugungen gegen den allgemeinen Zeitgeist, gegen Widerstand, zum Teil aus den eigenen Reihen. Und sie tun das, was eine internationale Allianz der Feigheit nicht zu tun bereit ist.
Dabei geht es nicht um die Verharmlosung von Krieg und Gewalt, wenn sie nur der guten Sache dienen. Im Gegenteil: Moral und gute Absichten als Argumente zur Verteidigung von Gewalt sind immer suspekt. Aber es geht um die Abwägung, wann die Toleranz gegenüber der Intoleranz aufhören muss. Und wann Nichtstun schlimmer ist als die Verteidigung des westlichen Systems mit militärischen Mitteln.
Bush und Blair stehen hier vor einem fast unauflösbaren Dilemma. Im Umgang mit totalitären Kräften hat demokratischer Widerstand einen strukturellen Nachteil: Entweder er verzichtet auf die Gewaltmethoden seines Gegners, dann ist er im Begriff, den Konflikt militärisch zu verlieren, oder er bedient sich der Methoden seiner Gegner, dann läuft er Gefahr, den Konflikt moralisch zu verlieren, indem er seine demokratisch-humanistischen Grundkoordinaten verrät. Deshalb misst die Öffentlichkeit gerne mit zweierlei Maß: Dass ein palästinensischer Selbstmordattentäter wieder fünfzehn Menschen in den Tod gerissen hat, ist eine kleine Meldung. Dass die Israelis zur Verteidigung und Prävention den Führer eines Terrorkommandos getötet haben, ist eine Hauptschlagzeile.
In weiten Teilen Europas und im weniger bedrohten Asien verbreitet sich auch deshalb ein Appeasement, das beängstigend ist. Wenn die Konsequenz aus dem Terror in Madrid beispielsweise darin besteht, dass etwa auch Polen zu dem Ergebnis kommt, dass man sich besser aus der Sache heraushalte, dann geht die Strategie der Al-Qaida bald auf [...]. Die Vorstellung, den

Aggressor durch Wohlverhalten zu besänftigen, erinnert an 1936: Hätten damals die Alliierten nicht gewartet, verhandelt, taktiert und paktiert, sondern interveniert, dann wären Millionen Juden, Zigeuner, Homosexuelle, Millionen Soldaten, Millionen anders Denkende gerettet worden.
Die anders Denkenden sind wir.
Vielleicht brauchen wir mehr Wachsamkeit und Härte, um unseren Rechtsstaat zu sichern. Vielleicht ist es falsch, dass sich Deutschland aus der Allianz der Willigen heraushält. Vielleicht ist Israel einer unserer wichtigsten Verbündeten. Vielleicht sollten wir diesem Verbündeten nicht Ratschläge erteilen, sondern helfen. Vielleicht macht Amerika mehr richtig, als wir denken. Vielleicht sind die meisten Menschen im Irak heute besser dran als vor einem Jahr. Vielleicht ist George Bush doch nicht dumm und böse, vielleicht werden wir ihm eines Tages – im Rückblick auf eine Entwicklung, die gerade begonnen hat – sogar dankbar sein, weil er zu den ganz wenigen gehörte, die nach der Maxime handelten: Wehret den Anfängen.
Und vielleicht bräuchten wir Deutsche für unser Weltbild mehr als sieben Sätze.

D133 Resolution 1546 des Sicherheitsrats der Vereinten Nationen (8.6.2004)

Der Sicherheitsrat,
unter Begrüßung des Beginns einer neuen Phase im Übergang Iraks zu einer demokratisch gewählten Regierung, und dem Ende der Besetzung und der Übernahme der vollen Verantwortung und Autorität durch eine völlig souveräne und unabhängige Interimsregierung Iraks zum 30. Juni 2004 *erwartungsvoll entgegensehend,* [...]
in Bekräftigung der Unabhängigkeit, Souveränität, Einheit und territorialen Unversehrtheit Iraks,
sowie *in Bekräftigung* des Rechts des irakischen Volkes, frei über seine eigene politische Zukunft zu bestimmen und die Kontrolle über seine eigenen natürlichen Ressourcen auszuüben, [...]
sowie anerkennend, wie wichtig das Einverständnis der souveränen Regierung Iraks mit der Präsenz der multinationalen Truppe und die enge Abstimmung zwischen der multinationalen Truppe und der Regierung sind, *unter Begrüßung* der Bereitschaft der multinationalen Truppe, ihre Anstrengungen fortzusetzen, um in Unterstützung des politischen Übergangs, insbesondere für die bevorstehenden Wahlen, zur Aufrechterhaltung von Sicherheit und Stabilität in Irak beizutragen [...],

feststellend, dass die Situation im Irak nach wie vor eine Bedrohung des Weltfriedens und der internationalen Sicherheit darstellt,
tätig werdend nach Kapitel VII der Charta der Vereinten Nationen,
1. *unterstützt* die Bildung einer souveränen Interimsregierung Iraks, wie sie am 1. Juni 2004 vorgestellt wurde, die spätestens am 30. Juni 2004 die volle Verantwortung und Autorität für die Regierung Iraks übernehmen und dabei alles unterlassen wird, was die Geschicke Iraks über den begrenzten Interimszeitraum hinaus beeinflussen würde, nach dem eine gewählte Übergangsregierung Iraks das Amt übernimmt, wie in Ziffer 4 vorgesehen;
2. *begrüßt* es, dass ebenfalls spätestens am 30. Juni 2004 die Besetzung enden und die Provisorische Behörde der Koalition zu bestehen aufhören wird und Irak wieder seine uneingeschränkte Souveränität geltend machen wird;
3. *bekräftigt* das Recht des irakischen Volkes, frei über seine eigene politische Zukunft zu bestimmen und die uneingeschränkte Autorität und Kontrolle über seine Finanzmittel und seine natürlichen Ressourcen auszuüben;
4. *billigt* den vorgeschlagenen Zeitplan für den politischen Übergang Iraks zu einer demokratischen Regierung, einschließlich
    a) der Bildung der souveränen Interimsregierung Iraks, die spätestens am 30. Juni 2004 die Regierungsverantwortung und die Regierungsgewalt übernehmen wird;
    b) der Einberufung einer Nationalkonferenz, die der Vielfalt der irakischen Gesellschaft Rechnung trägt;
    c) der Abhaltung demokratischer und direkter Wahlen, nach Möglichkeit bis zum 31. Dezember 2004 und keinesfalls später als am 31. Januar 2005, zu einer Übergangsnationalversammlung, die unter anderem dafür verantwortlich sein wird, eine Übergangsregierung Iraks zu bilden und eine ständige Verfassung für Irak auszuarbeiten, auf deren Grundlage bis zum 31. Dezember 2005 eine verfassungsgemäß gewählte Regierung zustande kommt; [...]
32. *beschließt*, mit der Angelegenheit aktiv befasst zu bleiben.
Auf der 4 987. Sitzung einstimmig verabschiedet.

Amerikanische Außenpolitik

D134 US-Präsident George W. Bush in einer Fernsehansprache an die Nation (7.9.2003)

[...] Vor annähernd zwei Jahren, nach den tödlichen Anschlägen auf unser Land, begannen wir einen systematischen Feldzug gegen den Terrorismus. Diese Monate waren eine Zeit neuer Verantwortungen und Opfer, eine Zeit nationaler Entschlossenheit und großen Fortschritts.
Amerika und eine breit angelegte Koalition agierten zuerst in Afghanistan, indem wir die Trainingslager des Terrors zerstörten und das Regime, das Al-Qaida beherbergte, beseitigten. In einer Reihe von Razzien und Aktionen rund um den Globus wurden fast zwei Drittel der bekannten Anführer Al-Qaidas gefangen genommen oder getötet, und noch immer sind wir Al-Qaida auf der Spur. [...] Und wir agierten im Irak, wo das frühere Regime den Terror unterstützte, Massenvernichtungswaffen besaß und auch einsetzte und sich zwölf Jahre lang den klaren Aufforderungen des Sicherheitsrats der Vereinten Nationen widersetzte. Unsere Koalition erzwang die Umsetzung dieser internationalen Forderungen durch einen der schnellsten und humansten militärischen Feldzüge der Geschichte.
Eine Generation lang, bis zum 11. September 2001, griffen Terroristen und ihre radikalen Verbündeten unschuldige Menschen in und außerhalb des Nahen Ostens an, ohne einer nachhaltigen und ernsten Antwort entgegenzusehen. Die Terroristen gelangten zu der Überzeugung, dass freie Nationen dekadent und schwach seien. Und sie wurden noch kühner; glaubten, dass die Geschichte auf ihrer Seite sei. Erst seit Amerika die Feuer des 11. September löschte, seine Toten betrauerte und in den Krieg zog, hat die Geschichte eine andere Wendung genommen. Wir haben den Kampf zum Feind getragen. Wir drängen die terroristische Bedrohung der Zivilisation zurück, nicht an den Rändern ihres Einflussgebiets, sondern im Herzen ihrer Macht.
Diese Arbeit geht voran. Im Irak helfen wir den Leuten dieses Landes, die seit langer Zeit schon großes Leid erlitten haben, eine anständige und demokratische Gesellschaft im Zentrum des Nahen Ostens zu errichten. Gemeinsam verwandeln wir einen Ort der Folterkammern und der Massengräber in einen Rechtsstaat mit freien Institutionen. Dieses Unternehmen ist schwierig und kostspielig – doch ist es unseres Landes würdig und entscheidend für unsere Sicherheit.
Der Nahe Osten wird entweder ein Ort des Fortschritts und des Friedens werden oder er wird ein Exporteur von Gewalt und Terror sein und noch

mehr Leben in Amerika und in anderen freien Nationen fordern. Der Sieg der Demokratie und Toleranz im Irak, in Afghanistan und anderswo wäre ein großer Rückschlag für den internationalen Terrorismus. Die Terroristen leben von der Unterstützung der Tyrannen und dem Ressentiment unterdrückter Völker. Wenn Tyrannen stürzen und das Ressentiment der Hoffnung weicht, weisen Männer und Frauen in jeglicher Kultur die Ideologien des Terrors zurück und wenden sich der Verfolgung des Friedens zu. Dort, wo die Freiheit Fuß fasst, zieht sich der Terror zurück.

Unsere Feinde verstehen dies. Sie wissen, dass ein freier Irak von ihnen befreit sein wird – frei von Attentätern, Folterknechten und Geheimpolizei. Sie wissen, dass, sobald die Saat der Demokratie im Irak aufgeht, all ihre hasserfüllten Ambitionen zerfallen werden, genauso wie die Statuen des ehemaligen Diktators. Und genau deshalb, fünf Monate nachdem wir den Irak befreit haben, versucht eine Ansammlung von Mördern verzweifelt, den Fortschritt im Irak zu untergraben und das Land ins Chaos zu stürzen. [...] Diese Gewalt richtet sich nicht nur gegen unsere Koalition, sondern auch gegen jeden im Irak, der für Anstand, Freiheit und Fortschritt einsteht. Bei diesen Anschlägen geht es um mehr als blinden Zorn. Die Terroristen haben ein strategisches Ziel. Sie wollen, dass wir den Irak verlassen, noch bevor unsere Arbeit zu Ende ist. Sie wollen den Willen der zivilisierten Welt erschüttern. In der Vergangenheit – die Terroristen berufen sich hier auf die Beispiele von Beirut und Somalia – hätte man uns Amerikanern nur genug Leid zufügen müssen, und schon wären wir vor einer Herausforderung davongelaufen. Doch damit liegen sie falsch. [...]

Hinter dem irakischen Volk liegt eine lange Prüfung. Für sie wird es kein Zurück zu den Tagen des Diktators geben, zu all dem Elend und den Demütigungen, die er diesem guten Land antat. Für den Nahen Osten und die Welt gibt es kein Zurück zu den Tagen der Angst, als ein brutaler und aggressiver Tyrann noch furchtbare Waffen in seinem Besitz hatte. Und für Amerika wird es kein Zurück mehr in die Zeit vor dem 11. September 2001 geben – zurück in die falsche Annehmlichkeit einer gefährlichen Welt. Wir haben gelernt, dass terroristische Anschläge nicht durch den Gebrauch von Macht verursacht werden; sie werden durch die Wahrnehmung von Schwäche eingeladen. Und der sicherste Weg, Anschläge auf unser Volk zu vermeiden, ist, den Feind dort zu treffen, wo er lebt und seine Pläne entwirft. Heute bekämpfen wir diesen Feind im Irak und in Afghanistan, damit wir ihn nicht noch einmal auf unseren Straßen und in unseren Städten treffen müssen. [...]

D135 The Washington Post: Iraq in Review (12.10.2003)

Ein Leser fragt uns: »Wann geben Sie endlich zu, dass Sie falsch lagen?« Wir haben eine Reihe solcher Anfragen (nicht alle waren so höflich) zu unserer Position bezüglich des Krieges im Irak erhalten, insbesondere von Lesern, die von unserer Haltung vor dem Krieg enttäuscht waren. Jetzt zitieren Sie mehrere Nachkriegsüberraschungen oder angebliche Überraschungen: das Fehlen von Massenvernichtungswaffen, das Ausbleiben einer bewiesenen Verbindung zwischen Saddam Hussein und Al-Qaida und die anhaltende Gewalt im Irak. Angesichts dieser Entwicklungen ist es für Anhänger der Militärintervention wichtig, zurückzuschauen und, wo nötig, neu zu bewerten – etwas, dem die Bush-Regierung bisher widerstanden hat. [...]

Massenvernichtungswaffen
David Kays 1 200 Mitglieder zählender Untersuchungstrupp berichtete, dass Saddam Husseins Nuklearprogramm bloß »rudimentär« gewesen sei und dass keine großangelegte Produktion von chemischen Waffen in den letzten Jahren stattgefunden habe. Wir glaubten vor dem Krieg noch etwas anderes, vor allem was die chemischen Waffen anging – ganz so, wie es im Übrigen auch die meisten Regierungen und Geheimdienste taten. [...] Doch wir argumentierten, dass die Bedrohung, die von Saddam Hussein ausgehe, eine – wenngleich auch nicht unmittelbar bevorstehende – so doch eine beständig zunehmende sei: Er hatte seine Nachbarn überfallen, hatte chemische Waffen eingesetzt und danach getrachtet, in den Besitz von biologischen und nuklearen Waffen zu gelangen. Er bedrohte US-Interessen und die Sicherheit in einer strategisch wichtigen Region und würde dies auch weiterhin tun, solange er noch an der Macht war. Ein ganzes Jahrzehnt lang wurde vergeblich versucht, dieser Bedrohung durch Diplomatie, UN-Sanktionen und der Durchsetzung von Flugverbotszonen ein Ende zu setzen. Stattdessen ist die Glaubwürdigkeit des Sicherheitsrats, zusammen mit den Restriktionen, die dem Regime auferlegt wurden, beständig ausgehöhlt worden. [...] Indem die Vereinigten Staaten agierten, um die UN-Resolution durchzusetzen, eliminierten sie eine reale, wenn auch nicht »unmittelbar bevorstehende« Bedrohung und sorgten gleichzeitig dafür, dass künftige Ultimaten des Sicherheitsrats wieder ins Gewicht fallen.

Saddam und Al-Qaida
Mr. Bush und andere Regierungsmitglieder, insbesondere Vizepräsident Cheney, übertrieben bezüglich Verbindungen zwischen Saddam Hussein

und Al-Qaida und deuteten ohne Grundlage an, dass Saddam Hussein womöglich etwas mit den Anschlägen vom 11. September zu tun hatte. [...] Wir für unseren Teil sahen niemals eine Verbindung zwischen dem Irak und dem 11. Septembers, noch sahen wir eine bedeutende Zusammenarbeit zwischen Saddam und Al-Qaida. Allerdings nahmen wir eine weiter reichende Bedrohung wahr, in dem Sinne als dass Saddam Hussein schon des Öfteren mit anderen terroristischen Organisationen zusammengearbeitet hatte, weshalb man durchaus von ihm erwarten konnte, dass er dies auch weiterhin tun würde. Zusammen mit seinem Streben nach Massenvernichtungswaffen schien dies genau die Art von Bedrohung zu sein, auf die sich die Bush-Administration zu Recht als Teil ihres Krieges gegen den Terrorismus konzentrierte.

Anhaltende Kosten
Die Schwierigkeit, den Irak wiederaufzubauen, ist enorm. Der anhaltende Strom toter und verwundeter US-Soldaten ist quälend. Die Belastungen für das US-Militärs, seine Reserve und die Familien zu Hause wachsen beständig. Doch diese Entwicklungen, so problematisch sie auch sein mögen, kommen nicht völlig überraschend – außer vielleicht für jene, die der oberflächlichen Vorkriegsrhetorik der Bush-Administration geglaubt haben. [...]

Lagen wir falsch?
Die ehrliche Antwort lautet: Wir wissen es noch nicht. Aber zu diesem Zeitpunkt glauben wir auch weiterhin, dass der Krieg gerechtfertigt und notwendig war und dass dessen Nutzen die Kosten bislang übersteigt. Jeder der 326 amerikanischen Soldaten, die bisher im Irak gestorben sind, bedeuten einen unwiederbringlichen Verlust für ihre Familien und Freunde. Doch diese Nation hat schon jetzt einen großen Nutzen aus ihren Opfern gezogen. Einer der aggressivsten und brutalsten Diktatoren in der Geschichte des Nahen Ostens wurde zusammen mit seinen nachgewiesenen Programmen zur Erlangung von Massenvernichtungswaffen beseitigt. Millionen Iraker wurden von ihrer Angst befreit; gleichzeitig wurde eine Möglichkeit aufgetan, um einer Gegend die dringend notwendige politische Veränderung zu bringen, die die Quelle der größten Bedrohungen für die Sicherheit der Vereinigten Staaten ist. [...]
Erfolg oder Misserfolg bei dem Versuch, den Irak unter einer einigermaßen repräsentativen Regierung, die keine Bedrohung für die Welt darstellt, zu stabilisieren, wird die ultimative Antwort auf die Frage liefern, ob dieser Krieg hätte unternommen werden sollen oder nicht. Weil wir auch weiterhin daran glauben, dass die Sicherheit der USA auf dem Spiel steht,

glauben wir ebenfalls daran, dass die Vereinigten Staaten darauf vorbereitet sein müssen, Truppen und finanzielle Mittel bereitzustellen, bis dieses Ziel erreicht ist, auch wenn es noch Jahre dauern sollte. [...]

D136 Frankfurter Allgemeine Zeitung: Die Welt partnerschaftlich gestalten (19.3.2004)

Vor einem Jahr hat die amerikanische Regierung den Krieg gegen den Irak des Saddam Hussein begonnen. In ihrer vom »11. September« gestählten Entschlossenheit, Bedrohungen der Sicherheit Amerikas entgegenzutreten – und in revolutionärer Weise die Welt zu verändern –, stützte sie sich militärisch hauptsächlich auf den alten Verbündeten Britannien. Der Kreis der politischen Unterstützer war größer. Aber weit größer noch war die Zahl derjenigen, die den Krieg für einen Fehler, für völkerrechtlich mindestens zweifelhaft und generell für schlecht begründet hielten. Die Zweifel an der Stichhaltigkeit der amerikanischen Motive und an der Überzeugungskraft der Argumente waren und sind massiv. Das Hauptargument, dass von irakischen Massenvernichtungswaffen – an deren Existenz zu glauben nicht unplausibel war – eine nicht hinzunehmende Gefahr ausgehe, ist mittlerweile so porös, dass die Berufung darauf schon lächerlich wirkt.

Auf der Kostenseite der im wesentlichen amerikanischen Irak-Politik ist einiges zusammengekommen. Der schnelle militärische Sieg hat die politische Glaubwürdigkeit der Regierung Bush nicht gestärkt, im Gegenteil. Das politische Ansehen Amerikas steht mittlerweile in krassem Gegensatz zu seiner militärischen Stärke. Wenn heute Washington einen vorbeugenden Militäreinsatz ins Auge fasste, um ein Regime zu entwaffnen, wäre der Widerstand auch in den politischen Partnerländern gewiss noch größer. Der nahöstliche Friedensprozess ist schon kurz hinter Bagdad steckengeblieben; von umfassender Sicherheit im Irak kann angesichts vagabundierender Mordbanden nicht gesprochen werden; islamistische, transnational operierende Terroristen sind nicht neutralisiert. [...] Die Frage, die sich vor allem Amerika zu stellen hat, lautet, ob die eigene Sicherheit und die seiner Partner wirklich gewachsen ist – und ob die Last, welche die Besatzungssoldaten und die irakische Zivilbevölkerung zu tragen haben, der Blutzoll, den sie entrichten, die Sache wert gewesen ist. Die Antwort scheint klar zu sein. Doch so eindeutig, wie der Schein suggeriert, ist sie nicht [...]. Nicht zu bestreiten ist, dass im Irak vielerorts Chaos herrscht. [...] Aber es verdient noch einmal festgehalten zu werden, dass ein verbrecherisches Regime unter einem Staatsterroristen namens Saddam, der Hunderttausende auf dem Gewissen hat, nicht mehr Angst und Schrecken verbreitet.

Die ersten Umrisse einer politischen und verfassungsrechtlichen Neuordnung zeichnen sich ab. Es ist ein ermutigendes Hoffnungszeichen, dass eine Mehrheit der Iraker – allen verunsichernden Rückschlägen und den Fehlern der Besatzungsmächte zum Trotz – offenbar optimistisch in die Zukunft blickt.
Die Arbeit an dieser Neuordnung muss fortgesetzt werden – über den 30. Juni hinaus, an dem die Souveränität an eine irakische Regierung übertragen wird. [...] Auch die westlichen Länder, die mit Amerika über Kreuz lagen, müssen in der Stabilisierung des Iraks eine Aufgabe erkennen, die sie angeht. Ein Scheitern träfe sie unmittelbar. Wenn Strucks auf Afghanistan gemünzter Satz »Die Sicherheit Deutschlands wird auch am Hindukusch verteidigt« richtig ist, dann gilt er auch, vielleicht sogar erst recht, für den Mittleren Osten. [...] Da die Bedrohungen der Welt im 21. Jahrhundert nicht weniger, sondern höchstes weniger kalkulierbar werden, führt kein Weg daran vorbei, dass Amerika und Europa sich aufeinander einlassen müssen. Sich einzulassen heißt: die jeweiligen Sicherheitssorgen ernst zu nehmen und nicht abzutun, den strategischen Dialog aufzunehmen und nicht zu verweigern, gemeinsames Handeln anzustreben und nicht durch Arroganz oder Selbstgefälligkeit zu erschweren. Das heißt: Die unabweisbaren Gestaltungsaufgaben der Welt sind partnerschaftlich zu leisten. Auch das kann man aus dem Irak-Konflikt lernen.

D137 New York Times: One Year After (19.3.2004)

Vor einem Jahr begann Präsident Bush den Krieg im Irak. Die meisten Amerikaner erwarteten, dass der militärische Sieg schnell kommen würde, was er dann auch tat. Ungeachtet des Optimismus der Regierung über das, was anschließend folgen würde, war es ebenfalls recht einfach, vorherzusehen, dass die Zeit nach dem Fall Bagdads sehr chaotisch und gefährlich werden würde. In diesem Sinne sind wir jetzt also genau an dem Punkt angekommen, wo wir erwartet haben zu sein.
Nichtsdestotrotz ist es wichtig, daran zu erinnern, dass vielleicht nichts von alledem passiert wäre, hätten wir damals schon gewusst, was wir heute wissen. Egal was der Präsident über die von Saddam Hussein langfristig dargestellte Bedrohung auch zu wissen glaubte, er hätte eine weitaus schwierigere Zeit gehabt, dem amerikanischen Volk diesen gewollten Krieg (war of choice) zu verkaufen, wenn es gewusst hätte, dass der irakische Diktator schon zu einem zahnlosen Tiger geschrumpft worden war durch den ersten Persischen Golfkrieg [von 1991; J. G.] und durch die Waffeninspekteure der Vereinten Nationen. Die Waffenprogramme des Irak waren schon

stillgelegt worden, Mr. Hussein hatte keine bedrohlichen Waffen gehortet, die Regierung bauschte die diesbezüglichen Beweise auf, und es gab – und gibt – keinen Beweis dafür, dass Mr. Hussein in die Anschläge vom 11. September verwickelt war.
Jetzt in diesem Augenblick ist es unsere höchste Priorität, das Beste aus einer sehr beunruhigenden Situation zu machen. Sogar unsere europäischen Verbündeten, die gegen diesen Krieg waren, wollen einen stabilen Irak, der seinen Bürger übergeben wird – auch wenn sie nicht unbedingt Washington als die geeignete Macht dafür sehen. Die andere Möglichkeit, ein Irak, der in Chaos und Bürgerkrieg versinkt, der von jeder skrupellosen politischen Figur oder terroristischen Gruppierung im Nahen Osten manipuliert werden könnte, ist zu schrecklich, um sie auch nur in Erwägung zu ziehen. Dies ist ein guter Augenblick, um Bilanz zu ziehen, was schon erreicht worden ist und was nicht, insbesondere da der Tag, an dem die Vereinigten Staaten hoffen, die Regierungsgeschäfte des Irak den Anführern der drei großen ethnischen bzw. religiösen Gruppen des Landes übergeben zu können – die noch keinerlei ernstzunehmende Anzeichen gezeigt haben, dass sie überhaupt in der Lage sind, zusammenzuarbeiten –, rasch näher rückt.

Düstere Szenen aus dem Irak
Kurzfristig haben weder die Invasion des Irak noch der Sturz seines Staatsoberhaupts dazu beigetragen, den Terrorismus zu stoppen. Im Irak kam es ebenso wie in Spanien, in der Türkei, in Indonesien und in anderen Ländern auch nach der Gefangennahme von Mr. Hussein zu Terroranschlägen. Am Mittwoch und am gestrigen Tage erneut sahen wir Amerikaner in den Fernsehnachrichten die Flammen und Verwundeten der Bombenanschläge in Bagdad und Basra, die von Kräften verübt wurden, die die von Amerika geführte Besatzung ablehnen. Mit jeder taktischen Änderung seitens der amerikanischen Soldaten sind deren Anschläge noch tödlicher und ausgeklügelter geworden. In der Tat hat der Krieg im Irak knappe Ressourcen vom Krieg gegen den Terrorismus in Afghanistan und anderswo abgezweigt. [...]
Und doch hat der Krieg einige wichtige Ergebnisse gezeigt, die die Grundlage unserer Hoffnungen für die Zukunft sind.
Ein blutrünstiger Diktator, der sein Volk gefoltert und ermordet hat, der dessen Wohlergehen seinen vergoldeten Palästen geopfert hat, ist hinter Gittern. Eine Interimsverfassung ist angenommen worden; ein Schritt vorwärts, der die Grundlage für eine demokratische Regierung im Irak sein könnte, sollten die zerstrittenen Gruppen des Landes jemals ihre Differenzen beiseitelegen. Einige der von den Amerikanern geführten Anstrengungen, den Irak wiederaufzubauen, sind jetzt so weit fortgeschritten, dass einige

Dienstleistungen sogar besser sind, als sie es unter Mr. Hussein waren, und die Iraker haben damit begonnen, ihre Zufriedenheit darüber zum Ausdruck zu bringen, wie sich die Dinge entwickelt haben. [...] Und doch hat die Geschwindigkeit des Wiederaufbauprozesses einige Iraker verstimmt, die offensichtlich die Fähigkeiten und die Effizienz der Besatzungstruppen überschätzt hatten. Obgleich ein Teil dieser Enttäuschung wohl unvermeidbar war, gab es auch einen verblüffenden Mangel an Planung, der für die Besatzung von einer Regierung aufgewandt wurde, die scheinbar ihr eigenes Gerede, nämlich dass amerikanische Soldaten als eine Befreiungsarmee mit Blumen begrüßt werden würden, glaubte [...]

Stabilität für einen geteilten Irak
Die Vereinigten Staaten sind jetzt nur rund 100 Tage von jenem 30. Juni entfernt, an dem sie hoffen, die irakischen Regierungsgeschäfte den Irakern übergeben zu können. So willkommen die Annahme der Interimsverfassung auch war, hat sie doch gleichfalls unterstrichen, wie viel noch getan werden muss, bis die Iraker anfangen dürfen, auf eine stabile, funktionierende Führung, die ihr verwundetes Land auch zu regieren vermag, zu hoffen. Bislang jedenfalls haben die Vereinigten Staaten noch nicht die Formel gefunden für das, was in der Vergangenheit stets unmöglich schien: die schiitische Mehrheit, die sunnitische Minderheit und die separatistischen Kurden dazu zu bewegen, wirkliche Zugeständnisse zu machen und bei der Regierung des Irak zusammenzuarbeiten. [...] Ohne eine Kultur des Vertrauens und des Ausgleichs wird jedwede Form einer wirklich repräsentativen Demokratie die Schiiten ermächtigen, den Einfluss der Sunniten zu schmälern, und die Kurden, die sich schon lange vom Irak ablösen wollen, einmal mehr der Gnade von Leuten überantworten, denen sie nicht vertrauen. [...]
Wir hoffen nur, dass der Präsident [...] [die verbleibenden 100 Tage] dazu benutzt, seine nächsten Schritte besser zu planen, als er die Besatzung plante.

D138 Süddeutsche Zeitung: Botschaften aus Bagdad (20.3.2004)

Selten hat die Geschichte die Politik so schnell Lügen gestraft wie beim Irak-Krieg. Schon ein Jahr danach ist es eine Zeitverschwendung, sich noch mit den Begründungen für diesen Feldzug aufzuhalten. Ob Massenvernichtungswaffen oder Terror-Kontakte – das Gebäude der Anklage gegen das Regime war so wacklig konstruiert, dass es gleich nach dem Wüstensturm zusammenbrach. Für das Ansehen der Bush-Regierung zu Hause ist das problematisch, für das Ansehen Amerikas in der Welt erschütternd. Washingtons

Weltenlenker haben sich verrechnet, und die Bilanz des Irak-Abenteuers könnte kurz ausfallen: ein Desaster auf der ganzen Linie, mithin eine Lehre für alle, künftig die Finger von solchen Unternehmungen zu lassen.
Doch so einfach ist es nicht. Denn selbst wenn die Begründung für den Krieg falsch war – die Kriegsziele waren es nicht. Wer möchte behaupten, dass es nicht im Interesse aller wäre, was George Bush einst formulierte: erstens den Irak nach dem Sturz Saddam Husseins zu einem Demokratie-Nukleus für die gesamte Krisenregion des Nahen Ostens zu modellieren und zweitens den ganzen von Gewalt bedrohten Globus wieder sicherer zu machen. Das sind nicht nur hohle Postulate, sondern dies ist tatsächlich das Programm der Weltpolitik für das 21. Jahrhundert. [...]
Doch gemessen werden muss die Irak-Mission daran, ob mit den falschen Mitteln nicht doch die richtigen Ziele verfolgt werden. Aus Washington ist dazu zum Jahrestag ein trotziges Eigenlob zu hören. [...] [Tatsächlich zeigt der] Terror von Bagdad über Basra bis nach Madrid [...], dass die Welt nicht sicherer, sondern durch diesen Krieg gefährlicher geworden ist. Nachdem der Anti-Terror-Einsatz I in Afghanistan den Gotteskriegern ihre Heimstatt genommen hatte, schenkte ihnen der Anti-Terror-Einsatz II im Irak ein neues Schlacht- und Legitimationsfeld. Fazit: Der Feind, den es zu bekämpfen galt, wurde gestärkt. Die Diktatur wurde zunächst nur durch das Chaos ersetzt.
Als Werkzeug eines selbst postulierten Weltwillens ist Amerika im Irak gescheitert. Und auch darüber hinaus hat die Bush-Regierung nicht einmal ihr Bündel nationaler Interessen befriedigt. Da ist das immer wieder unterstellte Öl-Motiv: An dem vermeintlichen Reichtum des Landes durfte bis heute keiner Freude haben in Washington. Zwar besitzt der Irak die zweitgrößten Vorkommen der Welt, aber die Förderanlagen sind verrottet, an einen profitablen Betrieb ist nicht zu denken. Wiederaufbau und Besatzung reißen ein Riesenloch in den US-Haushalt: 78 Milliarden Dollar sind allein in diesem Jahr veranschlagt. Auch die Installation einer Amerika-freundlichen Regierung in Bagdad ist angesichts des Hasses, den die Besatzung ausgelöst hat, eher unwahrscheinlich. Folglich wird es auch nichts mit den geostrategischen Zielen: der erhofften Unabhängigkeit vom feindlichen Freund Saudi-Arabien sowie der Einkesselung des Erz-Störenfrieds Iran. Vielmehr droht bei einer Machtübernahme der Schiiten im Irak eine Achse Bagdad-Teheran.
Eine solche Bilanz könnte dazu verführen, das Projekt sofort als gescheitert abzubrechen. Dies jedoch hätte verheerende Folgen: Chaos und Instabilität würden gestreut. Was begonnen wurde, muss also zu Ende gebracht werden. Und nicht nur Amerika, sondern der gesamte Westen ist gefangen

im Nahen Osten. Ein Rückzug der Truppen aus dem Irak ist deshalb auf mehrere Jahre ausgeschlossen. [...]

D139 Los Angeles Times: The Disaster of Failed Policy (27.6.2004)

Gemessen an seinem Ausmaß und seiner Intention, war Präsident Bushs Krieg gegen den Irak etwas Neues und Radikales: eine vorsätzliche Entscheidung, in ein Land einzumarschieren, es zu besetzen und dessen Regierung zu stürzen, das keine unmittelbar bevorstehende Gefahr für die Vereinigten Staaten darstellte. Dies war keine Handvoll Soldaten, ausgeschickt, um den panamaischen Verbrecher Manuel Noriega zu stürzen oder um eine neue marxistische Regierung im kleinen Grenada zu vertreiben. Es war die Entsendung von mehr als 100 000 US-Soldaten, um Bushs im Gefolge des 11. September entstandene Doktrin der Prävention zu realisieren; eine Doktrin, deren Gefahren Präsident John Quincy Adams schon verstanden hatte, als er sagte, dass die Vereinigten Staaten »nicht ins Ausland gingen auf der Suche nach Monstern, um sie zu zerstören«. [...]
Der amtierende Präsident umriss [...] diese Politik in einer Rede an die West Point-Absolventen des Jahres 2002, als er verkündete, dass wir im Krieg gegen den Terror »den Kampf zum Feind tragen« und Bedrohungen begegnen müssten, noch bevor sie auftauchen. Der Irakkrieg war als ein Monument dieser neuen Bush-Doktrin gedacht, die ebenfalls postulierte, dass die USA zwar die ihnen von Verbündeten angebotene Hilfe annehmen, sich aber gleichzeitig nicht von diesen zurückhalten lassen würden. Dies steht nun als ein Monument der Torheit da.
Die für Mittwoch geplante Übergabe einer begrenzten Souveränität von der US-geführten Koalitionsübergangsverwaltung (»Coalition Provisional Authority«) an eine irakische Interimsregierung findet zu einem Zeitpunkt statt, an dem sich der globale Einfluss der USA an einem Tiefpunkt befindet und die Gewalt Aufständischer im Irak immer neue Stufen der Tödlichkeit und Abstimmung erklimmt. [...] Bewohner des Nahen Osten sehen die USA nicht als einen Freund, sondern als eine imperiale Macht an, die darauf aus ist, eine garantierte Ölversorgung und einen Stützpunkt für seine Streitkräfte zu sichern. Ein Großteil der restlichen Welt sieht bloß einen Tyrannen (bully).

Die falsche Prämisse des Krieges

Sämtliche der von der Bush-Administration und ihren Unterstützern aufgebotenen Hauptbegründungen für die Invasion – Massenvernichtungswaffen, enge Verbindungen zwischen Al-Qaida und dem Irak, eine Chance,

Bagdad zu einer Quelle der Demokratie zu machen, die sich in der gesamten Region ausbreiten würde – erwiesen sich als nicht zutreffend.
Wochen voller Selbstmordanschläge, Ermordungen politischer Anführer und Anschläge gegen Ölpipelines, die lebensnotwendig für die Wirtschaft des Landes sind, gingen der Machtübergabe voraus.
Allein am Donnerstand forderten Autobomben und Straßenkämpfe in fünf Städten mehr als 100 Menschenleben: Die Iraker fürchten nicht länger die Folter oder den Tod durch Husseins brutale Schläger, doch viele haben Angst davor, ihre Häuser zu verlassen aufgrund der Gewalt.
Die USA sind auch ärmer nach diesem Krieg, ärmer an Menschenleben und an ausgegebenen Dollar-Milliarden. Ganz zu schweigen von den Terroristen, die neuen Brennstoff für ihren Hass gewonnen haben. Die anfänglichen Kämpfe waren einfach; doch die Besatzung ist ein Desaster geworden, bei dem Zivilisten im Pentagon auf arrogante Art und Weise den Rat von Experten ignoriert haben, was die Schwierigkeit der Aufgabe und die notwendigen Schritte zum Erfolg betrifft.
Zwei symbolträchtige Bilder aus dem Irak spiegeln das Gleichgewicht zwischen dem Guten und dem Fürchterlichen wider: der Sturz von Husseins Statue und ein Gefangener, der auf dem Boden des Gefängnisses von Abu Ghraib herumkriecht, mit einer Leine um den Hals. Bush landete im Mai 2003 auf dem Flugzeugträger Abraham Lincoln zu einem Heldenempfang und einem Banner mit der Aufschrift: »Mission erfüllt« (»Mission Accomplished«). Ein Jahr danach wollen mehr als 90 Prozent der Iraker den Rückzug der USA aus ihrem Land. [...]

Eine Litanei teurer Fehler
Fehlschritte gab es viele: auf im Exil lebende Iraker wie Ahmad Chalabi zu hören, die darauf beharrten, dass ihre Landsleute die Eindringlinge willkommen heißen würden; zu wenig Soldaten einzusetzen, was zu einer anhaltenden Verbrechenswelle und später zu Entführungen und großangelegten Terroranschlägen führte. Die Auflösung der irakischen Armee verschlimmerte das Problem der Arbeitslosigkeit im Land und ließ Millionen ehemaliger Soldaten unglücklich zurück – Männer mit Waffen. Die Vereinten Nationen fernzuhalten erschwerte es, Hilfe zu bekommen, als die Situation kritisch wurde.
Es wird Jahre brauchen, bis die weithin gefühlte Feinseligkeit im Irak und in anderen Ländern abnehmen wird. Die Konsequenzen der Arroganz, im Zusammenspiel mit dem Vertrauen darauf, dass das mächtigste Militär der Welt alle Krankheiten heilen könne, sollten sich im kollektiven Gedächtnis der Amerikaner einbrennen.

Prävention ist eine gescheiterte Doktrin. Der gewaltsame Sturz eines feindlichen Regimes, das keine unmittelbar bevorstehende Gefahr darstellte, hat zu einem Desaster geführt. Die USA brauchen bessere Geheimdienstinformationen, bevor sie in Zukunft tätig werden. Sie sollten auch auf befreundete Nationen hören. Sie müssen Bescheidenheit lernen.

Die vergebliche Suche nach Massenvernichtungswaffen im Irak und der Folterskandal von Abu Ghraib

Die Begründungen, mit denen die Bush-Administration immer wieder aufs Neue für einen Regimewechsel im Irak geworben hatte – und damit de facto für einen Krieg im Irak, denn dass der irakische Diktator freiwillig aus dem Amt scheiden würde, mutete niemals als eine realistische Option an –, waren vielfältig gewesen. Das mit Abstand am häufigsten gebrauchte Argument war der mutmaßliche Besitz von Massenvernichtungswaffen und deren eventuelle Weitergabe an islamistische Terroristen durch Saddam.[1] Dies kam nicht von ungefähr – stimmten doch nahezu alle Parteien, Kriegsbefürworter ebenso wie Kriegsgegner, in der Gefahrenanalyse überein.[2] Einen der Hauptzeugen für Saddams angebliche Massenvernichtungswaffen stellte sogar der deutsche Bundesnachrichtendienst (BND).[3] Lässt man einmal die verschiedenen Interpretationsmöglichkeiten der UN-Resolution 1441 beiseite, so stand und fiel die Legitimation des Irakkriegs mit dem Vorhandensein von irakischen Massenvernichtungswaffen. Genau aus diesem Grund schickten die USA denn auch, kaum dass die »Hauptkampfhandlungen« abgeschlossen waren, eine 1 400 Mann starke »Iraq Survey Group« unter der Leitung des Atomwaffenspezialisten David Kay in den Irak, um Saddams mutmaßliche Waffenarsenale auszuheben.[4] Doch die erwarteten Erfolgsmeldungen blieben aus.

Noch bevor die »Iraq Survey Group« auch nur ansatzweise irgendwelche Ergebnisse liefern konnte, ließen ranghohe Vertreter der Bush-Administration erste Zweifel an dem Ausmaß der Gefahren, die von den vermuteten irakischen Massenvernichtungswaffen ausgingen, aufkommen. So gab etwa der stellvertretende US-Verteidigungsminister Wolfowitz in einem Interview mit der Zeitschrift *Vanity Fair* vom 9. Mai 2003 zu verstehen, dass man sich vornehmlich aus »bürokratischen Gründen« auf das Thema Massenvernichtungswaffen konzentriert habe, weil dies eine Begründung darstellte, der jeder hätte zustimmen können. → D140 Zwei Monate später räumte sein Vorgesetzter Rumsfeld vor dem Streitkräfteausschuss des US-Senats offen ein, dass man keineswegs auf der Grundlage neuer Beweise gegen den Irak vorgegangen sei, sondern lediglich die alten in einem völlig neuen Licht betrachtet habe – nämlich dem des 11. September → **D141**.⁵ Im Ergebnis führte dies zu Einschätzungen wie der folgenden, die für einen »National Intelligence Estimate« (NIE) vom Oktober 2002 bezüglich der Lage im Irak zu Papier gebracht wurde: »Wir schätzen, dass der Irak seine Programme zur Produktion von Massenvernichtungswaffen allen UN-Resolutionen und Restriktionen zum Trotz fortgesetzt hat. Bagdad verfügt sowohl über chemische und biologische Waffen als auch über Raketen, deren Reichweite die von den UN vorgeschriebene überschreitet; sollte sich der Irak auch künftig jedweder Kontrolle entziehen, wird das Land möglicherweise binnen eines Jahrzehnts auch Atomwaffen besitzen.«⁶

Das Ausbleiben nennenswerter Waffenfunde im Irak ging indes nicht spurlos an der US-Regierung vorbei. Mehr und mehr sah sich die Bush-Administration in der Folgezeit gezwungen, ihre Rechtfertigung für den Waffengang am Golf nachträglich den neuen Gegebenheiten anzupassen. Nachdem ein erster Zwischenbericht Kays im Oktober 2003 negativ ausfiel, sprach Bush in seiner Rede zur Lage der Nation am 20. Januar 2004 augenfällig nicht mehr länger von »Massenvernichtungswaffen«, sondern nur mehr von »Waffenprogrammen«. → **D143** Kein geringer Unterschied, doch schon eine Woche später war auch diese Argumentation kaum mehr zu halten. Kay selbst war von seinem Posten als oberster US-Waffeninspekteur zurückgetreten und eröffnete seine abschließende Anhörung vor dem Streitkräfteausschuss des US-Senats mit den folgenschweren Worten: »Lassen Sie mich damit beginnen, festzuhalten, dass wir fast alle danebenlagen, und ich zähle mich mit Sicherheit dazu.« → **D144** Inhaltlich verteidigte er zwar seinen Präsidenten und dessen Entscheidung, in den Krieg zu ziehen; auch bestätigte er, dass niemand, einschließlich seiner selbst, zu irgendeinem Zeitpunkt unter Druck gesetzt worden sei, um zu bestimmten, von dritter Seite vorgefassten Ergebnissen zu gelangen. Doch nicht zuletzt das völlige Versagen der Geheimdienste – nach den nicht verhinderten Anschlägen vom 11. September bereits das zweite binnen kürzester Zeit –, ließ die Politik der Bush-Administration zunehmend in schlechtem Licht erscheinen.

Kays Darstellung wurde ein knappes halbes Jahr später von einem Untersuchungsbericht des Geheimdienstausschusses bestätigt. Zwar warf auch dieser den US-Geheimdiensten kollektives Versagen in Form von »Gruppendenken«[7] vor, relativierte aber sogleich wieder: »Das Komitee fand keinerlei Beweise dafür, dass Regierungsmitglieder Analysten nötigten, beeinflussten oder Druck auf sie ausübten, auf dass diese ihre Einschätzungen bezüglich der irakischen Fähigkeiten zur Produktion von Massenvernichtungswaffen änderten.«[8]

Der Abschlussbericht der »Iraq Survey Group« → D152, den Kays Nachfolger Charles Duelfer Ende September 2004 schließlich vorlegte, umschrieb auf 1 500 Seiten nochmals ausführlich, woran zu diesem Zeitpunkt ohnehin keine ernsthaften Zweifel mehr bestehen konnten: Saddam besaß Anfang 2003 keine Massenvernichtungswaffen mehr, auch wenn er gerne welche gehabt hätte, was aber durch das Sanktionsregime der Vereinten Nationen verhindert worden war.[9] Mit anderen Worten: Die Sanktionen – so sehr die irakische Zivilbevölkerung auch unter ihnen litt – waren, zumindest was die Unterbindung der Aufrüstung mit Massenvernichtungswaffen betraf, erfolgreich gewesen. Damit war *der* zentrale Grund der Bush-Administration für den Krieg im Irak endgültig entfallen. Dies geschah zu einem Zeitpunkt, als der US-Präsident und seine Mitstreiter längst damit begonnen hatten, die humanitären Aspekte der Intervention in den Vordergrund zu rücken. Eine Argumentation freilich, die angesichts der immer prekärer werdenden Sicherheitslage im Irak zunehmend an Überzeugungskraft verlor. Erschwerend kam Ende April 2004 dann der Folterskandal von Abu Ghraib hinzu.

Am 28. April berichtete der amerikanische Fernsehsender CBS in seiner Sendung *60 Minutes II* erstmals von Misshandlungen irakischer Gefangener durch amerikanische Soldaten in Abu Ghraib, einem Gefängniskomplex, der rund 30 Kilometer westlich von Bagdad liegt.[10] Vielleicht hätte es unter anderen Umständen gar keinen Skandal gegeben, doch CBS konnte seinen Bericht mit Fotos unterlegen. Für sich genommen wogen die ausgestrahlten Bilder bereits schlimm genug, dokumentierten sie doch grausame physische und sexuelle Demütigungen, die die amerikanischen Wächter den ihnen anvertrauten irakischen Gefangenen zugefügt hatten. Erschwerend kam hinzu, dass die Täter – allesamt Angehörige der 372. Kompanie der amerikanischen Militärpolizei – die Bilder auch noch selbst aufgenommen hatten, gleichsam zur Erinnerung. In jedem Fall aber schienen sie nicht davon ausgegangen zu sein, ihren Umgang mit den Gefangenen sonderlich verheimlichen zu müssen. Damit war der Skandal in der Welt, die Bilder aus Abu Ghraib verbreiteten sich wie ein Lauffeuer in den Medien. Für die US-Administration hätte es kaum schlimmer kommen können: Die Aussicht, im Irak jetzt noch als Befreier wahrgenommen zu werden, war damit endgültig verschwunden. Abu Ghraib, angesichts von Folter, Hinrichtungen und unmenschlichen Haftbedingungen schon unter Saddam eines der berüchtigtsten Gefängnisse dieser Welt, mochte zwar neues Personal bekommen haben – der Umgang mit den Gefangenen vor Ort schien sich aber nur unwesentlich geändert zu haben. Johanna McGeary brachte diesen Umstand im *Time Magazine* auf die einfache Formel: »Es [= Abu Ghraib; J. G.] war Saddams Folterkammer und jetzt ist es unsere.«[11]

Für die US-Regierung galt es nun, zu retten, was noch irgendwie zu retten war. Condoleeza Rice, die nationale Sicherheitsberaterin des Präsidenten, war das erste ranghohe Mitglied der Bush-Administration, das sich im arabischen Fernsehen zu Wort meldete. Im Sender Al Arabiya entschuldigte sich Rice für die Vorkommnisse in Abu Ghraib und versprach gleichzeitig eine lückenlose Aufklärung des Geschehens: »Wir bedauern es zutiefst, was diesen Leuten widerfahren ist und wie sich ihre Familien fühlen müssen. Es ist einfach nicht richtig. Und wir werden der Sache auf den Grund gehen und herausfinden, was da passiert ist.« → D145 Tags darauf wandte sich auch US-Präsident Bush an ein arabisches Publikum. Im Interview mit Alhurra Television nannte er die veröffentlichten Bilder »abscheulich« und er erklärte, dass Abu Ghraib nicht für das Amerika stünde, welches er kenne → D147. Nichtsdestotrotz fiel die öffentliche Reaktion natürlich verheerend aus – diesseits wie jenseits des Atlantiks und natürlich erst recht in der arabischen Welt. Für die britische Tageszeitung *The Independent* war es schlicht »Der Moment, in dem Amerika den Krieg im Irak verlor«, so das verheerende Fazit eines Editorials vom 9. Mai.[12]

Zwei Tage zuvor hatte sich bereits US-Verteidigungsminister Rumsfeld dem Streitkräfteausschuss des Senats gestellt und persönlich die volle Verantwortung für das Geschehene übernommen → D148. Inwieweit Rumsfeld tatsächlich über die Vorgänge in Abu Ghraib umfassend informiert war, ist bis heute nicht abschließend geklärt. Zumindest einige der auf den Fotos dokumentierten »Verhörmethoden« – unter anderem die Einnahme von »Stresspositionen«, das »Entfernen der Kleidung« und das Ausnutzen von »individuellen Phobien« – hatte Rumsfeld zur Verwendung in Guantanamo Bay allerdings ausdrücklich autorisiert.[13]

Dennoch blieb der Verteidigungsminister bis auf Weiteres im Amt. Und obwohl mehrere Untersuchungsberichte seither übereinstimmend zu dem Schluss gekommen sind, dass es systembedingte Fehler waren, die zu Abu Ghraib geführt haben,[14] hat es die US-Administration bis heute nicht geschafft, die politisch Verantwortlichen zur Rechenschaft zu ziehen. Strafrechtlich wurden lediglich die unteren ausführenden militärischen Ränge belangt; kein Soldat im Rang oberhalb eines Sergeants musste eine Haftstrafe antreten.[15]

Amerikanische Außenpolitik

D140 Paul Wolfowitz, stellvertretender US-Verteidigungsminister, in einem Interview mit der Zeitschrift »Vanity Fair« (9.5.2003)

Frage: [...] Was kommt als Nächstes? An welcher Stelle der Kampagne befinden wir uns gerade, von der Sie kurz nach dem 11. September gesprochen haben?
Wolfowitz: Ich denke, die zwei wichtigsten Dinge, die als Nächstes passieren müssen, sind die zwei offensichtlichsten. Eines ist, den Irak nach Saddam ordentlich hinzubekommen. Die Sache ordentlich hinzubekommen wird vielleicht Jahre brauchen, aber die Weichenstellung hierfür findet in den nächsten sechs Monaten statt. Die nächsten sechs Monate werden sehr wichtig werden. [...]
Viele Dinge sind jetzt anders, und eines, das fast unbemerkt geschehen ist – obwohl es sehr wichtig ist –, ist die Tatsache, dass wir jetzt, in beiderseitigem Einvernehmen zwischen den Regierungen der USA und Saudi-Arabien, unsere Streitkräfte nahezu vollständig aus Saudi-Arabien abziehen können. Ihre Anwesenheit dort bereitete einer befreundeten Regierung beständige Schwierigkeiten. Es war auch ein wichtiges Vehikel für die Rekrutierungsbemühungen Al-Qaidas. In der Tat, wenn Sie sich bin Laden ansehen, so zielte eine seiner hauptsächlichen Klagen auf die Anwesenheit so genannter Kreuzfahrerheere auf dem Boden des Heiligen Landes ab, in Mekka und Medina. Ich denke, allein diese Bürde den Saudis abgenommen zu haben wird den Weg freimachen für viele weitere positive Dinge. Ich will nicht in messianischen Begrifflichkeiten sprechen. Es wird sich nicht alles über Nacht ändern, aber es ist eine gewaltige Verbesserung.
Frage: War dies eines jener Argumente, die ziemlich zu Beginn von Ihnen und einigen anderen aufgestellt wurden, dass der Irak eben doch alles mit allem verbindet... Nicht, dass wir jetzt die Zusammenhänge überstrapazieren, aber die Beziehungen zwischen Saudi-Arabien, unseren Truppen, die da stationiert sind, und bin Ladens Zorn darüber, der sich seit so vielen Jahren schon aufgestaut hat, was ebenfalls die Anschläge auf das World Trade Center ins Spiel bringt... Gab es da eine tiefer gehende Logik oder so etwas in der Art? Oder hieße das, dass man da zu viel hineininterpretieren würde...
Wolfowitz: Nein, ich denke schon, dass das korrekt ist. Die Wahrheit ist, dass aus Gründen, die viel mit der Bürokratie innerhalb der US-Regierung zu tun haben, wir uns auf den einen Aspekt konzentrierten, dem jeder zustimmen konnte, und das waren die Massenvernichtungswaffen als der Hauptgrund... Allerdings [...] verbanden wir stets drei grundsätzliche

Sorgen mit dem Irak. Eine waren die Massenvernichtungswaffen, eine zweite die Unterstützung für den Terrorismus, eine dritte die verbrecherische Behandlung des irakischen Volkes. Wahrscheinlich könnten Sie sogar sagen, dass es eine vierte, übergeordnete gibt, und das ist die Verbindung zwischen den ersten beiden. [...]
Die dritte für sich genommen wäre, wie ich, glaube ich, schon früher gesagt habe, Grund genug, den Irakern zu helfen, doch nicht Grund genug, die Leben junger Amerikaner aufs Spiel zu setzen, vor allem nicht in dem Ausmaß, wie wir es getan haben. [...]

D141 US-Verteidigungsminister Donald H. Rumsfeld in einer Anhörung vor dem Streitkräfteausschuss des US-Senats (9.7.2003)

[...] Eine der Herausforderungen, vor der die Koalition steht, besteht darin, die irakischen Massenvernichtungswaffen zu finden [...]. Wir befinden uns noch in einer frühen Phase dieses Prozesses, und die Aufgabe, die vor uns liegt, ist beträchtlich und komplex. Die Hauptkampfhandlungen endeten vor weniger als zehn Wochen. Das irakische Regime hatte zwölf Jahre, um seine Programme zu verbergen, Materialien an einen anderen Ort zu schaffen, Dokumente zu verstecken, Ausrüstung zu zerlegen, mobile Produktionsstätten zu entwickeln und bekannte Lager von biologischen Kampfstoffen zu desinfizieren, um Spuren zu beseitigen; davon vier Jahre, in denen keine UN-Waffeninspekteure im Land waren. Unnötig zu erwähnen, dass die Aufdeckung dieser Programme eine gewisse Zeit in Anspruch nehmen wird. Die Koalition agierte nicht im Irak, weil wir dramatische neue Beweise für das irakische Streben nach Massenvernichtungswaffen entdeckt hatten. Wir agierten, weil wir die alten Beweise in einem neuen Licht sahen, durch das Prisma unserer Erfahrungen vom 11. September. An jenem Tag sahen wir, wie tausende unschuldige Männer, Frauen und Kinder von Terroristen getötet wurden, und diese Erfahrung änderte unsere Einschätzung bezüglich unserer Verletzlichkeit und den Risiken durch terroristische Staaten und terroristische Netzwerke, die über mächtige Waffen verfügten, denen sich die USA gegenüber sahen. [...]

D142 Süddeutsche Zeitung: Macht und Manipulation (12.7.2003)

Selten war so viel Lüge und Entrüstung. Lüge über Atomzentrifugen, Aluminiumröhrchen, Chemie-Granaten, Terror-Kumpeleien. Und Entrüstung darüber, wie abgrundtief belogen, wie irregeleitet die Welt doch wurde.

Es zeichnet sich ab eine sinistre Verschwörung, die Amerika den Krieg mit dem Irak ermöglichte. Und – da mündet die Empörung in ein wenig Heuchelei – schon vor Monaten will man in den Parlamenten und Regierungen das Spiel durchschaut haben.
Das stimmt nicht ganz. Zwar machte sich schon zu Beginn der Irak-Krise das Gefühl breit, dass Amerikas offiziöse Rechtfertigung ein großes Lügengebilde sein könnte. Dennoch blieben Zweifel. Deshalb wurden die Waffeninspektoren entsandt. Nun erst wächst die Gewissheit mit jedem Beweis, der in diesen Tagen ans Licht kommt. [...] Dabei spielten die Massenvernichtungswaffen beim Streit vor dem Krieg keine wirklich entscheidende Rolle. Denn egal, ob es sie nun gibt oder nicht: Klar war, dass von Saddam keine solche Bedrohung ausging, wie sie die Regierung Bush weiszumachen versuchte. Saddam war weitgehend unter Kontrolle. Deshalb konnte auch ein noch so perfekt präsentiertes Bündel aus Kriegsgründen nicht überzeugen. Bush log, und die Welt wusste, dass sie belogen wurde.
Die eigentliche Begründung für den Krieg ist ganz einfach: Erstens zog Amerika in den Krieg, weil es in den Krieg ziehen konnte – »because we could«, schrieb die New York Times. Und zweitens, so muss man ergänzen, weil Amerika diesen Krieg brauchte. Der wahre Kriegsgrund liegt in den Trümmern von Ground Zero begraben. Es geht um das nationale Trauma. Der Angriff hatte die Schwäche Amerikas offenbart, und dieser Angriff auf das Selbstbewusstsein des Landes war ungesühnt. Der Krieg in Afghanistan konnte dieses Trauma nicht heilen. Amerikas Autorität und Stärke war gefährlich reduziert – und Saddam hatte das Pech, dass er von all den Schurken in der brodelnden arabisch-muslimischen Welt der schwächste war. [...]
[Und dennoch wurden die Waffen] zum Vehikel für den politischen Streit um den Krieg. Als Präsident Bush im Spätsommer 2002 entschied, dass er für den Krieg internationale Legitimation bräuchte und nicht nur die nationale Aufwallung im eigenen Land, da musste er den Weg zu den Vereinten Nationen wählen. Er ließ einen vermeintlich völkerrechtlich tragfähigen Kriegsgrund um die UN-Resolutionen und das Inspektionsregime herum konstruieren. So wurde aus den Dossiers der CIA frisierbares Rohmaterial für einen politischen Feldzug. [...]
Zwar teilte auch die Bundesregierung manche Einschätzung über Chemie-Granaten und Bio-Kulturen. Viele der von Colin Powell am 5. Februar vor dem Sicherheitsrat präsentierten Argumente stammten aus den Kladden des Bundesnachrichtendienstes. Was der deutsche Geheimdienst und auch viele Experten innerhalb der US-Behörden aber nicht teilten, war die Politisierung des Materials, der Spin, die Dramatisierung. Denn selten in

der Geschichte wurde derart schamlos manipuliert und getrickst, ausgelassen und interpretiert.
Hier liegt der politische Skandal, der in diesen Tagen an die Oberfläche steigt wie Sumpfgas aus dem Morast. Entweder Bush und die Seinen wussten, dass manipuliert und gelogen wurde – dann haben sie das Parlament und die Öffentlichkeit hintergangen und müssen sich nun verantworten. Oder sie wussten nichts und wurden von einer verschwörungsartigen Intrige aus dem eigenen Apparat übertölpelt. Dann tragen sie ebenfalls die politische Verantwortung, weil sie ihre Behörden nicht im Griff haben.
Doch auch wenn Bushs Glaubwürdigkeit nun leiden mag, so ist sein politisches Überleben weit stärker mit dem zweiten großen Versprechen verknüpft, dessen Wahrheitsgehalt sich erst noch erweisen muss. Es ist dies das Demokratisierungs-Versprechen, oder besser: das Verheißungs-Argument. Mit der Invasion hat Amerika die Hoffnung auf mehr Sicherheit verknüpft, das 9/11-Trauma sollte überwunden, das fundamentalistische Übel eingedämmt werden. Außerdem hat Washington die Befreiung des Irak zur gewaltigen Stabilisierungs- und Demokratisierungs-Maßnahme für die arabische Welt erhoben. Nicht weniger als ein Zeitalter der Aufklärung sollte mit den zu umjubelnden Besatzungstruppen in den Irak einziehen. Dieses Szenario war elementarer Bestandteil von Bushs Heilsversprechen – und es deutet alles darauf hin, dass der Präsident auch dies nicht erfüllen wird. [...]

D143 US-Präsident George W. Bush in seiner Rede »zur Lage der Nation« (20.1.2004)

[...] Einige in dieser Kammer und in unserem Land unterstützten die Befreiung des Irak nicht. Einwände gegen den Krieg fußten oft auf prinzipiellen Grundsätzen. Doch lassen Sie uns ehrlich darüber reden, welche Folgen es gehabt hätte, Saddam Hussein an der Macht zu belassen. Wir bemühen uns um alle Fakten. Schon jetzt hat der Kay-Bericht dutzende Aktivitäten, die in Verbindung mit Programmen zur Entwicklung von Massenvernichtungswaffen standen, identifiziert und auch eine signifikante Menge an Gerätschaften, die der Irak vor den Vereinten Nationen verbarg. Hätten wir es versäumt, zu agieren, die Massenvernichtungswaffenprogramme des Diktators würden noch heute existieren. Hätten wir es versäumt, zu agieren, die Resolutionen des Sicherheitsrats gegen den Irak hätten sich als leere Drohungen entpuppt, was die Vereinten Nationen geschwächt und die Diktatoren in aller Welt zum Widerstand ermutigt hätte. Die Folterkammern des Irak wären noch immer mit verängstigten, unschuldigen Opfern gefüllt. Die Massengräber des Irak – wo hunderttausende Männer, Frauen und Kinder im Wüstensand verschwanden – wären noch immer nur den Mördern bekannt. Für alle, die die Freiheit und den Frieden lieben, ist eine Welt ohne Saddam Husseins Regime ein besserer, sicherer Ort. [...]

D144 Ex-US-Waffeninspekteur David Kay in einer Anhörung vor dem Streitkräfteausschuss des US-Senats (28.1.2004)

[...] Lassen Sie mich damit beginnen, festzuhalten, dass wir fast alle danebenlagen, und ich zähle mich mit Sicherheit dazu. [...]
Ich würde auch gerne darauf verweisen, dass viele Regierungen, die sich dafür entschieden, diesen Krieg nicht zu unterstützen, [nichtsdestotrotz von der Existenz irakischer Massenvernichtungswaffen überzeugt waren] – mit Sicherheit der französische Präsident, [Jacques] Chirac, der sich, wenn ich mich recht entsinne, im April letzten Jahres auf Massenvernichtungswaffen im Besitz des Irak bezog. Mit Sicherheit auch die Deutschen – ihr Geheimdienst glaubte an die Existenz irakischer Massenvernichtungswaffen. Es stellte sich heraus, dass wir alle falsch lagen, [...] und dies ist sehr beunruhigend. [...]
Es gibt eine ganze Reihe von Aspekten, bei denen wir falsch lagen. Und es gibt einen guten Grund dafür. Es gibt vermutlich mehrere Gründe. Zweifellos ist Proliferation nur sehr schwer zu verfolgen, vor allem in solchen Ländern, die den leichten und freien Zutritt [zu ihren etwaigen Produktionsstätten] verweigern und die keine freien und offenen Gesellschaften haben.
Meines Erachtens, basierend auf der Arbeit, die bis zu diesem Zeitpunkt von der Iraq Survey Group erledigt worden ist und wie ich Ihnen bereits im Oktober berichtet habe, hat der Irak die Bestimmungen von Resolution 1441 → **D78** klar und eindeutig verletzt.
Resolution 1441 verlangte, dass der Irak all seine Aktivitäten offenlege – eine letzte Chance, um endlich die Wahrheit über seine Bestände ans Licht zu bringen. Wir haben Hunderte von Fällen entdeckt, basierend sowohl auf Dokumenten als auch auf physischen Beweisen und den Aussagen von Irakern, laut denen der Irak Aktivitäten nachging, die gemäß der ursprünglichen UN-Resolution 687 verboten waren und die gemäß 1441 hätten gemeldet werden müssen. Wir haben die Aussagen von Irakern, die besagen, dass sie nicht nur die UN nicht darüber informierten, sondern dass sie darüber hinaus angewiesen worden waren, dies nicht zu tun und die Materialien zu verstecken.
Ich denke, unser Ziel – und das ist definitiv das Ziel, das ich seit meinem Rücktritt verfolge – sollte kein politisches sein und mit Sicherheit keine

Hexenjagd auf einzelne Individuen. Es ist der Versuch, unsere Aufmerksamkeit auf etwas zu richten, von dem ich glaube, dass es eine grundsätzliche Fehleranalyse ist, die wir jetzt unternehmen müssen.

Und lassen Sie mich eine Erklärung herausgreifen, die besonders häufig angegeben wird: Analysten seien unter Druck gesetzt worden, um bestimmte Ergebnisse zu liefern, die in die politische Agenda der einen oder der anderen Administration gepasst hätten. Ich bin davon überzeugt, dass dies eine falsche Erklärung ist. Als Leiter der Iraq Survey Group verbrachte ich die Mehrzahl meiner Tage nicht draußen vor Ort, um die Untersuchungen zu leiten. Das ist typisch für das, was man auf einer solchen Position macht. Ich versuchte zu motivieren, zu dirigieren, Strategien zu finden. Während meiner Tätigkeit kamen unzählige Analysten zu mir, um sich dafür zu entschuldigen, dass die Welt, die wir da vorfanden, nicht die Welt war, von der sie geglaubt hatten, dass sie existiere, und die sie erwartet hatten. Die Wirklichkeit wich schon im Vorfeld ab.

Und niemals – nicht in einem einzigen Fall – war die Erklärung: »Ich wurde unter Druck gesetzt, dies zu tun.« Stattdessen lautete die Erklärung häufig: »Die begrenzten Informationen, die wir zur Verfügung hatten, ließen uns dieses Ergebnis als plausibel erscheinen. Jetzt erkenne ich, dass es da noch eine andere Erklärung dafür gibt.« Und obwohl jeder Fall anders gelagert war, besaßen die Gespräche eine ausreichende Tiefe, und unsere Beziehungen waren ausreichend ehrlich, so dass ich davon überzeugt bin, dass, zumindest was die Analysten betrifft, mit denen ich es zu tun hatte, es keinen Einzigen darunter gab, der seinen Standpunkt aufgrund eines, wie es im militärischen Fachjargon heißt, »unangemessenen Einflusses durch einen Vorgesetzten« (»inappropriate command influence«) einnahm. Dies war einfach nicht der Fall. Es lag an den offensichtlichen Schwierigkeiten mit den von Geheimdiensten zusammengetragenen Informationen, die unsere Analysten zu ihren Schlüssen bewogen haben.

Und wissen Sie was? Es hört sich pervers an, aber ich wünschte mir fast, es läge doch an diesem unzulässigen Einfluss, weil wir dann wüssten, wie wir das korrigieren könnten. Wir würden uns einfach der Leute entledigen, die diesen Einfluss tatsächlich ausgeübt haben.

Die Tatsache, dass dem nicht so war, sagt mir, dass wir ein grundlegenderes Problem haben, zu verstehen, was falsch lief, und wir müssen herausfinden, was da vor sich ging. [...] Und wie ich bereits sagte, ich denke, dass wir noch andere Fälle haben als nur den Irak. Ich glaube nicht, dass das Problem der weltweiten Proliferation von Technologien zur Produktion von Massenvernichtungswaffen einfach verschwinden wird und deshalb glaube ich, dass dies ein sehr dringendes Problem ist. [...]

D145 Die Nationale Sicherheitsberaterin des Präsidenten, Condoleezza Rice, in einem Interview mit Al Arabiya (4.5.2004)

Frage: [...] Wenn es um die Fotos und die Bilder der misshandelten irakischen Gefangenen geht, darf es zu keinen Missverständnissen kommen. Diese Bilder sind überall in den Medien. In den Straßen sagen einige Leute, dass sie unter Saddam besser dran gewesen wären als unter den Amerikanern – all dies kommt zu einem Zeitpunkt, an dem sich die USA in einer umfassenden diplomatischen Offensive engagieren. Wie sehen Sie das?

Rice: Der Präsident sprach anderntags über diese furchtbaren Bilder, als er sagte, dass er sich persönlich von ihnen angeekelt fühle. Wir alle sind schockiert über diese Bilder. Ich werde nicht über die einzelnen Fälle sprechen. Die individuellen Rechte der betroffenen Personen werden respektiert werden, während sie das Geschehene verarbeiten.

Aber ich kann… ich will den Menschen in der arabischen Welt, im Irak, in der ganzen Welt und dem amerikanischen Volk versichern, dass der Präsident entschlossen ist, der Sache auf den Grund zu gehen. Dass er entschlossen ist, herauszufinden, wer die Verantwortung trägt, und dass er entschlossen ist, dafür zu sorgen, dass, wer auch immer dafür verantwortlich ist, bestraft und zur Rechenschaft gezogen wird.

Und er ist entschlossen, herauszufinden, ob es noch ein weitreichenderes Problem gibt als das, was in Abu Ghraib geschehen ist. Und deshalb hat er Verteidigungsminister Rumsfeld zu verstehen gegeben, dass er eine Untersuchung erwarte, eine vollständige Auflistung. Amerikaner tun so etwas anderen Leuten nicht an. Diese Bilder waren furchtbar, weil Amerika… weil amerikanische Männer und Frauen in Uniform, aktive Soldaten und Reservisten, ihren Einsatz im Irak unter großen Opfern vollbringen. Menschen kommen dabei ums Leben. Wir kamen dorthin, um bei der Befreiung des irakischen Volkes zu helfen. Wir kamen dorthin, um Schulen zu bauen, um Krankenhäuser zu bauen, und wir wollen wirklich, dass das Bild, das die Iraker von uns haben, eines ist, das uns Amerikaner dabei zeigt, wie wir dem irakischen Volk helfen. Es ist schlicht und ergreifend inakzeptabel, dass sich jemand am Missbrauch irakischer Gefangener beteiligt. Und wir werden der Sache auf den Grund gehen. Und diejenigen, die verantwortlich sind, werden bestraft werden. [...]

Frage: Um eine Wiederholung dessen zu verhindern, was geschehen ist; um die momentane Lage innerhalb der irakischen Gefängnisse zu verbessern – können Sie uns etwas über etwaige Verfahren erzählen, die jetzt eingeleitet werden, um die Situation zu verbessern, nach allem, was passiert ist?

Rice: [...] Offensichtlich werden einige Leute in Haft genommen werden müssen, so sie denn etwas Falsches getan haben, aber sie sollten mit Würde behandelt werden. [...] Wir wollen die ganze Geschichte erfahren, und deshalb wird es auch eine vollständige Untersuchung geben. Sie wird transparent werden. Die Vereinigten Staaten sind eine offene Gesellschaft. Und eine gute Sache an Demokratien ist, dass, wenn so was passiert, die Demokratien selbst reagieren. Das amerikanische Volk reagiert. Der amerikanische Kongress reagiert. Der amerikanische Präsident reagiert, weil kein Amerikaner jetzt mit irgendeiner Entmenschlichung des irakischen Volks in Verbindung gebracht werden will. Und wir bedauern es zutiefst, was diesen Leuten widerfahren ist und wie sich ihre Familien fühlen müssen. Es ist einfach nicht richtig. Und wir werden der Sache auf den Grund gehen und herausfinden, was da passiert ist. [...]

D146 Chicago Tribune: Shame in Iraq (4.5.2004)

Falls ein Bild tatsächlich mehr als 1 000 Worte sagt, dann summieren sich die Bilder, die die Demütigungen und Misshandlungen irakischer Gefangener in einem US-Militärgefängnis zeigen, leicht zu einem mehrbändigen Werk antiamerikanischer Propaganda.
Es wäre schwer, einen Satz Bilder zu entwerfen, der noch besser dafür geeignet wäre, die amerikanische Mission im Irak zu untergraben, Empörung in der arabischen und islamischen Welt hervorzurufen oder die selbstlose Arbeit unzähliger tapferer amerikanischer Soldaten in Verruf zu bringen.
Falls die Bush-Administration nicht entschlossen genug eine vollständige Aufklärung angeht, könnten diese Enthüllungen womöglich alles, was sie im Irak bisher zu erreichen versucht hat, zunichtemachen.
Die Vereinigten Staaten sind zwar in den Irak gegangen, um eine anhaltende Bedrohung zu beenden, aber auch, um den schrecklichen Verbrechen Saddam Husseins ein Ende zu setzen und um Demokratie und Menschenrechte in der Region zu implementieren. Der entsetzliche Missbrauch, der im Gefängnis von Abu Ghraib, außerhalb von Bagdad, dokumentiert wurde, führt diese Ziele offensichtlich ad absurdum. Präsident Bush verlor keine Zeit, um seiner Empörung Ausdruck zu verleihen. Seine Regierung muss der Welt klar und deutlich zu verstehen geben, dass sowohl für sie selbst als auch für ihre Soldaten nur die höchsten Verhaltensstandards gelten.
Selbst in der abgemilderten Form, in der sie von amerikanischen Zeitungen gedruckt wurden, wirken die Bilder abscheulich. Sie zeigen nackte irakische Männer, die gezwungen wurden, sexuelle Akte vor den Augen ihrer grinsenden amerikanischen Wärter zu simulieren; andere wurden zu einer

menschlichen Pyramide gestapelt, und ein Gefangener steht, sein Gesicht unter einer Kapuze verborgen, auf einer Kiste, mit Drähten an seinen Armen. Und es gibt noch mehr. Eine Untersuchung der Armee fand umfangreiches Beweismaterial, demzufolge Gefangene entkleidet und mit kaltem Wasser übergossen wurden, mit einem Besenstiel und einem Stuhl geschlagen, mit Vergewaltigung bedroht sowie mit einem Leuchtstab »und möglicherweise einem Besenstiel« anal penetriert wurden.

Die Nachwirkungen innerhalb und außerhalb des Irak können schwerlich übertrieben werden. Der Skandal verkompliziert nur noch mehr die Aufgabe, mit den Irakern zusammenzuarbeiten, um den Aufstand zu beenden und die Macht an eine Interimsregierung zu übertragen. Juan Cole, Wissenschaftler an der University of Michigan, meinte dazu: »Die Veröffentlichung dieser Bilder könnte der Zeitpunkt sein, an dem die Vereinigten Staaten den Irak verloren.«

Doch wir haben zu viel investiert, um es von solch grotesken Aussetzern gefährden zu lassen. [...] Die US-Regierung kann nicht rückgängig machen, was geschehen ist, doch sie kann schnell und aggressiv vorgehen, um die Verantwortlichen zu bestrafen und gleichzeitig Vorkehrungen treffen, um sicherzustellen, dass derartige Verbrechen nicht wieder passieren werden.

D147 US-Präsident George W. Bush in einem Interview mit Alhurra Television (5.5.2004)

Frage: [...] Die Existenz von Beweismaterial, das die Folter irakischer Gefangener durch US-Personal belegt, hinterlässt bei vielen Irakern und den Menschen im Nahen Osten und der arabischen Welt den Eindruck, dass die Vereinigten Staaten nicht besser als Saddam Husseins Regime seien. [...] Was können die USA tun oder was können Sie tun, um aus der Sache noch irgendwie herauszukommen?
Bush: Als Erstes sollten die Leute im Irak wissen, dass ich diese Praktiken für abscheulich halte. Sie sollten auch verstehen, dass das, was in diesem Gefängnis passiert ist, nicht das Amerika repräsentiert, das ich kenne. Das Amerika, das ich kenne, ist ein mitfühlendes Land, das an die Freiheit glaubt. Das Amerika, das ich kenne, bemüht sich um jedes Individuum. Das Amerika, das ich kenne, hat Soldaten in den Irak geschickt, um die Freiheit voranzubringen – gute, ehrliche Bürger, die den Irakern jeden Tag helfen. Es ist ebenfalls wichtig für die Leute im Irak zu wissen, dass in einer Demokratie nicht alles perfekt ist, dass Fehler gemacht werden. Doch ebenso werden in einer Demokratie diese Fehler untersucht, und Menschen werden

zur Rechenschaft gezogen. Wir sind eine offene Gesellschaft. Wir sind eine Gesellschaft, die bereit ist zu untersuchen… vollständig zu untersuchen, was in diesem Gefängnis passiert ist.
Dies steht in starkem Kontrast zu dem, wie das Leben unter Saddam Husseins Herrschaft war. Seine ausgebildeten Folterknechte wurden unter seinem Regime niemals zur Rechenschaft gezogen. Es gab keine Untersuchungen zu Misshandlungen von Menschen. Dieses Mal wird es Untersuchungen geben. Menschen werden zur Rechenschaft gezogen werden. […]

D148 US-Verteidigungsminister Donald H. Rumsfeld in einer Anhörung vor dem US-Senat (7.5.2004)

[…] In den letzten Tagen gab es eine ganze Menge Diskussionen darüber, wer die Verantwortung für die schrecklichen Vorfälle trägt, die in Abu Ghraib stattfanden. Diese Ereignisse passierten in meiner Schicht. Als Verteidigungsminister bin ich verantwortlich für sie. Ich übernehme die volle Verantwortung. Es ist meine Pflicht, das, was passiert ist, auszuwerten, sicherzustellen, dass diejenigen, die diese Verbrechen begangen haben, zur Rechenschaft gezogen werden, und die notwendigen Veränderungen herbeizuführen, damit das, was passiert ist, nie wieder passiert.
Ich fühle mich schrecklich wegen der Dinge, die diesen irakischen Gefangenen widerfahren sind. Es sind Menschen. Sie befanden sich in US-Gewahrsam. Unser Land hatte die Pflicht, sie ordentlich zu behandeln. Das haben wir nicht getan. Das war falsch.
Jenen Irakern, die von Angehörigen der US-Streitkräfte misshandelt wurden, biete ich meine tiefste Entschuldigung an. Es war unamerikanisch. Und es war unvereinbar mit den Werten unserer Nation.
Ferner bedaure ich zutiefst die dadurch entstandenen Schäden:
- erstens am Ansehen der ehrenhaften Männer und Frauen unserer Streitkräfte, die couragiert, geschickt und verantwortungsvoll unsere Freiheit in der ganzen Welt verteidigen. Sie sind wirklich wunderbare Menschen, und ihre Familien und Angehörigen können enorm stolz auf sie sein;
- zweitens am Präsidenten, am Kongress und am amerikanischen Volk. Ich wünschte, wir hätten ihnen die Schwere dessen, was vorgefallen ist, deutlicher machen können, bevor wir alles in den Medien sahen;
- drittens am irakischen Volk, dessen Vertrauen in unsere Koalition erschüttert worden ist; und schließlich am Ansehen unseres Landes.

Die fotografischen Darstellungen von US-Militärpersonal, die die Öffentlichkeit zu Gesicht bekommen hat, haben ohne Frage jeden im Verteidigungsministerium beleidigt und empört. […] Wir nehmen die Sache sehr

ernst. Es hätte nicht passieren dürfen. Alle Übeltäter müssen bestraft, alle Abläufe bewertet und alle Probleme korrigiert werden.
Es ist wichtig, dass das amerikanische Volk und die Welt erfahren, dass, während diese schrecklichen Akte von einer kleinen Zahl von Angehörigen des US-Militärs begangen wurden, sie ebenfalls durch die ehrenhaften und verantwortungsvollen Aktionen anderer Mitglieder unserer Streitkräfte ans Licht gebracht wurden. [...]
Die Tatsache, dass Missstände vorkommen – im Militär, in der Strafverfolgung, in unserer Gesellschaft –, ist nicht überraschend. Doch der Grad, an dem unser Land und unsere Regierung gemessen werden sollte, ist nicht, ob Missstände vorkommen, sondern wie unsere Nation mit ihnen umgeht. Wir gehen mit ihnen sehr offen um. Diese Vorfälle werden untersucht und allen, die Verbrechen begangen haben oder denen Missbrauch nachgewiesen werden kann, werden ihre gerechte Strafe erhalten. Zumindest die meiste Zeit über funktioniert das System.
Nichts von alledem kann die Schwere der jüngsten Situation in Abu Ghraib schmälern. Im Gegenteil, dies ist genau der Grund, weshalb diese Misshandlungen so gravierend sind – weil sie von den Feinden unseres Landes dazu benutzt werden können, um unsere Mission zu untergraben und um den falschen Eindruck zu erwecken, dass ein solches Verhalten eher die Regel als die Ausnahme ist – wenn doch tatsächlich das Gegenteil der Fall ist.
Deshalb ist es so wichtig, dass wir die Vorfälle so offen wie nur irgendwie möglich untersuchen und die verantwortlichen Leute auch in einer ähnlichen Art und Weise zur Rechenschaft ziehen. Und das ist genau das, was wir gerade tun. [...]

D149 The New York Times: The Military Archipelago (7.5.2004)

Der Weg nach Abu Ghraib begann mehr oder weniger in Guantanamo im Jahre 2002. Dort fing die Bush-Administration damit an, ein globales System von militärischen Gefangenenlagern zu errichten, die absichtlich auf Stützpunkten, die sich nicht auf amerikanischem Boden befanden, angesiedelt waren und die von öffentlicher Einsicht und richterlicher Kontrolle abgeschirmt wurden. Die Regierung scheute die Kontrolle von unabhängigen Beobachtern wie Human Rights Watch und Amnesty International. Sie nahm an, dass mutmaßliche Vertreter des Terrorismus keinen normalen Rechtsschutz verdienten und setzte ferner voraus, dass amerikanische Beamte stets einen Terroristen von einem unschuldigen Zuschauer würden unterscheiden können.

Soweit wir wissen, weisen die psychosexuellen Demütigungen, die militärische Wärter an irakischen Gefangenen letztes Jahr in Abu Ghraib vornahmen, keine Parallelen zu anderen, ebenfalls von Amerika betriebenen Gefängnissen auf. Nichtsdestotrotz deuten die Beschreibungen ehemaliger Gefangener, die in anderen militärischen Gefangenenlagern einsaßen […], darauf hin, dass eine systematische, willkürliche Brutalität gegenüber den Insassen vorgeherrscht hat; Leute, denen in vielen Fällen nicht eindeutig ein Verbrechen zugeordnet werden konnte. Ein erschreckender Hinweis auf die Ausmaße des Problems mag die Aussage des Pentagons von letzter Woche gewesen sein, demzufolge 25 irakische und afghanische Kriegsgefangene während der letzten 17 Monate in amerikanischer Haft gestorben sind.
Die Verhör- und Internierungsmethoden, von denen das Pentagon zugibt, sie regelmäßig eingesetzt zu haben, umfassen auch Formen von körperlichem und psychologischem Missbrauch, die gegen amerikanische Werte, internationale Standards der Menschenwürde und gegen das Kriegsrecht verstoßen. Diese beinhalten sowohl Schlafentzug als auch das erzwungene Verharren von Gefangenen in »Stresspositionen« über mehrere Stunden hinweg. Noch bis vor kurzem wurden Gefangene oftmals mit Kapuzen über dem Kopf verhört. Sie zu entkleiden war solange erlaubt, wie ein General die Anfrage gegenzeichnete. Den Fotos nach zu urteilen, stellte dies kaum ein Problem dar. […]
Im Irak wurden, soweit wir bisher wissen, vermummte Gefangene geschlagen, nackt ausgezogen, ihnen wurden Tierleinen um den Hals gebunden und sie wurden in erniedrigende sexuelle Positionen gezwungen. […] Weitaus weniger ist über die Internierungs- und Verhörmethoden in Guantanamo bekannt, doch auch hier hat es Beschwerden über Misshandlungen gegeben. Viele der Anschuldigungen stammen von Personen, die aus Amerikas verschiedenen militärischen Gefangenenlagern freigelassen wurden und dementsprechend skeptisch wurden sie in der Vergangenheit behandelt. Jetzt verdienen sie alle eine sorgfältige Untersuchung.
Es ist beunruhigend, dass sich die schlimmsten Misshandlungen in Abu Ghraib offenbar erst einstellten, nachdem Generalmajor Geoffrey Miller, seinerzeit verantwortlich für das Gefangenenlager in Guantanamo, einige Veränderungen bezüglich der Verhörmethoden für Gefangene im Irak empfohlen hatte. General Miller ist derselbe Beamte, dem die Bush-Administration jetzt die Leitung der Internierungen und Verhöre im Irak anvertraut hat.
Trotz aller Anstrengungen war die Regierung vor der Invasion niemals in der Lage, irgendeine überzeugende Verbindung zwischen dem Irak und Al-Qaida aufzuzeigen. Trotzdem wurden irakische Gefangene seither wie

mutmaßliche Terroristen behandelt. Die Misshandlungen in Abu Ghraib und quer durch das System militärischer Gefangenenlager hinweg beschädigen das Ansehen dieses Landes und spielen Osama bin Laden in die Hände. Die Bush-Administration hat Al-Qaidas weltweite Rekrutierungsbemühungen reichhaltig beschenkt.

D150 The Washington Post: The Policy of Abuse (16.5.2004)

Bis zu diesem Monat war nur sehr wenig öffentlich bekannt darüber, wie die Bush-Administration ausländische Gefangene behandelt und verhört. Menschenrechtsgruppen hatten Berichte über Misshandlungen in Guantanamo Bay, Kuba und in Afghanistan gesammelt, die von der Regierung stets abgewiesen oder bestritten wurden. [...] In den zurückliegenden zwei Wochen nun ist, dank der Aufregung um die Fotos aus dem Gefängnis von Abu Ghraib und einer Reihe von Kongressanhörungen, ein beunruhigend anderes Bild entstanden – eines, das auf seine ganz eigene Art und Weise schockiert und Amerikas Stellung in der Welt beschädigt.

Wie erst jetzt bekannt geworden ist, beinhalten die offiziellen Methoden im Umgang mit Gefangenen das Vermummen durch Kapuzen, Schlaf- und Nahrungsentzug, die erzwungene Einnahme von »Stress«-Positionen, Isolation für mehr als 30 Tage und Einschüchterung durch Hunde, wobei all dies Entscheidungen aus den höchsten Ebenen der Bush-Administration widerspiegelt. Diese Entscheidungen, die im Gefolge des 11. September 2001 getroffen wurden, veränderten jahrzehntealte Grundsätze der US-Politik quasi über Nacht und verstießen gegen bestehende Vorschriften oder aber interpretierten diese zumindest radikal neu. Die Einführung solcher Methoden beunruhigte Rechtsexperten innerhalb des Militärs offenbar derart, dass einige ihre Beschwerden insgeheim nach außen trugen. Das Internationale Komitee vom Roten Kreuz wie auch viele andere unabhängige Rechtsexperten verurteilten die daraus resultierenden Verhörmethoden als illegal gemäß den Genfer Konventionen und der UN-Antifolterkonvention. Und doch sagt Verteidigungsminister Donald H. Rumsfeld schon seit längerem, dass die Vereinigten Staaten eine derartige Behandlung von Gefangenen als angemessen und legal betrachten – und vermutlich überall zugelassen ist im Umgang mit Gefangenen, einschließlich Amerikanern.

Am Donnerstag nun unternahm der kommandierende US-General im Irak, Generalleutnant Ricardo S. Sanchez, einen ersten Schritt zur Korrektur, indem er die harschen Verhörmethoden im Irak untersagte. Doch das Pentagon verteidigt auch weiterhin diese Methoden als legal nach internationalem

Recht, und sie können nach wie vor in Militär- und CIA-Einrichtungen in Guantanamo, Afghanistan und anderswo eingesetzt werden. Dies ist ein Rezept, das geradezu prädestiniert dafür erscheint, zu noch mehr inakzeptablen Misshandlungen und weiteren Schäden am Bild der Vereinigten Staaten zu führen.
Wie wurden die Verfahren seit dem 11. September nun verändert? Offizielle US-Militärvorschriften zu Verhörmethoden untersagen ausdrücklich »körperliche und moralische Nötigung«, die von den Genfer Konventionen geächtet wird. Eine Reihe von Praktiken wird in offiziellen Handbüchern als illegale körperliche oder mentale Folter bezeichnet, darunter »Nahrungsentzug«, »anormaler Schlafentzug« und »ein Individuum zu zwingen, in anormaler Position über einen länger andauernden Zeitraum hinweg zu stehen, zu sitzen oder zu knien«. Mit der Unterstützung führender ziviler Mitarbeiter des Pentagons sind diese Regeln völlig auf den Kopf gestellt worden. Schlafentzug von bis zu 72 Stunden sei, so eine Entscheidung des Pentagons, nicht »anormal« und deshalb auch keine Folter; eine erzwungene Stressposition, die bis zu 45 Minuten lang eingenommen werde, sei nicht »länger andauernd« und deshalb ebenfalls erlaubt. [...]
Noch harschere Methoden wurden für Guantanamo genehmigt und auch für Einrichtungen in Afghanistan und anderswo, wo die Bush-Administration Gefangene festhält, die sie als »ungesetzliche Kombattanten« gemäß den Bestimmungen der Genfer Konventionen beschreibt. [...] Untersuchungen müssen erst noch zeigen, weshalb [...] Misshandlungen, die denen aus Abu Ghraib ähneln, auch aus Afghanistan gemeldet wurden. Und doch gibt es schon jetzt eine Lehre: Sobald eine Regierung erst einmal grünes Licht für die missbräuchliche Behandlung von Gefangenen gibt, schafft sie ein Klima, in dem diese Misshandlungen voraussichtlich sehr viel weiter verbreitet und mit deutlich geringerer Genauigkeit angewandt werden, als sie es ursprünglich geplant hatte. [...]
Vielleicht hat die Regierung wichtige Informationen durch ihre harschen Behandlungsmethoden von Gefangenen erhalten, obgleich sie dafür keinerlei Beweise geliefert hat. Doch kein wie auch immer gearteter Nutzen kann die Misshandlungen rechtfertigen, die aufgedeckt wurden, oder den entstandenen Schaden, wenn ein amerikanischer Verteidigungsminister der Welt erklärt, das Festhalten von Gefangenen – unter Kapuzen verborgen und in gekrümmter Haltung – sei mit internationalem Recht und amerikanischen Werten in Einklang zu bringen. Die einzige Lösung für Mr. Bush kann nur sein, den missbräuchlichen Praktiken abzuschwören, die seine Regierung eingeführt hat. Wenn er es nicht tut, dann muss der Kongress ihren Gebrauch untersagen.

D151 Frankfurter Allgemeine Zeitung: Irrtum und Versagen (16.7.2004)

Der Hauptgrund, warum die Regierungen Bush und Blair in den Krieg gegen den Irak zogen, war eine behauptete Bedrohung und der Wille, diese unschädlich zu machen: Saddam Hussein, so hieß es, verfüge über biologische und chemische Kampfmittel und versuche, sich atomare Waffen und Trägersysteme zu beschaffen. Viele fanden diese Bedrohungsanalyse plausibel, nach allem, was man mit dem Regime in Bagdad schon erlebt hatte, und in Kenntnis von Saddams Spiel mit den Vereinten Nationen. Auch viele von denen, die mit dem britisch-amerikanischen Kriegskurs nicht einverstanden waren, waren überzeugt davon, dass es im Reich des irakischen Despoten Massenvernichtungswaffen gebe, zumindest aber entsprechende Programme – was, zugegeben, nicht dasselbe ist.

Die Geschichte des Irak-Kriegs ist bekannt, was ihm vorausgegangen war und was ihm folgte, gleichfalls. Vor allem eines: Im Irak sind Massenvernichtungswaffen bis heute nicht gefunden worden. Die vermutete, geglaubte, behauptete Bedrohung hat sich als Konstrukt erwiesen. [...] Warum haben die Geheimdienste Material geliefert, das »dünn« war? Warum haben sie aus Fragezeichen Ausrufezeichen gemacht, warum wurden aus Vermutungen Tatsachenbehauptungen? Weil sie dazu gedrängt wurden, von Leuten, die, koste es, was es wolle, den Krieg wollten, um eine imperiale Neuordnung des Mittleren Ostens zu erreichen? [...]

Man muss sich zwei Dinge in Erinnerung rufen: Die Geheimdienste hatten in der Vergangenheit die irakischen Rüstungsaktivitäten systematisch unterschätzt, so dass sie nun zu einer Art pessimistischer Übertreibung neigten. Die Obstruktionshaltung des Irak gegenüber neuerlichen Inspektionen lieferte zusätzliche Gründe, um argwöhnisch zu sein. Zum anderen ist die Fixierung Bushs und Blairs auf den Irak [...] nur unter Berücksichtigung des »11. September« zu verstehen. [...] [Ohne] den islamistischen Terrorüberfall hätte es den Irak-Krieg vermutlich nicht gegeben, jedenfalls nicht in dieser Form und nicht unter Inkaufnahme des Streits im westlichen Bündnis. Der »11. September« schuf von einem auf den anderen Tag ein neues politisches Klima. Der islamistische Terror hatte schon früher seine Opfer gefunden, aber nach jenem Schockerlebnis schien plötzlich alles Wirklichkeit werden zu können, was man sich nur vorstellen konnte, zum Beispiel auch die Verbindung von Terrorismus und Massenvernichtungswaffen. [...] Skeptische Abgeordnete und misstrauische Wähler werden ihren Regierungen [künftig] nicht so einfach glauben und ihnen schon gar nicht blind vertrauen, wenn diese von tödlicher Bedrohung in Asien, Afrika oder sonstwo reden und dagegen etwas unternehmen wollen. Die Ironie ist: Diese Bedrohungen gibt es wirklich, aber sie sind – nach den Erfahrungen im Irak – mehr denn je zur Glaubenssache geworden [...].

D152 Aus dem Abschlussbericht der »Iraq Survey Group« (30.9.2004)

Strategische Absichten des Regimes

[...] Saddam Hussein dominierte das irakische Regime dergestalt, dass dessen strategische Absichten seinen eigenen entsprachen. Er wollte die Sanktionen beenden, während er gleichzeitig die Fähigkeit beibehalten wollte, seine Massenvernichtungswaffen wiederherzustellen, sobald die Sanktionen einmal aufgehoben worden wären. [...]
Saddam wollte Iraks Fähigkeit, Massenvernichtungswaffen zu produzieren – die im Wesentlichen 1991 zerstört worden war –, wiederherstellen, sobald die Sanktionen aufgehoben worden wären und die irakische Wirtschaft sich stabilisiert hätte, wenn auch möglicherweise in einer anderen Kombination als zuvor. Saddam strebte danach, nukleare Kapazitäten zu entwickeln – schrittweise, ohne Rücksicht auf internationalen Druck und die daraus resultierenden wirtschaftlichen Risiken –, doch beabsichtigte er zunächst, sich auf ballistische Raketen und die Fähigkeit zur chemischen Kriegführung zu konzentrieren. [...]
Die Iraq Survey Group (ISG) schätzt, dass Ereignisse in den 1980er und frühen 1990er Jahren Saddams Glaube an den Wert von Massenvernichtungswaffen geprägt haben. Aus Saddams Sicht halfen ihm diese gleich mehrfach dabei, sein Regime zu retten. Er glaubte, dass während des Iran-Irak-Krieges chemische Waffen iranische Bodenoffensiven aufgehalten und dass Angriffe mit ballistischen Raketen auf Teheran dessen politischen Willen gebrochen hätten. Gleichermaßen glaubte Saddam, dass Massenvernichtungswaffen während der Operation »Wüstensturm« (»Desert Storm«) die alliierten Streitkräfte davon abgehalten hätten, ihre Kriegsziele über die Befreiung Kuwaits hinaus auszuweiten. Massenvernichtungswaffen spielten sogar eine Rolle bei der Zerschlagung eines Schiitenaufstandes im Süden des Landes im Gefolge der 1991 ausgerufenen Waffenruhe.
Das ehemalige Regime verfügte weder über eine formell niedergeschriebene Strategie noch einen Plan zur Wiederaufnahme seines Programms zur Produktion von Massenvernichtungswaffen, sobald die Sanktionen einmal aufgehoben worden wären. Es gab auch keine identifizierbare Gruppe, die politische Entscheidungen bezüglich der Massenvernichtungswaffen getroffen oder entsprechende Pläne ausgearbeitet hätte, abgesehen von Saddam.

Stattdessen verstanden seine Leutnants infolge ihrer jahrelangen Bekanntschaft mit Saddam und seinen sporadischen, wiewohl verbindlichen mündlichen Bemerkungen und Anweisungen an sie, dass sein Ziel die Wiederaufnahme des Programms zur Produktion von Massenvernichtungswaffen war. [...]

Chemische Waffen
Saddam gab die Absicht, die Fähigkeit zur chemischen Kriegsführung wiederzuerlangen, sobald die Sanktionen einmal aufgehoben und die Rahmenbedingungen für günstig befunden worden wären, niemals auf: Saddam und viele Iraker mit ihm sahen in der Fähigkeit zur chemischen Kriegsführung eine Waffe, die sich bewährt hatte. Gegen einen Feind, der zahlenmäßig überlegen war, hatte die Waffe das Land wenigstens einmal im Iran-Irak-Krieg gerettet und dazu beigetragen, die Alliierten 1991 von einem Vormarsch auf Bagdad abzuhalten.
Obwohl eine geringe Zahl zugerückgelassener alter chemischer Waffen entdeckt worden ist, schätzt die ISG, dass der Irak sein chemisches Waffenarsenal bereits 1991 unilateral, und ohne weitere Angaben darüber zu hinterlassen, zerstört hat. Es gibt keine glaubwürdigen Anzeichen dafür, dass Bagdad die Produktion chemischer Waffen danach wieder aufgenommen hat; eine Politik, die die ISG Bagdads Wunsch nach Aufhebung der Sanktionen zuschreibt [...] oder aber dessen Angst vor einem Angriff, sollten die Massenvernichtungswaffen entdeckt werden. [...]
Die Art und Weise, in der der Irak seine chemische Industrie ab Mitte der 1990er Jahre organisierte, erlaubte es ihm, das Grundlagenwissen, das für einen Neustart des Chemiewaffenprogrammes notwendig gewesen wäre, zu bewahren; eine bescheidene Menge sowohl zivil als auch militärisch nutzbarer Forschung zu betreiben und sich zumindest teilweise vom Rückgang seiner Produktionsfähigkeit zu erholen; ein Umstand, der auf Golfkrieg und UN-Sanktionen zurückzuführen ist. Der Irak führte ein rigoroses, formalisiertes System zur landesweiten Erforschung und Herstellung von Chemikalien ein, doch die ISG wird nicht mehr herausfinden können, ob dem Irak dieses System gleichfalls als Grundlage für Versuche dienen sollte, die in Verbindung mit Chemiewaffen standen. [...]

Biologische Waffen
[...] Die ISG fand keine direkten Beweise dafür, dass der Irak nach 1996 noch Pläne für ein neues Programm zur biologischen Kriegsführung hatte oder entsprechende Forschungsarbeiten für militärische Zwecke betrieb. Tatsächlich scheint es so, als habe es seit Mitte der 1990er Jahre – trotz der

Beweise für ein nach wie vor vorhandenes Interesse an nuklearen und chemischen Waffen – überhaupt keine Diskussionen mehr, geschweige denn überhaupt noch ein Interesse auf präsidialer Ebene an Biowaffen gegeben. Der Irak hätte sich bei einer etwaigen Wiederherstellung effektiver Produktionskapazitäten für biologische Kampfstoffe großen Schwierigkeiten gegenübergesehen. Nichtsdestotrotz verfügte der Irak nach 1996 immer noch über bedeutende Fähigkeiten auf diesem Gebiet, die sowohl zivil als auch militärisch nutzbar gewesen wären [...] – einige davon wären sehr nützlich für die Produktion von Biowaffen gewesen, hätte sich das Regime dazu entschlossen, ein neues Biowaffenprogramm zu verfolgen. Darüber hinaus besaß der Irak noch immer seinen wichtigsten Trumpf: das wissenschaftliche Knowhow seines in der Produktion von Biowaffen geschulten Kaders. [...]
Abhängig von den anvisierten Ausmaßen eines solchen Programms hätte der Irak ein einfaches Biowaffenprogramm innerhalb von ein paar Wochen bis hin zu ein paar Monaten wieder aufstellen können, doch die ISG entdeckte keinerlei Beweise dafür, dass das Regime einen solchen Kurs verfolgt hätte. [...]

D153 Frankfurter Rundschau: Schlechtes Vorbild (14.1.2005)

Die Suche nach Massenvernichtungswaffen im Irak ist vorbei. Gefunden wurde nichts. Man erinnert sich: Mit dramatischen Warnungen vor einer »ernsten und wachsenden Gefahr« durch Iraks Massenvernichtungswaffen hatten die USA ihren Feldzug gegen Saddam Hussein einst begründet. Von mobilen Biowaffen-Labors, heimlicher Chemierüstung und selbst Atomwaffen war die Rede. Außenminister Colin Powell sparte vor den Vereinten Nationen in New York unmittelbar vor dem Beginn des Irak-Kriegs in diesem Zusammenhang nicht mit eindringlichen Worten. Man wisse sogar, wo Saddam Husseins Teufelszeug sei, behauptete einst Verteidigungsminister Donald Rumsfeld und wies in alle Himmelsrichtungen: »südlich, nördlich, östlich und westlich von Bagdad«.
Dort haben US-amerikanische Waffenfahnder fast zwei Jahre vergeblich gesucht. Jetzt sind sie wieder zu Hause. Die Suche wurde klammheimlich eingestellt. Was bleibt? Ein Krieg, dem die Hauptbegründung abhanden gekommen ist.
Präsident George W. Bush und vielleicht auch das US-Volk mag das nicht weiter stören. Hat man nicht Irak von einem brutalen Diktator und seinen Schergen befreit? Der Krieg, darauf beharrt Bush wenige Tage vor dem Beginn seiner zweiten Amtszeit im Weißen Haus, war es »absolut« wert.

Was soll er dem heimischen Publikum anderes sagen? Mehr als 1 300 US-Soldaten sind tot. Schwamm drüber. Doch die vergebliche Suche nach Saddams Waffen ist mehr als eine Peinlichkeit. Niemand muss sich wundern, wenn die Iraker den Motiven der US-Besatzer nicht trauen. Für die Zukunft Iraks erweist sich das längst als verheerend.

Welchen Schaden darüber hinaus auch das internationale Recht genommen hat, wird man noch sehen. Wie bei den Menschenrechten gehen die Vereinigten Staaten dabei mit schlechtem Beispiel voran. Ein Präventivkrieg mit stichhaltigem Grund wäre schon ein bedenklicher Präzedenzfall. Einer, dessen Begründung hinterher großzügig umgedeutet wird, öffnet das Falltor zur Willkür. Es ist wohl keine Rechthaberei, jetzt von Washington wirklich auch Konsequenzen einzufordern.

Die US-Präsidentschaftswahlen im November 2004 und die Reaktionen in Europa

»Kurz gesagt hat die Bush-Administration die arroganteste, ungeschickteste, rücksichtsloseste und ideologischste Außenpolitik der jüngeren Geschichte verfolgt.« → D158 John F. Kerry, demokratischer Senator von Massachusetts und Bewerber um das Amt des US-Präsidenten bei den bevorstehenden Wahlen im November 2004, sparte nicht mit Superlativen, als er in einer ersten außenpolitischen Grundsatzrede vor dem Council on Foreign Relations in New York im Dezember 2003 eine Bewertung der Außenpolitik seines republikanischen Gegners vornahm. Vermutlich hätte es solcher Worte gar nicht bedurft, um die Sympathien der Europäer für sich zu gewinnen, zumal diese nach den ständigen Auseinandersetzungen in den Jahren zuvor der Bush-Administration überdrüssig waren; dennoch sprach Kerry vielen Menschen diesseits des Atlantiks mit solchen Worten aus dem Herzen. Einer Studie der Universität von Maryland zufolge hätte Kerry in neun von zehn europäischen Ländern, mit Ausnahme Polens, die Wahlen haushoch gewonnen; in Deutschland wäre der Sieg mit 74 zu 10% geradezu erdrutschartig zugunsten des Herausforderers ausgefallen.[1] Wenn in der gleichen Umfrage wiederum eine überwältigende Mehrheit – abermals lag Deutschland mit 83% Zustimmung an der Spitze – die Meinung vertrat, dass sich das Ansehen der USA unter der Bush-Administration verschlechtert habe, können diese Zahlen, gerade auch in Anbetracht der Vorgeschichte, nicht mehr wirklich überraschen. Nicht die programmatische Ausrichtung der Außenpolitik des Herausforderers, sondern die tief sitzende Aversion gegen den bisherigen Amtsinhaber bestimmte das Ergebnis. Denn obwohl Kerry den Europäern rhetorisch durchaus entgegenkam – intensivere transatlantische Konsultationen hier, stärkere Rolle der Vereinten Nationen dort – hatte dieses Entgegenkommen seinen Preis: Im Gegenzug erwartete Kerry ein stärkeres Engagement Europas im Irak, gerade auch von Seiten der Kriegsgegner wie Deutschland. Aber auch militärische Alleingänge hätten unter einem Präsidenten Kerry wohl weiterhin zum außenpolitischen Repertoire der Vereinigten Staaten gezählt: »Als Präsident werde ich unsere Sicherheit niemals einer anderen Nation oder Institution überlassen und unsere

Gegner werden keine Zweifel an meiner Entschlossenheit hegen, falls notwendig auch Waffengewalt einzusetzen.«[2] All dies aber spielte im Vorfeld der amerikanischen Präsidentschaftswahlen im Jahre 2004 eine untergeordnete Rolle. Umso größer dann war die Ernüchterung in Europa, die dem Ergebnis der Wahlen vom 2. November folgte.

Mit mehr als drei Millionen Stimmen Vorsprung auf seinen Herausforderer hatte Bush diesmal nicht nur die Mehrheit der Wahlmänner (286 zu 251) auf seiner Seite, sondern auch den »popular vote« klar für sich entschieden.[3] Damit war es dem alten und neuen US-Präsidenten gelungen, den Makel seines umstrittenen Wahlsiegs bei den Präsidentschaftswahlen aus dem Jahre 2000 erfolgreich zu tilgen. Damals hatte Bush rund 500 000 Stimmen weniger als sein demokratischer Herausforderer Al Gore erhalten und nur das Votum der Wahlmänner (271 zu 266) sowie ein ihm wohlgesonnener Supreme Court hatten ihn zum Präsidenten gemacht.[4] Das war jetzt vergessen: Dank hoher Wahlbeteiligung und einer gewachsenen Gesamtbevölkerung hatte Bush sogar mehr Wählerstimmen auf sich vereint als jeder seiner insgesamt 42 Vorgänger. Tatsächlich konnte der wiedergewählte Präsident das Ergebnis mit Fug und Recht als Bestätigung seiner bisherigen Politik werten.

Wie aber lässt sich dieses Wahlergebnis erklären? Unterschieden sich denn Kerrys Wahrnehmung der US-Außenpolitik bzw. diejenige der Europäer so sehr vom Rest der amerikanischen Wähler, die ihre Stimme mehrheitlich an George W. Bush vergaben? Eine Studie des Pew Research Center For The People & The Press liefert zumindest einige Ansatzpunkte:[5] Umfragen zufolge entschieden sich Bushs Wähler nämlich nicht wegen, sondern trotz des Irakkrieges für den Republikaner. Als wichtigster Grund für die eigene Wahlentscheidung wurden deutlich häufiger als der Irak (11%) moralische Werte (44%) und der Kampf gegen den Terrorismus (24%) genannt. Nur wer dem Thema Irak höhere Priorität einräumte, wählte anschließend Kerry.[6]

Derlei Unterschiede gingen in der von großer Enttäuschung getragenen Reaktion der europäischen Öffentlichkeit freilich zunächst unter; die wohl denkwürdigste Schlagzeile lieferte die Redaktion des *Daily Mirror*, die ihren Lesern im Seite-1-Aufmacher vom 4. November die rhetorische Frage stellte: »Wie können 59 054 087 Menschen nur so dumm sein?«[7] Deutlich gelassener als Presse und Öffentlichkeit gab man sich derweil in Berlin: Als positive Folge eines Wahlsieges von George W. Bush wurde herausgestellt, dass man auf allen Problemfeldern die Zusammenarbeit mit der US-Administration auch künftig würde nahtlos fortsetzen können.[8] Außerdem rechnete man damit, dass Bush in seiner zweiten und letzten Amtszeit – für US-Präsidenten nicht weiter ungewöhnlich, man denke nur an

Ronald Reagan – stärker zu internationaler Kooperation neigen würde. Dass der alte und neue US-Präsident im Übrigen kaum auf die Idee kommen würde, deutsche Truppen für den Irak anzufordern, blieb an dieser Stelle unausgesprochen, dürfte aber im Bundeskanzleramt ebenfalls mit Wohlwollen registriert worden sein.

Generell jedenfalls schien einer pragmatischen deutsch-amerikanischen Zusammenarbeit, wie sie auch schon im Laufe des Jahres 2004 bestanden hatte, nichts weiter im Wege zu stehen. Ein Zurück in die Zeit vor dem 11. September würde es nicht geben, ebenso wenig aber schien ein Rückfall in die dunkelste Phase unmittelbar vor dem Irakkrieg 2002/03 allen Beteiligten wünschenswert zu sein. Sollte die Bush-Administration in Anbetracht des Wahlergebnisses auch insgeheim andere Pläne gehabt haben,[9] die sich verschärfende Sicherheitslage im Irak und zunehmend auch in Afghanistan machte eines deutlich: Auch die USA brauchten Verbündete, hatte sie die Politik nach dem 11. September doch mehr und mehr an ihre eigenen militärischen und finanziellen Grenzen geführt.

UN und internationale Beziehungen

D154 Glückwunschtelegramm von Bundeskanzler Gerhard Schröder (SPD) an den wiedergewählten US-Präsidenten George W. Bush (3.11.2004)

Sehr geehrter Herr Präsident,

zu Ihrem Sieg bei den Präsidentschaftswahlen, deren Verlauf ich mit großem Interesse verfolgt habe, gratuliere ich Ihnen herzlich. Für die vor Ihnen liegenden Jahre an der Spitze Ihres Landes wünsche ich Ihnen Glück und Erfolg. Die Welt steht zu Beginn Ihrer zweiten Amtszeit vor großen Herausforderungen: Internationaler Terrorismus, die Gefahr der Verbreitung von Massenvernichtungswaffen, regionale Krisen, aber auch Armut, Klimaveränderungen und Epidemien bedrohen unsere Sicherheit und Stabilität. Diese Herausforderungen lassen sich nur gemeinsam meistern.

Mit großer Erwartung sehe ich unserer weiteren Zusammenarbeit auf der Grundlage der engen Freundschaft zwischen Deutschland und den Vereinigten Staaten entgegen.

Mit freundlichen Grüßen
Gerhard Schröder

D155 Frankfurter Allgemeine Zeitung: Der Bekannte (4.11.2004)

Die Zuschauer jenseits der amerikanischen Küsten hatten in ihrer großen Mehrheit dem Herausforderer fest die Daumen gedrückt – die Idealisierung des einen und die Dämonisierung des anderen Kandidaten waren ebenso durchgängig wie beispiellos. Dieses Daumendrücken hat nicht geholfen: Bush trägt den Sieg davon, und zwar, anders als vor vier Jahren, mit einer stattlichen Wählerstimmenmehrheit, die noch für manches herhalten wird. Viele Zeitgenossen werden also mindestens Enttäuschung über die Wiederwahl des Republikaners empfinden. Doch nicht zuletzt jene Regierungen in Europa und anderswo, die mit Bush über Kreuz waren, dürfen sich nicht verkriechen, um ihren Katzenjammer auszuleben. Was ihnen bislang wie eine Drohung vorgekommen sein mag (»vier weitere Jahre«), wird nun Wirklichkeit. Und die verlangt nach einer kühlen, realpolitischen Interessenbestimmung, die sich frei macht von populärem Antibushismus oder törichtem Antiamerikanismus: Der Weg muss über den Dialog zu neuer Gemeinsamkeit führen. Voraussetzung dafür ist, dass die eine Seite ihre Europa-Spaltereien und die andere ihren pädagogisierenden Moralismus sein lässt.

Das wird, selbst bei gutem Willen, nicht ganz leicht werden. Denn es ist nicht anzunehmen, dass Bush die Grundkoordinaten seiner Weltpolitik verändert oder zum Beispiel auf seine für viele irritierende religiös-missionarische Rhetorik verzichtet. Aber er dürfte sich offener gegenüber Europa zeigen (müssen), weil er dessen politische, finanzielle und militärische Mithilfe braucht, um die nah- und mittelöstlichen Krisenherde zu löschen – im irakischen ist das von ihm selbst entfachte Feuer besonders heiß – und eine wirkliche Modernisierung in Gang zu setzen. Bush sagt, dass er dies wolle, und in Europa sagt man auch, dass man das wolle. [...]

So ist es riskant, einen Neuanfang zu prognostizieren; schön wäre es schon, wenn er dennoch käme.

D156 Süddeutsche Zeitung: Atlantischer Aufbruch (5.11.2004)

Die deutsch-amerikanischen Beziehungen stehen nach den Wahlen in den USA vor einem Neuanfang. Nicht, weil sich die Probleme in der Welt geändert hätten. Und auch nicht, weil in Washington oder Berlin plötzlich anders gedacht würde. Die erste Herausforderung vor allem auf deutscher Seite besteht darin, die harten Fakten dieser Wahl zu akzeptieren. Umfragen in aller Welt hatten ergeben, dass die Ablehnung, ja die Verachtung gegenüber George Bush nirgends so ausgeprägt ist wie in Frankreich und

in Deutschland. Und nun muss man hierzulande zur Kenntnis nehmen, dass dieser Mann mehr Stimmen erhalten hat als alle seine 42 Vorgänger. Bushs zweite Amtszeit ruht auf einem klaren Sieg und einem unangreifbaren Mandat. Deutsche, und es sind wohl gar nicht so wenige, die in ihm einen einsamen Radikalen sahen, müssen sich nun damit abfinden, dass dieser Präsident im eigenen Land unbestreitbaren Rückhalt genießt. [...]
Die Bundesregierung steht nach den Wahlen in den USA vor einer schwierigen, aber nicht vor einer dramatischen Situation. Einerseits wird sie die Gefühlslage vieler Bürger, der sie ja auch ihren eigenen Wahlsieg vor zwei Jahren zu verdanken hat, nicht ignorieren können. Deshalb wird man in Berlin mit Blick auf den Irak selbst dann keine grundsätzlich neue Position einnehmen, wenn die Amerikaner in den nächsten Monaten in immer größere Schwierigkeiten geraten sollten. Mit Blick auf die Bundestagswahl 2006 kann es sich der Kanzler nicht erlauben, das einzig wichtige Wahlversprechen zu brechen, das er bislang gehalten hat. [...]
Andererseits muss dem Kanzler und seinem Außenminister an einem wenigstens passablen Arbeitsverhältnis zu George Bush und seiner Regierung gelegen sein – nicht allein aus historischer Verpflichtung, sondern vielmehr, weil sich kaum ein Problem auf dieser Welt sinnvoll lösen lässt, wenn Europäer und Amerikaner nicht kooperieren. Die Voraussetzungen dafür sind so schlecht nicht. [...] Es gibt in Deutschland Experten, die meinen, Bush könnte durchaus ein zweiter Ronald Reagan werden, der in seiner ersten Amtszeit als Präsident den kalten Krieger gab, sich in den folgenden vier Jahren aber zum moderaten Verhandlungspartner wandelte, der sogar mit dem Führer aus dem sowjetischen Reich des Bösen ein persönliches Vertrauensverhältnis aufbauen konnte.
Wer einen solchen Wandel nun auch bei George Bush erwartet, übersieht freilich, dass die Voraussetzungen im Welttheater weniger günstig sind als in den achtziger Jahren. Reagan hatte es mit einem Feind im Niedergang zu tun. Der internationale Terrorismus, der heute die größte Bedrohung des Westens darstellt, scheint hingegen unaufhaltsam auf dem Vormarsch zu sein. Und Bush selbst hat in seiner ersten Amtszeit einiges dazu beigetragen, diese Entwicklung eher zu beschleunigen als zu bremsen.
Und doch gibt es ein wenig Hoffnung für mehr Kooperation: Der amerikanische Wahlkampf hat auch den Kriegsbefürwortern deutlich gemacht, dass die USA mit der Invasion im Irak an ihre militärischen und finanziellen Grenzen gestoßen sind. Der Wählerauftrag an Bush lautet vor allem, die Soldaten sicher nach Hause zu holen, aber nicht, sie in neue Schlachten zu schicken. [...]

D157 Die Welt: Der Zorn der Verlierer (8.11.2004)

Für die Einheitsfront der aufgeklärten euro-amerikanischen Intellektuellen war die Sachlage schon kurz nach Bekanntgabe des Erdrutschsiegs der Bush-Republikaner klar: Die USA sind endgültig in die Klauen einer kriegstreiberischen, schwulenfeindlichen, antifeministischen und fundamentalreligiösen Reaktion geraten. Man glaubt in der komfortabel wiedergewählten Regierung einen Auswurf des Mittelalters zu erblicken, einen Triumph finsterster Redneck-Kultur, gegen die in der britischen Qualitätspresse sogar ein Mordaufruf veröffentlicht wurde. [...]
Im Duktus der gehässigen bis abwegigen Analysen zeigt sich am anschaulichsten, warum das Anti-Bush-Lager am Ende so deutlich verlieren musste: Weil es einfach unerträglich ist, sich diesen selbstgerechten, herablassenden und an den Realitäten vorbeidröhnenden Tonfall auf Dauer anzuhören. [...] Den zahllosen Kritikern Bushs ist nicht aufgegangen, dass der Erfolg des Präsidenten auch damit zu tun haben könnte, dass er ein paar vernünftige, durchaus zustimmungsfähige Prinzipien verkörpert, mit denen sich die Mehrheit der Wähler aus nachvollziehbaren Gründen identifiziert. Im Irak-Krieg sah Bush die Notwendigkeit, ein Zeichen der Härte zu setzen gegen ein querulierendes Unrechtsregime, das die Vergeltungsbereitschaft der Amerikaner im Gefolge des 11. September sträflich unterschätzte. Es stimmt zwar, dass sich die nachgelieferten Begründungen im Rückblick als löchrig erwiesen, doch die Amerikaner haben bei aller Skepsis nie daran gezweifelt, dass ihre Regierung von ehrenwerten Motiven geleitet war und dass eine Weltmacht, die ihre Verantwortung ernst nimmt, im Notfall auch zu den Waffen greifen muss, um ihre Feinde einzuschüchtern.
Gab es eine Verbindung zwischen Saddam Hussein und Al-Qaida? Die sophistischen Diskussionen darüber haben die Wähler als solche durchschaut. Ihnen genügte die sehr reale Möglichkeit einer diabolischen Allianz zwischen dem Staatsterroristen Saddam und dem Schwerverbrecher Osama, um Bush das Mandat zum Einmarsch zu erteilen. [...] Bush hat instinktiv erfasst, dass sich der internationale Terrorismus mit Handauflegen und geduldigem Zuhören nicht aushebeln lässt. Er wusste auch, dass der Entschluss zum Gebrauch der Waffen nicht in die Verantwortung einer UNO gehören kann, die zum Zeitpunkt der Krise das Kunststück fertigbrachte, einen irakischen Funktionär zum Chef ihrer Abrüstungsbehörde zu erheben. Nur weil es alle schreiben, muss es noch nicht richtig sein: Die UNO schützt die Weltordnung nicht, zu deren Hüterin sie sich irrtümlicherweise erklärt. Sie ist im Gegenteil das Derivat eines Friedens, den amerikanische Truppen sichern.

Nein, mit einem Schub des Extremismus haben wir es beim Wahlsieg der Republikaner nicht zu tun. Eine Mehrheit der amerikanischen Bevölkerung hat lediglich ihren tiefen, in einer konservativen Weltanschauung geerdeten Realitätssinn artikuliert gegen die schrill auftrumpfenden Meinungsmacher aus dem linksdemokratischen Lager. Worin eigentlich besteht der Skandal, der bis über den Atlantik hinweg so wortreich beklagt wird? Dass die Bush-Amerikaner die christlichen Wurzeln der westlichen Kultur nicht über Bord werfen wollen? Dass sie die Familie für eine schützenswerte Einrichtung halten, die nicht durch falsche staatliche Anreize zum Opfer einer auf Kosten der Steuerzahler wuchernden Ego-Gesellschaft werden sollte? Dass sie das Institut der Ehe nicht auf alle Formen der sexuellen Selbstentfaltung auszudehnen gedenken?
Es mutet bizarr an, wenn solche Selbstverständlichkeiten von führenden Köpfen des Westens zu Fundamentalismen umgedeutet werden. [...]

Amerikanische Außenpolitik

D158 John F. Kerry, US-Präsidentschaftskandidat der oppositionellen Demokraten, in einer Rede vor dem Council on Foreign Relations in New York (3.12.2003)

[...] Abraham Lincoln beschrieb Amerika einst als »die letzte und beste Hoffnung dieser Welt«. Diese Vorstellung umfasste nicht den Anspruch auf Weltmacht und ging nicht von der Annahme aus, dass Macht allein den Lauf der Welt zum Besseren bewenden könne. Diese Vorstellung gründete auf den Werten und der Kraft einer Idee, nicht vorranging auf Reichtum oder Waffen.
Schlagkräftige Waffensysteme werden immer benötigt werden, das haben wir schon vor langen Jahren gelernt. Aber der Gebrauch amerikanischer Feuerkraft wurde stets von Werten und Prinzipien geleitet, nicht von Macht allein.
Heute haben wir eine Regierung, die diesen Werten und Prinzipien den Rücken gekehrt hat. Wir haben einen Präsidenten, der eine Strategie des Krieges entwickelt hat, die – einseitig und präventiv – meiner Ansicht nach Amerikas Vormachtstellung in der Welt sowie Sicherheit und Wohlstand unserer Gesellschaft zutiefst bedroht.
Kurz gesagt hat die Bush-Administration die arroganteste, ungeschickteste, rücksichtsloseste und ideologischste Außenpolitik der jüngeren Geschichte verfolgt. Im Gefolge der Anschläge vom 11. September sammelte sich die

Weltgemeinschaft hinter der gemeinsamen Sache der Terrorbekämpfung. Doch Präsident Bush hat diesen historischen Moment leichtfertig verspielt. Die Koalition ist ramponiert, und der weltweite Krieg gegen den Terror hat sogar einen Rückschlag erlitten. Der Präsident hatte die Gelegenheit, die internationale Gemeinschaft zu vereinen und Saddam Hussein zur Rechenschaft zu ziehen und damit vielleicht sogar den Krieg insgesamt zu vermeiden. Doch er lehnte es ab, sich die Zeit dafür zu nehmen oder aber sich den wahren Mühen der Diplomatie hinzugeben. Stattdessen zog er eilig in den Krieg, und er eilte beinahe allein. Nun sind die Vereinten Nationen gespalten, Jahre harter Arbeit sind zerstört und wir kämpfen nahezu im Alleingang einen zunehmend tödlichen Partisanenkrieg im Irak. Wir haben das Wohlwollen der Welt verloren, unsere Truppen überstrapaziert und unsere eigene Sicherheit eher gefährdet als verbessert. [...]

Als Präsident werde ich einen neuen Kurs setzen, der in unseren dauerhaften Werten wurzelt. Ich werde die Bush-Jahre der Isolation ersetzen durch eine neue Ära der Allianzen. Denn obwohl der Kalte Krieg zu Ende ist, benötigen wir auch weiterhin Verbündete, um den neuen Gefahren entgegenzutreten und sie zu bewältigen. Tatsächlich ist dieses Bedürfnis größer als zu jedem anderen Zeitpunkt in der Vergangenheit. Als Präsident werde ich unsere Sicherheit niemals einer anderen Nation oder Institution überlassen, und unsere Gegner werden keine Zweifel an meiner Entschlossenheit hegen, falls notwendig auch Waffengewalt einzusetzen. Doch ich werde stets verstehen, dass selbst die einzig verbliebene Supermacht auf Erden niemals erfolgreich sein kann ohne die Bereitschaft, Kompromisse einzugehen und die Kooperation mit unseren Freunden und Verbündeten zu suchen. [...]

Nirgendwo ist das Bedürfnis der Vereinigten Staaten, alte Bündnisse zu erneuern und auf ein neuerliches Engagement der Weltgemeinschaft zu drängen, größer als im Irak. Das amerikanische Volk verlangt und verdient eine Politik, die unsere Truppen besser schützt und die eine größere Aussicht auf Erfolg hat. Ironischerweise hat gerade das Verhalten der Bush-Administration dazu geführt, dass die Vereinten Nationen und unsere Verbündeten davon Abstand genommen haben, uns bei diesem Vorhaben zu unterstützen. Und das, obwohl unsere Verbündeten einen großen Anteil am Ausgang dieses Unternehmens haben; einen Anteil, den diese Regierung der Weltgemeinschaft niemals hinreichend deutlich gemacht hat. Ein überzeugendes Argument könnte lauten, dass die internationale Gemeinschaft ein gemeinsames Interesse daran hat, dass der Irak nicht dauerhaft im Bürgerkrieg versinkt oder als Schurkenstaat (rogue state) wiederaufersteht, mit Saddam Hussein oder dessen Nachfolger an der Spitze. Der der Welt dann eine lange Nase macht und den Terroristen ein neues Rückzugsgebiet

bereitstellt als Rache für alles, was geschehen ist. Die Regierung, festgefahren in ihrem Ansatz, es allein zu schaffen, hat wenig unternommen, dieses Argument vorzubringen bzw. den Vereinten Nationen und unseren Verbündeten den notwendigen Anreiz [...] zu liefern, sich an diesem Versuch zu beteiligen. [...]
Ich verstehe, dass die Vereinten Nationen offensichtlich höchst unwillig sind, in den Irak zurückzukehren, und das aus guten Gründen. Doch ich glaube fest daran, dass, wenn die Rolle der UN absolut klar und stichhaltig definiert wäre, der Generalsekretär und die Mitglieder des Sicherheitsrats diese Vorgehensweise unterstützen würden. [...]
Eine Sache allerdings steht außer Zweifel: Wir werden auch weiterhin Schwierigkeiten haben, andere Länder – speziell jene mit nennenswerten militärischen Fähigkeiten – davon zu überzeugen, Truppen und Finanzmittel für den Wiederaufbau bereitzustellen, bevor wir den Vereinten Nationen und der internationalen Gemeinschaft nicht wirkliche Verantwortung übertragen.
Ein internationaler Einsatz im Irak ist unerlässlich, aber er kann nur der Beginn einer neuen Ära der Allianzen sein; einer Ära, in der die Vereinigten Staaten die Weltgemeinschaft wieder anführen und sich mit ihr beschäftigen müssen. [...]
Heute habe ich sowohl die Prinzipien als auch die Eckpunkte einer Außenpolitik dargelegt, unter der Amerika erneut zu einem großen Anführer der Freiheit werden kann – und nicht die einsame Großmacht, die es heute ist, die all ihrer Stärke zum Trotz in einer künftigen Weltordnung nur schwächer dastehen wird als bisher. Unsere Zukunft wird sich nicht verbessern, ganz im Gegenteil, wenn wir unsere eigenen Prinzipien verraten, wenn wir den Weg der Arroganz wählen, wenn wir den falschen Weg des Imperiums beschreiten. Unser größter Vorteil besteht darin, dass wir nicht allein sein müssen, denn wir haben Freunde in der ganzen Welt, die unsere Vorstellung von Freiheit und Fortschritt teilen. [...]

D159 US-Präsident George W. Bush in seiner Dankesrede vor Delegierten des Nominierungsparteitags der regierenden Republikaner in New York (2.9.2004)

[...] Diese Wahl wird ebenfalls bestimmen, wie Amerika auf die anhaltende Gefahr des Terrorismus reagiert – und Sie kennen meinen Standpunkt. [...] Wir haben die Terroristen rund um den Globus bekämpft – nicht aus Stolz oder um der Macht willen, sondern weil das Leben unserer Bürger auf dem Spiel steht. Unsere Strategie ist eindeutig. [...] Wir bleiben in der Offensive

– wir greifen die Terroristen im Ausland an –, damit wir sie nicht hier zu Hause bekämpfen müssen. Und wir arbeiten daran, die Freiheit im gesamten Nahen und Mittleren Osten zu verbreiten, denn nur die Freiheit wird eine Zukunft voller Hoffnung bringen und den Frieden, nach dem wir uns alle sehnen. Und wir werden die Oberhand behalten. Unsere Strategie ist erfolgreich.
Vor vier Jahren war Afghanistan Operationsbasis der Al-Qaida, Pakistan ein Durchgangspunkt für Terrorgruppen, Saudi-Arabien ein fruchtbarer Boden zur Finanzierung des Terrors. Libyen strebte insgeheim nach Atomwaffen, der Irak war eine wachsende Bedrohung, und Al-Qaida war größtenteils unbehelligt bei der Planung ihrer Anschläge. Heute bekämpft die Regierung eines freien Afghanistans den Terror, Pakistan nimmt führende Terroristen gefangen, Saudi-Arabien führt Razzien und Verhaftungen durch, Libyen demontiert seine Waffenprogramme, die Armee eines freien Irak kämpft für die Freiheit, und mehr als drei Viertel der Schlüsselfiguren und Anhänger der Al-Qaida sind entweder verhaftet oder getötet worden. Wir haben die Führung übernommen, viele haben sich uns angeschlossen, und Amerika und die Welt sind sicherer.
Dieser Fortschritt erforderte vorsichtige Diplomatie, eine klare moralische Ausrichtung und einige harte Entscheidungen. Und die härteste betraf den Irak. Wir wussten um Saddam Husseins fortwährende Aggressionen und dessen Unterstützung des Terrors in der Vergangenheit. Wir kannten seine lange Geschichte von Erwerb und Gebrauch von Massenvernichtungswaffen. Und wir wissen, dass der 11. September von unserem Land eine andere Denkweise erforderte: Wir müssen und wir werden Gefahren, die Amerika drohen, entgegentreten, bevor es zu spät ist. [...]
Gerade weil wir reagiert haben, um unser Land zu verteidigen, sind die mörderischen Regime Saddam Husseins und der Taliban Geschichte, wurden mehr als 50 Millionen Menschen befreit und erhält die Demokratie Einzug im Nahen und Mittleren Osten. In Afghanistan haben Terroristen alles in ihrer Macht stehende unternommen, um die Menschen einzuschüchtern – und dennoch haben sich mehr als 10 Millionen Einwohner für die Präsidentschaftswahlen im Oktober registrieren lassen –, eine überwältigende Bestätigung der Demokratie. Trotz anhaltender Gewaltakte hat der Irak jetzt einen starken Ministerpräsidenten, einen Nationalrat, und landesweite Wahlen sind für Januar geplant. Unsere Nation steht den Menschen in Afghanistan und im Irak zur Seite, denn wenn Amerika etwas verspricht, muss es dieses Versprechen auch halten. [...]
Ich glaube an die gestaltende Wirkung der Freiheit: Der klügste Einsatz amerikanischer Stärke ist es, die Freiheit zu fördern. Sobald die Menschen in

Afghanistan und im Irak ihre Chance ergreifen, wird ihr Beispiel eine Botschaft der Hoffnung in eine wichtige Region entsenden. [...] Junge Frauen im gesamten Nahen Osten werden die Botschaft erhalten, dass ihr Tag von Gleichberechtigung und Gerechtigkeit kommen wird. Junge Männer werden die Botschaft erhalten, dass der Fortschritt und die Würde einer Nation in Freiheit gefunden werden, nicht in Tyrannei und Terror. Reformer, politische Gefangene und im Exil Lebende werden die Botschaft erhalten, dass ihnen ihr Traum von Freiheit nicht auf ewig verwehrt bleibt. Und im gleichen Maße, in dem sich die Freiheit ausbreitet – Herz für Herz und Land für Land – wird Amerika sicherer und die Welt friedlicher werden. [...] Den Fortschritt, den wir und unsere Freunde und Verbündeten im Nahen und Mittleren Osten suchen, wird weder einfach zu haben sein noch wird er sich überall sofort einstellen. Doch gerade wir Amerikaner sollten niemals überrascht sein von der Kraft, die der Freiheit inne wohnt, Leben und Nationen zu verändern. [...] Ich glaube fest daran, dass Amerika berufen ist, den Kampf für die Freiheit in ein neues Jahrhundert zu tragen. Ich glaube, dass Millionen von Menschen im Nahen Osten im Stillen um ihre Freiheit bitten. Ich glaube, dass sie, wenn sie auch nur die Chance erhalten würden, die ehrenhafteste je von Menschen erdachte Regierungsform wählen würden. [...]
Dieser Moment in der Geschichte unseres Landes wird in Erinnerung bleiben. Spätere Generationen werden wissen, ob wir unseren Glauben behalten und unser Wort gehalten haben. Sie werden wissen, ob wir diesen Augenblick genutzt haben, eine Zukunft in Sicherheit und Freiheit zu gründen. Die Freiheit vieler sowie die künftige Sicherheit unserer Nation hängen jetzt von uns ab. Und heute Abend, meine sehr verehrten amerikanischen Mitbürger, fordere ich Sie auf, an meiner Seite zu stehen. [...]

D160 Chicago Tribune: George W. Bush for president (17.10.2004)

[...] In diesem Jahr hat jeder von uns das Recht, wählen zu können zwischen zwei Kandidaten der beiden großen Parteien, deren Integrität, Absichten und Fähigkeiten jeweils beispielhaft sind.
Einer dieser beiden Kandidaten, Senator John Kerry, tritt für einen fortwährenden Kampf gegen mörderische Terroristen ein, wenngleich er dafür nur begrenzte US-Einsätze in Übersee vorsieht. Der andere Kandidat, Präsident George W. Bush, spricht offener darüber, was für dieses Land auf dem Spiel steht: Von der durchaus realistischen Möglichkeit, dass neue Anschläge – wiewohl nicht besser koordiniert als jene vom 11. September, doch mit weitaus tödlicheren Waffen – amerikanische Großstädte verwüsten könnten.

Deshalb tritt Bush für einen gewagteren Kampf ein – nicht nur gegen jene, die den Terror säen, sondern auch gegen abtrünnige Regierungen, die die Terroristen beherbergen, finanzieren oder bewaffnen. [...]
[Auch] ein Präsident Kerry würde mit an Sicherheit grenzender Wahrscheinlichkeit jene, die uns töten wollen, bestrafen. [...] Im Gegensatz dazu drängt Bush darauf, den Kampf zu den Terroristen zu tragen, ihnen den Bewegungsspielraum zu nehmen, indem er zur Gründung freier und demokratischer Regierungen auch in unruhigen Weltregionen ermutigt. So erklärte er in seiner Nationalen Sicherheitsstrategie aus dem Jahre 2002: »Die Vereinigten Staaten können sich nicht länger nur aufs Reagieren beschränken, wie wir es in der Vergangenheit getan haben ... Wir können es uns nicht erlauben, dass unsere Feinde zuerst zuschlagen.«
Bushs Verständnis von der Pflicht eines Präsidenten, Amerika zu verteidigen, ist umfassender angelegt als das von Kerry, ist von seiner Taktik her ambitionierter und ist – offen gesprochen – eher darauf ausgelegt, sowohl mehr Verluste als auch nachhaltigere Resultate hervorzubringen. Dies ist der klare Unterschied, auf dem die amerikanischen Wähler ihre Wahlentscheidung gründen sollten.
Es gibt vieles, was der jetzige Präsident hätte anders machen können während der zurückliegenden vier Jahre. [...] Doch aufgrund seiner Entschlossenheit in der entscheidenden Herausforderung unserer Zeit – eine Entschlossenheit, die John Kerry nicht in der Lage war, zu zeigen – empfiehlt die Chicago Tribune die Wiederwahl George W. Bushs zum Präsidenten der Vereinigten Staaten.
Seine Kritiker sagen, Bush lege eine Arroganz an den Tag, die aus Freunden Feinde mache. Abgewiesen in den Vereinten Nationen durch das »Alte Europa« – namentlich Frankreich, Deutschland und Russland – brauchte er viel zu lange, um zuzugeben, dass er dessen Hilfe in einem Krieg benötigte. Er muss erkennen, dass den künftigen Interessen seines Landes am besten damit gedient ist, wenn er verletzte Freundschaften wieder repariert. Und sollte er wiedergewählt werden, dann muss er dieses Ziel unbedingt erreichen.
Doch ist dies nicht die ganze Geschichte. Folgendes ist ebenfalls zu bedenken: Bush förderte neue Bündnisse mit anderen Nationen wie Polen, Rumänien und der Ukraine (zusammen genommen fast 110 Millionen Menschen), die mehr sein wollen als nur Amerikas Freunde: Nachdem sie ihre Freiheit von Tyrannen zurückgewonnen haben, sind sie jetzt entschlossen, auf der richtigen Seite der Geschichte zu stehen. [...]
Kerry setzt großes Vertrauen in die Diplomatie als ein Instrument, nahezu sämtliche Probleme lösen zu können. Natürlich sollten diplomatische

Lösungen immer das Ziel sein. Doch wäre dieses Prinzip noch wesentlich überzeugender, wenn sich die Welt in der Vergangenheit den wahren Krisen auch tatsächlich gestellt hätte: Seien sie nun ausgelöst worden von atomverrückten Ayatollahs im Iran, von finsteren Exzentrikern in Nordkorea, von genozidalen Mördern im Sudan – oder vom Schlächter von Bagdad. In jedem dieser Fälle hat Bush multilaterale Strategien verfolgt. Im Irak reagierte Bush, nachdem die UN es abgelehnt hatten, ihre 17. Resolution durchzusetzen [...]. Erst dadurch erinnerte er viele Regierungen rund um den Globus daran, warum sie konservative, hartnäckige US-Präsidenten nicht mögen (vergleiche Reagan, Ronald). [...]
Bush, so ließe sich argumentieren, ist mit zu wenig Verbündeten und nicht genügend Truppen im Irak einmarschiert. Er wird sich bis ans Ende seiner Tage damit verteidigen, er habe den Geheimdienstberichten aus aller Herren Länder vertraut, die sich erst im Nachhinein als falsch herausstellten. Und er hat es abgelehnt, irgendwelche Fehler zuzugeben.
Doch Kerry hat sich völlig verirrt. Der nunmehr erklärte Anti-Kriegs-Kandidat sagt, er würde noch immer seine Stimme im Senat dafür hergeben, den Krieg zu autorisieren, dessen Finanzierung er sich eben dort verweigerte. [...] Und noch etwas verfolgt Kerry: Seine Entscheidung im Senat, gegen den Golfkrieg [von 1991] zu stimmen; getroffen im Glauben daran, dass – genau – mehr Diplomatie dabei helfen würde, die Besetzung Kuwaits durch Saddam Hussein zu beenden. [...]
Seit nunmehr drei Jahren hat Bush den Fokus der Amerikaner und ihrer Regierung – in wirksamer Weise – auf die Sicherheit dieser Nation ausgerichtet. Diese Erfahrung, zurückzuführen auf den 11. September 2001, hat ihn auf die nächsten vier Jahre vorbereitet; eine Zeit, die in der Geschichte dieses Landes genauso wichtig werden könnte wie die vier Jahre des Zweiten Weltkriegs.
Die bis dato bewiesene Befähigung sowie die Feuerprobe der Erfahrung [des 11. September] sprechen für die Wiederwahl George W. Bushs zum Präsidenten. Er hat die Unerschütterlichkeit und die Stärke, die eine Mission, bei der noch keine amerikanische Generation versagt hat, auszuführen.

D161 The New York Times: John Kerry for President (17.10.2004)

[...] Man kann es nicht verleugnen, dass es in diesem Wahlkampf hauptsächlich um die katastrophale Amtszeit von Mr. Bush geht. [...] Der Präsident, der weniger Wählerstimmen als sein Kontrahent gewinnen konnte, erhielt am 11. September 2001 ein echtes Mandat. Mit einem in der Trauer vereinten Land hinter sich verfügte Mr. Bush über die beispiellose Möglichkeit,

nahezu jedes beliebige Opfer zu verlangen. Die einzige Grenze war seine Vorstellungskraft.
Er verlangte nach einer neuerlichen Steuersenkung und dem Krieg gegen den Irak. [...]
Zusammen mit dem Angriff auf Afghanistan, der nahezu einstimmige internationale wie auch innenpolitische Unterstützung genoss, entwickelten Mr. Bush und sein Generalstaatsanwalt eine Strategie für einen Anti-Terror-Krieg, der alle typischen Eigenschaften dieser Regierung, mittels derer sie ihren Geschäften nachging, auf sich vereinte: eine an Nixon gemahnende Fixierung auf Geheimhaltung, die Missachtung von Bürgerrechten und ungeschicktes Management. [...]
Die im Krieg in Afghanistan gefangen genommenen Männer wurden isoliert gehalten und hatten keinerlei Recht, ihre Inhaftierung anzufechten. Das Justizministerium half eifrig dabei mit, jahrzehntealte internationale Gesetze und Abkommen, die den brutalen Umgang mit Kriegsgefangenen untersagten, zu umgehen. [...]
Wie im Fall der Steuersenkungen schien Mr. Bushs Fixierung auf Saddam Hussein eher religiösem Eifer denn schlichter Politik entsprungen. Er verkaufte dem amerikanischen Volk und dem Kongress den Krieg als einen Anti-Terror-Feldzug, obgleich der Irak keine bekannte Beziehung mit Al-Qaida unterhielt. [...]
Zur internationalen Empörung über den amerikanischen Einmarsch gesellt sich nun eine Geringschätzung ob der zur Schau gestellten Inkompetenz bei der Durchführung des Unternehmens. Moderate arabische Politiker, die versucht haben, wenigstens ein bisschen Demokratie einzuführen, sind geschwächt durch ihre Verbindung zu einer Regierung, die jetzt gleichsam als radioaktiv in der islamischen Welt gilt. Staatsoberhäupter von Schurkenstaaten (rogue states), inklusive dem Iran und Nordkorea, haben ihre Lektion gelernt: Der beste Schutz gegen einen präventiven Angriff Amerikas ist es, selbst Atomwaffen zu besitzen. [...]
Das Weiße Haus unter Bush hat uns stets die schlimmsten Aspekte der amerikanischen Rechten beschert, niemals jedoch eines ihrer Vorteile. [...] Mr. Kerry besitzt die Fähigkeit, es weitaus besser zu machen. Er ist gewillt, mit der Opposition zusammenzuarbeiten – ein Wille, der im Washington dieser Tage häufig vermisst wird. [...] Er hat es stets verstanden, dass Amerikas Rolle in der Welt die des Anführers einer gleichgesinnten Staatengemeinschaft sein muss, nicht die einer »Friss-oder-stirb!«-Vorherrschaft. Mit schmerzendem Herzen blicken wir zurück auf die letzten vier Jahre, sowohl angesichts der Leben, die unnötigerweise verloren wurden, als auch angesichts der Gelegenheiten, die da so beiläufig verschwendet wurden.

Immer wieder von Neuem lud die Geschichte George W. Bush dazu ein, eine heroische Rolle zu spielen, und immer wieder wählte er den falschen Weg. Wir glauben, dass diese Nation es mit John Kerry als Präsident besser kann. [...]

D162 The Washington Post: Kerry for President (24.10.2004)

Experten berichten uns, dass die Mehrzahl der Wähler keinerlei Schwierigkeiten hatte, in der diesjährigen Präsidentschaftswahl eine Entscheidung zu treffen. Die eine Hälfte der Nation ist nach Aussagen der Meinungsforscher leidenschaftlich für George W. Bush, die andere Hälfte leidenschaftlich für John Kerry – oder wenigstens leidenschaftlich gegen Mr. Bush eingestellt. Wir waren bisher weder in der Lage, deren Leidenschaft zu teilen noch deren Bestimmtheit. [...]

Der Abwägungsprozess beginnt, wie bei Wahlkämpfen zur Wiederwahl des Präsidenten üblich, mit dem Amtsinhaber. Dessen Bilanz, insbesondere dessen Außenpolitik, kann nicht mit einem einfach »Ja« oder »Nein« beurteilt werden. Präsident Bush [...] hat mehr erreicht, als seine Kritiker ihm zugestehen mögen; dies betrifft sowohl die Bildung neuer Bündnisse zwecks Verfolgung der Terroristen als auch die Umgestaltung der amerikanischen Nahost-Politik, welche zu lange darauf beschränkt war, befreundete Diktatoren gefällig zu stimmen. [...]

Der von Mr. Bush koordinierte Feldzug zur Vertreibung der Taliban aus Afghanistan erscheint im Rückblick ebenso einfach wie naheliegend, doch hatten seinerzeit viele Leute vor einem drohenden Debakel gewarnt. Anfangs verschwendete Mr. Bush viel kostbare Zeit mit seiner Entscheidung, nach dem Fall von Kabul jedwedes Nation-Building zu unterlassen und stattdessen die Zahl der US-Truppen vor Ort zu reduzieren. Nichtsdestotrotz ist das Afghanistan von heute weit entfernt von jenem Fehlschlag, als den es Mr. Kerry darstellt. Sowohl dem afghanischen Volk als auch der Sicherheit der USA geht es dank des Einmarsches wesentlich besser.

Was den Irak betrifft, so kritisieren wir Mr. Bush nicht dafür, dass er – ebenso wie Präsident Clinton vor ihm – glaubte, Saddam Hussein habe Massenvernichtungswaffen besessen. Wir unterstützten den Krieg und glaubten, dass der irakische Diktator eine Herausforderung darstellte, der man entgegentreten musste; wir glauben auch weiterhin daran, dass der US-Mission, eine repräsentative Regierung im Irak zu etablieren, die Chance inne wohnt, die Vereinigten Staaten sicherer zu machen sowie den Irakern ein besseres Leben zu bieten, als es ihnen unter ihrem mörderischen Diktator möglich war.

Und doch kritisieren wir Mr. Bush dafür, dass er Geheimdienstinformationen, die ihm privat zugespielt wurden, in der Öffentlichkeit aufgebauscht hat, sowie für die unnötige Entfremdung von unseren Verbündeten. Vor allem aber kritisieren wir ihn dafür, dass er den Ratschlag, sich besser auf den Wiederaufbauprozess im Nachkriegsirak vorzubereiten, ignoriert hat. Der Schaden, der durch dieses bewusste Desinteresse hervorgerufen wurde, ist schwerlich einzuschätzen. Es gibt keinerlei Garantie dafür, dass der Irak von heute friedlicher wäre, hätten US-Truppen die Plünderungen unmittelbar nach dem Krieg erfolgreich unterbunden und die Waffenlager gesichert, hätten wir internationale Unterstützung angenommen und die Macht den Irakern schneller übergeben. Doch die Aussicht auf Erfolg wäre besser gewesen. Und trotzdem hat die Regierung den Ratschlag, genügend Truppen bereitzustellen, wiederholt zurückgewiesen. Ihre Missachtung der Genfer Konventionen führte geradewegs zu einem Folterskandal sowohl in irakischen als auch in afghanischen Gefängnissen, welcher den Ruf und den Einfluss der Vereinigten Staaten im Ausland für Jahre, wenn nicht sogar für Jahrzehnte, verringert hat. Tatsächlich befindet sich das Ansehen der USA in einem Großteil der Welt momentan auf einem historischen Tiefpunkt; ein Umstand, der zumindest teilweise dem selbstherrlichen Umgang des Präsidenten mit unseren Verbündeten geschuldet ist in Fragen, die weit über den Irak hinausgehen.
Derlei Fehler haben eine gemeinsame Ursache in Mr. Bushs übermäßigem Selbstvertrauen, in seiner Weigerung, den Rat von irgendjemand anderem außerhalb eines sehr engen Zirkels einzuholen und in seinem Widerwillen, das Unerwartete zu erwarten bzw. sich neuen Fakten anzupassen. Dies sind gefährliche Charaktereigenschaften für jeden Präsidenten, insbesondere jedoch bei einem Anführer in Zeiten des Krieges. Eigenschaften, die sich auch in der Weigerung des Präsidenten widerspiegeln, eigene Fehler zuzugeben bzw. hohe Amtsträger für deren Fehler zur Verantwortung zu ziehen. [...]
Also hat Mr. Bush keine zweite Amtszeit verdient. Bleibt dennoch die Frage: Hat der Herausforderer eine überzeugende Alternative vorgelegt? Hier sind die Gründe, weshalb wir an ihn glauben: [...]
[Wir] sind der Überzeugung, dass der Herausforderer das nötige Rüstzeug besitzt, um dieses Land auch in gefährlichen Zeiten zu lenken. Mr. Kerry verfügt über einen Lebenslauf, der ihn zweifellos auf höchste Ämter vorbereitete. Früh hat er die Gefahren, die von nicht-staatlichen Akteuren wie Al-Qaida ausgehen, verstanden. [...] Obwohl er fälschlicherweise den ersten Golfkrieg [von 1991] nicht unterstützte, befürwortete er den Einsatz amerikanischer Waffengewalt in Bosnien und im Kosovo. [...]

Am meisten hat uns Mr. Kerrys Zick-Zack-Kurs beim Irak erschreckt; speziell in der Frage, ob Saddam Hussein eine Bedrohung darstellte oder nicht. Wie Mr. Bush zu Recht beklagt, wirkt Mr. Kerrys Beschreibung des Krieges als ein »Ablenkungsmanöver« nicht eben vertrauenserweckend hinsichtlich seiner Entschlossenheit, den Krieg bis zum Ende durchzustehen. Doch Mr. Kerry hat wiederholt versprochen, vor dem Krieg im Irak nicht einfach davonzulaufen, und wir glauben, dass eine Kerry-Regierung am ehesten in der Lage wäre, die erheblichen Aufgaben des Nation-Building, die im Irak noch unerledigt sind, zu bewältigen. Mr. Kerry unterstützt die Ziele der Bush-Administration, die Etablierung einer gewählten irakischen Regierung nebst einer gut ausgebildeten irakischen Streitmacht, um diese im Fall der Fälle auch verteidigen zu können – doch Kerry argumentiert, dass er diese Strategie effektiver umsetzen könne.

Mr. Kerry versteht, dass die größte Bedrohung für die Sicherheit der USA von Terroristen ausgeht, die in den Besitz von Atom- oder Biowaffen gelangen. Er verspricht, die US-Armee um zwei zusätzliche Divisionen zu vergrößern; die weltweite Sicherung von Atomwaffen und spaltbarem Material zu verbessern sowie die USA auf einen Angriff mit Biowaffen besser vorzubereiten. Es gibt keinerlei Garantie dafür, dass er erfolgreicher als Mr. Bush ist, Nordkorea und den Iran aufzuhalten in ihrem Bestreben, Atommächte zu werden. Doch er setzt die richtigen Prioritäten. Er hat Recht, dass diese Herausforderungen nach einer Form nachhaltiger Diplomatie verlangen, die seit vier Jahren vermisst wird. [...]

Wir glauben nicht, dass die Wahl Kerrys eine Wahl ohne Risiko ist. Doch die Risiken der anderen Seite sind nur allzu gut bekannt, und die Stärken, die Mr. Kerry mitbringt, sind beachtlich. Er verspricht, den Kampf im Irak fortzuführen und unseren Verbündeten die Hand zu reichen, die Terroristen zu jagen und der islamischen Welt ohne Arroganz zu begegnen. Dies sind die richtigen Ziele, und wir denken, dass Mr. Kerry am ehesten in der Lage ist, sie zu erreichen.

D163 US-Präsident George W. Bush in seiner Antrittsrede zur zweiten Amtszeit (20.1.2005)

[...] Es ist also die Politik der Vereinigten Staaten, demokratische Bewegungen und Organisationen in jeder Nation und Kultur zu finden und zu unterstützen; mit dem ultimativen Ziel, der Tyrannei in der Welt ein Ende zu bereiten.

Dies ist nicht in erster Linie eine Aufgabe, die mit Gewalt zu lösen wäre – wiewohl wir uns und unsere Freunde, falls nötig, auch mit Waffengewalt verteidigen werden. Es liegt in der Natur der Sache, dass die Freiheit von Bürgern gewählt und verteidigt werden muss, gestützt auf den Rechtsstaat und den Schutz von Minderheiten. Und wenn die Seele einer Nation endlich spricht, können die daraus entstehenden Institutionen durchaus Sitten und Gebräuche enthalten, die sich sehr von den unsrigen unterscheiden. Amerika wird nicht den Widerwilligen seinen Regierungsstil aufzwingen. Unser Ziel ist es vielmehr, anderen dabei zu helfen, ihre eigene Stimme zu finden, ihre eigene Freiheit zu gewinnen und ihren eigenen Weg zu gehen. Das große Ziel, der Tyrannei ein Ende zu bereiten, bedarf der konzentrierten Aufgabe von Generationen. Jedoch darf die Schwierigkeit der Aufgabe keine Entschuldigung sein, ihr aus dem Weg zu gehen. Amerikas Einfluss ist nicht unbegrenzt, doch zum Glück für die Unterdrückten ist der Einfluss Amerikas erheblich, und wir werden ihn mit Zuversicht um der Freiheit willen einsetzen.

Meine oberste Aufgabe ist es, diese Nation und sein Volk vor weiteren Anschlägen sowie aufkommenden Gefahren zu beschützen. Manche haben unklugerweise die amerikanische Entschlossenheit in Frage gestellt, doch sie fanden sie unerschüttert vor.

Wir werden auch weiterhin jedes Staatsoberhaupt und jede Nation beharrlich vor die Wahl stellen: Die moralische Wahl zwischen der Unterdrückung, die immer falsch ist, und der Freiheit, die immerwährend die richtige ist. Amerika wird nicht so tun, als ob gefangene Dissidenten ihre Ketten vorzögen, als ob Frauen Demütigung und Knechtschaft begrüßten, als ob es auch nur irgendein Mensch vorzöge, der Gnade von Tyrannen ausgeliefert zu sein.

Wir werden andere Regierungen zu Reformen ermutigen, indem wir deutlich machen, dass freundschaftliche Beziehungen zu den Vereinigten Staaten die ordentliche Behandlung der eigenen Bevölkerung voraussetzen. Amerikas Glaube an die Menschenwürde wird die Leitlinie unserer Politik sein; doch Rechte müssen mehr sein als bloß widerwillige Zugeständnisse von Diktatoren, sie müssen durch freie Meinungsäußerung und die Mitwirkung der Regierten gesichert sein. Langfristig betrachtet gibt es keine Gerechtigkeit ohne Freiheit und auch keine Menschenrechte.

Ich weiß, dass einige die globale Anziehungskraft der Freiheit in Frage gestellt haben – obgleich es eine merkwürdige Zeit für Zweifel ist, wo doch die zurückliegenden vier Jahrzehnte geprägt waren von einer solch raschen Ausbreitung der Freiheit, wie sie in der Geschichte einmalig ist. Gerade wir als Amerikaner sollten niemals überrascht sein von der Kraft unserer Ideale. Schließlich erreicht der Ruf der Freiheit jeden Geist und jede Seele irgendwann einmal. Wir akzeptieren die Existenz einer permanenten Tyrannei

nicht, weil wir die Möglichkeit der fortwährenden Sklaverei nicht akzeptieren. Freiheit wird zu denen kommen, die sie lieben.
Heute spricht Amerika erneut zu allen Völkern dieser Welt:
All jene, die in Tyrannei und Hoffnungslosigkeit leben, sollen wissen: Die Vereinigten Staaten werden Ihre Unterdrückung weder ignorieren noch Ihre Unterdrücker entschuldigen. Wenn Sie für Ihre Freiheit aufstehen, werden wir an Ihrer Seite stehen.
Demokratische Reformer, die von Unterdrückung und Gefängnis bedroht sind oder die im Exil leben, sollen wissen: Amerika sieht in Ihnen das, was Sie wirklich sind: die künftigen Anführer Ihres freien Landes.
Die Herrscher von geächteten Regimen sollen wissen, dass wir immer noch, wie weiland Abraham Lincoln, glauben: »Diejenigen, die anderen die Freiheit versagen, verdienen sie selber nicht, und unter der Herrschaft eines gerechten Gottes werden sie sie auch nicht lange in Anspruch nehmen können.«
Regierungsführer, die schon seit langem die Angewohnheit haben, ihr Volk zu kontrollieren, müssen wissen: Um seinem Volk dienen zu können, muss man lernen, ihm zu vertrauen. Begebt euch auf den Pfad von Fortschritt und Gerechtigkeit, und Amerika wird an Eurer Seite gehen.
Und alle Verbündeten der Vereinigten Staaten sollen wissen: Wir ehren Ihre Freundschaft, wir verlassen uns auf Ihren Rat, und wir sind abhängig von Ihrer Hilfe. Die Spaltung der freien Nationen ist das Hauptziel der Feinde der Freiheit. Die gemeinsame Anstrengung der freien Nationen, die Demokratie zu verbreiten, ist der Beginn der Niederlage unserer Feinde. [...]

Geheime deutsch-amerikanische Kooperation im Kampf gegen den Terror und im Irak

Mit spürbarem Unbehagen hatte Europa auf die Wiederwahl George W. Bushs zum Präsidenten im November 2004 reagiert. Mancherorts wurde ob des Wahlergebnisses schon die gemeinsame Wertebasis in Frage gestellt,[1] was einer künftigen, partnerschaftlichen Zusammenarbeit de facto die Grundlage entzogen hätte. Und doch erwiesen sich solche pessimistischen Prognosen als verfrüht. Der erste Schritt hin zu einer Verbesserung der transatlantischen Beziehungen ging dabei von der Bush-Administration selbst aus; mit Beginn der zweiten Amtszeit ging die Regierung eine merklich ruhigere, stärker dem klassischen Realismus früherer US-Administrationen verwandte Außenpolitik an.[2] Gleichzeitig erfolgte eine personelle Umstrukturierung, in deren Folge so einflussreiche Neokonservative wie John Bolton (Außenministerium) und Paul Wolfowitz (Verteidigungsministerium) ihren Abschied nahmen. So ging die Bush-Regierung wieder stärker auf Europa zu, wenn auch vor allem in der Hoffnung, mehr Unterstützung bei der Konfliktbewältigung in einer Welt nach dem 11. September zu erhalten. Dabei war es keineswegs nur die Situation im Irak, die einer derartigen Neuorientierung der US-Außenpolitik den Weg bereitete – mindestens ebenso schwer wog das ausufernde Haushaltsdefizit, das den Handlungsspielraum der Bush-Administration erheblich einschränkte.

Mit dem Ausscheiden Schröders aus dem Bundeskanzleramt im Zuge der Bundestagswahlen vom September 2005, bei denen die rot-grüne Koalition ihre Regierungsmehrheit verlor, stand einer merklichen Besserung auch der deutsch-amerikanischen Beziehungen nichts mehr im Wege. Nicht nur, weil die nunmehr regierende große Koalition aus CDU/CSU und SPD ausdrücklich für eine Verbesserung der transatlantischen Beziehungen eintrat;[3] mit Bundeskanzlerin Angela Merkel stand jetzt auch eine ausgewiesene Atlantikerin an der Spitze der neuen Regierungsmannschaft. Und Bush hatte Merkel nicht vergessen, dass sie sich im Vorfeld des Irakkriegs – trotz deutlich anders gelagerter Mehrheiten in Deutschland – auf seine Seite geschlagen hatte. → D87 Wie belastbar allerdings das wiedergewonnene Vertrauen beider Seiten zueinander wirklich war, sollte sich schon bald herausstellen. Als die *Washington Post* Anfang November 2005 erstmals von der Existenz geheimer CIA-Gefängnisse, »black sites« genannt, in »mehreren osteuropäischen Demokratien« berichtete, war die Bewährungsprobe gekommen.[4]

War schon der bloße Unterhalt solcher Gefängnisse durch die älteste Demokratie der Welt (bzw. durch deren Auslandsgeheimdienst) für sich genommen bereits ein Vorgang, der eines Rechtsstaats unwürdig war, so ließen die aus Guantanamo und Abu Ghraib bekannt gewordenen Verhörmethoden Schlimmstes befürchten. Zumal auch in den jetzt neu hinzugekommenen »black sites« ausdrücklich die Informationsgewinnung im Vordergrund stand, wie die *Washington Post* recherchiert hatte. Augenscheinlich stand den USA nach Guantanamo und Abu Ghraib der dritte, handfeste Menschenrechtsskandal binnen kürzester Zeit bevor. Doch dieses Mal, so viel war klar, gab es europäische Mitwisser.

Es waren diese Gefängnisse sowie die damit in unmittelbarem Zusammenhang stehenden Entführungspraktiken der CIA, die »extraordinary renditions«,[5] die den Antrittsbesuch von Bundesaußenminister Frank-Walter Steinmeier in den USA und den seiner amerikanischen Kollegin Condoleezza Rice in Berlin Ende November/Anfang Dezember 2005 in hohem Maße überschatteten. Erschwerend kam noch hinzu, dass die CIA-Affäre zumindest in Deutschland mittlerweile auch ein Gesicht hatte: Das des offensichtlich zu Unrecht vom amerikanischen Geheimdienst entführten Deutsch-Libanesen Khaled El-Masri.[6]

Nach eigenem Bekunden[7] war El-Masri am Neujahrstag des Jahres 2004 an der serbisch-mazedonischen Grenze wegen vermeintlicher Unregelmäßigkeiten in seinem Reisepass festgenommen worden → D174 – möglicherweise infolge einer simplen Verwechslung mit einem gesuchten Al-Qaida-Mitglied gleichen Namens.[8] Drei Wochen lang wurde er dort in einem Hotel in Skopje immer wieder zu vermeintlichen Kontakten mit islamischen Extremisten verhört, dann setzte man ihn in ein Flugzeug nach Kabul. Hier ging das Prozedere wieder von vorne los – erst Ende Mai war das Martyrium des Deutsch-Libanesen zu Ende. Irgendwann in den zurückliegenden vier Monaten musste seinen Peinigern klar geworden sein, dass sie den falschen Mann erwischt hatten. Am 28. Mai schließlich wurde El-Masri über Albanien nach Deutschland ausgeflogen. Zu welchem Zeitpunkt die Bundesregierung erstmals von dem Fall El-Masri in Kenntnis gesetzt wurde, ist nach wie vor umstritten – laut *Washington Post* war der damalige deutsche Innenminister Otto Schily beizeiten vom amerikanischen Botschafter Daniel R. Coats informiert worden.[9] Die Bundesregierung hat dieses Gespräch später indirekt bestätigt, will aber erst nach der

Freilassung El-Masris erste »Hinweise auf eine mögliche Entführung erhalten« haben. → **D165** Gleichwohl geht aus den Aussagen El-Masris hervor, dass die ihn verhörenden Agenten offensichtlich bestens über sein Privatleben informiert waren. Wissen, welches ohne Zuarbeit von Seiten deutscher Geheimdienste wohl nur schwer erhältlich gewesen sein dürfte. Irgendwo in der Bundesrepublik musste es demnach also doch Mitwisser im Fall El-Masri gegeben haben.[10]

Der Antrittsbesuch von Condoleezza Rice in Berlin verlief entsprechend angespannt; unmittelbar vor ihrem Abflug am 5. Dezember hatte sich die amerikanische Außenministerin bereits gezwungen gesehen, der Öffentlichkeit zu versichern, dass die USA nicht foltern würden: »Die Vereinigten Staaten erlauben keine Folter, tolerieren sie nicht und dulden sie auch nicht stillschweigend, egal unter welchen Umständen.« → **D168** Gleichzeitig allerdings verteidigte sie »renditions« als »ein wichtiges Instrument im Kampf gegen grenzüberschreitenden Terrorismus«. In Berlin angekommen, gingen die Irritationen weiter: Während Bundeskanzlerin Merkel vor Journalisten zu Protokoll gab, dass die Regierung der Vereinigten Staaten den Fall El-Masri als »Fehler akzeptiert« habe, blieb die US-Außenministerin vergleichsweise vage. »Ich habe [...] betont, dass im politischen Bereich manchmal Fehler passieren. Wenn das der Fall ist, werden wir alles tun, was wir tun können, um sie zu berichtigen.« → **D169** Aufklärung, geschweige denn ein Schuldeingeständnis, war dies nicht.

Noch während die deutsche Öffentlichkeit über El-Masri, geheime CIA-Flüge und etwaige Mitwisser in der Bundesregierung spekulierte, berichteten Mitte Januar 2006 das ARD-Magazin *Panorama* und die *Süddeutsche Zeitung* nahezu zeitgleich von der Stationierung zweier BND-Mitarbeiter in Bagdad während der gesamten Dauer des Irakkriegs.[11] Diese hätten, so der Vorwurf, das US-Militär mit Informationen versorgt und »möglicherweise sogar bei der Identifizierung von Bombenzielen geholfen«. Als dann *Panorama* auch noch einen ehemaligen Mitarbeiter des US-Verteidigungsministeriums mit den Worten zitierte, die Hilfe der Deutschen sei für die offensive Kriegsführung der Amerikaner »sehr wichtig«[12] gewesen, war die Verwirrung perfekt: Sollte das etwa Schröders viel beschworenes »Nein zum Irakkrieg« gewesen sein? Oder hatte der Kanzler nicht vielmehr doch bloß nach der Devise »Jein zum Krieg« gehandelt, wie Heribert Prantl tags darauf in der *Süddeutschen Zeitung* mutmaßte? → **D164**

Der Bericht → **D165**, den die Bundesregierung zwecks Beantwortung aller noch offenen Fragen dem Parlamentarischen Kontrollgremium Ende Februar 2006 schließlich vorlegte, ließ mehr Fragen offen, als schlussendlich beantwortet wurden.[13] Und so einigten sich nach einigem Hin und Her die drei Oppositionsparteien FDP, Die Linke und Bündnis 90/Die Grünen auf die Einsetzung eines Untersuchungsausschusses. Dessen sich über insgesamt fünf Seiten erstreckender Auftrag → D167 war am Ende allerdings so umfassend ausformuliert worden, dass von Anfang an Zweifel ob seiner Umsetzbarkeit aufkamen. Während die »extraordinary renditions« genannten Entführungen der CIA und die Verwicklung deutscher Stellen in den Fall El-Masri zumindest mittelbar einen gewissen Zusammenhang aufwiesen, stand die Anwesenheit deutscher BND-Agenten in Bagdad zu Zeiten des Irakkriegs in einem völlig anderen Kontext. Zu allen drei Problemfeldern aber sollte der Untersuchungsausschuss schlüssige Antworten finden. Als ihm dann auch noch im Oktober 2006 die Aufklärung einer BND-Affäre um die Bespitzelung von Journalisten aufgetragen wurde, war das Chaos perfekt. In der Tat beendete der Untersuchungsausschuss erst nach 124 Sitzungen, mithin rund drei Jahre nach seiner Konstituierung, im März 2009 seine Arbeit. Nennenswerte Ergebnisse[14] hat er dabei nicht produziert und falls doch, so gelangten diese jedenfalls nicht an die Öffentlichkeit. Das hängt nicht zuletzt damit zusammen, dass die Kontrolle der Nachrichtendienste des Bundes in die Zuständigkeit des Parlamentarischen Kontrollgremiums fällt. Und dessen Sitzungen sind naturgemäß geheim.

Deutlich effizienter arbeitete von Anfang an der Europarat. Schon kurze Zeit nach Bekanntwerden der ersten Berichte über geheime CIA-Gefängnisse und -Flüge in bzw. über Europa ernannte er in Gestalt des Schweizer Abgeordneten Dick Marty einen Sonderermittler, der sich der Sache annehmen sollte. Und Marty lieferte Ergebnisse – während ein erster Bericht im Juni 2006 noch vielfach auf Indizien beruhte,[15] sprach der zweite und letzte Bericht vom Juni 2007 → D175 eine deutliche Sprache:[16] »Was bis dato bloß eine Reihe von Anschuldigungen war, ist jetzt bewiesen«, schrieb Marty mit Verweis auf den US-Präsidenten, der in der Zwischenzeit selbst die Existenz eines solchen geheimen CIA-Programmes zugegeben hatte → D176. »Zahlreiche Menschen sind rund um den Globus entführt und in Länder überführt worden, wo sie verfolgt wurden und wo Folter die übliche Praxis ist. Andere [...] sind einfach auf unbestimmte Zeit verschwunden. Sie wurden in Geheimgefängnissen festgehalten, einschließlich solchen, die sich in Mitgliedsländern des Europarats befinden.« Ohne die »Kollaboration« gleich mehrerer europäischer Mitgliedsstaaten hätte dieses System zweifellos nicht funktionieren können. Wohl mit ein Grund dafür, weshalb die Mehrheit von ihnen auch nichts zur Wahrheitsfindung beitragen wollte: »Tatsächlich haben gleich mehrere Regierungen nichts unversucht gelassen, um das wahre Ausmaß ihrer Aktivitäten zu verschleiern.« Ausdrücklich schloss Marty Deutschland in diese Kritik ein. Unter dem Vorwand der »exekutiven Eigenverantwortung« sowie mit Hinweis auf das »Staatswohl« sei dem Bundestagsuntersuchungsausschuss wiederholt der Zugang zu relevanten Informationen verweigert worden.

Dies würde immerhin erklären, weshalb der Untersuchungsausschuss auch nach insgesamt 124 Sitzungen – ein beträchtlicher Teil davon unter Ausschluss der Öffentlichkeit – kaum Relevantes zu Tage förderte.

Deutsche Außenpolitik

D164 Süddeutsche Zeitung: Jein zum Krieg (13.1.2006)

Als Gerhard Schröder mit einem Großen Zapfenstreich in den Ruhestand verabschiedet wurde, spielte das Musikkorps auf besonderen Wunsch des scheidenden Kanzlers das Lied von Mackie Messer. Der Song aus der Dreigroschenoper endet in der gesungenen Version mit der Frage: »Mackie, welches war dein Preis?« Es ist dies die Frage, die sich nun an Schröder richtet. Welches war der Preis, den Schröder und seine Bundesregierung für ihr Nein zum Irak-Krieg an die Amerikaner bezahlt haben? Mit welchen Leistungen hat man sich Bush wieder gewogen zu machen versucht?

Wie es aussieht, waren die Hand- und Spanndienste Deutschlands für den Irak-Krieg umfangreicher als bisher bekannt. Wie es aussieht, hat der BND, also der deutsche Auslandsgeheimdienst, Ziele für US-Bomber ausgekundschaftet. Wie es aussieht, haben BND-Agenten zumindest in einem Fall als eine Art Feuerleitstelle fungiert. Dabei sollte Saddam Hussein am 7. April 2003 durch einen Luftangriff auf den Bagdader Stadtteil Mansur getötet werden; es kamen dabei aber nur Zivilisten um. Sind sie Kollateralschäden der deutschen Politik?

Folgendes steht fest: Der BND hat das offizielle deutsche Nein zum Irak-Krieg konterkariert und mit Genehmigung seines damaligen Präsidenten August Hanning, heute Staatssekretär bei Wolfgang Schäuble, und des damaligen Geheimdienst-Koordinators Ernst Uhrlau, heute BND-Präsident, die Dienste des Geheimdienstes den kriegführenden Amerikanern zur Verfügung gestellt. Nun ist es an sich nicht verwerflich, sondern selbstverständlich, dass Geheimdienste zusammenarbeiten. Es wäre auch töricht zu verlangen, dass zu Irak-Kriegszeiten jegliche Kontakte hätten abgebrochen werden müssen. Doch der Bundesnachrichtendienst stellte seine Dienste nicht in allgemeiner, sondern in sehr konkreter Form operativ zur Verfügung, zielführend im Wortsinn. Die Deutschen hatten ein zum Auskundschaften taugliches Personal in Bagdad, die Amerikaner nicht.

Es ist hochwahrscheinlich, dass diese Kriegshilfe nicht ohne Rückversicherung beim damaligen Kanzleramtsminister und jetzigen Außenminister Steinmeier geleistet wurde. Und es ist wiederum zu vermuten, dass Steinmeier eine solche Entscheidung nicht ohne den Kanzler getroffen hat. Das würde bedeuten: Das Nein der Regierung Schröder zum Irak-Krieg war eine Lüge. Das würde bedeuten: Deutschland hat sich an einem verbotenen Angriffskrieg beteiligt. Und das würde auch bedeuten: Die Regierung Schröder hat ihre Wähler genasführt; sie hatte 2002 die Wahl ja vor allem wegen seiner Ablehnung des Irak-Kriegs wider Erwarten gewonnen. In der Historie des Irak-Krieges mag die BND-Beteiligung eine Marginalie sein. In der bundesdeutschen Geschichte ist sie das nicht. [...]
Entweder Steinmeier und Schröder haben, wie Ersterer behauptet, von der kriegerischen Zusammenarbeit mit den USA wirklich nichts gewusst; das wäre dann ein Fall eklatanten Unvermögens der politischen Führung sowie der Insubordination und Konspiration des Geheimdienstes. Wenn sie aber diese militärische Kooperation gebilligt oder gar betrieben haben – dann steht man vor einem Abgrund von Lügen, dann bröckelt die Friedlichkeit des Friedenskanzlers. [...]
Es hat zwei Seiten deutscher Politik gegeben: Die offizielle, saubere Seite, die den Bush-Krieg gegen den Irak verurteilt und die Beteiligung daran abgelehnt hat – und die inoffizielle, unsaubere Seite, die den offiziellen Verlautbarungen nicht entsprach. Auf dieser Seite war von Anfang an die Selbstverständlichkeit zu verbuchen, mit der es den USA gestattet wurde, ihre Logistik, die sich auf deutschem Boden befand, für den Irak-Krieg zu nutzen. Zur unsauberen Seite gehört, wie man seit der CIA-Flugaffäre weiß, auch die Duldung amerikanischer »Outsourcing of Folter«-Praktiken auf deutschem und europäischem Boden. Nun kommt eine direkte Mitwirkung des BND am Irak-Krieg hinzu. Die unsaubere Seite der deutschen Friedenspolitik wird immer unsauberer.

D165 Aus dem Bericht der Bundesregierung »gemäß Anforderung des Parlamentarischen Kontrollgremiums vom 25. Januar 2006 zu Vorgängen im Zusammenhang mit dem Irakkrieg und der Bekämpfung des internationalen Terrorismus« (23.2.2006)

Schlussfolgerungen
1. Die Bundesregierung beurteilt den Einsatz des BND-Sondereinsatzteams (SET) in Bagdad im Vorfeld und während des Irak-Krieges heute nicht anders als damals. Ausgehend von der politischen Entscheidung, sich militärisch an diesem Krieg nicht zu beteiligen, durfte und konnte

sich die Bundesregierung nicht von ihrer internationalen Verantwortung verabschieden. Deutschland war in Bündnisverpflichtungen eingebunden, die in der Folge der Terroranschläge vom 11. September 2001 noch einmal bekräftigt worden waren. Die internationale Verantwortung Deutschlands umfasste unmittelbar die Sicherheit von Verbündeten wie der Türkei und von Freunden wie Israel. Eine mögliche Destabilisierung der gesamten Nah-Mittelost-Region hätte zudem direkte Auswirkungen für die nationale Sicherheit der Bundesrepublik zur Folge gehabt.

Wie in diesem Bericht dargelegt, sollte der Einsatz des BND in Bagdad auch während der Kriegshandlungen zu einem eigenständigen Lagebild beitragen. Nur auf der Grundlage authentischer Informationen war es der Bundesregierung möglich, ihrer vielfältigen Verantwortung gerecht zu werden. Der Handlungsspielraum der beiden eingesetzten BND-Mitarbeiter war klar definiert und sehr eingeschränkt: dies zunächst einmal aufgrund der Sicherheitssituation während der Kampfhandlungen, aber auch durch die strikten politischen Vorgaben, nach denen die BND-Mitarbeiter durch ihren Einsatz keinesfalls die Kampfhandlungen unterstützen durften.

Diesen Vorgaben und Erwartungen ist der Einsatz gerecht geworden. Die nachrichtendienstlichen Informationen aus Bagdad waren für die Politik der Bundesregierung im Zusammenhang mit dem Irak-Krieg zwar nicht allein entscheidend, aber sie haben einen wesentlichen Beitrag zum eigenen Lagebild als wichtiger Grundlage für politische Entscheidungen geleistet. [...] Die Erfahrung aus dieser nachrichtendienstlichen Operation lässt für die Bundesregierung nur die Schlussfolgerung zu: In einer vergleichbaren Situation würde sie ähnlich verfahren.

2. Nach intensiver Prüfung der Frage angeblicher Flüge fremder Nachrichtendienste zum illegalen Gefangenentransport über deutschem Territorium hat die Bundesregierung festgestellt, dass sie über keine eigenen Erkenntnisse zu den im Bericht behandelten Flügen verfügt.

Der internationale Flugverkehr kann nur deshalb so reibungslos funktionieren, weil die dafür notwendigen Rahmenbedingungen in internationalen Luftfahrtabkommen [...] niedergelegt sind. Diese Rahmenbedingungen sehen vor, dass der nicht-gewerbliche Luftverkehr insgesamt sowie gewerbliche Überflüge nicht erlaubnispflichtig sind. Der nationale Gesetzgeber ist an diese Vorgaben gebunden. Die Bundesregierung sieht darüber hinaus gegenwärtig keinen Anlass, Änderungen der bestehenden nationalen Rechtslage oder der Erlaubnisverfahren anzustreben. Erwiesenen Verstößen wird die Bundesregierung mit allen ihr zur Verfügung stehenden Mitteln begegnen.

3. Die Bundesregierung hat zu keinem Zeitpunkt Zweifel daran gelassen, dass sie die Praxis der sog. »renditions«, die offenbar nicht den Regeln über die internationale Rechtshilfe in Strafsachen folgt, im Hinblick auf allgemein anerkannte völkerrechtliche Prinzipien (insbes. Menschenrechtsschutz und Staatensouveränität) für problematisch hält.
4. Was den Fall der mutmaßlichen Freiheitsberaubung eines deutschen Staatsbürgers betrifft, haben deutsche Stellen erst nach dessen Rückkehr erstmals Hinweise auf eine mögliche Entführung erhalten. Die Bundesregierung hat alles zur Aufklärung des Sachverhalts getan, was bis zum jetzigen Zeitpunkt möglich war. [...]

D166 Frankfurter Rundschau: Kein Skandal (4.3.2006)

Vielleicht war es ja reine Gemeinheit, dass die Bush-Amerikaner unseren Agenten einfach eine Medaille verliehen haben. Um die Schröder-Deutschen auf hinterlistige Weise für ihren Widerstand gegen den Irak-Krieg zu strafen. Nach dem Motto: Was baumelt denn da an deinem Revers? Von wegen, nicht mitgemacht!

Abenteuerlich, klar. Aber sonst landet man auf der Motivsuche schnell bei der Annahme, dass die »Meritorious Service Medal« womöglich doch war, was der Name besagt: Anerkennung für gute Dienste, in dem Fall »entscheidend wichtige Informationen an das US-Oberkommando, um Kampfoperationen in Irak zu unterstützen«.

Oder ist zwischen Gemeinheit und Belohnung ein Drittes denkbar? Ja, sagt die Bundesregierung. Orden samt warmer Worte – das habe sich seit Jahren eingebürgert. Die behaupteten Beiträge zum Feldzug der Amerikaner habe es nicht gegeben. Das kann man glauben oder nicht. Es ist jedenfalls ein Beispiel für die begrenzte Plausibilität der offiziellen Erklärungen, mit denen die heutige Bundesregierung versucht, die Antikriegs-Position ihrer Vorgängerin mit nach und nach auftauchenden Fakten in Einklang zu bringen. [...]

Das alles ist misslich, aber kein Skandal. Es ist nichts grundsätzlich Neues, sondern nur Facette eines alten Dilemmas, das darin bestand, dass der Hauptverbündete einen Krieg führte, den die Deutschen ablehnten, ohne ihn verhindern zu können. Daraus ergab sich für die Regierung Schröder eine Interessenspannung: Es war (a) die Glaubwürdigkeit der Absage an eine Beteiligung zu wahren und (b) den Schaden – humanitär und politisch – so gering wie möglich zu halten.

Der Einsatz der Geheimdienstler entsprach dem zweiten Gesichtspunkt – weil es vernünftig war, eigene Informationsquellen vor Ort zu haben, weil

man vielleicht ein Stück sinnloses Leid verhindern konnte; weil der Dissens mit Bush nicht zum Bruch der deutsch-amerikanischen Partnerschaft führen durfte. Und, Joschka Fischer hat es seinerzeit gesagt, weil es deutsches Interesse war, dass die USA den Krieg möglichst schnell gewönnen, auch wenn sie ihn nie hätten führen dürfen. [...]
Was allerdings nur schwer zu Schröders Nicht-mit-uns-Rhetorik gepasst hätte. Den Kanzler focht das nicht an. Vor dem Bundestag versicherte er im Februar 2003, es werde »keine direkte oder indirekte Beteiligung an einem Krieg geben«. Als ob die Kooperation durch Überflugrechte und Kasernen-Schutz keine indirekte Beteiligung gewesen wäre – und für die Amerikaner ungleich wertvoller als alles, was die BND-Frontkämpfer geliefert haben mögen.
Wohlgemerkt: Gerhard Schröder hat damals die Linie richtig gezogen. Nur seine Begleitmusik war zu laut. [...] Das, nicht etwa falsche Politik, ist der Hintergrund der heutigen Aufregung um Orden und Gardisten.

D167 Aus dem Gemeinsamen Antrag von Abgeordneten der drei Oppositionsparteien im Deutschen Bundestag zur Einsetzung eines Untersuchungsausschusses (17.3.2006)

Der Bundestag wolle beschließen:
Die Bundesregierung hat am 20. Februar 2006 dem Parlamentarischen Kontrollgremium des Deutschen Bundestags einen abschließenden Bericht »zu Vorgängen im Zusammenhang mit dem Irak-Krieg und der Bekämpfung des internationalen Terrorismus« vorgelegt.
Zur weiteren Klärung der danach noch offenen Fragen, Bewertungen und gebotenen Konsequenzen wird ein Untersuchungsausschuss gemäß Artikel 44 des Grundgesetzes (GG) eingesetzt. [...]
I. Im Bereich der CIA-Flüge und -Gefängnisse soll geklärt werden,
  1. ob in von amerikanischen Stellen (insbesondere der Central Intelligence Agency – CIA) veranlassten Flügen Terrorverdächtige im Rahmen ihrer Verschleppung über deutsches Staatsgebiet transportiert wurden oder Derartiges zumindest nicht ausgeschlossen werden kann,
  2. ob und ggf. seit wann die Bundesregierung welche Erkenntnisse über derartige Gefangenentransporte hatte,
  3. ob die von der Bundesregierung vorgenommenen rechtlichen Bewertungen in dem Bericht der Bundesregierung vom 23. Februar 2006 zutreffen,

4. welche Maßnahmen die Bundesregierung getroffen hat, um etwaige Vorgänge – beispielsweise durch den Einsatz des hierzu gesetzlich verpflichteten BfV – zu überwachen, aufzuklären und ggf. abzustellen und warum Derartiges ggf. unterblieben ist und wer hierfür die Verantwortung trägt,
5. mit welchen Mitteln (z.B. Kontrollen, Gesetzesänderungen) verhindert werden kann, dass es künftig zu derartigen Flügen kommt,
6. ob und welche Erkenntnisse die Bundesregierung über CIA-Gefängnisse in Europa hat und wie diese ggf. verifiziert worden sind,
7. welche Tätigkeit der Bundesregierung es ggf. gegeben hat, um auf eine Beendigung des Betriebes derartiger Gefängnisse hinzuwirken.

II. Der Ausschuss soll weiterhin klären,
1. ob Stellen des Bundes Informationen an ausländische Stellen geliefert haben, die zur Entführung von Khaled El-Masri beigetragen haben oder ob nach Kenntnis der Bundesregierung Stellen der Länder Selbiges getan haben,
2. welche Informationen der deutsche diplomatische Dienst in Mazedonien über die Verschleppung Khaled El-Masris hatte,
3. ob und welche Informationen zum Fall der Verschleppung des deutschen Staatsangehörigen Khaled El-Masri durch die US-Stellen der ehemalige Bundesminister des Innern Otto Schily – nach der Unterredung zu Pfingsten 2004 – in einem weiteren Gespräch mit US-Botschafter Daniel Coats und anderen US-Stellen, etwa mit US-Minister John Ashcroft und dem damaligen CIA-Chef, erhalten hatte und warum diese nicht für die Ermittlungen in Deutschland verwertet und nicht weitergegeben wurden,
4. ob deutsche Staatsangehörige und deutsche Stellen an der Vernehmung von Khaled El-Masri beteiligt waren und wer die von Khaled El-Masri als Deutscher identifizierte Person »Sam« ist, die kurz vor der Freilassung bei den Vernehmungen in Kabul anwesend war und Khaled El-Masri auf dem Rückflug nach Mazedonien begleitet hat,
5. wie sich die Bundesregierung in »gebotener Weise« auf diplomatischer, nachrichtendienstlicher und bundespolizeilicher Ebene bemüht hat, die Vorgänge aufzuklären. [...]

IV. Der Untersuchungsausschuss soll schließlich klären,
1. wer den Auftrag zum Einsatz von zwei BND-Mitarbeitern in Bagdad erteilt und welche Regierungsstellen in die Entscheidungsfindung über die Einsätze eingebunden waren,
2. ob und inwieweit über die in dem Bericht der Bundesregierung aufgeführten hinaus weitere Informationen – insbesondere ein neuer

militärischer Plan über die Verteidigung Bagdads – vom BND vor Beginn und während des Irak-Krieges aus dem Irak an die Zentrale gegeben wurden und an US-Dienststellen gelangt sind, die für die US-Kriegsführung von Bedeutung sein konnten oder sogar tatsächlich dafür eingesetzt wurden,
3. ob und inwieweit die in der Bundestagsdrucksache 16/800, S. 20, genannten Objekte, die von BND-Mitarbeitern in Bagdad gemeldet und an US-Stellen weitergegeben wurden, zutreffend wiedergegeben und bewertet sind,
4. Anfragen welchen Inhalts von US-Stellen an den BND ab Beginn des Jahres 2003 gestellt wurden, wie auf die Anfragen seitens des BND reagiert wurde, ob die Anfragen an die BND-Mitarbeiter nach Bagdad weitergegeben worden sind und ob und wie darauf geantwortet wurde,
5. was mit US-Stellen über die Aufgaben der BND-Mitarbeiter in Bagdad besprochen und vereinbart worden ist und warum das Vereinbarte nicht schriftlich festgehalten wurde,
6. warum die Aufträge und Weisungen der Bundesregierung, insbesondere die Beschränkungen, für das, was die BND-Mitarbeiter aus Bagdad berichten sollten und was an die US-Stellen weitergegeben werden durfte und was nicht, nicht schriftlich niedergelegt worden sind und welche Vorkehrungen für eine wirksame Kontrolle der Einhaltung der Beschränkungen der Weitergabe getroffen worden sind,
7. ob und ggf. welche Informationen von BND-Mitarbeitern aus dem Irak, die über die Beschränkungen der Weitergabe von Informationen an US-Stellen nicht informiert waren, telephonisch oder schriftlich an US-Stellen gelangt sind,
8. ob und gegebenenfalls welche Verbindungsorganisationen aus dem Geschäftsbereich des Bundesministeriums der Verteidigung (z. B. militärisches Nachrichtenwesen) zu ausländischen Stellen bestanden, über die Informationen von den BND-Mitarbeitern aus Bagdad während des Irak-Krieges weitergegeben wurden und wie eine etwaige solche Informationsweitergabe organisiert und kontrolliert war,
9. ob Mitglieder oder Amtsträger der Bundesregierung oder ihre Vorgänger sowie nachgeordnete Amtsträger die Informationsweitergabe an US-Stellen und deren konkrete Einzelheiten gekannt, gebilligt, angeordnet oder unterstützt haben und ob Mitglieder der Bundesregierung nach den Presseberichten ab Anfang Januar 2006 den Deutschen Bundestag und die Öffentlichkeit darüber zutreffend informiert haben,

10. ob nach der weiteren Aufklärung die Bewertung der Aktivitäten des BND während des Irak-Krieges im Bericht der Bundesregierung zutreffend ist oder ganz bzw. in einzelnen Punkten korrigiert werden muss,
11. warum die Bundesregierung auf die gebotene Unterrichtung des Parlamentarischen Kontrollgremiums verzichtete.
V. Schließlich soll der Ausschuss klären,
1. ob und inwieweit durch Handlungen aus den Abschnitten I bis IV gegen Richtlinien oder Weisungen der Bundesregierung, gegen Amts- oder Dienstpflichten oder gegen deutsches Recht oder internationales Recht verstoßen wurde,
2. welche rechtlichen und tatsächlichen Konsequenzen gezogen werden müssen, um die Rechtsstaatlichkeit der Terrorismusbekämpfung zu wahren und die Kontrolle der Nachrichtendienste zu verbessern, um Fehlentwicklungen verhindern zu können. [...]

UN und internationale Beziehungen

D168 US-Außenministerin Condoleezza Rice in einer Rede vor Journalisten vor ihrem Abflug nach Europa (5.12.2005)

[...] Wir haben Anfragen von der Europäischen Union, dem Europarat und von mehreren einzelnen Ländern erhalten anlässlich von Medienberichten bezüglich unseres Verhaltens im Krieg gegen den Terror. Bevor ich heute nach Europa abfliege, werde ich jetzt auf diese Anfragen eingehen. [...] Die Vereinigten Staaten und viele andere Länder führen einen Krieg gegen den Terror. [...] Die festgenommenen Terroristen des 21. Jahrhunderts wollen dabei nicht so recht in die bestehenden Systeme von Straf- und Militärgerichtsbarkeit passen, welche in Hinblick auf andere Erfordernisse entworfen worden sind. Wir müssen uns den neuen Umständen anpassen. Auch andere Regierungen stehen gerade vor dieser Herausforderung.
Wir betrachten die festgenommenen Mitglieder der Al-Qaida und ihre Unterstützer als ungesetzliche Kombattanten (unlawful combatants), die im Einklang mit dem Kriegsrecht festgehalten werden dürfen, um sie davon abzuhalten, weitere Unschuldige zu töten. Wir müssen sie im Einklang mit unseren Gesetzen behandeln, welche die Werte des amerikanischen Volkes widerspiegeln. Wir müssen sie verhören, um wichtige, möglicherweise lebensrettende Informationen zu erhalten. Wir müssen die Terroristen zur Rechenschaft ziehen, wo immer dies möglich ist.

Seit Jahrzehnten bedienen sich die Vereinigten Staaten und andere Länder »außerordentlicher Auslieferungen« (»renditions«),* um Terrorverdächtige vom Ort ihrer Gefangennahme in deren Heimatland zu transferieren bzw. in ein anderes Land zu überstellen, wo sie verhört, festgehalten, oder der Gerichtsbarkeit zugeführt werden können.
In manchen Fällen kann ein Terrorverdächtiger im Einklang mit herkömmlichen juristischen Verfahren ausgeliefert werden. Doch seit langem schon gibt es immer wieder Fälle, in denen die jeweilige Regierung aus irgendeinem Grund den Verdächtigen weder gefangen nehmen noch strafrechtlich verfolgen kann und herkömmliche Auslieferungsverfahren keine gute Option darstellen. In diesen Fällen kann die zuständige Regierung die souveräne Entscheidung treffen, ob sie bei der Durchführung einer solchen Auslieferung behilflich sein möchte oder nicht. Derartige außerordentliche Auslieferungen sind gemäß internationalem Recht erlaubt und befinden sich im Einklang mit den Pflichten dieser Regierungen, die Leben ihrer Bürger zu schützen. Außerordentliche Auslieferungen sind ein wichtiges Instrument im Kampf gegen grenzüberschreitenden Terrorismus. Ihr Einsatz ist weder einzigartig für die Vereinigten Staaten noch für die derzeitige US-Regierung. [...] Außerordentliche Auslieferungen setzen Terroristen außer Gefecht und retten Leben.
Bei der Durchführung solcher außerordentlichen Auslieferungen ist es die Politik der Vereinigten Staaten – und wie ich vermute auch jeder anderen Demokratie, die sich ihrer bedient –, eigene Gesetze zu befolgen sowie den aus internationalen Verträgen resultierenden Verpflichtungen nachzukommen, einschließlich den Bestimmungen aus der [Genfer] Konvention gegen Folter. Folter ist ein Begriff, der rechtlich klar definiert ist. Wir vertrauen unserem Recht, uns bei unseren Operationen zu leiten. Die Vereinigten Staaten erlauben keine Folter, tolerieren sie nicht und dulden sie auch nicht stillschweigend, egal unter welchen Umständen. Ferner gelten folgende Aussagen im Einklang mit den Grundsätzen dieser Regierung:
- Die Vereinigten Staaten haben stets die Souveränität anderer Länder respektiert und werden dies auch weiterhin tun.
- Die Vereinigten Staaten überstellen keine Gefangenen – und haben dies auch in der Vergangenheit nicht getan – von einem Land in ein anderes zwecks Vernehmung unter Einsatz von Folter.

---

* Im englischen Original spricht Rice stets nur von »rendition«, was so viel wie »Auslieferung« oder »Überstellung« bedeutet. Tatsächlich aber sind die in diesem Zusammenhang – darauf beziehen sich auch die von Rice erwähnten Medienberichte – als »extraordinary renditions« bekannt gewordenen Praktiken gemeint.

- Die Vereinigten Staaten nutzen weder den Luftraum noch die Flughäfen anderer Länder mit dem Ziel, einen Gefangenen in ein anderes Land zu verlegen, wo er oder sie gefoltert würde.
- Die Vereinigten Staaten haben noch niemals jemanden in ein anderes Land überstellt, von dem wir annehmen, dass er dort gefoltert werden würde. Auch in Zukunft werden wir nichts dergleichen tun. Wo es angemessen erscheint, drängen die Vereinigten Staaten auf die Zusicherung, dass überstellte Personen nicht gefoltert werden.

Internationales Recht erlaubt es einem Staat, feindliche Kombattanten für die Dauer der Feinseligkeiten festzuhalten. Inhaftierte dürfen nur dann über einen längeren Zeitraum festgehalten werden, wenn Geheimdienstinformationen oder andere Beweise vorsichtig abgewogen wurden und die Entscheidung unterstützen, dass ihre Internierung rechtens ist. Die USA versuchen erst gar nicht, irgendjemanden für einen längeren Zeitraum als unbedingt notwendig festzuhalten. [...]

Hinsichtlich der Gefangenen handelt die Regierung der Vereinigten Staaten im Einklang mit ihrer Verfassung, ihrem Recht und ihren internationalen Verpflichtungen. Jedwede Akte von körperlicher oder psychischer Folter sind ausdrücklich verboten. Die Regierung der Vereinigten Staaten erlaubt keine Folter von Gefangenen und duldet sie auch nicht stillschweigend. Sowohl Folter selbst, als auch ein Komplott, um Folter einzusetzen, gelten gemäß amerikanischem Recht als Verbrechen, wo immer in der Welt sie auch passieren mögen. [...]

D169 Bundeskanzlerin Angela Merkel (CDU) und US-Außenministerin Condoleezza Rice auf einer gemeinsamen Pressekonferenz in Berlin (6.12.2005)

Frage: [...] Frau Bundeskanzlerin, sind Sie zufrieden mit den Informationen, die Sie über die CIA-Flüge und die Entführung von el Masri bekommen haben?

Merkel: [...] Erstens war es für mich wichtig, dass die Außenministerin noch einmal wiederholt hat, dass sich die Vereinigten Staaten von Amerika an die internationalen Verpflichtungen, insbesondere auch an das Folterverbot, und auch an die rechtliche Lage in den Vereinigten Staaten von Amerika halten.

Ich meinerseits habe deutlich gemacht, dass ich als deutsche Bundeskanzlerin unserem Recht und unseren internationalen Verpflichtungen genüge tun muss, dass wir auf sie zurückgreifen und dass wir sie einhalten. Ich glaube, das ist eine gute Grundlage, um die Bündnisverpflichtungen, die

wir miteinander eingegangen sind, auch durchzusetzen und, falls es an dieser Stelle Zweifel gibt, dann auch einfach zu wissen: Jawohl, auch unsere Partner halten sich an ihre internationalen Verpflichtungen, insbesondere in Bezug auf das Thema Folter. [...]
Rice: [...] Was den Fall el Masri betrifft, so kann ich natürlich nicht auf einzelne Fälle eingehen. Es gibt die Berichte der Nachrichtenagenturen über diesen Fall. Es handelt sich bei diesem Fall um einen Rechtsfall, der auf dem Rechtsweg, also vor Gericht gelöst werden wird. Ich habe jedoch der Bundeskanzlerin erneut dargelegt, dass, wenn Fehler passieren, wir alles in unserer Macht Stehende tun, um sie zu berichtigen. Im Bereich der Politik gibt es natürlich immer wieder Fehler, die auftreten. Wir gehen unseren Partnern gegenüber das Versprechen ein, alles zu tun, was wir tun können, um Fehler, die auftreten, zu berichtigen. Ich gehe davon aus, dass diese Frage in Deutschland auf dem Rechtsweg gelöst wird und dass sie, falls notwendig, auch im US-Rechtssystem gelöst wird. [...]
Frage: Frau Bundeskanzlerin, eine Frage: Was hält denn – ohne jetzt auf einen konkreten Fall einzugehen – die Bundesregierung grundsätzlich von der Praxis der US-Geheimdienste, Staatsbürger – in dem Fall deutsche Staatsbürger – gefangen zu setzen, sie irgendwo anders hinzubringen und dort zu verhören? Ist diese Praxis in diesem Gespräch mit Frau Rice zur Sprache gekommen?
Eine Frage an die Außenministerin: Können Sie garantieren, dass diese Praxis nicht stattgefunden hat und auch künftig nicht mehr stattfinden wird?
Merkel: Ihre beiden Frageteile scheinen einander auszuschließen. Insofern bin ich froh, dass ich sagen kann: Wir haben über den einen Fall gesprochen, der von der Regierung der Vereinigten Staaten als ein Fehler akzeptiert wurde, das heißt, ich bin sehr froh, dass die Außenministerin hier noch einmal wiederholt hat, dass, wenn solche Fehler passieren, das natürlich umgehend korrigiert werden muss. Alles andere muss auf der rechtsstaatlichen Basis ablaufen. Über andere Fälle haben wir nicht gesprochen. Deshalb kann ich auch kein Schema in dieser Sache erkennen.
Rice: Ich möchte erneut betonen, dass wir im Rahmen der US-amerikanischen Gesetze und im Rahmen unserer internationalen Verpflichtungen handeln. [...] Ich habe auch betont, dass ich nicht auf die Einzelheiten des Falles el Masri eingehen kann. [...] Ich habe auch betont, dass im politischen Bereich manchmal Fehler passieren. Wenn das der Fall ist, werden wir alles tun, was wir tun können, um sie zu berichtigen.

D170 Süddeutsche Zeitung: Ein Abgrund (6.12.2005)

Es gibt Meldungen, bei denen es einem den Atem verschlägt. [...] Nach einem Bericht der Washington Post hat der damalige amerikanische Botschafter im Mai 2004 den damaligen deutschen Bundesinnenminister über die irrtümliche Verschleppung eines deutschen Staatsbürgers in ein US-Verhörzentrum in Afghanistan informiert. Er hat, diesem Bericht zufolge, den Minister um Stillschweigen darüber gebeten – nicht etwa aus Scham über den Vorfall, sondern um ähnliche Dinge, ohne Personenverwechslung allerdings, hundertfach weiter praktizieren zu können. Die US-Regierung bat also um Stillschweigen, weil sie ansonsten befürchten müsste, dass ihre geheime Praxis der Entführung von Terrorverdächtigen in die Rechtlosigkeit auffliegt; der US-Abgeordnete Edward Markey hat diese Praxis als »Outsourcing von Folter« bezeichnet. Die Bundesregierung hat sich an die Bitte gehalten und geschwiegen.

Spätestens nach dieser Information und den Recherchen, die von den deutschen Geheimdiensten dazu betrieben wurden, war der Regierung Schröder, die mit der jetzigen Regierung Merkel teilidentisch ist, bekannt, dass Deutschland von extralegalen Aktionen der Amerikaner betroffen ist. Die Bundesregierung hat das nicht gebilligt, sie hat sich aber offensichtlich damit abgefunden – sie hat diese Dinge jedenfalls nicht abgestellt, sich nicht dagegen verwahrt; womöglich haben die deutschen Nachrichtendienste davon sogar profitiert, indem sie einen Terrorverdächtigen, der von anderen in einem berüchtigten syrischen Gefängnis, wie man beschönigend sagt, weichgekocht worden war, ausgiebig befragt und sich darüber gefreut haben, wie redselig der Mann auf einmal war. Das heißt: Die deutsche Politik hat zwar stets die Folter offiziell verurteilt, aber inoffiziell nichts dagegen gehabt, wenn man ihre Früchte ernten konnte.

Deutschland, so sieht es aus, nimmt teil am *american way* der Terrorbekämpfung, der *rendition* genannt wird, ohne sich dabei allerdings, wie dies die Amerikaner tun, die Hände schmutzig machen zu wollen. Man kann das Heuchelei nennen. [...] Wenn man die vorliegenden Erkenntnisse einem strafrechtlichen Seminar als Prüfungsfall vorlegt, mit der dort üblichen unbefangenen Schlussfrage, ob und wie sich die Beteiligten strafbar gemacht haben, dann schaut man in einen Abgrund – weil sich Tatbestände aufreihen, die man mit einer deutschen Bundesregierung nicht in Verbindung bringen möchte: beispielsweise Folter, also schwerste Körperverletzung, begangen durch Unterlassen. Oder Strafvereitelung im Amt, weil die Aufklärung und Verfolgung einer schweren Straftat, nämlich der Verschleppung eines deutschen Staatsbürgers,

verhindert oder zumindest behindert und die ermittelnde Staatsanwaltschaft genasführt worden ist.
Wie gesagt: Es tut sich ein Abgrund auf – und man wünscht sich, es wäre keiner. Man wünscht sich, die Beteiligten würden sich schnell erklären, und zwar nicht erst dann, wenn dereinst ein Untersuchungsausschuss installiert sein wird. Aber womöglich kann man sich die Erklärung auch selber geben: Es gibt eben eine offizielle, saubere Seite der deutschen Politik – die verurteilt den amerikanischen Krieg gegen den Irak, die lehnt die Beteiligung daran als verbotenen Angriffskrieg ab, die verurteilt die Folter, die führt einen Rechtsstaatsdialog (allerdings nur mit China, leider nicht mit den USA). Und es gibt die inoffizielle, die unsaubere Seite der deutschen Politik: Auf ihr ist die hohe politische Übereinstimmung zu verbuchen, die darüber herrschte, dass die USA ihre umfangreiche Kriegslogistik, die sich auf deutschem Boden befindet, auch für den Irak-Krieg nutzen konnte. Und zu dieser dunklen Seite gehört die Duldung amerikanischer Praktiken auf deutschem und europäischem Boden, von denen jeder weiß, dass sie »eigentlich« nicht geduldet werden dürfen.
Bundeskanzler Gerhard Schröder hat dereinst davon gesprochen, dass Deutschland sich zwar an dem Krieg gegen den Irak nicht beteilige, aber die Bündnisverpflichtungen erfüllt werden müssten. Dies sei, so meinte er, ein oberstes politisches Gebot, das keiner »Juristerei« unterliege. Er meinte damals die Gewährung von Überflugrechten. Gehört etwa auch das Dulden extralegaler US-Praktiken zu diesen Bündnisverpflichtungen? [...]

D171 The Washington Post: A Weak Defense (6.12.2005)

In dem Versuch, den anwachsenden Sturm in Europa über die geheimen CIA-Gefängnisse zu besänftigen, gab US-Außenministerin Condoleezza Rice gestern eine Vorstellung ab, die auf dem gleichen juristischen Jiu-Jitsu und den gleichen moralisch doppelzüngigen Ausflüchten basierte, welche die Bush-Administration schon einmal in ein Menschenrechtsdebakel ohnegleichen geführt hatten. Ms. Rice beharrte darauf, dass die US-Regierung die Folter von Gefangenen »weder erlaubt noch stillschweigend duldet«. Was sie hingegen nicht sagte: Dass die von Präsident Bush politisch Beauftragten den Begriff der »Folter« neu definiert haben, so dass dieser bestimmte Praktiken – wie simuliertes Ertrinken, vorgetäuschte Exekutionen oder »kalte Zellen« – nicht mehr umfasst. Praktiken, die seit langem schon von anderen Behörden – einschließlich ihres Außenministeriums – als Folter eingestuft wurden. Ferner erklärte Ms. Rice: »Es ist ebenfalls die Politik der USA, dass sich autorisierte Verhörmethoden im Einklang befinden müssen mit den amerikanischen Verpflichtungen aus der [Genfer] Konvention gegen Folter, welche die grausame, menschenverachtende oder entwürdigende Behandlung von Gefangenen verbietet.« Was sie hingegen nicht erklärte: Dass gemäß des exzentrischen Verständnisses dieser Regierung von »amerikanischen Verpflichtungen« die grausame, menschenverachtende und entwürdigende Behandlung von Gefangenen nicht verboten ist, solange diese nicht auf amerikanischem Hoheitsgebiet passiert. Dies ist der Grund, weshalb die CIA ihre geheimen Gefängnisse in europäischen Staaten und anderen Ländern rund um den Globus errichtet hat, und für die »außerordentlichen Auslieferungen« von Gefangenen in Länder wie Ägypten oder Jordanien: Damit die Regierung dasselbe Vertragswerk verletzen kann, von dem Ms. Rice behauptet, dass es eingehalten werde.

Zwar lieferte Ms. Rice auch einige überzeugende Argumente, unter anderem jenes, dass »die festgenommenen Terroristen des 21. Jahrhunderts nicht so recht in die bestehenden Systeme der Straf- und Militärgerichtsbarkeit passen würden« [...]. Es fällt nicht schwer, die Gefühle der Außenministerin nachzuvollziehen, deren bis dato recht erfolgreiche Bemühungen, die transatlantischen Beziehungen in akribischer Kleinarbeit zu reparieren, nach nunmehr zehn Monaten von einer Politik untergraben werden, die nicht die ihre ist. Und doch kann die Bush-Administration kaum erwarten, dass der Aufruhr in den europäischen Ländern – darunter so zuverlässige Verbündete wie Großbritannien – durch solch haarsträubende Verdrehungen der Tatsachen einfach eingedämmt werden kann. Noch immer wächst die politische Gegenbewegung, und der angerichtete Schaden könnte beträchtlich sein. Beispielsweise wurden die Pläne der neuen deutschen Bundeskanzlerin, Angela Merkel, die ehemals engen Beziehungen zu den Vereinigten Staaten wieder herzustellen, durch Berichte über eine deutsche Beteiligung an außerordentlichen Auslieferungen der CIA bereits ernsthaft gefährdet. Der einzige Weg, den angerichteten Schaden zu beheben, ist, die zugrundeliegende Politik zu ändern. Ein derartiger Wandel würde dem Kampf gegen den Terrorismus eher nützen als schaden. Inzwischen sollte die Regierung eigentlich erkannt haben, dass ihre Entführungen von Terrorverdächtigen aus europäischen Ländern – egal, ob diese jetzt rechtens waren oder nicht – auf jeden Fall höchst kontraproduktiv waren: Der Widerstand gegen solch fragwürdige Auslieferungen aus Italien, Schweden und Deutschland hat die Fähigkeit dieser Länder, auch künftig mit der CIA zusammenzuarbeiten, erheblich geschwächt. Sollten CIA-Gefangene noch immer in Europa festgehalten werden, so werden sie vermutlich nicht mehr lange dort bleiben; Washingtons osteuropäische Freunde sehen einer scharfen Verurteilung durch die Europäische Union entgegen.

Eine simple Maßnahme von Präsident Bush könnte einen Großteil der Kontroverse über den Missbrauch von Gefangenen auflösen und Ms. Rices Reise durch Europa […] erheblich vereinfachen. Der Präsident könnte einfach die von Senator John McCain vorgeschlagene Gesetzesvorlage […], welche die »grausame, menschenverachtende und entwürdigende Behandlung« aller Gefangenen, die von den Vereinigten Staaten festgehalten werden, verbietet, akzeptieren. […] Ist erst einmal ein solch klares Verbot in Kraft, hatte die Regierung keinerlei Grund mehr, mutmaßliche Mitglieder der Al-Qaida in Geheimgefängnissen festzuhalten. Was sogar noch besser wäre: Beim nächsten Mal, wenn Ms. Rice erklärt, dass die Vereinigten Staaten nicht foltern würden, hätte sie eine erheblich höhere Glaubwürdigkeit.

D172 The New York Times: Secretary Rice's Rendition (7.12.2005)

Es war ein klarer Indikator dafür, wie schwer das moralische Ansehen der Bush-Administration in der Welt beschädigt ist: Die Außenministerin sah sich gezwungen, zu dementieren, dass der Präsident den Einsatz von Folter stillschweigend dulden würde – noch bevor sie zu einem Besuch einiger unserer zuverlässigsten Verbündeten in Europa aufbrechen konnte. Noch schlimmer war jedoch, dass sie große Mühe hatte, überzeugend zu klingen, als sie ihr Statement abgab.

Es wäre natürlich hilfreich gewesen, hätte sich Condoleezza Rice tatsächlich in einer aussichtsreichen Position befunden, die Welt davon zu überzeugen, dass die Vereinigten Staaten ihre Gefangenen weder in der Vergangenheit gefoltert haben noch in der Gegenwart foltern bzw. auch künftig nicht foltern werden. Doch es gibt einfach zu viele Beweise dafür, dass eben dies doch durch amerikanische Verhörspezialisten oder ihre Stellvertreter in anderen Ländern passiert ist. Vizepräsident Dick Cheney setzt sich nach wie vor für die Legalisierung von Folter in den Geheimgefängnissen der CIA ein. Gleichzeitig versucht er, ein Gesetz zu verhindern, welches die jahrzehntealten Richtlinien für die ordentliche Behandlung von Gefangenen in Militärgefängnissen wieder in Kraft treten lassen würde – Richtlinien, die Präsident Bush nach dem 11. September kassiert hatte.

Neue unangenehme Fakten rütteln an der Glaubwürdigkeit von Ms. Rices Botschaft. Gestern erklärte die neue deutsche Bundeskanzlerin, Angela Merkel, Ms. Rice hätte ihr gegenüber im Privaten zugegeben, dass die Vereinigten Staaten einen deutschen Staatsbürger, Khaled el-Masri, besser nicht hätten entführen sollen. El-Masri gibt an, er sei nach Afghanistan verschleppt und dort fünf Monate lang misshandelt worden, bevor die Amerikaner realisierten, dass sie wohl den falschen Mann erwischt hatten

und ihn laufen ließen. Ms. Rices Mitarbeiter dementierten daraufhin, dass sie dieses Zugeständnis gemacht habe. [...]
Im Kern geht es um das Verfahren der außerordentlichen Auslieferung. Wenn eine Regierung jemanden, der sehr gefährlich ist, etwa einen Top-Terroristen, gefangen nimmt, der nicht unter bestehendem Recht angeklagt werden kann, so schickt sie ihn in ein Drittland, dessen Behörden eher dazu gewillt sind, den Verdächtigten anzuklagen. Sollte auch dies nicht möglich sein, so erklärt sich der aufnehmende Staat möglicherweise immer noch dazu bereit, den Verdächtigen auf ungewisse Zeit und ohne Anklage wegzusperren.
Diese Praxis existiert seit Jahrzehnten – selten in Gebrauch und nur bei besonderen Fällen –, doch gibt es Berichte, wonach die Vereinigten Staaten sich ihrer seit dem 11. September wieder häufiger bedienen. Auch hätten sie dabei internationales Recht verletzt, indem sie Verdächtige in Länder überstellten, wo diese mit Sicherheit gefoltert werden würden. Unlängst haben europäische Regierungen ihre Empörung über Berichte zum Ausdruck gebracht, denen zufolge einige Gefangene auch in Geheimgefängnissen der CIA in [Ost-]Europa festgehalten wurden. [...]
Sicher, ein Teil des europäischen Schocks ob der Berichte über CIA-Lager ist reines politisches Theater, das auf eine größtenteils anti-amerikanisch eingestellte Öffentlichkeit abzielt. Aber all dies lässt es nicht weniger beunruhigend erscheinen, dass die Regierung der Vereinigten Staaten offensichtlich ihre Fähigkeit verloren hat, zu unterscheiden zwischen vereinzelten Akten, die insgeheim in einigen wenigen, außergewöhnlichen Fällen passieren, und den Grundregeln eines ordnungsgemäßen, internationalen Verhaltens. [...]

D173 Frankfurter Allgemeine Zeitung: Zwei Welten (9.12.2005)

Es war eine Illusion, zu glauben, das Zerwürfnis zwischen Deutschland und den Vereinigten Staaten ließe sich zugunsten Dritter reparieren: durch gemeinsames friedensstiftendes Wirken im Nahen Osten oder gemeinsames festes Auftreten gegenüber dem iranischen Streben, Atommacht zu werden. Zwar zeigen sich gelegentlich Früchte dieses gemeinsamen Willens, [...] [doch] die europäische Aufregung über die Aktivitäten amerikanischer Geheimdienste und die hiesige Empörung über die Entführung des Deutschlibanesen al Masri belegen, dass beide Seiten um eine gründliche Beziehungsanalyse nicht herumkommen werden, über eine Verständigung darüber also, ob die Basis der Verbindung noch trägt und die »gemeinsamen Werte« noch hinreichend festen Grund bieten. [...]

Insofern ist die Europa-Reise der amerikanischen Außenministerin ein gutes Zeichen gewesen, vor allem wegen der Klarstellung, dass es bei der Achtung des Folterverbots nicht zweierlei Maß geben kann in dem Sinne, dass auswärts erlaubt sei, was zu Hause geächtet ist. Die lebhafte inneramerikanische Debatte über das Folterverbot und über Praktiken amerikanischer Staatsbediensteter bietet auch auf dieser Seite des Atlantiks jede Möglichkeit zu Stellungnahmen, Kommentaren, Beiträgen.

Allerdings werden solche Beteiligungen an einem atlantischen Dialog nur ernst genommen werden, wenn sie auf der Wirklichkeit in der Welt fußen. Wer sich schon erregt über den bloßen Umstand, dass Geheimdienste in eigenen Flugzeugen unterwegs sind und in befreundeten Staaten auch landen können, der verrät eher Ignoranz als Prinzipienfestigkeit. Und wer fragwürdige Aktivitäten der CIA bei der Festsetzung und Internierung (islamistischer) Terrorverdächtiger als Kulisse für innenpolitischen Krawall nutzt, der ist im doppelten Sinne verantwortungslos. [...] Was geschähe wohl in Deutschland, wenn islamistische Terroristen im morgendlichen Berufsverkehr in den U-Bahnhöfen am Münchener Marienplatz, an der Frankfurter Hauptwache und am Berliner Alexanderplatz gleichzeitig Sprengbomben zündeten und sich herausstellte, dass der Bundesnachrichtendienst zuvor von einem der Attentäter und dessen Planungen in einem arabischen Land Kenntnis, aber keine Möglichkeit des Zugriffs hatte?

Solche Szenarien liegen der öffentlichen Wahrnehmung in Deutschland fern, so, als hätte es die Anschläge von Madrid und London nicht gegeben. Die amerikanische Außenministerin kann die Ortsmarkierungen der Blutspur des islamistischen Terrors jederzeit heruntersagen; darin steckt die Botschaft, dass Amerika selbstverständlich die Freiheit der gesamten westlichen Welt bedroht sehe und zu verteidigen bereit sei. Solange aber diese Gefahr hierzulande abstrakt bleibt und weit entfernt von der eigenen Erfahrungswirklichkeit zu sein scheint, fehlt ein wesentliches Beurteilungsmerkmal für Waghalsigkeiten, Grauzonen und illegale Aktionen im amerikanischen Antiterrorkampf. [...]

Bundeskanzlerin Merkel hat Beharrlichkeit bewiesen bei ihrer ersten atlantischen Begegnung, indem sie die Außenministerin Rice für den »Fehler« der Entführung al Masris in Anspruch nahm, den diese nur allgemein, nicht auf den Einzelfall bezogen, zugestehen wollte. Nach diesem Zeichen des Selbstbewusstseins hat die neue Regierung nun Spielraum gewonnen, sich der Aufgabe zu widmen, die zu erledigen sie sich ausdrücklich in ihrem Koalitionsvertrag verpflichtet hat: sich »für die Vermittlung eines besseren Verständnisses« für die Vereinigten Staaten in der deutschen Öffentlichkeit sowie für Europa und Deutschland in Amerika einzusetzen.

D174 Khaled el-Masri in der Los Angeles Times: America kidnapped me (18.12.2005)

Die US-Politik der »außerordentlichen Auslieferungen« hat ein menschliches Gesicht, und es ist meines.
Ich erhole mich immer noch von einer Erfahrung, die vollkommen inakzeptabel war, die sich weit außerhalb der Grenzen jedweder Rechtsstaatlichkeit bewegte und die als untragbar von jeder zivilisierten Gesellschaft empfunden wird. Weil ich dem amerikanischen Rechtssystem vertraue, habe ich George Tenet, den früheren Direktor der CIA, letzte Woche verklagt. Was mir passiert ist, sollte niemals wieder passieren dürfen.
Ich wurde in Kuwait geboren und wuchs im Libanon auf. Im Jahre 1985, als der Libanon durch einen Bürgerkrieg zerstört wurde, floh ich auf der Suche nach einem besseren Leben nach Deutschland. Ich wurde deutscher Staatsbürger und gründete dort meine eigene Familie. Ich habe fünf Kinder. Am 31. Dezember 2003 fuhr ich mit dem Bus von Deutschland nach Mazedonien. Mein Alptraum begann, als wir dort ankamen. Mazedonische Agenten konfiszierten meinen Pass und hielten mich 23 Tage lang fest. Ich durfte mit niemandem, einschließlich meiner Frau, Kontakt aufnehmen. Am Ende zwangen sie mich, ein Video aufzunehmen, in dem ich sagen musste, dass ich gut behandelt worden sei. Dann wurden mir Handschellen angelegt, die Augen verbunden, und ich wurde in ein Gebäude verfrachtet, in welchem sie mich brutal zusammenschlugen. Meine Kleider wurden, noch während ich sie am Körper trug, mit einem Messer oder einer Schere aufgeschnitten, und meine Unterwäsche wurde mir mit Gewalt ausgezogen. Ich wurde zu Boden geworfen, die Hände nach hinten verdreht, und ich spürte einen Stiefel auf meinem Rücken. Ich wurde gedemütigt.
Nach einer Weile wurde mir die Augenbinde abgenommen, und ich sah Männer, ganz in Schwarz gekleidet, die schwarze Skimasken trugen. Ich erkannte ihre Nationalität nicht. Sie steckten mich in eine Windel, legten mir einen Gürtel mit Ketten, die zu meinen Hand- und Fußgelenken reichten, an, ferner noch Ohrenschützer, Augenbinde und eine Kapuze. Danach wurde ich in ein Flugzeug verfrachtet, meine Beine und Arme wurden ausgestreckt auf dem Boden des Flugzeugs verankert. Ich spürte zwei Injektionen und wurde beinahe bewusstlos. Ich konnte fühlen, wie das Flugzeug abhob, landete und von Neuem abhob. Später lernte ich, dass sie mich nach Afghanistan gebracht hatten.
Dort wurde ich erneut zusammengeschlagen und in einer kleinen, dreckigen, kalten Betonzelle zurückgelassen. Ich war äußerst durstig, doch gab es

in meiner Zelle nur eine einzige Flasche mit verdorbenem Wasser. Trinkwasser wurde mir verwehrt.
Während der ersten Nacht wurde ich in einen Verhörraum gebracht, wo ich Männer sah, die die gleichen schwarzen Kleider und Skimasken trugen, die ich schon einmal gesehen hatte. Sie zogen mich aus und fotografierten mich, dann entnahmen sie mir Blut- und Urinproben. Ich wurde wieder zurück in meine Zelle gebracht, wo ich über vier Monate in Einzelhaft verbringen sollte.
In der nächsten Nacht begannen sie, mich zu verhören. Sie fragten mich, ob ich wüsste, weshalb ich festgenommen worden sei. Ich sagte, ich wüsste es nicht. Sie erzählten mir, dass ich mich jetzt in einem gesetzlosen Land befände und ob ich verstünde, was das bedeuten würde?
Immer wieder fragten sie mich, ob ich die Männer kennen würde, die für die Anschläge vom 11. September verantwortlich waren, ob ich nach Afghanistan gereist sei, um in den [Terror-]Camps zu trainieren und ob ich Kontakt zu bestimmten Leuten in meiner Heimatstadt Ulm in Deutschland hätte. Ich sagte die Wahrheit: Dass ich keine Verbindung zu irgendwelchen Terroristen hätte, dass ich noch nie in Afghanistan gewesen und noch nie in irgendeine Form des Extremismus verwickelt worden sei. Ich bat wiederholt darum, einen Vertreter der deutschen Regierung oder einen Anwalt treffen zu können, oder vor ein Gericht gestellt zu werden. Doch stets wurden meine Anfragen ignoriert.
Voller Verzweiflung begann ich einen Hungerstreik. Nach 27 Tagen ohne Nahrung nahmen sie mich mit, um zwei Amerikaner zu treffen – den Gefängnisdirektor und einen anderen Mann, der nur »der Boss« genannt wurde. Ich flehte sie an, mich entweder freizulassen oder aber vor ein Gericht zu stellen, doch der Gefängnisdirektor antwortete mir, dass sie mich nicht ohne Erlaubnis aus Washington freilassen könnten. Er sagte ebenfalls, dass er glaube, dass ich nicht ins Gefängnis gehöre.
Nach 37 Tagen ohne Nahrung wurde ich in den Verhörraum geschleift, wo sie mir gewaltsam eine Magensonde durch die Nase in den Magen legten. Ich wurde sehr krank und verspürte die schlimmsten Schmerzen meines Lebens.
Nach drei Monaten nahmen sie mich mit, um einen Amerikaner zu treffen. Der sagte, er käme aus Washington, D.C., und er versprach mir, dass ich bald freigelassen würde. Ich wurde ebenfalls von einem Mann besucht, der des Deutschen mächtig war und der mir erklärte, dass ich nach Hause dürfe. Allerdings nur unter der Bedingung, nichts von dem, was geschehen war, auch nur zu erwähnen, denn die Amerikaner seien entschlossen, die Angelegenheit geheim zu halten.

Geheime deutsch-amerikanische Kooperation

Am 28. Mai 2004, annähernd fünf Monate, nachdem ich das erste Mal gekidnappt worden war, wurden mir die Augen verbunden, Handschellen angelegt, und man kettete mich an einen Flugzeugsitz. Mir wurde erzählt, dass wir erst mal in einem Drittland außerhalb Deutschlands landen würden, weil die Amerikaner keine Spuren ihrer Beteiligung hinterlassen wollten. Doch letztendlich würde ich nach Deutschland zurückkehren.

Nachdem wir gelandet waren, wurde ich – immer noch mit verbundenen Augen – in die Berge gefahren. Meine Kidnapper nahmen mir die Handschellen und die Augenbinde ab und sagten mir, ich solle einen dunklen, verlassenen Pfad hinab laufen und mich nicht umdrehen. Ich hatte Angst, von hinten erschossen zu werden.

Ich ging um eine Biegung und begegnete drei Männern, die mich fragten, weshalb ich mich illegal in Albanien aufhalte. Sie brachten mich zum Flughafen, wo ich ein Flugticket nach Hause kaufte (meine Brieftasche hatten sie mir zurückgegeben). Erst nachdem das Flugzeug abgehoben hatte, mochte ich daran glauben, dass es wirklich nach Hause ging. Ich hatte lange Haare, einen Bart und etwa 80 Pfund abgenommen. Meine Frau und meine Kinder waren in den Libanon zurückgekehrt, weil sie glaubten, dass ich sie verlassen hätte. Zum Glück sind wir inzwischen wieder zusammen in Deutschland.

Ich weiß immer noch nicht, warum mir dies alles passiert ist. Mir wurde gesagt, dass die amerikanische Außenministerin, Condoleezza Rice, in einem Treffen mit der deutschen Bundeskanzlerin zugegeben habe, dass mein Fall ein »Fehler« gewesen sei – später jedoch hätten amerikanische Beamte ihre Aussage wieder dementiert. Ich war bei dem Treffen nicht anwesend. Kein Angehöriger der amerikanischen Regierung hat je Kontakt mit mir aufgenommen oder mir eine Erklärung oder gar eine Entschuldigung für die Schmerzen, die sie mir zugefügt haben, angeboten. Außenministerin Rice gab in aller Öffentlichkeit während einer Diskussion meines Falles eine Erklärung ab, wonach »jede Politik manchmal Fehler produziert«. Das allerdings ist genau der Grund, weshalb außerordentliche Auslieferungen so gefährlich sind. Wie mir meine Kidnapper klargemacht haben, als sie mir erzählten, dass ich in einem gesetzlosen Land festgehalten werde, besteht der eigentliche Zweck der außerordentlichen Auslieferungen darin, einer Person den Schutz durch das Gesetz zu verwehren. Immer wieder flehte ich meine Kidnapper an, mich vor ein Gericht zu stellen, wo ich einem Richter hätte erklären können, dass ein Fehler passiert ist. Jedes Mal lehnten sie es ab. Dergestalt führte ein »Fehler«, der schnell hätte behoben werden können, zu mehreren Monaten grausamer Misshandlung und sinnlosem Leid, für mich und meine ganze Familie.

Meine Kidnapper wollten mich nicht vor ein Gericht stellen, also brachte ich sie letzte Woche vor Gericht. Mithilfe der Amerikanischen Bürgerrechtsunion (»American Civil Liberties Union«, kurz: ACLU) strengte ich eine Klage gegen die US-Regierung an, weil ich glaube, dass das, was mir passiert ist, illegal war und anderen nicht widerfahren sollte. Und ich glaube, dass das amerikanische Volk, nachdem es meine Geschichte gehört hat, mir zustimmen wird.

D175 Aus dem zweiten Abschlussbericht (»Secret detentions and illegal transfers of detainees involving Council of Europe member states«) des Sonderermittlers des Europarats, Dick Marty (11.6.2007)

[...] Was bis dato bloß eine Reihe von Anschuldigungen war, ist jetzt bewiesen: Zahlreiche Menschen sind rund um den Globus entführt und in Länder überführt worden, wo sie verfolgt wurden und wo Folter die übliche Praxis ist. Andere wiederum sind willkürlich verhaftet worden, ohne dass man sie eines bestimmten Verbrechens angeklagt hätte und ohne jedweden juristischen Beistand – sie hatten nicht einmal die Möglichkeit, sich selbst zu verteidigen. Noch andere sind einfach auf unbestimmte Zeit verschwunden. Sie wurden in Geheimgefängnissen festgehalten, einschließlich solchen, die sich in Mitgliedsländern des Europarats befinden. Ihre Existenz wurde stets geheim gehalten.
Einige Individuen wurden in geheimen Gefangenenlagern über einen Zeitraum von mehreren Jahren hinweg festgehalten, wo sie menschenunwürdiger Behandlung und so genannter »erweiterter Verhörmethoden« (»enhanced interrogation techniques«) (im Grunde genommen bloß ein Euphemismus für eine bestimmte Art von Folter) ausgesetzt waren. All dies geschah im Namen der Informationsgewinnung, von der die Vereinigten Staaten behaupten, dass sie – mag sie auch noch so unzuverlässig sein – unsere gemeinsame Sicherheit geschützt habe. Andernorts wurden andere über Tausende von Meilen hinweg in Gefängnisse verlegt, deren Lage sie möglicherweise niemals wissen werden, wo man sie unablässig verhörte, körperlich und psychologisch missbrauchte, bevor man sie schließlich doch noch freiließ. Schlicht und ergreifend deshalb, weil es sich nicht um die Personen handelte, nach denen man suchte. Nach all dem Leid, dass sie erlitten hatten, wurden diese Leute ohne ein Wort der Entschuldigung und ohne irgendeine Form der Entschädigung entlassen. [...] Dies sind die schrecklichen Konsequenzen dessen, was von einigen »Krieg gegen den Terror« genannt wird.

Obgleich die fragliche Strategie von der derzeitigen Regierung der Vereinigten Staaten entwickelt und eingesetzt wurde, um der Bedrohung durch den globalen Terrorismus zu begegnen, wurde sie erst durch die Mitwirkung der zahlreichen mit Amerika partnerschaftlich verbundenen Länder möglich. Wie ich bereits in meinem Bericht vom 12. Juni 2006 [...] dargelegt habe, befanden sich unter diesen Ländern auch mehrere Mitgliedsstaaten des Europarats. Nur in Ausnahmefällen haben einige von ihnen ihre Verantwortung eingestanden – so zum Beispiel im Falle von Bosnien-Herzegowina – während die Mehrheit nichts zur Wahrheitsfindung beigetragen hat. Tatsächlich haben gleich mehrere Regierungen nichts unversucht gelassen, um das wahre Ausmaß ihrer Aktivitäten zu verschleiern. Und noch immer bleiben sie hartnäckig bei ihrer Haltung. [...]
Die außerordentlichen Auslieferungen, Entführungen und Verhaftungen von Terrorverdächtigen fanden stets außerhalb des Hoheitsgebietes der Vereinigten Staaten statt, wo derlei Aktionen ohne Zweifel für ungesetzlich und verfassungswidrig erklärt worden wären. Offensichtlich sind diese Aktionen auch nicht mit geltendem Recht der jeweiligen europäischen Staaten zu vereinbaren. Und dennoch tolerierten sie diese bzw. beteiligten sich insgeheim an ihrer Ausführung. [...] Es sei hier nochmals betont, dass die Schuld nicht allein bei den Amerikanern liegt, sondern insbesondere bei jenen europäischen Politikern, die wissentlich der Sache zugestimmt haben. Einige europäische Regierungen haben die Suche nach der Wahrheit blockiert, und sie tun dies auch weiterhin, indem sie sich auf den Schutz von »Staatsgeheimnissen« berufen. Man beruft sich darauf, um parlamentarischen Gremien keinerlei Auskünfte erteilen zu müssen oder um Justizbehörden daran zu hindern, die Fakten zu ergründen und jene, die sich etwas zuschulden haben kommen lassen, anzuklagen. Diese Kritik trifft insbesondere auf Deutschland [...] zu. In Deutschland scheint es das Konzept der »exekutiven Eigenverantwortung« (»core executive privilege«) der Regierung zu ermöglichen, dem parlamentarischen Untersuchungsausschuss relevante Informationen vorzuenthalten. [...]
Ein derartiger Umgang mit Staatsgeheimnissen ist inakzeptabel. Sich auf sie noch Jahre nach dem eigentlichen Vorfall berufen zu können ist mit einem demokratischen Rechtsstaat nicht vereinbar. Es ist, ehrlich gesagt, umso schockierender, wenn dieselbe Institution, die sich auf solche Geheimnisse beruft, versucht, deren Bedeutung und Umfang zu definieren, um sich ihrer eigenen Verantwortung zu entziehen. Die Berufung auf Staatsgeheimnisse sollte nicht erlaubt sein, wenn diese dazu benutzt werden, um Menschenrechtsverletzungen zu verbergen. In jedem Fall sollte ihre Anrufung einer strengen Kontrolle unterworfen sein. [...]

Die geheimen Gefangenenlager in Europa wurden direkt und ausschließlich von der CIA betrieben. Unserem Wissen nach hatte das hiesige Personal keinerlei nennenswerten Kontakt zu den Gefangenen und kümmerte sich lediglich um rein logistische Aufgaben, beispielsweise die Absicherung der Außengrenze. Die hiesigen Behörden sollten weder der genauen Anzahl noch der Identitäten der Gefangenen gewahr werden, die durch die Einrichtung geschleust wurden – dies waren Informationen, die sie »nicht zu wissen brauchten«. Obwohl es recht wahrscheinlich ist, dass nur sehr wenige Leute in den betreffenden Ländern – einschließlich jener in den Regierungen selbst – von der Existenz dieser Lager wussten, haben wir genügend Grund zu der Annahme, dass sich die höchsten staatlichen Persönlichkeiten der illegalen Aktivitäten der CIA auf ihren jeweiligen Staatsgebieten bewusst waren. [...]

Amerikanische Außenpolitik

D176 US-Präsident George W. Bush in einer Rede im Weißen Haus zum Umgang mit Terrorverdächtigen (6.9.2006)

[...] Zusätzlich zu den Terroristen, die in Guantanamo festgehalten werden, wurde eine kleine Zahl von Terrorverdächtigen, die im Krieg gegen den Terror gefangen genommen wurde, außerhalb der Vereinigten Staaten festgehalten und befragt. Sie sind Teil eines separaten Programms, das von der »Central Intelligence Agency« (CIA) betrieben wird. Zu dieser Gruppe zählen auch Individuen, von denen wir glauben, dass sie zu den Schlüsselfiguren der Anschläge vom 11. September und des Angriffs auf die USS Cole gehören. Von einem glauben wir, dass er in die Bombenanschläge auf unsere Botschaften in Kenia und Tansania verwickelt war, von anderen wiederum, dass sie in zahllose weitere Anschläge verwickelt waren, bei denen weltweit unschuldige Zivilisten den Tod fanden. Dies sind gefährliche Menschen mit unvergleichlichen Kenntnissen über terroristische Netzwerke und deren Pläne für neue Anschläge. Die Sicherheit unserer Nation und die Leben unserer Bürger hängen entscheidend von unserer Fähigkeit ab, mehr von dem zu erfahren, was diese Terroristen wissen.
Etliche Einzelheiten aus diesem Programm – inklusive dem Aufenthaltsort der Gefangenen und Details ihrer Gefangenschaft – können nicht veröffentlicht werden. Dies zu tun, würde unseren Feinden Informationen liefern, mittels derer sie Vergeltung an unseren Verbündeten üben und unserem Land schaden könnten. Was ich hingegen sagen darf, ist, dass die

Befragung der Gefangenen im Zuge dieses Programms uns mit Informationen versorgt hat, die das Leben Unschuldiger gerettet haben, indem sie uns in die Lage versetzten, neue Anschläge zu verhindern – hier in den Vereinigten Staaten und in der ganzen Welt. [...] Das Justizministerium hat die eingesetzten Methoden ausführlich geprüft und sie für rechtmäßig erklärt. Ich kann ihnen die einzelnen Methoden nicht näher beschreiben – ich denke, Sie verstehen warum –; wenn ich es täte, würde es den Terroristen dabei helfen, Taktiken zu entwickeln, unseren Verhören standzuhalten und uns die Informationen vorzuenthalten, die wir benötigen, um weitere Anschläge auf unser Land zu verhindern. Aber ich kann Ihnen sagen, dass die Methoden hart sind, und dass sie zuverlässig sind, dass sie rechtmäßig und notwendig sind. [...]

Zusammengenommen haben diese Informationen uns dabei geholfen [...], Anschläge zu verhindern noch bevor sie passieren. Informationen von Terroristen, die im Zuge dieses Programms verhört wurden, halfen uns dabei, Anschlagspläne zu entlarven und terroristische Zellen in Europa und anderswo aufzuspüren. Sie halfen unseren Verbündeten, ihre Leute vor tödlichen Feinden zu beschützen. Dieses Programm war und bleibt eines der wichtigsten Instrumente in unserem Krieg gegen die Terroristen. Es ist von unschätzbarem Wert für Amerika und unsere Verbündeten. Hätte es dieses Programm nicht gegeben, versichern uns unsere Geheimdienste, so wäre es Al-Qaida und deren Verbündeten schon längst wieder gelungen, einen Anschlag auf das amerikanische Festland auszuführen. Indem es uns mit Informationen über die Pläne der Terroristen versorgt hat, an die wir anderweitig niemals herangekommen wären, hat dieses Programm unschuldige Leben gerettet.

Dieses Programm wurde schon mehrfach vom Justizministerium und von Anwälten der CIA diversen rechtlichen Bewertungen unterzogen; sie sind zu dem Schluss gekommen, dass es mit unseren Gesetzen vereinbar ist. [...] Dem amerikanischen Volk und der Welt sage ich ganz klar: Die Vereinigten Staaten foltern nicht. Dies würde gegen unsere Gesetze und unsere Werte verstoßen. Ich habe Folter nicht genehmigt – und ich werde sie auch künftig nicht genehmigen. [...]

Die USA zwischen Truppenaufstockung und Exit-Strategie

Das Jahr 2006 war das schlimmste im Irak seit dem »Ende der Hauptkampfhandlungen« im Mai 2003. Was sich im Laufe der ersten drei Jahre nach dem Sturz Saddams noch als Aufstand gegen die Besatzung hatte charakterisieren lassen, war spätestens seit dem Bombenanschlag auf den Al-Askari-Schrein in der schiitischen Moschee von Samarra im Februar 2006 in einen offenen Bürgerkrieg übergegangen. Ethnisch motivierte Racheakte nahmen seither kontinuierlich zu; die Zahl der irakischen Zivilisten, die dabei ihr Leben ließen, schätzte das irakische Innenministerium allein für das Jahr 2006 auf 12 320, die Vereinten Nationen kamen sogar auf 34 452.[1] Mehr als 3 000 tote US-Soldaten und eine zunehmend kriegsmüder werdende amerikanische Öffentlichkeit konnten nicht ohne Auswirkungen auf die US-Politik im Irak bleiben. Spätestens mit der Niederlage der Republikaner bei den Zwischenwahlen Anfang November 2006, welche den Verlust der Mehrheit in gleich beiden Häusern des Kongresses nach sich zog, wurde der Bush-Administration bewusst, dass es so nicht weitergehen konnte. Ein Umdenken setzte ein und als erstes Zugeständnis an den politischen Gegner räumte im Gefolge der Kongresswahlen Verteidigungsminister Rumsfeld seinen Posten – mit ihm verließ einer der letzten prominenten Vertreter der Neokonservativen die politische Bühne. Bereits zuvor war die überparteiliche »Iraq Study Group« (ISG) unter Führung des ehemaligen Außenministers James Baker damit betraut worden, einen Ausweg aus der verfahrenen Situation im Irak zu finden. Und im Kongress antwortete der neue Mann im Pentagon, Verteidigungsminister Robert M. Gates, bei seiner Anhörung auf die Frage, ob Amerika im Irak gegenwärtig dabei sei, die Lage in den Griff zu bekommen, mit einem entwaffnend ehrlichen: »Nein, Sir.«[2]

Am 6. Dezember schließlich veröffentlichte die ISG die Liste ihrer Empfehlungen → **D178**;[3] zu den insgesamt 79 Einzelvorschlägen zählten unter anderem der schrittweise Abzug von etwa der Hälfte der damals rund 141 000 im Irak stationierten US-Soldaten – ohne konkrete Terminfestlegung – sowie die direkte Aufnahme von Gesprächen mit den Anrainerstaaten Syrien und dem Iran. Damit spiegelten die Vorschläge der ISG letztlich das alte Dilemma: Zögen sich die USA aus dem Irak umgehend zurück, würde der Bürgerkrieg wohl nur mit noch größerer Wucht ausbrechen. Blieben ihre Truppen hingegen im Land, so zöge sich das Desaster bloß in die Länge – letzten Endes bliebe alles beim Alten.[4] Weshalb die Anrainer Syrien und Iran im Übrigen plötzlich ein gesteigertes Interesse an einem Erfolg der amerikanischen Irak-Politik entwickeln sollten, blieb ebenfalls im Unklaren. Konkrete Lösungsvorschläge sahen anders aus, allein: Einfache Lösungen hatte es im Irak ohnehin noch nie gegeben, Ende 2006 war man davon weiter entfernt denn je.

In dieser verfahrenen Situation entschied sich der US-Präsident für die Flucht nach vorn. Ein Kurswechsel im Irak war immer unausweichlicher geworden, dazu hätte es des Drucks durch die verlorenen Kongresswahlen vermutlich gar nicht bedurft; so aber beschleunigte die Wahlniederlage die Entwicklung noch. Weil Bush aber noch nicht bereit war, »das Ziel, den Krieg zu gewinnen, aufzugeben«, wie er selbst sagte,[5] beschloss er das Gegenteil der im Baker-Hamilton-Report vorgeschlagenen Maßnahmen. Keine schrittweise Truppenreduzierung, sondern vielmehr eine Aufstockung um insgesamt 21 500 Mann sollte den Krieg im Irak doch noch zum Guten wenden – die so genannte »surge« (Truppenaufstockung) war geboren. In einer Fernsehansprache vom 10. Januar 2007 → **D179** erklärte Bush den entscheidenden Unterschied dieser Strategie gegenüber früheren Ansätzen: »In früheren Operationen befreiten irakische und amerikanische Streitkräfte viele Viertel von Terroristen und Aufständischen, doch sobald sich unsere Truppen anderen Zielen zuwandten, kehrten die Mörder zurück. Dieses Mal werden wir genug Truppen vor Ort haben, um die einmal geräumten Gebiete auch halten zu können.« Mit der Truppenverstärkung, so die Hoffnung des US-Präsidenten, sollte es doch noch gelingen, das Ruder im Irak herumzureißen.

Tatsächlich zeigte sie im Irak alsbald erste Erfolge, wie der neue Oberkommandierende der US-Truppen im Irak, General David H. Petraeus, mehrfach[6] vor dem US-Kongress bestätigte. Rund ein Jahr nach Beginn der »surge« war die Zahl der Anschläge auf ein Niveau zurückgegangen, wie es der Irak seit 2005 nicht mehr erlebt hatte; Gleiches galt für die Zahl der zivilen Verluste. Vor allem die irakische Hauptstadt Bagdad war kaum wiederzuerkennen. Hier, wo ein Großteil der zusätzlichen US-Truppen herbeordert worden war, schien es sicherer geworden zu sein als zu jedem anderen Zeitpunkt seit dem Sturz Saddams fünf Jahre zuvor.

In der Tat führten gleich mehrere Gründe zur Besserung der Sicherheitslage im Irak, wobei die Truppenverstärkung allein zwar durchaus hilfreich war, aber beileibe nicht die einzige – geschweige denn die wichtigste – Komponente darstellte. Viel entscheidender war eine Entwicklung, die gemeinhin mit »the Sunni Awakening« (in etwa: das Erwachen der Sunniten) umschrieben wird und die bereits vor Entsendung der zusätzlichen Truppen in den Irak eingesetzt hatte.[7] Damit wird die Entscheidung der irakischen Sunniten bezeichnet, sich gegen die Terroristen der Al-Qaida im Irak zu stellen und diese zusammen mit den Amerikanern zu bekämpfen. Ursprünglich hatten sunnitische Aufständische und Al-Qaida gemeinsam gegen die US-Truppen im Irak gekämpft – waren es doch die Amerikaner gewesen, die das alte, sunnitisch geprägte Saddam-Regime gestürzt und damit die Sunniten zu den Verlierern der neuen Ordnung gemacht hatten. Doch hatten die Aufständischen die Radikalität ihrer neuen Verbündeten unterschätzt. Während einerseits immer mehr Sunniten der Al-Qaida zum Opfer fielen, rückte andererseits mit der Niederlage der Republikaner bei den Kongresswahlen ein amerikanischer Truppenabzug in greifbare Nähe. Die US-Truppen aber waren letzten Endes die einzigen, die zwischen den Sunniten und den schiitischen Milizen standen – und Letztere sind im Irak stets in der Mehrheit gewesen. So kam es, dass die Sunniten in den Amerikanern schlussendlich die kleinere Bedrohung sahen; »the Sunni Awakening« war das Resultat. Zusammen mit den zusätzlichen US-Truppen vor Ort gelang es binnen weniger Monate, Al-Qaida in die Defensive zu drängen.

Es bleibt abzuwarten, ob der kurzfristige Erfolg der »surge« auch langfristig Bestand haben wird. Nach wie vor ist unklar, inwieweit sich Schiiten, Sunniten und Kurden tatsächlich zugunsten eines einheitlichen Irak von ihren untereinander stark divergierenden Zielen verabschiedet haben. Das Training nebst Ausrüstung und Bewaffnung, welches die Amerikaner zuletzt den Sunniten im Zuge ihres »Erwachens« zukommen ließen, könnte sich später einmal, nach dem geplanten Rückzug der US-Truppen, wieder gegen die Schiiten richten.[8]

Mag der Irak auch kein »failed state« mehr sein, ein »fragile state« ist er nach wie vor.[9] Und dennoch eröffnen der Rückgang der Gewalt und die Schwächung der Al-Qaida der US-Administration erstmals seit Jahren wieder neue Handlungsoptionen im Irak. Auffälligstes Resultat der verbesserten Sicherheitslage war das am 17. November 2008 zwischen der scheidenden Bush-Administration und dem Irak geschlossene Abkommen über die künftige Präsenz der US-Truppen im Irak, »Status of Forces Agreement« → D188 genannt. Verläuft alles nach Plan, wird demzufolge der letzte ausländische Soldat den Irak bis zum 31. Dezember 2011 verlassen haben. Eine baldige Truppenreduzierung gäbe der US-Administration darüber hinaus die Möglichkeit, ihre Aufmerksamkeit wieder verstärkt der afghanisch-pakistanischen Krisenregion zuzuwenden. Die am 1. Dezember

2009[10] von Präsident Barack Obama verkündete Aufstockung der Truppen für Afghanistan um 30 000 Mann zielt genau darauf ab.

Amerikanische Außenpolitik

D177 Frankfurter Allgemeine Zeitung: Der große Fehlschlag (1.12.2006)

Der Irak steht am Abgrund, da gibt es nichts zu beschönigen. Das tägliche Blutbad hat ein Ausmaß angenommen, das weit über einen Aufstand gegen fremde Besatzer hinausgeht. Nur ein Teil der Angriffe richtet sich noch gegen die ausländischen Truppen. Heute kämpfen die Iraker vor allem gegeneinander – Sunniten gegen Schiiten, Sunniten gegen Kurden, Sunniten gegen Sunniten, Schiiten gegen Schiiten. So etwas nennt man Bürgerkrieg, auch wenn Präsident Bush dieses Wort nicht mag. [...] Aus einem Bürgerkrieg [aber] gibt es nie einen einfachen Ausweg; im Irak mit seinen drei religiös-ethnischen Hauptgruppen und vielfältigen strategischen Interessen der Nachbarschaft wird er besonders schwer zu finden sein. Zur Zeit lässt sich nicht einmal sagen, ob das Land mehr oder weniger amerikanische Soldaten braucht. Ein Abzug könnte von den Irakern als Startschuss für den Endkampf um die Machtverteilung verstanden werden, eine (massive) Aufstockung als eine versteckte Neuauflage der amerikanischen Direktverwaltung. Allzu viel sollte man sich auch nicht davon versprechen, dass in Washington [...] jetzt ernsthaft darüber nachgedacht wird, mit Iran und Syrien zu reden. Die beiden Regionalmächte werden für eine etwaige Hilfe im Irak Zugeständnisse verlangen – Damaskus im Libanon, Teheran im Atomstreit. Eine iranische Atombombe wäre aber ein sehr hoher Preis für die Befriedung des Irak. [...]
Das ist die bittere Bilanz eines Feldzugs, der dem gesamten Nahen und Mittleren Osten eine neue, eine bessere politische Ordnung bringen sollte. Dreieinhalb Jahre nach dem Einmarsch kann sich Bush nicht mehr zugute halten, als dass er einen Diktator gestürzt hat. Alle anderen Kriegsziele wurden verfehlt, in manchen Fällen ist sogar das Gegenteil des Gewollten eingetreten. Das fängt damit an, dass der Irak nicht wie erhofft zum regionalen Leuchtturm der Demokratie wurde, der andere Regime zu einer politischen Öffnung veranlasst. Selbst die Emire, Könige und autoritären Präsidenten, die eine Lockerung wollen, werden aus den Ereignissen im Irak die Lehre ziehen, dass die Demokratisierung zum Aufbrechen von konfessionellen Konflikten führen kann, zu Chaos und Gewalt.

Auch die Erwartung, dass sich mit der Beseitigung Saddam Husseins der Knoten im Palästina-Konflikt lockern würde, hat sich nicht erfüllt. [...] Schließlich hat der Einmarsch im Irak auch im Kampf gegen den Terrorismus, dem anderen Großprojekt der Bush-Administration, nichts gebracht, im Gegenteil: Mit der Befreiung Afghanistans hatte der Westen der Al-Qaida die wichtigste Operationsbasis genommen; die Zahl ihrer Kämpfer wurde deutlich verringert, viele Anführer wurden gefasst oder getötet. Dieser Erfolg wurde im Irak wieder geschmälert, weil das Land – unter anderem durch militärische Fehler bei der Besatzung – zum neuen Aufmarschgebiet der Dschihadisten wurde. Bisher sind die vor allem mit Anschlägen im Inland beschäftigt. Sollten sie aber eines Tages ihren Aktionsradius ausweiten, dann wird das auch der Westen zu spüren bekommen.

Die schlimmste Folge des verfehlten Irak-Krieges ist aber eine ganz andere, eine, die nicht nur den arabischen Raum betrifft: Es besteht die Gefahr, dass die Vereinigten Staaten als globale Ordnungsmacht gelähmt werden, auf einzelnen Gebieten über Jahre hinweg ausfallen. Ihre großen und kleinen Rivalen vertrauen darauf, dass die Amerikaner auf absehbare Zeit weder genug Soldaten noch den politischen Mut für ähnliche Invasionen haben. [...] So hat der Irak-Krieg, der eine Machtdemonstration sein sollte, zur ärgsten Beschneidung des amerikanischen Handlungsspielraums seit Vietnam geführt. [...]

D178 Aus dem Bericht der »Iraq Study Group« (6.12.2006)

Kurzfassung

Die Situation im Irak ist besorgniserregend und verschlechtert sich zusehends. Es gibt keinen Weg, der den Erfolg garantiert, doch die Aussichten darauf können verbessert werden.

In diesem Bericht geben wir eine Reihe von Empfehlungen ab, die im Irak, in den Vereinigten Staaten und in der Region unternommen werden sollten. Unsere wichtigsten Empfehlungen erfordern sowohl neue und verstärkte diplomatische und politische Bemühungen im Irak und in der Region als auch einen Wechsel bei der primären Mission der US-Streitkräfte im Irak, der es den Vereinigten Staaten ermöglichen würde, damit zu beginnen, ihre Kampftruppen aus dem Irak in verantwortungsvoller Art und Weise abzuziehen. Wir glauben, dass diese beiden Empfehlungen gleichermaßen wichtig sind und sich gegenseitig verstärken. Wenn sie effektiv implementiert werden und wenn die irakische Regierung mit ihren Bemühungen um eine nationale Aussöhnung vorankommt, dann werden die Iraker die Chance auf eine bessere Zukunft haben; wird der Terrorismus einen

Rückschlag erleiden; wird ein wichtiger Teil der Welt weiter stabilisiert und Amerikas Glaubwürdigkeit, seine Interessen und Werte geschützt werden. Die Herausforderungen im Irak sind komplex. Die Gewalt nimmt an Ausmaß und an Tödlichkeit zu. Sie wird genährt von einem Aufstand der arabischen Sunniten, von schiitischen Milizen und Todesschwadronen, von Al-Qaida und einer weit verbreiteten Kriminalität. Zusammenstöße zwischen den Religionen sind die größte Herausforderung für die Stabilität im Lande. [...] Sollte sich die Situation weiter verschlimmern, könnten die Folgen gravierend sein. Ein Abgleiten ins Chaos könne den Kollaps der irakischen Regierung und eine humanitäre Katastrophe bedeuten. Nachbarländer würden womöglich eingreifen. Die Gewalt zwischen Sunniten und Schiiten könnte sich ausweiten. Al-Qaida könnte einen propagandistischen Sieg erringen und ihre Operationsbasis erweitern. Das globale Ansehen der Vereinigten Staaten könnte verringert werden. [...]

Äußerer Ansatz
Iraks Nachbarn haben mit ihrer Politik und ihren Aktionen einen großen Einfluss auf dessen Stabilität und Wohlergehen. Kein Land in der Region wird langfristig von einem chaotischen Irak profitieren. Und doch unternehmen Iraks Nachbarn zu wenig, um dem Irak bei seinen Stabilisierungsbemühungen zu helfen. Einige untergraben gar seine Stabilität.
Die Vereinigten Staaten sollten umgehend eine neue diplomatische Offensive starten, um einen neuen internationalen Konsens für Stabilität im Irak und in der Region zu erreichen. Diese diplomatischen Bemühungen sollten jedes Land einschließen, das ein Interesse daran hat, einen chaotischen Irak zu vermeiden – einschließlich aller irakischen Nachbarn. Iraks Nachbarn und die Schlüsselländer innerhalb wie außerhalb der Region sollten eine Selbsthilfegruppe bilden, um die Sicherheit und die nationale Aussöhnung im Irak zu verstärken. Nichts von alledem kann der Irak für sich allein erreichen.
Ausgehend von der Fähigkeit Irans und Syriens, die Lage im Irak beeinflussen zu können – und weil beide ein Interesse daran haben, Iraks Abgleiten ins Chaos zu verhindern –, sollten die Vereinigten Staaten versuchen, diese beiden Staaten konstruktiv einzubinden. [...]

Innerer Ansatz
Die wichtigsten Fragen zur Zukunft des Irak befinden sich jetzt im Verantwortungsbereich der Iraker. Die Vereinigten Staaten müssen ihre Rolle im Irak dergestalt verändern, dass das irakische Volk dazu ermutigt wird, sein Schicksal in die eigenen Hände zu nehmen.

Die irakische Regierung sollte den Prozess der Verantwortungsübernahme, was die irakische Sicherheit betrifft, noch beschleunigen, indem sie die Zahl und Qualität der Armee-Brigaden vergrößert. Während dieser Prozess im Gange ist und um ihn noch weiter voranzutreiben, sollten die Vereinigten Staaten die Zahl ihres militärischen Personals, einschließlich der Kampftruppen, welche in der irakischen Armee eingebunden sind und diese unterstützen, signifikant erhöhen. Während diese Aktionen vonstattengehen, könnten US Streitkräfte damit beginnen, den Irak zu verlassen.
Die primäre Mission der US-Streitkräfte im Irak sollte sich dahingehend entwickeln, die irakische Armee nur mehr zu unterstützen, die die Hauptverantwortung für Kampfeinsätze übernehmen würde. Bis zum ersten Quartal 2008 – abhängig davon, welche unerwarteten Entwicklungen sich bei der Sicherheitslage vor Ort ergeben – könnten alle Kampfbrigaden, die nicht für Schutzmaßnahmen benötigt werden, den Irak verlassen haben. Zu diesem Zeitpunkt könnten US-Streitkräfte im Irak nur mehr als innerhalb der irakischen Armee eingebundene Einheiten eingesetzt werden, als schnelle Eingreiftruppe und für Spezialeinheiten oder für Training, Ausrüstung, Beratung, Schutzmaßnahmen und für Such- und Rettungsmissionen. Aufklärung und Unterstützungsbemühungen würden weitergehen. Eine wesentliche Aufgabe dieser schnellen Eingreiftruppe und Spezialeinheiten bestände darin, Angriffe gegen Al-Qaida im Irak zu unternehmen.
Es ist klar, dass die irakische Regierung noch eine ganze Weile die Unterstützung der Vereinigten Staaten benötigen wird, insbesondere wenn es darum geht, Sicherheitsmaßnahmen durchzuführen. Und doch müssen die Vereinigten Staaten der irakischen Regierung deutlich machen, dass die Vereinigten Staaten ihre Pläne, einschließlich geplanter Umgruppierungen [bei den Streitkräften], jederzeit durchführen können, selbst dann, wenn die irakische Regierung ihre eigenen geplanten Veränderungen nicht umsetzen sollte. Die Vereinigten Staaten dürfen kein Engagement mit unbestimmtem Ausgang eingehen, das amerikanische Truppen in großer Zahl im Irak belassen würde. [...]
Wenn die irakische Regierung den politischen Willen zeigt und große Fortschritte auf dem Weg zur nationalen Aussöhnung, in der Sicherheitslage und bei der Staatsführung macht, dann sollten die Vereinigten Staaten ihrerseits die Bereitschaft dazu aufbringen, das Training, die Betreuung und die Unterstützung der irakischen Sicherheitskräfte fortzusetzen. Gleiches sollte auch für die politische, militärische und wirtschaftliche Unterstützung des Irak gelten. Wenn die irakische Regierung hingegen keine substantiellen Fortschritte auf dem Weg zur nationalen Aussöhnung, in der Sicherheitslage und bei der Staatsführung macht, dann sollten die Vereinigten Staaten

ihre politische, militärische und wirtschaftliche Unterstützung für die irakische Regierung reduzieren. [...]

D179 US-Präsident George W. Bush in einer Fernsehansprache an die Nation (10.1.2007)

[...] Heute Abend befinden sich die Streitkräfte der Vereinigten Staaten im Irak in einem Kampf, der die Richtung des globalen Kriegs gegen den Terror bestimmen wird – und unsere Sicherheit hier zu Hause. Die neue Strategie, die ich heute Abend erläutern werde, wird unseren Kurs im Irak verändern und uns dabei helfen, im Kampf gegen den Terror erfolgreich zu sein. Als ich mich vor etwas über einem Jahr an Sie wandte, hatten fast 12 Millionen Iraker ihre Stimme zugunsten einer geeinten und demokratischen Nation abgegeben. Die Wahlen des Jahres 2005 waren ein überwältigender Erfolg. Wir dachten, dass diese Wahlen die Iraker zusammenbringen würden und dass, während wir die irakischen Sicherheitskräfte trainierten, wir unsere Mission mit weniger amerikanischen Truppen würden erfüllen können.

Doch im Jahre 2006 passierte das Gegenteil. Die Gewalt im Irak – insbesondere in Bagdad – erdrückte alle politischen Ziele, die das irakische Volk bis dato erreicht hatte. Terroristen der Al-Qaida und sunnitische Aufständische erkannten die tödliche Gefahr, die die Wahlen im Irak für ihre Sache bedeuteten, und so antworteten sie darauf mit abscheulichen Akten des Terrors, die auf die Ermordung unschuldiger Iraker abzielten. Sie sprengten einen der heiligsten Schreine des schiitischen Islam – die goldene Moschee von Samarra – in die Luft, in einem kalkulierten Versuch, Iraks schiitische Bevölkerung zu provozieren, Vergeltung zu üben. Ihre Strategie ging auf. Radikale Elemente der Schiiten, einige von ihnen vom Iran unterstützt, bildeten Todesschwadronen. Das Resultat war ein Teufelskreis sektiererischer Gewalt, der bis heute anhält.

Die Situation im Irak ist inakzeptabel für das amerikanische Volk – und sie ist inakzeptabel für mich. Unsere Truppen im Irak haben tapfer gekämpft. Sie haben alles getan, was wir von ihnen verlangt haben. Wo Fehler gemacht wurden, liegt die Verantwortung bei mir.

Es ist klar, dass wir unsere Strategie im Irak ändern müssen. [...] Die Konsequenzen eines Scheiterns sind ebenso klar: Radikale islamische Extremisten würden an Stärke zunehmen und neue Rekruten gewinnen. Sie wären in einer besseren Position, um moderate Regierungen zu stürzen, Chaos in der Region zu verbreiten und Erdöleinnahmen zu nutzen, um ihre Ambitionen zu finanzieren. [...] Unsere Feinde hätten einen sicheren Hafen, von

wo aus sie Anschläge gegen das amerikanische Volk planen und ausführen könnten. Am 11. September 2001 sahen wir, was eine Zuflucht für Extremisten auf der anderen Seite der Welt in den Straßen unserer eigenen Städte anrichten konnte. Für die Sicherheit unserer Landsleute muss Amerika im Irak erfolgreich sein.
Höchste Priorität für einen Erfolg im Irak muss die Sicherheit haben – vor allem in Bagdad. 80 Prozent aller sektiererischen Gewalt im Irak geschieht innerhalb eines 30-Meilen-Radius um die irakische Hauptstadt. Diese Gewalt spaltet Bagdad in konfessionelle Enklaven auf und erschüttert die Zuversicht aller Iraker. Nur die Iraker selbst können der sektiererischen Gewalt ein Ende setzen und ihr eigenes Volk schützen. Und ihre Regierung hat einen aggressiven Plan vorgelegt, um dies zu schaffen.
Unsere früheren Versuche, Bagdad zu sichern, haben stets aus zwei Gründen versagt: Es gab nicht genügend irakische und amerikanische Truppen vor Ort, um die Viertel, die von Terroristen und Aufständischen befreit waren, hinterher auch abzusichern. Und es gab zu viele Einschränkungen für unsere Truppen, die wir vor Ort hatten. Unsere militärischen Befehlshaber haben den neuen Irak-Plan überprüft, um sicherzustellen, dass er diese Fehler bereinigt. Sie berichten, dass er dies tut. Sie berichten ebenfalls, dass dieser Plan funktionieren kann. [...]
Deshalb habe ich 20 000 zusätzliche amerikanische Soldaten in den Irak beordert. Die große Mehrheit von ihnen – fünf Brigaden – wird in Bagdad eingesetzt werden. Diese Truppen werden Seite an Seite mit den irakischen Einheiten zusammenarbeiten und in deren Formationen eingebunden sein.
Unsere Truppen werden eine klar umrissene Mission haben: den Irakern dabei zu helfen, Viertel zu räumen und zu sichern, die Lokalbevölkerung zu schützen und sicherzustellen, dass die zurückgelassenen irakischen Truppen in der Lage sind, die Sicherheit, derer Bagdad bedarf, zu gewährleisten.
Viele, die heute Abend zuhören, werden sich die Frage stellen, warum dieser Einsatz erfolgreich sein wird, wenn so viele vorherige Missionen, Bagdad zu sichern, gescheitert sind. Nun, es gibt Unterschiede: In früheren Operationen befreiten irakische und amerikanische Streitkräfte viele Viertel von Terroristen und Aufständischen, doch sobald sich unsere Truppen anderen Zielen zuwandten, kehrten die Mörder zurück. Dieses Mal werden wir genug Truppen vor Ort haben, um die einmal geräumten Gebiete auch halten zu können. In früheren Operationen hielten politische und konfessionelle Einmischungen irakische und amerikanische Streitkräfte davon ab, in jene Viertel hineinzugehen, wo diejenigen wohnen, die die sektiererische Gewalt anheizen. Dieses Mal werden irakische und amerikanische Streitkräfte grünes Licht haben, diese Viertel zu betreten – und Premierminister

Maliki hat versprochen, dass er weder politische noch konfessionelle Einmischungen tolerieren wird.

Ich habe dem Premierminister und Iraks übrigen Führern verdeutlicht, dass Amerikas Engagement im Irak nicht grenzenlos ist. Wenn die irakische Regierung ihren eigenen Versprechungen nicht folgen sollte, wird sie die Unterstützung des amerikanischen Volkes verlieren – und sie wird die Unterstützung des irakischen Volkes verlieren. Jetzt ist die Zeit gekommen, zu handeln. […]

Von Afghanistan über den Libanon bis hin zu den Palästinensischen Autonomiegebieten sind Millionen einfacher Leute die Gewalt leid und wünschen sich eine Zukunft des Friedens und der Möglichkeiten für ihre Kinder. Und sie schauen auf den Irak. Sie wollen wissen: Wird Amerika sich zurückziehen und die Zukunft dieses Landes den Extremisten überlassen oder werden wir den Irakern beistehen, die sich für die Freiheit entschieden haben?

Die Veränderungen, die ich heute Abend erläutert habe, zielen darauf ab, das Überleben einer jungen Demokratie sicherzustellen, die in einem Teil der Welt um ihr Leben kämpft, der von enormer Bedeutung für Amerikas Sicherheit ist. Lassen Sie mich klarstellen: Die Terroristen und Aufständischen im Irak sind ohne Gewissen und werden das kommende Jahr blutig und gewaltsam gestalten. Selbst wenn unsere neue Strategie genau wie geplant funktionieren sollte, werden tödliche Akte der Gewalt auch weiterhin passieren – und wir müssen uns auf weitere irakische und amerikanische Verluste gefasst machen. Die Frage ist, ob uns unsere neue Strategie dem Sieg näher bringen wird oder nicht. Ich glaube, dass sie das tun wird. […]

D180 The Washington Post: Mr. Bush's Strategy (11.1.2007)

Präsident Bush hat Recht, wenn er erkennt, dass die Strategie der USA im Irak nicht funktioniert, und deshalb nach einer neuen Strategie sucht. Er hat Recht, wenn er darauf beharrt, dass die Vereinigten Staaten es sich nicht leisten können, diese Mission aufzugeben, und deshalb Forderungen nach einem vorzeitigen Rückzug ablehnt. Doch der neue Plan, den Mr. Bush gestern Abend erläutert hat, ist mit erheblichen Risiken verbunden. Er sieht neue Missionen und Gefahren für die US-Truppen vor und rechnet auf Seiten der irakischen Regierung mit beispiellosen militärischen und politischen Fortschritten. Der Plan wird mit hoher Wahrscheinlichkeit zu vielen amerikanischen Opfern führen, während gleichzeitig seine Chancen, den Irak zu stabilisieren, deutlich geringer ausfallen. […]

Der Präsident hätte einen Kurs einschlagen können, der sowohl breite innenpolitische Unterstützung als auch die der Iraker genossen hätte. Die Rede ist von jener Strategie, die – mit nur geringen Abweichungen untereinander von Befehlshabern des US-Militärs, der irakischen Regierung und der Iraq Study Group entworfen – eine Intensivierung der Ausbildung der irakischen Armee und eine allmähliche Übergabe der Verantwortung bei der Bekämpfung von Aufständischen verlangte. Die US-Militärpräsenz ware im kommenden Jahr verringert worden, doch wären noch immer genügend Truppen vorhanden gewesen, um einem Kollaps der Regierung vorzubeugen, um Al-Qaida anzugreifen und um etwaige Interventionen seitens der Nachbarn des Irak zu verhindern.
Stattdessen entschied sich Mr. Bush dazu, die Zahl der Armeeangehörigen und Marineinfanteristen zu erhöhen und ihre Mission zu erweitern. Von den US-Streitkräften wird verlangt, gemeinsam mit irakischen Armee- und Polizeieinheiten Bagdad zu befrieden. Erst letztes Jahr sind zwei Versuche, den sektiererischen Krieg in der Hauptstadt zu stoppen, gescheitert; jetzt sagt der Präsident, dass dieses Mal alles anders werde, weil mehr amerikanische und irakische Truppen involviert seien und weil die Regierung von Premierminister Nouri al-Maliki versprochen habe, »politische und konfessionelle Einmischungen« zu verhindern. Sollte der Plan umgesetzt werden, so hoffen wir, dass die US-Streitkräfte ohne größere Verluste siegreich sein werden. Doch selbst wenn ihnen dies gelingt, so wird der Sieg allenfalls vorübergehender Natur sein. Die US-Streitkräfte werden die geplante Aufstockung (»surge«) nicht lange aufrechterhalten können, und Bagdad wird nicht wirklich befriedet sein, solange die Iraker nicht in der Lage sind, den Frieden selbstständig durchzusetzen.
Die Regierung hofft, dass in dem Zeitfenster, dass die verstärkte Präsenz der US-Truppen eröffnet, die wirtschaftliche Erholung an Fahrt gewinnt und die politischen Führer die notwendigen Abkommen schließen werden, um den sektiererischen Krieg zu beenden. Viel wird von den Irakern in den kommenden Monaten erwartet: Erstens wird die Regierung die versprochenen Armeeeinheiten in die Hauptstadt entsenden und ins Gefecht schicken müssen, auch gegegn die schiitischen Milizen; dann wird sie einige Deals bezüglich der Verteilung der irakischen Erdöleinnahmen abschließen, ehemalige Mitglieder der Baath-Partei rehabilitieren und die Verfassung umgestalten müssen. Sie wird Kommunalwahlen durchführen und ihre Dienste auf alle Landesteile ausweiten müssen.
Mr. Bush entschied sich gegen die von der Iraq Study Group favorisierte Strategie, weil er der Meinung war, dass sie eine Eskalation des sektiererischen Krieges nicht würde verhindern können. Das mag richtig sein.

Die Politik des Präsidenten stellt jedoch eine andere Gefahr dar: dass die irakischen Truppen und ihre Anführer nicht jene Schritte unternehmen werden, die binnen relativ kurzer Zeit von ihnen erwartet werden, während zur gleichen Zeit amerikanische Soldaten für die Sicherung Bagdads kämpfen und mit ziemlicher Sicherheit in größerer Zahl sterben werden als zuvor. [...]

Wenn die Vereinigten Staaten den Irak nicht seinen Feinden überlassen wollen, so muss die US-Mission in militärischer wie in politischer Hinsicht nachhaltig konzipiert sein. Und sie muss auf Jahre hinaus angelegt sein, die die Iraker brauchen werden, um ihr Land zu stabilisieren. Mr. Bush wettet darauf, dass eine Aufstockung der US-Truppen sowie eine Erhöhung der Hilfsmittel den Prozess beschleunigen kann. Wenn er falsch liegt, könnte eine fortwährende amerikanische Präsenz im Irak womöglich unhaltbar werden. Der Präsident muss mehr tun, um das Land davon zu überzeugen, dass die Opfer, die er den amerikanischen Soldaten abverlangt, notwendig sind. Und falls die Iraker ihren eigenen Verpflichtungen in den kommenden Wochen nicht nachkommen sollten, dann muss er seine Strategie überdenken – und die Verstärkung der US-Truppen aussetzen.

D181 Süddeutsche Zeitung: Bis zum letzten Mann (12.1.2007)

Dieser Krieg war falsch, von Anfang an. Den meisten Amerikanern dämmert diese Einsicht. Nur, der Präsident sträubt sich. Er kann, er darf, er will nicht verlieren. Von Sieg oder Niederlage in diesem »ideologischen Kampf«, wie er den Krieg im Irak nennt, hängt sein politisches Überleben ab. Und sein Platz in der Geschichte. Also schickt der Mann im Weißen Haus mehr, immer mehr Soldaten an die Front. So klar und so vernichtend hat schon vor Jahren ein mehrfach dekorierter Veteran seine Sicht auf den Krieg öffentlich kundgetan. Ein junger Leutnant stellte an Washingtons Politik die Gewissensfrage: »Wie wollen Sie von einem Mann verlangen, er solle der Letzte sein, der für einen Fehler stirbt?«

Nein, der Leutnant sprach nicht vom Irak anno 2007. Das Zitat stammt aus dem April 1971, und der Anti-Kriegs-Aktivist in Uniform – ein gewisser John Kerry – flehte seinerzeit in einer Anhörung vor dem US-Senat um ein Ende von Amerikas Krieg – in Vietnam. Erst vier Jahre und etliche tausend Tote später wurde der letzte Marine vom Dach der US-Botschaft in Saigon ausgeflogen. Dass Kerry 33 Jahre später dann versuchte, selbst Präsident zu werden, tut hier wenig zur Sache. Wichtiger ist, wem er 2004 unterlag: George W. Bush, dem amtierenden Präsidenten und Oberbefehlshaber des US-Desasters im Irak.

Seit dessen Rede an die Nation weiß nun alle Welt: Es wird noch mindestens zwei Jahre dauern, ehe sich Amerika aus seinem (dann zweiten) verlorenen Krieg zurückziehen darf. So lange residiert Bush noch im Weißen Haus. Die Schmach der Niederlage will Bush seinem Nachfolger überlassen. Ja, dieser Präsident glaubt sogar, ein Sieg im Irak sei nach wie vor möglich. Wie sonst könnte er wagen, nochmals 21 500 Soldaten zusätzlich in die Hölle von Bagdad zu schicken? Dorthin, wo der lodernde Bürgerkrieg zwischen Schiiten und Sunniten täglich bis zu hundert Menschen das Leben kostet?
Bush hofft, das irakische Feuer mit amerikanischem Blut löschen zu können. Seine Truppen sollen in den Häuserkampf ziehen, Aufständische und Todesschwadronen jagen und – anders als bisher – die eroberten Elendsviertel dauerhaft besetzt halten. Counter insurgency, zu Deutsch: Aufstands-Bekämpfung, lautet die neue Parole. In der reinen Theorie militärischer Logik könnte diese Taktik, wenigstens vorübergehend, sogar aufgehen. In der wüsten Wirklichkeit jedoch ist ausgeschlossen, dass der Präsident so sein Ziel erreicht – das Land gewaltsam »zu befrieden«, um so Iraks Bevölkerung und politischen Führern den Mut zur Versöhnung zu geben. Denn Bush fehlt, was er brauchen würde für einen solchen Sieg im Guerilla-Krieg. Das Feldhandbuch seiner eigenen Armee, verfasst von seinem künftigen Irak-Kommandeur, General David Petraeus, verlangt dazu ein Vielfaches jener Truppenverstärkung, die der Präsident jetzt verordnete. Mehr aber kann selbst die größte Armee der Welt kurzfristig nicht mehr aufbieten, nach vier Jahren Krieg am Hindukusch und am Tigris. Insofern bietet Bushs neuer Plan, quasi sein »letzter Schuss«, schlicht zu wenig, und er kommt zu spät. [...]
Schon zeigen seine Vertrauten mit Fingern auf mutmaßlich Schuldige – auf Ex-Minister Donald Rumsfeld, dessen Kriegstaktik soeben beerdigt wird, und auf die Iraker, die Amerikas Geschenk der Freiheit verspielen würden. Immerhin, da bewahrt Bush mehr Haltung. Wo Fehler gemacht wurden, so hat er am Mittwoch gesagt, liege die Verantwortung bei ihm. Dieser Satz gilt fort – bis zum letzten Soldaten, von dem er verlangt hat, für den Fehler seines Krieges zu sterben.

D182 Los Angeles Times: Time to leave Iraq (6.5.2007)

Was auch immer die Zukunft birgt, die Vereinigten Staaten haben den Irak nicht »verloren« und können ihn auch gar nicht »verlieren«. Er hat uns niemals gehört. Und wie immer auch die Geschichte über diesen Krieg urteilen mag, einige Schlüsselziele der USA wurden erreicht: Saddam Hussein

wurde gestürzt, vor Gericht gestellt und exekutiert; die Iraker haben drei Wahlen durchgeführt, eine Verfassung angenommen und eine rudimentäre Demokratie aufgebaut.
Aber was jetzt? Nach vier Jahren Krieg, mehr als 350 Milliarden ausgegebene Dollars, 3 363 tote und 24 310 verwundete US-Soldaten später, scheint es zunehmend offensichtlich, dass ein politischer Ausgleich im Irak nicht im Schatten einer unbegrenzten ausländischen Besatzung erreicht werden kann. Die US-Militärpräsenz – die von mehr als drei Viertel aller Iraker abgelehnt wird – gebiert nur neuen Terrorismus und verzögert das, was doch eigentlich das wichtigste und drängendste Ziel sein sollte: die nachhaltige Aussöhnung zwischen Sunniten, Schiiten und Kurden.
Diese Zeitung hat nur äußerst ungern die US-Truppenaufstockung als die letzte, beste Hoffnung zur Stabilisierung der Lage unterstützt, damit die gewählte irakische Regierung die vollständige Verantwortung für ihre eigenen Angelegenheiten übernehmen konnte. Doch wir warnten ebenfalls davor, dass die Truppen nicht dazu benutzt werden sollten, einen Bürgerkrieg zu managen. Das ist bedauerlicherweise genau das, was passiert ist. [...]
Wie General David H. Petraeus, der Oberbefehlshaber der USA im Krieg im Irak, schon erkannt hat, kann die Lösung zur Aufhebung der irakischen Probleme keine militärische sein. Und doch hat es beim politischen Fortschritt zuletzt Rückschritte gegeben. Nur die hektische Intervention des Weißen Hauses hielt in der vergangenen Woche den letzten sunnitischen Führer im von Schiiten dominierten Kabinett Premierminister Nouri Malikis davon ab, seinen Rücktritt einzureichen. Die Sunniten behaupten, dass die Maliki-Regierung sektiererisch, korrupt und inkompetent sei; und sie haben Recht. Die Bush-Administration sollte so rasch wie möglich eine Konferenz für nationale Friedens- und Aussöhnungsgespräche einberufen – beispielsweise am 1. Juni. Alle irakischen Parteien, Stämme, ethnische und konfessionelle Fraktionen sollten, mit Ausnahme Al-Qaidas, eingeladen werden.
Ein wichtiges Element allerdings sollte vom Tisch: amerikanisches Blut. Die USA sollten umgehend ihre Absicht eines stufenweisen Truppenabzugs erklären, der spätestens im Herbst beginnen sollte. Die Geschwindigkeit des Rückzugs sollte flexibel sein, um sowohl dem Fortschritt als auch Anfragen von Irakern bzw. von militärischen Kommandeuren Rechnung zu tragen. Das genaue Datum für den Rückzug braucht nicht verkündet zu werden, doch die generelle Annahme sollte sein, dass die Kampftruppen den Irak bis Ende 2009 verlassen werden. Die Iraker werden eher zu politischen Kompromissen bereit sein, wenn Washington aufhört, die stärkere

(schiitische) Partei zu unterstützen. US-Truppen könnten dann neu aufgestellt werden, um den langfristigen Kampf gegen islamische Extremisten besser führen zu können.
Wir sind nicht blauäugig. Ein Rückzug der USA birgt schwerwiegende Risiken; ganz gleich, ob er nun im nächsten Jahr oder erst in fünf Jahren abgeschlossen sein wird. Doch dies tut auch die US-Besatzung. Die Frage ist, wie man die Risiken am besten managt.
Erstens besteht die düstere Aussicht auf ein Blutbad im Irak. Doch der beste Weg, ein derartiges Gemetzel zu verhindern, besteht nicht in militärischer Besatzung, sondern in politischer Aussöhnung. Zweitens gibt es die Sorge, dass Al-Qaida einen Brückenkopf in Al Anbar errichten wird. Doch haben sich die Iraker bereits gegen die ausländischen Kämpfer gewandt. Drittens könnten sich die Nachbarn vielleicht einmischen. Schwarzseher fürchten einen iranischen Stellvertreterstaat in Bagdad; der Südirak ist schon mit Teheran verbündet. Doch Iraks Nachbarn sind wahrscheinlich eher hilfsbereit, sobald ein Rückzug sichergestellt ist, denn Instabilität ist nicht in ihrem Interesse, vor allem dann nicht, wenn keine US-Besatzer mehr da sind, um zu verbluten.
Nachdem wir so viel in den Irak investiert haben, werden wir Amerikaner die Loslösung vermutlich ebenso schmerzhaft empfinden wie den Krieg. Doch je länger wir die Planung für das Unvermeidliche hinauszögern, desto schlimmer wird das Ergebnis vermutlich sein. Die Zeit ist gekommen, den Irak zu verlassen.

D183 US-Präsident George W. Bush in einer Fernsehansprache an die Nation (13.9.2007)

[...] Im Leben aller freien Nationen gibt es Momente, die die Richtung eines Landes bestimmen und den Charakter seines Volkes offenbaren. Wir sind jetzt an so einem Moment.
Im Irak kämpft ein Verbündeter der Vereinigten Staaten um sein Überleben. Terroristen und Extremisten, die sich weltweit mit uns im Krieg befinden, trachten danach, Iraks Regierung zu stürzen, die Region zu dominieren und uns hier zu Hause anzugreifen. Wenn Iraks junge Demokratie diese Feinde abzuwehren vermag, dann wird dies einen hoffnungsvolleren Nahen Osten bedeuten und ein sichereres Amerika. Dieser Verbündete hat sein Vertrauen in die Vereinigten Staaten gesetzt. Und heute Abend sind unsere moralischen und strategischen Notwendigkeiten ein und dieselben: Wir müssen dem Irak dabei helfen, jene, die seine Zukunft und die unserige bedrohen, zu besiegen.

Die USA zwischen Truppenaufstockung und Exit-Strategie

Vor acht Monaten wandten wir eine neue Strategie an, um dieses Ziel zu erreichen, einschließlich einer Aufstockung der US-Truppen, deren volle Stärke im Juni erreicht war. Diese Woche sagten General David Petraeus und Botschafter Ryan Crocker vor dem Kongress darüber aus, wie diese Strategie vorankommt. In ihrer Aussage machten beide Männer klar, dass die Herausforderung im Irak erheblich ist. Und doch kamen sie zu dem Schluss, dass sich die Lage im Irak verbessert, dass wir dem Feind die Initiative entrissen haben und dass die Truppenaufstockung funktioniert. [...] Die Provinz Anbar ist ein gutes Beispiel dafür, wie diese Strategie funktioniert. Letztes Jahr kam ein Geheimdienstbericht zu dem Schluss, dass Anbar an Al-Qaida verloren gegangen sei. Einige zitierten diesen Bericht als Beleg dafür, dass wir im Irak gescheitert wären und deshalb unsere Verluste einschränken und uns zurückziehen sollten. Stattdessen hielten wir den Druck auf die Terroristen auch weithin aufrecht. Die Einheimischen litten unter der Taliban-artigen Herrschaft von Al-Qaida, und sie hatten sie satt. Also baten sie uns um Hilfe.

Um diese Gelegenheit zu nutzen, entsandte ich 4000 zusätzliche Marines als Teil der Aufstockung nach Anbar. Gemeinsam drängten einheimische Scheichs, irakische Truppen und Soldaten der Koalition die Terroristen aus der Hauptstadt Ramadi und anderen Bevölkerungszentren. Heute beginnt für eine Stadt, in der Al-Qaida einst ihre Flagge hisste, wieder die Rückkehr zur Normalität. Einwohner von Anbar, die einst zu viel Angst davor hatten, enthauptet zu werden, um auch nur mit einem amerikanischen oder irakischen Soldaten zu sprechen, kommen jetzt zu uns, um zu erzählen, wo sich die Terroristen verstecken. Junge Sunniten, die sich früher dem Aufstand angeschlossen hätten, treten jetzt der Armee und der Polizei bei. Und mit Hilfe unserer regionalen Wiederaufbauteams (provincial reconstruction teams) werden neue Jobs geschaffen und regionale Verwaltungen nehmen ihre Aufgaben wieder wahr. Diese Entwicklungen kommen nicht oft in die Schlagzeilen, doch sie machen einen Unterschied. [...] Vor einem Jahr noch befand sich ein Großteil Bagdads im Belagerungszustand. Schulen wurden geschlossen, Märkte verlassen und die sektiererische Gewalt geriet außer Kontrolle. Heute gehen in den meisten Vierteln Bagdads Koalitionstruppen auf Streife. Irakische Soldaten, die gemeinsam mit den Bewohnern leben, die sie beschützen, begleiten sie. Viele Schulen und Märkte sind jetzt wieder geöffnet. Einwohner versorgen uns mit entscheidenden Informationen. Sektiererische Gewalt geht zurück. Und das einfache Leben hält wieder Einzug. [...] Diese Erfolge haben wir unserem Militär zu verdanken, sie sind dem Mut der irakischen Sicherheitskräfte geschuldet und einer irakischen Regierung, die sich dafür entschieden hat, es mit den Extremisten aufzunehmen. [...]

Aufgrund dieses Erfolgs glaubt General Petraeus, dass wir jetzt den Punkt erreicht haben, an dem wir in der Lage sind, die verbesserte Sicherheitslage mit weniger amerikanischen Truppen aufrechtzuerhalten. Er hat deshalb empfohlen, dass wir die rund 2200 Marines, die die Provinz Anbar später in diesem Monat verlassen sollen, nicht ersetzen. Ferner sagt er, dass es bald schon möglich sein wird, eine komplette Kampfbrigade nach Hause zu holen, was einer Truppenreduzierung von 5700 Mann bis einschließlich Weihnachten gleichkäme. Und er erwartet, dass wir im Juli in der Lage sein werden, unsere Truppenstärke im Irak von 20 auf 15 Kampfbrigaden zu reduzieren. [...]

Wir Amerikaner wollen, dass unser Land sicher ist und dass unsere Truppen bald schon aus dem Irak zurückkehren. Doch jene von uns, die glauben, dass der Erfolg im Irak unerlässlich sei für unsere Sicherheit, und jene, die glauben, dass wir damit beginnen sollten, unsere Truppen nach Hause zu holen, sind untereinander zerstritten. Erst jetzt, aufgrund der Erfolge, die wir im Irak sehen, können wir unsere Truppen bald schon nach Hause holen. Den Weg nach vorn, den ich heute Abend umschrieben habe, eröffnet einigen Leuten, die in dieser schwierigen Debatte völlig konträre Positionen eingenommen haben, zum ersten Mal seit Jahren die Chance, wieder zusammenzukommen. [...]

D184 Frankfurter Allgemeine Zeitung: Bushs Krieg (19.3.2008)

Vor fünf Jahren begann die von den Vereinigten Staaten angeführte Invasion des Iraks. Wenige Wochen später war der Tyrann Saddam Hussein gestürzt. Das war der Regimewechsel, den politische und intellektuelle Ratgeber des Präsidenten Bush ins Werk setzen wollten – als Fanal für ein großes Umwälzen der Verhältnisse im Mittleren Osten, als militärischer Impuls zur Lösung der soziopolitischen Modernisierungsblockade der arabischen Welt, was wiederum zu deren Versöhnung mit der liberalen Moderne des Westens führen sollte.

Seit jenen Märztagen im Jahr 2003 haben Zehntausende Iraker ihr Leben verloren; es gab Monate, in denen der Blutzoll furchtbar war und das Land – die Ausnahme bildete Irakisch-Kurdistan – im Abgrund des Bürgerkriegs vollends zu versinken drohte. Rund viertausend amerikanische Soldaten wurden getötet, Zehntausende sind kriegsversehrt. Die Kosten des Krieges und seiner Folgen gehen in die Billionen. Die politischen sind, bildlich gesprochen, nicht geringer.

Noch immer wird darüber gestritten, warum die Regierung Bush diesen Krieg geführt hat und ob sie zu seiner Rechtfertigung gelogen habe: Der

Hauptkriegsgrund, der Irak besitze Massenvernichtungswaffen, erwies sich als nichtig; die Behauptung, Saddam Hussein stehe in Verbindung mit Al-Qaida, war falsch; die Befreiung des irakischen Volkes vom Tyrannenjoch als ein die Intervention legitimierendes Ziel war in der eigenen Regierung umstritten. [...] Der Kampf der sogenannten Neokonservativen gegen mörderische Regime und mörderische Ideologien sollte im Irak beginnen – dort ist er auch steckengeblieben.
Das lag auch an einer miserablen Nachkriegsplanung und an einer Machthybris, welche amerikanische Sicherheitsinteressen im Auge hatte, aber zu dem Zweck die Transformation einer ganzen Region im Sinn hatte – das Stichwort lautet Demokratisierung. Für einen Moment hielten die Diktatoren und Autokraten in der Nachbarschaft den Atem an; als sie sahen, dass die politische Neuordnung in Blut getränkt war und die Besatzer mit den Insurgenten nicht fertig wurden, entspannten sie sich. Über das Schicksal der amerikanischen Demokratieinitiative ist das letzte Wort nicht gesprochen; in den Golf-Monarchien weht ein liberales Lüftchen. Andernorts halten säkulare Diktatoren und Islamismus Reformer nieder.
Im Irak selbst ist die Lage heute nicht mehr so verheerend wie vor gut einem Jahr. Das hat mit der Aufstockung der amerikanischen Truppen zu tun und einer vernünftigeren Strategie zur Bekämpfung der Aufständischen. Es hat mit der Zurückhaltung schiitischer Milizen zu tun und mit der Entscheidung sunnitischer Stämme, gemeinsam mit den Amerikanern die islamistischen Mörderbanden zu bekämpfen. Dieses Bündnis war möglicherweise entscheidender für eine Verringerung der Opferzahlen als der amerikanische »Surge«. [...]
Niemand vermag heute vorauszusagen, wie der Irak in fünf Jahren aussehen wird: ob Schiiten, Sunniten und Kurden ein Auskommen miteinander gefunden haben werden; ob der Föderalismus akzeptiert ist, man von Normalisierung wird sprechen können und der mörderische Islamismus ausgeschaltet ist. [...] Vermutlich werden auch in fünf Jahren noch Amerikaner im Land sein (müssen), aber die Bürde haben sie sich selbst auferlegt. [...]

D185 Die Welt: Erfolg im Irak (20.3.2008)

Es ist wahr: Als das von den Vereinigten Staaten angeführte Bündnis vor fünf Jahren das Regime des Saddam Hussein stürzte, hatten die Befreier vieles nicht bedacht. Nicht nur, dass sie die Gefährdung falsch einschätzten, die von dem Diktator für die Nachbarländer des Irak und den Westen ausging. Vor allem hatten sie [...] keinen Plan für den Tag danach. In einer

Mischung aus gläubiger Naivität und Großspurigkeit gingen sie davon aus, dass das Erblühen der Demokratie die unausweichliche Folge des Regimesturzes sein würde. Es gibt nichts daran zu deuteln: Diese Fehleinschätzung, die auch zu einer geringen Truppenpräsenz im Irak führte, kostete viele Menschen das Leben: Soldaten des Bündnisses und Iraker.
Es ist aber auch wahr, dass es um Befreiung ging und einer der übelsten Diktatoren der Welt gestürzt wurde. Dass darin eine Chance steckt, hat man in weiten Teilen Europas nicht sehen wollen. Nicht ohne Häme verfolgte man, wie sich die USA in einen zähen Kleinkrieg mit mörderischen Aufständischen verstrickten, die teils dem alten Regime und teils einer hasserfüllten islamistischen Ideologie folgten. Die Sympathie vieler galt eher den Zerstörern als denen, die die Zerstörer einzudämmen versuchten.
Heute beginnt die unerschütterliche Anstrengung vor allem der USA im Irak Früchte zu tragen. Bagdad, so scheint es, ist wieder ein bewohnbarer Ort geworden, das Leben beginnt zu erblühen, die Zeit ist vorbei, in der die Menschen die Öffentlichkeit angstvoll meiden mussten. Es ist ein teuer erkaufter Erfolg, aber ein Erfolg. Dass ihn die Bürger des Irak allmählich genießen können, verdanken sie nicht den friedlichen europäischen Multilateralisten, sondern zähen Generälen wie David Petraeus.
Bis zur funktionierenden Demokratie im Irak wird es noch ein sehr weiter Weg sein. Dass er überhaupt eröffnet werden konnte, dafür ist vor allem der feste amerikanische Glaube verantwortlich, für alle Menschen dieser Welt seien Freiheit und Demokratie etwas Gutes und Erstrebenswertes.

D186 The New York Times: All the Time He Needs (13.4.2008)

Präsident Bush sagte letzte Woche, dass er seinem Oberbefehlshaber im Irakkrieg, General David Petraeus, gesagt habe, dass dieser »alle Zeit bekommen würde, die er braucht«. Wir wissen, was das bedeutet. Es bedeutet, dass der General, wie auch die irakische Regierung, keinen Druck verspüren sollen, einen Ausweg aus diesem desaströsen Krieg zu finden. Es bedeutet, dass, selbst wenn 20000 Soldaten nach Hause gekommen sind, noch immer annähernd 140000 amerikanische Soldaten dort kämpfen werden – weder mit einem Plan für künftige Rückzüge noch mit einem Plan, der sie zum Sieg führen würde.
Es bedeutet, wie wir schon immer vermutet haben, dass Mr. Bushs einzige Irak-Strategie darin besteht, den Schlamassel seinem Nachfolger zu überlassen. Mr. Bush selbst gab sich alle Zeit, die er braucht, um einem der größten strategischen Fehler der amerikanischen Geschichte aus dem Weg zu gehen. […]

Wer auch immer die Präsidentschaftswahlen gewinnt, wird sich nicht den gleichen Luxus erlauben können. Er oder sie wird schnell mit der Planung für einen geordneten Rückzug beginnen müssen. Selbst Senator John McCain wird erkennen müssen, dass Amerikas Streitkräfte diese Gangart nicht viel länger aufrechterhalten können. [...] Die stagnierende amerikanische Wirtschaft kann sich ebenfalls diesen nicht-enden-wollenden Krieg nicht viel länger erlauben. Mr. Bushs Umschreibung seines jüngsten Notfallbudgets als »angemessene 108 Milliarden Dollar« beweist nur, wie sehr er den Kontakt zur fiskalischen Realität verloren hat. Sein Versuch, die bisherigen Kosten in Höhe von 600 Milliarden Dollar zu rechtfertigen, indem er seinen Krieg mit dem Kalten Krieg und der Notwendigkeit, die »sowjetische Expansion« zu stoppen, verglich, zeigt, dass er den Kontakt zur strategischen Realität sogar noch mehr verloren hat.
Wir glauben, dass der Kampf gegen Al-Qaida der zentrale Kampf dieser Generation ist. Mr. Bush liegt falsch, wenn er behauptet, dass die Hauptkampflinie der Irak sei. Die heißt Afghanistan, und die Vereinigten Staaten drohen den Kampf dort zu verlieren, weil Mr. Bushs gescheitertes Abenteuer im Irak die Ressourcen und die Aufmerksamkeit des Pentagons verschlingt.
Es ist klar, dass Mr. Bush nicht die Absicht hat, eine Exit-Strategie zu entwickeln, doch selbst jetzt gibt es einige Dinge, die er tun könnte, um die Aussichten seines Nachfolgers zu verbessern, das Chaos einzudämmen, das ein Rückzug amerikanischer Truppen hinterlassen wird.

Dränge auf wirkliche politische Reformen.
Die Truppenaufstockung (»surge«) sollte den irakischen Politikern wieder Luft zum Atmen geben, um die notwendigen politischen Reformen durchzuführen. Noch immer haben sie sich auf kein Gesetz geeinigt, das die Ölreichtümer des Landes gerecht verteilen würde, oder aber Regeln für die im Herbst anstehenden Kommunalwahlen aufgestellt.
Die Vorstellungen in Washington letzte Woche haben nur bestätigt, was die Iraker ohnehin schon wussten: Der Präsident spielt bloß auf Zeit. Mr. Bush könnte vielleicht mehr Glück haben, wenn er Premierminister Nuri Kamal al-Maliki einfach die Wahrheit erzählt: Falls die Demokraten im November gewinnen sollten, sind die Tage, in denen Amerika alles mit sich machen ließ, endgültig vorbei. Dies wird wahrscheinlich auch dann der Fall sein, wenn die Republikaner das Weiße Haus verteidigen sollten. Wenn sie erst mal wissen, dass die Amerikaner nicht mehr da sein werden, um ihr Überleben zu gewährleisten, dann werden die Anführer des Irak möglicherweise offener für Kompromisse sein.

Lass die Iraker die Rechnung übernehmen. Selbst einige der enthusiastischen Befürworter des Krieges aus den Reihen der Republikaner unterstützen jetzt die Demokraten bei deren Forderung, die Iraker mögen doch endlich damit beginnen, sowohl für ihr militärisches Training als auch für die Treibstoffkosten der amerikanischen Soldaten aufzukommen. Wir vermuten, dass dies viel mit dem Zorn der Wähler über hohe Benzinpreise zu tun hat und auch mit der Immobilienkrise und der stotternden Wirtschaft.
Es wird geschätzt, dass sich die Reserven der irakischen Regierung in ihrer Zentralbank auf 27 Milliarden Dollar belaufen; noch einmal 30 Milliarden Dollar lagern in amerikanischen Banken und weitere zweistellige Milliardenbeträge befinden sich sonst wo. Wenn sie einen größeren Anteil von der Rechnung begleichen müssen, werden sich die irakischen Regierungsführer vielleicht eher auf politische Reformen und verbesserte militärische Ausbildung konzentrieren können. [...]

Eine ehrliche Bewertung der irakischen Armee.
Dieses Weißes Haus rührt schon so lange die Werbetrommel für den Irak, dass wir davon ausgehen, dass wir Mr. Maliki für seine jüngste Realitätsprüfung danken sollten: seine Entscheidung, irakische Truppen nach Basra zu entsenden, um die Milizen des radikalen Klerikers Moktada al-Sadr zu vertreiben.
Es war kein schönes Bild. 1 000 irakische Soldaten und Polizisten weigerten sich, zu kämpfen oder verließen ihre Posten. Der Kampf endete ohne einen Sieger und auch erst, nachdem die Iraner einen Waffenstillstand vermittelt hatten. Präsident Bush und General Petraeus schulden dem Land eine gründliche und ehrliche Einschätzung des amerikanischen Ausbildungsprogramms, die mit einer Erklärung dafür beginnen sollte, was in Basra schiefgelaufen ist. Was muss jetzt geändert werden, um die Chancen zu vergrößern, dass die irakische Armee irgendwann einmal in der Lage sein wird, ihre eigenen Kämpfe auszufechten? Wie viel Zeit wird dies, realistisch betrachtet, in Anspruch nehmen?
Mr. Bushs Fähigkeit zur Verleugnung ist grenzenlos. Vielleicht glaubt er tatsächlich, dass der nächste Präsident diesen Alptraum einfach fortsetzen wird, ohne an ein Ende zu denken, geschweige denn, eines in Aussicht zu haben. Selbst dann schuldet er es seinem Nachfolger, seine verbleibenden neun Monate im Amt dafür zu nutzen, die unzähligen Probleme des Irak anzugehen. Dies wird nicht Mr. Bushs Versäumnisse in Serie entschuldigen. Aber es dürfte die Chancen vergrößern, den unausweichlichen Rückzug so geordnet wie möglich über die Bühne zu bringen.

Mr. Bush hat vielleicht alle Zeit, die er braucht, aber dies haben weder die leidgeplagten Zivilisten des Irak noch dessen Flüchtlingsmassen, weder die blutbefleckten und überlasteten amerikanischen Streitkräfte noch das amerikanische Volk.

D187 The Washington Post: The Iraqi Upturn (1.6.2008)

In den zurückliegenden Wochen herrschte eine relative Ruhepause, was die Berichterstattung über als auch die Debatte um den Irak betrifft – was komisch ist, könnte sich doch der Mai als einer der womöglich wichtigsten Monate des Krieges herausstellen. Während Washingtons Aufmerksamkeit anderen Dingen galt, sahen Militäranalysten erstaunt zu, wie die irakische Regierung und Armee zum ersten Mal die Kontrolle über die Hafenstadt von Basra und das ausufernde Bagdader Viertel Sadr City gewannen, indem sie die schiitischen Milizen, die dort über Jahre hinweg geherrscht hatten, hinausjagten und Schlüsselfiguren der Militanten in den Iran vertrieben. Zur gleichen Zeit stießen irakische und amerikanische Streitkräfte in einer lange versprochenen Offensive nach Mosul vor, der letzten städtischen Zuflucht Al-Qaidas. So viele ihrer Anführer sind schon gefangengenommen oder getötet worden, dass selbst US-Botschafter Ryan C. Crocker, der für seine vorsichtigen Einschätzungen bekannt ist, sagte, dass die Terroristen »noch nie so nahe am Rande einer Niederlage waren, wie sie es jetzt sind«. Der Wendepunkt war im Herbst letzten Jahres erreicht, als die Anfang 2007 von den USA begonnene Kampagne zur Bekämpfung von Aufständischen (counterinsurgency campaign) zu einem dramatischen Rückgang der Gewalt führte und den aufkommenden sektiererischen Krieg zwischen Sunniten und Schiiten erfolgreich unterdrückte. Jetzt mag noch ein Wendepunkt unmittelbar bevorstehen; einer, an dessen Ausgang vielleicht die Wiederherstellung der Ordnung im gesamten Land durch Regierung und Armee steht, bei dem sowohl die verfeindeten Milizen als auch die vom Iran trainierten »Spezialgruppen« [...] zerschlagen werden. Es ist – natürlich – noch zu früh, um zu feiern; obgleich zerstreut, könnte sich die Mahdi-Armee des Moqtada al-Sadr wieder von Neuem sammeln, und der Iran wird mit ziemlicher Sicherheit versuchen, neue Gewalt vor den amerikanischen und irakischen Wahlen im Herbst zu schüren. Und doch sollten die sich rasch verbessernden Bedingungen es den US-Befehlshabern erlauben, einige willkommene Anpassungen vorzunehmen. Auch sollten sie zu einem lange schon überfälligen Umdenken derjenigen in Washington beitragen, die zu wissen meinen, dass der Krieg bereits verloren ist – einschließlich Senator Barack Obama.

General David H. Petraeus ließ bereits eine solche Anpassung in seiner jüngsten Aussage vor dem Kongress erkennen, als er sagte, dass er im Herbst vermutlich einen Truppenabbau empfehlen werde, der über den gegenwärtig stattfindenden Rückzug jener fünf Brigaden hinausgehen werde, die im Zuge der Truppenaufstockung vom letzten Jahr erst in den Irak verlegt worden waren. General Petraeus wies darauf hin, dass die Anschläge im Irak Mitte Mai ein Vier-Jahres-Tief erreicht hätten und dass irakische Streitkräfte endlich die Führung im Kampf und an verschiedenen Fronten zugleich übernehmen würden – etwas, das noch vor einem Jahr undenkbar gewesen wäre. Ein Ergebnis dieser Entwicklung ist, dass die irakische Regierung von Nouri al-Maliki nunmehr eine, wie sich General Petraeus ausdrückte, »beispiellose« öffentliche Unterstützung genießt, und auch die Zahl der amerikanischen Verluste ist stark zurückgegangen. 18 amerikanische Soldaten starben im Mai, der niedrigste Stand seit Beginn des Krieges und ein Rückgang um 86 Prozent gegenüber jenen 126, die im Mai 2007 starben.
Falls sich dieser positive Trend fortsetzen sollte, werden die Verfechter eines umfassenden Abzugs der meisten US-Truppen, wie etwa Mr. Obama, möglicherweise schon im nächsten Jahr weitere Rückzüge verantworten können. Trotzdem wird der aussichtsreichste Kandidat der Demokraten einen Plan für den Irak benötigen, der mehr darauf basiert, eine sich bessernde Lage zu stützen, als ein gescheitertes Unternehmen einfach fallen zu lassen. [...] Als Mr. Obama letztes Jahr seine Strategie für den Irak in Umlauf brachte, schienen die Vereinigten Staaten im Irak zum Scheitern verurteilt. Jetzt braucht er einen Plan für den Erfolg.

D188 Aus der Vereinbarung zwischen den Vereinigten Staaten von Amerika und der Republik Irak »On the Withdrawal of United States Forces from Iraq and the Organization of Their Activities during Their Temporary Presence in Iraq« (17.11.2008)

[...]
Artikel 24

Rückzug der Streitkräfte der Vereinigten Staaten aus dem Irak

Angesichts der Leistungsstärke und der zunehmenden Belastbarkeit der irakischen Sicherheitskräfte, der Annahme der vollständigen Verantwortung für die Sicherheit durch eben jene Streitkräfte und aufgrund der engen Beziehung zwischen beiden Parteien, wurde eine Vereinbarung über das Folgende getroffen:

1. Alle Streitkräfte der Vereinigten Staaten werden sich aus irakischem Hoheitsgebiet bis spätestens 31. Dezember 2011 zurückgezogen haben.
2. Alle Kampftruppen der Vereinigten Staaten werden sich aus irakischen Städten, Dörfern und anderen Örtlichkeiten bis spätestens dann zurückgezogen haben, wenn die irakischen Sicherheitskräfte die vollständige Verantwortung für die Sicherheit in besagter Provinz übernommen haben; vorausgesetzt, dass ein solcher Rückzug bis spätestens 30. Juni 2009 abgeschlossen ist.
3. Kampftruppen der Vereinigten Staaten, die gemäß Absatz 2 abgezogen wurden, werden in vom JMOCC [= »Joint Military Operations Coordination Committee«] festgelegten Einrichtungen und Bereichen außerhalb von Städten, Dörfern und anderer Örtlichkeiten stationiert. Die Festlegung dieser Bereiche durch das JMOCC hat vor dem in Absatz 2 genannten Stichtag zu erfolgen.
4. Die Vereinigten Staaten erkennen das Hoheitsrecht der irakischen Regierung an, den Abzug der Streitkräfte der Vereinigten Staaten jederzeit verlangen zu können. Die irakische Regierung erkennt das Hoheitsrecht der Vereinigten Staaten an, ihre Streitkräfte jederzeit aus dem Irak abziehen zu können.
5. Die Parteien stimmen der Einrichtung bestimmter Mechanismen und Vereinbarungen zu, um die Zahl der amerikanischen Streitkräfte während des ausgemachten Zeitraums zu reduzieren, und sie werden sich auf die Standorte einigen, an denen die Streitkräfte der Vereinigten Staaten künftig stationiert sein werden. [...]

Afghanistan kommt nicht zur Ruhe

Zu keinem Zeitpunkt war der Militäreinsatz in Afghanistan Gegenstand ähnlicher Kontroversen gewesen wie der Irakkrieg, weder in den USA noch in Europa. Zu frisch waren noch die Eindrücke des 11. September, zu eindeutig aber auch die Verbindungen des Taliban-Regimes mit Osama bin Ladens Al Qaida, als am 7. Oktober 2001 die ersten Bomben und Raketen in Afghanistan einschlugen. Mit der raschen Vertreibung der alten Regierung und der Installation einer Übergangsregierung unter dem Paschtunenführer Hamid Karsai schien sich erstmals wieder seit dem Einmarsch der Sowjets im Jahre 1979 die Chance zur Etablierung stabiler staatlicher Strukturen in Afghanistan aufzutun. Doch ebenso plötzlich, wie das Land am fernen Hindukusch mit Macht ins öffentliche Bewusstsein des Westens geraten war, geriet es bald schon wieder in Vergessenheit. Erste Zweifel an der Nachhaltigkeit des westlichen Engagements ließ bereits die Beschränkung des Mandats der International Security Assistance Force (ISAF) allein auf die afghanische Hauptstadt Kabul aufkommen. Letztlich aber war es wohl vor allem der sich seit Jahresbeginn 2002 abzeichnende Streit um den Irak, der eine nachhaltige Umorientierung der Öffentlichkeit im Westen mit sich brachte. Alles konzentrierte sich nunmehr auf das Zweistromland. Während die eine Seite Truppen und Dollars in Bewegung setzte, um einen grausamen Diktator als nächstes Etappenziel im Kampf gegen den internationalen Terrorismus zu stürzen – dabei hatte jener zwar den palästinensischen Terror gegen Israel, nicht aber den globalen der Al Qaida unterstützt –, setzte die andere Seite alles daran, genau dieses Vorhaben zu verhindern. Nur von Afghanistan sprach kaum noch jemand. Eine fatale Entwicklung und eine hochgradig fahrlässige noch dazu, wenn man bedenkt, dass es seit Bestehen des Staates keiner afghanischen Regierung gelungen war, das Staatsgebiet als Ganzes zu kontrollieren.[1]

So wurde der Keim zur weiteren Entwicklung in Afghanistan bereits unmittelbar nach dem Sturz der Taliban gelegt. Die Anfangserfolge der USA und ihrer Alliierten im Kampf gegen Taliban und Al Qaida beruhten nahezu ausnahmslos auf der Feuerkraft der Air Force; den Kampf am Boden hatte man lieber den Truppen der Nordallianz überlassen. Kurzfristig half diese Strategie zwar dem Westen, die Zahl der eigenen Opfer möglichst gering zu halten, langfristig aber fehlte es an einer ausreichend großen Zahl von Bodentruppen, um die einmal eroberten Gebiete auch halten zu können.² Die anfänglich anvisierte Größenordnung der ISAF-Schutztruppe von gerade einmal 5 000 Mann verstärkte diese Entwicklung noch zusätzlich. Wo es aber an einer entsprechenden Truppenpräsenz des Westens zur Aufrechterhaltung der öffentlichen Sicherheit mangelte, musste auch der Wiederaufbau ins Stocken geraten. So kam es, wie es kommen musste: In dem sich außerhalb von Kabul abzeichnenden Machtvakuum sammelten sich bald schon wieder die alten Kräfte, nämlich mit der Zentralmacht um die Vorherrschaft rivalisierende Warlords und Kämpfer der Taliban. Den Titel »Bürgermeister von Kabul«, mit dem ihn Spötter einst bedacht hatten, trug Hamid Karsai nicht von ungefähr. Und auch Al Qaida selbst fand hinter der größtenteils ungesicherten afghanisch-pakistanischen Grenze in den sich selbst verwaltenden Stammesgebieten der dort lebenden Paschtunen ein neues, sicheres Rückzugsgebiet vor.³ Der Nährboden für den wieder erstarkenden Widerstand von Taliban und Al Qaida war also bereitet und doch trafen die im Sommer 2006 heftig aufflammenden Kämpfe den Westen weitgehend unvorbereitet.

Vor allem im Süden und Südosten des Landes eskalierte die Gewalt. So stieg die Zahl der Sprengstoffanschläge in Afghanistan von 50 im Jahr 2003 auf 185 in 2004, 384 in 2005 und 883 in 2006. Aber auch die Zahl der Selbstmordattentate, Straßenbomben und direkten Angriffe auf Soldaten der ISAF-Truppe explodierte: Hatte es noch 2005 »nur« 2 400 Vorfälle dieser Art gegeben, so waren es ein Jahr später schon 6 400.⁴ Der Westen konnte nur reagieren – eine Aufstockung der NATO-geführten⁵ ISAF-Schutztruppe war die Folge; Mitte 2007 standen schon rund 36 000 ausländische Soldaten in Afghanistan, darunter immerhin auch 3 000 aus Deutschland.⁶ Ein Großteil der zusätzlichen Truppen war allerdings schon vor Beginn der neuerlichen Gewaltwelle an den Hindukusch beordert worden; im Oktober 2003 hatte der Sicherheitsrat der Vereinten Nationen selbst erkannt, dass die Beschränkung des ISAF-Mandats auf die Hauptstadt Kabul ein Fehler gewesen war, und per Resolution 1510⁷ dessen Ausweitung auf ganz Afghanistan beschlossen. Da die Kapazitäten der US-Armee jedoch zu ganz erheblichen Teilen im Irak gebunden waren, fiel jede weitere Truppenaufstockung des Westens jetzt überproportional stark zu Lasten der übrigen NATO-Mitgliedsstaaten aus. Eine Entwicklung, die gerade auch vor Deutschland nicht Halt machte – immerhin stellte die Bundesrepublik nach den Vereinigten Staaten und Großbritannien das drittgrößte Truppenkontingent für Afghanistan bereit.

Zum besseren Verständnis seien an dieser Stelle die beiden Mandate, im Zuge derer die Bundeswehr in Afghanistan eingesetzt wird und die alljährlich im Deutschen Bundestag zur Verlängerung anstehen, kurz vorgestellt.⁸

Da ist als Erstes die US-geführte Operation Enduring Freedom (OEF) zu nennen. OEF umfasste zunächst alle militärischen Aktivitäten, die die US-Regierung im Gefolge des 11. September ergriffen hatte, um der Herausforderung des internationalen Terrorismus im »Krieg gegen den Terror« zu begegnen.[9] Im Vordergrund stand dabei ganz klar Afghanistan; hier sollte die erste Schlacht gegen den internationalen Terrorismus geschlagen werden. Als Grundlage der Operation fungierten das Selbstverteidigungsrecht eines jeden Staates nach Artikel 51 der Charta der Vereinten Nationen sowie Artikel 5 des NATO-Vertrages zu gegenseitigem Beistand. Mit Letzterem begründete der Bundestag am 16. November 2001 erstmals die Teilnahme der Bundeswehr an OEF. Dazu zählten neben dem Einsatz des Kommandos Spezialkräfte (KSK) in Afghanistan auch die Entsendung der Bundesmarine ans Horn von Afrika sowie die Stationierung von Chemiewaffen-Spürpanzern in Kuwait.

Ende 2009 operieren nur noch die Marineeinheiten vor der afrikanischen Küste unter OEF-Mandat. Während die deutschen Spürpanzer schon seit 2003 – genauer: seit dem »Ende der Hauptkampfhandlungen« im Irak – wieder aus Kuwait zurück sind, lief das OEF-Mandat für das KSK erst Ende 2008 aus. Allerdings scheint das unter höchster Geheimhaltung operierende Kommando nach wie vor in Afghanistan aktiv zu sein, wenn auch nunmehr im Rahmen der ISAF.[10] Damit werden zum ersten Mal seit sieben Jahren keine Bundeswehrsoldaten mehr im Zusammenhang mit OEF in Afghanistan eingesetzt. Praktisch halten sich die Auswirkungen dieser Entwicklung allerdings in Grenzen: Von Anfang an operierte die große Mehrheit der deutschen Soldaten in Afghanistan unter einem zweiten Mandat, nämlich im Rahmen der »Internationalen Sicherheitsunterstützungstruppe«, wie die ISAF-Truppe im offiziellen Amtsdeutsch heißt.

Grundlage für das Entstehen von ISAF waren sowohl die Beschlüsse der Bonner Petersberg-Konferenz vom Dezember 2001 als auch Resolution 1368 des UN-Sicherheitsrats → D27, welche die Aufstellung einer solchen Truppe zwecks Absicherung der neu eingesetzten Interimsregierung in Kabul vorsah. Nur einen Tag später beschloss der Deutsche Bundestag die Beteiligung deutscher Streitkräfte an ISAF. Von Anfang an fungierte die Truppe als stabilisierendes Rückgrat eines anderweitig kaum überlebensfähigen afghanischen Staatengebildes. Mit der Ausweitung des Mandats über die Hauptstadt Kabul hinaus wurde diese Konstruktion sogar eher noch verfestigt – die Bundeswehr selbst begann Ende 2003 mit der Errichtung eines Außenpostens im nördlich von Kabul gelegenen Kundus. Seit 2006 operiert die ISAF in ganz Afghanistan, was im Endeffekt nichts anderes bedeutet, als dass die vormals unter OEF-Mandat operierenden britischen und amerikanischen Streitkräfte nunmehr größtenteils unter ISAF-Kommando stehen. Was die Bundeswehr betrifft, so beschränkt diese ihren Einsatz vor allem auf den vergleichsweise ruhigen Norden Afghanistans, hier sind die Deutschen Ende 2009 mit mehr als 4 000 Soldaten aktiv. Eine Aufstockung auf bis zu 4 500 Mann ist im Rahmen des aktuellen Bundestagsmandats möglich.

Wie aber reagierte Deutschland nun auf die Forderung seiner NATO-Verbündeten, sich angesichts des zunehmenden Widerstands stärker als bisher in Afghanistan zu engagieren? Einerseits beschloss der Bundestag am 9. März 2007 mit breiter Mehrheit die Entsendung von sechs bis acht Aufklärungsflugzeugen vom Typ Tornado – zusammen mit bis zu 500 zusätzlichen Bundeswehrsoldaten – an den Hindukusch; andererseits versuchte die Bundesregierung auch weiterhin den Eindruck in der Öffentlichkeit aufrechtzuerhalten, dass sich die Bundeswehr in Afghanistan vor allem in der Rolle als uniformierter Aufbau- und Entwicklungshelfer betätige. Diesen Eindruck zumindest erweckten Bundesaußenminister Frank-Walter Steinmeier und sein Kollege im Bundesverteidigungsministerium, Franz-Josef Jung, jedes Mal aufs Neue, wenn sie im Deutschen Bundestag für die Verlängerung der Bundeswehrmandate plädierten. (→ z.B. D189 und → D190) Da war dann viel von »neuen Schulen«, »Kindergärten« und »Zugang zu medizinischer Versorgung« die Rede, aber nur sehr wenig vom bewaffneten Kampfeinsatz deutscher Soldaten in Afghanistan; allenfalls wurde eine »militärische Komponente unseres Einsatzes« eingestanden, wie diese im Detail allerdings aussehen könnte, blieb im Unklaren. Allein im letzten Afghanistan-Konzept (September 2008) der Bundesregierung ist 134-mal von »Aufbau« die Rede, aber nur ganze sechsmal von »Krieg« – und Letzteres bezieht sich stets auf die Zeit der sowjetischen Besatzung und des Bürgerkriegs in den 1990er Jahren.[11]

Dieses Herumlavieren der Bundesregierung kam natürlich nicht von ungefähr; es entsprang vielmehr dem verzweifelten Versuch, es allen Seiten Recht zu machen. Denn während der außenpolitische Druck auf Deutschland, die Bundeswehr auch im umkämpften Süden und Südosten Afghanistans einzusetzen, wuchs, sah sich die Bundesregierung innenpolitisch mit einer stabilen Mehrheit konfrontiert, die den fortwährenden Einsatz deutscher Soldaten am Hindukusch ablehnte.[12] Es war also keineswegs Realitätsverweigerung, die Steinmeier und Jung ihre Reden im Bundestag diktierte. Es war die Angst vorm Wähler. Was freilich nichts am grundsätzlichen Dilemma der deutschen Afghanistanpolitik änderte.

Anfang Februar 2008 drohte die Situation zwischen NATO-Gipfel und Münchner Sicherheitskonferenz zu eskalieren; mehrere Bündnispartner waren offensichtlich mit ihrer Geduld am Ende. Zwei Tage vor dem Treffen der 26 Verteidigungsminister der NATO im litauischen Vilnius hatte US-Verteidigungsminister Gates auf einer Kongressanhörung in Washington erklärt, er wolle keine NATO, »in der manche Partner bereit sind, für den Schutz der Menschen zu kämpfen und zu sterben und andere nicht«.[13] Noch deutlicher wurde sein kanadischer Kollege Peter MacKay: Er drohte offen mit dem Abzug der Truppen seines Landes bis Februar 2009 aus dem umkämpften Süden Afghanistans, falls ihnen die Verbündeten hier nicht stärker als bisher zu Hilfe kämen.[14] Etwas konzilianter im Tonfall, in der Sache aber nicht minder ernst, warnte der amerikanische Verteidigungsminister ein paar Tage später in München nochmals vor den Folgen einer Spaltung der NATO: »Wir können und wir dürfen kein zwei-gestaffeltes Bündnis werden, das einerseits aus solchen besteht, die bereit sind zu kämpfen, und aus solchen, die es nicht sind. Eine solche Entwicklung, mit all ihren Folgen für unsere kollektive Sicherheit, würde praktisch das Bündnis zerstören.« → D197

Gates mahnende Worte verhallten nicht folgenlos. Im Juli 2008 übernahm die Bundeswehr die Führung der Quick Reaction Force (QRF) von den Norwegern. Zu den Aufgaben der QRF, an der sich die Bundeswehr mit insgesamt 200 Mann beteiligt, können neben Patrouillen, Sicherungseinsätzen und Evakuierungsmaßnahmen auch Kampfeinsätze gehören.[15] Und im Herbst 2008 stockte der Bundestag die Obergrenze des ISAF-Mandats der Bundeswehr um 1000 auf maximal 4500 Soldaten auf. Derweil sprach Bundesverteidigungsminister Jung auf einer Trauerfeier für zwei bei einem Selbstmordanschlag in Afghanistan getötete Bundeswehrsoldaten Ende Oktober erstmals von »Gefallenen«.[16] Doch als im Krieg befindlich mochte er die Bundeswehr nach wie vor nicht sehen, vielmehr seien die beiden »in Wahrnehmung ihres Auftrags im Einsatz für den Frieden in Afghanistan gefallen«.[17] Es bleibt abzuwarten, wie lange die Bundesregierung ihren Spagat in der Afghanistanpolitik noch aufrechtzuerhalten gedenkt. Über kurz oder lang wird er nicht mehr durchzuhalten sein. Wenn Jungs Nachfolger im Verteidigungsministerium, Karl-Theodor zu Guttenberg, mittlerweile von »kriegsähnlichen Zuständen«[18] in Afghanistan spricht, so mag dies für ein gewisses Umdenken sprechen. Innenpolitisch jedenfalls scheint die anhaltende Versuchung, die tatsächliche Situation am Hindukusch beständig schönzureden, nicht dazu geeignet, das Vertrauen der Bundesbürger in den Afghanistaneinsatz der Bundeswehr zu stärken. Außenpolitisch mutet der Spielraum der Bundesregierung sogar noch begrenzter an. Die Vorstellung, dass die anderen Nationen vielleicht zum Kämpfen, Deutschland aber nur zum Wiederaufbau nach Afghanistan gekommen sind, ist von vornherein zum Scheitern verurteilt. Denn dieser »neue deutsche Exzeptionalismus«[19] funktioniert nur auf Kosten seiner Partner und stellt damit letztlich die deutsche Bündnissolidarität in Frage. Langfristig aber berührt ein solches Verhalten den Kern der Allianz und kann schon deshalb nicht im deutschen Interesse sein.

Noch als Kandidat sprach der neu gewählte US-Präsident Obama in seiner außenpolitischen Grundsatzrede in Berlin → D203 von den Erwartungen, die Amerika bezüglich Afghanistans an Deutschland knüpft.[20] Diese sind nicht eben kleiner geworden, wie Obamas Anfang Dezember 2009 vorgestelltes neues Afghanistan-Konzept verdeutlicht. Während die USA rund 30 000 zusätzliche Soldaten für den Hindukusch bereitstellen, erwarten sie im Gegenzug von ihren NATO-Verbündeten ebenfalls eine Truppenaufstockung um mindestens 10 000 Mann. Ein Ansinnen, dem sich Deutschland bisher widersetzt hat.[21] Es ist also davon auszugehen, dass dieser deutsch-amerikanische Konflikt, der doch eigentlich ein Streit innerhalb des atlantischen Bündnisses ist, die Ära Bush noch länger überdauern wird.

Deutsche Außenpolitik

D189 Bundesaußenminister Frank-Walter Steinmeier (SPD) in einer Rede vor dem Deutschen Bundestag (20.9.2007)

[...] Meine sehr verehrten Damen und Herren! Dass wir in Deutschland eine öffentliche Debatte über Auslandseinsätze und über Afghanistan führen, ist gut. Die Art und Weise, wie sie geführt wird, macht es notwendig, dass wir zu Beginn dieser Debatte an zwei Dinge erinnern:
Erstens. Es waren die mörderischen Anschläge vom 11. September, die uns nach Afghanistan gebracht haben. Zweitens. Erst mithilfe der gesamten internationalen Staatengemeinschaft ist es gelungen, das verbrecherische Regime der Taliban niederzuringen.
Erst seither – darum geht es mir – stellen wir uns in diesem Hohen Hause jedes Jahr die Frage, wie wir verhindern können, dass sich Afghanistan erneut zum Rückzugsraum für Terroristen entwickelt. Ich sage Ihnen gleich vorweg: Unsere Antwort auf diese Frage war nie schlicht, sie war nie einfältig. Sie lautete von Anfang an: Wir verhindern das, indem wir den Menschen in Afghanistan eine neue Perspektive, neue Hoffnung geben, indem wir sie dabei unterstützen, das Land wiederaufzubauen, indem wir es ihnen ermöglichen, die Zukunft ihres Landes wieder in die eigenen Hände zu nehmen, und indem wir sie unterstützen, die Verantwortung

für die Sicherheit im eigenen Lande schrittweise wieder selbst zu übernehmen. Das war von Anfang an unsere Politik. Möge mir heute keiner mit dem dämlichen Argument kommen, wir hätten von Anfang an nur Panzer und Soldaten in untauglicher Weise gegen Fundamentalismus eingesetzt. Das stimmt nicht.
Aus meiner Sicht kann kein Zweifel daran bestehen – wie ich weiß, haben sich viele von Ihnen in den letzten Monaten davon überzeugen können –, dass wir in Afghanistan einiges erreicht haben. Nach den jahrzehntelangen Kriegen bzw. Bürgerkriegen, durch die vieles in Trümmer gelegt wurde, ist die Wirtschaft etwas in Gang gekommen. Nach inzwischen fast sechs Jahren haben sich die staatlichen Institutionen – das gilt auch für die Regierung – etwas Freiraum erkämpft. Besonders im Norden, wo wir Verantwortung tragen, sind neue Schulen und neue Straßen gebaut sowie Brunnen gebohrt worden. Über 6 Millionen Kinder können dort wieder eine Schule besuchen. Die Schülerzahl hat sich in den letzten sechs Jahren mehr als verfünffacht. Immerhin 80 Prozent der dortigen Bevölkerung haben wieder Zugang zu medizinischer Versorgung.
Trotz alledem muss ich sagen: Ja, es stimmt; der Weg hat sich als schwieriger erwiesen, als wir, als viele von uns sich erhofft haben. Insbesondere im Süden und Südosten des Landes vollzieht sich der Aufbau, natürlich auch aus Sicht der afghanischen Bevölkerung, bei weitem nicht schnell genug. Wenn das richtig ist, frage ich: Welche Schlussfolgerung ziehen wir daraus? Gehen, weil es schwierig ist? Ich glaube nicht. Ich glaube, die einzig mögliche Schlussfolgerung, die wir daraus ziehen können, ist, dass wir mehr tun müssen, dass wir unsere Anstrengungen im Rahmen des zivilen Wiederaufbaus verstärken müssen. [...]
Wir müssen uns nicht gegenseitig darüber belehren, wie schwierig die Sicherheitslage ist. Die internationale Staatengemeinschaft hat es zwar vermocht, eine drohende Frühjahrsoffensive der Taliban zu verhindern, aber die Gefährdungen haben sich auf andere Art und Weise entwickelt. Wir haben bei den Anschlägen in Kunduz und Kabul erleben müssen, wie deutsche Polizisten und deutsche Soldaten auf tragische Weise ums Leben gekommen sind. Meine Damen und Herren, in dieser Situation ist es notwendig, dass wir neben dem zivilen Engagement, von dem ich gesprochen habe, auch unser militärisches Engagement aufrechterhalten. [...] Ich könnte es zuspitzen und sagen: Es ist doch irrig, zu glauben, wir könnten gerade in der derzeitigen Situation auf die militärische Komponente unseres Einsatzes völlig verzichten. Oder noch genauer gesagt: Wer heute den Abzug unserer Truppen aus Afghanistan fordert, setzt all das aufs Spiel, was wir in den letzten sechs Jahren dort aufgebaut haben. [...]

Meine Damen und Herren, aus diesen Gründen hat der Sicherheitsrat der Vereinten Nationen heute Nacht das ISAF-Mandat bestätigt. Deshalb bittet auch die Bundesregierung Sie als Abgeordnete des Deutschen Bundestags, das Mandat zu verlängern. [...]

D190 Bundesverteidigungsminister Franz Josef Jung (CDU) in einer Rede vor dem Deutschen Bundestag (20.9.2007)

[...] Meine sehr verehrten Damen und Herren! Ich kann nahtlos an das anschließen, was der Bundesaußenminister gerade gesagt hat. → D189 Ich denke, ganz entscheidend ist die Tatsache, dass es uns gelungen ist, innerhalb der NATO unser Konzept der vernetzten Sicherheit, das wir im Rahmen des Weißbuchs verabschiedet haben, als Gesamtkonzept für Afghanistan durchzusetzen. Wir haben es in unserem Afghanistan-Konzept wie folgt beschrieben: ohne Sicherheit keine Entwicklung und kein Wiederaufbau, aber ohne Entwicklung und Wiederaufbau auch keine Sicherheit. Ich bin der felsenfesten Überzeugung, dass das Konzept der vernetzten Sicherheit erfolgreich sein wird, um das Vertrauen der Bevölkerung, also die Herzen und die Köpfe der Menschen, zu gewinnen und in Afghanistan für Stabilität und für eine friedliche Entwicklung zu sorgen. Vor diesem Hintergrund bittet die Bundesregierung das Parlament, das Mandat ISAF und das Mandat bezüglich des Einsatzes der Recce-Tornados jetzt um ein Jahr zu verlängern. In der jetzigen Debatte müssen wir auch unterstreichen, was wir in den Jahren, in denen wir in Afghanistan Aufbauarbeit leisten, bereits erreicht haben. Im Norden des Landes haben wir über 700 konkrete Projekte durchgeführt. Diese Projekte reichten von der Herstellung von Strom- und Wasserversorgung über die Errichtung von Straßenverbindungen, Schulen und Kindergärten bis hin zur Verbesserung der medizinischen Versorgung. Man muss den Blick allerdings auch auf Gesamtafghanistan richten. Wir haben dieses Land von der Terrorherrschaft der Taliban befreit. Nun hat das Land eine Verfassung und ein gewähltes Parlament. [...]
Früher gingen in Afghanistans Schulen 1 Million Schüler, jetzt sind es über 6,5 Millionen. Wir haben erreicht, dass fast 80 Prozent der Bevölkerung im Land Zugang zu medizinischer Grundversorgung haben. 4,7 Millionen Flüchtlinge sind in dieses Land zurückgekehrt. Die Höhe der Einkommen hat sich verdoppelt. Wir haben eine wesentlich verbesserte Infrastruktur; wir haben gerade erst im Norden eine Brücke für eine Straßenverbindung nach Tadschikistan eingeweiht. Wir stellen Krankenhäuser wieder her. Wir sind hier auf einem Weg des Erfolges. Diesen Weg des Erfolges müssen wir weitergehen.

Der Weg, den Sie von der Linken uns empfehlen, nämlich Rückzug, wäre dagegen der falsche Weg, auch im Hinblick auf die Sicherheit unserer Bürgerinnen und Bürger. Das würde nämlich einen Rückfall zur Folge haben, sodass Afghanistan wieder zum Ausbildungszentrum für Terroristen würde. [...]

D191 Süddeutsche Zeitung: Verantwortung wagen (12.10.2007)

[...] Müssten an diesem Freitag die Wähler und nicht die Abgeordneten des Deutschen Bundestags über die Verlängerung des Bundeswehr-Einsatzes in Afghanistan entscheiden, so fiele das Votum eindeutig aus: Eine klare Mehrheit würde nein sagen. [...] Bundesregierung wie Bundeswehrführung haben es bis heute nicht geschafft, die Mehrheit der Misstrauischen von der Notwendigkeit des Afghanistan-Engagements zu überzeugen.

Die westlichen Armeen und Regierungen haben in Afghanistan viele Fehler gemacht. Sie haben Hoffnungen geweckt auf eine schnelle Gesundung des geschundenen Landes; ein funktionierendes Staatswesen sollte Demokratie und Menschenrechte garantieren. Stattdessen blühen Korruption und Drogenhandel, es regieren in vielen Gegenden Rechtlosigkeit und Kriminalität. Milliarden an Hilfsgeldern wurden zugesagt, doch sie versickern zu einem großen Teil in dunklen Kanälen. Die Steinzeit-Fundamentalisten der Taliban, vorschnell für besiegt erklärt, haben nur ihre Taktik geändert; sie greifen die Nato-Soldaten seltener offen an und schicken dafür Selbstmordattentäter.

Die Konsequenz für Deutschland und den Westen aber kann trotzdem nicht der Abzug aus Afghanistan sein. Die internationale Gemeinschaft hat den Menschen dort versprochen, mit ihrem Eingreifen nach dem 11. September 2001 nicht nur den Terror zu bekämpfen, sondern auch dem darniederliegenden Land wieder auf die Beine zu helfen. Ein Rückzug jetzt wäre ein Armutszeugnis, gerade für die Deutschen, die in der afghanischen Bevölkerung besondere Wertschätzung genießen. Die Konsequenz kann nur sein, aus den Fehlern zu lernen.

Dieser Lernprozess hat begonnen. Niemand – auch die wegen ihres oft rigorosen Vorgehens zu Recht kritisierte US-Armee – glaubt noch, dass der Frieden in Afghanistan mit militärischen Mitteln zu gewinnen ist. Selbst die Soldaten der Anti-Terror-Operation Enduring Freedom (OEF) sind angewiesen, Einsätze eher abzubrechen, als unverantwortlich viele zivile Opfer in Kauf zu nehmen. Der Wiederaufbau, an dem sich auch die Bundeswehr beteiligt, rückt immer mehr in den Mittelpunkt. Ohne den Schutz des Militärs freilich ist er nicht zu haben.

Allmählich macht sich auch die Einsicht breit, dass der Westen anfangs zu sehr auf die Selbstheilungskräfte des Landes gesetzt hat. Es war ja ein honoriger Ansatz, sich nicht als Besatzer aufzuspielen, sondern die Afghanen selbst in die Pflicht zu nehmen. Aber es war zum Beispiel schlicht ein Fehler, die Zuständigkeit für die Bekämpfung des Mohnanbaus der Regierung in Kabul zu übertragen. Die Lehre daraus ist, dass der Westen selbst rigoros gegen das Drogengeschäft vorgehen muss – und sei es mit unkonventionellen Mitteln wie dem, dass man den Mohnbauern, die kein anderes Einkommen haben, ihre Produktion abkauft, um sie zu vernichten.

Für den Aufbau von Polizei und Justiz muss erheblich mehr getan werden. Dass die EU bis zum nächsten Jahr nur 195 Polizeiausbilder entsenden will, müsste man als schlechten Witz bezeichnen, wenn es nicht so traurig wäre. Und wahrscheinlich muss die Nato einige tausend Soldaten zusätzlich mobilisieren, um zu verhindern, dass die Taliban in Gebiete, aus denen sie vertrieben wurden, wieder zurückkehren. Menschen, die befürchten müssen, dass die Fundamentalisten nach dem Abzug der Nato erneut auftauchen und sich rächen, haben kein Vertrauen in die westliche Schutzmacht. Das heißt nicht, dass man die afghanische Regierung aus ihrer Verantwortung entlässt. Im Gegenteil. Der Druck auf Präsident Hamid Karsai muss erhöht werden, wirksamer gegen Korruption und Inkompetenz in der Verwaltung vorzugehen.

Zur Konsequenz gehört schließlich die Bereitschaft, auch künftig Opfer unter deutschen Soldaten und zivilen Helfern zu ertragen. Dazu müssen die Menschen hierzulande davon überzeugt sein, dass der Weg der richtige ist. Afghanistan darf nicht nur dann ein Thema sein, wenn mit taktischen Argumenten kurzfristig Mehrheiten für Parlamentsbeschlüsse organisiert werden müssen. Deutschland ist keine Insel der Glückseligkeit. Es trägt Verantwortung in einer ziemlich unglücklichen Welt. Das ist die Antwort auf die Frage, was deutsche Soldaten am Hindukusch zu suchen haben.

UN und internationale Beziehungen

D192 Frankfurter Rundschau: Raus aus Afghanistan (23.7.2007)

[...] Als die Bundeswehr nach Afghanistan geschickt wurde, geschah dies mit dem Argument, Deutschland werde auch am Hindukusch verteidigt. Die deutschen Soldaten folgten den Amerikanern, die das Land mit Gewalt von der Schreckensherrschaft der Taliban befreit hatten. Während die USA noch heute in einen blutigen Anti-Terror-Kampf verstrickt sind, sollten die Deutschen gemeinsam mit anderen Ländern im Wesentlichen Wiederaufbauhilfe leisten, indem sie das Land stabilisieren. Aber auch die Bundeswehr ist am Krieg gegen die Taliban (oder alle, die für solche gehalten werden) beteiligt. Spezialeinheiten haben zumindest ein Mandat für die Mission gegen den Terror. Und Tornado-Flugzeuge liefern dafür die Bilder. Die Deutschen, die sich gerne für ihre Arbeit beim zivilen Wiederaufbau loben lassen, sind mitten drin im Schlamassel.

Dabei sollen die Erfolge in Afghanistan nicht kleingeredet werden. Es gibt wieder Schulen im Land, auf ihren Bänken dürfen auch wieder Mädchen Platz nehmen. Überhaupt können Frauen wieder am gesellschaftlichen Leben teilnehmen. Sie sind aus dem Mittelalter, in das die Taliban sie gezwungen hatten, in die afghanische Version der Neuzeit zurückgekehrt. Entwicklungsexperten können den Menschen beim Kampf gegen den Hunger helfen. Denn nicht der stets elegante Präsident Karsai repräsentiert das Land, sondern die bettelarme Landbevölkerung. Wer zu ihr will, braucht die Infrastruktur, die zahlreiche Unternehmen jetzt aufbauen. Aber es sind nicht im Wesentlichen die Afghanen, die sich selber helfen, sondern es sind Ausländer, die die Geschicke lenken.

Und die Bevölkerung zahlt einen hohen Preis. Die Bundeswehr kann in ihrem Einsatzgebiet im Norden nur so lange mit relativer Ruhe rechnen, wie sie die Augen vor dem stetig wachsenden Drogenanbau verschließt. Mit dem Mohn kommen Kriminalität und Korruption. Bis in höchste Regierungsämter hinein. Unverändert haben in ganzen Landstrichen ehemalige Kriegsherren das Sagen. Die Deutschen lösen bisher das Problem der Gewalt, indem sie den Drogenbossen das Land überlassen. Das wird sich eines Tages bitter rächen. Wer die Macht hat, lässt sie sich nicht mehr ohne weiteres entreißen, schon gar nicht in Afghanistan. Beim Krieg im Süden werden Unbeteiligte schwer getroffen. Sie leiden unter der Strategie beider Seiten: Die Taliban nutzen die Zivilbevölkerung als Schutzschild, die Amerikaner und ihre Verbündeten schlagen hart zu, wenn sie ihre Gegner ausgemacht zu haben glauben.

Darum wächst der Hass in Afghanistan. Das Desaster am Hindukusch muss Konsequenzen haben. Viel härter und viel schneller als bisher müssen die westlichen Länder arbeiten, um die afghanische Regierung in die Lage zu versetzen, zu regieren. Brot und Bildung statt Bomben, das klingt läppisch. Aber es kann funktionieren, im Gegensatz zu einem jahrelangen Abnutzungskampf, der die patriotisch gesonnenen Afghanen nur in die Arme der Radikalen treibt. Die eine Hälfte des Landes verstrickt in blutige Gefechte, die andere den Drogenbossen überlassen – so geht der Krieg gegen den

Terror auch verloren. Die westlichen Staaten müssen ihre Strategie radikal überdenken: Sie müssen so schnell wie möglich raus aus Afghanistan.

D193 Frankfurter Allgemeine Zeitung: Nicht die Geduld verlieren (19.9.2007)

Zehntausende Soldaten aus Nato-Ländern sind in Afghanistan im Einsatz – in einem Land, dessen jüngere Geschichte im wahrsten Sinne des Wortes verheerend war und dessen letzter Beitrag zur Weltgeschichte darin bestand, sich dem islamistischen Terrorismus als Trainingslager zur Verfügung zu stellen, während es selbst ein islamistisches Regime der übelsten Sorte aufzog. Die zerstörerische Kraft dieser unheilvollen Verbindung entlud sich am »11. September« und an vielen anderen Tagen an vielen anderen Schauplätzen: in Südostasien, im Mittleren Osten, in Nord- und Ostafrika, in Europa. Fast ausnahmslos haben die Lebensläufe der Terroristen eines gemeinsam, ob sie nun aus Südostasien stammten oder aus dem Maghreb: Ihre militärische Ausbildung hatten sie in Afghanistan erhalten, meistens im afghanisch-pakistanischen Grenzgebiet, aber nicht nur da.

Wer also fragt, was die Nato eigentlich am Hindukusch verloren hat, der erhält hier die Antwort. Es geht im Kern um unsere Sicherheit und darum zu verhindern, dass das Land abermals zu einem »schwarzen Loch« der Welt wird, aus dem nur Unheil aufsteigt. Das ist ein mühsames Unterfangen. Unverkennbaren Fortschritten stehen Rückschläge gegenüber. [...] Aber Deutschland darf sich schon um seiner selbst willen nicht aus der Verantwortung stehlen. [...]

Der Kampf um »die Herzen und den Verstand« der Bürger wird heute an zwei Fronten geführt: in Afghanistan und in den Heimatländern der westlichen Soldaten. Und es ist die »westliche« Stimmungslage, die vielleicht noch mehr Anlass zur Sorge gibt als das Stimmungsbild in Afghanistan selbst, und zwar unabhängig von der Frage, ob der Kampf um Herz und Verstand ein sinnvolles und angemessenes Leitmotiv ist. Von Kanada bis Deutschland schwindet jedenfalls die Unterstützung für den Afghanistan-Einsatz, und die Politiker, die für ein langfristiges ziviles und militärisches Engagement eintreten, spüren einen kalten Gegenwind. Den müssen sie aushalten, denn ihre Einsatzentscheidung ist gut begründet. Ohne ein langfristiges Engagement droht die Rückkehr zu den früheren Bedrohungen. Nur geduldiges, langfristiges Engagement bietet die Gewähr dafür, dass die Taliban nicht wieder an die Macht in Kabul zurückkehren, dass der grenzüberschreitende Terrorismus sich dort nicht wieder häuslich einrichtet und dass der Wiederaufbau vorankommt. Es ist überdies die politisch-moralische

Versicherung für jene Afghanen, die im Vertrauen auf dauerhafte westliche Präsenz zur Zusammenarbeit bereit gewesen sind.
Die Beendigung der militärischen Antiterroroperation »Enduring Freedom« zu verlangen und die Isaf-Mission, an der die rund 3 000 Soldaten der Bundeswehr beteiligt sind, in gewisser Weise zu entmilitarisieren macht das bisher Erreichte zunichte; überdies ist es widersprüchlich. Die Lage im Süden Afghanistans würde sich nicht deshalb schlagartig verbessern, nur weil zum Beispiel die amerikanischen Soldaten abzögen. Im Gegenteil. Wer würde deren militärische Aufgaben übernehmen? Es wäre die Isaf-Truppe, die das tun müsste, und dazu brauchte sie ein erweitertes Mandat. Das aber wollen Grüne, die Linke und Teile der SPD gewiss nicht erteilen. [...]
Freilich ist es keine berauschende Aussicht, auf absehbare Zeit in Südasien Truppen zu unterhalten. Man wird nicht so lange bleiben, bis auch am Hindukusch alles blüht. Es wird nämlich auch im günstigsten Fall nur einiges blühen. Deshalb bedarf es des Realismus bei den Zielsetzungen. Und je eher es den Afghanen gelingt, Sicherheitsaufgaben selber wahrzunehmen, desto weniger ausländische Präsenz ist erforderlich. Deswegen ist die verstärkte Ausbildungshilfe für das afghanische Militär notwendig, und deswegen bleibt es ein Fehler, dass die zugesagte Ausbildungshilfe für die afghanische Polizei noch immer nicht über das Symbolische hinausgekommen ist.
Afghanisierung bedeutet auch, die Zentralregierung zu stärken. Es muss der Regierung gelingen, ihre Autorität über das Land auszuweiten, um das zu erfüllen, was man gemeinhin von einem Staat verlangt. Denn je stärker ihre Legitimität wird, desto eher wird der Zuspruch zu den Taliban abnehmen. Nach einem Autoritäts- und Legitimitätssprung für die Regierung des Präsidenten Karzai sieht es allerdings im Moment nicht aus, zumal in einem Land mit einem traditionellen Antizentralismus. Aber das kann nicht bedeuten, dass das Ausland achselzuckend der Regierung und dem Land den Rücken kehrt. Man muss vielmehr darauf hinwirken, dass sie Schritt für Schritt vorankommen. Und Geduld muss man aufbringen. »Verloren« ist Afghanistan nicht.

D194 Die Welt: Rückzug ausgeschlossen (13.10.2007)

Der Bundestag hat gestern der Verlängerung des Isaf-Mandats für Afghanistan zugestimmt. Die Debatte ist damit nicht beendet. Sie wird uns begleiten in den nächsten Wochen, wenn es zuerst auf dem SPD-Parteitag und danach im Parlament um die Fortsetzung der Antiterror-Operation »Enduring Freedom« (OEF) geht. Im nächsten Jahr, wenn die gleichen

Verlängerungsentscheidungen im Vorfeld der Bundestagswahl erneut anstehen. Und in der gesamten nächsten Dekade höchstwahrscheinlich immer wieder. Im vorletzten Jahrhundert scheiterte das britische Weltreich bei dem Versuch, das Land am Hindukusch dauerhaft unter seine Herrschaft zu zwingen. Zum Ende des 20. Jahrhunderts versagte die Armee der Sowjetunion bei dem gleichen Unterfangen und leitete auch damit den Zusammenbruch der UdSSR ein. Und seit rund sechs Jahren sollen nunmehr unter dem Mandat der Vereinten Nationen fast 50 000 Soldaten der Internationalen Afghanistan-Schutztruppe (Isaf) in Zusammenarbeit mit der von den Amerikanern geführten OEF und einer nationalen Armee, die erst in Rudimenten besteht, das Land am Hindukusch befrieden.
Ein Durchbruch lässt sich dabei nicht einmal am fernen Horizont erahnen. [...] Angesichts [...] [dessen] muss es nicht wundern, wenn die deutsche Bevölkerung kriegsmüde ist und mehrheitlich einen Abzug der deutschen Isaf-Soldaten – ihre Zahl soll jetzt auf bis zu 3 500 erhöht werden – befürwortet. Noch kritischer fällt das öffentliche Urteil über die OEF aus, zumal nach derartigen Einsätzen immer wieder über »Kollateralschäden« bei der Zivilbevölkerung berichtet wird. »Gutes Isaf-Mandat, böse OEF-Mission« – auf diesen vermeintlichen Gegensatz lassen sich daher manche Politiker ein. Doch Desertion kann nicht die Konsequenz der bislang zu konstatierenden Erfolglosigkeit des Afghanistan-Engagements sein. Anders als bei Briten und Sowjet-Russen im 19. und 20. Jahrhundert handelt es sich beim aktuellen Einsatz der internationalen Staatengemeinschaft nicht um einen geografisch eingrenzbaren Eroberungskrieg, aus dem man sich mit einem blauen Auge einfach zurückziehen könnte. Sondern es geht um jenen asymmetrischen Krieg, der von Afghanistan aus mit dem Terrorschlag der Al-Qaida vom 11. September 2001 begonnen wurde – und nicht etwa mit der amerikanischen und internationalen Reaktion darauf. Ein Rückzug heute wäre eine Kapitulation vor dem Aggressor. Afghanistan würde erneut zum Ausbildungscamp des globalen islamistischen Terrorismus, der auf den gesamten »ungläubigen« Westen zielt.
Schon aus reinem Egoismus und eigenem nationalen Interesse müssen alle Afghanistan-Mandate darum in diesem wie in den folgenden Jahren fortgesetzt werden. Dazu gehört die Isaf-Komponente, die den Wiederaufbau des Landes, die Ausbildung der dortigen Sicherheitskräfte und die Einrichtung von Schulen unter dem Schutz des Militärs betreibt (von so hehren Zielen wie der Demokratisierung eines archaischen Landes mit einer Analphabeten-Rate von rund 90 Prozent sollten wir bitte eine Zeit lang schweigen). Dazu gehört ebenso unverzichtbar der OEF-Kampf gegen den

Terrorismus. Dass es dabei auch in Zukunft mitunter zu zivilen Opfern kommen kann, ist tragisch – aber im Kern nicht zu vermeiden.
Doch ein stures »Weiter so« ist nicht genug: Der Umfang des bisherigen Engagements reicht erkennbar nicht aus. Die Staatengemeinschaft wird deutlich mehr Soldaten nach Afghanistan schicken müssen. Und so verdient sich die Bundeswehr um eine gewisse Stabilisierung des Nordens gemacht hat, wird die Forderung der Nato nach einer Ausdehnung des deutschen Mandats auf die übrigen Regionen immer wieder aufflammen. Auch die EU muss mehr Polizeiausbilder nach Afghanistan schicken.
Der Aufwand ist zu groß? Die Kosten, die der Westen für seine Sicherheit in die Befriedung Afghanistans investieren muss, dürften gering sein im Vergleich zu den Folgen eines dortigen Scheiterns.

D195 The New York Times: Plenty of Blame for Afghanistan (16.12.2007)

Es war kein schöner Anblick: Verteidigungsminister Robert Gates, wie er letzte Woche einigen NATO-Verbündeten vorwarf, nicht annähernd genug für Afghanistan zu tun. Doch hinter der Schuldzuweisung verbirgt sich eine sehr viel ernstere Angelegenheit. Solange sich die Vereinigten Staaten und Europa keine bessere Strategie einfallen lassen – und noch mehr Geld, Aufmerksamkeit und Truppen investieren –, wird »der gute Krieg« unweigerlich schlecht ausgehen.
Ein Jahr, nachdem die NATO die Verantwortung für alle friedenssichernden Maßnahmen übernommen hat (die Vereinigten Staaten haben dort noch immer 26 000 Soldaten stationiert), nehmen die Angriffe der Taliban und Al-Qaidas, einschließlich der Selbstmordanschläge, immer mehr zu. Die Afghanen ihrerseits sind immer stärker desillusioniert sowohl von ihrer eigenen Regierung als auch von deren westlichen Sponsoren. Der Mohnanbau steigt ebenfalls rapide an, während sich die Regierungen in Kabul, Washington und Europa noch darüber streiten, wie man selbigen am besten eindämmt.
Die Schuld dafür lastet auf mehreren Schultern. Präsident Hamid Karsai und seine Regierung sind schwach. Pakistan hat, mit Washingtons Einverständnis, bisher zu wenig unternommen, um Al-Qaida entlang der afghanischen Grenze zu vertreiben. Allein die NATO hat 28 000 Soldaten vor Ort, doch einige Mitgliedsstaaten scheinen ihren Enthusiasmus für den Einsatz verloren zu haben.
Eindringliche Gesuche um 3 500 zusätzliche Militärs zur Ausbildung der afghanischen Sicherheitskräfte, 20 Hubschrauber und drei Infanteriebataillone

blieben bisher unbeantwortet. Britische, kanadische, australische und niederländische Truppen kämpfen zurzeit im Süden Afghanistans, wo die Aufständischen am aktivsten sind. Doch einige europäische Länder haben ihren Streitkräften derartig viele Restriktionen auferlegt [...] – einschließlich der Möglichkeit, im Süden eingesetzt zu werden –, dass sie die Kriegsführung behindern. Frankreich, Deutschland, Italien und Spanien befinden sich unter jenen, die mehr tun könnten.

Als eines der größten Probleme stellte sich heraus, dass, als die NATO das Kommando in Afghanistan übernahm, viele ihrer Mitglieder erwartet hatten, dass das Kämpfen größtenteils vorbei sei und dass ihre Truppen sich auf Entwicklungs- und Stabilisierungsaufgaben würden konzentrieren können. Stattdessen erleiden sie zunehmend Verluste, und europäische Spitzenpolitiker haben es versäumt, ihren Bürgen zu erklären, warum Afghanistan so wichtig ist – und warum eine solch große Anstrengung unternommen werden muss, um den Taliban und der Al-Qaida einen sicheren Hafen zu verwehren.

Wir verstehen Mr. Gates Frustration. Möglicherweise verstünde er sich mit den Europäern besser, hätte er noch eine andere Wahrheit erzählt: Bevor sich die NATO engagierte, hatte Washington niemals genügend Truppen in Afghanistan, noch hatte es eine schlüssige Strategie für die Stabilisierung und Entwicklung des Landes. Washingtons Entscheidung, in den Irak einzumarschieren, führte lediglich zu einer noch stärkeren Beeinträchtigung des Einsatzes in Afghanistan. Zu wenige Bodentruppen bedeuteten unterdessen eine zu große Abhängigkeit von Luftschlägen, was wiederum zu zu vielen zivilen Opfern und damit letztlich zu Zorn und Widerstand führte. Ende letzter Woche einigten sich Mr. Gates und europäische Politiker darauf, dass man – anstatt sich gegenseitig die Schuld zuzuweisen –, lieber mit einer schon lange überfälligen umfassenden Überprüfung der eigenen Strategie beginnen wolle. Besser spät als nie. Die Überprüfung muss alles beinhalten: Politik, Entwicklung, Drogenbekämpfung und öffentliche Sicherheit. Sie muss Wege finden, die Koordination zwischen NATO, Washington und Kabul zu verbessern. Sie muss eingestehen, dass europäische und amerikanische Truppen höchstwahrscheinlich noch auf Jahre hinaus dort werden bleiben müssen. Und sie muss schnell vorgenommen werden, bevor sich Afghanistan noch weiter destabilisiert.

D196 Süddeutsche Zeitung: Halbherzig am Hindukusch (18.1.2008)

Es ist ein weiter Weg vom Bonner Petersberg zum Hindukusch. So lang und steil und mühselig, dass manch einem die Luft ausgehen kann und die

Versuchung groß ist, Ballast abzuwerfen oder einfach umzukehren. Damals bei der Afghanistan-Konferenz auf dem Petersberg, Ende 2001 nach dem ersten Einsatz im Krieg gegen den Terror, war ja auch ein sehr gewichtiges Paket geschnürt worden: Frieden, Wiederaufbau und Demokratie sollten nach Afghanistan gebracht werden. Weniger als erwartet ist davon bislang angekommen, vieles ist auf der Strecke geblieben – an Hoffnung, an Überzeugung und an gemeinsamem Willen. Von Wollen jedenfalls kann kaum noch die Rede sein, wenn es um Afghanistan geht. Besonders deutlich wird das in Deutschland, wo nur noch gefragt wird: Sollen wir? Müssen wir? Und – wenn gar nichts mehr hilft – können wir das überhaupt? Ritualisiert werden diese Fragen immer dann gestellt, wenn es um die alljährliche Mandatsverlängerung des Bundeswehr-Einsatzes geht. Das Parlament hat bislang stets mit großer Mehrheit für eine Verlängerung gestimmt, doch in jedem Jahr ist die Kluft zwischen dem Votum der Volksvertreter und den Zweifeln im Volk größer geworden. Die Fragen also lassen sich nicht einfach abschütteln durch ein großkoalitionär ermauscheltes »Weiter-so-Mandat«. Vielmehr gerät die Regierung genau damit in eine Falle, wenn es plötzlich nicht mehr ums bloße »Weiter so« geht, sondern um etwas Neues – zum Beispiel um die Entsendung von Kampftruppen in den Norden Afghanistans. Die Nato-Partner dringen nun vehement darauf – aber sollen, müssen, können wir das?
Wer diese Fragen mit Nein beantwortet, der hat es leicht, ein paar griffige Argumente zu finden. [...] [Und] in der Tat ist das Argumentieren für den Afghanistan-Einsatz weit komplizierter als gegen ihn – so kompliziert, dass sich die Bundesregierung fahrlässigerweise darauf viel zu wenig eingelassen hat. [...] [Dabei sind die] Ziele der internationalen Gemeinschaft [...] heute noch dieselben wie 2001, als sie unter dem Eindruck der Anschläge vom 11. September formuliert wurden: Erstens darf dem islamistischen Terror keine regionale Operations- und Rückzugsbasis überlassen werden, und zweitens sind Demokratie und Wiederaufbau die besten Bollwerke gegen den Fundamentalismus. Trotz aller Widrigkeiten lohnt es sich auch heute noch, für diese Ziele zu kämpfen. Und trotz aller Rückschläge ist auch Afghanistan gewiss noch nicht verloren. Wer jedoch den Taliban und der Al-Qaida dort das Feld überlässt, wird sie damit zu Anschlägen weltweit ermuntern. Es ist und bleibt also im Interesse des Westens, Soldaten nach Afghanistan zu schicken.
Anfangs hatte die Weltgemeinschaft geglaubt, die Mittel dafür eher klein halten zu können. Die Sicherheitstruppe ISAF zählte zu Beginn gerade einmal 5 000 Soldaten, und die Deutschen, die sich auf dem Petersberg als Paten des Friedensprozesses inszeniert hatten, waren stolz darauf, mehr als

die Hälfte dieser Truppe zu stellen. Als die Taliban sich aber nicht so leicht geschlagen gaben wie erhofft, musste die ISAF aufrüsten. Heute ist sie auf mehr als 40 000 Soldaten angewachsen, fast alle Partner haben enorm aufgestockt – aber die Deutschen nicht. Amerikaner, Briten, Kanadier oder Holländer müssen im gefährlichen Süden und Osten kämpfen – aber die Deutschen nicht.

Gewiss, sie tun im Norden Gutes und reden darüber. Aber solidarisch ist es keinesfalls, dass sich die Bundeswehr mit ihren gut 3 000 Mann in einem vergleichsweise sicheren Gebiet festgesetzt hat. Und klug ist es auch nicht, weil die Deutschen vielleicht für sich alleine Aufbauarbeit leisten können, aber verlieren würden diesen Krieg dann doch alle zusammen. An einer Entsendung von Kampftruppen in den Norden führt also kein Weg vorbei – und mittelfristig dürfte sich die Bundesregierung auch einem Einsatz im Süden nicht mehr verweigern, wenn es ihr ernst ist mit den 2001 formulierten Zielen für den Afghanistan-Einsatz.

Damals auf dem Petersberg hat Deutschland demonstriert, dass es am Hindukusch Verantwortung übernehmen will. Auf die vielen bangen Fragen nach dem Sollen, Müssen und Können gab es damals noch mutige Antworten.

D197 US-Verteidigungsminister Robert M. Gates in einer Rede auf der 44. Münchner Konferenz für Sicherheitspolitik (10.2.2008)

[...] Aufgrund der Anstrengungen der NATO [...] hat Afghanistan erhebliche Fortschritte im Gesundheitswesen, im Bildungsbereich und in der Wirtschaft gemacht – was das Leben von Millionen Einwohnern verbessert hat. Während der Mission in Afghanistan haben wir ein sehr viel besseres Verständnis der Fähigkeiten entwickelt, die wir als eine Allianz benötigen, sowie der Defizite, die es noch zu beheben gilt. Seit dem NATO-Gipfel in Riga[*] galt unser Hauptaugenmerk der Frage, ob alle Verbündeten ihren Pflichten nachkommen und den gleichen Teil der Lasten schultern. Ich selbst habe ein paar Dinge dazu beigetragen. [...]

Während wir noch darüber nachdenken, wie wir diesen Anforderungen [zur Behebung der Defizite] am besten gerecht werden, sollten wir kreativer werden, um sicherzustellen, dass alle Verbündeten noch mehr zu dieser Mission beitragen und ihren Teil der Last tragen können. Aber wir können und wir dürfen kein zwei-gestaffeltes Bündnis werden, das einerseits aus solchen besteht, die bereit sind zu kämpfen, und aus solchen, die es nicht

---

[*] Gemeint ist der NATO-Gipfel im lettischen Riga, der am 28. und 29.11.2006 tagte.

sind. Eine solche Entwicklung, mit all ihren Folgen für unsere kollektive Sicherheit, würde praktisch das Bündnis zerstören. [...]
Ich mache mir ebenfalls Sorgen darüber, dass sich hier eine Glaubenslehre entwickelt hat, die von einer strikten Arbeitsteilung zwischen zivilen und militärischen Angelegenheiten ausgeht – etwas, das sich zuweilen in den Debatten über die einschlägigen Rollen von Europäischer Union und NATO, zuweilen auch zwischen NATO-Mitgliedern untereinander, widerspiegelt. In vielerlei Hinsicht klingt in dieser Debatte eine Auseinandersetzung nach, die in den Vereinigten Staaten innerhalb der zivilen und der militärischen Behörden der US-Regierung geführt wurde und noch immer geführt wird als ein Resultat der Feldzüge in Afghanistan und im Irak.
Für die Vereinigten Staaten waren die Lektionen, die wir in den zurückliegenden sechs Jahren gelernt haben – und in vielen Fällen wieder von Neuem lernen mussten –, keine einfachen. Wir sind unterwegs oft ins Straucheln geraten, und noch immer lernen wir hinzu. Gegenwärtig wenden wir im Irak eine umfassende Strategie an, die die Sicherheit der einheimischen Bevölkerung betont – jene Bevölkerung, die schlussendlich die Verantwortung für ihre eigene Sicherheit übernehmen wird –, und die oftmals an gleicher Stelle und zur gleichen Zeit zivile Ressourcen für ökonomische und politische Entwicklungen einsetzt.
Wir haben gelernt, dass der Krieg des 21. Jahrhunderts nicht mehr starr zwischen zivilen und militärischen Komponenten unterscheidet. Er schwankt fortwährend hin und her zwischen Kampfhandlungen und wirtschaftlicher Entwicklung, zwischen Staatsführung und Wiederaufbau – oftmals alles zur gleichen Zeit.
Die Allianz muss alle Glaubenslehren beiseitelegen, die versuchen, eine klare Trennung zwischen zivilen und militärischen Komponenten vorzunehmen. Es ist unrealistisch. Wir müssen in der realen Welt leben. [...] Ebenso, wie wir realistisch gegenüber der Art und der Komplexität des Kampfes in Afghanistan sein müssen, so müssen wir auch realistisch sein gegenüber der Politik in den verschiedenen Staaten. Schließlich ist die NATO immer noch ein Bündnis, deren Regierungen sich ihren Bürgern gegenüber verantworten müssen.
Meine Kollegen hier in Vilnius und alle Anwesenden hier in diesem Raum verstehen zweifellos die ernsthafte Bedrohung, der wir uns in Afghanistan gegenübersehen. Doch bin ich besorgt darüber, dass viele Menschen auf diesem Kontinent das Ausmaß der unmittelbaren Bedrohung für Europas Sicherheit möglicherweise nicht begreifen. Für die Vereinigten Staaten war der 11. September ein aufrüttelndes Ereignis – eines, das das amerikanische

Bewusstsein für Gefahren aus fernen Ländern schärfte. Es war besonders schmerzlich, da unsere Regierung im Afghanistan der 1980er Jahre stark involviert war, nur um danach den schwerwiegenden Fehler zu begehen – für den ich zumindest teilweise verantwortlich bin –, ein bettelarmes und vom Krieg zerrissenes Land im Stich zu lassen, nachdem der letzte sowjetische Soldat die Termez-Brücke überquert hatte.
Obwohl nahezu alle Regierungen des Bündnisses die Wichtigkeit der Afghanistan-Mission einzuschätzen wissen, bleibt die öffentliche Unterstützung in Europa für den Einsatz schwach. Viele Europäer stellen die Bedeutung unserer Aktionen in Frage und bezweifeln, ob die Mission die Leben ihrer Söhne und Töchter wert ist. Infolgedessen wollen viele ihre Truppen abziehen. Brüchige Regierungskoalitionen erschweren es den einzelnen Regierungen, Risiken einzugehen und die Ernsthaftigkeit der Bedrohung, die der islamische Extremismus in Afghanistan, im Nahen Osten und in Europa darstellt [...], deutlich zu machen.
Als Meinungsführer und Regierungsmitglieder sind wir diejenigen, die die Angelegenheit öffentlich und beharrlich vortragen müssen.
Und deshalb möchte ich mich jetzt den vielen verbündeten Spitzenpolitikern auf dem Kontinent anschließen und direkt zu den Menschen in Europa sprechen: Die Bedrohung, die vom gewalttätigen islamischen Extremismus ausgeht, ist real – und sie wird nicht einfach verschwinden. Sie wissen nur allzu gut um die Anschläge von Madrid und London. Doch gab es auch viele kleinere Anschläge unter anderem in Istanbul, Amsterdam, Paris und Glasgow. Zahlreiche Zellen sind in den letzten Jahren aufgeflogen und ihre Pläne vereitelt worden – viele davon waren konzipiert, zahllose Menschen zu töten und großflächige Zerstörungen anzurichten. [...] Stellen Sie sich für einen Moment vor, einer oder alle diese Anschläge wären geschehen. Stellen Sie sich vor, islamische Terroristen hätten es geschafft, ihre Hauptstädte in der gleichen Größenordnung anzugreifen, wie sie es in New York getan haben. Stellen Sie sich vor, sie hätten Waffen und Materialien mit noch größerer Zerstörungskraft in ihren Besitz gebracht – Waffen von der Art, die in der Welt von heute nur allzu zugänglich sind. Wir vergessen zu unserem eigenen Risiko, dass der Ehrgeiz der islamischen Extremisten nur von deren Möglichkeiten begrenzt wird. [...]
Ich bediene mich keiner Panikmache, noch übertreibe ich die Bedrohung oder die Folgen eines Sieges der Extremisten, noch sage ich, dass die Extremisten zehn Fuß groß seien. Die Aufgabe, die vor uns liegt, ist, diese Bewegung zu brechen und zu zerschlagen, solange sie noch in ihren Kinderschuhen steckt – ihre Fähigkeit, global und katastrophal zuzuschlagen, dauerhaft zu verringern, während wir zugleich ihre Ideologie bekämpfen.

Als ein Bündnis besteht unsere beste Möglichkeit, dies zu tun, in Afghanistan. Genauso wie die Sinnlosigkeit des Kommunismus durch den Zusammenbruch der Sowjetunion bloßgelegt wurde, würde auch ein Erfolg in Afghanistan und im Irak jenem Phänomen einen entscheidenden Schlag versetzen, das von einigen Kommentaren bereits als »Al-Qaidaismus« (»Al Qaeda-ism«) bezeichnet wurde.

Dies ist eine große Herausforderung. Doch die Ereignisse des letzten Jahres haben eine Sache vor allem anderen bewiesen: Wenn wir gewillt sind, zusammenzustehen, können wir erfolgreich sein. Es wird nicht schnell gehen, es wird nicht einfach sein – doch es kann funktionieren. [...]

D198 The Washington Post: Afghan Escalation (6.7.2008)

In jedem Jahr seit 2002 hat die Zahl amerikanischer und alliierter Truppen in Afghanistan zugenommen. Und in jedem Jahr, während der »Kampfsaison« (»fighting season«) im Frühling und Sommer, hat auch die Zahl der Anschläge, die von den Taliban verübt worden sind, zugenommen, was Kommandeure zu dem Schluss veranlasst hat, dass noch mehr Truppen benötigt würden. Dieses Jahr ist keine Ausnahme. Gegenwärtig befinden sich 66 000 ausländische Soldaten aus 40 Ländern in Afghanistan, davon sind 37 500 Amerikaner; die Streitmacht unter NATO-Kommando ist binnen 18 Monaten um 20 000 Mann gewachsen. Doch Anschläge der Taliban in den östlichen Provinzen haben in diesem Jahr gegenüber 2007 um 40 Prozent zugenommen, und auch die Verluste der Koalition bewegen sich auf Rekordniveau. Im Mai und im Juni starben mehr westliche Soldaten in Afghanistan als im Irak. [...]

Wird die Eskalation niemals enden? Der Krieg in Afghanistan scheint zuweilen an einem Syndrom zu leiden, das schon Amerika in Vietnam plagte: die schrittweise Aufstockung der Truppen, die doch niemals genug ist, um die Wende herbeizuführen. Hätte der frühere Verteidigungsminister Donald H. Rumsfeld 60 000 Soldaten im Jahre 2002 eingesetzt – anstatt der 5 000 –, Afghanistan wäre vielleicht schon befriedet worden. Doch jetzt scheint es, als bräuchte man eine »Truppenaufstockung« (»surge«) wie jene, die letztes Jahr so erfolgreich im Irak durchgeführt worden ist, um den Krieg doch noch zum Guten zu wenden.

Das Problem dabei ist, dass eine große Zahl neuer Truppen gar nicht zur Verfügung steht. Das US-Militär verfügt zurzeit nicht über die notwendigen Reserven, und die NATO-Staaten können oder werden sie nicht bereitstellen. Deutschland, Großbritannien und Frankreich haben unlängst zusätzliche Soldaten versprochen, doch ihre Zahl ist relativ gering.

US-Kommandeure betonen, dass die Zunahme der Anschläge und Verluste in diesem Jahr zumindest teilweise auch dem Vormarsch der Koalitionstruppen und der afghanischen Armee geschuldet ist, die in Gebiete vorstießen, die zuvor den Taliban überlassen worden waren. Jeder Versuch der feindlichen Streitkräfte, ein Gebiet zurückzuerobern – wie der Vorstoß der Taliban in eine Ansammlung von Dörfern nahe Kandahar im letzten Monat – endete mit einem einseitigen militärischen Sieg der NATO. Doch auch die Taliban waren in einem gewissen Sinne erfolgreich, indem sie ein Gefühl der Unsicherheit schürten, das den Wiederaufbau behinderte – ihre Truppen haben 43 Schulen im Osten Afghanistans seit Beginn des neuen Schuljahres im März angegriffen – und indem sie uns Verluste zufügten, die zur Ernüchterung beitrugen und den Druck in den Hauptstädten der NATO-Staaten erhöhen, ihre Truppenverbände abzuziehen. [...]
Sollte sich der Zyklus der schrittweisen Aufstockung fortsetzen, Afghanistan hätte binnen ein oder zwei Jahren mehr westliche Soldaten innerhalb seiner Grenzen stationiert und wohl auch mehr Opfer zu beklagen als der Irak. In dem Fall könnte die Debatte in Washington darüber, ob die Mission ihre Kosten rechtfertigt, auch auf diesen Schauplatz übertragen werden.

Amerikanische Außenpolitik

D199 The New York Times: The Good War, Still to Be Won (20.8.2007)

Wir werden nie erfahren, um wie vieles besser der Kampf in Afghanistan hätte verlaufen können, wäre er während der zurückliegenden sechs Jahre kompetenter geführt worden. Doch kann es kaum Zweifel daran geben, dass amerikanische Streitkräfte – und Afghanistans Regierung – in einer viel stärkeren Position wären, als sie es heute sind.
Wie anders hätten die Dinge sich entwickeln können, hätte die Bush-Administration nicht dringend benötigte Truppen und Dollars in ihren törichten Einmarsch im Irak investiert, nicht Jahre damit verschwendet, die benötigte militärische Unterstützung der NATO zu verhindern, oder sich in Zurückhaltung geübt, anstatt einen pakistanischen Diktator, der den Taliban bestenfalls gemischte Gefühle entgegenbringt, unter Druck zu setzen. [...] Der Kampf gegen Al-Qaida und deren Verbündeten, die Taliban, ist immer noch zu gewinnen, und er ist entscheidend für Amerikas Sicherheit. Doch ein Sieg wird eine intelligentere Strategie benötigen sowie erheblich mehr Aufmerksamkeit und Ressourcen verlangen.

In den ersten Monaten nach Al-Qaidas Anschlägen vom 11. September waren die Welt, das afghanische Volk und Washingtons wichtigste Verbündete alle auf Amerikas Seite. Jetzt operiert eine wieder erstarkte Armee der Taliban von ihren Zufluchtsorten in Pakistan aus. Jedes Mal, wenn ein fehlgeleiteter amerikanischer Luftschlag unschuldige Zivilisten tötet, gewinnen sie afghanische Herzen und Gemüter. Und sie gewinnen noch mehr, wenn eine von ausländischer Hilfe abhängige afghanische Regierung ihre Versprechungen von besserer Staatsführung, wirtschaftlicher Entwicklung und von spürbarer Sicherheit nicht halten kann.
Amerika hatte noch nie genügend Truppen in Afghanistan, nicht im Jahre 2001, als Osama bin Laden in den Höhlen von Tora Bora auf der Flucht war, und auch heute nicht, da ein Großteil des Landes noch immer ohne effektive staatliche Autorität ist. Zu wenig Bodentruppen bedeuteten eine zu große Abhängigkeit von Luftschlägen, die wiederum zu zu vielen unschuldigen zivilen Opfern führten.
Seit dem Aufmarsch für den Irakkrieg im Jahre 2002 hat dieser jene Ressourcen auf sich gezogen, die in Afghanistan die Wende hätten herbeiführen können – einschließlich der besten Spezialeinheiten und Truppen zur Bekämpfung von Aufständischen. Afghanistan, das größer ist und über mehr Einwohner verfügt als der Irak, beherbergt jetzt 23 500 amerikanische Soldaten. Im Irak sind rund 160 000 stationiert. [...]
Weil sie den 11. September zu Recht als einen Angriff auf einen Mitgliedsstaat betrachtete, bot die NATO ihrerseits Truppen an, die gemeinsam mit Amerika in Afghanistan kämpfen sollten. Die Bush-Administration lehnte dieses Angebot zunächst ab, akzeptierte dann aber doch Hilfe bei der Friedenssicherung in Kabul und in den relativ sicheren Gebieten im Norden Afghanistans – gleichzeitig hielt sie die NATO aus den Kampfgebieten heraus. Das änderte sich schließlich 2005, als Washington zugeben musste, dass man nicht über genügend Truppen verfüge, um den umkämpften Süden zu kontrollieren. Inzwischen war der Kampf viel schwieriger geworden. Washingtons Fehler haben den Irak zum neuen Sammelpunkt des internationalen Terrorismus werden lassen. Die Grenzgebiete von Afghanistan und Pakistan beherbergen noch immer Al-Qaidas wichtigste Stützpunkte und gefährlichste Anführer. Dort zu siegen wird jetzt schwieriger werden, als es hätte sein müssen. Doch weniger notwendig ist es auch nicht geworden.

D200 Los Angeles Times: A promise to keep (27.8.2007)

Die Vereinigten Staaten laufen akute Gefahr, Afghanistan zu »verlieren«; ein vorhersehbares Ergebnis, das dem Umstand geschuldet ist, dass die

USA nach dem Sieg über die Taliban im Jahre 2001 zu wenig Truppen und zu wenig Geld in den katastrophal gescheiterten Staat steckten. US-Streitkräfte erleiden jetzt deutlich höhere Verluste, da die Taliban-Kämpfer wieder ins Land zurückkehren und Drogenbarone versuchen, die Vorherrschaft über die politische und wirtschaftliche Lage zu gewinnen. Ein Zusammenbruch des hehren Experiments zur Staatenbildung in Afghanistan würde die Glaubwürdigkeit der USA in den Augen der Welt zerstören, an der globalen Sicherheit rütteln und Millionen von Menschen eine weitere Generation lang zu Krieg und Terror verurteilen. Und es wäre umso verheerender, wenn die USA auch im Irak verlieren würden. Doch die Bemühungen, einen stabilen Staat auf den Überresten des alten Afghanistans zu bauen, können noch immer – wenn auch nur unter großer Anstrengung – gerettet werden.

Diese Redaktion hat bereits argumentiert, dass der Bürgerkrieg im Irak die Fähigkeit der Vereinigten Staaten, den Krieg mit militärischen Mitteln zu unterdrücken, übersteigt und dass die Anwesenheit der US-Truppen die blutige, wiewohl unvermeidliche politische Abrechnung allenfalls verzögern kann. Obwohl es unwahrscheinlich ist, dass ein funktionierendes politisches Abkommen erzielt werden kann, bevor der Machtkampf auf dem Schlachtfeld entschieden ist, können nur die Iraker selbst diese Katastrophe noch abwenden.

Trotzdem ist nicht alles verloren in Afghanistan. Anders als die Iraker sind die Afghanen nicht in einen landesweiten sektiererischen Krieg verstrickt. Sie haben eine schwache, gleichwohl legitime Regierung, ein korruptes, gleichwohl funktionierendes Parlament und einen gewählten Präsidenten, der große internationale Unterstützung genießt. [...]

Anders als im Irak entzündet sich der Aufstand in Afghanistan nicht an einer tiefsitzenden Abneigung gegen eine zutiefst sektiererische Regierung. Stattdessen [...] handelt es sich bei den Aufständischen vor allem um ethnische Paschtunen, die auf beiden Seiten entlang der Grenze zwischen Afghanistan und Pakistan leben und deren Feldzug von Pakistan aus organisiert, bewaffnet, finanziert und gelenkt wird. [...] Dieses heikle Problem zu lösen wird nicht einfach sein, doch kann es bewältigt werden. Schwache Regierungen in der ganzen Welt sind erfolgreich mit Aufständen fertig geworden – wenn sie in der Lage waren, die im Ausland gelegenen Zufluchtsstätten [der Aufständischen] unter Druck zu setzen, und wenn sie die Unterstützung der Öffentlichkeit gewannen mittels politischer Teilhabe und wirtschaftlichen Fortschritten.

Warum sollten die Vereinigten Staaten ihre Streitkräfte in Afghanistan belassen, während sie sich gleichzeitig aus dem Irak zurückziehen? [...]

Erstens, Geschichte: Die Bedrohung aus Afghanistan ist nicht nur theoretischer Natur. Afghanistan war der Ausgangspunkt des Anschlags gegen die Vereinigten Staaten am 11. September 2001, und die USA sind erst einmarschiert, nachdem die Taliban es abgelehnt hatten, den erklärten Drahtzieher, Osama bin Laden, auszuliefern. Sechs Jahre später sind bin Laden und Mullah Mohammed Omar, der Anführer der Taliban, noch immer auf freiem Fuß, wahrscheinlich in Pakistan. Bin Laden prahlt immer noch auf Videos von seinen Heldentaten. Ihr Triumph, straflos davongekommen zu sein, inspiriert auch weiterhin zu Selbstmordanschlägen, Enthauptungen von Schulleitern, die es wagen, Mädchen zu unterrichten, Morden an prominenten Frauen, Entführungen von ausländischen Entwicklungshelfern und dazu, afghanische Dörfer in Angst und Schrecken zu halten. NATO-Truppen werden so lange weiterkämpfen müssen, bis Afghanistan über ein Militär verfügt, das stark genug ist, die Rückkehr der Taliban zu verhindern. Zweitens, Timing: Die Vereinigten Staaten würden für gefährlich schwach gehalten werden, so sie im afghanischen Sumpf stecken blieben und sich gleichzeitig aus der irakischen Sackgasse zurückzögen. Mehr noch: Das bislang nicht gehaltene Versprechen, das Leben der afghanischen Menschen zu verbessern, einzulösen, ist sowohl eine moralische als auch eine geopolitische Notwendigkeit in einer Zeit, da der Westen eine sinnvolle Alternative zum fanatischen Islam bieten sollte. [...] Die Europäer haben Recht, wenn sie die Vereinigten Staaten dafür kritisieren, sich um das Nation-Building zu drücken, doch müssen sie im Gegenzug davon überzeugt werden, ihre Truppen in den Kampf zu schicken. Und die so genannten Geberländer, einschließlich der reichen arabischen Staaten, sollten sich schämen und endlich auch zahlen, was sie versprochen haben – jetzt, wo Kabul es am meisten braucht.
Drittens, praktische Anwendbarkeit: Der »globale Krieg gegen den Terror« kann nicht allein mit militärischen Mitteln geführt werden, solange die Terroristen über einen nicht enden wollenden Vorrat an Selbstmordrekruten verfügen. Al-Qaidas Ideologie wurde in Ägypten und Saudi-Arabien entwickelt, und doch wirkt sie anziehend auf Menschen in aller Welt, einschließlich Pakistans, aufgrund ihrer Feindseligkeit gegenüber politischen, wirtschaftlichen und kulturellen Übergriffen des Westens in muslimische Länder. Ein Erfolg in Afghanistan würde zeigen, dass der Westen einem muslimischen Land, das weder über Erdöl verfügt noch anderweitig von wirtschaftlichem Interesse für ihn ist, ein respektvoller und hilfreicher Freund sein kann.
Um erfolgreich zu sein, müsste sich die Taktik der US-Militärs in Afghanistan dennoch ändern; allein schon deshalb, um sich wieder im Einklang

mit den Vorstellungen der Armee bezüglich der Bekämpfung von Aufständischen zu befinden. Das Militär muss das blinde Vertrauen in seine Luftüberlegenheit, das schon so viele zivile Opfer gefordert hat, aufgeben und zu einer Strategie wechseln, bei der man das Gelände lange genug hält, bis Hilfsprojekte erfolgreich greifen können. Die Vereinigten Staaten können und sollten Afghanistan dabei helfen, einen dauerhaften Frieden zu schmieden, indem sie die Terroristen von der sie unterstützenden Bevölkerung isolieren; indem sie Wohlstand, Respekt und Selbstbestimmung solchen Leuten wie den Paschtunen anbieten; indem sie die Korruption eindämmen und indem sie die afghanischen Streitkräfte so trainieren, dass diese den Job selbstständig ausführen können.

Nation-Building wird niemals einfach oder billig sein, und das amerikanische Volk wird sich vielleicht wünschen, künftig derartige Verpflichtungen seltener einzugehen. Doch das afghanische Volk wünscht sich die internationale Hilfe, die ihm versprochen wurde. Wir schulden es ihm – und uns selbst –, noch härter dafür zu arbeiten.

Präsidentschaftskandidat Barack Obama und die Erwartungen in Europa

Gleich mehrfach im Zuge des Kalten Krieges hatte Berlin die Kulisse für denkwürdige Auftritte amerikanischer Präsidenten abgegeben. Vor allem die Besuche John F. Kennedys 1963 (»Ich bin ein Berliner«) und Ronalds Reagans 1987 (»Mr. Gorbatschow, reißen Sie diese Mauer ein!«) sind dabei nachhaltig in Erinnerung geblieben. Und dennoch stellte die Rede Barack Obamas am 24. Juli 2008 an der Berliner Siegessäule → D203 ein Novum dar. Sprach doch hier nicht etwa der amtierende US-Präsident, sondern lediglich der aussichtsreichste[1] Präsidentschaftskandidat der oppositionellen Demokraten zu den Grundzügen seiner künftigen Außenpolitik – und 200 000 größtenteils nicht wahlberechtigte Zuhörer jubelten ihm begeistert dabei zu.

Die Euphorie, die Obama auf seiner einwöchigen Rundreise quer durch Europa und den Nahen Osten zumindest im Alten Kontinent entfachte, rein rational erklären zu wollen, griffe zu kurz. Gleiches gilt im Übrigen für die Ablehnung, die dem republikanischen Bewerber um das Präsidentschaftsamt, John McCain, hierzulande entgegenschlug.[2] Eher schon dürften hier Charisma, rhetorisches Talent und die Faszination, die allein von der Tatsache ausging, dass es sich bei Obama um den ersten afro-amerikanischen Präsidentschaftskandidaten in aussichtsreicher Position handelte, ausschlaggebend gewesen sein. Denn auf allen großen außenpolitischen Problemfeldern, denen sich der künftige 44. Präsident der Vereinigten Staaten voraussichtlich gegenüber sehen würde – namentlich Irak, Iran und Afghanistan –, unterschieden sich die beiden Kandidaten nicht so sehr, wie es die Umfragewerte in Europa suggerierten.[3]

Die größten Unterschiede zwischen Obama und McCain bestanden sicherlich hinsichtlich ihrer Position zum Irak. Der republikanische Senator hatte sich von Anfang für eine Intervention im Irak stark gemacht; ganz im Gegensatz zu seinem demokratischen Widersacher, der die Irakpolitik Bushs stets abgelehnt hatte. Freilich hatte Obama auch nicht über die alles entscheidende Kongressresolution vom Oktober 2002[4] befinden müssen, welche den Präsidenten ausdrücklich zum Waffengang am Golf ermächtigte. Denn anders als McCain, aber auch im Unterschied zu seiner parteiinternen Rivalin Hillary Clinton saß Obama erst seit Anfang 2005 im

US-Senat. Diese Differenzen spiegelten sich auch in der Haltung beider Kandidaten zur »surge« genannten Truppenaufstockung im Irak Anfang 2007 wieder. Während McCain die Verstärkung ausdrücklich befürwortete, schloss sich Obama den Empfehlungen des Baker-Hamilton-Reports an und verlangte einen baldigen Abzug der Truppen aus dem Irak. Ironie der Geschichte: Erst der Erfolg der »surge« erlaubte es Obama, mit eben jenem Versprechen eines baldigen Endes des Krieges im Irak auch in den Wahlkampf zu ziehen. Letztlich aber blieb die künftige Irakpolitik beider Kandidaten in hohem Maße abhängig von der Entwicklung der Situation vor Ort – stärker jedenfalls, als es alle Wahlversprechen zu suggerieren vermochten. Für Europa aber spielte all dies nur eine untergeordnete Rolle. Von allen europäischen Staaten, die sich im Irak nachhaltig engagiert hatten, war Ende 2008 lediglich noch Großbritannien mit einem nennenswerten Truppenkontingent vertreten – und dessen Abzug war bereits in vollem Gange.

Im Falle des Iran waren beide Kandidaten der festen Überzeugung, dass die islamische Republik nach Atomwaffen strebt – und dass genau dies unter allen Umständen verhindert werden müsse. Unterschiede bestanden allenfalls hinsichtlich der Strategie, mittels derer dieses Ziel erreicht werden sollte. Während sich Obama für direkte Gespräche mit dem Regime aussprach – die USA hatten seit der Besetzung der amerikanischen Botschaft in Teheran 1979/80 alle diplomatischen Beziehungen zum Iran abgebrochen –, drängte McCain auf härtere politische und ökonomische Sanktionen. Den Einsatz des amerikanischen Militärs als letzte Option schlossen allerdings weder der eine noch der andere ausdrücklich aus.

Schließlich Afghanistan: Hier erwarteten sowohl Obama als auch McCain ein stärkeres Engagement seitens der NATO-Mitgliedsstaaten. Im Gegensatz zu McCain, dessen Hauptaugenmerk dem Irak galt, sah Obama allerdings im afghanisch-pakistanischen Krisengebiet die »zentrale Front in unserem Krieg gegen Al-Qaida«.[5] Wie immer die Wahl am 4. November auch ausgehen mochte, im Falle Afghanistans würde von Europa einiges verlangt werden – von einem Präsidenten Obama mutmaßlich sogar noch mehr als von einem Präsidenten McCain.

Allen Differenzen in ihren außenpolitischen Programmentwürfen zum Trotz aber waren die politischen Gestaltungsmöglichkeiten beider Kandidaten begrenzt: Der nächste US-Präsident würde einem Land vorstehen, dessen Streitkräfte gerade in zwei Kriege zugleich verwickelt waren, dessen Haushalts- und Leistungsbilanzdefizit sich auf Rekordniveau bewegten und dessen Image stark gelitten hatte. Kurzum: Ein völliger Neuanfang, gar eine »Stunde Null« nach acht Jahren Bush konnte es in den transatlantischen

Beziehungen überhaupt nicht geben, selbst wenn dies von beiden Seiten gewollt worden wäre.
Letztlich aber war all dies am 4. November, dem Tag der Wahl des neuen US-Präsidenten, kaum mehr von Belang. Nicht die Außenpolitik, also der Irakkrieg oder der Kampf gegen den Terrorismus, bestimmte die Wahlen, sondern die sich angesichts der Finanzkrise erheblich verschlechternde wirtschaftliche Lage in den USA bildete das alles beherrschende Thema.[6] Gerade in Fragen der Wirtschaft aber vertraute eine Mehrheit der amerikanischen Wähler Barack Obama. So kam es, dass der demokratische Kandidat mit 365 zu 173 Wahlmännerstimmen einen glänzenden Wahlsieg einfuhr.[7] In absoluten Zahlen ausgedrückt[8] wirkte der Sieg zwar nicht mehr ganz so imposant, fiel aber mit rund neuneinhalb Millionen Stimmen Vorsprung immer noch recht beeindruckend aus.

Was aber nun bedeutete der Sieg Obamas bei den Präsidentschaftswahlen für das transatlantische Verhältnis und hier speziell für die deutsch-amerikanischen Beziehungen? Immerhin waren sich Deutsche und Amerikaner in ihren politischen Präferenzen dieses Mal weitgehend einig gewesen, anders noch als vor vier Jahren, als Bush bzw. Kerry zur Wahl gestanden hatten. Die ersten sechs Monate seit Obamas Amtsantritt im Januar 2009 haben gezeigt, dass alte Streitpunkte und Meinungsverschiedenheiten nach wie vor Bestand haben. Für Verstimmung sorgte etwa die von der Obama-Administration angedachte Abschiebung mehrerer uigurischer Guantanamo-Häftlinge nach Deutschland. In ihrer Heimat waren die Angehörigen einer chinesischen Minderheit von Folter bedroht; die Bundesregierung ihrerseits zögerte aufgrund von Sicherheitsbedenken hinsichtlich der Aufnahme der Uiguren. Am Ende nahm der Inselstaat Palau gegen Zahlung von 200 Millionen US-Dollar Hilfsgeldern den Deutschen die Uiguren und die Entscheidung ab.[9]

Umstritten blieb auch der deutsche Beitrag für Afghanistan. Erst Mitte Juni 2009 reagierte die Bundesregierung und stimmte der Entsendung von Awacs-Aufklärungsflugzeugen nebst 300 zusätzlichen Bundeswehrsoldaten an den Hindukusch zu.[10] Gleichwohl bleibt festzuhalten, dass der Ernstfall bisher ausgeblieben ist. Eine wirkliche Belastungsprobe für die deutsch-amerikanischen Beziehungen, wie sie etwa ein endgültiges Scheitern der Atomverhandlungen mit Teheran bedeuten würde, hat es in der Amtszeit Obamas bisher nicht gegeben.

Es bleibt also vorerst offen, ob Amerika und Europa ihre Lektion aus den zurückliegenden acht Jahren unter Bush gelernt haben: Dass sie in einer zunehmend multipolar organisierten Welt vor allem dann eine Chance haben, ihre gemeinsamen Interessen durchzusetzen, wenn der Westen gemeinschaftlich agiert und mit einer Stimme spricht. Die Gelegenheit hierzu könnte schneller kommen, als es beiden lieb ist.

UN und internationale Beziehungen

D201 John McCain, US-Präsidentschaftskandidat der regierenden Republikaner, in einer Rede in Los Angeles (26.3.2008)

[...] Ich bin Idealist, und ich glaube, dass es in unserer Zeit möglich ist, die Welt, in der wir leben, in eine bessere, friedlichere Welt zu verwandeln; eine Welt, in der unsere Interessen sowie die unserer Verbündeten noch sicherer sind und in der amerikanische Ideale, die die Welt verändern, also das Prinzip freier Völker und freier Märkte, sich noch weiter ausbreiten, als sie es ohnehin schon getan haben. Doch bin ich, aus leidvoller Erfahrung und dank des Urteilsvermögens, das aus solcher Erfahrung wächst, ein realistischer Idealist. Ich weiß, dass wir sehr hart und sehr kreativ arbeiten müssen, um die Grundlagen für einen stabilen und dauerhaften Frieden zu schaffen. Wir können die Welt nicht verbessern, indem wir uns bloß wünschen, sie möge ein besserer Ort sein als sie es heute ist. Wir haben Feinde, denen kein Anschlag zu grausam ist, vor denen kein unschuldiges Leben sicher ist und die, wenn sie könnten, uns mit den schrecklichsten Waffen dieser Welt angreifen würden. Es gibt Staaten, die sie unterstützen und ihnen möglicherweise dabei helfen würden, diese Waffen in ihren Besitz zu bringen, weil sie mit den Terroristen den gleichen Hass auf den Westen teilen, der diese antreibt. Und sie werden sich nicht von neuen Appellen an ihre sanftmütige Ader beschwichtigen lassen. Dies ist die zentrale Bedrohung unserer Zeit und um sie bewältigen zu können, müssen wir die Auswirkungen bedenken, die unsere Entscheidungen auf alle möglichen Arten von regionalen und globalen Herausforderungen haben könnten. [...]
Diese Herausforderung zu meistern, erfordert, dass wir die Welt, in der wir leben, und die zentrale Rolle, die die Vereinigten Staaten bei der Gestaltung der Zukunft spielen müssen, verstehen. Die Vereinigten Staaten müssen im 21. Jahrhundert die Führung übernehmen. [...] Heute sind wir nicht allein. Da gibt es die mächtige kollektive Stimme der Europäischen Union und da sind die großen Nationen Indien und Japan, Australien und Brasilien, Südkorea und Südafrika, um nur ein paar der führenden Demokratien zu nennen. Es gibt auch die zunehmend mächtiger werdenden Nationen Chinas und Russlands, die großen Einfluss im internationalen System ausüben.

In einer solchen Welt, in der alle möglichen Arten von Macht noch umfassender und gleichmäßiger verteilt sind, können die Vereinigten Staaten nicht allein kraft ihrer Macht die Führung übernehmen. Wir müssen politisch, wirtschaftlich und militärisch stark sein. Doch müssen wir ebenfalls führen, indem wir andere für unsere Sache gewinnen, indem wir noch einmal die Werte der Freiheit und der Demokratie aufzeigen, indem wir die Regeln der internationalen Zivilgesellschaft verteidigen und indem wir die neuen internationalen Institutionen hervorbringen, um den Frieden und die Freiheiten, die uns am Herzen liegen, voranzubringen. Vielleicht aber bedeutet Führung in der heutigen Welt vor allem anderen, dass wir unsere Verantwortung als eine große Nation akzeptieren und erfüllen.
Zu dieser Verantwortung gehört, unseren befreundeten Demokratien ein guter und verlässlicher Verbündeter zu sein. Wir können keinen dauerhaften Frieden, der auf Freiheit basiert, alleine schaffen, und das möchten wir auch gar nicht. Wir müssen unsere globalen Bündnisse stärken, indem wir sie zum Kern eines neuen globalen Abkommens machen – eine Liga der Demokratien (League of Democracies), die den enormen Einfluss der mehr als 100 demokratischen Staaten in der ganzen Welt bündeln kann, um unsere Werte zu verbreiten und unsere gemeinsamen Interessen zu verteidigen. [...] Wenn wir erfolgreich dabei sind, eine globale Koalition für Frieden und Freiheit zusammenzubringen; wenn wir führen, indem wir unserer internationalen Verantwortung gerecht werden und den Weg in eine bessere, sicherere Zukunft für die Menschheit weisen, dann glaube ich, dass wir einen konkreten Nutzen für unsere Nation erzielen können.
Es würde uns stärken, uns der alles überragenden Herausforderung unserer Zeit zu stellen: der Bedrohung durch den radikalen islamischen Terrorismus. Diese Herausforderung überragt alles andere, aber nicht, weil sie die einzige ist, der wir uns gegenüber sehen. Es gibt viele Gefahren in der heutigen Welt, und unsere Außenpolitik muss beweglich und effektiv sein, um mit ihnen allen fertig zu werden. Doch die Bedrohung, die von den Terroristen ausgeht, ist einzigartig. Sie allein widmen all ihre Energie, ja sogar ihre Leben, um unschuldige Männer, Frauen und Kinder zu ermorden. Sie allein streben nach Atomwaffen und anderen Mitteln der Massenvernichtung; nicht, um sich selbst zu verteidigen oder um ihr Prestige zu erhöhen oder um ihren Einfluss im Weltgeschehen zu vergrößern, sondern um sie gegen uns einzusetzen, wo und wann auch immer sie dazu die Gelegenheit haben. Jedweder Präsident, der diese Bedrohung nicht als eine alles andere überragende einstuft, verdient es nicht, im Weißen Haus zu sitzen, weil er oder sie die erste und grundlegendste Aufgabe eines Präsidenten nicht ernst genug nimmt – die Leben aller Amerikaner zu schützen.

Wir haben durch die Tragödie des 11. September gelernt, dass eine passive Verteidigung allein uns nicht schützen kann. Wir müssen unsere Grenzen verteidigen. Doch müssen wir auch eine aggressive Strategie verfolgen, bei der wir den Terroristen gegenübertreten und sie vertreiben, wo auch immer sie gerade versuchen zu operieren, und ihnen die Möglichkeit nehmen, ihre Stützpunkte in scheiternden oder gescheiterten Staaten aufzuschlagen. Heute operieren Al-Qaida und andere Terrornetzwerke in der ganzen Welt; ihnen bieten sich Chancen in Südostasien, Zentralasien, Afrika und im Nahen Osten.

In diesem Kampf erfolgreich zu sein, wird weit mehr erfordern als nur militärische Stärke. Es wird den Einsatz aller Komponenten unserer nationalen Macht erfordern: öffentliche Diplomatie, Entwicklungshilfe, Training von Gesetzeshütern, Ausweitung wirtschaftlicher Möglichkeiten und robuste Geheimdienstkapazitäten. Ich habe für umfassende Änderungen plädiert, was die Art und Weise betrifft, wie unsere Regierung der Herausforderung des radikalen islamischen Extremismus entgegentritt: Wir müssen größere Ressourcen einsetzen für die Integration ziviler Komponenten, um Konflikten vorzubeugen und um die Nachkriegskonflikte besser anzugehen. Unser Ziel muss es sein, die »Herzen und Gemüter« der großen Mehrheit moderater Muslime zu gewinnen, die nicht möchten, dass ihre Zukunft von einer Minderheit gewalttätiger Extremisten kontrolliert wird. In diesem Kampf werden Stipendien wichtiger sein als intelligente Bomben. [...] Jahrzehntelang bestand unsere Strategie im Nahen und Mittleren Osten darin, sich auf Autokraten zu verlassen, die Ordnung und Stabilität gewährleisteten. Wir verließen uns auf den Schah von Persien, die autokratischen Herrscher von Ägypten, die Generäle von Pakistan, die saudische Königsfamilie und eine Zeitlang sogar auf Saddam Hussein. In den späten 1970er Jahren begann sich diese Strategie aufzulösen. Der Schah wurde von der radikalen islamischen Revolution gestürzt, die jetzt in Teheran regiert. Daraufhin begann es in der muslimischen Welt zu gären, was zunehmende Instabilität zur Folge hatte. Die Autokraten reagierten mit noch stärkerer Unterdrückung, während sie gleichzeitig dem islamischen Radikalismus im Ausland verstohlen halfen – in der Hoffnung, nicht auch eines seiner Opfer zu werden. Dies war eine schädliche und explosive Mischung. Die Unterdrückung durch die Autokraten im Zusammenspiel mit der Glaubenslehre der radikalen Islamisten führte zu einer brisanten Gemengelage aus Intoleranz und Hass.

Wir können uns nicht länger selbst betrügen, dass sich auf diese veralteten Autokraten zu verlassen der sicherste Weg sei. Sie bieten keine anhaltende Stabilität mehr, nur noch die Illusion davon. Wir sollten nicht voreilig handeln oder einen Wandel über Nacht einfordern. Doch können wir auch nicht so tun, als ob der Status Quo zukunftsfähig, stabil oder in unserem Interesse wäre. Der Wandel wird eintreten, ob wir ihn nun wollen oder nicht. Die einzige Frage, die wir uns stellen müssen, ist, ob wir diesen Wandel so gestalten wollen, dass die Menschheit davon profitiert, oder ob wir unseren Feinden die Gelegenheit bieten wollen, ihn für ihre eigenen, hasserfüllten Zwecke zu benutzen. Wir müssen dabei helfen, die Kraft und den Einflussbereich der Freiheit zu erweitern, indem wir all unsere Stärken als ein freies Volk einsetzen. Dies ist nicht bloß Idealismus. Es ist größtmöglicher Realismus. Es sind die Demokratien dieser Welt, die die Säulen bereitstellen werden, auf denen wir einen dauerhaften Frieden aufbauen können [...].

D202 Frankfurter Allgemeine Zeitung: Enttäuschung programmiert (6.6.2008)

Außenpolitische Fachleute, die Barack Obama, dem Präsidentschaftskandidaten der Demokratischen Partei, nahestehen, sehen mit gemischten Gefühlen den Enthusiasmus, der hierzulande und in Europa dem jungen Propheten des Politikwechsels entgegengebracht wird. Wenn Obama als Retter der Menschheit, als eine Art politischer Messias des frühen 21. Jahrhunderts verklärt wird, wenn die Erwartungen so groß sind, dann ist die Enttäuschung nämlich unvermeidlich. [...]

Was sich auf den ersten Blick paradox ausnimmt, ist im Grunde einfach zu erklären: Ein Präsident Obama würde natürlich zunächst und in erster Linie amerikanische Interessen verfolgen; auch er könnte nicht die großen weltpolitischen Konflikte durch Handauflegen lösen; auch er könnte das, was sich zwischen Amerika und Europa an Trennendem angesammelt hat, nicht so einfach entsorgen; und er würde von den europäischen Partnern vielleicht mehr verlangen, als denen lieb ist. Denn das war ja, wenn man so will, der »Charme« des Unilateralismus während George W. Bushs erster Amtszeit: Sie nahm die Verbündeten aus dem Obligo – und ersparte es ihnen so, zum Beispiel in militärischen Dingen Farbe zu bekennen. [...]

Aber klar ist auch, dass viele den Wechsel im Weißen Haus im kommenden Januar als Chance zu einem Neuanfang begreifen. Das tun nicht zuletzt die beiden Kandidaten selbst, neben Obama auch der Republikaner John McCain. In seinen Reden spricht auch McCain oft von der Notwendigkeit, das enge Vertrauensverhältnis zu Amerikas Verbündeten und »Freunden« wiederherzustellen. Aber weil der Republikaner, der in Europa vor allem in der »Sicherheits-Community« bekannt ist und von ihr geschätzt wird, gegenüber Russland und Iran unangenehm forsche Töne anschlägt, hält sich die Begeisterung hierzulande für einen Präsidenten McCain in Grenzen. Die transatlantischen Flitterwochen wären vermutlich nicht üppig lang. Aber es ist ein Irrtum zu glauben, dass sie mit Obama zum Dauerzustand würden und alles wieder gut würde.

Man muss nur auf das Panorama der Konflikte schauen, das sich im Nahen und Mittleren Osten bietet, um zu erkennen, wie dringlich eine amerikanisch-europäische Zusammenarbeit wäre, wie unterschiedlich aber zuweilen die jeweiligen Standpunkte und die Wortwahl sind. Afghanistan ist schon oft erwähnt worden als Beispiel für die Erwartungen, die Obama an die europäischen Verbündeten richten dürfte: Er wird vermutlich nicht wie Bush resignieren, sondern von Deutschland einen noch größeren Einsatz verlangen. McCain dürfte das iranische Spiel auf Zeit im Atomkonflikt nicht ewig mitmachen; er könnte, wie Obama auch, eine große Offerte machen und an irgendeinem Punkt, sollte sie folgenlos bleiben, eine Entscheidung über Zwangsmittel treffen. Wie würden sich die anderen Protagonisten, die mit dem Iran-Dossier befasst sind, dann verhalten? [...]

Und wäre es auszuschließen, dass das Thema Irak, das in Europa völlig von den Radarschirmen verschwunden ist, noch einmal zur Sprache kommt, weil der neue Präsident in der Festigung der neuen Ordnung dort auch ein europäisches Interesse sieht? Keine Frage: Neben dem »amerikanischen Augenblick«, von dem jetzt so viel gesprochen wird und der schon zum Mythos geworden ist, gibt es auch einen Augenblick der neuen Chancen, ein Gefühl, dass ein hoffnungsvoller Neuanfang möglich ist und gewünscht wird. Aber es gibt auch ein Gefühl dafür, dass die Themen kompliziert sind, dass womöglich neue militärische Aufgaben warten, während die alten noch lange nicht erledigt sind, und dass manche Themen keinen Aufschub dulden. [...]

D203 Barack Obama, US-Präsidentschaftskandidat der oppositionellen Demokraten, in einer Rede in Berlin (24.7.2008)

[...] Der Fall der Berliner Mauer brachte neue Hoffnung. Aber diese Nähe führte auch zu neuen Gefahren – Gefahren, die nicht innerhalb der Grenzen eines Landes oder durch die Weite eines Ozeans eingedämmt werden können.

Die Terroristen des 11. September entwarfen ihre Pläne in Hamburg und trainierten in Kandahar und Karachi, bevor sie Tausende aus aller Herren Länder auf amerikanischem Boden ermordeten.

Noch während wir hier sprechen, [...] könnten [schlecht] gesichertes Nuklearmaterial in der ehemaligen Sowjetunion oder die Geheimnisse

eines Wissenschaftlers in Pakistan dabei helfen, eine Bombe zu bauen, die in Paris explodiert. Die Mohnblumen in Afghanistan werden das Heroin in Berlin. Die Armut und Gewalt in Somalia bringt den Terror von morgen hervor. Der Genozid in Darfur beschämt unser aller Gewissen.
In dieser neuen Welt breiten sich solch gefährliche Strömungen schneller aus als unsere Bemühungen, sie einzudämmen. Dies ist der Grund, weshalb wir es uns nicht leisten können, uneins zu sein. Keine einzige Nation, egal wie groß oder mächtig sie auch ist, kann solche Herausforderungen allein meistern. Keiner von uns kann diese Bedrohungen ignorieren oder der Verantwortung, sich ihnen zu stellen, entkommen. Doch in der Abwesenheit sowjetischer Panzer und einer schrecklichen Mauer ist es einfach geworden, diese Wahrheit zu vergessen. Und wenn wir ehrlich miteinander sind, wissen wir, dass wir uns manchmal, auf beiden Seiten des Atlantiks, auseinandergelebt und unser gemeinsames Schicksal vergessen haben.
In Europa ist die Ansicht, dass Amerika ein Teil von dem wäre, was falsch laufe in der Welt, anstatt eine Macht zu sein, die dabei helfen könne, die Dinge wieder in Ordnung zu bringen, nur allzu üblich geworden. In Amerika gibt es Stimmen, die die Wichtigkeit Europas für unsere Sicherheit und unsere Zukunft belächeln und verleugnen. Beide Ansichten gehen an der Wahrheit vorbei – erstens schultern die Europäer heutzutage neue Lasten und übernehmen mehr Verantwortung auch in kritischen Regionen dieser Welt; während zweitens amerikanische Stützpunkte, die im letzten Jahrhundert errichtet wurden, noch immer dabei helfen, die Sicherheit dieses Kontinents zu verteidigen, ebenso wie unser Land noch immer große Opfer für die Freiheit in der ganzen Welt erbringt.
Ja, es hat Differenzen zwischen Amerika und Europa gegeben. Und kein Zweifel, es wird auch in Zukunft Differenzen geben. Aber die Bürden der globalen Zivilgesellschaft binden uns auch weiterhin aneinander. Ein Wechsel an der Führungsspitze in Washington wird uns diese Bürde nicht abnehmen. In diesem neuen Jahrhundert werden sowohl Amerikaner als auch Europäer mehr tun müssen – und nicht weniger. Partnerschaftliche Zusammenarbeit zwischen Nationen ist keine Wahl; es ist der eine Weg, der einzige Weg, um unsere gemeinsame Sicherheit zu schützen und unsere gemeinsame Menschlichkeit zu verbessern.
Das ist der Grund, weshalb die größte aller Gefahren darin besteht, neue Mauern zu errichten, die uns voneinander trennen. […]
Die Geschichte erinnert uns also daran, dass Mauern eingerissen werden können. Aber die Aufgabe ist niemals leicht. Wahre Partnerschaft und wahrer Fortschritt erfordern von uns beständige Arbeit und anhaltende Opferbereitschaft. Sie erfordern von uns eine Teilung der Lasten von Entwicklung

und Diplomatie, von Fortschritt und Frieden. Sie erfordern Verbündete, die sich gegenseitig zuhören, voneinander lernen und was am allerwichtigsten ist, die einander vertrauen.
Das ist der Grund, warum sich Amerika nicht zurückziehen kann. Das ist der Grund, warum sich Europa nicht zurückziehen kann. Amerika hat keinen besseren Partner als Europa. Jetzt ist die Zeit, neue Brücken in der ganzen Welt zu errichten, die genauso stark sind wie jene, die uns über den Atlantik hinweg verbindet. Jetzt ist die Zeit, zusammenzukommen und sich durch konstante Zusammenarbeit, starke Institutionen, gemeinsame Opferbereitschaft und weltweites Eintreten für den Fortschritt, den Herausforderungen des 21. Jahrhunderts zu stellen. [...]
Dies ist der Moment, an dem wir den Terror besiegen und die Quelle des Extremismus, die ihn ernährt, austrocknen müssen. Wenn wir die NATO gründen konnten, um der Sowjetunion zu trotzen, dann können wir uns auch zu einer neuen und weltweiten Partnerschaft zusammenschließen, um die Netzwerke, die in Madrid und Amman, in London und Bali, in Washington und New York zugeschlagen haben, zu zerstören. Wenn wir den Kampf der Ideen gegen die Kommunisten gewinnen konnten, dann können wir auch mit der großen Mehrheit der Muslime zusammenstehen, die den Extremismus ablehnen, der zu Hass anstelle von Hoffnung führt.
Dies ist der Moment, an dem wir unsere Entschlossenheit erneuern müssen, die Terroristen, die unsere Sicherheit in Afghanistan bedrohen, und die Rauschgifthändler, die auf unseren Straßen die Drogen verkaufen, zu vertreiben. Niemand begrüßt einen Krieg. Ich weiß um die enormen Schwierigkeiten in Afghanistan. Doch mein Land und Ihr Land haben ein Interesse daran, dass die erste Mission der NATO außerhalb von Europas Grenzen ein Erfolg wird. Für die Menschen in Afghanistan und für unsere gemeinsame Sicherheit muss diese Arbeit getan werden. Amerika kann dies nicht allein tun. Das afghanische Volk braucht unsere Truppen und Ihre Truppen, unsere Unterstützung und Ihre Unterstützung, um die Taliban und Al-Qaida zu besiegen, um ihre Wirtschaft voranzubringen und um ihnen dabei zu helfen, ihren Staat neu aufzubauen. Wir haben zu viel investiert, um jetzt kehrtzumachen. [...]
Dies ist der Moment, an dem wir dabei helfen müssen, den Ruf nach einem Neuanfang im Nahen Osten zu beantworten. Mein Land muss fest mit Ihrem Land und mit Europa zusammenstehen und dem Iran eine direkte Botschaft zukommen lassen: Dass der Iran seine nuklearen Ambitionen aufgeben muss. [...] Und trotz einiger Differenzen in der Vergangenheit ist dies der Moment, an dem die Welt die Millionen von Irakern unterstützen sollte, die versuchen, ihre Leben wieder neu aufzubauen; auch während wir

der irakischen Regierung die Verantwortung übertragen und diesen Krieg endlich zu einem Ende bringen. [...]

D204 The Washington Post: The World Vote (13.10.2008)

Zum jetzigen Zeitpunkt wohlbekannt ist die Tatsache, dass, wenn der Rest der Welt eine Stimme hätte, Barack Obama nächster US-Präsident würde. Meinungsumfragen und Studien der Pew Foundation, BBC und der Gallup Organization haben gezeigt, dass Europäer, Lateinamerikaner, Afrikaner und Asiaten Barack Obama nicht nur mit überwältigender Mehrheit gegenüber John McCain bevorzugen, sondern auch glauben, dass er die Beziehungen der USA zum Rest der Welt verbessern wird. Wir Amerikaner scheinen von solchen Ergebnissen angezogen zu werden; Meinungsumfragen hier zeigen, dass viele Wähler besorgt sind über eine Verschlechterung des Ansehens der USA während der Bush-Administration und sich wünschen, dass der nächste Präsident es wiederherstellen möge. Das provoziert die Frage: Falls Mr. Obama gewählt wird, wie wahrscheinlich ist es, dass er diesen hohen Erwartungen gerecht wird? Und könnte er wirklich Ergebnisse liefern, die für Mr. McCain unerreichbar sind? Die Antwort ist nicht so offensichtlich, wie es die Ergebnisse der Meinungsumfragen andeuten. [...]
Mr. Obamas große Popularität in Westeuropa – seine Zustimmungswerte liegen bei über 80 Prozent in Frankreich und in Deutschland – scheint eine Erwartung widerzuspiegeln, dass der Demokrat die Politik von Präsident Bush einfach aufheben würde. Doch Mr. Obama favorisiert die Entsendung einer großen Zahl zusätzlicher Soldaten nach Afghanistan, während die öffentliche Meinung in jedem NATO-Staat außer Großbritannien für einen Rückzug plädiert. Auf der Regierungsebene sagen einige Spitzenpolitiker in Deutschland, Frankreich und in Großbritannien, dass sie den Plan Mr. Obamas, bedingungslose Verhandlungen mit dem Iran aufzunehmen, ablehnen; bisher war es europäische Politik, dass Teheran zunächst die Arbeit an seinem Atomprogramm aussetzt. Sowohl Mr. Obama als auch Mr. McCain würden wahrscheinlich zwei der größten Streitpunkte in den amerikanisch-europäischen Beziehungen lindern, indem sie das Gefängnis in Guantanamo Bay schlössen und ein ernsthaftes Programm zur Bekämpfung des Klimawandels einführen würden.
Der große Enthusiasmus, den Mr. Obama an Orten wie Berlin hervorrief – wo weniger Leute von sich behaupten, ein positives Bild von den Vereinigten Staaten zu haben, als in Russland oder China –, scheint die Sehnsucht widerzuspiegeln, eine zerbrochene Beziehung wieder reparieren

zu wollen. Eine Präsidentschaft Obamas böte die Möglichkeit, auf solchen Gefühlen aufbauen zu können. Mr. McCain hätte einen Kaltstart zu absolvieren. Keiner von beiden dürfte sich gute Chancen ausrechnen, noch mehr europäische Truppen für Afghanistan oder wesentliche neue Sanktionen gegen den Iran zu bekommen. Aber in der schwer greifbaren und doch kritischen Frage nach dem amerikanischen Ansehen in der Welt und deren Bereitschaft, eine Führungsrolle der USA zu akzeptieren, hat Mr. Obama einfach mehr zu bieten.

D205 Glückwunschschreiben von Bundeskanzlerin Angela Merkel (CDU) an den neugewählten US-Präsidenten Barack Obama (5.11.2008)

Sehr geehrter Herr Senator,

zu Ihrem historischen Sieg bei den Präsidentschaftswahlen gratuliere ich Ihnen herzlich.
Die Welt steht zu Beginn Ihrer Amtszeit vor bedeutenden Herausforderungen. Ich bin überzeugt, dass wir in enger und vertrauensvoller Zusammenarbeit zwischen den Vereinigten Staaten und Europa den neuartigen Gefahren und Risiken entschlossen begegnen und die vielfältigen Chancen, die sich in unserer globalen Welt eröffnen, gut nutzen werden. Seien Sie überzeugt, dass sich meine Regierung stets der Bedeutung und des Wertes der transatlantischen Partnerschaft für unsere gemeinsame Zukunft bewusst ist. Gerne erinnere ich mich an unser Gespräch während Ihres Deutschlandbesuchs im vergangenen Juli und freue mich auf unsere Zusammenarbeit. Sehr herzlich lade ich Sie zu einem baldigen Besuch nach Deutschland ein. Für die vor Ihnen liegenden Jahre an der Spitze Ihres Landes wünsche ich Ihnen eine glückliche Hand, Erfolg und Gottes Segen.

Angela Merkel

D206 Die Welt: Barack Obama und das amerikanische Wunder (6.11.2008)

[...] Barack Obama ist bisher sehr wolkig geblieben. Auch das hat viele Europäer veranlasst, in ihm einen Gleichgesinnten zu sehen: einer wie wir. Hinter dieser Eingemeindung des kommenden Präsidenten in die Diskurs-, Empfindungs- und Friedensgemeinschaft des Alten Kontinents verbirgt sich ein oft beschriebenes Missverständnis, das schon bald offenkundig

werden wird. Obama ist Amerikaner, wird die Interessen Amerikas vertreten und dabei George W. Bush sehr viel näherstehen als – sagen wir – Heidemarie Wieczorek-Zeul. Und gerade weil Europa ihn so mag, wird es sehr verwundert sein, wenn der nette Herr Obama, ganz Multilateralist, die Europäer zu mehr Engagement, auch militärisch, da und dort in der Welt auffordern wird.
Und doch ist die Begeisterung, die Obama in fast allen Teilen der Welt entgegenschlägt, auch ein Pfund. Amerika, das Europa und Deutschland mindestens dreimal aus schwerer Not geholfen hat, ist nicht beliebt und wird verkannt. Dass Obama zum Präsidenten gewählt worden ist, könnte helfen, denen ein wenig die Augen zu öffnen, die beharrlich Amerikas innere Größe und Attraktivität übersehen haben. Mit Obama als Präsident wird sich der Antiamerikanismus neu sortieren müssen.
Zur bewundernswerten Kühnheit Barack Obamas gehörte auch eine Portion Anmaßung. Wandel, Erneuerung, Reform und gute Gesellschaft: Das ist in den Staaten des Westens ein Kampf, der seit eh und je geführt wird – erfolgreich, verlustreich. Auch wenn er wahlkämpfend so tat: Obama hat kein Monopol auf change. Denn der Wandel ist das Bewegungsgesetz freier Gesellschaften. Die Party, als die der kommende Präsident seine Kampagne inszeniert hat, ist vorbei. Der Ernst, den er in der Wahlnacht zeigte, wird der Normalfall werden. Obama ist als Inkarnation eines Gefühls gewählt worden. Was er wirklich will – wir wissen es nicht. Er muss nun Träume in Regierungsprosa übersetzen. Mit dem Schwung, der ihn ins Weiße Haus trug, könnte dieser mächtigste Mann der Welt auch international ein Erneuerer werden. Er hat eine Chance, die kaum ein Präsident vor ihm hatte.

Amerikanische Außenpolitik

D207 The Washington Post: Barack Obama for President (17.10.2008)

Der diesjährige Nominierungsprozess brachte zwei ungewöhnlich talentierte und qualifizierte Präsidentschaftskandidaten hervor. Es gibt wenige Persönlichkeiten des öffentlichen Lebens, die wir über die Jahre mehr respektiert haben als Senator John McCain. Und doch empfehlen wir ohne jede Ambivalenz Senator Barack Obama als nächsten Präsidenten.
Die Entscheidung wurde uns zum Teil erleichtert aufgrund von Mr. McCains enttäuschendem Wahlkampf und vor allem aufgrund seiner unverantwortlichen Wahl einer Kandidatin für das Amt des Vizepräsidenten, die nicht für das Präsidentschaftsamt geeignet ist. Größtenteils erleichtert

aber wurde uns die Entscheidung aufgrund unserer Bewunderung für Mr. Obama und dessen beeindruckende Qualitäten, die er während des langen Wahlkampfs gezeigt hat. Ja, wir haben unsere Vorbehalte und Sorgen, was angesichts von Mr. Obamas relativ kurzer Erfahrung in nationaler Politik schon beinahe unvermeidlich ist. Doch setzen wir auch enorme Hoffnungen in ihn. [...]
Tatsächlich könnte die erste Frage lauten, warum einer der beiden Männer diesen Job überhaupt haben möchte. Beginnen wir mit zwei anhaltenden Kriegen, beide weit davon entfernt, gewonnen zu werden; einem instabilen, nuklear bewaffneten Pakistan; einem wieder erstarkten Russland, das seine Nachbarn bedroht; einem Iran, der Terroristen unterstützt und auf dem Weg zur Atommacht ist; einem Nahen Osten in Aufruhr; mit einem aufsteigenden China, das seinen Platz in der Welt sucht. Vermischen wir das Ganze mit der Bedrohung durch nuklearen oder biologischen Terrorismus, den Belastungen durch weltweite Armut und Krankheiten und dem sich beschleunigenden Klimawandel. Bei uns zu Hause stagnieren die Löhne, während das öffentliche Bildungssystem an einer Generation städtischer, zumeist aus Minderheiten stammender Kinder scheitert. Jetzt fügen wir noch die Möglichkeit der stärksten wirtschaftlichen Rezession seit der Großen Depression* hinzu.
Nicht einmal seine schärfsten Kritiker würden Präsident Bush die Schuld an all diesen Problemen geben, und wir sind weit davon entfernt, sein schärfster Kritiker zu sein. Doch während der letzten acht Jahre hat seine Regierung, während sie einige durchaus ehrenwerte Pläne verfolgte (Rechenschaftspflicht in der Bildung, Homeland Security, Förderung der Freiheit im Ausland), sich auch für einige erstaunlich unüberlegte eingesetzt (fiskalischer Leichtsinn, Folter, völlige Gleichgültigkeit gegenüber der ökologischen Gesundheit des Planeten) und viel zu oft mit Inkompetenz, Arroganz oder mit beidem zugleich agiert. Eine Präsidentschaft McCains käme nicht zwangsläufig vier weiteren Jahren gleich, doch außerhalb seines engsten Beraterkreises würde McCain sich auf viele der gleichen politischen Entscheidungsträger stützen, die uns den aktuellen Zustand beschert haben. Wir glauben, dass sie sich redlich – und einige von ihnen würden womöglich sogar davon profitieren – einige Jahre in der politischen Wildnis verdient haben.
Natürlich hat Mr. Obama mehr zu bieten als die bloße Tatsache, dass er kein Republikaner ist. Es gibt zwei Themenbereiche, die für die Beurteilung der beiden Bewerbungen am wichtigsten sind. Der erste dreht sich um

---

* Gemeint sind die Jahre nach der Weltwirtschaftskrise von 1929.

die Wiederherstellung und Förderung von Wohlstand und der gerechteren Verteilung desselbigen in einer Zeit der Globalisierung, die die Löhne gedrückt und die Ungleichheit vergrößert hat. Hier ist die Entscheidung keine knappe Sache. Mr. McCain hat wenig Interesse an wirtschaftlichen Dingen und kein ersichtliches Gefühl für die Thematik. [...]
Beim zweiten Themenbereich, der sich darum dreht, Amerika in einer gefährlichen Welt zu beschützen, fällt die Sache knapper aus. Mr. McCain kann auf ein umfangreiches Wissen und ein jahrelanges Eintreten für amerikanische Werte und eine US-Führungsrolle in der Welt zurückblicken. Doch auch Mr. Obama hat, wie jeder weiß, der seine Bücher liest, ein komplexes Verständnis von der Welt und Amerikas Platz darin. Auch er fühlt sich der Aufgabe verpflichtet, Amerikas Führungsrolle in der Welt aufrechtzuerhalten und sich für demokratische Werte einzusetzen, wie seine jüngste Verteidigung des kleinen Georgiens deutlich gemacht hat. Wir hoffen nur, dass er einen gesunden Mittelweg finden wird zwischen dem amoralischen Realismus, den einige seiner Parteimitglieder vertreten, und der kontraproduktiven Überheblichkeit der jetzigen Administration, insbesondere jener aus der ersten Amtszeit. Was die meisten seiner politischen Grundsätze betrifft, wie zum Beispiel die Notwendigkeit, Al-Qaida zu verfolgen, die nuklearen Ambitionen des Iran zu bremsen oder HIV/Aids im Ausland zu bekämpfen, unterscheidet er sich kaum von Mr. Bush oder Mr. McCain. Doch verspricht er eine geschicktere Diplomatie und ein stärkeres Engagement bei unseren Verbündeten. Zwar übertreibt sein Team die Wahrscheinlichkeit, dass beides zu dramatisch besseren Ergebnissen führen würde, doch einen Versuch ist beides sicherlich wert.
Mr. Obamas größte Abweichung von der jetzigen Politik ist zugleich auch unsere größte Sorge: Sein Beharren darauf, US-Kampftruppen aus dem Irak nach einem festen Zeitplan abzuziehen. Dank der Truppenaufstockung, die Mr. Obama abgelehnt hat, könnte es möglich sein, in den ersten zwei Jahren seiner Amtszeit viele Soldaten abzuziehen. Doch falls dies nicht möglich sein sollte – und US-Generäle haben stets davor gewarnt, dass die hart erkämpften Erfolge der letzten 18 Monate durch einen plötzlichen Rückzug wieder verloren gehen könnten –, dann können wir nur darauf hoffen, dass Mr. Obama die strategische Bedeutung eines Erfolgs im Irak erkennt und seine Pläne entsprechend anpasst. [...]
Es bereitet uns kein Vergnügen, gegen Mr. McCain zu sein. [...] Doch der Stress eines Wahlkampfs kann dabei helfen, einige wichtige Wahrheiten aufzudecken, und das Bild, das Mr. McCain in diesem Jahr abgegeben hat, war nicht sonderlich beruhigend. [...] Und wir finden keine Erklärung dafür, seine erklärte Leidenschaft für Amerikas nationale Sicherheit mit

seiner Wahl einer Kandidatin für das Amt des Vizepräsidenten in Einklang zu bringen, die, ganz gleich was ihre anderen Stärken auch sein mögen, nicht darauf vorbereitet ist, Oberbefehlshaberin der Streitkräfte zu werden. Jedes Votum für einen Präsidenten ist ein Glückspiel, und Mr. Obamas Lebenslauf ist zweifelsohne recht dünn. Wir hatten schon gehofft, dass wir während des langen Wahlkampfs ein paar Beweise mehr sehen würden, dass Mr. Obama der demokratischen Orthodoxie gewachsen und dass er in der Lage ist, »unsere chronische Vermeidung harter Entscheidungen«, wie er es selbst in seiner Rede zur Bekanntgabe seiner Kandidatur nannte, zu beenden.

Doch Mr. Obamas Temperament ist mit nichts vergleichbar, was wir in den letzten Jahren auf nationaler Ebene gesehen haben. Er ist bedächtig, aber nicht unentschlossen; eloquent, doch ein Meister in Substanz und Detail; außergewöhnlich selbstbewusst und doch begierig, sich verschiedene Standpunkte anzuhören. Er hat Millionen Wähler aller Altersgruppen und Rassen inspiriert, was keine kleine Sache ist in unserem oftmals geteilten und zynischen Land. Wir glauben, dass er der richtige Mann für einen gefährlichen Zeitpunkt ist.

D208 Chicago Tribune: Obama for president (19.10.2008)

[...] Am 4. November werden wir einen Präsidenten wählen, um uns durch eine gefährliche Zeit zu führen und in uns ein gemeinsames Gefühl für unsere nationale Bestimmung wiederzuerwecken.
Der stärkste Kandidat, dies zu tun, ist Senator Barack Obama. Die Tribune ist stolz, ihn heute für das Amt des Präsidenten der Vereinigten Staaten zu empfehlen. [...]
Diese Empfehlung ist eine historische für die Chicago Tribune. Dies ist das erste Mal, dass die Zeitung den Kandidaten der Demokratischen Partei als Präsidenten empfohlen hat.
Seit ihren frühesten Tagen setzte sich die Tribune für die Abschaffung der Sklaverei ein und schloss sich zu diesem Zweck einer mächtigen Kraft an, die dieses Ziel unterstützte – der Republikanischen Partei. Der erste große Leiter der Tribune, Joseph Medill, war einer der Gründer der Republikanischen Partei. Die Redaktion ist stets ein Befürworter konservativer Prinzipien gewesen. Sie glaubt, dass die Regierung dem Volk ehrlich und effizient dienen muss.
Ganz in diesem Sinne empfahlen wir 1872 Horace Greeley, der als ein unabhängiger Kandidat gegen die korrupte Regierung des republikanischen Präsidenten Ulysses S. Grant antrat. (Greeley wurde später von den

Demokraten empfohlen.) 1912 empfahlen wir Theodore Roosevelt, der als Kandidat der Progressiven Partei gegen den republikanischen Präsidenten William Howard Taft antrat.
Die damaligen Entscheidungen der Tribune kamen aufgrund unserer Empörung über unfähige und korrupte Geschäftsleute und Spitzenpolitiker zustande.
Wir sehen heute durchaus Parallelen hierzu.
Die Republikanische Partei, die Partei des schlanken Staates, hat ihren Weg verloren. Die Regierung erwirtschaftete einen Haushaltsüberschuss von 237 Milliarden Dollar im Jahre 2000, dem Jahr, bevor Bush die Amtsgeschäfte übernahm – und hinterließ ein Haushaltsdefizit von 455 Milliarden Dollar im Jahre 2008. [...] Sie hat ihre Prinzipien aufgegeben. Sie hat den Preis dafür bezahlt.
Wir hätten möglicherweise auf John McCain gezählt, um den Kurs seiner Partei wieder zu korrigieren. Wir mögen McCain. Wir empfahlen ihn bei der Vorwahl der Republikaner in Illinois. Zum Teil aufgrund seiner Überzeugung und Entschlossenheit, dass die USA im Irak solange aushalten müssen, bis sie einen bedingungslosen Sieg eingefahren haben.
Es ist dieser Tage jedoch schwierig, John McCain noch richtig einzuschätzen. [...] Seine wichtigste Exekutiventscheidung misslang [ihm]. Rechnen wir ihm an, dass er eine weibliche Kandidatin für das Amt des Vizepräsidenten wählte – doch ließ er sich eine ganze Reihe höchst qualifizierter republikanischer Frauen entgehen, die für das Amt hätten kandidieren können. Nachdem er Obama dessen Führungsqualitäten abgesprochen hatte, wählte McCain Alaskas Gouverneurin Sarah Palin. Sein Wahlkampf-Team hat bisher versucht, Palins öffentliche Auftritte zu inszenieren. Doch ist klar, dass sie nicht bereit dafür ist, von heute auf morgen das Amt des Präsidenten zu übernehmen. Mr. McCain war seine Kampagne wichtiger als sein Land.
Obama wählte einen erfahreneren und nachdenklicheren Kandidaten für das Amt des Vizepräsidenten – ihm war das Regieren wichtiger als der Wahlkampf. Senator Joe Biden wird Obama nicht viele Stimmen bescheren, aber er wird ihm von Tag Eins an dabei helfen, das Land zu führen. [...] Obama ist tief verwurzelt in den besten Ansprüchen dieses Landes, und wir müssen zu jenen Ansprüchen zurückkehren. Er hat den Charakter und den Willen gehabt, Großes zu erreichen, trotz der Hindernisse, denen er sich als benachteiligter Schwarzer in den USA gegenüber sah.
Er ist bis in höchste Kreise aufgestiegen, ohne dass seine Ehre, sein Anmut und sein Anstand Schaden genommen hätten. Er besitzt die Intelligenz, die gravierenden wirtschaftlichen Risiken und die für unsere nationale

Sicherheit, denen wir uns gegenübersehen, zu verstehen. Und er besitzt zudem die Weisheit, gutem Rat zuzuhören und gewissenhafte Entscheidungen zu treffen.

[...] Wir sind stolz, Barack Obamas Namen neben denjenigen Lincolns unserer Liste von Leuten hinzuzufügen, die von der Tribune für das Amt des Präsidenten der Vereinigten Staaten empfohlen wurden.

D209 Los Angeles Times: Obama for president (19.10.2008)

Es liegt in der Natur des amerikanischen Charakters, Großes anzustreben, weshalb es verwirrend sein kann, wenn die Nation ins Straucheln gerät oder ihr Vertrauen in fundamentale Prinzipien oder Institutionen verliert. Das ist genau der Punkt, an dem sich die Vereinigten Staaten gerade befinden, während sie sich darauf vorbereiten, einen neuen Präsidenten zu wählen: Wir [...] haben acht Jahre erlebt, in denen sich die Exekutive zusätzliche Machtbefugnisse aneignete und in denen die Bürgerrechte ausgehöhlt wurden; noch immer erholen wir uns von einem mörderischen Terroranschlag, den Terroristen auf unserem eigenen Boden verübten und noch immer streiten wir uns darüber, wie wir eine Wiederholung am besten verhindern können.

Wir brauchen einen Anführer, der Umsicht und Gelassenheit auch in Drucksituationen zeigt, der nicht zu sprunghaften Gesten oder unberechenbaren Äußerungen neigt. Wir brauchen einen Anführer, der über gute Kenntnisse auf dem Gebiet der intellektuellen und rechtlichen Grundlagen der amerikanischen Freiheit verfügt. Und doch fordern wir ebenfalls, dass dieselbe Person auch den Schwung und die Leidenschaft besitzt, das Beste in uns anzuregen: Kreativität, Großzügigkeit und eine leidenschaftliche Verteidigung von Recht und Freiheit.

Ohne zu zögern empfiehlt die Times Barack Obama als Präsidenten. Niemals zuvor hat unsere Nation einen Kandidaten wie Obama gehabt; einen Mann, der in der 1960er Jahren geboren wurde, sowohl von Schwarz-Afrikanern als auch von Weißen abstammend, aufgewachsen und erzogen sowohl im Ausland als auch in den Vereinigten Staaten, der eine persönliche Erzählung mitbringt, die viel von der amerikanischen Geschichte umfasst; einer Geschichte jedoch, die sich bisher nur recht wenig in ihrer gewählten Führung widergespiegelt hat. Die Begeisterung in Obamas frühem Wahlkampf wurde von dieser Neuheit sogar noch verstärkt. Doch während sich der Wahlkampf um das Amt des Präsidenten seinem Ende nähert, sind es Obamas Charakter und Temperament, die in den Vordergrund rücken. Es ist seine Beständigkeit. Seine Reife.

Dies sind Qualitäten, die der amerikanischen Führungsebene seit fast einem Jahrzehnt schmerzlich gefehlt haben. Die Verfassung, mehr als zwei Jahrhunderte alt, präsentiert der Welt eine ihrer reiferen, mit Sicherheit aber eine ihrer stabilsten Regierungen, während gleichzeitig unsere politische Kultur noch immer damit kämpft, ihre aufdringliche und ungehörige Pubertät abzulegen. Unter George W. Bush wandte sich die Exekutive von einer erwachsenen Rolle im Land und in der Welt ab und zog sich stattdessen in einen selbstsüchtigen Unilateralismus zurück.
John McCain hat sich die meiste Zeit über während der Präsidentschaft Bushs dadurch ausgezeichnet, dass er sich gegen rücksichtslose und sinnlose politische Auswüchse aussprach. Er verdiente sich den Respekt der Times und unsere Empfehlung bei der kalifornischen Vorwahl der Republikaner für seine Anprangerung von Folter, seine Bereitschaft, das Gefangenenlager in Guantanamo Bay, Kuba, zu schließen und für seine Bereitwilligkeit, sich seiner Partei bei Themen wie der Reform der Einwanderungspolitik zu widersetzen. Doch der Mann, der für sein Ehrgefühl und seine Beständigkeit bekannt ist, hat seither kundgetan, dass er für sein eigenes Einwanderungsgesetz nicht stimmen würde, und er definierte »Folter« in einer derart unaufrichtigen Art und Weise neu, dass er nunmehr beinahe umarmt, was er einst verabscheute.
Tatsächlich hat der Wahlkampf um das Präsidentenamt McCain derartig verändert, dass er fast nicht wiederzuerkennen ist. Seine Wahl von Sarah Palin als Kandidatin für das Amt des Vizepräsidenten war, vom Standpunkt kurzfristiger politischer Taktik aus betrachtet, brillant. Sie war ebenso unverantwortlich, da Palin die wohl unqualifizierteste Nominierung einer großen Partei für das Amt des Vizepräsidenten seit Menschengedenken ist. Die Entscheidung wirft die Frage auf, genau welche Art zu Denken – sofern das Wort überhaupt zutrifft – das Weiße Haus in einer Präsidentschaft McCains eigentlich antreiben würde. […]
Obamas Wahl war ebenfalls bezeichnend. Er hätte vielleicht in den Meinungsumfragen noch mehr zugelegt, wenn er eine dramatischere Wahl getroffen hätte als den fähigen und erfahrenen Joe Biden. Aber trotz all der Aufregung um seine Kandidatur hat Obama mehr Kompetenz als Drama geboten.
Er ist kein einsamer Reiter. Er stellt Konsens her, er führt. Als Experte für Verfassungsrecht hat er deutlich gemacht, dass er den Rechtsstaat respektiert und sprach er sich für eine begrenzte Macht der Exekutive aus […]
Eines Tages werden wir vielleicht auf diesen Wahlkampf zurückschauen und uns wundern. Wir werden womöglich erstaunt darüber sein, dass Obamas Kritiker ihn als elitär bezeichneten, ganz so, als wäre seine Ivy

League*-Ausbildung eine Quelle der Peinlichkeit, und seine Eloquenz schlechtredeten, als ob seine Gabe, mit Worten umzugehen, plötzlich ein Mangel wäre. Obama ist in der Tat gebildet und eloquent, nüchtern und aufregend, standhaft und reif. Er repräsentiert die Nation so, wie sie ist und wie zu sein sie erstrebt.

D210 The New York Times: Barack Obama for President (24.10.2008)

Übertreibung ist die Währung von Präsidentschaftswahlkämpfen, doch in diesem Jahr steht die Zukunft der Nation wahrlich auf dem Spiel.
Die Vereinigten Staaten sind angeschlagen und orientierungslos nach acht Jahren erfolgloser Führung unter Präsident Bush. Er bürdet seinem Nachfolger zwei Kriege auf, ein beschädigtes Image in der Welt und eine Regierung, der die Fähigkeit, ihre Bürger zu beschützen und ihnen zu helfen, systematisch genommen worden ist – sei es nun, dass sie vor den Fluten eines Hurrikans fliehen, nach einer bezahlbaren Krankenversicherung Ausschau halten oder verzweifelt versuchen, ihre Häuser, Jobs, Ersparnisse und Pensionsansprüche inmitten einer Finanzkrise zu behalten, die ebenso vorhersehbar wie vermeidbar gewesen ist.
So schwierig die Zeiten auch sind, die Wahl eines neuen Präsidenten ist einfach. Nach einem fast zweijährigen aufreibenden und hässlichen Wahlkampf hat Senator Barack Obama von Illinois bewiesen, dass er die richtige Wahl ist, der 44. Präsident der Vereinigten Staaten zu werden.
Mr. Obama hat Herausforderung um Herausforderung bestanden, ist als Anführer gereift und hat seine früheren Versprechungen von Hoffnung und Wandel mit Inhalten gefüllt. Er hat einen kühlen Kopf und gutes Augenmaß bewiesen. Wir glauben, dass er den Willen und die Fähigkeit besitzt, den breiten politischen Konsens zu schmieden, der erforderlich ist, um die Lösungen für die Probleme dieser Nation zu finden. […]

Nationale Sicherheit
Das amerikanische Militär – seine Angehörigen und seine Ausrüstung – ist gefährlich überlastet. Mr. Bush hat den notwendigen Krieg in Afghanistan vernachlässigt, der jetzt droht, mit einer Niederlage zu enden. Der

---

* Zu Deutsch: »Efeuliga«, was sich auf die acht amerikanischen Elite-Universitäten Brown University, Columbia University, Cornell University, Dartmouth College, Harvard University, Princeton University, University of Pennsylvania und Yale University bezieht. Obama besuchte zwei davon: von 1981–1983 die Columbia University in New York und von 1988–1991 die Harvard University in Cambridge.

überflüssige und schwindelerregend teure Krieg im Irak hingegen muss so schnell und so verantwortungsvoll wie möglich beendet werden.
Während Iraks Führer auf einen schnellen Abzug amerikanischer Truppen und einen Stichtag für das Ende der Besatzung bestehen, spricht Mr. McCain noch immer von irgendeinem unklar definierten »Sieg«. Infolgedessen hat er auch noch keinen wirklichen Plan vorgestellt, wie er gedenkt, den Abzug amerikanischer Truppen zu bewerkstelligen und den Irak und dessen Nachbarn vor weiteren Schäden möglichst zu bewahren.
Mr. Obama war ein früher und umsichtiger Gegner des Krieges im Irak, und er hat einen militärischen und diplomatischen Plan für den Rückzug amerikanischer Truppen vorgelegt. Mr. Obama hat ebenfalls zu Recht davor gewarnt, dass, solange das Pentagon nicht damit anfängt, Truppen aus dem Irak abzuziehen, es nicht genügend Soldaten zur Verfügung haben wird, um die Taliban und Al-Qaida in Afghanistan zu besiegen.
Mr. McCain hat sich, wie Mr. Bush, erst mit einiger Verspätung auf Afghanistans gefährlichen Zusammenbruch konzentriert und die Gefahr, die davon droht, dass das benachbarte Pakistan schon bald folgen könnte.
Mr. Obama hätte zwar in außenpolitischen Angelegenheiten eine Lernphase zu absolvieren, er hat jedoch schon jetzt besseres Augenmaß bei diesen kritischen Themen bewiesen als sein Gegner. Seine Wahl von Senator Joseph Biden – der über große Fachkenntnis in außenpolitischen Angelegenheiten verfügt – als Kandidat für das Amt des Vizepräsidenten ist ein weiteres Zeichen dieses gesunden Urteilsvermögens. Mr. McCains langjähriges Interesse an Außenpolitik und den vielen Gefahren, denen sich dieses Land jetzt gegenüber sieht, lässt seine Wahl von Gouverneurin Sarah Palin von Alaska nur noch verantwortungsloser erscheinen.
Beide Kandidaten für das Präsidentschaftsamt wollen die Bündnisse mit Europa und Asien verstärken, einschließlich der NATO, und sind starke Unterstützer Israels. Beide Kandidaten sprechen davon, Amerikas Image in der Welt zu reparieren. Doch scheint uns klar zu sein, dass Mr. Obama hierzu sehr viel eher imstande wäre – und dies nicht nur, weil der erste schwarze Präsident der Welt ein neues Gesicht von Amerika zeigen würde. Mr. Obama möchte die Vereinten Nationen reformieren, während Mr. McCain eine neue Instanz schaffen möchte, die Liga der Demokratien – ein Schritt, an dem sich in der Welt wohl nur noch stärkerer antiamerikanischer Zorn entzünden würde. […]
Beide Kandidaten finden harte Worte für den Terrorismus, und keiner hat ein militärisches Vorgehen gänzlich ausgeschlossen, um Irans Nuklearwaffenprogramm zu stoppen. Doch Mr. Obama hat für den ernsthaften Versuch plädiert, Teheran mit glaubwürdigen diplomatischen Angeboten

und härteren Sanktionen von dessen nuklearem Streben abzubringen. Mr. McCains Bereitschaft, über eine Bombardierung Irans zu witzeln, war furchterregend.

Die Kandidaten
Es wird eine enorme Herausforderung sein, die Nation allein schon dahin zurückzubringen, wo sie vor Mr. Bush war, mit der Ausbesserung ihres Images in der Welt zu beginnen und ihr Selbstbewusstsein und ihre Selbstachtung wiederherzustellen. All dies zu tun und zugleich Amerika nach vorne zu führen wird einen starken Willen benötigen, Charakter und Intelligenz, gutes Augenmaß und eine kühle und ruhige Hand.
Mr. Obama hat diese Qualitäten im Überfluss. Ihm dabei zuzusehen, wie er während des Wahlkampfs geprüft wurde, hat schon vor langer Zeit all unsere Vorbehalte schwinden lassen, die uns einst dazu verleitet haben, Senatorin Hillary Rodham Clinton in den Vorwahlen der Demokraten zu empfehlen. Er hat Legionen neuer Wähler angezogen mit seinen kraftvollen Botschaften der Hoffnung und der Möglichkeiten, mit seinen Rufen nach geteiltem Verzicht und sozialer Verantwortung. [...]
Dieses Land braucht eine vernünftige Führung, eine mitfühlende Führung, eine ehrliche Führung und eine starke Führung. Barack Obama hat gezeigt, dass er all diese Qualitäten besitzt.

D211 Frankfurter Allgemeine Zeitung: Präsident Obama (6.11.2008)

Es ist so gekommen, wie es in den Umfragen vorhergesagt worden war und wie es sich in den langen Schlangen vor den Wahllokalen angedeutet hatte: Barack Obama hat die amerikanische Präsidentenwahl mit deutlicher Mehrheit gewonnen. Wenn das Wort »historisch« jetzt beinahe im Übermaß gebraucht wird, um die Bedeutung dieses Wahlsiegs zu beschreiben, so ist es doch, ohne jede Einschränkung, angebracht. Zum ersten Mal in der Geschichte der Vereinigten Staaten zieht ein »African American« in das Weiße Haus ein. Im Triumph, aber ohne jeden Triumphalismus.
Um diesen Triumph zu ermessen und einzuordnen, reicht ein Rückblick auf die amerikanische Geschichte in all ihrer Tragik völlig aus. Oder man blickt über die Grenzen hinweg: In welchem anderen Staat wäre die Geschichte des Barack Obama möglich? Der Sohn einer weißen Amerikanerin und eines Kenianers, vor fünf Jahren noch weitgehend unbekannt, wird in einem Augenblick, da die Vereinigten Staaten vor immensen inneren und äußeren Bewährungsproben stehen, mit dem höchsten Amt im Staate betraut. Das ist der »amerikanische Traum« im 21. Jahrhundert

– und Obama selbst ist es gewesen, der die Kraft dieses zukunftsgewandten Optimismus beschworen hat. An keinem anderen Ort wäre eine Karriere wie die des Barack Obama möglich gewesen. Das sagt, allen gegenwärtigen (Selbst-)Zweifeln zum Trotz, unendlich viel über die Vitalität des amerikanischen Gemeinwesens. [...]
Auf dem 44. Präsidenten der Vereinigten Staaten lasten enorme Erwartungen: der Amerikaner wie des Weltpublikums, welches das Ende der Ära Bush nicht erwarten kann. Der gesunde Menschenverstand und die historische Erfahrung lehren, dass Obama nicht alle Erwartungen erfüllen und die Menschheit nicht von allen Übeln erlösen wird. Was Amerika betrifft, so wird es nicht zuletzt von seinem Regierungsstil abhängen und seinem Talent, Optimismus zu verbreiten, damit das Land in die Spur zurückfindet. Was die Welt anbelangt, so haben es, bis zu einem gewissen Punkt, auch die Partner und Verbündeten Amerikas in der Hand, ob Obama erfolgreich sein wird. Er wird auf sie zugehen, ihnen zuhören und erfahren, was ihre Prioritäten und Anliegen sind; er wird sie über seine Prioritäten nicht im Unklaren lassen. Dann wird man erkennen, ob es neben dem Willen zum Neubeginn auch ein belastbares, Dissens verkraftendes Programm für eine Gemeinschaft in einer Welt gibt, bei der in den vergangenen Jahren und noch in den vergangenen Monaten vieles aus den Fugen geraten ist. [...]

D212 Süddeutsche Zeitung: Amerikas Befreiung (6.11.2008)

Acht Jahre nach Beginn der gerichtlich verfügten Präsidentschaft George W. Bushs, sieben Jahre nach dem größten nationalen Trauma mit 3000 Toten, fünf Jahre nach dem Krieg der Lügen, nach Jahren der ideologischen Verblendung und patriotischen Überhitzung und schließlich im Augenblick größter ökonomischer Gefahr haben die Amerikaner eine historische Entscheidung getroffen. Sie wählten den ersten Schwarzen zum Präsidenten des Landes, und sie gaben ihrem Wunsch nach einem radikalen Kurswechsel in der Politik Ausdruck.
Amerika will einen Neuanfang. Mit zwei Kriegen und einer Finanzkrise belastet, sehnt sich das Land nach einer Befreiung. An der Urne hat Amerika seine Handlungsfreiheit zurückgewonnen. Mit ihrer Stimme stemmte sich die Mehrheit der Wähler gegen den Niedergang, den Bedeutungsverlust und gegen das politische Missmanagement, das den Abstieg nur noch beschleunigte.
Barack Obama hat es am besten verstanden, der Sehnsucht des Landes Ausdruck zu verleihen. [...] Zweifel an seiner Fähigkeit wurden mit jedem Tag dieses auszehrenden Wahlkampfs kleiner. [...] Allerdings: Obama muss sich

entscheiden. Noch bedient er sie alle, die Bürgerbewegten und die Realisten, die Graswurzel-Linken und die Fiskalisten, die Interventionisten und die Isolationisten. Alle vereinen sich hinter Obama im Wunsch nach dem Wechsel, weg von George W. Bush. Jetzt muss er sich für eine Linie entscheiden. Da er nur wenige Spuren im politischen Tagesgeschäft hinterlassen hat, wird jetzt die Suche nach dem harten Kern des neuen Präsidenten beginnen.

Wie also wird er sich entscheiden? Schneller oder bedächtiger Abzug aus dem Irak? Direkte Gespräche mit Iran oder taktische Stellungsspiele? Intervention im pakistanischen Grenzgebiet oder Schluss mit der Präventiv-Doktrin? [...]

Ein beträchtlicher Teil der Sympathien ist Obama entgegengeflogen, weil sein Vorgänger abgewirtschaftet hatte. Amerika, einst an Selbstbewusstsein kaum zu überbieten, hatte einen Knacks erlitten. Bush, der sich so gerne stark gab, hatte das Land geschwächt. Obama traf in diesem Moment den perfekten Ton: Der Underdog wird triumphieren, der Gefallene steht wieder auf.

Plötzlich also fühlt sich Amerika wieder jung, plötzlich tun sich neue Möglichkeiten auf. Das ist der sagenhafte Trick, den das Wahlsystem und die Beschränkung der Amtszeit für das politische Spitzenpersonal bereithält. Anfang ist immer, und so viel Anfang wie diesmal war selten. Allein: Wenn sich der Überschwang gelegt hat, steht der Kongress immer noch auf dem Kapitolshügel. Eine Wahlnacht verschiebt nicht die politische Ausrichtung, die sich in acht Jahren Bush gebildet hat.

Gerade in Europa, das Obama eine schwärmerische Euphorie entgegenbringt, ignoriert man leicht, dass der amerikanische Mainstream schon lange in anderen Bahnen fließt. Selbst wenn die religiösen Gruppen nun an Einfluss verlieren und das Freund-Feind-Schema verschwimmt – Amerika ist ein im Kern konservatives Land, in dem Stärke und Überlegenheit geschätzt werden. Auch wenn Obama mit offenen Armen auf die Welt zugeht, wird das seinen Erfolg zu Hause nicht garantieren. Auch Jimmy Carter wählte den sanften Pfad im Schatten von Vietnam und Richard Nixon. Ein großer Präsident ist er deswegen nicht geworden.

Viel ist in diesem Augenblick von »Erlösung« die Rede, und die tränenüberströmten Gesichter aus der Wahlnacht zeugen davon, dass sich tatsächlich eine gewaltige Spannung entladen hat. Der erste schwarze Präsident – was für ein Symbol für eine Gesellschaft, die für sich eine Weltführerschaft bei Dynamik und Offenheit reklamiert. Was für ein Zeichen für die Minderheiten und Hoffnungsfrohen, die – zusammengenommen – bald eine Mehrheit bilden werden in den USA. Erlösung also, weil diese Symbole möglich sind. Erlösung auch vom Druck der Bush-Jahre. Aber am Ende ist Obama kein Erlöser, seine Stilisierung zum Heilsbringer hilft nicht weiter. Barack Obama ist lediglich der Präsident, der sein Amt nun ausfüllen muss.

Anhang

Anmerkungen

Einführung

1 So Helga Haftendorn: Sicherheitspolitik im strategischen Dreieck »Berlin – Paris – Washington«, in: PVS 45 (2004), S. 1–8; hier S. 3.
2 Werner Link: Das internationale System und das transatlantische Verhältnis nach dem 11. September, in: Zeitschrift für Politikwissenschaft 13 (2003), S. 53–63; hier S. 55.
3 Ebd.
4 Vgl. den offiziellen Gedenkband von Christopher Sweet (Hrsg.): Above Hallowed Ground. A photographic record of September 11, 2001, New York 2002.
5 Petra Börnhoft u. a.: Wir sind eine Welt, in: Der Spiegel vom 15.9.2001.
6 Vgl. Chronik des Monats Februar 2002, in: Blätter für deutsche und internationale Politik 2 (2002), S. 262.
7 Mit der Zeitung »France Inter« am 6.2.2002 (Auszüge), in: Internationale Politik 4 (2002), S. 112.
8 Interview am 12.2.2002 mit der Zeitung »Die Welt«, in: Die Welt vom 12.2.2002.
9 Nikolaus Blome: Schröders Welt, in: Die Welt vom 12.2.2002.
10 Auch der ehemalige Bundeskanzler Gerhard Schröder konstatiert in seiner Autobiografie einen spürbaren Dissens zwischen der amerikanischen und der deutschen Politik in der Frage des Vorgehens gegen den Irak ab Mai 2002; vgl. Gerhard Schröder: Entscheidungen. Mein Leben in der Politik, Hamburg 2006, S. 153 ff.
11 Eric Schmitz: U. S. Plan for Iraq is said to include attack on 3 sides, in: New York Times vom 5.7.2002.
12 Vgl. http://georgewbush-whitehouse.archives.gov/news/releases/2002/07/20020708-5.html [letzter Zugriff am 8.12.2009].
13 Vgl. Stefan Aust/Cordt Schnibben (Hrsg.): Irak. Geschichte eines modernen Krieges, München 2004, S. 62 f.
14 Stefan Kornelius: Freunde in der Pflicht, in: Süddeutsche Zeitung vom 23.7.2002.
15 Zit. nach August Pradetto: Die deutsche Außen- und Sicherheitspolitik in der Irak-Krise, in: Ders.: Sicherheit und Verteidigung nach dem 11. September 2001, Frankfurt a. M. 2004, S. 107. Das Zitat entstammt einem Interview von Glos in den ARD-Tagesthemen vom 16.8.2002.
16 Am 13.9.2002; vgl. auch Stefan Aust/Cordt Schnibben (Hrsg.): Irak. Geschichte eines modernen Krieges, München 2004, S. 68.
17 Das gesamte Spiegel-Interview unter http://www.auswaertiges-amt.de/diplo/de/Infoservice/Presse/Interviews/Archiv/2002/021230-Sicherheitsrat.html [letzter Zugriff am 22.7.2009].

18 Vgl. die Rede Fischers vor dem UN-Sicherheitsrat vom 20.1.2003, http://www.auswaertiges-amt.de/diplo/de/Infoservice/Presse/Reden/Archiv/2003/030120-FischerSicherheitsrat.html [letzter Zugriff am 22.7.2009].
19 Vgl. den Entschließungsantrag der CDU/CSU-Bundestagsfraktion zur Abgabe einer Regierungserklärung durch den Bundeskanzler zur aktuellen internationalen Lage im Deutschen Bundestag vom 13.2.2003: »Der Bundeskanzler und die Bundesregierung haben die Grundpfeiler der Außenpolitik der Bundesrepublik Deutschland in Frage gestellt und damit den vitalen außen- und sicherheitspolitischen Interessen Deutschlands, seinem Ansehen und Gewicht in der Welt schweren Schaden zugefügt [...]. Die Bundesregierung hat das Verhältnis zu den Vereinigten Staaten von Amerika schwer belastet. Sie schürt und fördert antiamerikanische Ressentiments. [...] Vor diesem Hintergrund fordert der Deutsche Bundestag die Bundesregierung auf, umgehend die weitere Beschädigung unserer fundamentalen außen- und sicherheitspolitischen Interessen zu unterlassen [...].« – http://dip21.bundestag.de/dip21/btd/15/004/1500434.pdf [letzter Zugriff am 8.12.2009]. Zuvor hatten die acht EU-Länder Großbritannien, Italien, Spanien, Portugal, Ungarn, Polen, Tschechien und Dänemark einen gemeinsamen Aufruf verfasst, in dem sie die amerikanische Politik unterstützten; vgl. D91.
20 Dies nahmen die zehn Länder der Vilnius-Gruppe zum Anlass, noch am gleichen Tag einen eventuellen Militärschlag gegen den Irak durch die USA und Großbritannien zu befürworten; vgl. D92.
21 Vgl. Torsten Krauel: Powell distanziert sich von UN-Rede zum Irak, in: Die Welt vom 10.9.2005.
22 Vgl. Stefan Aust/Cordt Schnibben (Hrsg.): Irak. Geschichte eines modernen Krieges, München 2004, S. 77 f.
23 Ebd., S. 79.
24 Vgl. http://www.spiegel.de/politik/ausland/0,1518,237621,00.html [letzter Zugriff am 8.12.2009].
25 Dass der Krieg auch in den USA selbst umstritten war, belegen prominente intellektuelle Befürworter wie z. B. Robert Kagan: Macht und Ohnmacht. Amerika und Europa in der neuen Weltordnung, Berlin 2003, bzw. Gegner wie Noam Chomsky: The Attack. Hintergründe und Folgen, Hamburg 2002. Der Krieg im Irak, auch als dritter Golf-Krieg bezeichnet, ist der von den Medien bisher am stärksten beobachtete und mit modernster Technik begleitete Krieg der Weltgeschichte; vgl. Andreas Elter: Die Kriegsverkäufer. Geschichte der US-Propaganda 1917–2005, Frankfurt a. M. 2005, insbes. S. 272 ff.
26 Damit korrespondieren auch die Zahlen der militärischen und zivilen Opfer. Fielen bis einschließlich 30.4.2003, dem Ende des Feldzugs im Irak, insgesamt 139 US-Soldaten, starben hernach laut offiziellen Angaben bis zum 7.12.2009 4218 Soldaten, vgl. http://www.defenselink.mil/news/casualty.pdf [letzter Zugriff am 8.12.2009]. Zu den zivilen irakischen Opfern existieren nur grobe Schätzungen, sie belaufen sich aber wenigstens auf das Zehnfache. Vgl. u. a. Erich Follath u. a.: Der Alptraum-Präsident, in: Der Spiegel vom 9.10.2006, S. 130–148, hier S. 131.

Anmerkungen

27 Vgl. hierzu auch die kritischen Äußerungen des ehemaligen Bundesaußenministers Joschka Fischer: Die Rückkehr der Geschichte. Die Welt nach dem 11. September und die Erneuerung des Westens, Köln 2005, bes. S. 9–16.
28 Vgl. u. a. Pentagon: Sicherheitslage im Irak deutlich verschlechtert, in: FAZ vom 20.12.2006.
29 Vgl. u. a. Mehr als 50 Menschen sterben bei Anschlag in Bagdad, in: Die Welt vom 25.6.2009.
30 Vgl. Birgit Svensson: »Heute sind wir nur Iraker«, in: Die Welt vom 1.7.2009.
31 Vgl. Elisabeth Noelle: Die Entfremdung. Deutschland und Amerika entfernen sich voneinander, in: FAZ vom 23.7.2003.
32 Vgl. Elisabeth Noelle/Thomas Petersen: Ein Hauch von Isolationismus, in: FAZ vom 24.1.2007.
33 Laut einer Forsa-Umfrage hätten 74 % der Deutschen für Obama votiert, nur 11 % für McCain. Vgl. Nina Mareen Spranz: Die Deutschen sehnen sich nach Charisma, in: Die Welt vom 25.8.2008.
34 Vgl. Manfred Nowak: Das System Guantánamo, in: APuZ B 36 (2006), S. 23–30. Sollte auch nur ein Teil der Aussagen zutreffen, die Murat Kurnaz in seinem Bericht aus dem Lager gibt, dann bestehen keine Zweifel an gröbsten Verletzungen von Menschen- und Bürgerrechten; vgl. ders.: Fünf Jahre meines Lebens. Ein Bericht aus Guantánamo, Berlin 2007.
35 Vgl. Dawid Danilo Bartelt/Ferdinand Muggenthaler: Das Rendition-Programm der USA und die Rolle Europas, in: APuZ B 36 (2006), S. 31–38.
36 Zu diesen und weiteren eingesetzten Verhörmethoden vgl. auch die freigegebenen Auszüge aus dem jüngst veröffentlichten internen CIA-Bericht, Counterrorism Detention and Interrogation Activites (September 2001–October 2003), 7.5.2004, http://luxmedia.vo.llnwd.net/o10/clients/aclu/IG_Report.pdf [letzter Zugriff am 8.12.2009]. Ebenfalls dazu: Nicolas Richter: Todesdrohungen gegen Frauen und Kinder, in: Süddeutsche Zeitung vom 26.8.2009.
37 Vgl. http://www.whitehouse.gov/the_press_office/Closure_Of_Guantanamo_Detention_Facilities [letzter Zugriff am 8.12.2009].
38 Vgl. Guantanamo-Schließung verzögert sich, in: Spiegel Online vom 26.9.2009, http://www.spiegel.de/politik/ausland/0,1518,651485,00.html [letzter Zugriff am 8.12.2009].
39 Vgl. Gregor Peter Schmitz: Obama scheut radikalen Bruch mit Bushs Erbe, in: Spiegel Online vom 17.4.2009, http://www.spiegel.de/politik/ausland/0,1518,619492,00.html [letzter Zugriff am 8.12.2009].
40 Vgl. CIA drohte Terroristen mit Ermordung ihrer Kinder, in: Die Welt Online vom 25.8.2009, http://www.welt.de/politik/article4391766/CIA-drohte-Terroristen-mit-Ermordung-ihrer-Kinder.html [letzter Zugriff am 8.12.2009].
41 So lag die Unterstützung für Obama gemäß einer Studie des German Marshall Funds 2009 in Deutschland bei sagenhaften 92 Prozent. Vgl. German Marshall Fund of the United States u. a.: Transatlantic Trends. Key Findings 2009, http://www.gmfus.org/trends/2009/docs/2009_English_Key.pdf [letzter Zugriff am 31.1.2010].

42 Obamas Vorsprung in Wahlmännerstimmen: 365 zu 173, in Wählerstimmen: 52,92% zu 45,66%. Alle Zahlen sind dem offiziellen »Federal Election Commission Report« entnommen, einsehbar unter: http://www.fec.gov/pubrec/fe2008/2008presgeresults. pdf [letzter Zugriff am 31.1.2010].

43 Die entsprechende Executive Order unterzeichnete Obama nur zwei Tage nach seiner Ernennung, gemeinsam mit einem weiteren Befehl, der die CIA dazu verpflichtet, Gefangene nur gemäß den Richtlinien im Armeehandbuch sowie im Einklang mit den Genfer Konventionen zu verhören – vgl. http://www.whitehouse.gov/the_press_office/Closure_Of_Guantanamo_Detention_Facilities bzw. http://www.whitehouse.gov/the_press_office/Review_of_Detention_Policy_Options [letzter Zugriff jeweils am 31.1.2010].

44 Alle Zahlen nach: Unterschätzt und ungelöst: Das Problem Guantanamo, in: FAZ vom 20.1.2010.

45 Vgl. Steven Lee Myers/Marc Santora: Election Date Set in Iraq as Bombs Kill Scores, in: New York Times Online vom 8.12.2009, http://www.nytimes.com/2009/12/09/world/middleeast/09iraq.html?_r=1 [letzter Zugriff am 31.1.2010].

46 Zitiert nach: Barack Obama: Renewing American Leadership, in: Foreign Affairs, Juli/August 2007, S. 2–16, hier: S. 9.

47 Vgl. http://www.whitehouse.gov/the-press-office/remarks-president-address-nation-way-forward-afghanistan-and-pakistan [letzter Zugriff am 31.1.2010].

48 Vgl. http://www.whitehouse.gov/the_press_office/Remarks-by-the-President-at-Cairo-University-6-04-09 [letzter Zugriff am 31.1.2010].

49 Zitiert nach: Matthias Rüb: Der Präsident, der die Fristen liebte, in: FAZ Online vom 24.12.2009, http://www.faz.net/s/RubDDBDABB9457A437BAA85A49C26FB23A0/Doc~EEFB987172BB94BB3AA91E7D029B993C5~ATpl~Ecommon~Scontent.html [letzter Zugriff am 31.01.2010].

Der 11. September 2001 und die Reaktionen in Deutschland und Amerika

1 Zur Chronologie der Ereignisse rund um den 11. September 2001 und deren Folgen bietet die baden-württembergische Landeszentrale für politische Bildung eine sehr detaillierte Zusammenfassung im Internet an, unter der Adresse http://www.lpb-bw.de/terrorusa.html [letzter Zugriff am 8.12.2009]. Den Ablauf der Attentate rekonstruieren minutiös: Stefan Aust/Cordt Schnibben (Hrsg.): 11. September. Geschichte eines Terrorangriffes, 2. Aufl., München 2005. Mit den parallelen Vorgängen in der Bush-Administration befasst sich: Bob Woodward: Bush at War. Amerika im Krieg, Stuttgart/München 2003.

Anmerkungen

Der Krieg gegen die Taliban und die Stationierung deutscher Soldaten in Afghanistan

1 Andreas Zumach: UN-Sicherheitsrat billigt Angriffe auf Afghanistan, in: TAZ vom 10.10.2001.
2 Artikel 51 der am 26. Juni 1945 unterzeichneten Charta der Vereinten Nationen im Wortlaut: »Diese Charta beeinträchtigt im Falle eines bewaffneten Angriffs gegen ein Mitglied der Vereinten Nationen keineswegs das naturgegebene Recht zur individuellen oder kollektiven Selbstverteidigung, bis der Sicherheitsrat die zur Wahrung des Weltfriedens und der internationalen Sicherheit erforderlichen Maßnahmen getroffen hat. Maßnahmen, die ein Mitglied in Ausübung dieses Selbstverteidigungsrechts trifft, sind dem Sicherheitsrat sofort anzuzeigen; sie berühren in keiner Weise dessen auf dieser Charta beruhende Befugnis und Pflicht, jederzeit die Maßnahmen zu treffen, die er zur Wahrung oder Wiederherstellung des Weltfriedens und der internationalen Sicherheit für erforderlich hält.«
3 Stefan Fröhlich: Zwischen Multilateralismus und Unilateralismus. Eine Konstante amerikanischer Außenpolitik, in: APuZ B 25/2002, S. 23–30, hier: S. 27.
4 Siehe dazu August Pradetto: Internationaler Terror, forcierter Regimewechsel und die UNO – Der Fall Afghanistan, in: APuZ B 51/2001, S. 24–35.

Beginnende Divergenzen über eine globale Anti-Terror-Strategie im Jahr 2002

1 Zitiert nach: Alan Posener: Europas Obsessionen, in: Die Welt vom 18.2.2002.
2 So betrugen die US-Verteidigungsausgaben im Haushaltsjahr 2002/2003 stolze 379 Mrd. US-Dollar, das war – gemessen am Vorjahr – eine Steigerung um rund 48 Mrd. US-Dollar. Damit betrug der Haushalt des Pentagons das Zweieinhalbfache der Verteidigungsausgaben der damaligen 15 EU-Mitgliedsstaaten insgesamt. Alle Zahlen aus: Nicole Gnesotto: Übermilitarisierung amerikanischer Außenpolitik. Unilateralismus als Folge europäischer Schwäche?, in: IP 4 (2002), S. 43–48, hier: S. 43.
3 Deren Existenz er größtenteils erst zugab, nachdem sein Schwiegersohn – und Chef des irakischen Rüstungsprogramms – Hussein Kamel im August 1995 nach Jordanien geflohen war. Vgl. dazu auch den Abschlussbericht der Iraq Survey Group: Comprehensive Report of the Special Advisor to the DCI on Iraq's WMDs Volume III, S. 11. Der komplette Bericht ist im Internet erschienen unter: https://www.cia.gov/library/reports/general-reports-1/iraq_wmd_2004/index.html [letzter Zugriff am 8.12.2009]. Ebenfalls zum Thema, wenn auch mit dem Schwerpunkt B-Waffen: Gabriele Kraatz-Wadsack: Die Verifikation biologischer Waffen. Abrüstung und Rüstungskontrolle in Irak, in: IP 12 (2002), S. 25–30.

Der Streit um das amerikanische Gefangenenlager Guantanamo Bay auf Kuba

1 US-Vizepräsident Dick Cheney im Interview mit Fox News vom 27.1.2002 über die in Guantanamo Inhaftierten: »Dies sind die Schlimmsten einer ziemlich schlimmen Bande. Sie sind sehr gefährlich. Sie haben sich ganz der Aufgabe verschrieben, Millionen von Amerikanern zu töten, unschuldige Amerikaner, wenn sie dazu die Gelegenheit haben, und sie sind absolut darauf vorbereitet, bei diesem Versuch zu sterben.« – Zitiert nach: http://www.foxnews.com/story/0,2933,44082,00.html [letzter Zugriff am 8.12.2009].

2 Zu den ausbleibenden Erfolgen in Guantanamo bei der Informationsgewinnung, welche wiederum in »verschärften« Verhörmethoden mündeten, vgl. u. a.: Seymour M. Hersh: Die Befehlskette. Vom 11. September bis Abu Ghraib, Hamburg 2004, S. 19–40 bzw. Jameel Jaffer/Amrit Singh: Administration of Torture. A Documentary Record from Washington to Abu Ghraib and Beyond, New York 2007, S. 3–18.

3 »[...] Abschnitt 1 (e) Um die Vereinigten Staaten und ihre Bürger zu beschützen, um militärische Operationen effektiv durchführen und um Terroranschläge verhindern zu können, ist es notwendig, dass Individuen [...] interniert werden und, so sie vor ein Gericht gestellt werden, sie für Verstöße gegen das Kriegsrecht und entsprechende Gesetze zu verurteilen, die vor Militärtribunalen verhandelt werden. // (f) Angesichts der Gefahr für die Sicherheit der Vereinigten Staaten und der Natur des internationalen Terrorismus, [...] finde ich, [...] dass es nicht praktikabel ist, vor besagten Militärtribunalen [...] die Rechtsgrundsätze und Beweisregeln, die normalerweise bei der Verhandlung von Kriminalfällen vor Gerichten in den Vereinigten Staaten anerkannt werden, anzuwenden. [...]" – Der vollständige Text der Presidential Military Order ist im Internet einsehbar unter: http://georgewbush-whitehouse.archives.gov/news/releases/2001/11/20011113-27.html [letzter Zugriff am 8.12.2009].

4 Diese Zahl nennt zumindest Kenneth Roth, in: Ders.: After Guantánamo. The Case Against Preventive Detention, in: Foreign Affairs, Mai/Juni 2008, S. 9–16, hier: S. 9.

5 Eine ausführlichere Beschreibung der anfänglichen Haftbedingungen in Camp X-Ray liefert David Rose: Guantánamo Bay. Amerikas Krieg gegen die Menschenrechte, Frankfurt a. M. 2004, S. 9–12.

6 Der Widerwille der US-Administration, in Guantanamo bestimmte Teile der Genfer Konventionen anzuwenden, erklärt sich aus den Zielen, die mit der Einrichtung des Gefangenenlagers verfolgt wurden. Angesichts der Tatsache, dass Guantanamo sowohl der Informationsgewinnung als auch der Sicherheitsverwahrung mutmaßlicher Terroristen dienen sollte, wäre die Anwendung des Genfer Abkommens über die Behandlung der Kriegsgefangenen vom 12.8.1949 (einsehbar unter: http://www.admin.ch/ch/d/sr/i5/0.518.42.de.pdf [letzter Zugriff am 8.12.2009]) höchst kontraproduktiv gewesen. Vgl. dazu insbesondere Artikel 17: »Jeder Kriegsgefangene ist

auf Befragen hin nur zur Nennung seines Namens, Vornamens und Grades, seines Geburtsdatums und der Matrikelnummer oder, wenn diese fehlt, zu einer andern gleichwertigen Angabe verpflichtet. [...]« bzw. Artikel 118: »Die Kriegsgefangenen sind nach Beendigung der aktiven Feindseligkeiten ohne Verzug freizulassen und heimzuschaffen. [...]«

7 Vgl. dazu das »Memorandum from White House Counsel Alberto Gonzales to President George W. Bush recommending that al Qaeda and Taliban prisoners not be extended the protections of the Third Geneva Convention", abgedruckt in: Jameel Jaffer/Amrit Singh: Administration of Torture. A Documentary Record from Washington to Abu Ghraib and Beyond, New York 2007, S. A1-A5.

8 Vgl. dazu das »Memorandum from President George W. Bush to the vice president et al. stating that al Qaeda and Taliban prisoners are not entitled to the protection of the Geneva Conventions", abgedruckt in: ebd., S. A6-A7.

9 Zur Praxis des Auswahlverfahrens, mittels dessen die künftigen Insassen von Guantanamo in Afghanistan als Terroristen eingestuft wurden, vgl. u.a.: David Rose: Guantánamo Bay. Amerikas Krieg gegen die Menschenrechte, Frankfurt a.M. 2004, S. 58–64. Der Autor stützt sich dabei größtenteils auf die Aussagen eines im Jahre 2004 pensionierten Lieutenant Colonels der US-Armee.

10 Den fortwährenden Schlagabtausch zwischen US-Regierung und Supreme Court hat Belinda Cooper anschaulich zusammengefasst in: Dies.: Die Ära Guantánamo. Die US-Regierung opfert seit dem 11. September Freiheitsrechte zugunsten der Sicherheit – und der Kongress schaut zu, in: IP 1 (2008), S. 66–71.

11 Vgl. dazu die Entscheidung des Supreme Court of the United States im Fall Rasul et al. vs. Bush, President of the United States, et al, No. 03-334 vom 28.6.2004. Einsehbar unter: http://www.cdi.org/news/law/rasul-decision.pdf [letzter Zugriff am 8.12.2009].

12 Vgl. dazu die Entscheidung des Supreme Court of the United States im Fall Hamdan vs. Rumsfeld, Secretary of the United States, et al., No. 05-184 vom 29.6.2006. Einsehbar unter: http://www.supremecourtus.gov/opinions/05pdf/05-184.pdf [letzter Zugriff am 8.12.2009].

13 Vgl. dazu die Entscheidung des Supreme Court of the United States im Fall Boumediene et al. vs. Bush, President of the United States, et al., No. 06-1195 vom 12.6.2008. Einsehbar unter: http://www.supremecourtus.gov/opinions/07pdf/06-1195.pdf [letzter Zugriff am 8.12.2009].

14 »Ich würde sehr gerne Guantanamo beenden [...].« – Vgl. D62.

15 Die Executive Order Obamas vom 22.1.2009 ist im Internet einsehbar unter: http://www.whitehouse.gov/the_press_office/Closure_Of_Guantanamo_Detention_Facilitie [letzter Zugriff am 8.12.2009].

16 Vgl. dazu: Kenneth Roth: Obama's Prisoners Dilemma, in: Foreign Affairs Online, 12.3.2009, http://www.foreignaffairs.com/articles/64857/kenneth-roth/obamas-prisoners-dilemma [letzter Zugriff am 8.12.2009].

17 Ebd.

18 Vgl. dazu: Ansgar Graw/Uwe Schmitt: Einladung ins Paradies, in: Die Welt vom 11.6.2009.
19 Elisabeth Bumiller: 1 in 7 Detainees Rejoined Jihad, Pentagon Finds, in: New York Times vom 21.5.2009.

Die Irak-Debatte in der UNO

1 Exemplarisch genannt sei hier »Der Spiegel«, der sich gar an die Breschnew-Doktrin erinnert fühlte. Vgl. dazu: Bush-Doktrin à la Breschnew?, in: Der Spiegel vom 7.10.2002, S. 17.
2 Amtliches Endergebnis der Bundestagswahl 2002: SPD: 38,5%, CDU/CSU: 38,5%, Bündnis 90/Die Grünen: 8,6%, FDP: 7,4%, PDS: 4,0%, Sonstige: 3,0%. Der Vorsprung der SPD lag bei 6027 Stimmen. Alle Zahlen nach: http://www.bundeswahlleiter.de/de/bundestagswahlen/fruehere_bundestagswahlen/btw2002.html [letzter Zugriff am 8.12.2009].
3 Der Weg in den Krieg, vom Gang des US-Präsidenten vor die UNO bis zu seinem 48-Stunden-Ultimatum an Saddam Hussein und dessen Söhne, ist von der baden-württembergischen Landeszentrale für politische Bildung ausführlich dokumentiert worden unter der Adresse http://www.lpb-bw.de/irak_konflikt.html [letzter Zugriff am 8.12.2009]. Weitere Überblicksdarstellungen bei Bob Woodward: Der Angriff. Plan of Attack, München 2004 und Stefan Aust/Cordt Schnibben (Hrsg.): Irak. Geschichte eines modernen Krieges, München 2004), S. 21–108.
4 Vgl. dazu Christoph Bluth: The British Road to War, in: International Affairs 80 (2004), S. 871–892, hier: 879.

Der Höhepunkt des Irak-Konflikts

1 Die Vilnius-Gruppe setzte sich zusammen aus den Ländern Albanien, Bulgarien, Kroatien, Estland, Litauen, Lettland, Mazedonien, Rumänien, Slowakei und Slowenien.
2 Die vollständige Rede samt der Präsentation Powells ist im Internet unter http://georgewbush-whitehouse.archives.gov/news/releases/2003/02/20030205-1.html [letzter Zugriff am 8.12.2009] einsehbar.
3 Weil sich die angeblichen Beweise für irakische Massenvernichtungswaffen später als falsch herausgestellt haben – vgl. dazu u. a.: Torsten Krauel: Powell distanziert sich von UN-Rede zum Irak, in: Die Welt vom 10.9.2005.
4 Der Bericht des UN-Chefinspekteurs vor dem Sicherheitsrat ist im Internet unter http://www.un.org/Depts/unmovic/SC7asdelivered.htm [letzter Zugriff am 8.12.2009] einsehbar.

Der Irakkrieg vom Einmarsch der Amerikaner bis zum »Ende der Hauptkampfhandlungen«

1 Den Verlauf des Irakkriegs hat die baden-württembergische Landeszentrale für politische Bildung ausführlich festgehalten unter der Adresse http://www.lpb-bw.de/irak_krieg.html [letzter Zugriff am 8.12.2009]. Noch mehr Details liefern Stefan Aust/Cordt Schnibben (Hrsg.): Irak. Geschichte eines modernen Krieges, München 2004, S. 109–448.
2 Alle Zahlen aus: Bob Woodward: Der Angriff. Plan of Attack, München 2004, S. 450.
3 Alle Zahlen aus: Opfer des Kriegs. Niemand weiß, wie viele Iraker starben, in: FR vom 19.4.2003.

Die amerikanische Besatzung und die Eskalation der Gewalt im Irak

1 Die allgemeine Entwicklung im Irak nach dem Sturz Saddams – letztmals aktualisiert im August 2007 – hat einmal mehr die baden-württembergische Landes_zentrale für politische Bildung zusammengetragen unter der Adresse http://www.lpb-bw.de/irak_nach_dem_krieg.html [letzter Zugriff am 8.12.2009]. Einen detaillierten Überblick zur Rückgabe der Macht an die Iraker liefert Walter Posch: Von der Baath-Herrschaft zur Neo-Baath-Regierung, in: APuZ B 48/2004, S. 31–38.
2 Vgl. dazu die Äußerungen Rumsfelds vom 13.4.2003 in einem Interview mit NBC: »Wir haben es nicht erlaubt [= die Plünderung des irakischen Nationalmuseums; J. G.]. Es ist einfach passiert. Und so etwas passiert schon mal, wenn Sie von einer Diktatur, einem Polizeistaat zu etwas, das völlig anders sein wird, übergehen.« Zitiert nach: http://www.defenselink.mil/transcripts/transcript.aspx?transcriptid=2383 [letzter Zugriff am 8.12.2009].
3 War anfangs noch von 75 000 gestohlenen Kunstgegenständen die Rede, so schrumpfte die Zahl später auf rund 15 000 zusammen. 6 000 davon sind mittlerweile wieder im Besitz des Museums. Vgl. dazu: Birgit Svensson: Irakisches Nationalmuseum nach sechs Jahren wiedereröffnet, in: Die Welt vom 24.2.2009.
4 Vgl. dazu auch die offizielle Darstellung der amerikanischen Bemühungen, das Saddam-Regime zu stürzen und eine demokratische Regierung im Irak zu etablieren: Kenneth Katzman: Iraq. U.S. Regime Change Efforts and Post-Saddam Governance. CRS Report for Congress RL 31339 (23.2.2004), S. 22. Der Report ist im Internet einsehbar unter: http://fpc.state.gov/documents/organization/31340.pdf [letzter Zugriff am 8.12.2009].
5 Ebd., S. 23.
6 Vgl. dazu: Pamela Constable: Washington sucht Hilfe bei Saddams alter Armee, in: Die Welt vom 12.5.2004.
7 Phase 1 sah vor, dass das »Office for Reconstruction and Humanitarian Assistance« unter der Leitung von Lt. Gen. Jay Garner zunächst die Grundversorgung der Bevölkerung sicherstellte und die öffentlichen Bediensteten ausbezahlte. Im Anschluss

daran in Phase 2 sollte dann eine Übergangsbehörde gebildet werden, in der alle Bevölkerungsgruppen des Landes vertreten sein sollten. Sie sollte über gesetzgeberische und exekutive Macht verfügen; Garners Zivilverwaltung sollte zunehmend eine beratende Funktion erhalten. In Phase 3 schließlich wäre es Aufgabe der Übergangsbehörde gewesen, eine Verfassung auszuarbeiten und allgemeine Wahlen vorzubereiten. – Vgl. dazu Wolfowitz' Aussagen vor dem Streitkräfte-Ausschuss des amerikanischen Senats vom 10.4.2003 unter: http://armed-services.senate.gov/statemnt/2003/April/Wolfowitz.pdf [letzter Zugriff am 8.12.2009].
8 Kenneth Katzman: Iraq. U. S. Regime Change Efforts and Post-Saddam Governance. CRS Report for Congress RL 31339 (23.2.2004), S. 2.
9 Der Resolutionstext im Wortlaut: »[...] anerkennend, wie wichtig das Einverständnis der souveränen Regierung Iraks mit der Präsenz der multinationalen Truppe und die enge Abstimmung zwischen der multinationalen Truppe und der Regierung sind [...]«.Vgl. D133.
10 Senator Edward M. Kennedy (Dem.) am 5.4.2004 in einer Rede an der Brookings Institution in Washington, D.C.
11 Vgl. dazu Karl-Heinz Kamp: Die Zukunft der deutsch-amerikanischen Sicherheitspartnerschaft, in: APuZ B 46/2003, S. 16–22, hier: S. 18 f.
12 Zu den Kosten des Irakkriegs und den damit verbundenen innenpolitischen Auswirkungen auf die Bush-Administration vgl. Jürgen Wilzewski: Die Bush-Doktrin, der Irakkrieg und die amerikanische Demokratie, in: APuZ B 45/2004, S. 24–32, hier: S. 30 f.
13 Günter Bannas: Berlin zu Irak-Hilfe bereit. »Das ist doch selbstverständlich«, in: FAZ vom 19.9.2003.
14 Vgl. dazu auch die Ergebnisse einer Untersuchung des Geheimdienstausschusses des US-Senats: Report of the Select Committee on Intelligence on Postwar Findings about Iraq's WMD Programs and Links to Terrorism and How They Compare with Prewar Assessments (8.9.2006), S. 105–112. Der Bericht ist im Internet einsehbar unter: http://intelligence.senate.gov/phaseiiaccuracy.pdf [letzter Zugriff am 8.12.2009].

Die vergebliche Suche nach Massenvernichtungswaffen im Irak und der Folterskandal von Abu Ghraib

1 Erstmals beschrieb Bush dieses Bedrohungsszenario konkret in seiner – ob ihrer Wortschöpfung »Achse des Bösen« – berühmt gewordenen »State of the Union-Address« aus dem Jahre 2002. Vgl. D44.
2 So äußerte sich bspw. der französische Präsident Jacques Chirac im Interview mit dem »Time Magazine« wie folgt: »Es gibt da ein Problem – den mutmaßlichen Besitz von Massenvernichtungswaffen durch ein unkontrollierbares Land, den Irak. Die internationale Gemeinschaft ist zu Recht beunruhigt und sie hat zu Recht entschieden, dass der Irak entwaffnet werden sollte.« Zitiert nach: James Graff/Bruce Crumley:

Anmerkungen

»France Is Not a Pacifist Country«, in: Time Magazine vom 24.2.2003, S. 32 f., hier: S. 32. Etwa zur gleichen Zeit, am 13.2.2003, sprach auch Bundeskanzler Schröder in einer Regierungserklärung zur aktuellen internationalen Lage die Worte: »Irak muss umfassend und aktiv mit dem Weltsicherheitsrat und den Waffeninspektoren kooperieren. Wir brauchen eindeutige Klarheit über Massenvernichtungsmittel des Irak und, so es sie gibt, über deren endgültige Abrüstung.«

3 Nämlich in Gestalt von »Curveball«, einem psychisch labilen irakischen Überläufer, dessen Angaben oftmals widersprüchlich waren und der zu allem Überfluss auch noch ein Alkoholproblem hatte. Vgl. dazu Bob Drogin: Codename Curveball. Wie ein Informant des BND den Irakkrieg auslöste, Berlin 2008.

4 Bob Woodward beschreibt die Truppe wie folgt: »Sie umfasste 1 400 Personen, aber dazu zählte der komplette Tross, sogar ein Militärpfarrer und ein Mitarbeiter für die Freizeitgestaltung zur Hebung des Kampfgeistes waren mit von der Partie. Den Kern bildeten 25 bis 40 CIA-Offiziere sowie einige Analytiker und andere Mitarbeiter der Defense Intelligence Agency und anderer Nachrichtendienste. Kays Missile Team bestand aus 12 bis 15 Personen, außerdem gab es ungefähr ein halbes Dutzend Experten für biologische Waffen. Dazu kamen noch mehrere Hundert Dolmetscher unterschiedlicher Qualifikation.« Zitiert nach: Bob Woodward: Die Macht der Verdrängung. George W. Bush, das Weiße Haus und der Irak. State of Denial, München 2007, S. 308.

5 »Die Koalition agierte nicht im Irak, weil wir dramatische neue Beweise für das irakische Streben nach Massenvernichtungswaffen entdeckt hatten. Wir agierten, weil wir die alten Beweise in einem neuen Licht sahen, durch das Prisma unserer Erfahrungen vom 11. September."

6 Zitiert nach: National Intelligence Estimate. Iraq's Continuing Programs for Weapons of Mass Destruction (10/2002), S. 5. Das vollständige, deklassifizierte Dossier ist im Internet einsehbar unter: http://www.fas.org/irp/cia/product/iraq-wmd-nie.pdf [letzter Zugriff am 8.12.2009]. In einen NIE fließen stets die gebündelten Erkenntnisse aller 16 US-Geheimdienste zusammen; er gibt damit praktisch nur wieder, was allgemeiner Konsens unter den Nachrichtendiensten der USA ist.

7 »Die Gemeinschaft der Geheimdienste litt unter der kollektiven Annahme, dass der Irak über ein aktives und beständig wachsendes Programm zur Produktion von Massenvernichtungswaffen verfüge. Die von diesem »Gruppendenken« herrührende Dynamik führte dazu, dass Analysten, Sammler und Abteilungsleiter der Geheimdienste eigentlich nicht eindeutige Beweise als absolut überzeugende Beweise für die Existenz eines irakischen Massenvernichtungswaffenprogrammes einstuften und solche Beweise, die eher für das Gegenteil sprachen, ignorierten oder relativierten.« Zitiert nach: Report of the Select Committee on Intelligence on the U.S. Intelligence Community's prewar intelligence Assessments on Iraq (9.7.2004), S. 18. Der vollständige Bericht ist im Internet einsehbar unter: http://intelligence.senate.gov/108301.pdf [letzter Zugriff am 8.12.2009].

8 Ebd., S. 284.

9 Der komplette Bericht ist im Internet einsehbar unter: https://www.cia.gov/library/reports/general-reports-1/iraq_wmd_2004/index.html [letzter Zugriff am 8.12.2009].
10 Den Weg, der in vielerlei Hinsicht mit Guantanamo begann und der schließlich in Abu Ghraib endete, hat als erster rekonstruiert: Seymour M. Hersh: Die Befehlskette. Vom 11. September bis Abu Ghraib, Hamburg 2004, S. 19–95. Jüngst erschien: Philip Gourevitch/Errol Morris: Die Geschichte von Abu Ghraib, München 2009.
11 Zitiert nach: Johanna McGeary: The Scandal's Growing Stain, in: Time Magazine vom 17.5.2004, S. 26–34, hier: S. 34.
12 Zitiert nach: It is not enough to be sorry. America must act, Rumsfeld must go, in: The Independent online vom 9.5.2004, http://www.independent.co.uk/opinionleadingarticles/it-is-not-enough-to-be-sorry-america-must-act-rumsfeld-must-go-549891.html [letzter Zugriff am 8.12.2009].
13 Die vorgeschlagenen Verhörmethoden entstammen einem »Action memorandum from Defense Department General Counsel Wiliam J. Haynes II recommending that Defense Secretary Rumsfeld approve certain counter-resistance techniques«, datierend vom 27.11.2002. Rumsfeld hat die darin gemachten Vorschläge mit Unterschrift vom 2.12.2002 ausdrücklich genehmigt. Das Memorandum ist im Internet einsehbar unter: http://www.gwu.edu/~nsarchiv/NSAEBB/NSAEBB127/2.12.02.pdf [letzter Zugriff am 8.12.2009]. Vgl. auch Jameel Jaffer/Amrit Singh: Administration of Torture. A Documentary Record from Washington to Abu Ghraib and Beyond, New York 2007, S. 18–28.
14 »[...] Die Misshandlungen waren nicht nur das Versäumnis einiger Individuen, bekannte Standards zu befolgen, und sie sind mehr als das Versäumnis einiger Führungskräfte, die nötige Disziplin durchzusetzen. Es existiert sowohl eine institutionelle als auch eine persönliche Verantwortung auf höherer Ebene.« Vgl. dazu den Abschlussbericht des »Independent Panel to Review DoD Detention Operations« vom 24.8.2004, hier: S. 5, einsehbar im Internet unter http://www.defenselink.mil/news/Aug2004/d20040824finalreport.pdf [letzter Zugriff am 8.12.2009]. – Nahezu wortgleich ein Untersuchungsbericht des Streitkräfteausschusses: »Der Missbrauch von Gefangenen in Abu Ghraib gegen Ende des Jahres 2003 war nicht nur einfach das Resultat des Handelns einiger weniger Soldaten, die auf eigene Faust handelten.« Vgl. dazu den Abschlussbericht des »Senate Armed Services Committee. Inquiry into the Treatment of Detainees in U.S. Custody« vom 20.11.2008, hier: S. XXIX, einsehbar unter: http://armed-services.senate.gov/Publications/Detainee%20Report%20Final_April%2022%202009.pdf [letzter Zugriff am 8.12.2009].
15 Philip Gourevitch/Errol Morris: Die Geschichte von Abu Ghraib, München 2009, S. 282.

Anmerkungen

Die US-Präsidentschaftswahlen im November 2004 und die Reaktionen in Europa

1 Steven Kull/Doug Miller: Global Public Opinion on the US Presidential Election and US Foreign Policy. September 8, 2004. Die Studie ist im Internet veröffentlicht worden unter: http://www.pipa.org/OnlineReports/Views_US/USElection_Sep04/USElection_Sep04_rpt.pdf [letzter Zugriff am 8.12.2009].
2 Vgl. D158. Ferner zur außenpolitischen Programmatik Kerrys: Christian Hacke: Bush oder Kerry – Wahl ohne Alternativen? Der amerikanische Wahlkampf und transatlantische Perspektiven, in: IP 9 (2004), S. 95–103.
3 Alle Zahlen aus: Federal Election Commission (Hrsg.): Federal Election 2004. Election Results for the U.S. President, the U.S. Senate and the U.S. House of Representatives, Washington D.C., Mai 2005. Einsehbar unter: http://www.fec.gov/pubrec/fe2004/federalelections2004.pdf [letzter Zugriff am 8.12.2009].
4 Alle Zahlen aus: http://www.fec.gov/pubrec/fe2000/elecpop.htm [letzter Zugriff am 8.12.2009].
5 Vgl. dazu: The Pew Research Center For The People & The Press (Hrsg.): Moral Values – How Important? Voters Liked Campaign 2004, But Too Much «Mud-Slinging", November 11, 2004. Die Studie ist im Internet veröffentlicht worden unter: http://people-press.org/reports/pdf/233.pdf [letzter Zugriff am 8.12.2009].
6 Ebd., S. 6f. Wobei auch für Kerrys Wähler der Irak (34%) nur zweitwichtigstes Thema war, am häufigsten wurde hier die wirtschaftliche Situation (36%) als ausschlaggebend für die eigene Wahl genannt.
7 How can 59054087 people be so DUMB?, in: Daily Mirror vom 4.11.2004.
8 Vgl. dazu: Nikolaus Blome: Rot-Grün findet sich ab, in: Die Welt vom 4.11.2004.
9 Diese Befürchtung trug offensichtlich Kurt Kister von der Süddeutschen Zeitung mit sich herum, als er in einem Kommentar besorgt zählte, wie oft George W. Bush in seiner Antrittsrede (D163) die Wörter »freedom« und »liberty« benutzt hatte: ganze 42-mal. Würde man den Präsidenten beim Wort nehmen, dann könne es, so Kister, wohl nur noch eine Frage der Zeit sein, bis Bush nach Afghanistan und Irak das nächste Land ins Visier nehme, um dann auch dort die Freiheit »herbeizubomben«. Vgl. dazu: Kurt Kister: Der gutwillige Brandstifter, in: Süddeutsche Zeitung vom 22.1.2005.

Geheime deutsch-amerikanische Kooperation im Kampf gegen den Terror und im Irak

1 Vgl. dazu u.a. Martin Winter: Distanz als Chance, in: Frankfurter Rundschau vom 5.11.2004.
2 Vgl. dazu: Stephen F. Szabo: Der Rubikon ist überschritten. Aussichten für die transatlantischen Beziehungen nach Schröder, in: IP 1 (2006), S. 86–95.
3 »Wir wollen uns unter anderem [...] für die Vermittlung eines besseren Verständnisses der USA in der deutschen Öffentlichkeit sowie Europas und Deutschlands in den USA einsetzten.« Zitiert nach: Gemeinsam für Deutschland. Mit Mut und Menschlichkeit.

Koalitionsvertrag von CDU, CSU und SPD (11.5.2005), S. 152. Im Internet einsehbar unter: http://www.cducsu.de/upload/koavertrag0509.pdf [letzter Zugriff am 8.12.2009].
4 Dana Priest: CIA Holds Terror Suspects in Secret Prisons, in: Washington Post vom 2.11.2005.
5 Zur Praxis der »extraordinary renditions« vgl. insbesondere: Dawid Danilo Bartelt/ Ferdinand Muggenthaler: Das Rendition-Programm der USA und die Rolle Europas, in: APuZ B 36/2006, S. 31–38.
6 Wiederum war es die Washington Post, die den Fall zuerst aufdeckte – vgl. dazu: Dana Priest: Wrongful Imprisonment. Anatomy of a CIA Mistake, in: Washington Post vom 4.12.2005.
7 Nach eingehender Prüfung des Falls hegen sowohl der Sonderermittler des Europarats, Dick Marty, als auch sämtliche Mitglieder des Untersuchungsausschusses des Deutschen Bundestags keinerlei Zweifel mehr an der Glaubwürdigkeit der Aussagen El-Masris. Vgl. dazu: Dick Marty: Alleged secret detentions and unlawful inter-state transfers of detainees involving Council of Europe member states (Doc. 10957 – 12.6.2006), S. 31 und ders.: Secret detentions and illegal transfers of detainees involving Council of Europe member states. Second report (Doc. 11302 rev. – 11.6.2007), S. 53. Beide Berichte sind im Internet veröffentlicht worden unter: http://assembly.coe.int/Documents/WorkingDocs/doc06/edoc10957.pdf [letzter Zugriff am 8.12.2009] bzw. http://assembly.coe.int/Documents/WorkingDocs/Doc07/edoc11302.pdf [letzter Zugriff am 8.12.2009].
8 Dana Priest: Wrongful Imprisonment. Anatomy of a CIA Mistake, in: Washington Post vom 4.12.2005.
9 Ebd.
10 Dick Marty hält denn auch aufgrund dieser Aussagen eine Verwechslung El-Masris mit einem gleichnamigen Al-Qaida-Mitglied für höchst unwahrscheinlich. Vgl. dazu: Dick Marty: Alleged secret detentions and unlawful inter-state transfers of detainees involving Council of Europe member states (Doc. 10957 – 12.6.2006), S. 32.
11 Hans Leyendecker, Wolfgang Krach: Trotz offizieller Ablehnung der Militärschläge durch die Bundesregierung. BND half Amerikanern im Irakkrieg, in: Süddeutsche Zeitung vom 12.1.2006.
12 Zitiert nach: ebd.
13 Zumindest in der für die Öffentlichkeit freigegebenen Fassung – vgl. D165.
14 So heißt es im Abschlussbericht des Untersuchungsausschusses selbstkritisch: »Der Aufwand stand in keinem Verhältnis zum tatsächlichen Nutzen.« – Was in Anbetracht des dürftigen Fazits nicht ganz von ungefähr kommt: »Der seit Jahren öffentlich zugängliche Bericht der Bundesregierung an das Parlamentarische Kontrollgremium vom 25. Januar 2006 hat sich in allen wesentlichen Punkten als zutreffend erwiesen. Es wurde nichts vertuscht und es wurde nichts dazu erfunden. Die Fakten sind klar und sie waren es bereits vor drei Jahren. Allein die Bewertung dieser altbekannten Fakten ist zwischen den politischen Lagern nach wie vor strittig. Das war sie bereits vor drei Jahren. Auch daran hat sich bis heute nichts geändert.« Zitiert nach: Beschlussempfehlung und Bericht des 1. Untersuchungsausschusses

nach Artikel 44 des Grundgesetzes (Drucksache 16/13400 – 18.6.2009), S. 351. Der Bericht ist auch im Internet veröffentlicht worden unter: http://dip21.bundestag.de/dip21/btd/16/134/1613400.pdf [letzter Zugriff am 8.12.2009].

15 »Zu diesem Zeitpunkt gibt es keine konkreten Beweise für die Existenz geheimer CIA-Gefangenenlager in Polen, Rumänien oder in irgendeinem anderen Mitgliedsstaat des Europarats, gleichwohl existieren ernstzunehmende Hinweise und die Indizien verdichten sich. Nichtsdestotrotz ist klar, dass eine nicht näher spezifizierte Zahl von Personen, die der Mitgliedschaft oder der Unterstützung terroristischer Bewegungen verdächtigt wurden, willkürlich und unrechtmäßig verhaftet und/oder unter der Leitung von Diensten, die im Namen amerikanischer Behörden agierten, festgenommen und überführt worden sind.« – Zitiert nach: Dick Marty: Alleged secret detentions and unlawful inter-state transfers of detainees involving Council of Europe member states (Doc. 10957 – 12.6.2006), S. 12.

16 Ders.: Secret detentions and illegal transfers of detainees involving Council of Europe member states. Second report (Doc. 11302 rev. – 11.6.2007), S. 6.

Die USA zwischen Truppenaufstockung und Exit-Strategie

1 Alle Zahlen nach: Volker Perthes: Vier Jahre nach Saddam. War das Scheitern des Irakkrieges vorhersehbar? Eine retrospektive Analyse der wissenschaftlichen Prognosen zum Irak – und ein Ausblick, in: IP 4 (2007), S. 112–120, hier: S. 116.
2 Zitiert nach: Transcript – The Nomination Hearing for Robert M. Gates, in: New York Times vom 5.12.2006, online unter: http://www.nytimes.com/2006/12/05/washington/05text-gates1.html [letzter Zugriff am 8.12.2009].
3 Der komplette Bericht ist im Internet erschienen unter: http://media.usip.org/reports/iraq_study_group_report.pdf [letzter Zugriff am 8.12.2009].
4 Vgl. dazu: Christoph Reuter: Die Welt als Wille zum Wahn. Warum ist der Irakkrieg, der dem Nahen Osten »Demokratie« bringen sollte, so dramatisch gescheitert? Eine Rekapitulation, in: IP 1 (2007), S. 72–82, hier: 81 f.
5 Zitiert nach: Steven Simon: The Price of the Surge. How U. S. Strategy Is Hastening Iraq's Demise, in: Foreign Affairs, Mai/Juni 2008, S. 57–76, hier: S. 57.
6 Vgl. dazu: David H. Petraeus: Report to Congress on the Situation in Iraq, 10.-11.9.2007 und ders.: Report to Congress on the Situation in Iraq, 8.-9.4.2008. Beide Berichte sind im Internet veröffentlicht worden unter: http://www.foreignaffairs.house.gov/110/pet091007.pdf bzw. http://www.cfr.org/content/publications/attachments/General%20Petraeus%20Testimony%20to%20Congress%208%20April%202008.pdf [letzter Zugriff am 8.12.2009].
7 Vgl. dazu: Steven Simon: The Price of the Surge. How U. S. Strategy Is Hastening Iraq's Demise, in: Foreign Affairs, Mai/Juni 2008, S. 57–76 bzw. auf Simon Bezug nehmend: Colin H. Kahl: When to Leave Iraq. Today, Tomorrow, or Yesterday? – Walk Before Running, in: Foreign Affairs, Juli/August 2008, S. 151–154.
8 Eine ausführliche Analyse der Risiken liefert Simon, ebd., S. 60–65.

9 Stephen Biddle/Michael E. O'Hanlon/Kenneth M. Pollack: How to Leave a Stable Iraq. Building on Progress, in: Foreign Affairs, September/Oktober 2008, S. 40–58, hier: S. 50.
10 Die Rede Obamas vom 1.12.2009 ist im Internet einsehbar unter http://www.whitehouse.gov/sites/default/files/091201-obama-afghanistan-speech-german.pdf [letzter Zugriff am 8.12.2009].

Afghanistan kommt nicht zur Ruhe

1 Vgl. dazu: Matin Baraki: Nation-building in Afghanistan, in: APuZ 39/2007, S. 11–17, hier: S. 11.
2 Vgl. dazu: Timo Noetzel/Sibylle Scheipers: Flüchten oder Standhalten? Wer den Abzug der Bundeswehr aus Afghanistan zum strategischen Ziel befördert, muss auch die Konsequenzen dieses Schrittes benennen, in: IP 9 (2007), S. 120–125, hier: 122 f.
3 Zu den neuen Rückzugsgebieten der Taliban und der Al Qaida in den Stammesgebieten unter Bundesverwaltung (engl. »Federally Administered Tribal Areas", kurz: FATA), im Nordwesten Pakistans an der Grenze zu Afghanistan gelegen, vgl. insbesondere: Barnett R. Rubin/Ahmed Rashid: From Great Game to Grand Bargain. Ending Chaos in Afghanistan and Pakistan, in: Foreign Affairs, November/Dezember 2008, S. 30–44.
4 Alle Zahlen nach: Dieter Weiss: Deutschland am Hindukusch, in: APuZ 43/2008, S. 6–14, hier: S. 8.
5 Anfänglich wechselte die Führung der ISAF-Truppe noch alle sechs Monate zwischen den an der Operation beteiligten Nationen; seit 11.8.2003 hat die NATO diese Funktion dauerhaft inne. Vgl. dazu: NATO's Role in Afghanistan, http://www.nato.int/cps/en/natolive/topics_8189.htm#mandate [letzter Zugriff am 8.12.2009].
6 Alle Zahlen nach: Babak Khalatbari: Afghanistan unter dem Terror der Taliban, in: APuZ 39/2007, S. 18–24, hier: S. 21.
7 UN-Resolution 1510 vom 13.10.2003 ist im Internet einsehbar unter: http://daccess-dds-ny.un.org/doc/UNDOC/GEN/N03/555/55/PDF/N0355555.pdf?OpenElement [letzter Zugriff am 8.12.2009].
8 Zu den beiden Mandaten vgl. u. a.: Babak Khalatbari: Afghanistan unter dem Terror der Taliban, in: APuZ 39/2007, S. 18–24, hier S. 21 f. Stärker problematisierend, das Nebeneinander der beiden Mandate in Afghanistan beleuchtend, auch: Eric Chauvistré: Robuste Illusionen. Nicht schießen, wir sind Deutsche – Was einer Debatte über die Auslandseinsätze der Bundeswehr im Wege steht, in: IP 3 (2009), S. 84–95, hier: 88 ff.
9 Der Bundestagsbeschluss vom 16.11.2001, der die deutsche Beteiligung an OEF legitimiert, beschreibt deren Zielsetzung wie folgt: »Diese Operation hat zum Ziel, Führungs- und Ausbildungseinrichtungen von Terroristen auszuschalten, Terroristen zu bekämpfen, gefangen zu nehmen und vor Gericht zu stellen sowie Dritte dauerhaft von der Unterstützung terroristischer Aktivitäten abzuhalten.«

Anmerkungen

10 Darauf deutet zumindest die Festnahme eines ranghohen Anführers der Taliban hin, der Anfang Mai 2009 dem KSK ins Netz ging – vgl. dazu: Hauke Friederichs: KSK-Soldaten fangen Taliban-Anführer, in: Zeit online vom 7.5.2009, http://www.zeit.de/online/2009/20/afghanistan-ksk-taliban [letzter Zugriff am 8.12.2009].

11 Das Afghanistan-Konzept der Bundesregierung (September 2008) ist im Internet einsehbar unter: http://www.auswaertiges-amt.de/diplo/de/Aussenpolitik/RegionaleSchwerpunkte/AfghanistanZentralasien/Downloads/080909-Afghanistan-Konzept2008.pdf [letzter Zugriff am 8.12.2009].

12 Einer Umfrage von Infratest dimap vom 04./5.2.2008 für den ARD-Deutschlandtrend zufolge sprachen sich 55% der Befragten für einen schnellstmöglichen Rückzug der Bundeswehr aus Afghanistan aus. Konkret zur Teilnahme der Bundeswehr an Kampfeinsätzen befragt, wuchs die Ablehnung gar auf 86% an – vgl.: Konstantin von Hammerstein/Alexander Szandar: Vor dem Showdown, in: Der Spiegel 7 (2008) vom 11.2.2008, S. 22–26, hier: S. 25. Knapp zwei Jahre später liegt der Anteil derjenigen, die einen schnellstmöglichen Abzug der Bundeswehr fordern, im ARD-Deutschlandtrend schon bei 69% – vgl. http://www.tagsschau.de/inland/deutschlandtrend/deutschlandtrend950.html [letzter Zugriff am 8.12.2009].

13 Zitiert nach: ebd., S. 22.

14 Ebd., S. 22 f.

15 Dieter Dettke: Deutschland als europäische Macht und Bündnispartner, in: APuZ B 15-6/2009, S. 41–46, hier: S. 42.

16 Zitiert nach: Jung spricht erstmals von »Gefallenen«, in: Die Welt vom 25.10.2008.

17 Zitiert nach: ebd.

18 So Verteidigungsminister zu Guttenberg am 3.11.2009 in einem Interview mit der Bild-Zeitung; nachzulesen unter: http://www.bundesregierung.de/nn_1500/Content/DE/Interview/2009/11/2009-11-03-interview-guttenberg-bild.html [letzter Zugriff am 8.12.2009].

19 Dieter Dettke: Deutschland als europäische Macht und Bündnispartner, in: APuZ B 15-16/2009, S. 41–46, hier: S. 46.

20 »Ich weiß um die enormen Schwierigkeiten in Afghanistan. Doch mein Land und Ihr Land haben ein Interesse daran, dass die erste Mission der NATO außerhalb von Europas Grenzen ein Erfolg wird. Für die Menschen in Afghanistan und für unsere gemeinsame Sicherheit muss diese Arbeit getan werden. Amerika kann dies nicht allein tun. Das afghanische Volk braucht unsere Truppen und Ihre Truppen; unsere Unterstützung und Ihre Unterstützung, um die Taliban und Al-Qaida zu besiegen, um ihre Wirtschaft voranzubringen und um ihnen dabei zu helfen, ihren Staat neu aufzubauen. Wir haben zu viel investiert, um jetzt kehrtzumachen.«

21 Vgl. Thorsten Jungholt: Westerwelle widersetzt sich dem Druck der Nato-Partner, in: Die Welt vom 5.12.2009.

Präsidentschaftskandidat Barack Obama und die Erwartungen in Europa

1 Die offizielle Ernennung Obamas zum Präsidentschaftskandidaten der Demokraten wurde erst auf dem Nominierungsparteitag (»Democratic National Convention«) in Denver vom 25.-28.8.2008 vollzogen.
2 Einer repräsentativen Umfrage des Meinungsforschungsinstituts Forsa zufolge hätten sich 74% der Deutschen für Obama entschieden, nur ganze 11% für McCain. Vgl. dazu: Nina Mareen Spranz: Die Deutschen sehnen sich nach Charisma, in: Die Welt vom 25.8.2008.
3 Beide Kandidaten haben ihre Vision einer künftigen amerikanischen Außenpolitik in der Zeitschrift »Foreign Affairs« vorgestellt – vgl. dazu: Barack Obama: Renewing American Leadership, in: Foreign Affairs, Juli/August 2007, S. 2–16 bzw. John McCain: An Enduring Peace Built on Freedom, in: Foreign Affairs, November/Dezember 2007, S. 19–34. Eine ausführliche Analyse der außenpolitischen Konzepte der beiden liefern u. a.: Helga Haftendorn: Die außenpolitischen Positionen von Obama und McCain, in: APuZ B 37-38/2008, S. 35–40 und: Peter Rudolf: US-Außenpolitik und transatlantische Sicherheitsbeziehungen nach den Wahlen, in: SWP-Aktuell 64 (Juli 2008), http://www.swp-berlin.org/common/get_document.php?asset_id=5135 [letzter Zugriff am 8.12.2009].
4 Die gemeinsame Resolution beider Häuser des US-Kongresses (»Joint Resolution to Authorize the Use of United States Armed Forces Against Iraq«) ist im Internet einsehbar unter: http://georgewbush-whitehouse.archives.gov/news/releases/2002/10/20021002-2.html [letzter Zugriff am 8.12.2009].
5 Zitiert nach: Barack Obama: Renewing American Leadership, in: Foreign Affairs, Juli/August 2007, S. 2–16, hier: S. 9.
6 Einer Umfrage von Edison/Mitofsky und der Forschungsgruppe Wahlen des ZDF in den USA, in der nach dem wichtigsten Problem gefragt wurde, zufolge nannten 63% die Wirtschaftslage, aber nur 10% den Irak. Ganze 9% zählten den Terrorismus hierzu. Vgl. dazu: Dietrich Alexander: Jung, weiblich, schwarz, in: Die Welt vom 7.11.2008. Die Umfrage ist im Internet einsehbar unter: http://www.sf.tv/var/uswahlen2008sf.php [letzter Zugriff am 8.12.2009].
7 Alle Zahlen entstammen dem offiziellen »Federal Election Commission Report«, einsehbar unter: http://www.fec.gov/pubrec/fe2008/2008presgeresults.pdf [letzter Zugriff am 8.12.2009].
8 Nach offizieller Zählung entfielen auf McCain 59 934 814 (= 45,66%), auf Obama 69 456 897 (= 52,92%) Stimmen; vgl. ebd.
9 Ansgar Graw/Uwe Schmitt: Einladung ins Paradies, in: Die Welt vom 11.6.2009.
10 Afghanistan – Deutschland schickt mehr Soldaten, in: Die Welt vom 18.6.2009.

Quellen- und Literaturverzeichnis

Quellenverzeichnis

Printmedien (vollständig oder auszugsweise dokumentiert)

Chicago Tribune
The vulnerabilities we cherish, 12.9.2001 (D9).
In defense of America, 8.10.2001 (D30).
Terrorists and international law, 29.1.2002 (D59).
Defining the threat from Iraq, 23.8.2002 (D53).
A victory at the United Nations, 10.11.2002 (D80).
Springtime for Saddam, 26.1.2003 (D90).
The case for war, 2.3.2003 (D101).
War in the cradle of civilization, 20.3.2003 (D115).
Shame in Iraq, 4.5.2004 (D146).
George W. Bush for president, 17.10.2004 (D160).
Should we close Guantanamo?, 14.5.2006 (D63).
Obama for president, 19.10.2008 (D208).

Frankfurter Allgemeine Zeitung
Ins Herz, von Klaus-Dieter Frankenberger, 12.9.2001 (D10).
Amerika im Krieg, von Berthold Kohler, 22.9.2001 (D14).
Die Zeit ist abgelaufen, von Klaus-Dieter Frankenberger, 8.10.2001 (D31).
Fußfesseln, von Leo Wieland, 4.2.2002 (D60).
Die zweite Phase, von Klaus-Dieter Frankenberger, 13.3.2002 (D49).
Schröders Krieg, von Berthold Kohler, 9.8.2002 (D40).
Erst ein Anfang, von Klaus-Dieter Frankenberger, 15.11.2002 (D81).
Glaubenspolitik, von Berthold Kohler, 24.1.2003 (D86).
Das kleinere Übel, von Günther Nonnenmacher, 29.1.2003 (D99).
Krieg zur Abschreckung, von Günther Nonnenmacher, 21.3.2003 (D118).
Amerika im Krieg, von Matthias Rüb, 9.4.2003 (D20).
Am Ende einer Entdeckungsreise, von Berthold Kohler, 26.9.2003 (D125).

Die Welt partnerschaftlich gestalten, von Klaus-Dieter Frankenberger, 19.3.2004 (D136).
Irrtum und Versagen, von Klaus-Dieter Frankenberger, 16.7.2004 (D151).
Der Bekannte, von Klaus-Dieter Frankenberger, 4.11.2004 (D155).
Zwei Welten, von Johannes Leithäuser, 9.12.2005 (D173).
Der große Fehlschlag, von Nikolas Busse, 1.12.2006 (D177).
Nicht die Geduld verlieren, von Klaus-Dieter Frankenberger, 19.9.2007 (D193).
Bushs Krieg, von Klaus-Dieter Frankenberger, 19.3.2008 (D184).
Enttäuschung programmiert, von Klaus-Dieter Frankenberger, 6.6.2008 (D202).
Präsident Obama, von Klaus-Dieter Frankenberger, 6.11.2008 (D211).

Frankfurter Rundschau
Die Kriegserklärung, von Jochen Siemens, 12.9.2001 (D11).
Bomben und Care-Pakete, von Jochen Siemens, 9.10.2001 (D36).
Krieg, Macht und Recht, von Karl Grobe, 18.1.2002 (D57).
Trittbrettfahrer USA, von Rolf Paasch, 20.2.2002 (D48).
Doppeltes Ultimatum, von Dietmar Ostermann,14.9.2002 (D75).
Wahlkampf und Wahrheit, von Stephan Hebel, 23.1.2003 (D85).
Bushs erster Krieg, von Wolfgang Storz, 19.3.2003 (D105).
Ein zu hoher Preis, von Knut Pries, 11.4.2003 (D123).
Schlechtes Vorbild, von Dietmar Ostermann, 14.1.2005 (D153)
Kein Skandal, von Knut Pries, 4.3.2006 (D166).
Raus aus Afghanistan, von Burkhard von Pappenheim, 23.7.2007 (D192).

Los Angeles Times
U. S. Resolve – Unshattered, 12.9.2001 (D12).
Unrelished but Necessary, 8.10.2001 (D32).
Why They Say Nein to War, 6.9.2002 (D42).
Accept Schroeder's Offering, 25.9.2002 (D72).
To an Uncertain Destination, 18.3.2003 (D104).
New Day in Ancient Land, 10.4.2003 (D120).
The Disaster of Failed Policy, 27.6.2004 (D139).
Time to leave Iraq, 6.5.2007 (D182).
A promise to keep, 27.8.2007 (D200).
Obama for president, 19.10.2008 (D209).

New York Times
The War Against America – The National Defense, 12.9.2001 (D13).
The American Offensive Begins, 8.10.2001 (D33).
A Time for Candor on Iraq, 3.8.2002 (D51).
Germany Speaks, 24.9.2002 (D71).
A Unified Message to Iraq, 9.11.2002 (D79).
Saying No to War, 9.3.2003 (D102).
The War Begins, 20.3.2003 (D116).
The Fall of Baghdad, 10.4.2003 (D121).
The American Prison Camp, 16.10.2003 (D61).
One Year After, 19.3.2004 (D137).
The Military Archipelago, 7.5.2004 (D149).
John Kerry for President, 17.10.2004 (D161).
Secretary Rice's Rendition, 7.12.2005 (D172).
The Good War, Still to Be Won, 20.8.2007 (D199).
Plenty of Blame for Afghanistan, 16.12.2007 (D195).
All the Time He Needs, 13.4.2008 (D186).
Barack Obama for President, 24.10.2008 (D210).
The Price of Our Good Name, 23.11.2008 (D66).

Süddeutsche Zeitung
Amerika im Krieg, von Stefan Kornelius, 12.9.2001 (D14).
Angriff zur Verteidigung, von Peter Münch, 8.10.2001 (D34).
Kleine Münzen für Kabul, von Peter Münch, 22.12.2001 (D28).
Projektion statt Politik, von Stefan Kornelius, 13.8.2002 (D41).
Beben in Bagdad, von Peter Münch, 14.8.2002 (D52).
Dämme gegen Diktatoren, von Stefan Ulrich, 5.10.2002 (D77).
Deutschland und der Krieg, von Kurt Kister, 21.3.2003 (D108).
Kreislauf des Zorns, von Stefan Kornelius, 21.3.2003 (D119).
Macht und Manipulation, von Stefan Kornelius, 12.7.2003 (D142).
Botschaften aus Bagdad, von Peter Münch, 20.3.2004 (D138).
Atlantischer Aufbruch, von Nico Fried, 5.11.2004 (D156).
Ein Abgrund, von Heribert Prantl, 6.12.2005 (D170).
Jein zum Krieg, von Heribert Prantl, 13.1.2006 (D164).

Bis zum letzten Mann, von Christian Wernicke, 12.1.2007 (D181).
Verantwortung wagen, von Peter Blechschmidt, 12.10.2007 (D191).
Halbherzig am Hindukusch, von Peter Münch, 18.1.2008 (D196).
Amerikas Befreiung, von Stefan Kornelius, 6.8.2008 (D212).

Washington Post
September 11, 2001, 12.9.2001 (D15).
The Case for Force, 30.9.2001 (D21).
Clearing the Way, 8.10.2001 (D35).
Lessons of Liberation, 18.11.2001 (D38).
Yes, They Are Evil, 3.2.2002 (D45).
Mr. Schroeder Ducks, 17.9.2002 (D68).
The Case for Action, 5.2.2003 (D100).
Standing With Saddam, 11.2.2003 (D97).
First Strike, 20.3.2003 (D117).
Iraq in Review, 12.10.2003 (D135).
The Policy of Abuse, 16.5.2004 (D150).
Kerry for President, 24.10.2004 (D162).
A Weak Defense, 6.12.2005 (D171).
Close Guantanamo, 22.6.2006 (D65).
Mr. Bush's Strategy, 11.1.2007 (D180).
The Iraq Upturn, 1.6.2008 (D187).
Afghan Escalation, 6.7.2008 (D198).
The World Vote, 13.10.2008 (D204).
Barack Obama for President, 17.10.2008 (D207).

Die Welt
Amerika im Krieg, von Torsten Krauel, 12.9.2001 (D16).
Brot und Bomben, von Nikolaus Blome, 9.10.2001 (D37).
Keiner ruft Hurra, von Wolfram Weimer, 17.10.2001 (D23).
Amerika und seine Gefangenen, von Konrad Adam, 23.1.2002 (D58).
Europas Obsessionen, von Alan Posener, 18.2.2002 (D43).
Der neue deutsche Unilateralismus, von Jacques Schuster, 11.12.2002 (D82).
Die letzte Entscheidung, von Jan-Eric Peter, 19.3.2003 (D106).

Bilder des Sieges, von Jacques Schuster, 10.4.2003 (D122).
»Bush ist dumm und böse«, von Mathias Döpfner, 21.4.2004 (D132).
Der Zorn der Verlierer, von Roger Köppel, 8.11.2004 (D157).
Von Guantánamo nach Genf, von Herbert Kremp, 13.6.2006 (D64).
Rückzug ausgeschlossen, von Ansgar Graw, 13.10.2007 (D194).
Erfolg im Irak, von Thomas Schmid, 20.3.2008 (D185).
Barack Obama und das amerikanische Wunder, von Thomas Schmid, 6.11.2008 (D206).

Übrige Quellen (vollständig oder auszugsweise dokumentiert)

Bilaterale Abkommen bzw. multilaterale Erklärungen:
Offener Brief von acht EU-Ländern zum Irak, 30.1.2003 (D91).
Erklärung der zehn Länder der Vilnius-Gruppe vom 5.2.2003 (D92).
Gemeinsame Erklärung Deutschlands, Frankreichs und Russlands zur Irak-Krise, 10.2.2003 (D96).
Vereinbarung zwischen den Vereinigten Staaten von Amerika und der Republik Irak »On the Withdrawal of United States Forces from Iraq and the Organization of Their Activities during Their Temporary Presence in Iraq, 17.11.2008 (D188).

Bundesaußenminister Joschka Fischer (Bündnis 90/Die Grünen):
Rede zur Beteiligung bewaffneter deutscher Streitkräfte an der Bekämpfung des internationalen Terrorismus, 8.11.2001 (D25).
Rede vor der Generalversammlung der Vereinten Nationen in New York, 14.9.2002 (D76).
Rede (nicht vollständig überliefert, weil frei gehalten) auf der 39. Münchner Konferenz für Sicherheitspolitik, 8.2.2003 (D95); http://80.86.3.56/archive/konferenzen/2003/index.php?menu_konferenzen=&menu_konferenzen_archiv=&sprache=de.
Rede vor dem Deutschen Bundestag, 20.3.2003 (D112).

Bundesaußenminister Frank-Walter Steinmeier (SPD):
Rede vor dem Deutschen Bundestag, 20.9.2007 (D189).

Bundesjustizministerin Herta Däubler-Gmelin (SPD):
Äußerung in einer Diskussion mit Gewerkschaftern im schwäbischen Tübingen, 18.9.2002, Schwäbisches Tagblatt vom 19.9.2002 (D69).

Bundeskanzlerin Angela Merkel (CDU):

Gemeinsames Pressestatement mit US-Außenministerin Condoleezza Rice auf einer Pressekonferenz in Berlin, 6.12.2005 (D169).

Glückwunschschreiben an den neugewählten US-Präsidenten Barack Obama, 5.11.2008 (D205).

Bundeskanzler Gerhard Schröder (SPD):

Erklärung zur aktuellen Lage in Bezug auf den Irak, 18.3.2003 (D88).

Fernsehansprache vom 20.3.2003 (D107).

Gemeinsame Erklärung mit US-Präsident George W. Bush, 27.2.2004 (D130).

Gemeinsames Pressestatement mit US-Präsident George W. Bush vor Journalisten in New York, 24.9.2003 (D128).

Glückwunschtelegramm an den wiedergewählten US-Präsidenten George W. Bush, 3.11.2004 (D154).

Interview mit der Washington Post, 4.2.2002 (D46).

Interview mit der New York Times, 5.9.2002 (D67).

Interview mit RTL, 10.4.2003 (D111).

Interview mit der Washington Post, 29.2.2004 (D131).

Rede zum Antrag der Bundesregierung auf Einsatz bewaffneter deutscher Streitkräfte bei der Unterstützung der gemeinsamen Reaktion auf terroristische Angriffe gegen die USA und zum Antrag des Bundeskanzlers gemäß Art. 68 des Grundgesetzes, 16.11.2001 (D26).

Rede zum Wahlkampfauftakt in Hannover, 5.8.2002 (D39).

Rede auf einer Wahlkampfveranstaltung im niedersächsischen Goslar, 21.1.2003 (D84).

Regierungserklärung zu den Anschlägen in den Vereinigten Staaten von Amerika, 12.9.2001 (D1).

Regierungserklärung zu den Anschlägen in den Vereinigten Staaten von Amerika, 19.9.2001 (D3).

Regierungserklärung zur aktuellen Lage nach Beginn der Operation gegen den internationalen Terrorismus in Afghanistan, 11.10.2001 (D22).

Regierungserklärung »Gerechtigkeit im Zeitalter der Globalisierung schaffen – für eine Partnerschaft in Verantwortung«, 29.10.2002 (D73).

Regierungserklärung zur internationalen Lage, 3.4.2003 (D110).

Bundesregierung:

Antrag auf Einsatz bewaffneter deutscher Streitkräfte bei der Unterstützung der gemeinsamen Reaktion auf terroristische Angriffe gegen die USA, 7.11.2001 (D24).

Bericht »gemäß Anforderung des Parlamentarischen Kontrollgremiums vom 25. Januar 2006 zu Vorgängen im Zusammenhang mit dem Irakkrieg und der Bekämpfung des internationalen Terrorismus«, 23.2.2006 (D165).

Bundestag:

Entschließungsantrag der Fraktionen SPD, CDU/CSU, Bündnis 90/Die Grünen und FDP zu der Regierungserklärung des Bundeskanzlers zu den Terroranschlägen in den USA und zu den Beschlüssen des Sicherheitsrats der Vereinten Nationen sowie der NATO, 19.9.2001 (D4).

Gemeinsamer Antrag von Abgeordneten der drei Oppositionsparteien im Deutschen Bundestag zur Einsetzung eines Untersuchungsausschusses, 17.3.2006 (167).

Bundesverteidigungsminister Franz Josef Jung (CDU):
Rede vor dem Deutschen Bundestag, 20.9.2007 (D190).

Fraktionsvorsitzende der CDU/CSU Angela Merkel:
Gastbeitrag in der Washington Post »Schroeder Doesn't Speak for All Germans«, 20.2.2003 (D87).
Offener Brief an Bürger und Parteimitglieder, 31.3.2003 (D109).

Fraktionsvorsitzender der SPD Peter Struck:
Rede im Deutschen Bundestag, 12.9.2001 (D2).

Iraq Survey Group:
Abschlussbericht «Comprehensive Report of the Special Advisor to the DCI on Iraq's WMDs", 30.9.2004 (D152); https://www.cia.gov/library/reports/general-reports-1/iraq_wmd_2004/index.html.

Iraq Study Group:
Bericht vom 6.12.2006 (D178); http://media.usip.org/reports/iraq_study_group_report.pdf.

Khaled el-Masri:
Gastbeitrag in der Los Angeles Times »America kidnapped me«, 18.12.2005 (D174).

Nationale Sicherheitsberaterin des US-Präsidenten Condoleezza Rice:
Interview mit Al Arabiya, 4.5.2004 (D145).

NATO:
Presseerklärung vom 12.9.2001 (D5).

Sicherheitsrat der Vereinten Nationen:
Resolution 1368 vom 12.9.2001 (D6).
Resolution 1373 vom 28.9.2001 (D7).
Resolution 1386 vom 20.12.2001 (D27).
Resolution 1441 vom 8.11.2002 (D78).
Resolution 1483 vom 22.5.2003 (D126).
Resolution 1511 vom 16.10.2003 (D129).
Resolution 1546 vom 8.6.2004 (133).

Sonderermittler des Europarats Dick Marty:
Untersuchungsbericht « Secret detentions and illegal transfers of detainees involving Council of Europe member states". Second report (Doc. 11302 rev.), 11.6.2007 (D175); http://assembly.coe.int/Documents/WorkingDocs/Doc07/edoc11302.pdf.

Stellvertretender US-Verteidigungsministers Paul Wolfowitz:
Interview auf einer Pressekonferenz im Verteidigungsministerium, Washington D. C., 13.9.2001 (D18).
Interview mit der Zeitschrift Vanity Fair, 9.5.2003 (D140).

US-Außenminister Colin L. Powell:
Rede vor dem Sicherheitsrat der Vereinten Nationen in New York, 5.2.2003 (D93).

US-Außenministerin Condoleezza Rice:
Gemeinsames Pressestatement mit Bundeskanzlerin Angela Merkel (CDU) auf einer Pressekonferenz in Berlin, 6.12.2005 (D169).
Rede vor Journalisten vor ihrem Abflug nach Europa, 5.12.2005 (D168).

US-Präsident George W. Bush:
Fernsehansprache an die Nation, 11.9.2001 (D8).

Fernsehansprache an die Nation, 7.10.2001 (D29).
Fernsehansprache an die Nation, 17.3.2003 (D103).
Fernsehansprache an die Nation, 19.3.2003 (D114).
Fernsehansprache an die Nation, 7.9.2003 (D134).
Fernsehansprache an die Nation, 10.1.2007 (D179).
Fernsehansprache an die Nation, 13.9.2007 (D183).
Gemeinsame Erklärung mit Bundeskanzler Gerhard Schröder (SPD), 27.2.2004 (D130).
Gemeinsames Pressestatement mit Bundeskanzler Gerhard Schröder (SPD) vor Journalisten in New York, 24.9.2003 (D128).
Interview auf einer Pressekonferenz in Washington, D. C., 13.2.2002 (D47).
Interview mit Fox News, 22.9.2003 (D127).
Interview mit Alhurra Television, 5.5.2004 (D147).
Interview mit Sabine Christiansen in der ARD, 4.5.2006 (D62).
Pressestatement nach einem Treffen mit dem »National Security Team« in Washington, D. C., 12.9.2001 (D17).
Rede vor dem Kongress in Washington, D. C., 20.9.2001 (D19).
Rede »zur Lage der Nation«, 29.1.2002 (D44).
Rede vor Absolventen der Militärakademie in West Point, New York, 1.6.2002 (D50).
Rede vor der Generalversammlung der Vereinten Nationen in New York, 12.9.2002 (D74).
Rede »zur Lage der Nation«, 28.1.2003 (D98).
Rede vor Soldaten an Bord des Flugzeugträgers USS Abraham Lincoln, 1.5.2003 (D124).
Rede »zur Lage der Nation«, 20.1.2004 (D143).
Rede vor Delegierten des Nominierungsparteitags der regierenden Republikaner in New York, 2.9.2004 (D159).
Rede zum Antritt der zweiten Amtszeit, 20.1.2005 (D163).
Rede im Weißen Haus zum Umgang mit Terrorverdächtigen, 6.9.2006 (D176).

US-Präsidentschaftskandidat Barack Obama (Demokraten):
Rede in Berlin, 24.7.2008 (D203).

US-Präsidentschaftskandidat John F. Kerry (Demokraten):
Rede vor dem Council on Foreign Relations in New York, 3.12.2003 (D158).

US-Präsidentschaftskandidat John McCain (Republikaner):
Rede in Los Angeles, 26.3.2008 (D201).

US-Regierung:
National Security Strategy (NSS) der Vereinigten Staaten von Amerika, 20.9.2002 (D83); http://www.globalsecurity.org/military/library/policy/national/nss-020920.pdf.

US-Verteidigungsminister Donald H. Rumsfeld:
Interview auf einer Pressekonferenz im Verteidigungsministerium, Washington, D. C., 11.1.2002 (D55).
Interview auf einer Pressekonferenz mit Hörfunkjournalisten, 15.1.2002 (D56).
Interview auf einer Pressekonferenz in Warschau, 23.9.2002 (D70).
Interview auf einer Pressekonferenz im Verteidigungsministerium, Washington D. C., 22.1.2003 (D89).
Rede auf der 39. Münchner Konferenz für Sicherheitspolitik, 8.2.2003 (D94).
Rede im Rahmen einer Anhörung vor dem Streitkräfteausschuss des US-Senats, 9.7.2003 (D141).
Rede im Rahmen einer Anhörung vor dem Senat, 7.5.2004 (D148).

US-Verteidigungsminister Robert M. Gates:
Rede auf der 44. Münchner Konferenz für Sicherheitspolitik, 10.2.2008 (D197).

US-Vizepräsident Richard Cheney:
Rede vor Kriegsveteranen in Nashville, Tennessee, 26.8.2002 (D54).

US-Waffeninspekteur David Kay:
Rede im Rahmen einer Anhörung vor dem Streitkräfteausschuss des US-Senats, 28.1.2004 (D144).

Übrige Quellen (undokumentiert)

Abschlussbericht des Independent Panel to Review DoD Detention Operations, 24.8.2004, http://www.defenselink.mil/news/Aug2004/d20040824finalreport.pdf.

Action memorandum from Defense Department General Counsel Wiliam J. Haynes II recommending that Defense Secretary Rumsfeld approve certain counter-resistance techniques, 27.11.2002, http://www.gwu.edu/~nsarchiv/NSAEBB/NSAEBB127/2.12.02.pdf.

Afghanistan-Konzept der Bundesregierung, (September 2008), http://www.auswaertiges-amt.de/diplo/de/Aussenpolitik/RegionaleSchwerpunkte/Afghanistan-Zentralasien/Downloads/080909-Afghanistan-Konzept2008.pdf.

Anordnung von US-Präsident Barack Obama »Review and Disposition of Individuals Detained at the Guantanamo Bay Naval Base and Closure of Detention Facilities", 22.1.2009, http://www.whitehouse.gov/the_press_office/Closure_Of_Guantanamo_Detention_Facilities.

Anordnung von US-Präsident Barack Obama »Review of Detention Policy Options", 22.1.2009, http://www.whitehouse.gov/the_press_office/Review_of_Detention_Policy_Options.

Bericht des Oberkommandierenden der US-Streitkräfte im Irak, David H. Petraeus, vor dem Kongress – Report to Congress on the Situation in Iraq, 10.-11.9.2007, http://www.foreignaffairs.house.gov/110/pet091007.pdf.

Bericht des Oberkommandierenden der US-Streitkräfte im Irak, David H. Petraeus, vor dem Kongress – Report to Congress on the Situation in Iraq, 08.-9.4.2008, http://www.cfr.org/content/publications/attachments/General%20Petraeus%20Testimony%20to%20Congress%208%20April%202008.pdf.

Bericht von UN-Chefinspekteur Hans Blix vor dem Sicherheitsrat der Vereinten Nationen, 7.3.2003, http://www.un.org/Depts/unmovic/SC7asdelivered.htm.

Beschlussempfehlung und Bericht des 1. Untersuchungsausschusses nach Artikel 44 des Grundgesetzes (Drucksache 16/13400 – 18.6.2009), http://dip21.bundestag.de/dip21/btd/16/134/1613400.pdf.

Entscheidung des Supreme Court of the United States im Fall Rasul et al. v. Bush, President of the United States, et al, No. 03-334 vom 28.6.2004, http://www.cdi.org/news/law/rasul-decision.pdf.

Entscheidung des Supreme Court of the United States im Fall Hamdan v. Rumsfeld, Secretary of the United States, et al., No. 05-184 vom 29.6.2006, http://www.supremecourtus.gov/opinions/05pdf/05-184.pdf.

Entscheidung des Supreme Court of the United States im Fall Boumediene et al. v. Bush, President of the United States, et al., No. 06-1195 vom 12.6.2008, http://www.supremecourtus.gov/opinions/07pdf/06-1195.pdf.

Gemeinsame Resolution der beiden Häuser des US-Kongresses – Joint Resolution to Authorize the Use of United States Armed Forces Against Iraq, 2.10.2002, http://georgewbush-whitehouse.archives.gov/news/releases/2002/10/20021002-2.html.

Koalitionsvertrag von CDU, CSU und SPD, 11.5.2005, http://www.cducsu.de/upload/koavertrag0509.pdf.

Memorandum from White House Counsel Alberto Gonzales to President George W. Bush recommending that al Qaeda and Taliban prisoners not be extended the protections of the Third Geneva Convention, in: Jameel Jaffer/Amrit Singh: Administration of Torture. A Documentary Record from Washington to Abu Ghraib and Beyond, New York 2007, S. A1–A5.

Memorandum from President George W. Bush to the vice president et al. stating that al Qaeda and Taliban prisoners are not entitled to the protection of the Geneva Conventions, in: Jameel Jaffer/Amrit Singh: Administration of Torture. A Documentary Record from Washington to Abu Ghraib and Beyond, New York 2007, S. A6–A7.

National Intelligence Estimate. Iraq's Continuing Programs for Weapons of Mass Destruction (10/2002), http://www.fas.org/irp/cia/product/iraq-wmd-nie.pdf.

Presidential Military Order, 13.11.2001, http://georgewbush-whitehouse.archives.gov/news/releases/2001/11/20011113-27.html.

Rede des stellvertretenden US-Verteidigungsministers Paul Wolfowitz vor dem Streitkräfte-Ausschuss des US-Senats (10.4.2003), http://armed-services.senate.gov/statemnt/2003/April/Wolfowitz.pdf.

Rede von US-Präsident Barack Obama »Ein neuer Anfang« in Kairo, 4.6.2009; http://www.whitehouse.gov/the_press_office/Remarks-by-the-President-at-Cairo-University-6-04-09.

Rede von US-Präsident Barack Obama »Die Politik für die Zukunft in Afghanistan und Pakistan«, 1.12.2009; http://www.whitehouse.gov/sites/default/files/091201-obama-afghanistan-speech-german.pdf.

Resolution 1510 des Sicherheitsrats der Vereinten Nationen, 13.10.2003;, http://daccess-dds-ny.un.org/doc/UNDOC/GEN/N03/555/55/PDF/N0355555.pdf?OpenElement.

Untersuchungsbericht des Geheimdienstausschusses des US-Senats – Report of the Select Committee on Intelligence on the U.S. Intelligence Community's prewar intelligence Assessments on Iraq, 9.7.2004; http://intelligence.senate. gov/108301.pdf.

Untersuchungsbericht des Geheimdienstausschusses des US-Senats – Report of the Select Committee on Intelligence on Postwar Findings about Iraq's WMD Programs and Links to Terrorism and How They Compare with Prewar Assessments, 8.9.2006; http://intelligence.senate.gov/phaseiiaccuracy.pdf.

Untersuchungsbericht des Sonderermittlers des Europarats, Dick Marty – Alleged secret detentions and unlawful inter-state transfers of detainees involving Council of Europe member states (Doc. 10957), 12.6.2006; http://assembly.coe. int/Documents/WorkingDocs/doc06/edoc10957.pdf.

Untersuchungsbericht des Streitkräfteausschusses des US-Senats – Inquiry into the Treatment of Detainees in U.S. Custody, 20.11.2008; http://armed-services. senate.gov/Publications/Detainee%20Report%20Final_April%2022%202009.pdf.

Literaturverzeichnis

AUST, STEFAN/SCHNIBBEN, CORDT (HRSG.): 11. September. Geschichte eines Terrorangriffes, 2. Aufl., München 2005.
DIES. (HRSG.): Irak. Geschichte eines modernen Krieges, München 2004.
BARAKI, MATIN: Nation-building in Afghanistan, in: APuZ B 39/2007, S. 11–17.
BARTELT, DAWID DANILO/MUGGENTHALER, FERDINAND: Das Rendition-Programm der USA und die Rolle Europas, in: APuZ B 36/2006, S. 31–38.
BIDDLE, STEPHEN/O'HANLON, MICHAEL E./POLLACK, KENNETH M.: How to Leave a Stable Iraq. Building on Progress, in: Foreign Affairs, September/Oktober 2008, S. 40–58.
BLUTH, CHRISTOPH: The British Road to War, in: International Affairs 5/2004, S. 871–892.
CHAUVISTRÉ, ERIC: Robuste Illusionen. Nicht schießen, wir sind Deutsche – Was einer Debatte über die Auslandseinsätze der Bundeswehr im Wege steht, in: IP 3/2009, S. 84–95.
CHOMSKY, NOAM: The Attack. Hintergründe und Folgen, Hamburg 2002.
COOPER, BELINDA: Die Ära Guantánamo. Die US-Regierung opfert seit dem 11. September Freiheitsrechte zugunsten der Sicherheit – und der Kongress schaut zu, in: IP 1/2008, S. 66–71.
DETTKE, DIETER: Deutschland als europäische Macht und Bündnispartner, in: APuZ B 15-16/2009, S. 41–46.
DROGIN, BOB: Codename Curveball. Wie ein Informant des BND den Irak-Krieg auslöste, Berlin 2008.

ELTER, ANDREAS: Die Kriegsverkäufer. Geschichte der US-Propaganda 1917–2005, Frankfurt a. M. 2005.

FISCHER, JOSCHKA: Die Rückkehr der Geschichte. Die Welt nach dem 11. September und die Erneuerung des Westens, Köln 2005.

FRÖHLICH, STEFAN: Zwischen Multilateralismus und Unilateralismus. Eine Konstante amerikanischer Außenpolitik, in: APuZ B 25/2002, S. 23–30.

GERMAN MARSHALL FUND OF THE UNITED STATES U. A.: Transatlantic Trends. Key Findings 2009, http://www.gmfus.org/trends/2009/docs/2009_English_Key.pdf.

GNESOTTO, NICOLE: Übermilitarisierung amerikanischer Außenpolitik. Unilateralismus als Folge europäischer Schwäche?, in: IP 4/2002, S. 43–48.

GOUREVITCH, PHILIP/MORRIS, ERROL: Die Geschichte von Abu Ghraib, München 2009.

HACKE, CHRISTIAN: Bush oder Kerry – Wahl ohne Alternativen? Der amerikanische Wahlkampf und transatlantische Perspektiven, in: IP 9/2004, S. 95–103.

HAFTENDORN, HELGA: Die außenpolitischen Positionen von Obama und McCain, in: APuZ B 37-38/2008, S. 35–40.

DIES.: Sicherheitspolitik im strategischen Dreieck »Berlin – Paris – Washington«, in: PVS 1/2004, S. 1–8.

HERSH, SEYMOUR M.: Die Befehlskette. Vom 11. September bis Abu Ghraib, Hamburg 2004.

JAFFER, JAMEEL/SINGH, AMRIT: Administration of Torture. A Documentary Record from Washington to Abu Ghraib and Beyond, New York 2007.

ROBERT KAGAN: Macht und Ohnmacht. Amerika und Europa in der neuen Weltordnung, Berlin 2003.

KAHL, COLIN H.: When to Leave Iraq. Today, Tomorrow, or Yesterday? – Walk Before Running, in: Foreign Affairs, Juli/August 2008, S. 151–154.

KAMP, KARL-HEINZ: Die Zukunft der deutsch-amerikanischen Sicherheitspartnerschaft, in: APuZ B 46/2003, S. 16–22.

KATZMAN, KENNETH: Iraq. U. S. Regime Change Efforts and Post-Saddam Governance. CRS Report for Congress RL 31339, 23.2.2004, http://fpc.state.gov/documents/organization/31340.pdf.

KHALATBARI, BABAK: Afghanistan unter dem Terror der Taliban, in: APuZ 39/2007, S. 18–24.

KRAATZ-WADSACK, GABRIELE: Die Verifikation biologischer Waffen. Abrüstung und Rüstungskontrolle in Irak, in: IP 12/2002, S. 25–30.

KULL, STEVEN/MILLER, DOUG: Global Public Opinion on the US Presidential Election and US Foreign Policy, 8.9.2004, http://www.pipa.org/OnlineReports/Views_US/USElection_Sep04/USElection_Sep04_rpt.pdf.

Quellen- und Literaturverzeichnis

KURNAZ, MURAT: Fünf Jahre meines Lebens. Ein Bericht aus Guantánamo, Berlin 2007.

LINK, WERNER: Das internationale System und das transatlantische Verhältnis nach dem 11. September, in: Zeitschrift für Politikwissenschaft 1/2003, S. 53–63.

MCCAIN, JOHN: An Enduring Peace Built on Freedom, in: Foreign Affairs, November/Dezember 2007, S. 19–34.

NOETZEL, TIMO/SCHEIPERS, SIBYLLE: Flüchten oder Standhalten? Wer den Abzug der Bundeswehr aus Afghanistan zum strategischen Ziel befördert, muss auch die Konsequenzen dieses Schrittes benennen, in: IP 9/2007, S. 120–125.

NOWAK, MANFRED: Das System Guantánamo, in: APuZ B 36/2006, S. 23–30.

OBAMA, BARACK: Renewing American Leadership, in: Foreign Affairs, Juli/August 2007, S. 2–16.

PERTHES, VOLKER: Vier Jahre nach Saddam. War das Scheitern des Irakkrieges vorhersehbar? Eine retrospektive Analyse der wissenschaftlichen Prognosen zum Irak – und ein Ausblick, in: IP 4/2007, S. 112–120.

THE PEW RESEARCH CENTER FOR THE PEOPLE & THE PRESS (HRSG.): Moral Values – How Important? Voters Liked Campaign 2004, But Too Much «Mud-Slinging", 11.11.2004, http://people-press.org/reports/pdf/233.pdf.

POSCH, WALTER: Von der Baath-Herrschaft zur Neo-Baath-Regierung, in: APuZ B 48/2004, S. 31–38.

PRADETTO, AUGUST: Die deutsche Außen- und Sicherheitspolitik in der Irak-Krise, in: ders.: Sicherheit und Verteidigung nach dem 11. September 2001, Frankfurt a. M. 2004.

DERS.: Internationaler Terror, forcierter Regimewechsel und die UNO – Der Fall Afghanistan, in: APuZ B 51/2001, S. 24–35.

REUTER, CHRISTOPH: Die Welt als Wille zum Wahn. Warum ist der Irakkrieg, der dem Nahen Osten »Demokratie« bringen sollte, so dramatisch gescheitert? Eine Rekapitulation, in: IP 1/2007, S. 72–82.

ROSE, DAVID: Guantánamo Bay. Amerikas Krieg gegen die Menschenrechte, Frankfurt a. M. 2004.

ROTH, KENNETH: After Guantánamo. The Case Against Preventive Detention, in: Foreign Affairs, Mai/Juni 2008, S. 9–16.

DERS.: Obama's Prisoners Dilemma, in: Foreign Affairs Online, 12.3.2009, http://www.foreignaffairs.com/articles/64857/kenneth-roth/obamas-prisoners-dilemma.

RUBIN, BARNETT R./RASHID, AHMED: From Great Game to Grand Bargain. Ending Chaos in Afghanistan and Pakistan, in: Foreign Affairs, November/Dezember 2008, S. 30–44.

RUDOLF, PETER: US-Außenpolitik und transatlantische Sicherheitsbeziehungen nach den Wahlen, in: SWP-Aktuell 64 (Juli 2008), http://www.swp-berlin.org/common/get_document.php?asset_id=5135.

SCHRÖDER, GERHARD: Entscheidungen. Mein Leben in der Politik, Hamburg 2006.

SIMON, STEVEN: The Price of the Surge. How U.S. Strategy Is Hastening Iraq's Demise, in: Foreign Affairs, Mai/Juni 2008, S. 57–76.

SWEET, CHRISTOPHER (HRSG.): Above Hallowed Ground. A photographic record of September 11, 2001, New York 2002.

SZABO, STEPHEN F.: Der Rubikon ist überschritten. Aussichten für die transatlantischen Beziehungen nach Schröder, in: IP 1/2006, S. 86–95.

WEISS, DIETER: Deutschland am Hindukusch, in: APuZ B 43/2008, S. 6–14.

WILZEWSKI, JÜRGEN: Die Bush-Doktrin, der Irakkrieg und die amerikanische Demokratie, in: APuZ B 45/2004, S. 24–32.

WOODWARD, BOB: Bush at War. Amerika im Krieg, Stuttgart/München 2003.

DERS.: Der Angriff. Plan of Attack, München 2004.

DERS.: Die Macht der Verdrängung. George W. Bush, das Weiße Haus und der Irak. State of Denial, München 2007.